Gestão de Marketing

ORGANIZADOR
Braulio Oliveira

Gestão de Marketing

Braulio Oliveira ★ Ana Ikeda ★ Célio Mauro Placer Rodrigues de Almeida ★ Edson Crescitelli ★ Fauze Najib Mattar ★ Francisco Antonio Serralvo ★ Francisco Javier Sebastian Mendizabal Alvarez ★ Geraldo Luciano Toledo ★ Iná Futino Barreto ★ Luciano Augusto Toledo ★ Marcos Cortez Campomar ★ Mauricio Jucá de Queiroz ★ Renata Steffanoni Bernardes de Queiroz ★ Sérgio Luís Stirbolov Motta ★ Sérgio Luiz Lepsch

São Paulo

Brasil Argentina Colômbia Costa Rica Chile Espanha
Guatemala México Peru Porto Rico Venezuela

© 2012 by Braulio Oliveira, Ana Akemi Ikeda, Célio Mauro Placer Rodrigues de Almeida, Edson Crescitelli, Fauze Najib Mattar, Francisco Javier Sebastian Mendizabal Alvarez, Francisco Antonio Serralvo, Geraldo Luciano Toledo, Iná Futino Barreto, Luciano Augusto Toledo, Marcos Cortez Campomar, Maurício Jucá de Queiroz, Renata Steffanoni Bernardes de Queiroz, Sérgio Luiz Lepsch, Sérgio Luís Stirbolov Motta

Todos os direitos reservados. Nenhuma parte desta publicação poderá ser reproduzida ou transmitida de qualquer modo ou por qualquer outro meio, eletrônico ou mecânico, incluindo fotocópia, gravação ou qualquer outro tipo de sistema de armazenamento e transmissão de informação, sem prévia autorização, por escrito, da Pearson Education do Brasil.

Diretor editorial: Roger Trimer
Gerente editorial: Sabrina Cairo
Coordenadora de produção editorial: Thelma Babaoka
Editor de desenvolvimento: Jean Xavier
Preparação: Érika Coachman e Thelma Guimarães
Revisão: Luciana Garcia, Norma Gusukuma e Daniela Brás
Capa: Alexandre Mieda
Projeto gráfico e diagramação: Casa de Ideias

Dados Internacionais de Catalogação na Publicação (CIP)
(Câmara Brasileira do Livro, SP, Brasil)

Gestão de marketing / organizador Braulio Oliveira. -- São Paulo : Pearson Prentice Hall, 2012.

Vários autores.
Bibliografia.
ISBN 978-85-7605-212-8

1. Marketing - Administrativo I. Oliveira, Braulio.

11-09799 CDD-658.8

Índice para catálogo sistemático:
1. Gestão de marketing : Administração de empresas   658.8
2. Marketing : Administração de empresas   658.8

1ª reimpressão – outubro 2012
Direitos exclusivos para a língua portuguesa cedidos à
Pearson Education do Brasil Ltda.,
uma empresa do grupo Pearson Education
Rua Nelson Francisco, 26
CEP 02712-100 – São Paulo – SP – Brasil
Fone: 11 2178-8686 – Fax: 11 2178-8688
e-mail: vendas@pearson.com

DEDICATÓRIAS

À Louise, minha esposa, pelo apoio, compreensão e inspiração.
Braulio Oliveira

Para Lhuba Stirbolov Motta (in memorian), com amor.
Sérgio Motta

Dedico à FEA-USP. Sou o que sou graças a ela e seu elenco de professores.
Nela obtive a graduação, o mestrado, o doutorado e a livre-docência em administração.
Fauze Najib Mattar

Aos amores da minha vida: Letícia, Ana Cláudia, Glauce, Rafael, Vitória e Maria Clara!
Francisco Antonio Serralvo

Dedico esta obra a Mercedes e Giovanna.
Edson Crescitelli

Para Tiago, Marília e Nicanor.
Iná Futino Barreto

Aos meus pais, com amor.
Celio Mauro Placer Rodrigues de Almeida

Aos nossos filhos, Guilherme e Letícia, que nos trazem alegria e inspiração.
Maurício Jucá de Queiroz
Renata Steffanoni Bernardes de Queiroz

À minha família, razão de ser e suporte seguro de toda a trajetória profissional.
Geraldo Luciano Toledo

À minha família.
Ana Akemi Ikeda
Francisco Javier Sebastian Mendizabal Alvarez
Luciano Augusto Toledo
Marcos Cortez Campomar
Maurício Jucá de Queiroz
Sérgio Luiz Lepsch

SUMÁRIO

PREFÁCIO XI
APRESENTAÇÃO XIII
CAPÍTULO 1 FUNDAMENTOS DO MARKETING 1
    1.1 Histórico do marketing 2
    1.2 Conceitos fundamentais do marketing 5
    1.3 A organização de marketing 17
    Estudo de caso 20
    Resumo 21
    Questões 22
    Notas 22
CAPÍTULO 2 INFORMAÇÕES PARA O MARKETING 25
    2.1 O ambiente de marketing 26
    2.2 Sistema de informações de marketing 35
    2.3 Pesquisa de marketing 38
    Estudo de caso 62
    Resumo 63
    Questões 63
    Notas 63
CAPÍTULO 3 COMPORTAMENTO DO CONSUMIDOR 65
    3.1 O processo de decisão de compra do consumidor 66
    3.2 Variáveis que influenciam o processo de decisão de compra 71
    Estudo de caso 85
    Resumo 86
    Questões 87
    Notas 87
CAPÍTULO 4 MARKETING ESTRATÉGICO 89
    4.1 Fundamentos do marketing estratégico 90
    4.2 Estratégias de crescimento e estratégias competitivas 91
    4.3 Administração estratégica e marketing estratégico 107

        Estudo de caso 110
        Resumo 112
        Questões 112
        Notas 113

CAPÍTULO 5 SEGMENTAÇÃO DE MERCADO E POSICIONAMENTO DA OFERTA .. 115
        5.1 Fundamentos da segmentação de mercado 116
        5.2 Fundamentos do posicionamento 127
        5.3 Relação entre posicionamento e segmentação de mercado 137
        Estudo de caso 141
        Resumo 142
        Questões 143
        Notas 143

CAPÍTULO 6 GESTÃO E DESENVOLVIMENTO DE PRODUTOS 147
        6.1 Conceitos, características e classificações dos produtos 148
        6.2 Classificações dos produtos 150
        6.3 Decisões sobre produtos 152
        6.4 Desenvolvimento e lançamento de novos produtos 158
        6.5 O processo de desenvolvimento de novos produtos 165
        Estudo de caso 176
        Resumo 178
        Questões 178
        Notas 178

CAPÍTULO 7 FORMAÇÃO E GESTÃO DE PREÇO 181
        7.1 Fundamentos da formação e da gestão de preço 182
        7.2 Táticas de segmentação de preços 199
        Estudo de caso 202
        Resumo 203
        Questões 204
        Notas 204

CAPÍTULO 8 GESTÃO DA DISTRIBUIÇÃO 207
        8.1 Fundamentos da gestão da distribuição 208
        8.2 Gerenciamento da cadeia de distribuição 212
        8.3 Logística integrada 219
        8.4 A logística no mercado industrial (B2B) 220
        Estudo de caso 223
        Resumo 225
        Questões 225
        Notas 225

CAPÍTULO 9 GESTÃO DA COMUNICAÇÃO INTEGRADA DE MARKETING 227
        9.1 Comunicação integrada de marketing 228
        Estudo de caso 247
        Resumo 250
        Questões 251
        Notas 251

CAPÍTULO 10 PLANEJAMENTO E ELABORAÇÃO DE PLANOS DE MARKETING ... 253
        10.1 Planejamento de marketing no contexto do planejamento
                 empresarial 254
        10.2 Planejamento de marketing 258
        10.3 Plano de marketing 271
        Estudo de caso 278
        Resumo 280
        Questões 281
        Notas 282

CAPÍTULO 11 MARKETING *BUSINESS* TO *BUSINESS* 283
        11.1 Os mercados organizacionais e o mercado industrial 284
        11.2 Atividades de marketing no mercado industrial 292
        Estudo de caso 296

Resumo 297
Questões 298
Notas... 298

CAPÍTULO 12 ADMINISTRAÇÃO ESTRATÉGICA DE VENDAS 299
    12.1 A evolução da atividade de vendas 300
    12.2 Administração estratégica de vendas..................................... 304
    12.3 Tendências na administração estratégica de vendas............. 325
    Estudo de caso... 325
    Resumo 328
    Questões 328
    Notas... 329

CAPÍTULO 13 INTERNET E *DATABASE MARKETING* 331
    13.1 Internet e *database marketing* 332
    Estudo de caso... 349
    Resumo 350
    Questões 350
    Notas... 351

CAPÍTULO 14 *BRANDING*: CRIANDO E GERENCIANDO O VALOR DA MARCA ... 353
    14.1 Histórico e evolução do conceito de marca............................. 354
    14.2 Classificação das marcas 356
    14.3 Estrutura das marcas 358
    14.4 *Brand equity*... 362
    Estudo de caso... 372
    Resumo 373
    Questões 374
    Notas... 374

CAPÍTULO 15 MARKETING DE SERVIÇOS.. 377
    15.1 Representatividade do setor de serviços............................. 378
    15.2 Aspectos fundamentais dos serviços e de sua gestão 378
    15.3 A estratégia em marketing de serviços 386
    15.4 O composto de marketing de serviços 389
    Estudo de caso... 394
    Resumo 395
    Questões 395
    Notas... 395

CAPÍTULO 16 MARKETING NO VAREJO 397
    16.1 A importância do varejo e o varejo no Brasil 398
    16.2 Estratégia de varejo 400
    16.3 Novos canais e tendências no varejo 418
    Estudo de caso... 420
    Resumo 422
    Questões 423
    Notas... 424

REFERÊNCIAS BIBLIOGRÁFICAS 425

ÍNDICE REMISSIVO 429

SOBRE OS AUTORES 435

PREFÁCIO

De tempos em tempos a área de marketing é brindada com obras de grande relevância e utilidade tanto para o meio acadêmico como para os profissionais de mercado. *Gestão de marketing* é um desses livros. Consegue fazer ótimas contribuições para os estudiosos do marketing, tanto em nível de graduação quanto de pós-graduação, pois em todos os capítulos são citadas e apresentadas as mais atualizadas referências sobre o tema, construindo uma sólida fundamentação teórica tão apreciada pela academia. Ao mesmo tempo, apresenta e debate casos reais e fornece diversas ferramentas gerenciais que serão de extrema utilidade para aqueles que disputam mercados na competitiva arena do marketing, em qualquer setor ou segmento. Aliás, o foco central do livro, nas palavras de seu organizador, é auxiliar aqueles que queiram "fazer" marketing, facilitando seu uso e aplicação.

Cada capítulo inicia com a apresentação dos objetivos de aprendizagem, e a seguir trata dos conteúdos essenciais sobre o tema, demonstrando por meio do estudo de casos a aplicação empírica do marketing. Ao final do capítulo um resumo facilita a fixação dos conteúdos, seguido de questões que auxiliarão os docentes a aprofundar as discussões com seus alunos e das notas, que trazem as referências bibliográficas completas, permitindo um estudo minucioso daqueles que queiram dedicar-se a temáticas ainda mais específicas. Constam dessas notas os melhores autores do marketing contemporâneo, em seus textos consagrados ou em reflexões mais recentes, que incorporam as tendências mais atuais e inovadoras do mercado e refletem a acelerada evolução teórica e prática da nossa área. Deve-se mencionar também o material de apoio disponível para professores e alunos no site, o que certamente concorrerá para uma constante atualização e complementação dos conteúdos do livro, tornando-o bastante adequado para uso acadêmico.

O formato de coletânea adotado nesta obra tem muitas vantagens: a primeira é permitir que cada autor aborde o assunto sob sua responsabilidade com grande propriedade e domínio teórico e prático, trazendo conteúdos ao mesmo tempo amplos e profundos. Outra vantagem é a de possibilitar a combinação de reconhecidos acadêmicos dedicados a avançar os estudos teóricos do marketing com consultores e praticantes do marketing que relatam suas experiências e aprendizados empíricos no dia a dia do mercado.

Nesta obra temos o privilégio de contar com os trabalhos e contribuições de consagrados e experientes professores da FEA-USP, um dos mais conceituados centros de ensino e pesquisa em Administração do nosso país, ao lado de outros autores que tiveram sua formação naquela escola ou foram por ela influenciados. Eu mesmo fui beneficiado pelo convívio com mestres como Marcos Campomar, Geraldo Toledo e Fauze Mattar, quando do meu doutorado em Administração na USP. Uma vantagem adicional é associar a apresentação dos temas fundamentais do marketing (capítulos 1 a 9) com temas mais específicos como: marketing business to business, *branding*, Internet e *data base marketing*, administração de vendas e as aplicações do marketing nos serviços e no varejo (capítulos 11 a 16). Merece destaque especial o capítulo que trata do planejamento e elaboração de planos de marketing, pela sua excelente contribuição em consolidar os tópicos mais importantes do marketing para uma organização. Nele demonstrou-se a sua articulação com o Planejamento Empresarial, fornecendo um modelo de grande utilidade para a sua aplicação prática e servindo como uma poderosa ferramenta para todos aqueles que têm o desafio de fazer a gestão de marketing.

Por fim, desejo que este livro possa iluminar muitas mentes quanto ao marketing e suas aplicações, contribuindo para o processo de ensino-aprendizagem desta matéria em todo o nosso país. Creio também que será fundamental para todos os gestores que adotem a visão filosófica, estratégica e funcional do marketing em suas organizações.

Professor Doutor Záki Akel Sobrinho –
Reitor da Universidade Federal do Paraná
Doutor em administração pela FEA/USP

APRESENTAÇÃO

Entre em uma livraria virtual e procure por livros de marketing. Sem exagero, você encontrará centenas de opções, dos mais variados tipos, com as mais diversas abordagens. Então, por que lançar este livro, que trata de um assunto já tão divulgado?

Em primeiro lugar, o marketing tem hoje lugar de destaque na administração, oferecendo importantes subsídios para tomadas de decisão estratégicas e garantindo a sobrevivência dos negócios no longo prazo. Além disso — e principalmente —, embora esse assunto seja comum, ele tem aqui uma abordagem totalmente diferenciada, que lhe oferece nova roupagem, voltada para a prática.

Essa abordagem é possível graças a um tripé formado pelos seguintes elementos: (1) estrutura diferenciada de cada capítulo, que privilegia a didática e intensifica o aprendizado; (2) organização única do livro, que, além de apresentar todos os principais aspectos do marketing, aborda tópicos avançados e tendências da área; (3) conhecimento altamente especializado — os capítulos são assinados por alguns dos mais respeitados professores e profissionais da área.

ESTRUTURA DOS CAPÍTULOS

Como já observado, a estrutura dos capítulos privilegia a didática, proporcionando uma excelente experiência de aprendizado. Isso porque, além de possuir uma linguagem clara e uma diagramação arejada, que possibilita anotações, cada um dos 16 capítulos possui:

OBJETIVOS DE APRENDIZAGEM

Após ler este capítulo, você será capaz de:
- Apresentar a evolução do marketing.
- Relacionar os principais conceitos do marketing.
- Elencar as formas de organização do marketing.

- *Objetivos de aprendizagem*: encontrados no início de cada capítulo, mostram aos estudantes o que eles vão estudar nas próximas páginas, orientando-os, de maneira clara e precisa, com relação ao conhecimento que deve ser adquirido durante a leitura.

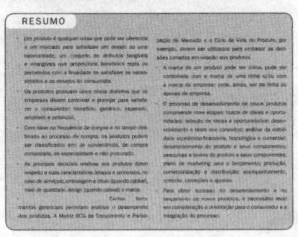

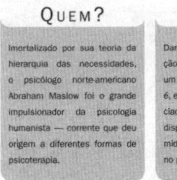

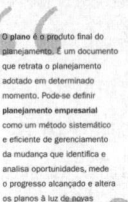

- *Estudo de caso*: ao final de cada capítulo, os estudantes encontram um estudo de caso que, ao tratar de empresas conhecidas, aborda tópicos apresentados ao longo do texto. E, para que os estudantes possam testar o conhecimento adquirido na prática, algumas questões-chave acompanham o case.

- *Resumo*: também ao final de cada capítulo, os estudantes têm acesso a um resumo do texto, que tem como objetivo assinalar os principais aspectos do marketing ali desenvolvidos.

- *Questões*: os estudantes também têm à sua disposição, novamente ao final de cada capítulo, uma série de questões de fixação que os levam a prestar atenção nos pontos-chave do texto.

Além desses elementos fixos, os capítulos contam com quatro tipos de hipertexto, que aparecem sempre que necessários. São eles:

- *Quem?*: traz mais informações sobre personalidades de destaque nos meios acadêmico e profissional.

- *O quê?*: apresenta informações adicionais sobre assuntos que, embora relevantes ao tema, não foram abordados.

- *Grifo*: com o intuito de ajudar os estudantes a fixar melhor os principais conceitos de marketing, esse hipertexto os traz destacados.

- *Veja em*: aponta remissão a outros capítulos, deixando clara a flexibilidade do livro.

ORGANIZAÇÃO DO LIVRO

A organização de um livro determina a sua eficácia — afinal, se ela não seguir um encadeamento lógico e natural, pode comprometer seriamente o processo de ensino/aprendizagem. Este livro foi estruturado de modo que todo o processo de marketing ficasse claro para os estudantes, facilitando seu entendimento e, para isso, foram considerados cinco aspectos principais (veja também a Figura 1.5, na página 10):

- *Dimensão estratégica*: aborda todos os fatores que influenciam a organização e os agentes que interagem com ele. Entre outros tópicos, são apresentados o macroambiente e suas forças, bem como o consumidor e seu comportamento (capítulos 2, 3 e 4).

- *Dimensão operacional*: trata de todas as decisões relativas aos 4Ps do marketing — produto, preço, praça e promoção (capítulos 6, 7, 8 e 9).

- *Atividades de apoio*: para que o processo de marketing possa caminhar bem, é preciso trabalhar com algumas atividades de apoio, como a pesquisa de marketing e a segmentação (capítulos 2 e 5).

- *Documentação e disseminação*: todo o processo de marketing gera um documento chamado plano de marketing que, entre outras coisas, dissemina a visão de marketing pela organização (Capítulo 10).

- *Tópicos especiais*: o marketing permeia toda a organização. Por conta disso, sua influência não se limita a seu processo tradicional. Pelo contrário: ela perpassa pelo *branding*, pelos serviços e pelo varejo, entre outros pontos (capítulos 11, 12, 13, 14, 15 e 16).

CONHECIMENTO ESPECIALIZADO

Já destacamos que um dos grandes diferenciais deste livro é, certamente, o fato de ele ter sido escrito por alguns dos mais renomados professores e profissionais de marketing do Brasil, que contribuíram escrevendo sobre tópicos que pesquisam. A esse conhecimento soma-se a experiência em sala de aula que muitos têm e que foi adquirida em instituições de destaque — e que aqui se solidifica em uma abordagem homogênea e contínua.

Para saber mais sobre cada um dos autores, veja a seção "Sobre os autores", na página 435. Aqui, vamos apenas enfatizar a contribuição de cada um deles:

- Braulio Oliveira, autor dos capítulos 1, 2, 5, 6, 15
- Ana Akemi Ikeda, autora do Capítulo 11
- Célio Mauro Placer Rodrigues de Almeida, autor do Capítulo 8
- Edson Crescitelli, autor do Capítulo 9
- Fauze Najib Mattar, autor do Capítulo 10
- Francisco Javier Sebastian Mendizabal Alvarez, autor do Capítulo 12
- Francisco Antonio Serralvo, autor do Capítulo 14
- Geraldo Luciano Toledo, autor do Capítulo 4
- Iná Futino Barreto, autora do Capítulo 9
- Luciano Augusto Toledo, autor do Capítulo 13
- Marcos Cortez Campomar, autor do Capítulo 11
- Maurício Jucá de Queiroz, autor do Capítulo 16
- Renata Steffanoni Bernardes de Queiroz, autora do Capítulo 16
- Sérgio Luiz Lepsch, autor do Capítulo 7
- Sérgio Luís Stirbolov Motta, autor dos capítulos 2, 3, 5, 6

MATERIAIS ADICIONAIS

Além dos três elementos que diferenciam a obra, não podemos esquecer seus materiais adicionais. Disponíveis no site www.pearson.com.br/oliveira, eles facilitam a exposição das aulas para os professores, ao mesmo tempo em que reforçam o processo de aprendizagem dos estudantes. São eles:

Para os professores

- Manual de soluções.
- Apresentações em PPT.

Os materiais para os professores são de uso exclusivo e, por isso, são protegidos por senha. Para ter acesso, os professores que adotam o livro devem entrar em contato com seu representante Pearson ou enviar um e-mail para universitarios@pearson.com.

Toda essa abordagem deixa claro porque esta obra é necessária para aqueles que querem conhecer ou mesmo se especializar na área de marketing. E mais: ao buscar e, principalmente, conquistar a diferenciação, ele se utiliza de um dos principais conceitos de marketing, aplicando, com sucesso, a teoria na prática!

Boa leitura!

AGRADECIMENTOS

Pela contribuição dos diversos autores para a elaboração desta obra, seria óbvia a necessidade de agradecê-los. Mas aproveito este espaço para apresentar não apenas um mero formalismo, mas sim minha admiração e respeito por todos os pesquisadores que participaram ativamente deste projeto. Alguns dos autores, além de amigos, são minhas referências profissionais e pessoais, com os quais muito aprendi e ainda aprendo; outros são amigos de turma, de instituição, de projetos e de compartilhamento de conhecimento. Uma coisa todos têm em comum: uma capacidade diferenciada de enxergar as coisas e uma extrema habilidade de fazer coisas acontecerem. Essas raras qualidades é que tornaram o trabalho de organização possível. Então, muito obrigado, amigos, pela oportunidade do convívio e pela confiança em minha capacidade de tornar este projeto uma realidade.

Também à Editora Pearson do Brasil meu muito obrigado pelo apoio, pelas diretrizes e, sobretudo, pela confiança em que teríamos condições de elaborar uma obra de alto nível e adequada à nossa realidade educacional e empresarial.

Braulio Oliveira
Organizador e autor

FUNDAMENTOS DO MARKETING

OBJETIVOS DE APRENDIZAGEM

Após ler este capítulo, você será capaz de:

- Apresentar a evolução do marketing.
- Relacionar os principais conceitos do marketing.
- Elencar as formas de organização do marketing.

Marketing é uma palavra que ouvimos muito em nosso dia a dia. Basta ligarmos a TV, abrirmos um jornal, papearmos com amigos ou mesmo com estranhos. Mas, como veremos, a complexidade e a robustez do marketing vão muito além de apontamentos simples e, principalmente, das distorções que às vezes ocorrem.

De fato, para alguns, o marketing é algo danoso, um instrumento que pessoas e empresas utilizam para ludibriar, enganar os consumidores. Na verdade, não é nada disso. A essência do marketing é satisfazer os clientes como meio para alcançar o desenvolvimento empresarial.

Diferentemente do que muitos acreditam, o marketing não se restringe a vender, nem tampouco a comunicar. Em vez disso, ele interage com os diversos recursos organizacionais de uma maneira lógica e coerente, visando contribuir para a otimização desses recursos.

Neste capítulo, abordaremos os fundamentos do marketing, além de seus principais conceitos. Apresentaremos também o processo de marketing, sua constituição, sua organização e suas principais premissas.

1.1 HISTÓRICO DO MARKETING

Em 1948, Alderson e Cox já chamavam a atenção para a necessidade de ampliar e aprofundar o estudo sobre marketing, uma vez que muitos problemas empresariais não podiam ser resolvidos adequadamente com base na literatura de outras áreas.[1] Contudo, como verdadeira área de estudo da administração, o marketing começou a se desenvolver de forma relativamente autônoma e intensa a partir de meados dos anos 1950. Sua consagração total veio em 1960, quando em um artigo intitulado "Miopia em marketing", publicado na *Harvard Business Review*, Theodore Levitt apontou, a partir de diversos exemplos, que a empresa que define o escopo de seu negócio com base em aspectos técnicos ou funcionalidades do produto, em vez de nas necessidades dos clientes, acaba fracassando no longo prazo. Como Levitt assinalou, produtos e serviços são apenas meios pelos quais os consumidores satisfazem suas necessidades e desejos. Com o passar do tempo, devido a mudanças nos interesses e comportamentos, os consumidores, embora continuem a satisfazer muitas de suas necessidades e desejos antigos, o fazem de maneiras diferentes.

É interessante notar que o artigo de Levitt, décadas após a publicação, continua atual ao explicar por que empresas conhecidas e dominantes em um determinado momento desaparecem no momento seguinte ou deixam de ser expressivas, enquanto outras, por compreenderem seu negócio a partir de um escopo mais amplo, subsistem por um longo tempo. Nesse cenário, um exemplo de sucesso é a IBM, que recentemente deixou de ser uma fabricante de equipamentos de informática para se tornar uma fornecedora de serviços baseados em tecnologia da informação. Outra empresa que mudou radicalmente foi a Olivetti. Conhecida no Brasil como líder no setor de máquinas de escrever, a Olivetti é atualmente uma importante empresa do setor de tecnologia da informação, fazendo parte do grupo Telecom Itália desde 2003.

Todas essas afirmações e exemplos são reforçados pela definição de marketing da American Marketing Association (AMA), respeitada entidade fundada em 1937. Para a AMA, **marketing** é uma função organizacional e um conjunto de processos que têm como finalidade criar, comunicar e entregar valor para consumidores, bem como gerenciar o relacionamento com eles, de forma a beneficiar a organização e seus *stakeholders*.[2]

QUEM?

É verdade que o alemão Theodore Levitt ficou conhecido por seu artigo "Miopia em marketing". Mas suas contribuições para o marketing não pararam por aí. Um dos grandes nomes da Harvard Business School, Levitt foi um entusiasta da divisão das funções de vendas e marketing, bem como um defensor do conceito de marca global.

"De acordo com a AMA, **marketing** é uma função organizacional e um conjunto de processos que têm como finalidade criar, comunicar e entregar valor para os consumidores, bem como gerenciar o relacionamento com eles, de forma a beneficiar a organização e seus *stakeholders*."

O QUÊ?

Stakeholders são todos os públicos que se relacionam com a empresa, de consumidores a grupos organizados da sociedade civil.

Assim, uma vez que o marketing como área de conhecimento vem sendo desenvolvido com o propósito de contribuir para a gestão empresarial, podemos dizer que ele é um conjunto de atividades administrativas e, como tal, possui funções básicas que devem ser respeitadas. Essas funções podem ser vistas no Quadro 1.1.

Vale assinalar que, também de acordo com a AMA, **gestão de marketing** é o processo de definir os objetivos de marketing para uma organização a partir dos recursos internos e das oportunidades de mercado, planejar e executar atividades para alcançar esses objetivos e monitorar seu alcance.[3] Em outras palavras, o papel da gestão de marketing é utilizar o conhecimento acumulado e em constante desenvolvimento pela teoria de marketing, de modo que ele contribua para o sucesso empresarial.

Seja como for, até que as organizações passassem a adotar o marketing como forma de interagir com seu mercado outras abordagens foram trabalhadas. Embora seja difícil situá-las no tempo, o fato é que a mudança da sociedade, que deixou de ser demandante para se tornar ofertante, foi fundamental para a alteração de foco.

Tomando como base os países mais desenvolvidos, podemos afirmar que até meados da Revolução Industrial — ou seja, até meados do século XIX —, uma vez que a produção era basicamente artesanal e contava com intensa força de trabalho humana, havia muitos compradores para a quantidade de produtos colocada no mercado. Nesse período chamado de Era da Produção, o foco dos ateliês e das "empresas" era produzir o máximo que podiam, pois sabiam que havia compradores disponíveis e interessados nos produtos que ofertavam.

> Segundo a AMA, **gestão de marketing** é o processo de definir os objetivos de marketing para uma organização a partir dos recursos internos e das oportunidades de mercado, planejar e executar atividades para alcançar esses objetivos e monitorar seu alcance.

Quadro 1.1 Funções básicas do marketing

Planejamento	Organização	Direção	Controle
1. Reunião de informações. 2. Análise da situação: • Diagnóstico. • Prognóstico. 3. Definição dos objetivos e das metas. 4. Estratégias (seleção das alternativas). 5. Ações.	1. Definição das atividades. 2. Agrupamento das atividades. 3. Designação das atividades para os grupos responsáveis. 4. Interligação dos grupos, tanto horizontal quanto verticalmente, por meio de relações de autoridade e de sistemas de informação.	1. Delegação de autoridade e atribuição de responsabilidades e tarefas. 2. Motivação: proporcionar condições para que haja tanto envolvimento dos participantes para o cumprimento das atribuições como colaboração com a organização.	1. Desenvolvimento de instrumentos que permitam saber onde se está a cada momento. 2. Desenvolvimento de padrões que permitam saber onde se deseja estar a cada momento. 3. Comparação das medidas do desempenho atual com os padrões. 4. Definição de ações para efetuar as correções necessárias.

O interessante é que, à medida que a Revolução Industrial evoluía e permitia a maquinização da produção, mais e mais produtos eram colocados à disposição do mercado. Foi esse movimento que, por volta da década de 1920, deu início à chamada Era das Vendas — período em que o foco das empresas passou da produção para o processo de venda, uma vez que havia mais ofertantes e produtos do que mercado consumidor.[4] Como já assinalamos, somente na década de 1950, com a grande competição existente entre as empresas e a busca de um modelo de interação com o mercado que otimizasse os recursos organizacionais, teve início a Era do Marketing.

É importante ter em mente que, embora o marketing tenha, de certo modo, nascido para resolver problemas empresariais, seus conceitos, atividades, decisões e ações não são restritos a empresas que visam ao lucro, nem tampouco somente a empresas. Na verdade, muito daquilo que é apresentado neste livro pode ser aplicado em setores específicos, como o de organizações sem fins lucrativos, bem como em causas sociais, eventos e, até mesmo, em pessoas e lugares.[5]

Mas, se o marketing é tão onipresente e necessário, por que ele é tão distorcido, aplicado de maneira inadequada ou mesmo não utilizado? Podemos apontar alguns motivos para isso:[6]

- *Barreiras culturais e organizacionais*: empresas que experimentaram um baixo índice de competição — seja pela falta de atratividade do setor, pela proteção política/legal ou pela visão dos executivos, que não consideravam a necessidade de competir — podem ter barreiras que dificultam a adoção do marketing.

- *Retorno não imediato decorrente da adoção do marketing*: o processo de marketing implica diversas etapas e atividades, além da necessidade de reorientação da empresa para sua adoção. Isso significa que seus resultados podem não ser imediatos.

- *Falta de treinamento para a utilização do marketing*: muito embora os conceitos e a percepção da necessidade de se adotar o marketing sejam claros para muitas pessoas, por ele envolver atividades e ferramentas específicas, é fundamental que os envolvidos em seu processo tenham capacitação adequada.

- *Falta de conhecimento*: os executivos podem não conhecer plenamente o processo de marketing, bem como suas atividades e contribuições.

De qualquer maneira, a interação com o ambiente empresarial é fundamental para que as organizações possam se desenvolver. E, considerando que o aumento da competição fez com que as premissas e as atividades de marketing passassem a ocupar um lugar de destaque exatamente por elas serem essenciais para estimular a interação com o mercado, podemos dizer que, cedo ou tarde,

> **VEJA EM**
>
> No Capítulo 2, "Informações para o marketing", a interação entre as organizações e o ambiente empresarial é abordada detalhadamente.

quando uma organização sentir-se ameaçada ou começar a incomodar um concorrente, a filosofia de marketing passará a reger boa parte de suas decisões.

1.2 CONCEITOS FUNDAMENTAIS DO MARKETING

Para que possamos realmente entender o que é marketing, é fundamental conhecermos os conceitos que possuem forte relação não apenas com ele, mas também com sua gestão, o que apresentamos nos tópicos a seguir.

> **VEJA EM**
>
> O ambiente de marketing e as forças que o compõem são tópicos amplamente discutidos no Capítulo 2.

Ambiente de marketing

O ambiente de marketing é um conjunto formado por diversas forças que devem ser consideradas nos momentos de tomada de decisão. Entre essas forças estão: fatores sociais, fatores organizacionais e agentes que influenciam e interagem com a empresa.

4Ps, composto de marketing ou mix de marketing

Diversos autores procuraram simplificar ou resumir o conceito de marketing não apenas para disseminá-lo, mas também para contribuir com sua aplicação. O modelo que sobreviveu e que se tornou referência é o proposto por McCarthy, que estabeleceu o conjunto que denominamos **4Ps** – também chamado de composto de marketing ou mix de marketing.[7] Os 4Ps são um conjunto de variáveis decisórias que incluem o produto, o preço, a praça (distribuição) e a promoção (comunicação).

> Também chamados de composto de marketing ou mix de marketing, os **4Ps** são um conjunto de variáveis decisórias que incluem o produto, o preço, a praça (distribuição) e a promoção (comunicação).

> **Oferta** é a proposta que a empresa oferece a fim de aproveitar oportunidades percebidas.

Oferta, mercado e demanda

Ao longo deste livro, o termo *oferta* será utilizado não como sinônimo de produto em promoção, mas sim como referência a um conjunto de decisões operacionais que envolve todo o composto de marketing. De fato, **oferta** diz respeito a uma proposta que a empresa oferece, a fim de aproveitar oportunidades percebidas. Já **mercado** diz respeito ao conjunto de pessoas ou empresas que compram determinado produto. **Demanda**, por sua vez, é um indicador baseado no mercado, ou seja, no conjunto de compradores finais ou empresariais; geralmente, ela é definida em termos de volume de unidades de produto ou de recursos financeiros que pode ser absorvido pelo mercado.

> **Mercado** é o conjunto de pessoas ou empresas que compram determinado produto.

> Indicador baseado no mercado, a **demanda** é definida em termos de volume de unidades de produto ou de recursos financeiros que pode ser absorvido pelo mercado.

Cliente e consumidor

Cliente é um termo utilizado para referir-se tanto a empresas (compradores organizacionais) quanto àqueles que compram para fins próprios. Já o termo **consumidor** refere-se exclusivamente às pessoas que compram para fins próprios.

Necessidade e desejo

O estabelecimento do marketing como área de conhecimento deu-se com base em diversas outras áreas, como a psicologia. Utilizada pelo marketing de modo intenso, a psicologia, ao mostrar que as **necessidades** (ou motivações) são intrínsecas a cada ser humano, destrói o mito de que o marketing as cria.

É verdade, no entanto, que o marketing influencia essas necessidades. Mas outros fatores, como classe social, família e cultura, também fazem isso. Acreditar que uma ação empresarial é capaz de definir o comportamento de um ser humano é, na melhor das hipóteses, rebaixá-lo à condição de um ser irracional.

Já os **desejos**, que representam a forma como os consumidores satisfarão suas necessidades, são, sim, fortemente influenciados e moldados pelas ações de marketing. Em linhas gerais, podemos dizer que, se um consumidor reconhece a necessidade de se alimentar, ele pode satisfazê-la com um pedaço de pizza, uma salada, um prato qualquer de comida ou mesmo um hambúrguer, ou seja, pode satisfazê-la com aquilo que desejar.

A base desse pensamento vigente entre os acadêmicos e os profissionais de marketing é constituída pelas contribuições de Abraham Maslow, o qual desenvolveu estudos que estabeleceram a hierarquia das necessidades ou os diversos grupos de necessidades que nós, seres humanos, possuímos. Esses grupos foram dispostos por ele em forma de pirâmide, elucidando duas ideias: (1) a de que há necessidades mais elementares e mais sofisticadas; (2) a de que a satisfação de uma necessidade "mais elevada" depende da satisfação das necessidades imediatamente "inferiores". Esse sistema pode ser visto no Figura 1.1.[8]

É importante assinalar que esses grupos devem ser pensados individualmente. Isso porque, além de um mesmo produto ou serviço poder consistir em um meio para a satisfação de diferentes necessidades, diferentes produtos ou serviços podem consistir em um meio para a satisfação de um mesmo grupo de necessidades. Por exemplo, um curso de graduação pode, ao mesmo tempo, satisfazer a necessidade de autorrealização de uma pessoa com 50 anos – que, embora com a vida estável, não teve oportunidade de estudar no passado – e a necessidade social de trabalho de um jovem de 20.

"**Cliente** é um termo utilizado para referir-se tanto a empresas (compradores organizacionais) quanto àqueles que compram para fins próprios. Já o termo **consumidor** refere-se exclusivamente às pessoas que compram para fins próprios."

"**Necessidades** são motivações intrínsecas ao ser humano."

VEJA EM

O uso que o marketing faz da psicologia fica bem claro quando se aborda o comportamento do consumidor, tópico amplamente explorado no Capítulo 3.

"**Desejos** são maneiras por meio das quais as necessidades são satisfeitas."

QUEM?

Imortalizado por sua teoria da hierarquia das necessidades, o psicólogo norte-americano Abraham Maslow foi o grande impulsionador da psicologia humanista — corrente que deu origem a diferentes formas de psicoterapia.

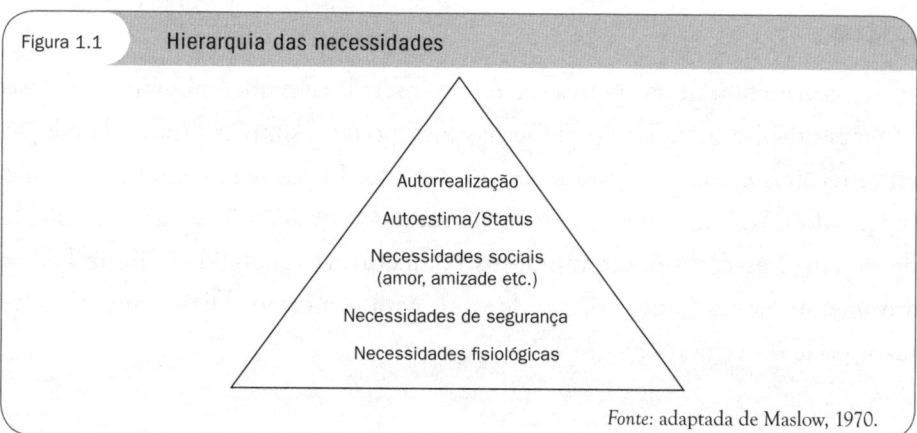

Figura 1.1 Hierarquia das necessidades

Fonte: adaptada de Maslow, 1970.

Satisfação

Em ambientes competitivos, a continuidade de um negócio depende de se ter clientes satisfeitos — até porque, caso eles não o estejam, certamente migrarão para a concorrência. Mas o que exatamente significa satisfação? Em termos gerais, **satisfação** é um estado psicológico oriundo de se ter expectativas atendidas.

> **Satisfação** é um estado psicológico oriundo de se ter expectativas atendidas.

Concorrente e competição

Todas as organizações que oferecem produtos que satisfazem necessidades e desejos semelhantes são **concorrentes**. Em linhas gerais, os concorrentes podem ser mais ou menos diretos, dependendo das características do produto ou serviço que oferecem, bem como do setor em que atuam.

> **Concorrentes** são todas as organizações que oferecem produtos que satisfazem necessidades e desejos semelhantes. Eles podem ser mais ou menos diretos.

O profissional de marketing precisa ter muito clara essa definição. Isso porque o principal fator que motiva o desenvolvimento e a adoção do marketing é a competição. Basicamente, a competição entre organizações existe quando dois ou mais concorrentes atuais ou potenciais percebem a oportunidade de estabelecer ou melhorar sua posição no mercado.

É interessante notar que isso ocorre somente porque, em uma sociedade, os movimentos de uma empresa repercutem nas demais, dada a existência de uma relação de interdependência. Assim, é constante a busca por alternativas que permitam às organizações sobrepujar as ações de seus concorrentes. Afinal, se não fizerem isso, elas acabarão por receber impactos das ações deles, o que pode ser prejudicial e criar situações difíceis de serem revertidas. Em outras palavras, as empresas buscam criar, desenvolver e sustentar vantagens em relação a seus concorrentes, de modo que possam crescer e se desenvolver em um ambiente competitivo.

> **VEJA EM**
>
> O Capítulo 4, "Marketing estratégico", mostra como as empresas podem crescer e se desenvolver em um ambiente competitivo a partir do marketing.

Lucro

Devido ao fato de as empresas estarem inseridas em um ambiente complexo e competitivo, o lucro não pode ser visto como uma simples função da relação entre receitas e custos, como já foi no passado. Ele deve ser entendido como função do relacionamento entre eficiência das operações internas, capacidade de desenvolver e sustentar vantagens competitivas e habilidade de trabalhar ativamente na constante criação de valor para o mercado. Essa concepção de lucro pode ser vista na Figura 1.2.

Orientação para o mercado

Dada a atual competitividade, a orientação para o mercado é o direcionamento organizacional considerado por muitos o mais adequado para enfrentar os desafios que se apresentam. Baseada no marketing, essa orientação é, na verdade, uma cultura de negócios que gera os comportamentos necessários para a criação e a entrega de valor superior para os clientes.[9]

Para que a empresa tenha condições de trabalhar orientada para o mercado, ela precisa levar em consideração três elementos. Esses elementos, ilustrados na Figura 1.3, são: (1) foco no cliente — o mercado deve ser o principal parâmetro para as decisões; (2) marketing integrado — integração coerente e consistente do processo de marketing e de suas variáveis; (3) lucro — principal objetivo das organizações empresariais.[10]

Sistema de marketing

Considerada um sistema aberto, as empresas são influenciadas por fatores do ambiente de marketing e também os influenciam, como mostra a Figura 1.4. Essas interações das empresas com seu ambiente constituem o **sistema de marketing**.

Figura 1.2 — O lucro na concepção de marketing

Figura 1.3 Os pilares da orientação para o mercado

Fonte: Toledo, 1994.

Processo de marketing

O marketing não pode ser considerado simplesmente um conjunto de ferramentas. Ele deve ser pensado em termos de suas interações e das atividades que compreende.

Assim, podemos dizer que o processo de marketing tem início com a análise do ambiente de marketing. Essa análise tem como finalidade a obtenção de informações que permitam a tomada de decisões e a fundamentem. Em seguida, com base na análise realizada, devemos tomar decisões estratégicas de marketing. Ao levar em conta as atividades de segmentação do mercado e de posicionamento da oferta, essas decisões servem de diretrizes para as chamadas decisões operacionais, que envolvem os 4Ps. O processo se completa com o registro e o encadeamento, de maneira lógica e consistente, dos principais resultados provenientes tanto das informações que foram analisadas como das decisões estratégicas e operacionais que foram tomadas, dando origem a um documento denominado plano de marketing.

A Figura 1.5 ilustra todo o processo de marketing. Ela também destaca os capítulos em que cada um dos itens que o compõem é tratado em profundidade.

> **VEJA EM**
>
> O Capítulo 10, "Planejamento e elaboração de planos de marketing", como seu próprio título já diz, traz uma rica discussão sobre planos de marketing.

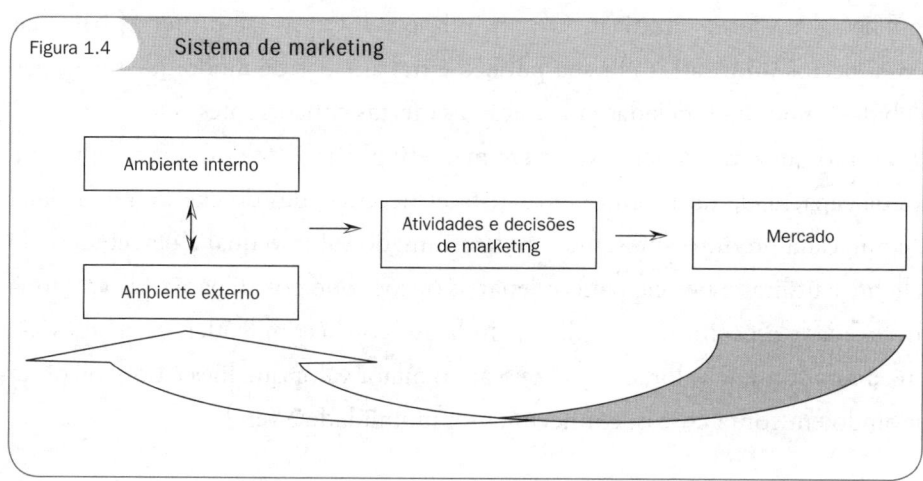

Figura 1.4 Sistema de marketing

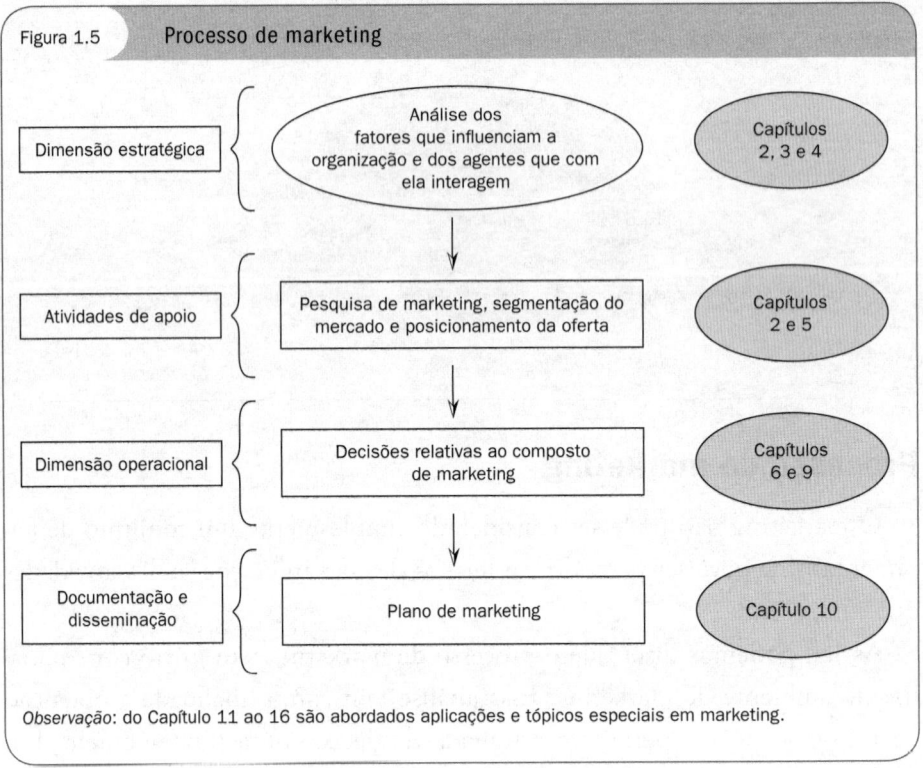

Valor

O conceito de valor tem sido estudado em economia, em psicologia e até mesmo em sociologia, com interpretações distintas. Em marketing, somente nas duas últimas décadas a teoria sobre criação e entrega de valor para os clientes adquiriu vigor, passando a representar um elemento central no contexto de troca e sendo incorporada ao processo estratégico como importante ferramenta de apoio à decisão.

Hoje, é possível dizer que o marketing concentra suas atenções na gestão do valor para o cliente. Isso fica claro quando consideramos que a empresa orientada para o mercado que quer ser competitiva precisa apresentar a seu público-alvo ofertas atrativas. Ou seja, ela precisa apresentar ofertas baseadas em aspectos valorizados por seu público e trabalhadas de modo que sejam percebidas como diferenciadas em relação às ofertas concorrentes.

Mas o que é exatamente valor em marketing? Para Kotler, valor é a estimativa da capacidade do produto em satisfazer necessidades do cliente potencial.[11] Assim, cada produto apresenta um determinado valor, o qual é percebido pelo cliente e utilizado por ele para ordenar as opções que possui para satisfazer uma necessidade específica. Além disso, ainda de acordo com Kotler, os clientes são maximizadores de valor, ou seja, buscam o maior valor que lhes é possível obter levando em conta custos, conhecimento, mobilidade e renda.[12]

Outros autores definem valor de maneira diferente — existe uma verdadeira multiplicidade de interpretações sobre o tema. Mas, em meio a vários pontos divergentes, é possível encontrar elementos convergentes, como os seguintes:

1. O valor para o cliente está vinculado à satisfação de necessidades e desejos.

2. O valor é mais algo percebido pelo cliente do que determinado objetivamente pela empresa.

3. As percepções envolvem uma troca entre o que o cliente recebe (qualidade, benefícios, utilidade) e o que oferece pelo produto ou serviço (preço, sacrifícios).

Seja como for, o fato é que, desde que os clientes o percebam e estejam dispostos a pagar por ele, o valor que uma empresa consegue criar é sua base de sustentação.[13] Contudo, é importante deixar claro que é o cliente quem decide quanto vale um atributo ou benefício proporcionado por uma oferta, e isso muitas vezes é determinado com base apenas em sua percepção. Por essa razão, é preciso avaliar com cuidado a ideia de "agregar valor". Afinal, se o cliente não estiver disposto a pagar por essa "agregação", o que a empresa agregará é custo, e não valor.

Dimensões do valor

Qualquer oferta pode ser representada conceitualmente como um conjunto tanto de benefícios econômicos, técnicos, sociais, psicológicos como de custos financeiros, de locomoção, de desgaste emocional. Isso significa que o valor é o benefício que o cliente recebe em troca dos custos para a obtenção do produto/serviço. Significa também que o valor pode ser analisado sob duas dimensões: (1) quantidade de benefícios proporcionados; (2) custo de obtenção desses benefícios. Em marketing, essas duas dimensões são consideradas sob a perspectiva do cliente.

No que diz respeito à primeira dimensão — quantidade de benefícios proporcionados —, é importante ter em mente que os clientes adquirem produtos não por aspectos ou funcionalidades específicas, mas, principalmente, por benefícios que percebem que o produto proporciona. De fato, um produto pode até atender aos critérios objetivos de desempenho, aqueles validados por testes técnicos, mas só conquista a preferência se os clientes reconhecerem (ou perceberem) que ele entrega os benefícios desejados. Já a segunda dimensão — custo de obtenção do benefício — representa o sacrifício que o comprador está disposto a fazer para efetivar a transação.

A verdade é que os clientes potenciais tomam decisões de compra considerando o preço percebido do produto, ou seja, quanto eles acham que o produto custará. Nesse contexto, o valor pode ser representado pela equação que indica a quantidade de benefícios proporcionados pelo produto em comparação ao custo (preço) de obtê-lo. Na mente do comprador, a quantidade de benefícios é valorada e expressa em unidades monetárias, e o número resultante sugere quanto ele julga que valem os benefícios incorporados ao produto.

Tudo isso nos leva a uma conclusão: o valor (percebido) é uma medida — ele pode ser calculado como a diferença entre os benefícios percebidos que um produto entrega e seu preço percebido; pode ainda ser considerado a relação (quociente) entre os benefícios percebidos e o preço percebido ($ benefícios/$ custo de obtenção).

Vantagem competitiva baseada no valor

Para criar vantagem competitiva baseada no valor para o cliente, a empresa deve tornar dinâmico o processo de aprendizado. Isso inclui realizar movimentos certos em toda a organização para oferecer o valor que os clientes demandarão no futuro e, assim, liderar o mercado — naturalmente, o que acontecerá amanhã depende das mudanças nos clientes, nos concorrentes e no macroambiente, e isso precisa ser monitorado. Woodruff propõe uma sequência de etapas para a obtenção de vantagem competitiva a partir do valor para o cliente, conforme mostra a Figura 1.6.[14]

1. *Criação da estratégia de entrega de valor para o cliente-alvo*: a partir das informações obtidas no processo de determinação do valor para o cliente, a empresa pode arquitetar uma estratégia para entregar os principais atributos valorizados por ele.

2. *Transformação da estratégia em processos internos e demandas*: essa etapa consiste em identificar os processos internos relacionados aos aspectos do valor que se pretende incrementar, bem como em especificar as demandas necessárias para entregar cada dimensão planejada do valor.

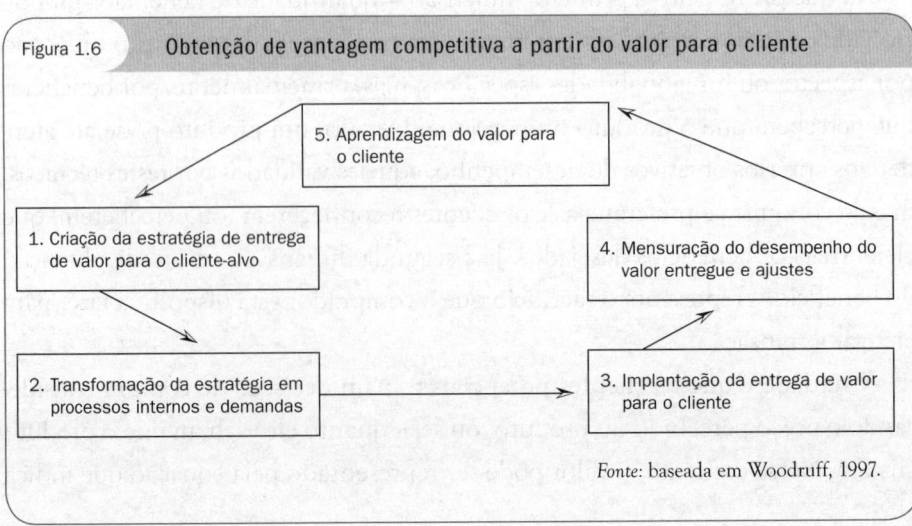

Figura 1.6 — Obtenção de vantagem competitiva a partir do valor para o cliente

Fonte: baseada em Woodruff, 1997.

3. *Implantação da entrega de valor para o cliente*: essa etapa envolve áreas internas (vendas, marketing, atendimento) e fornecedores externos, que comunicarão ao cliente o valor que será implantado.

4. *Mensuração do desempenho do valor entregue e ajustes*: procedimento essencial, a mensuração gera conhecimento que orienta as ações necessárias para reter os clientes mais valiosos ao longo do tempo e permite ajustes nas dimensões de valor.

5. *Aprendizagem do valor para o cliente*: essa etapa prevê a utilização de sistemas de inteligência e novas pesquisas para obter informações sobre aquilo que o cliente pode valorizar no futuro.

Diferenciação

Podemos definir **diferenciação** como uma distinção baseada em alguma variável relevante para o cliente, que o leva a desenvolver preferência pela oferta.[15] Assim, fica claro que, ao abordar tanto a importância dada pelo público-alvo à variável diferenciadora como o objetivo de ganhar a preferência desse público, o conceito de diferenciação vai ao encontro do conceito de valor.

> **Diferenciação** pode ser definida como uma distinção baseada em alguma variável relevante para o cliente, que o leva a desenvolver preferência pela oferta.

É verdade que, uma vez que se pode alterar a curva da demanda de preço e quantidade de uma empresa por meio de comunicação, devemos considerar a possibilidade de criar diferenciação por meio de elementos intangíveis relativos à percepção do mercado.[16] Contudo, normalmente, a diferenciação baseia-se em atributos que podem ser entregues ao cliente, como qualidade, características adicionais, embalagem e preço.[17]

De qualquer modo, dada a grande quantidade de produtos concorrentes, quando o principal benefício a ser entregue é baseado em um bem tangível, a diferenciação acaba sendo obtida pela agregação de serviços, ao passo que, quando o principal benefício a ser entregue é baseado em um serviço, a diferenciação se dá pela agregação de bens tangíveis. Em outras palavras, tendo em vista a competição, a diferenciação ocorre por meio da oferta de serviços complementares, independentemente de o benefício principal ser baseado em produto tangível ou intangível.[18]

O que deve ficar claro é que os clientes atribuem valor aos produtos de acordo com a percepção acerca da satisfação de suas necessidades ou resolução de seus problemas.[19] Nesse sentido, a diferenciação é mais aparente nos produtos com marca voltados aos consumidores finais, no design, no caráter operacional e composição de bens industriais e nas características e intensidade dos serviços de ofertas intangíveis.[20] Isso não significa, entretanto, que, quando se tratam de produtos comoditizados, o preço é a única variável que pode diferenciá-los.

De fato, em muitos casos, a diferenciação também se dá por meio da venda pessoal, da comunicação e dos serviços agregados.

Fidelidade

Em mercados concorridos, o relacionamento entre a empresa e seus clientes pode ser interpretado como a base para a melhoria do potencial competitivo da organização, ou seja, pode ser visto como o meio pelo qual a empresa atinge a satisfação de seus clientes. Nesse sentido, podemos dizer que o processo de criação de fidelidade do cliente se dá por intermédio da entrega contínua de valor a ele, uma vez que isso tende a aumentar seu nível de satisfação.

Mas como podemos definir fidelidade em marketing? Em poucas palavras, **fidelidade** significa um sentimento de afinidade em relação a produtos e marcas de uma empresa que vai além da simples repetição de compra, embora esse indicador seja comumente utilizado como forma de auferir a satisfação dos clientes — muitas vezes em detrimento de fatores importantes, como conveniência, inércia e grau de competitividade ou concentração de um determinado mercado.[21]

> **Fidelidade** significa um sentimento de afinidade em relação a produtos e marcas de uma empresa que vai além da simples repetição de compra.

Hoje, com a conquista de novos clientes tornando-se cada vez mais difícil em razão dos altos custos de mídia e da acirrada concorrência nos mais diversos mercados,[22] a obtenção da fidelidade do cliente, embora seja um processo longo e oneroso, pode trazer benefícios bastante duradouros. Isso porque clientes fidelizados interagem com a empresa em forma de parceria, defendendo-a e oferecendo, além de resultados financeiros diretos, informações valiosas que, se bem trabalhadas, viabilizam a criação de importantes diferenciais em relação à concorrência.

A Figura 1.7 ilustra a evolução do comportamento do consumidor em relação à empresa, desde o nível de baixo comprometimento até o ponto em que é desenvolvida a fidelidade.[23]

Vale assinalar que, como forma de contribuir para a criação de fidelidade, diversas organizações estabelecem programas de ações específicos. Um dos principais objetivos dos chamados "programas de fidelidade" é elevar o nível de retenção de clientes por meio do aumento do valor percebido e, consequentemente, da satisfação. Essa estratégia é totalmente válida, uma vez que, à medida que são oferecidos descontos progressivos ou benefícios adicionais aos clientes fiéis, estes se colocam como barreiras à troca de fornecedores.

Seja como for, o fato é que existe uma forte relação entre o valor entregue para o cliente e sua satisfação. Afinal, à medida que o produto é percebido como sendo "de valor" e, portanto, alcança seus objetivos, a satisfação é uma consequência natural,[24] que leva a um relacionamento duradouro entre a empresa e o cliente e gera um ciclo virtuoso, conforme exposto na Figura 1.8.[25]

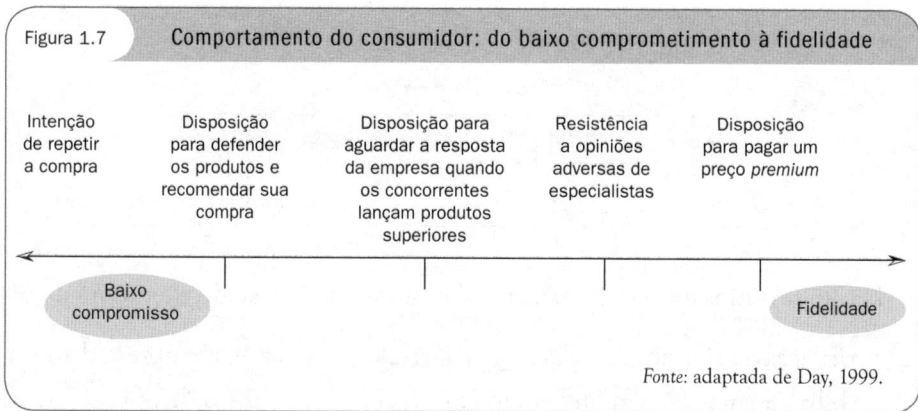

Figura 1.7 — Comportamento do consumidor: do baixo comprometimento à fidelidade

Fonte: adaptada de Day, 1999.

Desse modo, podemos dizer que o fator crítico para que os clientes comprem repetidas vezes um mesmo produto e, assim, percorram o caminho até a fidelidade é a satisfação que eles obtêm com seu uso.

É importante ressaltar que, em razão das expectativas criadas, a empresa que oferece um produto é responsável pela satisfação ou não do público que pretende atender. Isso significa que, mesmo que um produto atenda adequadamente a uma determinada necessidade, o cliente pode ficar insatisfeito por ter sido criada uma expectativa superior, a qual não contempla a realidade.

Para determinar os diferentes graus de satisfação do cliente, pode-se usar o modelo exposto na Figura 1.9. De acordo com esse modelo, se o valor percebido pelo cliente for menor do que o que ele esperava, o cliente fica insatisfeito com o produto — e a probabilidade de ele repetir a compra tende a diminuir.

As informações necessárias para mensurar o grau de satisfação do cliente podem ser obtidas mediante questões relevantes para cada tipo de produto. Assim, por exemplo, para saber qual o nível de satisfação de determinado público com um novo veículo, pode-se percorrer as seguintes etapas: (1) realizar uma pesquisa prévia com o público para verificar quais são suas expectativas com relação a alguns atributos importantes do produto, como segurança, conforto e desempenho; (2) após o veículo ter sido adquirido, realizar outra pesquisa com base nas mesmas variáveis; (3) avaliar o nível de satisfação comparando os resultados das duas pesquisas.

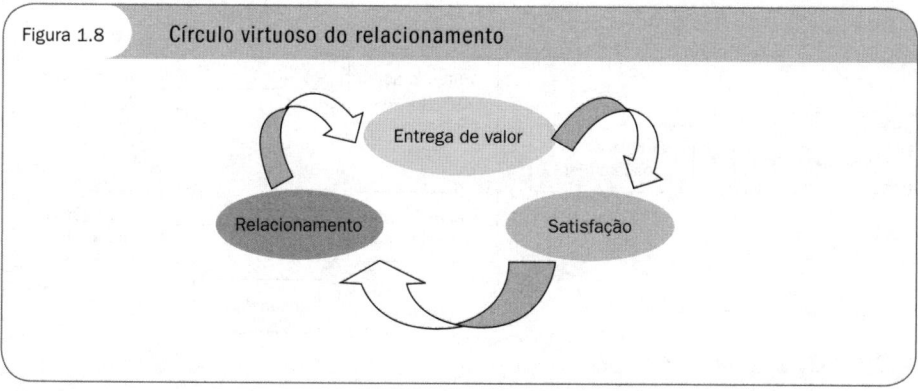

Figura 1.8 — Círculo virtuoso do relacionamento

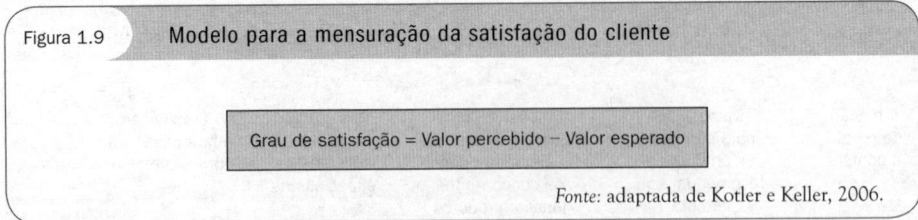

Há ainda outras formas de rastrear e mensurar a satisfação do cliente, a saber:[26]

- *Estabelecer sistemas de reclamação e sugestão*: nesse caso, a empresa disponibiliza formas de contato direto com o cliente por meio de questionários ou números de telefone, por exemplo.

- *Realizar compra fantasma*: aqui, com o objetivo de verificar a reação e a forma de resolução dos problemas apresentados, são contratadas pessoas para que realizem compras na empresa ou entrem em contato com ela para efetuar alguma reclamação.

- *Analisar os clientes perdidos*: consiste na busca de informações junto a ex--clientes para levantar pontos negativos da empresa.

Um ponto essencial: o fato de o cliente estar satisfeito não implica necessariamente existência de fidelidade.[27] Contudo, podemos considerar que, se o valor percebido pelo cliente for condizente com suas expectativas acerca do produto e, portanto, ele estiver satisfeito, a probabilidade de voltar a adquirir o produto aumenta. Agora, a não ser que o mercado tenha característica de monopólio, o cliente, quando insatisfeito, adquirirá outra oferta para satisfazer uma necessidade ou desejo não suprido adequadamente, e assim o fará até que suas expectativas sejam atendidas. Esse processo de repetição de compra é ilustrado na Figura 1.10.

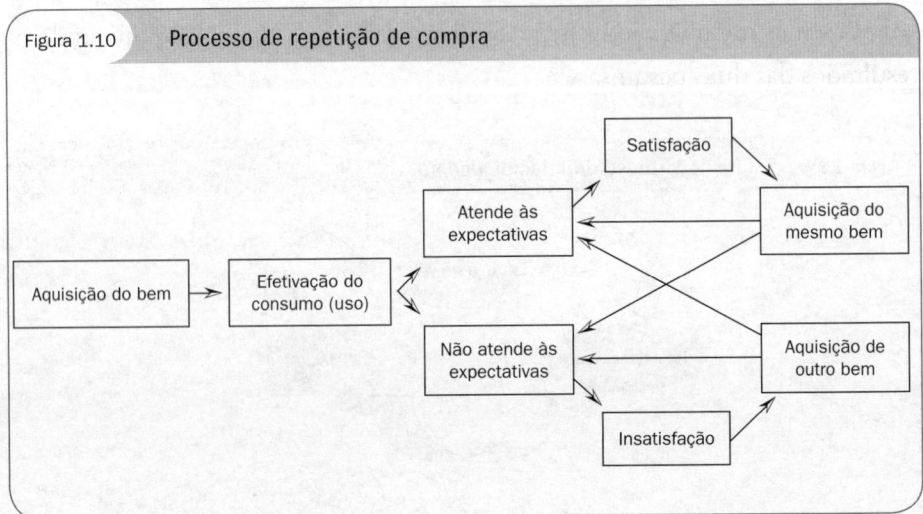

Por fim, a questão da satisfação ganha proporções ainda maiores quando consideramos o alto poder destrutivo dos clientes insatisfeitos. Segundo estimativas, esses clientes, além de transmitirem sua insatisfação para cerca de outros nove clientes potenciais, não reclamam, passando simplesmente a consumir de outras empresas.[28]

1.3 A ORGANIZAÇÃO DE MARKETING

A organização das áreas funcionais ou mesmo dos departamentos de uma empresa diz respeito a sua estrutura e a seu organograma, formatados para otimizar seu conjunto de responsabilidades e atividades. Com o marketing não é diferente. Como área funcional, o marketing requer uma estrutura que permita o adequado cumprimento de suas responsabilidades e privilegie tanto a eficiência (ou a otimização dos recursos com base em uma visão interna da empresa) quanto a eficácia (ou otimização dos resultados com base em uma visão do mercado).

Em termos de organograma, é comum encontrarmos nas empresas um diretor de marketing ou, na inexistência desse cargo, um gerente de marketing que coordena as atividades dos demais profissionais que compõem o quadro. Gerente de comunicação, de pesquisa e mesmo de vendas — quando este não fica em linha com o gerente de marketing, respondendo a uma mesma diretoria — são outras nomenclaturas comuns dos cargos da área.

> **Organização de marketing** é a estrutura física e organizacional em que pessoas desempenham trabalhos relativos ao domínio de marketing.

Além disso, embora o marketing represente uma filosofia de condução dos negócios, a realização de grande parte das atividades e ações relativas a sua operacionalização necessita de profissionais com competências adequadas e de uma estrutura compatível com as pretensões de interação da empresa com o mercado. Essa estrutura física e organizacional em que pessoas desempenham trabalhos relativos ao domínio de marketing é denominada **organização de marketing**.

Seja como for, o fato é que, apesar de muitos trabalhos apresentarem diversas formas organizacionais para as áreas funcionais de uma empresa, não há uma estrutura ideal. Isso porque, uma vez que o ambiente no qual a empresa está inserida é dinâmico, as estruturas precisam ser constantemente ajustadas. Tanto isso é verdade que dificilmente alguém que trabalhe em uma empresa competitiva fica longos períodos de tempo sem passar por algum tipo de "reestruturação organizacional".

De qualquer modo, as formas organizacionais de marketing mais comuns são:

- *Estrutura funcional*: a organização é claramente baseada em agrupamentos por atividades correlatas, como mostra a Figura 1.11.

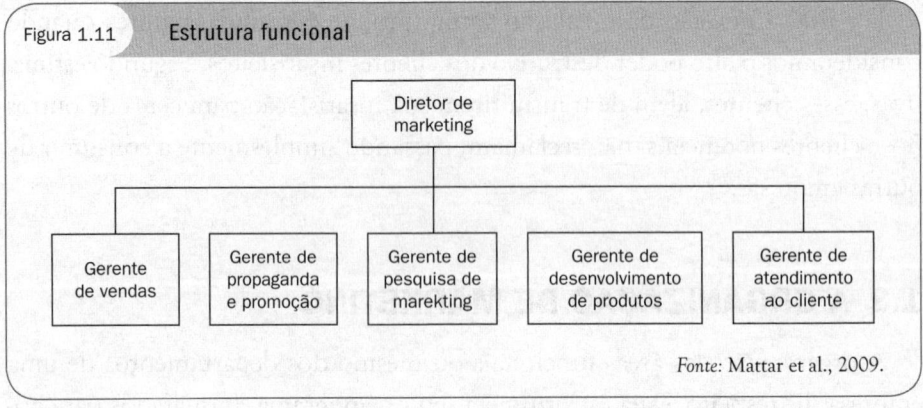

Figura 1.11 Estrutura funcional

Fonte: Mattar et al., 2009.

- *Estrutura por produto/linha de produto/marca*: conforme apresentado na Figura 1.12, a organização é baseada em agrupamentos por similaridade de produtos ou marcas. Nesse caso, cada gerente é responsável por todo o conjunto de atividades de marketing relativas aos produtos/marcas que gerencia.

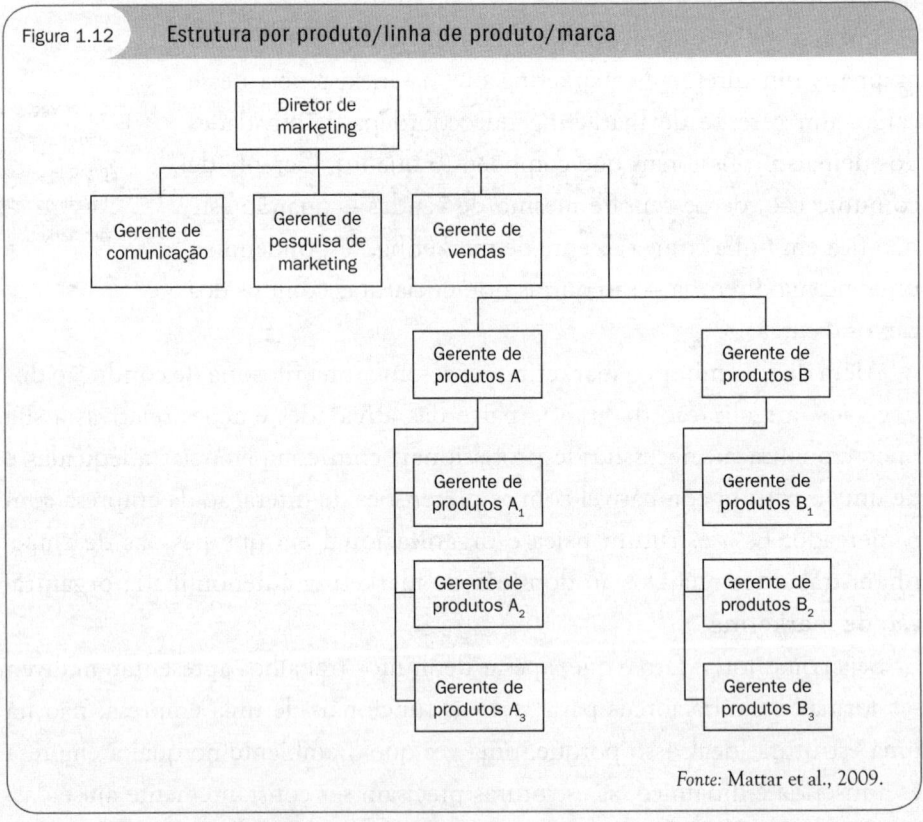

Figura 1.12 Estrutura por produto/linha de produto/marca

Fonte: Mattar et al., 2009.

- *Estrutura matricial*: como apresentado na Figura 1.13, a organização é mesclada, ou seja, há responsáveis por produtos, mas determinadas atividades especializadas são de responsabilidade de outras pessoas. Essa estrutura tem como objetivo otimizar os resultados com base nas competências específicas de cada profissional.

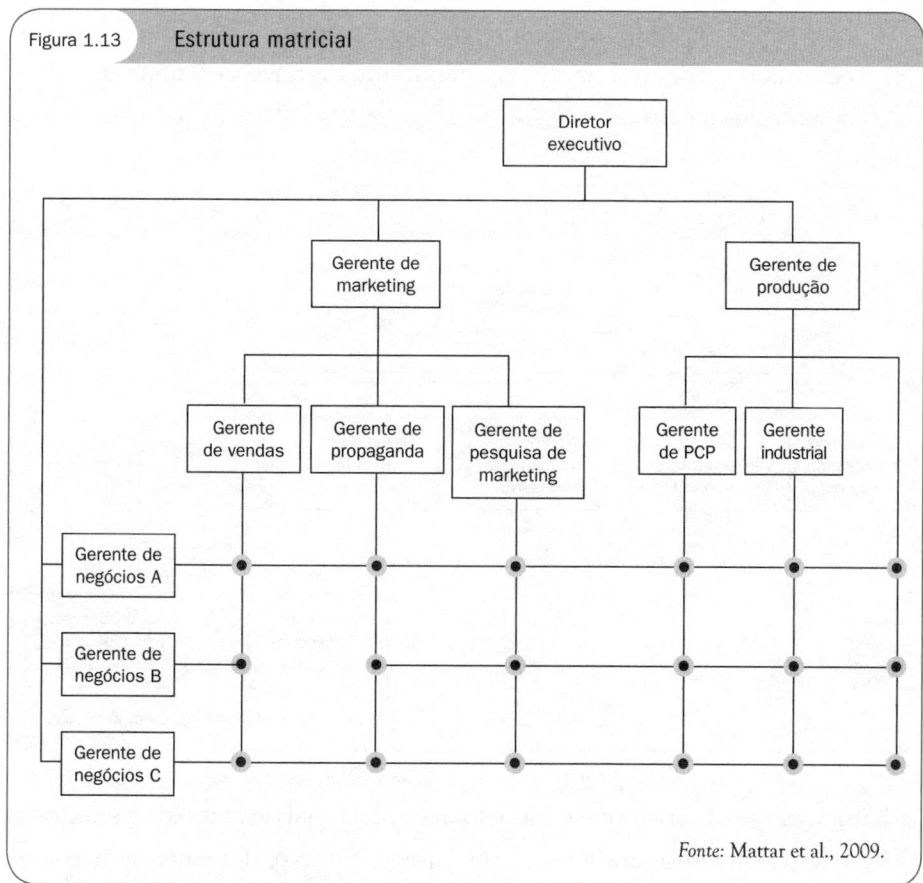

Fonte: Mattar et al., 2009.

- *Estrutura geográfica*: a organização é baseada na definição de responsabilidades por todo um conjunto de produtos em uma determinada área geográfica, conforme mostra a Figura 1.14.

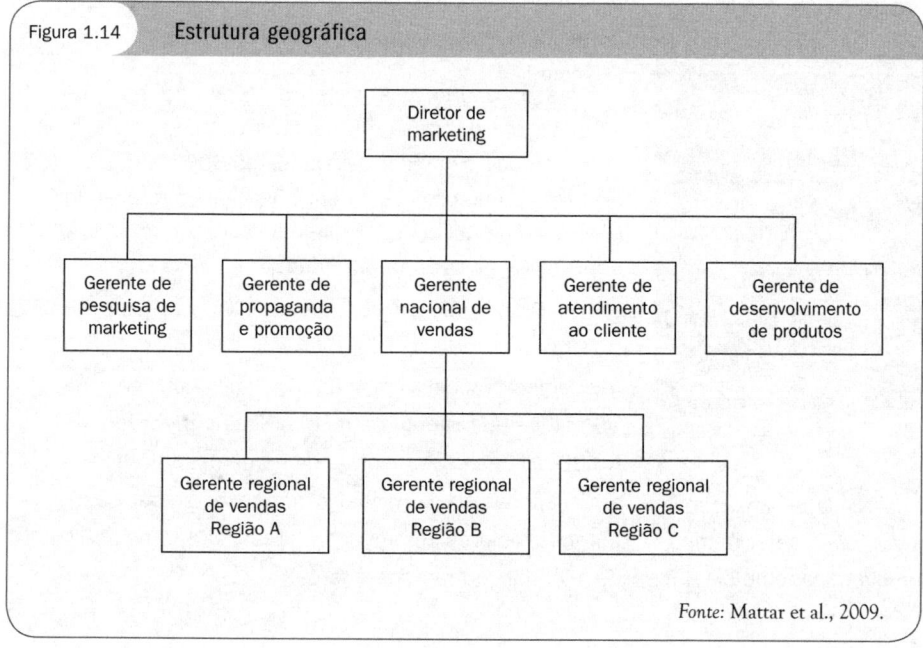

Fonte: Mattar et al., 2009.

- *Estrutura de mercado*: como apresentado na Figura 1.15, a organização é baseada nos clientes, sendo o tamanho uma variável comumente utilizada para agrupá-los.

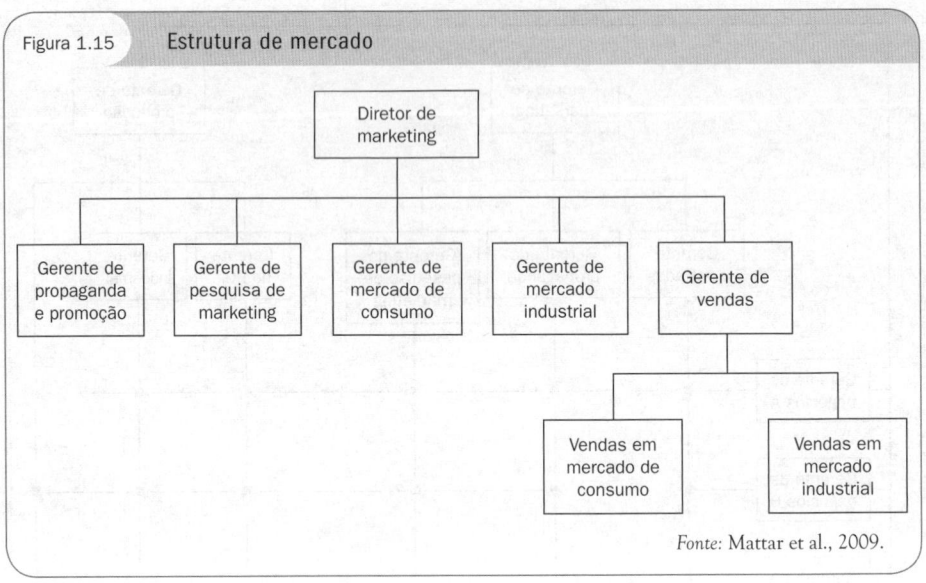

Figura 1.15 — Estrutura de mercado

Fonte: Mattar et al., 2009.

É importante observar que o modelo organizacional de marketing selecionado deve levar em consideração diversos fatores, como o ambiente de negócios da empresa, o perfil e os hábitos dos clientes, os intermediários, os concorrentes e até mesmo os interesses da empresa.[29]

ESTUDO DE CASO

A Telefonica vira esse jogo?

Fonte: Gary Scott/Stock xchng®.

Nos últimos anos, com o processo de privatização das empresas de telecomunicações, o setor mudou drasticamente, aumentando a quantidade de clientes e a oferta e o número de telefones fixos, bem como oferecendo mais produtos e serviços.

Nesse cenário, destaca-se o grupo espanhol Telefonica, um dos maiores da área de telecomunicações em todo o mundo. Com cerca de 300 milhões de clientes, a Telefonica atua em 25 países, oferecendo prestação de serviços de telefonia e banda larga fixa e móvel, TV por assinatura, Internet e *call center*.

No Brasil, após a compra da Vivo, em julho de 2010, a Telefonica passou a ser a líder do setor de telecomunicações, com presença nacional, mais de 76 milhões de clientes e receita líquida da ordem de R$ 36 bilhões — em termos de números, o Brasil fica atrás apenas da Espanha. A empresa também está entre os maiores empregadores brasileiros, com mais de 100 mil contratados diretos.

Mas nem tudo é um mar de rosas. Em 2009, depois de encabeçar por três vezes consecutivas o ranking do Procon de empresa com mais reclamação, a Telefonica iniciou a reformulação do seu atendimento aos clientes, incluindo a criação de uma diretoria específica para cuidar dessa área, a expansão do *call center* e a reestruturação das lojas da operadora. Até então, uma única diretoria cuidava de atendimento e vendas.

De acordo com o diretor que assumiu a nova área, 5 mil pessoas foram adicionadas à equipe da Atento — empresa do grupo espanhol responsável pelo *call center* da Telefonica, que passou a ter 22,5 mil funcionários.

Com essas medidas, os números apontaram uma sensível melhora na quantidade de reclamações: em 2010 foram 3.137 reclamações, contra 3.615 de 2008. De qualquer modo, a Telefonica se manteve líder do ranking de reclamações do Procon em 2009 e 2010, tornando-se pentacampeã.

Fontes: MOREIRA, Talita, "Telefonica reformula área de atendimento para reduzir queixas", *Valor Econômico*, 6 abr. 2009; Teleco — inteligência em telecomunicações, "Seção: telefonia fixa", 2011. Disponível em: <http://www.teleco.com.br/opfixa.asp; http://www.procon.sp.gov.br/pdf/acs_ranking_2010.pdf>. Acesso em: 2 set. 2011; Telefonica, "Portada de sala de prensa", 2011. Disponível em: <http://saladeprensa.telefonica.com/jsp/base.jsp?contenido=/jsp/notasdeprensa/notadetalle.jsp&selectNumReg=5&pagina=1&id=0&idm=por&pais=2&elem=16635&origen=portada>. Acesso em: 2 set. 2011.

Questões para o caso:

1. Quais as principais medidas que a Telefonica está adotando para cumprir seu objetivo de diminuir o número de reclamações?

2. A empresa é orientada para o mercado? Justifique sua resposta.

3. Apresente mais alternativas para que o número de reclamações caia.

4. Como a Telefonica pode utilizar o problema que está enfrentando para criar uma proposta de valor para os clientes e, assim, gerar fidelidade?

RESUMO

- Embora em 1948 Alderson e Cox já chamassem a atenção para a necessidade de ampliar e aprofundar o estudo sobre marketing, a consagração total dessa área veio em 1960, quando em um artigo intitulado "Miopia em marketing", publicado na *Harvard Business Review*, Theodore Levitt apontou que produtos são apenas meios pelos quais os consumidores satisfazem suas necessidades e desejos. Com isso, Levitt queria dizer que, para ter sucesso no longo prazo, as empresas não devem definir o escopo de seu negócio com base nos aspectos técnicos ou nas funcionalidades do produto, mas sim nas necessidades dos clientes.

- Para que possamos entender bem o que é marketing, é fundamental conhecermos os conceitos que possuem forte relação não apenas com ele, mas também com sua gestão. Esses conceitos são: ambiente de marketing, 4Ps (também chamados de composto de marketing ou mix de marketing), oferta, mercado, demanda, cliente, consumidor, necessidade, desejo, satisfação, concorrente, competição, lucro, orientação para o mercado, sistema de marketing, processo de marketing, valor, diferenciação e fidelidade.

- A estrutura física e organizacional em que pessoas desempenham trabalhos relativos ao domínio de marketing é denominada organização de marketing. Uma vez que o ambiente no qual a empresa está inserida é dinâmico, não há uma estrutura ideal. Seja como for, as estruturas mais comuns são: estrutura funcional, estrutura por produto/linha de produto/marca, estrutura matricial, estrutura geográfica e estrutura de mercado.

QUESTÕES

1. Qual a relação entre competitividade, marketing e orientação para o mercado?
2. Explique o círculo virtuoso do relacionamento.
3. Como é a organização de marketing da empresa em que você trabalha?
4. Em sua opinião, o marketing cria necessidade? Justifique sua resposta.

NOTAS

1. ALDERSON, W.; COX, R. Towars a theory of marketing, *Journal of Marketing*, v. 13, n. 2, 1948.
2. AMA – American Marketing Association, Dictionary. Disponível em: <http://www.marketingpower.com/_layouts/Dictionary.aspx?dLetter=M>. Acesso em: 15 mar. 2011.
3. Ibidem.
4. BOONE, L. E.; KURTZ, D. L. *Marketing contemporâneo*. Rio de Janeiro: LTC, 2009.
5. KOTLER, P.; LEVY, S. J. Broadening the concept of marketing, *Journal of Marketing*, v. 33, p. 10-15, jan. 1969.
6. HANSOTIA, B. J. Bridging the research gap between marketing academics and practitioners, *Journal of Database Marketing & Customer Strategy Management*, v. 11, n. 2, p. 114-120, dez. 2003.
7. WATERSCHOOT, W. van; BULTE, C. van den. The 4P classification of the marketing mix revisited, *Journal of Marketing*, v. 56, n. 4, p. 83-93, out. 1992.
8. MASLOW, A. H. *Motivations and personality*. Upper Sadle River: Prentice Hall, 1970.
9. NARVER, J. C.; SLATER, S. F. The effect of market orientation on business profitability, *Journal of marketing*, v. 54, n. 4, p. 20-35, out. 1990.
10. TOLEDO, Geraldo L. Relações públicas e marketing: um conceito tridimensional. In: XVIII Encontro Anual da Associação Nacional de Programas de Pós-Grauação em Administração – Enanpad, 1994, Curitiba. *Anais...* Curitiba, 1994.
11. KOTLER, P.; KELLER, K. L. *Administração de marketing*. 12. ed. São Paulo: Pearson Prentice Hall, 2006.
12. Ibidem.
13. PORTER, M. E. *Estratégia competitiva: técnicas para análise de indústrias e da concorrência*. Rio de Janeiro: Campus, 1986. p. 7-8.

14. WOODRUFF, R. B. Customer value: the next source for competitive advantage, *Journal of the Academy of Marketing Science*, v. 25, n. 2, p. 139-153, primavera 1997.
15. Chamberlin (1965) apud DICKSON, P. R.; GINTER, J. L. Market segmentation, product differentiation, and marketing strategy, *Journal of Marketing*, v. 51, n. 2, p. 1-10, abr. 1987.
16. SMITH, W. Product diferentiation and market segmentation as alternative marketing estrategies, *Journal of Marketing*, v. 21, p. 3-8, jul. 1956.
17. GWIN, C. F.; GWIN, C. R. Product attributes model: a tool for evaluating brand positioning, *Journal of Marketing Theory and Practice*, v. 11, n. 2, p. 30-42, primavera 2003.
18. GRÖNROOS, C. *Marketing*: gerenciamento e serviços. Rio de Janeiro: Campus, 1995, p. 5.
19. LEVITT, T. Marketing success through differentiation of anything, *Harvard business review*, v. 58, n. 1, p. 83-91, jan./fev. 1980.
20. Ibidem.
21. DAY, G. S. *The market driven organization: understanding, attracting and keeping valuable customers*. Nova York: The Free Press, 1999. p. 146-147.
22. VAVRA, T. G. *Marketing de relacionamento ¾ after marketing*: como manter a fidelidade de clientes através do marketing de relacionamento. São Paulo: Atlas, 1992. p. 28.
23. DAY, op. cit.
24. WOODRUFF, op. cit.
25. Ibidem.
26. KOTLER; KELLER, op. cit.
27. SCHULTZ, D. E. Are we too loyal to our concept of loyalty?, *Marketing News*, v. 32, n. 13, p. 11-13, jun. 1998.
28. VAVRA, op. cit.
29. Mattar F. N.; Oliveira, B.; Motta, S. L. S.; Queiroz, M. J. *Gestão de produtos, serviços, marcas e mercados*. São Paulo: Atlas, 2009, p. 17-18.

2

INFORMAÇÕES PARA O MARKETING

OBJETIVOS DE APRENDIZAGEM

Após ler este capítulo, você será capaz de:

- Relacionar a importância da informação e de sua sistematização para as tomadas de decisão em marketing.
- Apresentar o ambiente de marketing e seus elementos.
- Discorrer sobre o sistema de informações de marketing e seus subsistemas.
- Discutir sobre o processo da pesquisa de marketing.

Em ambientes competitivos, em que a velocidade e a adequação das decisões podem constituir vantagens que permitam à empresa otimizar recursos e, assim, obter resultados satisfatórios, a informação é um elemento fundamental para a elaboração de estratégias e para a tomada de decisão de marketing.

É por essa razão que a gestão da informação de marketing representa um tópico de estudo específico e importante dentro da disciplina. De fato, a informação é o combustível para o processo de marketing, pois permite que tenhamos uma visão abrangente da empresa e dos diversos elementos que compõem o ambiente em que ela está inserida. Nas próximas páginas, veremos como o sistema de informações de marketing — que inclui os subsistemas pesquisa de marketing, monitoração ambiental, informações competitivas e informações internas — funciona na prática.

2.1 O AMBIENTE DE MARKETING

Diversos elementos tornam a gestão organizacional desafiadora. Um deles certamente é o dinamismo dos fatores do chamado ambiente de marketing, que apresentamos na Figura 2.1. Aqui, por considerar o marketing uma função organizacional e pelo fato de os fatores ambientais influenciarem essa função e interagirem com ela, utilizamos o termo ambiente de marketing para elucidar esse relacionamento. Nesse contexto, em geral, as forças sociais são agrupadas no macroambiente, e os agentes, no microambiente. A seguir, descrevemos cada um desses fatores que compõem o ambiente de marketing.

Seja como for, o importante é ter em mente, a partir do reconhecimento de que questões tanto internas quanto externas às organizações devem ser consideradas para decisões de marketing apropriadas serem tomadas, que temos como premissa a necessidade de interação da empresa com seu ambiente. Desse modo, fica fácil ver a informação como a essência do marketing, como sua principal matéria-prima.

> **O QUÊ?**
> Ambiente de marketing é um sistema de engloba um conjunto de fatores que influenciam direta ou indiretamente o marketing de uma empresa.

Macroambiente

Uma série de forças sociais e naturais influencia a empresa e interage com ela, compondo o macroambiente do ambiente de marketing. Essas forças, sobre as quais discorremos a seguir, são: econômica, demográfica, cultural, psicológica e sociológica, política, legal e governamental, natural, tecnológica, público geral, comunidade local, grupos de interesse e público governamental, mercado de trabalho e mercado de capitais.

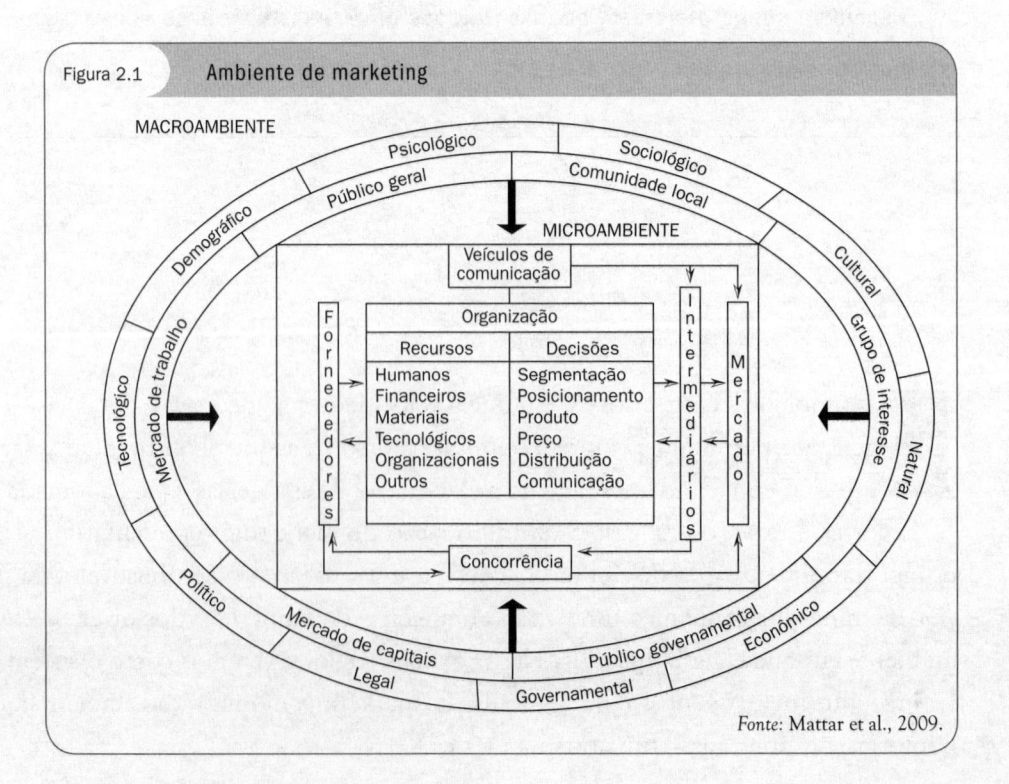

> **O QUÊ?**
> Macroambiente é um conjunto de forças sociais e naturais que influenciam o marketing.

Figura 2.1 — Ambiente de marketing

Fonte: Mattar et al., 2009.

Econômica*

A economia é uma importante força ambiental, especialmente por causa de seus efeitos rápidos e irradiadores sobre outras forças e sobre a sociedade como um todo. Em termos práticos, mudanças no crescimento econômico ou na renda da população são imediatamente sentidas pelo microambiente e podem surtir efeito sobre outras forças do macroambiente, como a tecnologia ou a demografia.

Para entendermos essa importância e suas possíveis consequências para o marketing, vamos analisar as figuras 2.2 e 2.3, que trazem dados da economia brasileira. Na Figura 2.2, temos o produto interno bruto (PIB) brasileiro em 1980, em 1990, em 2000 e em 2009. O importante crescimento ocorrido especialmente a partir de 1990 denota o aumento da riqueza do país como um todo. Tal constatação faz com que mais empresas queiram investir no Brasil, gerando empregos e, consequentemente, renda que pode ser utilizada para o consumo. Já na Figura 2.3, vemos o incremento de recursos surgido nos últimos anos — o qual certamente se reverte, em grande parte, no consumo de produtos.

Demográfica

A força demográfica diz respeito aos dados relativos à população de uma sociedade, como seu tamanho, composição e distribuição em relação a sexo, raça, idade, religião e classe social. Com o intuito de vislumbrarmos como essa força age na prática, vamos analisar as figuras 2.4, 2.5 e 2.6.

Na Figura 2.4, é possível observar o tamanho da população brasileira nos anos 1950, 1960, 1970, 1980, 1990 e 2000 e, desse total, qual parcela se

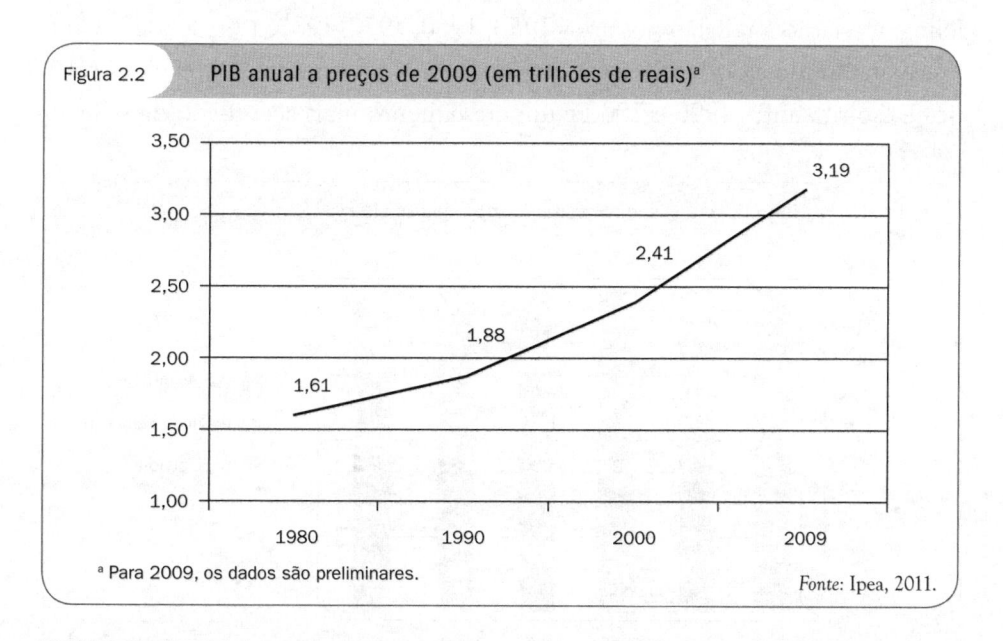

Figura 2.2 PIB anual a preços de 2009 (em trilhões de reais)[a]

[a] Para 2009, os dados são preliminares.
Fonte: Ipea, 2011.

---

* Os autores agradecem ao professor Dr. Giuliano Contento de Oliveira, do Instituto de Economia da Unicamp, pela compilação e pelo tratamento dos dados econômicos apresentados neste capítulo, bem como pelas contributivas explicações conceituais dos indicadores aqui utilizados.

Figura 2.3 — Massa real de rendimentos dos trabalhadores — preços de dezembro de 2010 (em bilhões de reais)[a]

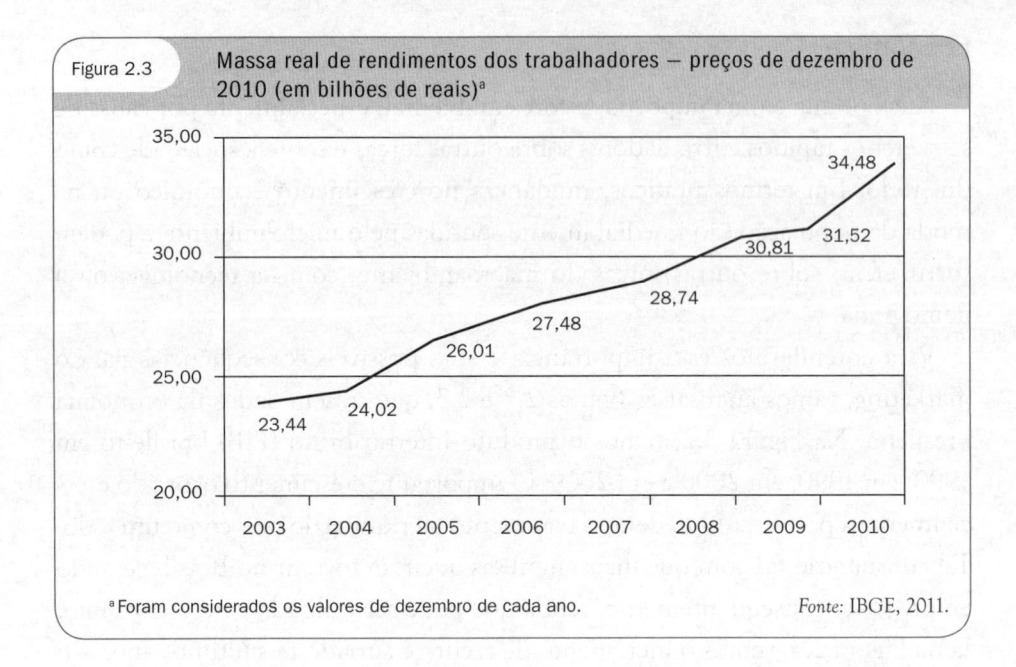

Ano	Valor
2003	23,44
2004	24,02
2005	26,01
2006	27,48
2007	28,74
2008	30,81
2009	31,52
2010	34,48

[a] Foram considerados os valores de dezembro de cada ano.

Fonte: IBGE, 2011.

VEJA EM

Informações como a da tendência à urbanização são fundamentais para que se possa, por exemplo, dimensionar o potencial de mercado e estimar a previsão de vendas — tópicos tratados no Capítulo 12.

VEJA EM

Como mostra o Capítulo 3, uma vez que as necessidades, os interesses e o comportamento de compra das pessoas mudam à medida que sua idade avança, as informações etárias são de extrema importância para o profissional de marketing.

encontrava em área rural e qual se concentrava em área urbana. A observação denota, por exemplo, uma clara tendência à urbanização.

Já na Figura 2.5, podemos observar a distribuição da população por sexo e faixa etária em 1980, em 1991 e em 2000. Nela, percebemos claramente o aumento da expectativa de vida e o envelhecimento da população, bem como a diminuição dos nascimentos e de crianças e adolescentes. Essa informação é fundamental para o desenvolvimento e o lançamento de produtos mais adequados aos perfis que vão se formando.

Por fim, na Figura 2.6, é possível observar a distribuição da população brasileira em relação à religião nos anos 1950, 1960, 1970, 1980, 1990 e 2000. Uma breve análise dessa figura denota um pequeno crescimento das religiões católica e espírita entre 1990 e 2000 e um crescimento mais acentuado da religião

Figura 2.4 — População brasileira e sua distribuição básica

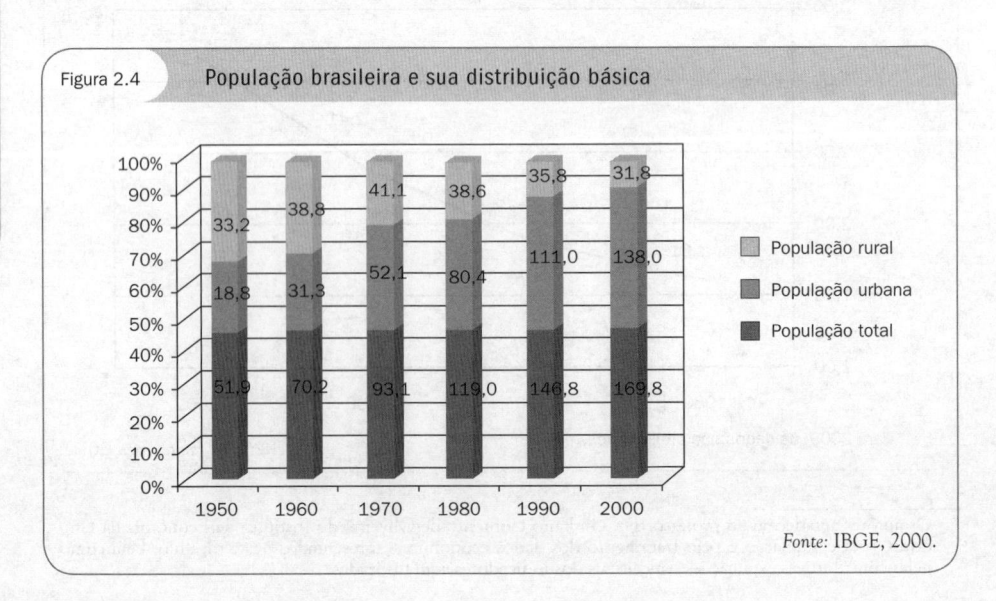

Ano	População total	População urbana	População rural
1950	51,9	18,8	33,2
1960	70,2	31,3	38,8
1970	93,1	52,1	41,1
1980	119,0	80,4	38,6
1990	146,8	111,0	35,8
2000	169,8	138,0	31,8

Fonte: IBGE, 2000.

Figura 2.5 Distribuição da população brasileira segundo o sexo e a idade

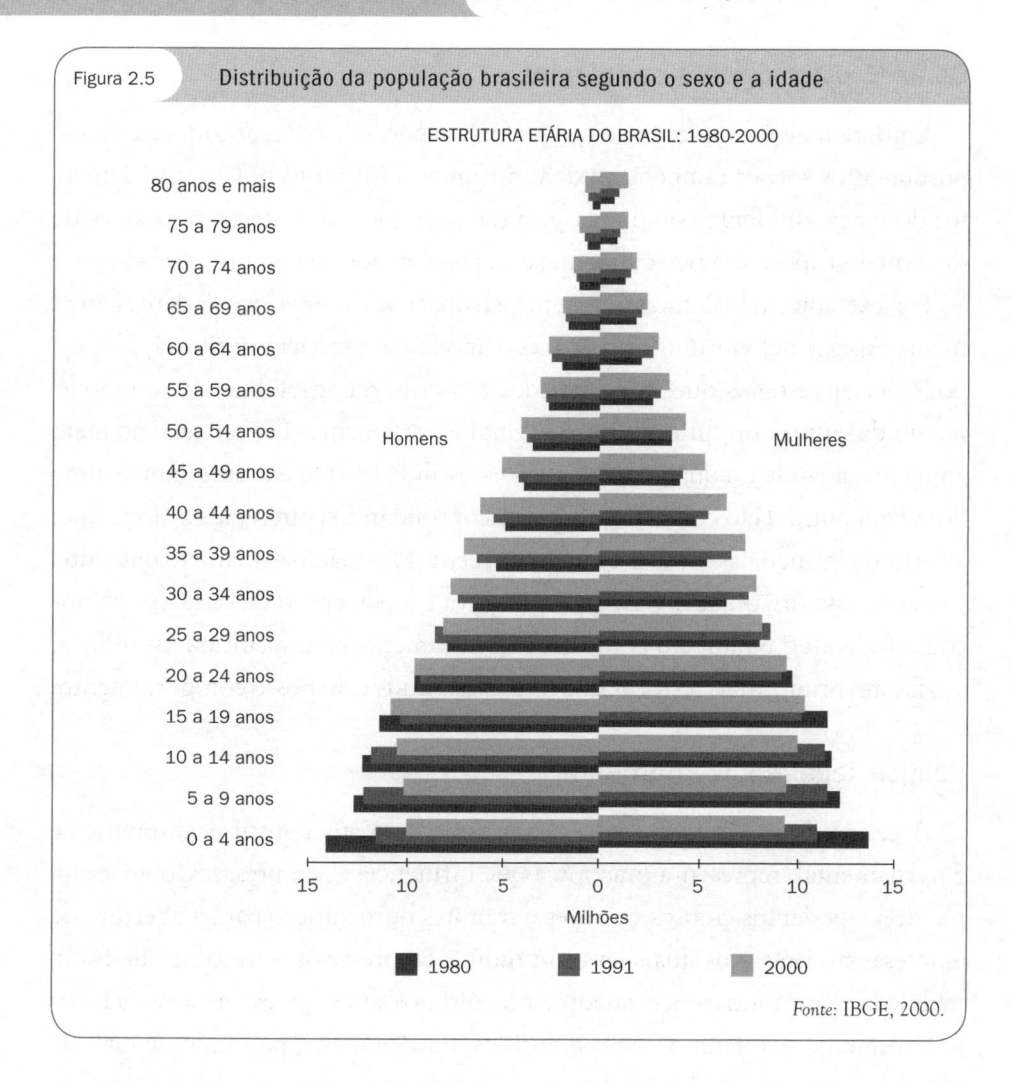

ESTRUTURA ETÁRIA DO BRASIL: 1980-2000

Homens / Mulheres

■ 1980   ■ 1991   ■ 2000

Fonte: IBGE, 2000.

evangélica e dos que se declararam sem religião nesse mesmo período. Essa informação é de grande valia para o marketing, uma vez que a religião é um dos elementos que influenciam o comportamento de compra das pessoas, conforme veremos no Capítulo 3.

Figura 2.6 Distribuição da população brasileira segundo a religião

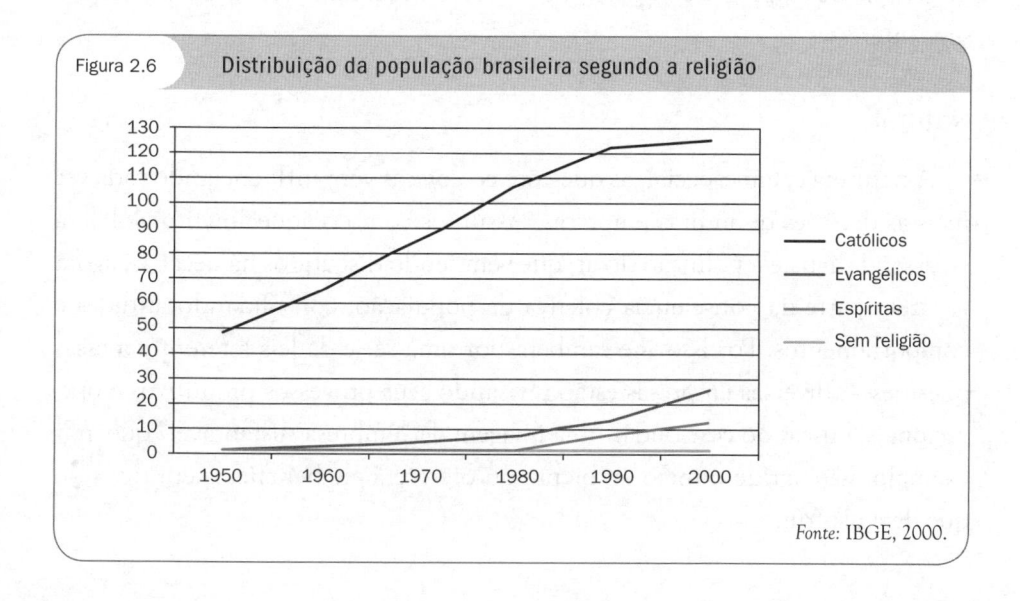

— Católicos
— Evangélicos
— Espíritas
— Sem religião

Fonte: IBGE, 2000.

Cultural, psicológica e sociológica

Embora mais lentamente do que as forças econômicas, as atitudes e os comportamentos sociais também mudam, influenciados tanto por outros elementos do macroambiente como pela própria interação existente entre pessoas de diferentes grupos, seja pessoalmente, seja pelos meios de comunicação.

Por exemplo, não é incomum um personagem de uma novela lançar uma moda. Apesar de, em muitos casos, essa moda ter um ciclo muito rápido, ela pode deixar vestígios que, concatenados a outros, a consolidam como um elemento da cultura no futuro. Outro exemplo: as preocupações relativas ao meio ambiente, à saúde e à qualidade de vida são realidades que não surgiram de uma hora para outra. Pelo contrário, foram se consolidando com o passar do tempo, a partir de influências mútuas entre os elementos do macro e do microambiente.

É por essa razão que a visão, a expectativa e a percepção de cada um de nós como indivíduo e também como grupo, juntamente com a cultura assimilada, são fatores primordiais na formação da nossa atitude e do nosso comportamento.

> **Veja em**
>
> A atitude e o comportamento do consumidor são de extrema importância para o profissional de marketing porque, como mostra o Capítulo 3, eles repercutem intensamente no processo de compra do consumidor.

Política, legal e governamental

A gestão de um determinado país, assim como sua constituição política e governamental, representa uma força que influencia as empresas. Como exemplo disso, podemos citar os entraves e trâmites burocráticos para a abertura de empresas no Brasil, os quais levavam muitos empresários a trabalhar na informalidade. Para mudar esse quadro, nos últimos anos, graças a novas leis, os procedimentos e o tempo foram reduzidos drasticamente, passando de mais de 150 dias para cerca de 20 dias.[1]

É importante assinalar que essa força do ambiente de marketing pode ser influenciada por determinados setores de atividade econômica, também chamados de indústrias. Por causa da grande capacidade que possuem em termos de geração de empregos e impostos, esses setores realizam pressão para defender seus interesses.

Natural

A natureza e, em especial, as questões ecológicas vêm influenciando cada vez mais as decisões de muitas empresas. Assuntos como o aquecimento global, a escassez da água e a poluição do ar, que vêm sendo discutidos há décadas, agora já fazem parte da consciência coletiva da população, consolidando atitudes e comportamentos. Por isso — e também por uma série de leis referentes a essas questões —, diversas empresas estão revisando seus processos produtivos e operacionais, buscando consolidar uma imagem de "empresa sustentável" que, por exemplo, não agride o meio ambiente ou oferece a ele benefícios em troca do que dele usufrui.

Tecnológica

Atualmente capitaneada pela indústria eletrônica e pela microinformática, a tecnologia se faz presente em nosso dia a dia e sua constante evolução obriga as empresas a buscar alternativas adequadas para que interajam da maneira pretendida com seu mercado.

Mas se engana quem pensa que a tecnologia se restringe a aplicações em produtos. De fato, uma vez que tecnologia é a aplicação da ciência, ela se faz presente também em processos, em operações e no gerenciamento de modo geral.

No Brasil, diferentemente do que ocorre na França, por exemplo, a maioria dos pesquisadores atua em universidades, e não em empresas. Somando-se a isso a nossa realidade, que prima pela pouca interação entre empresa e universidade, os avanços científicos nas mais diversas áreas do conhecimento acabam, muitas vezes, sendo utilizados tardiamente, ou mesmo não sendo utilizados, o que nos leva a comprar tecnologia pronta de outros países.

Público geral, comunidade local, grupos de interesse e público governamental

Hoje em dia, mais do que um conjunto de recursos, as empresas são entidades que precisam gerenciar ativamente seu relacionamento com os mais diversos públicos com os quais interagem direta ou indiretamente.

Muitos desses grupos — como bancos, acionistas, comunidade em que a empresa está inserida e ativistas — devem ser monitorados e gerenciados a fim de que desenvolvam atitudes e comportamentos positivos em relação à empresa, às suas marcas e às suas atividades, sob pena de gerarem informações negativas para o mercado — o que dificulta o desenvolvimento da organização.

Para entender a importância disso, basta pensar na quantidade de notícias sobre utilização de trabalho infantil, sonegação de impostos e agressões ao meio ambiente por parte de uma ou outra empresa que nos chegam diariamente pelos mais diversos meios. Muitas vezes, essas notícias têm fontes duvidosas e acabam se revelando boatos. Isso, inclusive, reforça o fato de que as empresas devem agir de maneira adequada e proativa, a fim de que não sejam atingidas ou possam minimizar os impactos negativos dessas informações.

Mercado de trabalho

Embora esteja diretamente relacionado às condições econômicas da sociedade, o mercado de trabalho é um elemento do macroambiente que merece atenção especial. Isso porque seu estado se reflete fortemente no comportamento de compra não apenas das empresas, mas também das pessoas.

Por exemplo, a perspectiva de continuidade de uma situação de baixo nível de desemprego afeta a sensação psicológica das pessoas no que diz respeito a segurança, levando ao planejamento dos gastos e à aquisição de produtos mais elaborados e caros. Por outro lado, partindo desse pressuposto, quando há perspectivas de dificuldades no mercado de trabalho, o setor de alimentos é menos afetado do que o automotivo.

Desse modo, a empresa deve monitorar o mercado de trabalho e encontrar formas de minimizar seu impacto. Ajustes no preço dos produtos por causa da realidade percebida, detenção de um portfólio de produtos adequado às diversas situações e oferecimento de um seguro-desemprego para a aquisição de produtos são estratégias e ações de marketing que contribuem muito para o desenvolvimento da empresa, mesmo em situações adversas.

Mercado de capitais

O mercado de capitais exerce forte influência sobre empresas que trabalham alavancadas, ou seja, com recursos financeiros de terceiros, como de bancos e de acionistas. É por isso que sua expectativa e seu comportamento afetam significativamente a taxa de juros e, consequentemente, a liquidez e o fluxo de dinheiro. O orçamento de marketing deve considerar essa influência, e ações preventivas e constantes no que diz respeito à saúde financeira da empresa devem ser trabalhadas.

Microambiente

> **O QUÊ?**
>
> Microambiente é o conjunto de instituições e agentes que interagem, influenciam e são influenciados pelo marketing de uma empresa.

Diversos agentes influenciam a empresa e interagem com ela, constituindo o microambiente do ambiente de marketing. Esses agentes, sobre os quais discutimos a seguir, são: mercado, concorrência, fornecedores e intermediários e veículos de comunicação.

Mercado

O mercado é o objeto de estudo e de interação do marketing. Saber como ele é constituído, como pode ser segmentado e o que proporciona valor a cada segmento são questões fundamentais e elementares para que possam ser tomadas decisões de marketing adequadas, que realmente satisfaçam o cliente e permitam o alcance dos objetivos organizacionais.

Nesse ponto, vale ressaltar que satisfazer o cliente é diferente de fazer tudo o que ele quer – o que certamente levaria as empresas à falência. De fato, o importante é ter parâmetros para avaliar o que e o quanto se deve dar, restringir ou evitar. Esses parâmetros são os concorrentes, sobre os quais trataremos a seguir.

Por ora, é necessário ter em mente que a análise do mercado pode ser quantitativa ou qualitativa e que a utilização de ambos os métodos, com suas diversas técnicas, que apresentamos na Figura 2.7, é pertinente.

Figura 2.7 — Métodos e técnicas de análise do mercado

- Quantitativa
  - Mensuração → Instrumentos e técnicas
  - Previsão → Estatística / Modelos econométricos / Métodos subjetivos
- Qualitativa
  - Fatores influenciadores → Base conceitual
  - Processo decisório → Sociologia / Economia / Antropologia / Psicologia / Psicologia social / Ciência política

Fonte: Toledo, 2000.

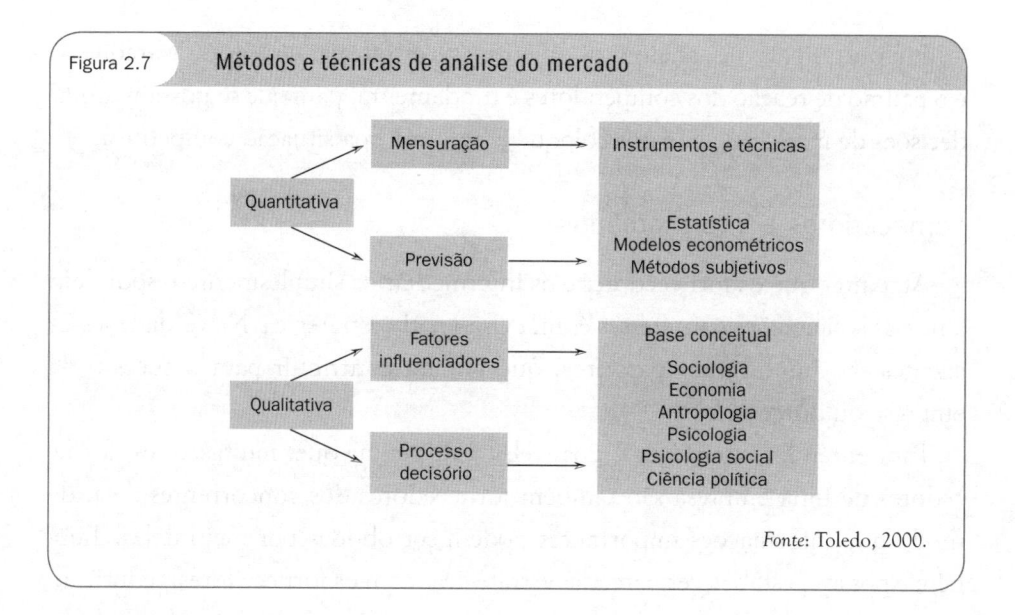

Concorrência

Conforme já observado, a concorrência é um parâmetro para as decisões de marketing. Isso significa que monitorá-la é fundamental, afinal suas estratégias e ações têm como objetivo satisfazer melhor os públicos que também são do interesse de outra empresa. Em outras palavras, quando as estratégias e as ações da concorrência alteram a percepção de valor do cliente em relação às ofertas e às empresas existentes, corre-se o risco de perdê-lo. É por essa razão que deve-se trabalhar constantemente para estar, no mínimo, em condições de igualdade competitiva, buscando enaltecer aspectos valorizados pelo cliente a fim de que ele perceba maior valor em nossa oferta do que nas demais existentes no mercado.

Um modelo clássico de análise da concorrência considera que a competição não se dá somente com base nos produtos existentes. Isso porque, conforme mostra a Figura 2.8, à medida que um público-alvo é mais ou menos atrativo, outras forças competitivas podem influenciar o negócio. Os fornecedores e os compradores intermediários e finais, além de possíveis novos entrantes e produtos substitutos, devem ser considerados.

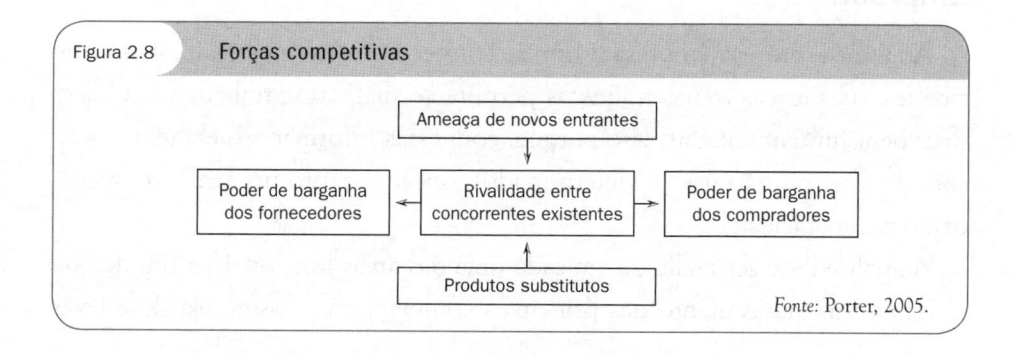

Figura 2.8 — Forças competitivas

- Ameaça de novos entrantes
- Poder de barganha dos fornecedores → Rivalidade entre concorrentes existentes ← Poder de barganha dos compradores
- Produtos substitutos

Fonte: Porter, 2005.

Em outras palavras, analisar os objetivos, as estratégias, as forças, as fraquezas e o padrão de reação dos competidores é fundamental para que se possam tomar decisões de marketing que nos coloquem em uma boa situação competitiva.

Fornecedores e intermediários

Acreditar que os fornecedores e os intermediários simplesmente respondem a nossas solicitações e interesses é uma visão nada estratégica. Na verdade, esses agentes são importantes parceiros, que podem contribuir para o sucesso da empresa ou dificultá-lo.

Para entender como isso é possível, basta pensar que, muitas vezes, fornecedores de uma empresa são também fornecedores dos concorrentes dela, de modo que informações importantes podem ser obtidas por meio deles. Também é possível estabelecer parcerias estratégicas com os fornecedores, reduzindo os riscos de novos projetos. Por exemplo: em determinadas indústrias, como na alimentícia, alguns intermediários capitaneiam toda uma cadeia de distribuição por causa da sua força, proveniente do contato direto com os consumidores.

De qualquer maneira, o fato é que a gestão dos relacionamentos com fornecedores e intermediários tem sido cada vez mais importante, principalmente porque, em mercados maduros, a competição se dá não apenas entre empresas isoladamente, mas também entre cadeias de relacionamentos. Isso significa que uma determinada vantagem competitiva que se sustenta junto aos clientes pode ser gerada por um desses parceiros, e não necessariamente pela empresa.

Veículos de comunicação

Na Era da Informação em que a sociedade vive, monitorar os veículos de comunicação e interagir com eles é fundamental para que as empresas alcancem seus objetivos de marketing. Via de regra, esses veículos — sejam eles massificados ou segmentados — fazem a intermediação entre as empresas e seus públicos-alvo. Isso significa que se deve saber o que divulgar sobre as empresas, assim como se devem usar os veículos de comunicação em prol dos interesses das organizações.

Empresa

Analisar a própria empresa a fim de conhecer, em termos reais, suas capacidades, suas forças e suas fraquezas permite ao marketing trabalhar em bases mais bem fundamentadas. Isso porque, com essas informações, ele tem condições de fazer ou não uso de determinados aspectos, tanto no nível estratégico como no operacional.

A análise deve ser realizada em cada uma das áreas funcionais, a fim de que se tenha um mapeamento das principais competências. Assim, ela deve levar

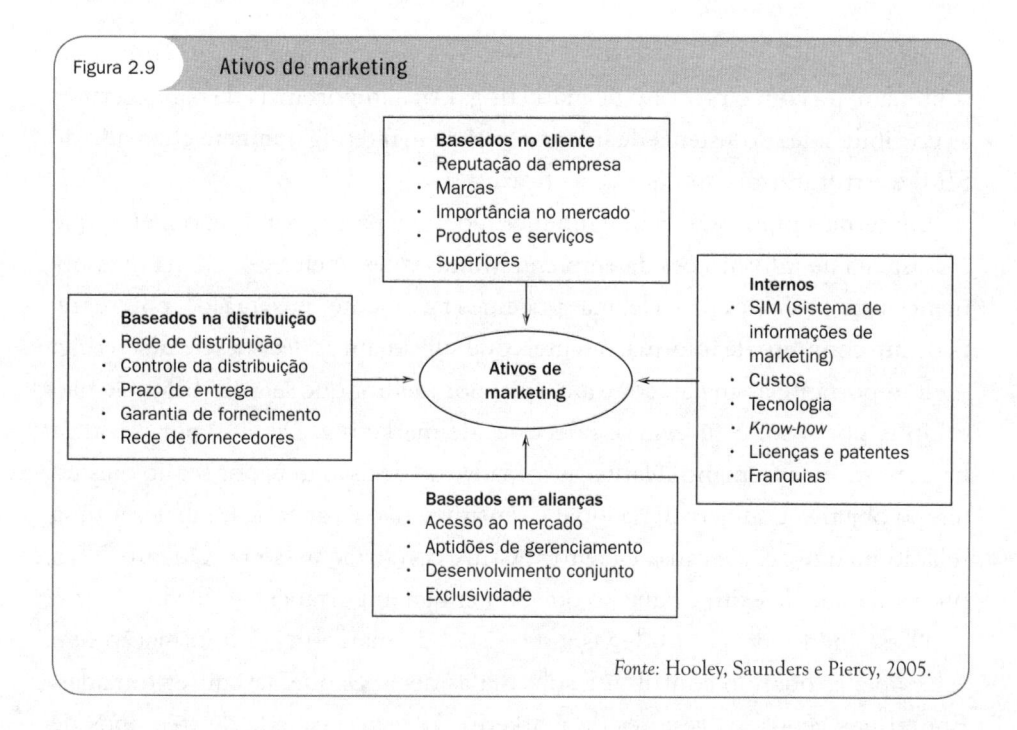

Figura 2.9 Ativos de marketing

Baseados no cliente
- Reputação da empresa
- Marcas
- Importância no mercado
- Produtos e serviços superiores

Baseados na distribuição
- Rede de distribuição
- Controle da distribuição
- Prazo de entrega
- Garantia de fornecimento
- Rede de fornecedores

Ativos de marketing

Internos
- SIM (Sistema de informações de marketing)
- Custos
- Tecnologia
- *Know-how*
- Licenças e patentes
- Franquias

Baseados em alianças
- Acesso ao mercado
- Aptidões de gerenciamento
- Desenvolvimento conjunto
- Exclusividade

Fonte: Hooley, Saunders e Piercy, 2005.

em conta os recursos humanos, financeiros, operacionais e de marketing da empresa, bem como seu perfil em termos de tempo de resposta e adaptabilidade a mudanças e seu relacionamento com os diversos públicos com os quais interage.

Em suma, na análise, é preciso considerar todos os recursos, tanto os baseados em ativos (tangíveis e intangíveis) como os baseados em capacidades (individuais, grupais e corporativos), a fim de que as decisões de marketing sejam acertadas e possam surtir os efeitos desejados. Na Figura 2.9, é possível visualizar os principais ativos de marketing, que podem ser internos ou baseados no cliente, na distribuição e em alianças.

Como fica claro por meio dessa análise e de todas as outras que já vimos, a quantidade de informações necessárias para a tomada de decisão em marketing é muito grande. Por essa razão, devemos criar uma estrutura que sistematize os dados e ofereça, no momento certo, todas as informações de que precisamos, em quantidade e qualidade suficientes. Em outras palavras, devemos criar um sistema de informações de marketing, tópico que abordaremos a seguir.

2.2 SISTEMA DE INFORMAÇÕES DE MARKETING

A essa altura, certamente já ficou claro que conhecer e analisar continuamente o ambiente de marketing é fundamental para que se tenha informações que permitam a tomada de decisão de maneira fundamentada e focada no desenvolvimento da empresa.

Desse modo, não há sentido em trabalhar o processo informacional de maneira desestruturada. Dada sua relevância, sua sistematização não apenas se faz necessária, como também serve de diferencial para a empresa, por contribuir sobremaneira com o processo de marketing. Daí a importância de conhecermos as possibilidades do sistema de informações de marketing (também chamado de SIM) e estruturarmos um que seja eficaz.

Em termos práticos, o SIM é um módulo, uma parte de um todo maior, que é o sistema de informações da empresa. Muitas vezes, inclusive, não há uma nomenclatura específica para ele, mas podemos facilmente "enxergá-lo", pois se trata de um conjunto de informações úteis que subsidiam as decisões de marketing.

É importante assinalar, contudo, que, por melhor que seja um SIM, ele não garante, por si só, o sucesso das decisões de marketing. De fato, por trás dele há um processo humano relativo às tomadas de decisão que, por ser ao mesmo tempo objetivo e subjetivo, racional e sensitivo, não é capaz de estabelecer uma relação inequívoca de causa e efeito.[2] Assim, conforme mostra o Quadro 2.1, a probabilidade de êxito é baixa, o que aumenta a importância do SIM.

Desse modo, do ponto de vista da gestão de marketing, a informação tem valor apenas quando contribui e subsidia as decisões que devem ser tomadas. Em termos gerais, os gestores de marketing têm necessidade de três tipos de informações:[3]

1. *Informações para análise da situação*: são informações relativas ao ambiente de marketing e incluem considerações sobre a economia, a política, a legislação, a concorrência e os clientes, entre outros elementos que apresentamos.

2. *Informações sobre variáveis de marketing*: são informações relativas às decisões que devem ser tomadas acerca do produto, do preço, da distribuição e da comunicação.

Quadro 2.1 — Relação entre informação e resultado de marketing

Informação	Qualidade da informação	Capacidade de análise criativa	Análise da situação	Decisão	Implementação da decisão	Resultado
Disponível 50%	Boa 25%	Boa 12,5%	Correta 6,3%	Correta 3,1%	Acertada 1,6%	Sucesso
					Errada	Insucesso
				Incorreta	Prejudicada	Insucesso
			Incorreta	Incorreta	Prejudicada	Insucesso
		Ruim	Incorreta	Incorreta	Prejudicada	Insucesso
	Ruim	Prejudicada	Incorreta	Incorreta	Prejudicada	Insucesso
Não disponível	Sem análise	Sem análise	Sem análise	Incorreta	Prejudicada	Insucesso

Observação: admitindo-se 50% de acerto a cada etapa, temos 1,6% de sucesso e 98,4% de insucesso.

Fonte: Mattar et al., 2009.

3. *Informações sobre medidas de desempenho*: são informações relativas aos resultados obtidos com as decisões tomadas, de modo que se possam definir condutas futuras.

Diante disso, fica claro que o SIM deve buscar, captar, avaliar, selecionar, tratar, condensar, classificar, indexar, analisar, interpretar, armazenar, recuperar, transmitir e disseminar dados e informações externas e internas que sejam pertinentes e relevantes para as decisões de marketing da empresa. De fato, as características de um bom SIM são:

- lidar com a informação de modo sistemático;
- ser voltado para o futuro, para a previsão e para a antecipação de problemas, bem como para suas possíveis soluções;
- destinar-se tanto ao diagnóstico como ao prognóstico em marketing;
- ter caráter preventivo e corretivo;
- ser dinâmico e interativo.

Muito embora, conforme já vimos, uma série de forças e agentes exerça influência direta ou indireta sobre as empresas, três elementos em particular aparecem como fundamentais e ganham destaque no modelo genérico proposto na Figura 2.10, ficando os demais englobados pelo que denominamos macroambiente. Esses elementos são: a própria empresa (ambiente interno), a concorrência e os clientes.

Assim, esse modelo apresenta um SIM constituído de quatro subsistemas que processam dados provenientes do ambiente de marketing, gerando informações úteis e necessárias para os tomadores de decisão. Esses quatro subsistemas são:[4]

1. *Subsistema de monitorações ambientais*: lida com informações relativas ao macroambiente e aos diversos públicos que interagem com a empresa; é importante assinalar que os elementos devem ser selecionados para acompanhamento com base em sua relevância para o negócio, por seu grande número.

2. *Subsistema de informações competitivas*: lida eminentemente com informações relativas à concorrência, como preço e lançamento de produtos.

3. *Subsistema de informações internas*: lida com informações que fluem naturalmente para a organização, como volume de vendas e tempo médio gasto pelos vendedores em cada ponto de venda.

4. *Subsistema de pesquisa de marketing*: lida com informações relativas aos clientes e aos públicos-alvo.

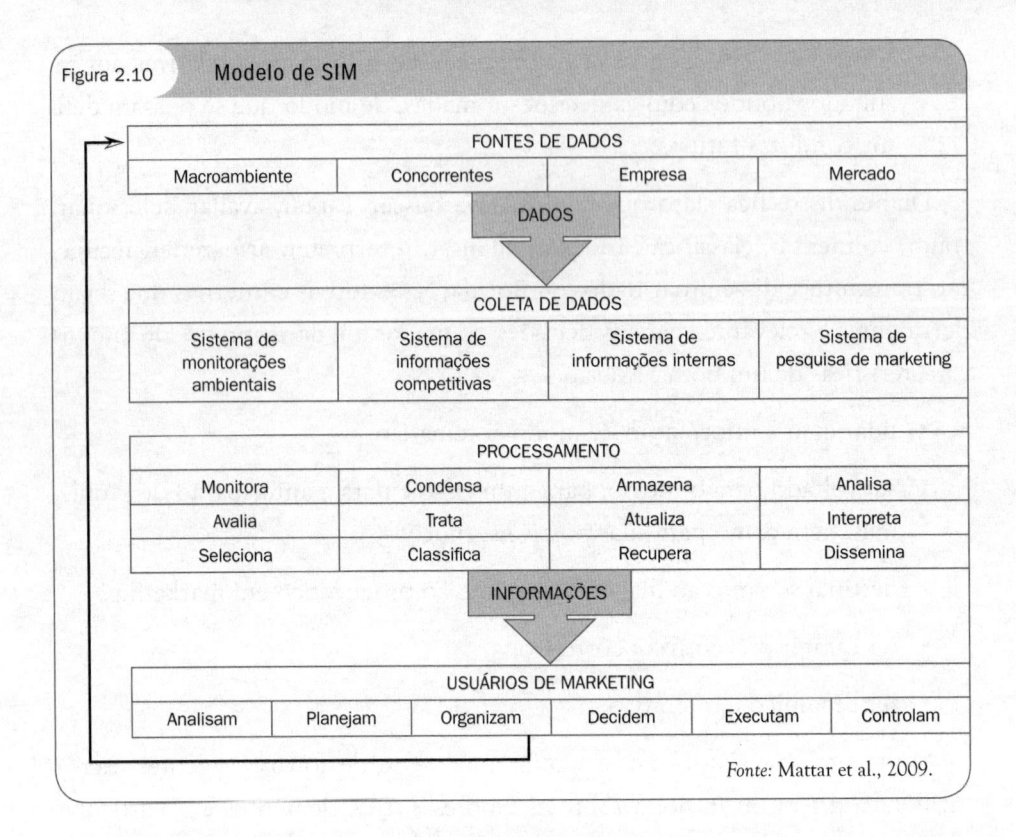

Figura 2.10 Modelo de SIM

FONTES DE DADOS			
Macroambiente	Concorrentes	Empresa	Mercado

DADOS

COLETA DE DADOS			
Sistema de monitorações ambientais	Sistema de informações competitivas	Sistema de informações internas	Sistema de pesquisa de marketing

PROCESSAMENTO			
Monitora	Condensa	Armazena	Analisa
Avalia	Trata	Atualiza	Interpreta
Seleciona	Classifica	Recupera	Dissemina

INFORMAÇÕES

USUÁRIOS DE MARKETING					
Analisam	Planejam	Organizam	Decidem	Executam	Controlam

Fonte: Mattar et al., 2009.

Por fim, vale abordar a questão da tecnologia no que tange ao SIM. Devemos ter em mente que, embora a tecnologia permita maior rapidez e fluidez no trato de dados e informações, por si só, ela não resolve problemas. Exemplo disso é que, não raro, ouvimos falar de empresas que adquiriram tecnologias de gerenciamento de informações (os famosos ERPs) e tiveram mais problemas do que benefícios. Isso ocorre porque a tecnologia é somente uma ferramenta relativa à estrutura, que depende de diversos outros fatores — como a cultura organizacional e o modelo de SIM implementado — para que possa, de fato, trazer os possíveis benefícios da sistematização das informações.

De qualquer modo, o fato é que uma das maneiras de obter informações confiáveis é realizando pesquisas de marketing, que possibilitam a interação direta e efetiva com o mercado. Tendo em vista sua importância no processo de gestão de marketing, a seguir apresentaremos considerações a seu respeito e detalhamos seu processo.

2.3 PESQUISA DE MARKETING

O objetivo da pesquisa de marketing é coletar dados relativos a clientes e públicos-alvo e transformá-los em informações que ajudem os gestores a solucionar problemas relacionados ao processo de gestão de marketing. Evidentemente, ela deve ser trabalhada levando em conta um SIM, a fim de que seja potencializada e se constitua realmente em uma base diferenciada que a empresa possa utilizar para buscar seus objetivos, otimizando seus recursos.

Mas como definir pesquisa de marketing? Vários autores fizeram isso, e as contribuições de alguns deles podem ser vistas no Quadro 2.2. Inclusive, analisando suas contribuições, podemos verificar alguns aspectos em comum, a saber:

- A realização de pesquisa de marketing implica o cumprimento de um processo que envolve (1) identificação de dados relevantes à solução de problemas ou de oportunidades de marketing, (2) planejamento da metodologia adequada ao levantamento dos dados, (3) execução do projeto e (4) comunicação dos resultados aos profissionais de marketing.
- A pesquisa de marketing é uma atividade sistemática, uma vez que todas as decisões técnicas que a circundam relacionam-se entre si. Além disso, é fruto do método científico.
- A pesquisa de marketing deve gerar informação precisa para que os gestores de marketing tomem decisões com a menor probabilidade de erro possível.

Como fica claro, a realização de pesquisa é fundamental para o marketing, principalmente porque a informação é seu grande combustível. Afinal, uma vez

Quadro 2.2 Definições de pesquisa de marketing

AUTORES	DEFINIÇÕES
Mattar	A pesquisa de marketing é a investigação sistemática, controlada, empírica e crítica de dados com o objetivo de descobrir e/ou descrever fatos ou de verificar a existência de relações presumidas entre fatos referentes ao marketing de bens, serviços e ideias e ao marketing como área de conhecimento da administração.[5]
McDaniel e Gates	Pesquisa de marketing é o planejamento, a coleta e a análise de dados relevantes para a tomada de decisão em marketing e a comunicação dos resultados dessa análise para a administração.[6]
Malhotra	Pesquisa de marketing é a identificação, coleta, análise e disseminação de informações de forma sistemática e objetiva e o uso de informações para melhorar a tomada de decisões relacionada com a identificação de solução de problemas e de oportunidades de marketing.[7]
Samara e Barros	A pesquisa de marketing consiste em projetos formais que visam à obtenção de dados de forma empírica, sistemática e objetiva para a solução de problemas ou para oportunidades específicas relacionadas ao marketing de produtos e de serviços.[8]
American Marketing Association	Pesquisa de marketing é a função que liga o consumidor, o cliente e o público em geral ao profissional de marketing por meio da informação — informação esta usada para identificar e definir oportunidades e problemas de marketing, gerar, refinar e avaliar ações de marketing, monitorar o desempenho de marketing e elevar o entendimento do marketing como um processo. A pesquisa de marketing especifica as informações necessárias para tratar desses aspectos, estabelece o método para a coleta de informações, gerencia e implementa o processo de coleta de dados, analisa os resultados e informa as descobertas e suas implicações.[9]

que o cerne do marketing é conquistar resultados por meio da satisfação de necessidades e desejos de públicos específicos, a obtenção desses dados por intermédio da realização de pesquisas de marketing é condição fundamental à sua existência.

Além disso, dentro do processo de planejamento de marketing, é a pesquisa que revela as informações de que os planejadores necessitam tanto antes de tomarem as decisões (dados acerca da própria empresa, bem como do macroambiente e do microambiente) quanto após as terem tomado (verificadoras do sucesso do plano).

Por fim, em ambientes de negócio complexos, como os atuais, marcados por grandes incertezas, alta competição, concorrência em nível global e grande inovação tecnológica, é imprescindível que os profissionais de marketing tenham acesso a informações precisas e oportunas. De fato, quanto mais informações de qualidade, melhores decisões podem ser tomadas e menores são os custos de retrabalho e o tempo gasto na correção de ações.

Contudo, realizar pesquisa de marketing não é uma tarefa fácil. Como veremos a seguir, o processo de pesquisa é bastante detalhado e complexo — algo que, se, por um lado, o torna suscetível a erros, por outro confere àqueles que o seguirem adequadamente informações confiáveis, que podem contribuir para o desenvolvimento e a manutenção de importantes diferenciais competitivos.

Etapas da pesquisa de marketing

Antes de darmos início a esta seção, uma consideração deve ser feita: toda a nossa discussão levará em conta projetos de pesquisa de marketing *ad hoc*, ou seja, que são desenvolvidos especificamente para a produção de informações que contribuirão para a solução de problemas de marketing únicos.[10] Desse modo, podemos dizer que uma pesquisa de marketing possui quatro etapas:[11]

1. reconhecimento e formulação de um problema de pesquisa;

2. planejamento da pesquisa;

3. execução do projeto de pesquisa;

4. comunicação dos resultados.

Reconhecimento e formulação de um problema de pesquisa

Toda pesquisa de marketing tem início com uma dúvida, um questionamento. Afinal, é natural que os profissionais de marketing necessitem de informações mais apuradas do que as que já têm sobre os produtos, os serviços e as marcas com as quais trabalham, bem como sobre os mercados e o ambiente de negócios em que estão inseridos, para buscarem diferenciais e vantagens que atraiam seu público-alvo. São exatamente essas lacunas de informação que constituem as dúvidas que podem ser sanadas pela pesquisa de marketing.

É importante assinalar, no entanto, que dúvidas não são necessariamente problemas. Sob certo ponto de vista, o uso da palavra "problema" em pesquisa é infeliz, uma vez que faz com que se confunda problema de marketing – algo pontual que uma organização esteja vivenciando em um determinado momento – com problema de pesquisa, levando à interpretação errônea de que só são realizadas pesquisas quando é identificado um problema. De fato, pesquisas de marketing podem ser realizadas para diversas finalidades, sem que haja um problema mercadológico aparente.

Um ponto essencial do projeto de pesquisa de marketing: a formulação do problema de pesquisa – ou a identificação da dúvida – deve estar correta, pois só assim serão geradas informações úteis para a tomada de decisão. Quando o problema de pesquisa é mal definido, as informações geradas acabam não sendo relevantes para a tomada de decisão, ainda que o projeto tenha ficado perfeito do ponto de vista metodológico e de execução.

A grande questão é que nem sempre a identificação correta do problema de pesquisa é automática e simples. Isso porque os profissionais de marketing, por estarem diariamente em contato com as mesmas situações mercadológicas, podem não ter uma clara visão delas. Por exemplo: um gerente de marketing, ao observar a queda nas vendas de um de seus produtos, pode concluir que o problema de pesquisa é o desinteresse do público-alvo, quando, na realidade, pode ser uma falha no processo de distribuição. Nessas situações, cabe à empresa contratada para realizar a pesquisa auxiliar o gestor de marketing a identificar o problema de pesquisa corretamente.

E, por falar em empresa contratada para realizar a pesquisa, alguns fatores devem ser observados para que o relacionamento entre ela e o gestor de marketing flua adequadamente:

- O profissional de marketing da empresa que contrata os serviços de pesquisa de marketing de outra deve redigir e transmitir um *briefing* adequado. É impossível uma pesquisa de marketing obter êxito sem que o pesquisador tenha um conjunto de dados completo e fidedigno sobre a empresa que fará uso das informações geradas pelo projeto.

- A empresa contratante e a executante do serviço de pesquisa de marketing devem ser parceiras. A empresa contratante não pode ver a empresa executante como uma mera prestadora de serviços, afinal esta proverá informações que muitas vezes balizarão decisões estratégicas. Nesse sentido, é necessário ter sempre em mente que parceria pressupõe confiança.

Por fim, cabe ressaltar os três requisitos básicos de um bom problema de pesquisa: importância, originalidade e viabilidade.[12] Em linhas gerais, um problema de pesquisa é importante quando gera informações relevantes para a tomada de decisão em marketing, é original quando gera informações que surpreendem os que tomam as decisões, e é viável quando gera projetos de pesquisa de marketing exequíveis em termos de tempo e recursos.

Planejamento da pesquisa

O planejamento da pesquisa de marketing deve ser feito pelo pesquisador. Afinal, é ele quem detém os conhecimentos técnicos necessários para definir que metodologia atenderá melhor ao problema de pesquisa. Em termos gerais, o planejamento da pesquisa de marketing requer decisões sobre os seguintes fatores:

- objetivos da pesquisa;
- tipo de fonte de dados;
- natureza da pesquisa;
- tipo de pesquisa;
- método de pesquisa;
- método de coleta de dados;
- instrumento de coleta de dados;
- amostragem;
- técnicas de análise.

Objetivos da pesquisa

Na pesquisa de marketing, os objetivos são de duas naturezas: primários e secundários. Os **objetivos primários** — também chamados de gerais ou principais — são, de maneira simplificada, a tradução resumida do problema de pesquisa. De fato, esses objetivos revelam o propósito maior do projeto, mostrando prontamente para o leitor do que ele trata. Já os **objetivos secundários** são constituídos de indagações mais específicas que, em conjunto, compõem os objetivos primários, como um quebra-cabeça. Esse desmembramento é de suma importância, pois os objetivos secundários serão, mais tarde, a base para a confecção do instrumento de coleta de dados, se este for necessário. Para visualizarmos como os objetivos primários e secundários são elaborados na prática, vejamos o Quadro 2.3, que traz um exemplo real.

Em um primeiro momento, ao relacionar os objetivos secundários, o pesquisador deve optar pelo excesso, a fim de que nenhum aspecto do objetivo primário seja deixado de lado, o que tornaria a pesquisa incompleta. Então, em uma sessão de *brainstorming*, os objetivos secundários devem ser revistos, de modo que aqueles que têm pouca relação com o objetivo primário sejam excluídos. Posteriormente, o pesquisador deve observar a quantidade e

> Os **objetivos primários** revelam o propósito maior do projeto, mostrando prontamente do que ele trata. Já os **objetivos secundários** são constituídos de indagações mais específicas que, em conjunto, permitem alcançar os objetivos primários.

> **Quadro 2.3** — Objetivos primário e secundários — exemplo real
>
> O objetivo primário desta pesquisa é descobrir o perfil socioeconômico do consumidor do produto X.
>
> Como objetivos secundários, temos:
> - saber o sexo do entrevistado
> - saber a idade do entrevistado
> - saber o grau de instrução do entrevistado
> - saber a classe social do entrevistado
> - saber a profissão do entrevistado
> - saber a ocupação do entrevistado
> - saber o estado civil do entrevistado
> - saber a região onde o entrevistado mora
>
> *Fonte*: Mattar, 2005.

a complexidade dos objetivos propostos. Isso porque, quanto mais numerosos e complexos forem esses objetivos, mais recursos ele deverá ter, pois mais dados deverão ser coletados, processados e analisados. Por fim, é importante que se verifique se os objetivos são exequíveis, uma vez que podem requerer dados de fontes não disponíveis para consulta e recursos que não estão à mão, além do fato de os detentores dos dados poderem não estar acessíveis.[13] O ponto-chave, contudo, é que os objetivos estejam amarrados à solução do problema, levando em conta aspectos gerais da organização e dos usuários das informações que serão geradas.[14]

Não podemos deixar de considerar também um importante elemento que faz parte do objetivo da pesquisa: a **hipótese**, que nada mais é do que uma resposta preconcebida a ser testada, direcionando a pesquisa, dando-lhe foco. De fato, a hipótese é bastante útil para os dados de natureza quantitativa, que podem ser utilizados para testá-la estatisticamente, mas também é muito adequada para pesquisas que visam à coleta de dados qualitativos.

> **Hipótese** é uma resposta preconcebida a ser testada, direcionando a pesquisa, dando-lhe foco.

Na Figura 2.11, é apresentado um esquema que traz o processo de pesquisa de marketing desde os objetivos até as questões relativas ao instrumento de coleta de dados, passando pela definição da hipótese — afinal, é a partir dela que são definidas as variáveis de pesquisa e os indicadores, os quais serão desmembrados em uma ou mais questões.

Tipo de fonte de dados

São duas as fontes de dados utilizadas em pesquisas de marketing: as primárias e as secundárias. As **fontes primárias** são aquelas que não estão disponíveis para consulta imediata. Em pesquisa de marketing, isso significa que se devem obter

> As **fontes primárias** são aquelas que não estão disponíveis para consulta imediata, diferentemente das **fontes secundárias**, que estão.

Figura 2.11 — Esquema do processo de pesquisa de marketing

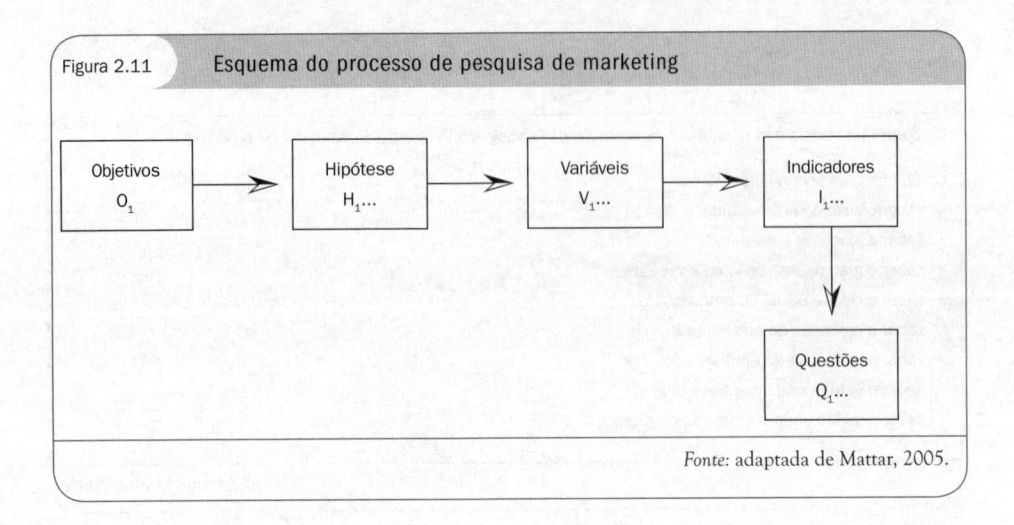

Objetivos O_1 → Hipótese H_1... → Variáveis V_1... → Indicadores I_1... → Questões Q_1...

Fonte: adaptada de Mattar, 2005.

os dados diretamente de pessoas ou empresas, por meio de técnicas de coleta, conforme apresentaremos mais adiante. Já as **fontes secundárias** estão disponíveis para consulta. Ao pesquisador, cabe, geralmente, identificá-las e apanhá-las — com baixo custo, em comparação com as fontes primárias. Algumas fontes secundárias muito úteis para o processo de marketing são: IBGE, Banco Central do Brasil, Ipea, ministérios e secretarias de Estado, além de institutos, grupos e núcleos de pesquisa de universidades.

A definição da fonte de dados nessa etapa do projeto é importante porque impacta e, às vezes, determina outras decisões metodológicas, como o tipo de pesquisa que será utilizado.

Natureza da pesquisa

A natureza da pesquisa diz respeito ao tipo de dado que será eminentemente coletado. Por essa razão, ela pode ser quantitativa ou qualitativa.

A **pesquisa quantitativa** tem como meta quantificar os dados relacionados aos principais objetivos. Ela se ampara na estatística para que os dados possam ser analisados e, principalmente, para que os dados obtidos com uma amostra possam ser generalizados para toda uma população. Geralmente, faz indagações diretas, obtendo respostas objetivas, com pouca reflexão e profundidade por parte do respondente.

A **pesquisa qualitativa** tem como meta obter dados e informações profundos acerca dos objetivos do estudo. Ela utiliza técnicas consagradas pela psicologia para obter a profundidade desejada e não tem como generalizar resultados de uma grande amostra para toda uma população, pois não conta com a estatística para auxiliá-la. Geralmente, trabalha com uma pequena quantidade de elementos de uma ou mais fontes.

> " A **pesquisa quantitativa** tem como meta quantificar os dados relacionados aos principais objetivos. Geralmente, faz indagações diretas, obtendo respostas objetivas, com pouca reflexão e profundidade por parte do respondente. "

> " Já a **pesquisa qualitativa** tem como meta obter dados e informações profundos acerca dos objetivos do estudo. Geralmente, trabalha com uma pequena quantidade de elementos de uma ou mais fontes. "

É importante observar que as duas naturezas se complementam. Por exemplo, por meio de uma pesquisa quantitativa, pode-se descobrir que uma determinada marca é preferida pela maioria absoluta dos consumidores. Agora, para descobrir o porquê disso, é necessário realizar uma pesquisa qualitativa que tenha esse problema de pesquisa. Analogamente, por meio de uma pesquisa qualitativa, pode-se descobrir algo referente ao uso de um produto específico que nunca tinha sido imaginado pelos profissionais de marketing. Essa descoberta pode motivar a realização de uma pesquisa quantitativa, que tenha como finalidade descobrir se esse comportamento está realmente presente em grande parte do público-alvo.

Vale ressaltar, no entanto, que, com vistas à generalização dos resultados, normalmente se utiliza a pesquisa quantitativa, lançando mão da pesquisa qualitativa como apoio para um melhor delineamento dos projetos quantitativos.[15] Isso ocorre porque, em geral, as decisões de marketing não visam somente ao público efetivamente pesquisado, mas sim à população que esse público representa.

Tipo de pesquisa

Diferentes autores organizam os tipos de pesquisa de marketing de diferentes maneiras. Aqui, utilizamos a organização elaborada por Mattar,[16] que parte do princípio de que as pesquisas são dos tipos exploratório e conclusivo, sendo este último descritivo ou causal. A Figura 2.12 ilustra essa organização.

A **pesquisa exploratória** é utilizada quando o pesquisador não conhece nada ou conhece muito pouco sobre o assunto tratado pelo problema de pesquisa. Assim, ela é usada, por exemplo, quando uma empresa resolve diversificar suas atividades e entrar em mercados ou segmentos diferentes daqueles com os quais está acostumada. Como tem a intenção de fornecer as primeiras impressões sobre algo, a pesquisa exploratória geralmente antecede

> A **pesquisa exploratória** é utilizada quando o pesquisador não conhece nada ou conhece muito pouco sobre o assunto tratado pelo problema de pesquisa.

Figura 2.12 — Tipos de pesquisa de marketing

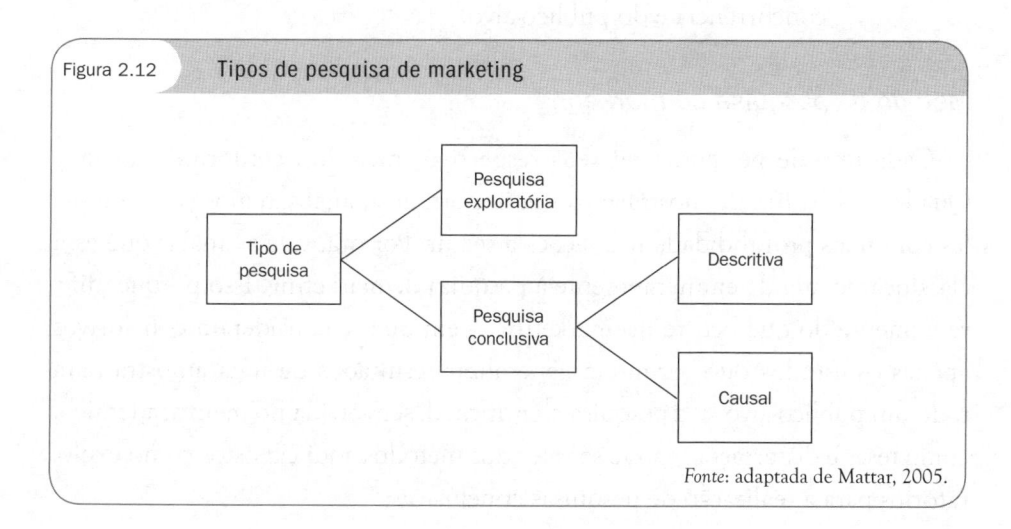

Fonte: adaptada de Mattar, 2005.

a conclusiva. E, exatamente por não ser conclusiva, não gera conclusões, mas sim hipóteses que, mais tarde, serão confirmadas pela pesquisa conclusiva. Outro ponto importante: em geral, por não exigir muitas decisões metodológicas, a pesquisa exploratória é mais flexível e informal que a conclusiva.

Já a **pesquisa conclusiva** tem por objetivo gerar informações que, de fato, são usadas nas tomadas de decisão de marketing. Como já observado, ela é bem mais formal que a exploratória, de metodologia mais densa, e pode ser dividida em descritiva e causal.

Como seu próprio nome já diz, a **pesquisa conclusiva descritiva** é utilizada para que situações e variáveis de interesse do marketing sejam descritas — lembrando que descrições são como fotografias, ou seja, são sempre temporais e revelam o fenômeno somente naquele instante. Exemplos de variáveis e situações que podem ser descritas por pesquisa conclusiva descritiva são as características do consumidor e os seus hábitos de compra.

Já a **pesquisa conclusiva causal** é útil quando se quer verificar, em uma determinada situação, como as variáveis de marketing se relacionam e como se dá a relação de dependência entre elas. Em termos práticos, ela é usada quando se quer saber, por exemplo, o que ocorrerá com a satisfação do consumidor caso o preço de um determinado produto aumente em 10 por cento. Uma característica diferenciadora e particular da pesquisa conclusiva causal é o fato de ela contar com experimentos, ou seja, situações fictícias criadas pelo pesquisador em que se consegue manipular variáveis e testar as relações entre elas. Um exemplo de experimento são os mercados-teste, também chamados de testes de mercado. Ao utilizá-lo, a empresa pode, por exemplo, colocar em determinada região um produto que ainda não foi lançado com o intuito de obter indicadores de desempenho e observar o comportamento da concorrência e do público-alvo.

Método de pesquisa de marketing

Cada tipo de pesquisa tem seus respectivos métodos, conforme mostra o Quadro 2.4. A fim de mostrarmos sua importância, analisaremos cada um deles com mais profundidade nas seções a seguir. Por ora, vale assinalar que essa classificação atende eminentemente à pesquisa de marketing. Isso porque, diferentemente do que ocorre no marketing — em que se consideram conclusivos apenas os estudos que permitem generalizar resultados de uma amostra para todo um público-alvo —, a pesquisa científica, desenvolvida no meio acadêmico, como teses e dissertações, pode se valer dos métodos aqui expostos como exploratórios para a realização de pesquisas conclusivas.

> **Quadro 2.4** — Tipos de pesquisa de marketing e seus métodos

TIPOS DE PESQUISA	MÉTODOS DE PESQUISA
Exploratória	Levantamento em fontes secundárias Levantamento de experiências Estudo de caso
Conclusiva descritiva	Levantamento de campo Estudo de campo
Conclusiva causal	Antes e depois com grupo de controle Antes e depois sem grupo de controle Só depois com grupo de controle Só depois sem grupo de controle

Fonte: adaptado de Mattar, 2005.

Métodos da pesquisa exploratória

Para efeito da pesquisa de marketing, são três os métodos da pesquisa exploratória: levantamento em fontes secundárias, levantamento de experiências e estudo de caso.

- *Levantamento em fontes secundárias*: como mencionado anteriormente, as fontes secundárias são aquelas que se encontram disponíveis para consulta. Em pesquisas exploratórias, essas fontes podem ser tanto internas como externas à empresa. Exemplos de fontes secundárias são: relatórios de vendas, relatórios contábeis, publicações da própria empresa, notícias veiculadas em meios de comunicação de massa (como jornais, revistas, TV, jornal e Internet), livros, pesquisas efetuadas por empresas privadas e pesquisas realizadas por órgãos governamentais (como IBGE, Ipea e Fundação Seade).

- *Levantamento de experiências*: trata-se de uma conversa até certo ponto informal com pessoas que possuem informações que podem responder ao problema de pesquisa, como formadores de opinião e especialistas. É importante frisar que não se trata de uma entrevista, pois não exige os rigores necessários à confecção do instrumento e à decisão do método de coleta de dados.

- *Estudo de caso*: diz respeito à investigação de um fenômeno contemporâneo.[17] Pode envolver entrevistas estruturadas, semiestruturadas e não estruturadas, além de observações; pode também ter como objeto de estudo uma ou mais empresas ou pessoas.[18] Uma operacionalização bastante comum desse método é a realização de grupos de foco, também chamados de *focus groups*, em que um ou mais grupos compostos por oito a doze pessoas, com características demográficas e socioeconômicas semelhantes, são reunidos e "entrevistados" de maneira pouco ou nada estruturada por um mediador, levando a uma discussão informal que é gravada e transcrita para posterior análise mais aprofundada.[19] Para induzir à informalidade, de modo que as pessoas sintam-se à vontade para se expressarem com relação aos assuntos abordados, é comum a sala em que acontece a reunião ser confortável e nela haver comida e bebida.

Métodos da pesquisa conclusiva descritiva

São dois os métodos da pesquisa conclusiva descritiva: levantamento de campo e estudo de campo.

- *Levantamento de campo*: esse método é utilizado quando se quer que os dados obtidos — que são organizados em tabelas e cruzados — sejam representativos de toda uma população ou, em outras palavras, que sejam generalizados a toda uma população. De modo geral, trata-se de um método que exige grandes amostras e que gera dados pouco profundos sobre os assuntos de interesse.

- *Estudo de campo*: nesse método, os principais objetivos são a obtenção de profundidade mediana dos dados coletados e a verificação da relação entre as variáveis. Baseado em amostras não muito grandes, não tem como preocupação a generalização dos dados para toda uma população.

Métodos da pesquisa conclusiva causal

São quatro os métodos da pesquisa conclusiva causal: antes e depois com grupo de controle, antes e depois sem grupo de controle, só depois com grupo de controle e só depois sem grupo de controle.

- *Antes e depois com grupo de controle*: considerado o método causal clássico, tem como objetivo comparar, por meio de experiência, os resultados de dois períodos distintos (antes e depois da experiência) de um determinado conjunto de unidades amostrais (o grupo experimental) com os de outro conjunto (o grupo de controle), a fim de verificar a viabilidade das hipóteses anteriormente levantadas. Para ver como esse método funciona na prática, veja o exemplo a seguir.

Uma empresa fabricava um produto que era comercializado em supermercados, ficando em uma determinada posição na gôndola para exposição. Seus profissionais de marketing levantaram a seguinte hipótese: a alteração da posição do produto na gôndola contribuirá para o crescimento das suas vendas. Como a decisão era bastante custosa e arriscada, eles decidiram realizar uma pesquisa conclusiva causal utilizando o método antes e depois com grupo de controle. Assim, sortearam aleatoriamente um conjunto de supermercados onde foi realizada a experiência — o produto foi trocado de lugar e as vendas foram medidas antes e depois da experiência. A fim de se certificar, tomaram outro conjunto de supermercados para servir de controle. Nele, as vendas foram medidas, mas o produto não foi trocado de lugar. Depois de notarem nas vendas uma variação positiva maior no grupo experimental do que no de controle, os profissionais de marketing decidiram alterar o local do produto na gôndola de todos os supermercados.

- *Antes e depois sem grupo de controle*: esse método é bastante parecido com o antes e depois com grupo de controle. A diferença entre eles reside apenas no fato de que este não estabelece um grupo de controle, o que lhe confere menos capacidade conclusiva. É importante assinalar que, em determinadas situações, é impossível estabelecer um grupo de controle. Por exemplo, suponhamos que uma empresa estabeleça um mercado-teste com a intenção de medir quanto as marcas concorrentes perderiam de participação de mercado após a entrada de um novo produto lançado por ela. Nesse caso, como o mercado-teste geralmente é realizado em um município cuja população reúne as características demográficas desejadas para o público-alvo, não é possível estabelecer um grupo de controle. Afinal, esse grupo seria outro município, onde a nova marca certamente não estaria presente.

- *Só depois com grupo de controle*: nesse método, não se faz a medida antes, e, em geral, ela não é feita por ser impossível fazê-la. Para exemplificar, imaginemos o caso do lançamento de um produto. Muitas vezes, não há o que medir antes do lançamento exatamente pelo fato de o produto ser novo.

- *Só depois sem grupo de controle*: esse método assemelha-se muito a um projeto de pesquisa conclusiva descritiva. De fato, o que os difere é a realização ou não da experiência, sempre presente em projetos de pesquisa conclusiva causal.

Método de coleta de dados

Em primeiro lugar, devemos salientar que a discussão sobre método de coleta de dados refere-se a dados primários. Desse modo, podemos dizer que, em pesquisa de marketing, os dados podem ser coletados em uma destas duas maneiras: por comunicação e por observação.

Coleta de dados por comunicação

A comunicação ocorre quando há interação verbal ou não verbal entre o pesquisador e o pesquisado e envolve decisões referentes às seguintes questões: o questionamento será estruturado ou não? Será disfarçado ou não? Como será seu modo de interação?

Típico dos estudos de natureza quantitativa, o **questionamento estruturado** é aquele em que as perguntas, além de respeitar uma sequência lógica, são feitas na mesma ordem, com as mesmas palavras e, em certos estudos, com a mesma entonação. Já no **questionamento não estruturado**, usado basicamente para pesquisas qualitativas, as perguntas são feitas sem nenhum rigor em termos de ordem e de palavras utilizadas.

Um **questionamento disfarçado** é aquele cujos objetivos do estudo não ficam claros para o respondente. Ou seja, no final do processo, o respondente não é capaz de dizer qual a intenção da pesquisa. Esse tipo de questionamento é bastante comum nos estudos qualitativos. Nos estudos quantitativos, por sua vez, geralmente se usa o **questionamento não disfarçado**. Com ele, os objetivos são percebidos pelo respondente — e isso não traz nenhum prejuízo ao projeto.

No que diz respeito ao modo da interação, a comunicação pode se dar por meio de entrevistas ou de questionários autopreenchidos, também chamados de autogerados.

No caso das **entrevistas**, há uma interação verbal entre o entrevistador e o entrevistado, a qual pode ocorrer pessoalmente ou por telefone. A entrevista pessoal é sempre a melhor opção. Isso porque, por possibilitar a leitura não verbal das respostas dos entrevistados, ela permite a obtenção de mais e melhores dados. Contudo, é a alternativa mais cara — o trabalho de campo que ela requer gera uma série de custos. A entrevista por telefone é indicada quando o prazo para a realização da pesquisa é curto. No entanto, algumas desvantagens devem ser consideradas: a pessoa será incomodada por uma ligação, o que aumenta a chance de ela não responder; dependendo da região geográfica da pesquisa e da classe social do público-alvo, pode não ser possível utilizar o telefone pelo simples fato de as pessoas não possuírem um.

Nos **questionários autopreenchidos**, a interação verbal entre o entrevistador e o entrevistado, que recebe o questionário, lê as perguntas e anota suas respostas, é mínima ou inexistente. O questionário pode chegar às mãos do respondente por vários meios. Ele pode, por exemplo, ser entregue pessoalmente, enviado pelo correio, encartado em uma revista ou em um jornal, enviado por e-mail ou disponibilizado em um site. Esse método é o de custo mais baixo, mas

> O **questionamento estruturado** é aquele em que as perguntas, além de respeitar uma sequência lógica, são feitas na mesma ordem, com as mesmas palavras e, em certos estudos, com a mesma entonação. Já no **questionamento não estruturado** as perguntas são feitas sem nenhum rigor em termos de ordem e de palavras utilizadas.

> Um **questionamento disfarçado** é aquele cujos objetivos do estudo não ficam claros para o respondente. Ele difere totalmente do **questionamento não disfarçado**, cujos objetivos são percebidos pelo respondente.

> A **entrevista** é uma interação verbal entre o entrevistador e o entrevistado, a qual pode ocorrer pessoalmente ou por telefone.

apresenta algumas limitações: uma vez que o respondente pode ler o questionário inteiro antes de respondê-lo, o questionamento não pode ser estruturado (é verdade que esse problema pode ser driblado se o questionário for respondido pela Internet); o prazo para a realização da pesquisa não pode ser curto; muitos questionários são enviados com várias perguntas sem resposta; o questionário pode ser respondido por outra pessoa.

> Nos **questionários autopreenchidos**, não há interação verbal entre o entrevistador e o entrevistado, que recebe o questionário, lê as perguntas e anota suas respostas.

Coleta de dados por observação

A observação ocorre quando não há interação entre pesquisador e pesquisado — a exceção fica por conta da **simulação de compra**, na qual o pesquisador se passa por consumidor para observar a presteza e outras variáveis referentes a atendimento. Desse modo, em qualquer observação, assume-se que o dado observado seja provido de pureza. Isso, naturalmente, se o indivíduo, que tem, em geral, seu comportamento de compra e de uso de produtos analisado, não perceber que está sendo observado, pois isso tenderia a alterar seu comportamento natural.

> Na **simulação de compra**, o pesquisador se passa por consumidor para observar a presteza e outras variáveis referentes a atendimento.

Duas decisões importantes devem ser tomadas quando se usa o método da observação: (1) se a observação será humana ou por instrumentos; (2) se a observação será de campo ou de laboratório. No que diz respeito à primeira decisão, em geral, é dada preferência à utilização de instrumentos, como câmeras. Isso porque, além de serem menos onerosos, os instrumentos fazem com que todo o comportamento do indivíduo observado chegue ao analista da pesquisa sem nenhum tipo de ruído. Quanto à segunda decisão, é dada preferência à observação de campo, pois o consumidor é observado diretamente em seu hábitat — o laboratório, ainda que facilite o trabalho de campo, sempre é uma situação fictícia que pode ser determinante para o indivíduo que está sendo observado.

Instrumento de coleta de dados

O instrumento de coleta de dados é o que propiciará a obtenção dos dados que serão analisados e responderão ao problema de pesquisa. Sua composição varia de acordo com o tipo de pesquisa, que, como já vimos, pode ser qualitativa ou quantitativa.

Em linhas gerais, quando a pesquisa é qualitativa, o instrumento de coleta de dados tem o nome de **roteiro**, e é composto por questões eminentemente abertas, ou seja, que não oferecem alternativas de resposta e deixam o pesquisador livre para

> Usado como instrumento de coleta de dados de pesquisas qualitativas, o **roteiro** é composto por questões eminentemente abertas, ou seja, que não oferecem alternativas de resposta e deixam o pesquisador livre para apresentar suas considerações.

> Usado como instrumento de coleta de dados de pesquisas quantitativas, o **questionário** pode conter algumas questões abertas, fechadas, de múltipla escolha e dicotômicas, bem como escalas.

apresentar suas considerações. Alguns roteiros são basicamente a transposição dos objetivos secundários do estudo ao instrumento, que servirá de guia para a entrevista individual em profundidade ou mesmo para o grupo de foco.

Quando a pesquisa é quantitativa, o instrumento de coleta de dados é denominado **questionário**, que pode conter, além de algumas questões abertas, questões fechadas, de múltipla escolha, dicotômicas e escalas. As *questões fechadas* oferecem as alternativas de resposta, podendo o pesquisado optar por apenas uma delas. Nas *questões de múltipla escolha*, também são fornecidas ao pesquisado as alternativas de resposta, mas ele pode optar por quantas quiser — até por todas, se desejar. Nas *questões dicotômicas*, o entrevistado tem de optar por uma entre duas alternativas antagônicas — sim ou não, falso ou verdadeiro, e assim por diante. As *escalas* se caracterizam por sempre oferecer um ponto mínimo e um máximo, cabendo ao pesquisado posicionar sua resposta, que deve ser única, dentro desse intervalo. O Quadro 2.5 traz alguns tipos de escala, bem como sua forma.

É interessante notar que duas escalas muito utilizadas em pesquisas de marketing são a de Likert e a de Osgood, mas nem sempre se chega aos resultados corretos por meio delas. Isso porque, para o registro das respostas, é comum atribuir números como rótulos que, em princípio, devem ser utilizados somente para a contagem. No entanto, tem sido uma prática comum a utilização desses rótulos para o cálculo da média. Evidentemente, obter a média de números que são, na verdade, rótulos pode criar grandes divergências nos resultados. Afinal, qual seria a média entre o "concordo parcialmente" e o "indiferente", presentes na escala de Likert? De fato, para as escalas ordinais como a de Likert e a de Osgood, as medidas legítimas de tendência central são a moda e a mediana, e não a média! Uma alternativa para driblar essa incorreção consiste em utilizar uma escala intervalar. Nesse caso, em vez de pedir para o respondente assinalar um termo ou um número que o represente, pede-se a ele que atribua uma nota de 1 a 10, sendo 1 o pior nível, e 10, o maior.

Quadro 2.5 Tipos de escala

ESCALA	FORMA
Avaliação verbal	Ótimo, Bom, Regular, Ruim, Péssimo
Nota	Nota de 1 a 10
Likert	Concordo totalmente, Concordo parcialmente, Indiferente, Discordo parcialmente, Discordo totalmente
Diferencial semântico (Osgood)	Caro _____ Barato Sofisticado _____ Básico
Stapel	Caro –5 –4 –3 –2 –1 +1 +2 +3 +4 +5 Barato Sofisticado –5 –4 –3 –2 –1 +1 +2 +3 +4 +5 Básico

Fonte: Mattar, 2005.

Por fim, é importante chamarmos a atenção para um fato em geral ignorado: a redação do instrumento de coleta de dados talvez seja a etapa mais complicada de um projeto de pesquisa de marketing. Isso porque ela requer a utilização de diversas técnicas, várias delas advindas de áreas que o profissional de marketing não domina completamente. Além disso, muitas vezes a aplicação do instrumento de coleta de dados não fica a cargo de seu redator, o que reduz a possibilidade de corrigir eventuais erros em tempo adequado para não comprometer a pesquisa. Por essa razão, recomenda-se que, antes de concluir a redação do instrumento, o pesquisador elabore um esboço, que deve ser lapidado pelo próprio pesquisador, por colegas que não fazem parte do projeto e, por fim, pelo **pré-teste** — que consiste na aplicação do instrumento junto ao público-alvo da pesquisa, a fim de que possa ser observado se as perguntas são facilmente compreendidas, se a ordem das questões é a mais correta, se os entrevistados são capazes de responder a todas as perguntas e se o tempo de aplicação do instrumento é adequado.

Amostragem

Amostragem é o processo de colher amostras ou partes de uma população ou universo. A utilização de amostras é praxe na pesquisa de marketing. Isso porque raramente há condições de pesquisar todos os elementos da população. Além disso, a utilização de amostras traz algumas vantagens, entre elas: economia de recursos como tempo, equipamentos, dinheiro e pessoas, pois são ouvidos alguns indivíduos em vez de todos; maior precisão por causa da menor incidência de erros não amostrais — como mentiras e omissões dos pesquisados e interferências em suas respostas —, que, embora não possam ser medidos por não serem estatísticos, ocorrem na razão direta do tamanho da amostra.

O processo de amostragem compreende cinco etapas:

1. *Definição da população (público-alvo) da pesquisa*: essa etapa é primordial. Afinal, qualquer engano pode levar o pesquisador a colher opiniões de unidades amostrais erradas, sem grande serventia para a tomada de decisão da empresa. Exemplos de definição da população são alunos da escola X e compradores de calçados esportivos.

2. *Obtenção de uma lista da população*: em pesquisas de marketing, nem sempre é possível obter uma lista da população, o que acaba limitando as opções de tipos amostrais.

3. *Definição do tipo de amostra*: há duas grandes famílias de tipo de amostra: a probabilística e a não probabilística.

> **QUEM?**
>
> - Sociólogo e psicólogo, o norte-americano Rensis Likert ficou conhecido por ter criado a escala probabilística que leva seu nome: a escala Likert. Contudo, sua contribuição para a sociedade foi além: Likert não só foi um dos fundadores do Instituto de Pesquisas Sociais da Universidade de Michigan — do qual foi diretor por mais de 20 anos —, como também desenvolveu teorias administrativas que fizeram muito sucesso nas décadas de 1960 e 1970, especialmente no Japão.
> - Criador da escala de diferencial semântico, o psicólogo norte-americano Charles Osgood foi professor da Universidade de Illinois por mais de 30 anos, além de presidente da American Psychological Association entre 1962 e 1963.

> " O **pré-teste** consiste na aplicação do instrumento junto ao público-alvo da pesquisa, a fim de que possa ser observado se as perguntas são facilmente compreendidas, se a ordem das questões é a mais correta, se os entrevistados são capazes de responder a todas as perguntas e se o tempo de aplicação do instrumento é adequado. "

> " **Amostragem** é o processo de colher amostras ou partes de uma população ou universo. "

> Em uma **amostra probabilística**, todos os elementos da população têm chances iguais e diferentes de zero de serem sorteados para compor a amostra. Já em uma **amostra não probabilística**, todos os elementos da população têm chances diferentes de serem selecionados para compor a amostra.

Em uma **amostra probabilística**, todos os elementos da população têm chances iguais e diferentes de zero de serem sorteados para compor a amostra — repare que o sorteio é condição fundamental. Já em uma **amostra não probabilística**, todos os elementos da população têm chances diferentes de serem selecionados para compor a amostra — observe que não há sorteio, mas sim seleção. As amostras probabilística e não probabilística subdividem-se em várias, conforme pode ser visto no Quadro 2.6. Um ponto fundamental: para que possamos inferir os resultados de uma amostra a uma população determinada, é imprescindível que a amostra seja probabilística.

4. *Decisão acerca do tamanho da amostra*: quando a pesquisa é qualitativa, a quantidade de unidades amostrais a serem ouvidas é estabelecida em função do tempo e dos recursos disponíveis para a realização do projeto, bem como daquilo que efetivamente contribui para o alcance dos objetivos definidos. Agora, quando a pesquisa é quantitativa, pelo fato de ela se basear na teoria estatística e pela mais provável utilização de amostras probabilísticas, o

Quadro 2.6 — Amostras probabilística e não probabilística e suas subdivisões

TIPO	MODALIDADE	CARACTERÍSTICAS
Probabilística	Simples	Os elementos que farão parte da amostra são sorteados a partir de uma população preestabelecida.
	Estratificada	Semelhante à abordagem simples, com a diferença de que, antes do sorteio, é promovida uma divisão (ou estratificação) da população a partir de algum critério; geralmente, o critério é demográfico, atitudinal ou comportamental.
	Sistemática	É calculado um intervalo entre os elementos da população, a fim de que se dissipem opiniões semelhantes oriundas da proximidade.
	Por conglomerado	Semelhante à abordagem simples, com a diferença de que o sorteio dos elementos que farão parte da amostra se dá em grupos, e não individualmente.
Não probabilística	Por conveniência	As unidades amostrais são selecionadas com base na conveniência; assim, são escolhidas pessoas conhecidas, empresas com as quais se tem um bom relacionamento e assim por diante.
	Por julgamento	É estabelecido um julgamento prévio da unidade amostral para decidir se ela será ou não selecionada para fazer parte da amostra.
	Por cota	Semelhante à abordagem estratificada, com a diferença de que a população é dividida por algum critério preestabelecido, com o intuito de comparar informações de grupos diferentes.
	Por bola de neve	A amostra se constitui por si só — uma pessoa entrevistada indica outra, que indica outra, e assim sucessivamente.
	Por tráfego	As unidades amostrais são recrutadas e convidadas a participar da pesquisa em algum lugar por onde estejam circulando.

Fonte: Mattar, 2005.

tamanho da amostra tem de ser calculado. Esse cálculo se baseia nas seguintes fórmulas:

$$n = \frac{Z^2 p (1-p)}{e^2} \quad (1)$$

$$n = \frac{Z^2 p (1-p)(N-n)}{e^2 (N-1)} \quad (2)$$

$$n = \frac{Z^2 \cdot S^2}{e^2} \quad (3)$$

n = tamanho da amostra
Z = margem de segurança (número de desvios padrão)
p = 50%
e = erro amostral
N = tamanho da população
S^2 = variância

A Equação (1) é utilizada quando a população é desconhecida ou quando é conhecida e maior que 10 mil elementos. Já a Equação (2) é usada quando a população é conhecida e menor que 10 mil elementos. Por fim, a Equação (3) é empregada quando a variância — média do quadrado dos desvios em relação ao grupo — é conhecida.

Para a determinação da margem de segurança da amostra, quatro valores são mais comumente utilizados. Esses valores são determinados pela quantidade de desvios padrão empregada, como mostram os números a seguir:

Z (desvio padrão)	Margem de segurança
1	68%
1,96	95%
2	95,5%
3	99,7%

É interessante notar que, quanto maior a margem de segurança e menor o erro amostral, maior o tamanho da amostra, que também é influenciado pela variância existente em uma determinada população — em termos práticos, isso significa que o número de goles de leite longa vida que precisamos conferir para verificar se ele está ou não em boas condições de ser bebido é diferente do número de fios de cabelo que precisamos extrair para verificar seu comprimento médio; isso ocorre por uma única razão: o leite é homogeneizado, ao passo que os fios de cabelo, não.

5. *Seleção física das unidades amostrais*: essa etapa envolve o contato propriamente dito, verbal ou por escrito, com os elementos da população que foram sorteados ou selecionados para compor a amostra.

Técnicas de análise

Embora a descrição das técnicas de análise a serem utilizadas deva constar no planejamento da pesquisa, dada sua relação com o instrumento de coleta de dados, e mesmo com o problema de pesquisa, apresentamos suas possibilidades apenas na seção a seguir, com base no fato de que os procedimentos analíticos dizem respeito à execução dos projetos. Isso não reduz a importância das técnicas de análise no planejamento da pesquisa. Pelo contrário, sem elas, corre-se o risco de não haver aderência entre os objetivos do plano de pesquisa e suas demais partes.

Execução do projeto de pesquisa

A execução de um projeto de pesquisa envolve três tarefas: trabalho de campo, organização dos dados e análise dos resultados.

Trabalho de campo

No trabalho de campo, obtêm-se os dados necessários à resposta dos objetivos e, consequentemente, ao problema de pesquisa. É interessante observar que, quando se trata de pesquisas exploratórias, que utilizam basicamente fontes secundárias de dados, o trabalho de campo é menos penoso. Isso porque, além de exigir menos rigor metodológico e um número menor de pessoas envolvidas, essas pesquisas contam com as atuais facilidades proporcionadas pela Internet, em que muitos dados são encontrados em sites oficiais do governo, de empresas, de entidades não governamentais e até mesmo de pessoas físicas. Já no caso das pesquisas conclusivas, que trabalham fundamentalmente com dados primários, algumas particularidades devem ser consideradas, principalmente aquelas relacionadas com os recursos humanos envolvidos no projeto.

Partindo desse princípio, o primeiro ponto que deve ser considerado é o processo de recrutamento e seleção de pessoal, o qual deve ser conduzido como em qualquer outra contratação. De fato, é muito comum os entrevistadores serem contratados sem vínculo empregatício, em um esquema de trabalho temporário, o que obviamente compromete o resultado do campo. Vale assinalar que, nessa fase, é bastante desejável que os indivíduos contratados, além de terem as características que os qualificam para a realização do trabalho, possuam um perfil que combine com o dos entrevistados. Pode parecer surpreendente, mas a falta de empatia entre o entrevistador e os entrevistados é um dos principais problemas que ocorrem no trabalho de campo.

Outro ponto que deve ser observado é o treinamento, que deve ser amplo e preciso. O aspecto da amplitude está ligado à seguinte máxima: treinar um entrevistador é mais do que mostrar a ele o instrumento de coleta de dados; é inseri-lo inteiramente no projeto, fazendo-o entender não apenas a metodologia que está por trás do instrumento, mas também que, se seu trabalho for mal executado, todos perderão. Já o aspecto da precisão é importante por minimizar as chances de o entrevistador cometer equívocos, o que aumenta a eficiência do projeto ao diminuir a incidência de retrabalho.

Por fim, deve-se levar em conta a questão da remuneração. Em geral, a má remuneração leva a um problema bastante comum em trabalhos de campo: a desonestidade. Entrevistadores mal pagos, especificamente, tendem a forjar instrumentos de coleta, prejudicando o projeto de pesquisa. A fim de evitar isso, o salário do entrevistador deve ser razoável – no mínimo, compatível com a complexidade do trabalho.

Organização dos dados

Existem algumas maneiras de organizar os dados. As mais comuns são a tabulação e o agrupamento, que veremos com profundidade nas seções a seguir.

Tabulação

A tabulação dos dados é realizada principalmente nas pesquisas quantitativas e consiste em dispor em tabelas os resultados obtidos no trabalho de campo. Os exemplos ilustrativos relacionados a seguir, montados com números fictícios, mostram a tabulação dos principais tipos de pergunta – tabulação de pergunta fechada, de pergunta de múltipla escolha, de pergunta com escala de ordem de preferência e de pergunta aberta –, elucidando como devem ser construídas as tabelas em cada caso:

> **O QUÊ?**
> Tabulação é o processo de disposição e/ou contagem dos dados de uma pesquisa o qual tem como objetivo facilitar a visualização, a interpretação e a análise desses dados.

- *Tabulação de pergunta fechada*: para uma amostra de 80 indivíduos, perguntou-se qual das seguintes marcas era sua preferida: Volkswagen, GM, Ford ou Fiat. Naturalmente, chegou-se a 80 respostas, pelo fato de a pergunta ser fechada e de resposta única. Em uma coluna, foi disposta a frequência de respostas de cada item (*f*), e, na outra, a porcentagem do item em relação ao total (%). É interessante assinalar que o mesmo valeria caso a pergunta fosse dicotômica.

MARCA	*f*	%
Volkswagen	40	50,0
GM	20	25,0
Ford	15	18,7
Fiat	5	6,3
Total	80	100,0

- *Tabulação de pergunta de múltipla escolha*: para uma amostra de 80 indivíduos, perguntou-se quais das seguintes marcas eles não comprariam de jeito nenhum: Nike, Adidas, Puma e Reebok. Nesse caso, chegou-se a dois totais: um de respostas e outro de entrevistas. Dividindo-se a frequência de cada resposta pelo total de respostas, chega-se ao percentual de rejeição por marca.

MARCA	f	%
Nike	68	51
Adidas	28	21
Puma	23	17
Reebok	14	11
Total de respostas	133	100
Total de entrevistas	80	100

- *Tabulação de pergunta com escala de ordem de preferência:* quando a pergunta é por ordem de preferência, as respostas são ponderadas; caso contrário, apenas os itens com indicações em primeiro lugar seriam considerados. Para tanto, atribuem-se pontos a cada uma das colocações e multiplica-se a frequência de respostas de cada item pelos pontos. A ordenação da preferência das marcas se dá pelo número de pontos que cada uma delas somar. No exemplo a seguir, pediu-se, a uma amostra de 80 indivíduos, ordenar, de acordo com sua preferência, as marcas de artigos esportivos Nike, Adidas e Puma.

MARCA	1º lugar	Peso	Pontos	2º lugar	Peso	Pontos	3º lugar	Peso	Pontos	Total
Nike	25	3	75	48	2	96	7	1	7	178
Adidas	23	3	69	28	2	56	29	1	29	154
Puma	32	3	96	4	2	8	44	1	44	148
Total	80			80			80			

Em outro projeto de pesquisa, ainda usando a pergunta com escala de ordem de preferência, optou-se por partir para a *tabulação cruzada*, com o intuito de analisar simultaneamente duas questões, oferecendo mais refino à interpretação dos resultados. Assim, para 160 indivíduos, perguntou-se qual era seu grau de instrução e com qual frequência adquiria livros. Com os dados coletados, foi montada a tabela a seguir. As porcentagens abaixo das frequências referem-se à análise vertical e têm como base os totais verticais (os do grau de instrução). As porcentagens ao lado das frequências referem-se à análise horizontal e têm como base os totais horizontais (os da frequência de compra). Por fim, as porcentagens em diagonal têm como base o total geral da amostra.

Frequência de compra	Grau de instrução		Total
	Até superior incompleto	Superior completo ou mais	
Uma vez por semana	4 20%	16 80%	20 100%
	5% 2%	20% 10%	12%
Uma vez a cada 15 dias	8 32%	17 68%	25 100%
	10% 5%	21% 11%	16%
Uma vez por mês	17 29%	41 71%	58 100%
	21% 11%	51% 26%	36%
Raramente	26 84%	5 6%	31 100%
	32% 16%	6% 3%	19%

Frequência de compra	Grau de instrução		Total
	Até superior incompleto	Superior completo ou mais	
Nunca	25 96%	1 4%	26 100%
	32% 16%	2% 0%	17%
Total	80 50%	80 50%	160 100%
	100%	100%	100%

- *Tabulação de pergunta aberta:* no caso da pergunta aberta, respostas semelhantes são agrupadas em itens, que são dispostos nos moldes das tabelas de pergunta fechada e de pergunta de múltipla escolha. Aqui, o desafio consiste exatamente em agrupar itens semelhantes — às vezes, na hora de agrupá-los, o pesquisador coloca duas respostas diferentes no mesmo item, prejudicando a análise posterior.

Agrupamento

O agrupamento é uma técnica utilizada basicamente nas pesquisas qualitativas, que, apesar de não envolverem o processamento de dados, implicam a organização dos achados da pesquisa antes da análise.

Em linhas gerais, como já mencionado, na pesquisa qualitativa, vários entrevistados expressam sua opinião, individualmente ou em grupo, sobre os tópicos presentes no instrumento de coleta de dados, aqui chamado de roteiro. A técnica do agrupamento visa, com base nesses tópicos, descrever as opiniões dos entrevistados.

Isso significa que, para ser bem-sucedido, o agrupamento requer a transcrição das opiniões dos respondentes — de fato, nas pesquisas qualitativas, não se pode esquecer jamais de gravar em áudio e vídeo as opiniões dos entrevistados e, então, transformá-las em textos.

> **O QUÊ?**
>
> O agrupamento é semelhante à tabulação. A diferença é que, enquanto a tabulação trabalha com dados numéricos, o agrupamento lida com a organização de dados qualitativos.

Análise dos resultados

A análise dos resultados é a última etapa da execução de um projeto de pesquisa. Nela, todos os dados revelados são submetidos a um pensamento crítico, com o intuito de responder aos objetivos e ao problema de pesquisa, confirmar ou não hipóteses e traçar conjecturas futuras, que podem se transformar em novos problemas de pesquisa.

Aqui, mais uma vez, o tipo da pesquisa — se é quantitativa ou qualitativa — impacta sobremaneira o formato e as técnicas utilizadas, como veremos nas seções a seguir.

Análise qualitativa

A análise qualitativa é eminentemente subjetiva. Isso significa que, se dois analistas tiverem acesso à mesma massa de dados qualitativos, poderão tecer análises diferentes. O motivo dessa subjetividade é que, ao contrário da pesquisa quantitativa, a pesquisa qualitativa não traz números, que, sem dúvida, levam objetividade à análise.

Para contornar essa questão, várias técnicas foram desenvolvidas ao longo do tempo com o intuito de tornar a análise dos dados qualitativos mais tangível. Algumas dessas técnicas mais utilizadas são: a análise de conteúdo,[20] o *laddering*, a *grounded theory* e a análise fenomenológica.

O fato é que a análise qualitativa deve ser realizada em três etapas: descrição, análise e conclusão. Na *descrição*, as opiniões dos respondentes são explanadas de maneira direta, sem que os analistas da pesquisa reflitam sobre elas. Nessa etapa, cujo ponto de partida é representado pelos tópicos do roteiro, são apresentadas algumas declarações textuais dos respondentes, o que oferece mais objetividade à análise. Na *análise*, o pesquisador, tomando como base aquilo que foi relatado na descrição, tenta responder aos objetivos secundários do projeto, explorando os dados e refletindo sobre eles. Por fim, na *conclusão*, o pesquisador tenta responder ao objetivo primário e, em última instância, ao problema de pesquisa.

Análise quantitativa

Ao contrário da análise qualitativa, que tem como principal característica a subjetividade, a análise quantitativa é objetiva – afinal, ela tem o número para se amparar e as tabelas de tabulação nas quais se fundamentar.

Em pesquisas de marketing, a análise quantitativa é geralmente univariada, ou seja, cada variável – objetivo, hipótese, pergunta – é analisada de maneira particular, e as medidas mais utilizadas são as médias, as modas e as medianas. Às vezes, quando se promove a tabulação cruzada, parte-se para a análise bivariada, que, como já mostrado, refina o projeto, por permitir que os dados sejam analisados por mais de um ângulo.

É verdade que a análise também pode ser multivariada, quando diversas variáveis são analisadas concomitantemente. As análises multivariadas são raras em pesquisas de marketing em função da dificuldade de compreendê-las e de utilizar suas técnicas. Seu uso, entretanto, permite conclusões mais apuradas e precisas, o que é essencial para as decisões de marketing. Com o intuito de familiarizar o leitor com as principais técnicas multivariadas empregadas em marketing, a seguir é apresentada cada uma delas, juntamente como uma breve descrição:[21]

- *Análise fatorial*: tem como objetivo reduzir as informações contidas no número de variáveis originais com a mínima perda de informações, chegando a um conjunto menor de fatores. Pode ser utilizada em quase todas as pesquisas.

- *Análise de conglomerados*: tem como objetivo classificar uma amostra de indivíduos em grupos ou segmentos, com base em características semelhantes. Pode ser aplicada na segmentação de mercados.

- *Regressão múltipla e correlação canônica*: têm como objetivo prever mudanças na variável dependente geradas por alterações nas variáveis independentes.

- *Análise discriminante*: tem como objetivo entender as diferenças entre grupos e prever a probabilidade de um indivíduo pertencer a uma classe de grupos em particular. Pode ser aplicada para traçar o perfil de públicos-alvo de segmentos identificados.

- *Análise multivariada de variância* (Manova): é útil no teste de hipóteses referentes à variância de diferentes grupos.

- *Análise conjunta*: é útil na avaliação da importância de atributos e níveis de atributos de ofertas. Pode ser aplicada no desenvolvimento de novos produtos e serviços.

- *Análise de correspondência*: tem como objetivo a redução dimensional de objetos ou indivíduos em conjuntos de atributos, gerando mapas perceptuais, que são importantes para o estabelecimento de posicionamento.

- *Escalonamento multidimensional*: permite representar espacialmente percepções e preferência com base em opiniões. Assim como a análise de correspondência, é útil para a geração de mapas perceptuais.

- *Modelagem de equações estruturais*: tem como objetivo identificar relações para cada conjunto de variáveis dependentes.

Comunicação dos resultados

A apresentação dos resultados de uma pesquisa é de grande importância. Afinal, eles permitem que os gestores de marketing tenham acesso às informações que contribuirão para as decisões a serem tomadas.

Um relatório de pesquisa deve ser claro, objetivo e conciso. Para tanto, deve trazer, além de texto, elementos gráficos que possibilitem a visualização do fenômeno que se pretende retratar, evidenciando sua importância. Além disso, deve ir além da simples apresentação dos achados da pesquisa, fazendo recomendações criativas, inteligentes e exequíveis a fim de estimular os gestores a refletir acerca da problemática e dos possíveis cursos de ação. Por fim, como forma de tornar o relatório consistente, todo o processo de pesquisa, desde a problemática até sua execução, deve estar nele contido, ainda que de maneira resumida.

ESTUDO DE CASO

Por trás da telenovela

Fonte: O ator Gabriel Braga Nunes durante as gravações da novela "Insensato coração", da Rede Globo. Foto: Marlene Bergamo/Folhapress.

Não há dúvida de que o principal produto da TV Globo é a telenovela, definida por Pallotini como "uma história contada por meio de imagens televisivas, com diálogos e ação, uma trama principal e muitas subtramas que se desenvolvem, se complicam e se resolvem no decurso da apresentação".

O processo de produção de uma telenovela é industrial. Para a estreia, são produzidos de 12 a 18 capítulos, e, depois disso, são desenvolvidos seis capítulos por semana, o que faz com que sejam produzidos e exibidos quase simultaneamente.

Essa concomitância entre produção e exibição oferece à TV Globo grande flexibilidade, uma vez que permite que a trama seja adaptada às necessidades e aos desejos da audiência. De fato, não raro fatos novos são inseridos, personagens têm seu comportamento alterado e outros elementos referentes à história são adaptados para os telespectadores quase em "tempo real".

Tornar isso possível, contudo, não é uma tarefa fácil. Para tanto, a TV Globo precisa manter, permanentemente, um canal de comunicação com o consumidor. E não é de surpreender o fato de o SIM da emissora carioca para o produto telenovela subdividir-se em três: pesquisas de audiência, pesquisas qualitativas e Centro de Atendimento ao Telespectador (CAT).

As pesquisas de audiência são realizadas pelo Ibope por meio dos *people meters* — equipamentos eletrônicos que transmitem em tempo real a audiência dos televisores de uma amostra de domicílios. Já as pesquisas qualitativas são realizadas pela divisão de pesquisa da Globo em parceria com institutos de pesquisa. Por meio delas, mais especificamente de grupos de foco, são obtidas informações de maior profundidade junto ao público-alvo das telenovelas. O CAT, por sua vez, emite relatórios com as demandas da audiência que entra em contato espontaneamente para emitir opiniões. Por fim, todas as informações geradas por esse SIM chegam à Central Globo de Qualidade (CGQ), que toma as decisões referentes às telenovelas.

Fonte: OGURI, Lúcia M. B.; CHAUVEL, Marie A.; SUAREZ, Maribel C. O processo de criação de telenovelas. *RAE — Revista de Administração de Empresas*, Rio de Janeiro, v. 49, n. 1, p. 38-48, jan./mar. 2009.

Questões para o caso

1. Em sua opinião, produzir e veicular quase concomitantemente os capítulos das telenovelas consiste em uma estratégia adequada? Por quê?

2. No caso das telenovelas, a insatisfação do público coloca em risco sua continuidade e pode levar, entre outras coisas, à perda de recursos investidos nos capítulos produzidos. Em sua opinião, a pesquisa de marketing pode contribuir para minimizar o risco da insatisfação? Por quê?

3. Apresente para a TV Globo uma proposta de SIM, considerando funções, subsistemas e processos a fim de que o produto telenovela permaneça bem-sucedido.

4. De que maneira o CAT poderia oferecer uma contribuição mais efetiva à TV Globo?

RESUMO

- O ambiente de marketing compreende diversas forças e agentes que influenciam a empresa e interagem com ela tanto no macro quanto no microambiente.

- O sistema de informações de marketing (SIM) é parte do sistema de informações da organização. Ele tem como foco informações úteis para o processo decisório de marketing e leva em conta os seguintes subsistemas: monitorações ambientais, informações competitivas, informações internas e pesquisa de marketing.

- A pesquisa de marketing deve integrar o SIM e é operacionalizada em quatro etapas: (1) reconhecimento e formulação de um problema de pesquisa, (2) planejamento da pesquisa, (3) execução do projeto de pesquisa e (4) comunicação dos resultados.

QUESTÕES

1. Por que a informação é fundamental para o marketing?
2. Explique cada um dos subsistemas do modelo de SIM que discutimos neste capítulo.
3. Quais os cinco fatores do ambiente de marketing que mais influenciam a empresa em que você trabalha? Por quê?
4. Qual a importância da pesquisa para a área de marketing?
5. Quais as principais diferenças entre a pesquisa quantitativa e a qualitativa?

NOTAS

1. TAVARES, D. *Cai tempo médio de abertura de empresas no Brasil*. Disponível em: <www.comunidade.sebrae.com.br/contabilizando/artigos+e+noticias/29445.aspx>. Acesso em: 6 maio 2009.
2. LAUDON, K. C.; LAUDON, J. P. *Sistemas de informação gerenciais*. São Paulo: Pearson Prentice Hall, 2004.
3. MATTAR, F. N. *Pesquisa de marketing*. São Paulo: Atlas, 2005.
4. MATTAR, F. N. et al. *Gestão de produtos, serviços, marcas e mercados*: estratégias e ações para alcançar e manter-se "top of market". São Paulo: Atlas, 2009.
5. MATTAR, F. N., op. cit., 2005.
6. McDANIEL Jr., C.; GATES, R. *Fundamentos de pesquisa de marketing*. 2. ed. Rio de Janeiro: LTC, 2005.
7. MALHOTRA, N. K. *Pesquisa de marketing*: foco na decisão. 3. ed. São Paulo: Pearson, 2011.
8. SAMARA, B. S.; BARROS, J. C. de. *Pesquisa de marketing*: conceitos e metodologia. 4. ed. São Paulo: Pearson Prentice Hall, 2007.

9. AMA – AMERICAN MARKETING ASSOCIATION, DICTIONARY. Disponível em: <http://www.marketingpower.com/_layouts/Dictionary.aspx?dLetter=M>. Acesso em: 20 fev. 2009.
10. MATTAR, F. N., op. cit., 2005.
11. Ibidem.
12. CASTRO, C. de M. *A prática da pesquisa*. São Paulo: Pearson Prentice Hall, 2006.
13. MATTAR, F. N., op. cit., 2005.
14. MALHOTRA, N. K., op. cit.
15. Ibidem.
16. MATTAR, F. N., op. cit., 2005.
17. YIN, R. K. *Estudo de caso*: planejamento e métodos. 2. ed. Porto Alegre: Bookman, 2001.
18. MATTAR, F. N., op. cit., 2005.
19. MALHOTRA, N., K. op. cit.
20. BARDIN, L. *Análise de conteúdo*. Lisboa: Edições 70, 2007.
21. HAIR JR., J. F. et al. *Análise multivariada de dados*. 5. ed. Porto Alegre: Bookman, 2005.

COMPORTAMENTO DO CONSUMIDOR

OBJETIVOS DE APRENDIZAGEM

Após ler este capítulo, você será capaz de:

- Apresentar o processo de decisão de compra do consumidor.
- Relacionar os elementos que influenciam o processo de decisão de compra do consumidor.

O estudo do comportamento do consumidor é de extrema importância para aqueles que tomam decisões de marketing. Isso porque, em algum momento, essas decisões impactam os consumidores e são por eles impactadas. Além disso, as decisões de marketing em geral têm como objetivo fazer com que os consumidores se comportem de maneira favorável em relação a produtos e marcas, levando-os, em última instância, à compra e ao desenvolvimento de fidelidade.

Este capítulo é baseado na visão cognitiva do modelo de comportamento do consumidor, que retrata o indivíduo como um solucionador de problemas pensante. Para essa corrente de pensamento, o consumidor não apenas está constantemente à procura de produtos e serviços que satisfaçam suas necessidades e seus desejos, como também está sempre processando informações e utilizando-as como base para a formação de preferências, intenções e decisões de compra.

Para melhor compreendermos as questões relativas ao comportamento do consumidor, dividimos o capítulo em duas partes: a primeira aborda o processo de decisão de compra do consumidor, e a segunda discorre sobre as variáveis que interferem nesse processo.

3.1 O PROCESSO DE DECISÃO DE COMPRA DO CONSUMIDOR

> **Veja em**
>
> Este capítulo aborda especificamente o comportamento de compra do indivíduo. O comportamento de compra de empresas, em situações que envolvem *business to business*, será abordado mais adiante, no Capítulo 11.

Para entender claramente o comportamento do consumidor, é necessário ter em mente que ele percorre cinco estágios em seu processo de decisão de compra, como mostra a Figura 3.1: (1) reconhecimento da necessidade, (2) busca de informações, (3) avaliação de alternativas, (4) compra e (5) comportamento pós-compra.

Vale assinalar que, embora a análise dos estágios do processo de decisão de compra e das variáveis seja compartimentalizada, eles podem ocorrer concomitantemente e não ser unidirecionais — ou seja, estágios anteriores podem ser retomados depois de já ultrapassados. Além disso, alguns estágios, como o de busca de informações e o de avaliação de alternativas, podem ser suprimidos, e outros podem ganhar importância, dependendo da diferença percebida pelo consumidor entre as alternativas existentes e do envolvimento dele.[1] Inclusive, no que diz respeito ao envolvimento do consumidor, existem quatro tipos de comportamento de compra que se baseiam nele. Esses comportamentos são:

1. *Comportamento de compra complexa*: ocorre quando os consumidores estão altamente envolvidos com a compra e reconhecem diferenças significativas entre as marcas. Esse comportamento é comum na aquisição de

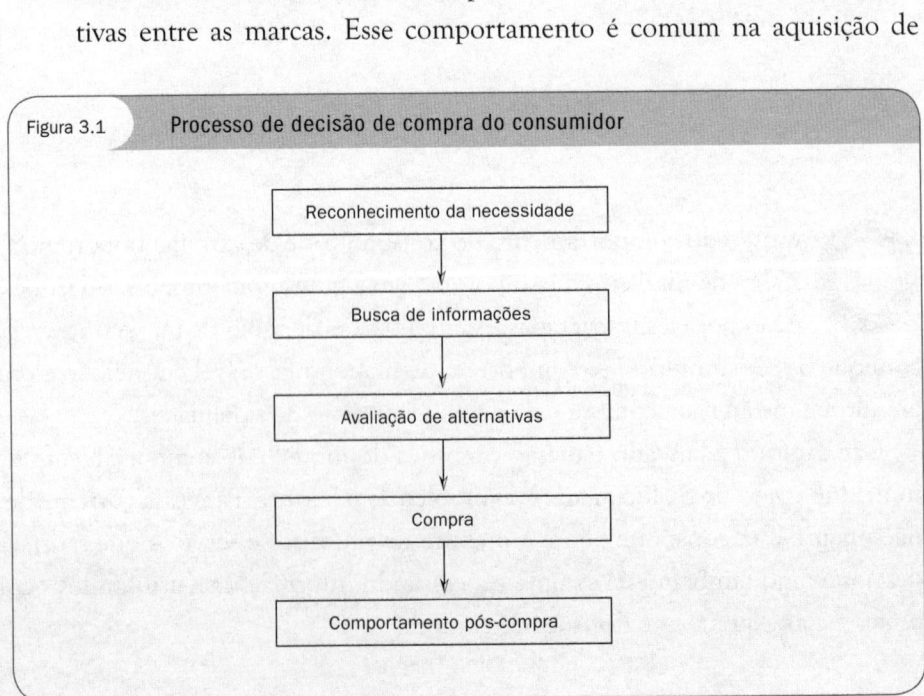

| Figura 3.1 | Processo de decisão de compra do consumidor |

Reconhecimento da necessidade
↓
Busca de informações
↓
Avaliação de alternativas
↓
Compra
↓
Comportamento pós-compra

produtos caros, cuja compra, que ocorre com pouca frequência, é arriscada e normalmente confere status ao possuidor. Nesse caso, em geral, os consumidores não sabem muito sobre a categoria do produto e precisam aprender bastante coisa para realizar uma compra consciente.

2. *Comportamento de compra com dissonância reduzida:* ocorre quando os consumidores estão altamente envolvidos com a compra, mas percebem poucas diferenças significativas entre as marcas. Nesse caso, o produto em questão também é caro e a compra pouco frequente é arriscada, o que faz com que os consumidores se esforcem na busca de informações. Contudo, por não identificarem informações que apresentem grandes diferenças entre os produtos, a compra é realizada rapidamente.

3. *Comportamento de compra que busca variedade:* ocorre quando os consumidores apresentam baixo envolvimento com a compra e percebem diferenças significativas entre as marcas, o que os leva a serem leais na medida em que suas necessidades forem plenamente satisfeitas.

4. *Comportamento de compra habitual:* ocorre quando os consumidores apresentam baixo envolvimento com a compra e não percebem diferenças significativas entre as marcas. Tal comportamento ocorre na compra frequente de produtos baratos. Nesse caso, os consumidores não são leais às marcas e não fazem avaliação profunda da escolha após a compra.

A seguir, para entender em profundidade o processo de decisão de compra do consumidor, abordamos cada um de seus cinco estágios, destacando seu papel no modelo.

Reconhecimento da necessidade

O processo de decisão de compra inicia-se quando o consumidor percebe um hiato entre seu estado real (a situação atual do consumidor) e seu estado desejado (a situação em que o consumidor gostaria de estar) — hiato este que se convencionou chamar de necessidade.

As necessidades podem ser primárias ou secundárias. As necessidades primárias são fisiológicas e inatas, como fome, sede, frio e calor. Elas também são facilmente reconhecidas e sua satisfação é vital ao indivíduo. Já as necessidades secundárias, por serem psicológicas e aprendidas, dependem do contexto em que o consumidor está inserido. Elas muitas vezes são processadas em nível não consciente, o que faz com que as pessoas às vezes pensem que a empresa responsável por um determinado produto criou a necessidade de adquiri-lo — quando, na verdade, a empresa descobriu uma necessidade não satisfeita e, ao disponibilizar o produto no mercado, criou um desejo.

> **VEJA EM**
> Para saber mais sobre o conceito de necessidade, veja o Capítulo 1 — mais especificamente a seção "Necessidade e desejo", que traz a hierarquia das necessidades elaborada por Maslow.

Um ponto importante: a força do hiato entre os estados real e desejado é fundamental para que o consumidor aja de modo a satisfazer a necessidade reconhecida. Em outras palavras, o reconhecimento de uma necessidade não gera, automaticamente, uma ação. Para que a ação ocorra, é preciso que a necessidade seja reconhecida como verdadeiramente importante e que os consumidores vislumbrem meios financeiros e temporais para satisfazê-la.

É válido lembrar que uma necessidade pode ser ativada antes de ser reconhecida pelo consumidor[2] e que essa ativação em geral se dá pela incidência de alguns fatores, como tempo, mudanças circunstanciais na vida, compra de produtos que requerem produtos complementares ou que fazem emergir novas necessidades e ações de marketing implementadas pelas empresas.

Busca de informações

Após reconhecer uma necessidade não satisfeita, o consumidor passa a buscar informações sobre os meios disponíveis para satisfazê-la. Nesse estágio, a contundência com a qual o consumidor busca as informações pode alcançar dois níveis: o de atenção elevada e o de busca ativa. O **nível de atenção elevada** ocorre quando o consumidor simplesmente se torna receptivo a informações concernentes à satisfação de sua necessidade, ou seja, ele age de maneira passiva. Já no **nível de busca ativa** o consumidor se engaja na prospecção de informações.

> No **nível de atenção elevada**, o consumidor simplesmente se torna receptivo a informações concernentes à satisfação de sua necessidade. Já no **nível de busca ativa**, o consumidor se engaja na prospecção de informações.

A contundência é determinada por fatores como a situação em que o consumo se realiza, as diferenças significativas percebidas entre os produtos e as marcas disponíveis, a similaridade e a distância entre os pontos de venda que dispõem dos produtos e as características pessoais do consumidor. Vale dizer que um dos fatores que mais impactam no envolvimento do consumidor na busca de informações é o risco percebido na aquisição de um bem — risco este que pode ser de ordem monetária, funcional, física, psicológica e social.[3]

Quanto às fontes de informação que podem ser utilizadas nesse estágio do processo de decisão de compra, normalmente os consumidores primeiro acessam as informações internas — aquelas advindas de experiências passadas e de dados armazenados na memória — e, se estas não forem suficientes, recorrem a fontes externas. Como fontes externas, podemos destacar as pessoais (família, amigos, vizinhos), as comerciais (propaganda, vendedores, embalagens, *displays*), as públicas (mídia, associação de consumidores) e as experimentais (manuseio, exame e uso do produto). Um ponto importante: quanto maior for a disponibilidade de tempo, o risco percebido, o nível educacional e a renda do consumidor, maior será seu esforço de busca em fontes externas.

Pode ocorrer de esse estágio ser suprimido do processo de decisão de compra. Isso acontece geralmente quando as alternativas à satisfação da necessidade já são conhecidas pelo consumidor[4] — algo comum nas situações de baixo envolvimento ou de compras rotineiras.[5] Por outro lado, pode haver uma redução do esforço de busca de informações por causa de um excesso de dados. Em outras palavras, uma grande quantidade de informações pode confundir o indivíduo a ponto de levá-lo a uma abreviação do processo.

Avaliação de alternativas

Depois de buscar informações sobre ofertas que possam satisfazê-lo, o consumidor dá início a um processo de avaliação das alternativas encontradas. Durante esse estágio, ele enxerga as opções como conjuntos de atributos que devem gerar benefícios capazes de atender às suas necessidades, fazendo um julgamento de valor que toma como base a utilidade que cada opção oferece em função dos atributos buscados.

Nesse julgamento de valor, o consumidor leva em conta os seguintes elementos: (1) as características objetivas do produto, como preço, desempenho, segurança, confiabilidade e garantias; (2) as características subjetivas do produto, como a satisfação emocional de possuí-lo e o prestígio que ele gera; (3) os benefícios de uso e posse do produto, que considera as vantagens e as desvantagens de marcas e modelos; (4) o país de origem do produto.

Desse modo, é possível dizer que podemos medir o valor percebido de cada produto para um determinado consumidor a partir da equação:

$$\text{VALOR} = \text{atributos determinantes} \times \text{avaliação},$$

em que os *atributos determinantes* são os aspectos do produto e a avaliação é uma nota de 1 a 10 atribuída ao conjunto dos atributos determinantes de cada alternativa de compra, ou seja, de cada produto.

> **VEJA EM**
>
> O Capítulo 1 aborda em detalhes a importância do valor em marketing.

Compra

Após reconhecer a necessidade, assimilar as informações necessárias e avaliar as alternativas disponíveis para satisfazer suas necessidades, o consumidor sente-se apto para decidir sua compra, e essa decisão inclui a seleção do tipo de produto, a marca, o local, a forma de pagamento, a quantidade e o momento em que será realizada a compra.

É verdade que o processo também pode parar nesse estágio. Afinal, uma das decisões possíveis é a de não comprar — algo que pode ocorrer por fatores circunstanciais inesperados, como a atitude de terceiros (cuja importância varia em função da motivação do consumidor em atender aos desejos de outra pessoa), a mudança de motivações (quando a necessidade ativada é atendida de outras maneiras), a mudança de circunstâncias (quando fatores econômicos tornam a compra imprudente naquele momento), a aquisição de novas informações (com o aprimoramento da fase anterior de avaliação de alternativas) e a indisponibilidade ou a escassez da alternativa desejada.

É importante assinalar que ocorrências antecedentes à compra (como contexto de uso do produto, pressão de tempo de aquisição e disposição para a compra) e o próprio ambiente da compra (como experiência anterior de compra do produto, estimulações do ponto de venda e interação entre comprador e vendedor) podem interferir na decisão final do consumidor.

Por fim, vale a pena assinalar que, entre os estágios de avaliação de alternativas e de decisão de compra — ou seja, em algum instante antes da compra propriamente dita —, situa-se a intenção de compra, que resulta da atitude do indivíduo com relação à compra, bem como ao produto e à marca considerados.

Comportamento pós-compra

Após a compra, o consumidor pode experimentar duas sensações antagônicas: a satisfação ou a insatisfação. A satisfação ocorre quando o desempenho do produto é condizente com a expectativa do consumidor ou excede essa expectativa. Já a insatisfação ocorre quando o desempenho do produto fica abaixo da expectativa do consumidor.

Para compreender bem esse conceito, é necessário ter em mente que o consumidor promove um julgamento do desempenho do produto durante e após sua utilização e que esse julgamento é baseado em avaliações objetivas e subjetivas, bem como nas emoções proporcionadas pela utilização do produto. Somente após esse julgamento é que o consumidor tem condições de exprimir satisfação ou insatisfação em relação ao produto comprado.

Uma disfunção que pode ocorrer no processo de compra, interferindo no comportamento pós-compra, é a **dissonância cognitiva** — estado de desconforto psicológico gerado por relações discordantes entre cognições, ou seja, pela inconsistência entre o esperado e o efetivamente obtido. O desconforto psicológico causado por essa disfunção leva os indivíduos a se motivar para reduzi-la ou eliminá-la, da mesma maneira que uma necessidade os impulsiona a tentar satisfazê-la.[6]

A redução da dissonância pode se dar de diferentes formas. Os consumidores podem, entre outras alternativas, racionalizar suas decisões como sendo sábias, buscar anúncios que reforcem suas escolhas, evitar anúncios de marcas concorrentes, tentar persuadir amigos ou familiares a comprar

Veja em

As sensações de satisfação e insatisfação envolvidas no comportamento pós-compra trazem importantes implicações sobre a fidelidade dos consumidores em relação a empresas e marcas. O Capítulo 1 apresenta, de maneira bastante interessante, esse tópico.

> A **dissonância cognitiva** é o estado de desconforto psicológico gerado pela inconsistência entre o esperado e o efetivamente obtido.

a mesma marca ou procurar outros proprietários satisfeitos para reafirmar sua decisão.

Uma última palavra

Antes de finalizarmos esta seção, vale a pena analisarmos um exemplo clássico, em que o consumidor passa por todos os estágios do processo de decisão de compra do consumidor.

> Um consumidor, atento à inovação tecnológica e às novas ofertas, percebe que seu aparelho de televisão, com alguns anos de uso, não possui determinados recursos. Além disso, seus amigos e colegas de trabalho já adquiriram novos aparelhos de LCD, LED ou plasma e dizem maravilhas a respeito deles. O consumidor reconhece, então, a necessidade de adquirir um novo aparelho de televisão, e essa necessidade é tão forte que o motiva a enveredar por um processo de decisão de compra. Como se trata de algo que não é comprado com frequência, que não é tão barato e que é importante para o consumidor, este busca muitas informações sobre o produto antes de tomar sua decisão. Pergunta aos amigos sobre as opções que fizeram, consulta sites, fica atento aos anúncios e às reportagens veiculados em meios de comunicação de massa, vai a lojas, relembra suas experiências anteriores com as marcas disponíveis. Após reunir uma quantidade tida como suficiente de informações, o consumidor avalia as alternativas disponíveis — considerando quais ofertas reúnem condições de satisfazê-lo em termos de características do produto, reputação da marca, serviços adicionais oferecidos, preço, condições de pagamento e disponibilidade — e, então, decide por uma. Como não aconteceu nada de extraordinário no processo, o consumidor age (ou seja, compra) e, imediatamente, começa a avaliar sua decisão. Se o produto de fato igualar ou superar suas expectativas, ele ficará satisfeito. Caso contrário, ficará insatisfeito e procurará maneiras de compensar sua decisão equivocada.

3.2 VARIÁVEIS QUE INFLUENCIAM O PROCESSO DE DECISÃO DE COMPRA

Em seu processo de decisão de compra, os consumidores são influenciados por uma série de variáveis. Conhecê-las é de suma importância para as empresas. Isso porque essas variáveis fornecem informações fundamentais para que as organizações não sejam pegas de surpresa, possibilitando a elas antever e até mesmo prever alguns comportamentos.

Para facilitar a compreensão dessas variáveis, nós as dividimos aqui em três conjuntos: (1) variáveis sociais, (2) variáveis pessoais e (3) variáveis psicológicas. É importante assinalar que, muito embora, a seguir, cada variável seja apresentada separadamente, elas agem concomitantemente sobre o consumidor, influenciando-o no processo de decisão de compra.

Variáveis sociais

As variáveis sociais são formadas por cultura e subcultura, grupo de referência, família, classe social, status e estilo de vida. Cada um desses elementos será abordado em detalhes a seguir. Antes de passarmos para essa discussão, contudo, vale a pena salientar que o relacionamento entre elas e o consumidor assume uma via de mão dupla; isso porque, da mesma maneira que as variáveis sociais influenciam o consumidor, o comportamento deste também é capaz de influenciá-las.

Cultura e subcultura

A cultura é o principal determinante dos desejos e do comportamento de uma pessoa. Ela é formada pelo conjunto de crenças, valores, atitudes, costumes e normas de conduta que, compartilhado por um grupo social, consiste em padrões de comportamento. Entre as manifestações culturais estão o idioma, a linguagem, os hábitos, o vestuário, a alimentação, os símbolos, os artefatos, as convenções, os mitos e os rituais.

É importante destacar que as normas culturais tornam-se efetivas quando são internalizadas pelo indivíduo, o que faz com que se presuma que a cultura pode ser aprendida — mesmo porque os seres humanos não nascem com normas de comportamento predefinidas.

> **Cultura** pode ser definida como "configuração de conduta aprendida e resultados de conduta cujos elementos componentes são partilhados e transmitidos pelos membros de uma sociedade particular".

Nesse sentido, podemos definir **cultura** como "configuração de conduta aprendida e resultados de conduta cujos elementos componentes são partilhados e transmitidos pelos membros de uma sociedade particular".[7] Nessa definição, *configuração* implica que todas as atividades do indivíduo, públicas ou privadas, e resultados de conduta (atitudes, sistemas de valor e conhecimento) que compõem uma cultura são organizados em um todo padronizado. Já *partilha* significa que a cultura deve ser comum a dois ou mais membros de uma sociedade e que está sujeita, de modo temporal, às vicissitudes dessa sociedade. Por fim, *transmissão* significa que a cultura é transmitida de um indivíduo para outro e de uma geração para outra por meio de instrução ou imitação.

Algumas teorias tentam modular e caracterizar as culturas para estabelecer as semelhanças e as diferenças entre elas de maneira objetiva, conforme podemos observar no Quadro 3.1, que traz a teoria de Hofstede, o conceito de Hall, a teoria da difusão, a teoria de Schwartz e o modelo de Trompenaards & Hampden-Turner.

Um ponto importante a ser destacado é que culturas complexas e heterogêneas subdividem-se em **subculturas**, cujos membros partilham alguns padrões específicos, além de partilhar com os membros da sociedade em geral alguns

| Quadro 3.1 | Teorias que modulam e caracterizam as culturas |

TEORIA	MODELO
Teoria de Hofstede[8]	Compara as culturas de diferentes países a partir de quatro dimensões: (1) distância do poder (alta ou baixa); (2) individualismo ou coletivismo (o grau de interação entre os indivíduos); (3) dicotomia entre masculinidade e feminilidade; (4) intensidade com a qual se evita a incerteza (grau forte ou fraco).
Conceito de Hall[9]	Divide a cultura em dois grupos: (1) culturas de alto contexto, que são caracterizadas pela transmissão de mensagens com baixo componente verbal, o que, entre outras coisas, faz com que a palavra da pessoa seja sua garantia, torna as negociações demoradas e não possibilita que propostas competitivas sejam frequentes; (2) culturas de baixo contexto, que são caracterizadas por mensagens explícitas com alto componente verbal, o que, entre outras coisas, faz com que a palavra da pessoa não seja digna de confiança, torna as negociações rápidas e possibilita propostas competitivas frequentes.
Teoria da difusão (Rogers)[10]	De acordo com essa teoria, um mesmo produto pode ser uma inovação em um mercado e completamente maduro em outro, o que requer diferentes decisões de marketing em cada um deles. Essa teoria também defende que os idiomas — considerados uma faceta do padrão cultural de um povo — podem constituir barreiras a serem transpostas pelos administradores e que as diferenças culturais afetam não só as questões de marketing, mas da própria cultura organizacional, uma vez que em empresas globalizadas há uma grande probabilidade de indivíduos de diferentes nacionalidades (e, consequentemente, de diferentes culturas) conviverem e trabalharem juntos.
Teoria de Schwartz[11]	Segundo essa teoria, há três características culturais básicas: (1) relações entre o indivíduo e o grupo (contraste entre coletivismo e autonomia); (2) assunção de comportamento social responsável (hierarquização e igualitarismo); (3) papel do ser humano nos mundos social e natural (capacidade de mudar o mundo ou harmonia).
Modelo de Trompenaards & Hampden-Turner[12]	Calcado nos confrontos entre (1) particularismo e universalismo, (2) afeição e neutralidade, (3) especificidade e difusão e (4) realização e atribuição.

padrões da cultura. Subculturas típicas são aquelas formadas por grupos étnicos, grupos religiosos, comunidades regionais, grupos etários e grupos cujo comportamento desvia-se das normas gerais de maneira evidente.

Para o marketing, a importância da cultura e da subcultura reside no fato de que indivíduos pertencentes a culturas e subculturas diferentes tendem a ter necessidades e desejos também diferentes, o que gera interessantes oportunidades e desafios.

> Os membros de uma **subcultura** partilham alguns padrões específicos, além de partilhar com os membros da sociedade em geral alguns padrões da cultura.

Grupo de referência

Um **grupo** pode ser caracterizado como a associação de pessoas que mantêm relacionamentos mútuos por um certo período de tempo, que reconhecem algo em seu grupo que o diferencia dos demais e que têm objetivos específicos, que interessam a todos os membros do grupo.

> Um **grupo** pode ser caracterizado como a associação de pessoas que mantêm relacionamentos mútuos por um certo período de tempo, que reconhecem algo em seu grupo que o diferencia dos demais e que têm objetivos específicos, que interessam a todos os membros do grupo.

> **A conformidade** ocorre quando o indivíduo muda suas crenças ou ações como reação real ou imaginária à pressão do grupo.

As pessoas que pertencem a um grupo mantêm uma relação de interdependência em que o comportamento de cada membro influencia o comportamento dos outros. Assim, é correto afirmar que o grupo compartilha ideologias, crenças e normas que estabelecem uma conduta. É correto dizer também que o indivíduo que pertence a um grupo tem seu comportamento, suas crenças e suas atitudes julgados e analisados por ele. Quando o indivíduo muda suas crenças ou ações como reação real ou imaginária à pressão do grupo, temos o que se convencionou chamar de **conformidade**.

De fato, para o marketing e o estudo do comportamento do consumidor, o importante é o **grupo de referência**, que serve como base para o indivíduo nortear suas decisões de compra. Vale lembrar que o grupo de referência exige que os indivíduos que a ele pertencem estabeleçam um contato direto e, portanto, em geral, possui pequenas proporções. Um grupo de grandes proporções tem outro nome — organização — e apresenta maior complexidade e formalidade. Nota-se que a Internet proporciona contatos virtuais em grande escala. Contudo, apesar da escala, os grupos de referência formados não constituem organizações.

> **Grupo de referência** é aquele que serve como base para o indivíduo nortear suas decisões de compra.

Um ponto importante: não é necessário que o indivíduo integre um grupo para que este constitua sua referência; basta que aspire fazer parte dele. Esses grupos são denominados **grupos de aspiração**. Há ainda os **grupos dissociativos**, que são aqueles aos quais o indivíduo não deseja pertencer e com os quais não deseja ser confundido.

> - **Grupos de aspiração** são aqueles de que o indivíduo deseja fazer parte.
> - **Grupos dissociativos** são aqueles a que o indivíduo não deseja pertencer.

Por fim, vale assinalar que, dentro dos grupos, existe um ou mais indivíduos que exercem a função de liderança. Esses indivíduos possuem os valores que se encontram mais próximos aos valores centrais do grupo e, por isso, desviam-se pouco de suas normas, tendendo a ser seguidos. Entre as diversas características de um líder, destacam-se: adiantar-se aos propósitos do grupo, saber dirigir, estabelecer as normas, transmitir segurança aos membros e não colocar seus interesses pessoais à frente dos interesses do grupo. Para o marketing, especificamente, são fundamentais os **líderes de opinião**, que repassam as informações para o resto do grupo.[13]

> **Líderes de opinião** são aqueles que repassam as informações para o resto do grupo a que pertencem.

Família

A **família** é um dos primeiros determinantes do comportamento do indivíduo e uma das fontes mais importantes na definição de hábitos e costumes. Tradicionalmente, define-se família como um grupo de duas ou mais pessoas unidas por sangue, matrimônio ou adoção. No entanto, o perfil da família vem mudando — hoje, muitas pessoas moram sozinhas, enquanto outras tantas, do mesmo sexo ou de sexo diferente, simplesmente vivem juntas, e há ainda os pais separados. Essa mudança exige bastante atenção dos gestores de marketing.

> A família é um dos primeiros determinantes do comportamento do indivíduo e uma das fontes mais importantes na definição de hábitos e costumes.

Em termos gerais, há dois tipos de família: a família nuclear, formada pelo grupo imediato (pai, mãe e filhos), e a família ampliada (ou extensiva), formada por parentes como avós, tios, primos, sogros, cunhados etc. Geralmente, a família nuclear reside em um mesmo domicílio. Entretanto, o inverso nem sempre é verdadeiro, já que um mesmo domicílio pode agrupar indivíduos que pertençam, por exemplo, à família ampliada.

A família pode ser considerada um grupo de referência, mas se distingue em termos de consumo, pois seus membros são obrigados a tentar satisfazer necessidades e gostos particulares dentro de um orçamento comum — e, muitas vezes, os desejos de um indivíduo são subordinados aos de outros membros.

No que diz respeito ao consumo, inclusive, é possível destacar duas categorias de família que contribuem diretamente para a determinação do comportamento dos indivíduos: a família de orientação, que, formada pelos pais, orienta os indivíduos em termos de religião, sentimentos político e econômico, ambição pessoal, autovalorização e amor, e a família de procriação, que, posterior no ciclo de vida dos indivíduos e formada por cônjuge e filhos, exerce influência ainda mais direta no comportamento de compra.

Um fator determinante no comportamento de consumo dos membros de uma família é o ciclo de vida em que esta se encontra. Por exemplo, as necessidades de uma família que acaba de ser formada, composta apenas por marido e esposa, são diferentes das necessidades de uma outra constituída há algum tempo, composta por pais já em idade avançada, com filhos economicamente ativos e até netos. O Quadro 3.2 traz a matriz de ciclo de vida tradicional da família e suas implicações em relação ao comportamento de compra.

Uma análise que merece ser efetuada acerca do comportamento de compra relacionado à família é o processo decisório familiar. Nessa análise, promovem-se esforços para identificar quem no seio familiar efetivamente decide a compra, quem participa do processo de decisão, quem utiliza o produto e quem inicia a compra. Esse processo pode envolver diferentes membros da família, dependendo do produto a ser adquirido e mesmo da estrutura familiar.

Inclusive, no que diz respeito à estrutura familiar, é importante assinalar que, ultimamente, alguns fatores sociais e antropológicos a vêm alterando e, em consequência, mudando o comportamento de compra de seus membros. Entre esses fatores, estão: a diminuição do número de membros nas famílias, a elevação da idade média das pessoas que se casam, o aumento no número de

Quadro 3.2 — Ciclo de vida tradicional e comportamento de compra

Estágio	Comportamento de compra
Solteiros	Embora os rendimentos dos solteiros sejam relativamente baixos, eles em geral possuem poucas obrigações. Assim, nesse estágio, os consumidores geralmente têm renda discricionária substancial e parte dela é usada para comprar carros, equipamentos e móveis básicos para a primeira residência. Os solteiros tendem a ser mais orientados para a moda e a diversão, gastando uma fração substancial de sua renda em roupas, bebidas alcoólicas, comida fora de casa, férias, atividades de lazer e outros produtos e serviços voltados para namoro.
Casais recém-casados	Esses casais não têm filhos. Eles normalmente estão melhores em termos financeiros do que no estágio passado e estarão ainda melhores no futuro próximo, porque provavelmente se tornaram famílias de dupla renda. Famílias nesse estágio gastam uma quantidade substancial de sua renda em carros, roupas, férias e outras atividades de lazer. Elas também têm o índice mais alto de compra e a média mais alta de compra de bens duráveis, particularmente móveis e eletrodomésticos, tendendo a ser mais suscetíveis a propagandas.
Ninho cheio I	Com a chegada do primeiro filho, geralmente um dos pais para de trabalhar e, em consequência, a renda familiar cai. Ao mesmo tempo, a criança demanda necessidades que mudam a maneira como a família gasta sua renda. De fato, o casal passa a comprar produtos como comida de bebê, remédios, vitaminas, brinquedos, carrinhos etc. Ele também tem boa chance de se mudar para sua primeira casa e comprar móveis para o filho, uma lavadora, uma secadora e outros itens de manutenção do lar. Essas exigências reduzem as economias da família, de modo que tanto o marido como a esposa ficam geralmente insatisfeitos com sua posição financeira.
Ninho cheio II	Nesse estágio, o filho mais novo tem 6 anos ou mais, a renda do cônjuge empregado já está melhor e o outro cônjuge geralmente volta a trabalhar. Consequentemente, a posição financeira da família em geral melhora. Padrões de consumo continuam a ser, em grande parte, influenciados pelos filhos, uma vez que a família tende a comprar embalagens de alimentos de tamanho grande e suprimentos de limpeza, bicicletas, videogames etc.
Ninho cheio III	À medida que a família vai ficando mais velha, sua posição financeira tende a melhorar porque a renda do assalariado principal aumenta, o outro cônjuge que voltou a trabalhar passa a ganhar mais e os filhos começam a ganhar dinheiro com trabalhos ocasionais. A família geralmente substitui vários móveis, compra um outro automóvel, adquire aparelhos de luxo e gasta uma considerável quantia de dinheiro em serviços voltados para a educação e a saúde dos filhos.
Ninho vazio I	Nesse estágio, a família está mais satisfeita com sua posição financeira. Isso porque a renda continuou a subir e, como os filhos saíram de casa, não são mais financeiramente dependentes dos pais. O casal em geral faz melhorias na casa, compra artigos de luxo e gasta uma fração maior de sua renda em férias, viagens e recreação.
Ninho vazio II	Nessa época, o chefe da casa aposenta-se e, assim, o casal normalmente sofre uma notável redução na renda. As despesas tornam-se mais orientadas à saúde e talvez haja a compra de uma casa menor, um apartamento ou um dos dois em um condomínio com clima mais agradável.
Sobrevivente solitário	Se são economicamente ativos, os sobreviventes solitários têm uma boa renda. Nesse caso, eles podem vender sua casa e normalmente gastam muito dinheiro com férias e diversão, bem como com produtos e serviços orientados à saúde.
Sobrevivente solitário aposentado	O sobrevivente solitário aposentado segue os mesmos padrões de consumo gerais, porém em uma escala menor por causa da redução na renda. Esses indivíduos também têm necessidades especiais de atenção, afeto e segurança.

Fonte: Kotler e Keller, 2006.

divórcios, a maior quantidade de solteiros morando juntos, a união homossexual, o papel desempenhado pela mulher após seu engajamento mais contundente na população economicamente ativa, a alteração do papel do homem na família e de sua autoimagem e a socialização precoce das crianças.

Classe social e status

Desde sempre, as sociedades exibem estratificação social, que toma a forma de **classes sociais** ou "divisões relativamente homogêneas e duradouras de uma sociedade, ordenadas hierarquicamente e cujos membros compartilham valores, interesses e comportamento similares".[14] A classe social de uma pessoa é indicada por variáveis como renda, ocupação, riqueza, local e tipo de residência, prestígio, formação e poderes econômico e político.

Ao longo de sua vida, um indivíduo pode mover-se de uma classe social para outra, em um fenômeno intitulado **mobilidade social**. Entretanto, alguns estudos efetuados nas sociedades norte-americana e europeia mostram que poucos indivíduos conseguiram, em qualquer época, saltar de estratos sociais inferiores aos mais elevados na mesma geração, apesar de outras pesquisas demonstrarem que a mobilidade social aumentou sensivelmente no século XX.

Vale assinalar que, na análise do comportamento do consumidor, é fundamental o estudo das classes sociais. Isso porque indivíduos pertencentes à mesma classe tendem a comprar os mesmos produtos nas mesmas lojas e a expressar os mesmos hábitos em relação à mídia, pois apresentam similaridade não apenas nas variáveis sociais, mas também nas pessoais e psicológicas. De fato, até mesmo os consumidores associam marcas de produtos e serviços a classes sociais específicas.

É importante destacar que alguns autores buscaram estabelecer formas de divisão da sociedade em classes. Warner,[15] estudando a sociedade norte-americana, propôs a seguinte:

- *Classe alta superior*: a elite, cujo poder financeiro é geralmente herdado; seu comportamento de consumo serve de guia para as classes mais baixas.

- *Classe alta inferior*: formada por altos executivos e empresários bem-sucedidos que ganham mais dinheiro do que os integrantes da classe alta superior; seu comportamento de consumo caracteriza-se pelos símbolos de status.

- *Classe média superior*: formada por profissionais com alto nível acadêmico que consideram a educação a chave para o sucesso; suas compras são cuidadosamente realizadas e levam em conta a aparência de bem-estar.

- *Classe média inferior*: representada pela típica família trabalhadora que respeita as normas e os valores; tem como grupo de aspiração a classe média superior e compara preços e oportunidades antes de comprar.

- *Classe baixa superior*: formada por pessoas com empregos que exigem pouco ou nenhum grau de instrução; seu comportamento de compra é

> **Classes sociais** podem ser definidas como "divisões relativamente homogêneas e duradouras de uma sociedade, ordenadas hierarquicamente e cujos membros compartilham valores, interesses e comportamentos similares".

> **Mobilidade social** é o resultado de um indivíduo mover-se de uma classe social para outra.

impulsivo quando se trata de novidades, mas são leais às marcas e aos produtos que, uma vez comprados, lhes proporcionaram satisfação.

- *Classe baixa inferior*: representada por indivíduos com baixíssimo grau de instrução e informação que compram impulsivamente, de maneira não planejada, pagando um preço superior ao valor real.

O Quadro 3.3 traz o critério de classificação socioeconômica denominado Novo Critério Brasil, que, usado em pesquisas pela Associação Brasileira dos Anunciantes (ABA), pela Associação Brasileira dos Institutos de Pesquisa de Mercado (Abipeme) e pela Associação Nacional das Empresas de Pesquisa (Anep), é baseado principalmente na posse de bens domésticos e na escolaridade.

Outro fator importante no comportamento do consumidor é o **status**, definido como "o lugar que um indivíduo ocupa em um dado sistema em determinado

Quadro 3.3 Novo Critério Brasil para classificação socioeconômica dos consumidores

Bens	Quantidade				
	0	1	2	3	4 ou +
TV em cores	0	1	2	3	4
Rádio	0	1	2	3	4
Banheiro	0	4	5	6	7
Automóvel	0	4	7	9	9
Empregada mensalista	0	3	4	4	4
Máquina de lavar	0	2	2	2	2
Videocassete e/ou DVD	0	2	2	2	2
Geladeira	0	4	4	4	4
Freezer	0	2	2	2	2

Grau de instrução do chefe da família	Grau de instrução do chefe da família	Pontos
Analfabeto/ Primário incompleto	Analfabeto/ Até 3ª série do ensino fundamental	0
Primário completo/ Ginásio incompleto	Até 4ª série do ensino fundamental	1
Ginásio completo/ Colegial incompleto	Ensino fundamental completo	2
Colegial completo/ Superior incompleto	Ensino médio completo	4
Superior completo	Ensino superior completo	8

Classe	Pontos
A1	42–46
A2	35–41
B1	29–34
B2	23–28
C1	18–22
C2	14–17
D	8–13
E	0–7

Fonte: Abep, 2010.

momento"[16] e que não tem a ver somente com o prestígio desfrutado pelo indivíduo na sociedade. De fato, um mesmo indivíduo pode ocupar status diferentes em um mesmo momento de sua vida, dependendo dos sistemas de organização dos quais participa. Em outras palavras, em casa com a família, no trabalho com os colegas e no clube com os amigos, o indivíduo imprimirá status e papéis sociais diferentes e, consequentemente, terá comportamentos distintos.

> **Status** pode ser definido como "o lugar que um indivíduo ocupa em um dado sistema em determinado momento".

Estilo de vida

Ao representar o padrão de vida de uma pessoa expresso em suas atividades, em seus interesses e opiniões, o **estilo de vida** retrata o indivíduo por inteiro.

Ao contrário dos valores, que são mais profundamente arraigados, os estilos de vida alteram-se com certa rapidez, o que obriga os profissionais que estudam o comportamento do consumidor a monitorá-lo com frequência. Para auxiliá-los nessa tarefa, há um modelo bastante utilizado de classificação de estilos de vida baseado em análises psicográficas: o VALS2 (*value, attitude and life style 2* — valor, atitude e estilo de vida 2).

> O **estilo de vida** representa o padrão de vida de uma pessoa expresso em suas atividades, em seus interesses e opiniões.

O modelo VALS2, do Stanford Research Institute, é baseado na sociedade norte-americana e possui oito grupos de valores e estilos de vida:[17]

- *Inovadores*: consumidores bem-sucedidos, ativos e sofisticados que possuem muitos recursos e elevada autoestima. Dão muita importância à sua imagem.

- *Reflexivos*: consumidores satisfeitos, maduros e reflexivos que tendem a ser práticos e buscam funcionalidade, valor e durabilidade nos produtos que compram.

- *Crentes*: consumidores orientados por princípios. Conservadores, possuem crenças baseadas nos códigos estabelecidos pela Igreja, pela comunidade, pela família e pela nação. Tendem a comprar marcas estabelecidas.

- *Realizadores*: consumidores orientados para a carreira que gostam de se sentir no controle de sua vida e preferem pouco risco. Sua vida social envolve, além da carreira, a família e a Igreja. Preferem marcas de prestígio, que demonstram sucesso.

- *Esforçados*: consumidores preocupados com a aprovação dos outros e em busca de autodefinição, segurança e imagem de sucesso. Eles simulam a vida daqueles que gostariam de ser, mas não o conseguem por não terem recursos suficientes.

- *Experimentadores:* consumidores jovens, entusiastas e impulsivos que gostam de assumir riscos. Apreciam produtos e atividades novos e ainda não aceitos.

- *Fazedores:* consumidores que focam a autossuficiência, vivem dentro do contexto da família e do trabalho e prestam pouca atenção a temas externos ao seu mundo. São voltados para os produtos funcionais.

- *Lutadores:* consumidores pobres e geralmente com baixo grau de instrução, sem elos sociais e preocupados com as necessidades do momento, como compra de alimentos e cuidados com a saúde. São cautelosos e buscam segurança.

Variáveis pessoais

As variáveis pessoais dizem respeito às características demográficas do consumidor, que, sem dúvida, interferem nas decisões de compra. Entre as inúmeras variáveis pessoais, as mais utilizadas pelos profissionais de marketing são:

- *Sexo:* homens e mulheres possuem diferenças fisiológicas, psicológicas, sociais, culturais e comportamentais significativas, que podem ser úteis no estabelecimento de determinados binômios produto/mercado. Além disso, eles diferem substancialmente no que diz respeito aos papéis que desempenham no seio familiar, inclusive nas questões relativas ao consumo — muito embora a inserção crescente da mulher no mercado de trabalho esteja diminuindo essas diferenças. Um mercado nitidamente segmentado por sexo é o de absorventes higiênicos, que também utiliza outras variáveis, como idade.

- *Idade:* a faixa etária do indivíduo interfere em suas características fisiológicas e psicológicas, bem como no seu padrão de consumo. De fato, as necessidades e os desejos das pessoas, bem como suas atitudes e seus valores, tendem a se alterar conforme elas vão envelhecendo, fazendo com que demandem diferentes produtos. É notória a diferença de padrões de consumo entre indivíduos que pertencem a faixas etárias diferentes, como adultos, adolescentes e crianças. Vale dizer que, analogamente à variável idade, hoje há vários estudos que descrevem os consumidores a partir da variável **cohort**, definida como "grupos de indivíduos que nasceram na mesma época e que atravessaram períodos da vida juntos".[18] Entre as *cohorts* mais conhecidas estão a dos *baby boomers* e as gerações X e Y.

> **Cohort** pode ser definida como "grupos de indivíduos que nasceram na mesma época e que atravessaram períodos da vida juntos".

- *Grau de instrução:* o grau de instrução é usado para segmentar mercados em conjunto com outras variáveis altamente relacionadas a ele, como profissão, ocupação e renda. Presume-se que níveis de instrução mais altos levem as pessoas a sofisticar seu consumo.

- *Profissão e ocupação*: determinam necessidades específicas que podem ser utilizadas como base para segmentar mercados. São variáveis tão importantes que, muitas vezes, são tidas como sinônimo de classe social.
- *Renda*: as rendas individual e familiar interferem diretamente na capacidade de aquisição de bens, sendo, portanto, bastante utilizadas para segmentar mercados.
- *Geodemografia*: há algum tempo, os pesquisadores aliam características demográficas com geográficas para segmentar mercados, partindo do pressuposto de que pessoas com características demográficas semelhantes tendem a viver em regiões geográficas parecidas. Entre as abordagens geodemográficas disponíveis, destaca-se a PRIZM, que agrupa os consumidores por código de endereçamento postal e integra suas informações ao seu estilo de vida. O PRIZM funciona muito bem em nações desenvolvidas, mas deixa a desejar nas metrópoles brasileiras.

Variáveis psicológicas

Como as variáveis psicológicas são individuais e, a rigor, não existem dois indivíduos iguais, elas são de suma importância para os profissionais de marketing, uma vez que contribuem para o conhecimento sobre o comportamento particular. Aqui, estudaremos as variáveis psicológicas que mais afetam as decisões de compra: motivação, percepção, personalidade, aprendizagem e atitude.

Motivação

Motivação é o que impulsiona os seres humanos a satisfazer suas necessidades a partir do momento em que estas são constatadas. Em outras palavras, é a força que propulsiona um indivíduo a agir e que tem influência direta na adoção de determinado comportamento.

Alguns impulsos manifestam-se de maneira fisiológica, a partir de necessidades básicas ou primárias que são inatas e têm origem no sistema biológico, desencadeando comportamentos que garantem a sobrevivência e o conforto físico. Outros impulsos manifestam-se a partir de normas, valores, costumes e hábitos que têm origem na interação do indivíduo com seus semelhantes; esses impulsos propõem-se a satisfazer as necessidades ditas secundárias, que têm fundo social e psicológico e são aprendidas. Como era de esperar, para o marketing e seus estudos sobre o comportamento do consumidor, os impulsos psicológicos são mais importantes do que os fisiológicos.

O QUÊ?

- *Baby boomers* são as pessoas nascidas entre 1946 e 1964, em um período de explosão demográfica marcado pelo fim da Segunda Guerra Mundial. Os *baby boomers* se caracterizam, entre outros fatores, por possuir um alto padrão de vida, preferir qualidade à quantidade e ser firmes em sua decisão. Eles são os pais dos membros da geração X.
- Os integrantes da geração X nasceram entre 1960 e 1980. Eles se caracterizam por buscar sua individualidade, seus direitos e sua liberdade, bem como por ser maduros em suas escolhas relacionadas a produtos e serviços.
- Os integrantes da geração Y nasceram entre 1980 e 1990. Lutam por salários altos desde cedo e costumam conseguir o que querem. Utilizam com grande facilidade produtos de alta tecnologia.

> Motivação é o que impulsiona os seres humanos a satisfazer suas necessidades a partir do momento em que estas são constatadas.

Percepção

Percepção é o nome que se dá ao processo de seleção, organização e interpretação de estímulos sensoriais de cada indivíduo para criar um quadro significativo do mundo, o qual envolve, inclusive, ele mesmo.

De fato, ao receber um estímulo, o indivíduo o integra à sua estrutura cognitiva, interpretando-o e elaborando-o. A estrutura cognitiva é própria de cada pessoa e está relacionada à sua história, a seus ambientes físico e social, à sua personalidade e às suas estruturas fisiológica e psicológica. E é exatamente por isso que a informação sensorial não corresponde à percepção que provoca. Em outras palavras, "dois indivíduos podem estar sujeitos aos mesmos estímulos sob as mesmas condições aparentes, mas a maneira como cada pessoa os reconhece, seleciona, organiza e interpreta é um processo altamente individual baseado nas necessidades, nos valores e nas expectativas de cada um".[20]

Em relação à seleção dos estímulos, é importante ressaltar que apenas uma pequena fração deles é realmente percebida. Caso contrário, haveria uma grande probabilidade de o indivíduo permanecer confuso e desorientado diante dos bilhões de estímulos diferentes aos quais está constantemente exposto. A esse fenômeno é dado o nome de **bloqueio seletivo**.

Três manifestações da seleção dos estímulos recebidos devem ser consideradas. Essas manifestações são baseadas na interação das expectativas e dos motivos de cada indivíduo com os estímulos em si:

1. *Exposição seletiva*: é a busca ativa de mensagens consideradas agradáveis ou com as quais o indivíduo se simpatiza e o afastamento de mensagens dolorosas ou ameaçadoras.

2. *Atenção seletiva*: é a tendência do indivíduo de manifestar uma consciência elevada em relação aos estímulos que atendam às suas necessidades e uma consciência mínima no que diz respeito aos estímulos irrelevantes à satisfação delas.

3. *Defesa perceptiva*: é a filtragem inconsciente dos estímulos considerados psicologicamente ameaçadores, que são, portanto, menos percebidos do que outros que não se apresentam como ameaças. Isso pode levar um indivíduo a distorcer informações que não sejam condizentes com suas necessidades, seus valores e crenças.

Vale ressaltar que outros fatores presentes nos estímulos interferem na magnitude da atenção (e da percepção) apreendida. Esses fatores são: o tamanho, as cores, a intensidade, o contraste, a direção, o movimento, o isolamento e a inovação.

VEJA EM

Diversos estudiosos esforçaram-se para formular teorias de motivação, entre eles, Abraham Maslow, que elaborou a hierarquia das necessidades. Como é possível ver detalhadamente no Capítulo 1, a teoria de Maslow pressupõe que os desejos e as necessidades humanas organizam-se obedecendo a uma hierarquia com cinco níveis, sendo que só se alcança um nível hierárquico superior quando o inferior estiver satisfeito.[19]

> "Percepção é o nome que se dá ao processo de seleção, organização e interpretação de estímulos sensoriais de cada indivíduo para criar um quadro significativo do mundo, o qual envolve, inclusive, ele mesmo."

> "Bloqueio seletivo refere-se à seleção dos estímulos feita pelos indivíduos. Se não houvesse essa seleção, haveria uma grande possibilidade de o indivíduo permanecer confuso e desorientado."

Outro ponto importante: a maneira como os estímulos são organizados e elaborados varia em função da similaridade, da proximidade e da continuidade, como afirma a teoria da Gestalt. Por *similaridade*, entende-se a tendência do ser humano de organizar estímulos semelhantes como pertencentes à mesma categoria. Já a *proximidade* reflete a tendência de as coisas e os objetos que se encontram próximos serem percebidos como integrantes de um mesmo conjunto. Por fim, a *continuidade* (ou fechamento) remete ao fato de as coisas serem percebidas como um todo que não é necessariamente a soma das partes, mostrando a tendência do ser humano de completar, concluir ou dar continuidade a algo incompleto.

Há ainda o **fenômeno da figura-fundo**, que preconiza que as pessoas tendem a organizar suas percepções em dois padrões principais, tendo os estímulos que contrastam com seus ambientes maior probabilidade de serem notados. No caso, a figura representa os elementos dentro do campo perceptual que recebem a maior parte da atenção, enquanto o fundo é composto pelos elementos menos significativos, que abrangem o segundo plano.

> **O QUÊ?**
>
> A teoria da Gestalt — também conhecida como psicologia da forma — teve início no século XIX na Europa. Baseada na ideia de que os elementos são organizados por nós não apenas por meio de associação, mas também de maneira tal que façam sentido, essa teoria possibilitou o estudo da percepção.

> Segundo o **fenômeno da figura-fundo**, as pessoas tendem a organizar suas percepções em dois padrões principais, tendo os estímulos que contrastam com seus ambientes maior probabilidade de serem notados.

Personalidade

A **personalidade** pode ser entendida como "as características psicológicas distintas de uma pessoa que levam a respostas consistentes e duradouras em seu ambiente".[21] E é exatamente o fato de as respostas serem consistentes que permite classificar uma pessoa como agressiva ou submissa, chata ou carismática e assim por diante.

Isso significa, então, que a personalidade é responsável pelas características do comportamento? Sim, mas ela não age sozinha, e é por isso que nem mesmo os estudos mais recentes conseguiram relacionar uso e escolha de produtos a traços de personalidade.

No entanto, vale ressaltar a importância que alguns profissionais de marketing dão ao autoconceito (ou autoimagem) de uma pessoa, que é a maneira como ela se vê. De fato, acredita-se que "os indivíduos percebem os produtos que possuem ou que gostariam de possuir em termos de seu significado para si próprios e para outros".[22] Assim, se houver congruência entre a imagem simbólica do produto e a imagem que o indivíduo tem de si mesmo, haverá maior chance de o produto ser bem avaliado.

> **Personalidade** pode ser entendida como "as características psicológicas distintas de uma pessoa que levam a respostas consistentes e duradouras em seu ambiente".

Aprendizagem

A **aprendizagem** descreve as mudanças no comportamento decorrentes da experiência. Trata-se de um processo dinâmico que permite ao ser humano

> A **aprendizagem** é um processo dinâmico que permite ao ser humano existir em seu meio e adaptar-se a suas modificações.

O QUÊ?

- O condicionamento clássico se fundamenta no princípio de que, se determinado estímulo vier antes de uma resposta, ele aumenta a probabilidade de ter essa resposta. No que se refere ao comportamento de compra, os estímulos podem ser anúncios, embalagens e preços, ao passo que as respostas podem ser a compra, a preferência, a lealdade ou o desinteresse.
- O condicionamento instrumental (ou operante) tem como fundamento a ideia de que o indivíduo memoriza os comportamentos que tiveram consequências positivas e tende a esquecer os demais. Assim, compras que trouxeram sentimento de satisfação e saciedade têm maiores chances de serem repetidas, ao mesmo tempo que os estímulos que levaram a elas tendem a receber mais atenção.

existir em seu meio e adaptar-se a suas modificações. Desse modo, o ser humano aprende e essa aprendizagem consolida-se em valores, gostos, preferências, sentimentos e significados, contribuindo para a formação de atitudes e de comportamentos.

O fato é que, para que isso aconteça, o ser humano precisa reter na memória as experiências passadas. A memória é o último estágio do processamento de informações e se multifaceta nos seguintes subsistemas: (1) *memória sensorial*, edificada a partir das sensações físicas; (2) *memória de curto prazo*, de baixa capacidade e onde as informações são armazenadas por um período curto de tempo; (3) *memória de longo prazo*, o sistema que permite a retenção de informações por um longo período.

Algumas linhas de pensamento buscam explicar o processo de aprendizado dos consumidores.

A escola behaviorista, que fundamenta o condicionamento clássico de Pavlov e o condicionamento instrumental de Skinner, parte da hipótese de que a aprendizagem é uma resposta do organismo a um estímulo provocado por elementos externos. A teoria cognitiva, por sua vez, defende que o que aprendemos são estruturas de conhecimento; assim, ao contrário das teorias behavioristas, que propõem que o comportamento resulta de ensaio e erro com reforço, a teoria cognitiva defende que se aprende por meio do pensamento e da lógica, mesmo sem experiências anteriores.

Vale destacar que, para o marketing, a compreensão da teoria cognitiva é muito importante. Isso porque, como boa parte das tomadas de decisão envolve essencialmente encontrar uma solução aceitável para um problema qualquer, pode-se dizer que esse processo está ligado à aprendizagem cognitiva.

Atitude

Por **atitude**, entende-se uma predisposição aprendida para responder de maneira favorável ou desfavorável a um determinado objeto. É a "prontidão mental ou predisposição implícita que exerce influência geral e coerente em uma classe relativamente ampla de respostas de avaliação".[23]

Como a atitude é considerada também um esforço do ser humano para dar ordem e sentido ao universo que percebe, ela pode mudar em função das variações ocorridas no universo. Isso não é uma tarefa fácil, tendo em vista que o ser humano oferece resistência à mudança de atitude. É por isso que, mesmo que o indivíduo altere sua atitude, não é certo que ele mude seu comportamento, ainda que isso seja um evento provável.

Em geral, a atitude possui quatro funções básicas: (1) *função utilitária*, que tem como premissa o reforço e a punição e que procura maximizar os ganhos e minimizar os custos; (2) *função egodefensiva*,

> Uma **atitude** pode ser definida como uma predisposição aprendida para responder de maneira favorável ou desfavorável a um determinado objeto.

que atende a uma necessidade básica de proteção do "eu", constituído principalmente por autoimagem, ego, ansiedades, impulsos e ameaças; (3) *função de expressão de valores*, que faz o indivíduo expressar atitudes apropriadas a seus valores pessoais e a seu autoconceito; (4) *função de conhecimento*, importante para a construção do universo de maneira organizada, procurando dar significado às percepções.

A atitude também é desmembrada em sua teoria por três componentes básicos e inter-relacionados: (1) o *cognitivo*, que remete a experiências passadas, que, por meio de processos cognitivos, formam o corpo de crenças do indivíduo; (2) o *afetivo*, que se relaciona com as emoções ligadas a um objeto ou a uma pessoa; (3) o *comportamental*, visto como uma provável predisposição à ação, já que leva em conta o comportamento de um indivíduo em relação a outro ou a um objeto.

Por fim, é importante salientar que o estudo das atitudes é extremamente importante para a compreensão do comportamento do consumidor, uma vez que o homem as forma com a finalidade de satisfazer as suas necessidades.

QUEM?

- Prêmio Nobel de Medicina, o russo Ivan Pavlov é o pai do condicionamento clássico. Isso porque, ao mostrar que os cães salivavam não apenas ao ver a comida, mas também ao ouvir um som ou ver um gesto que remetia à chegada da comida, ele trouxe à tona os reflexos condicionados.
- Defendendo a ideia de que o comportamento humano pode ser moldado e controlado, o norte-americano Burrhus Frederic Skinner desenvolveu o condicionamento intrumental — mecanismo que premia uma determinada resposta de um indivíduo até ele ficar condicionado a associar certa necessidade a essa resposta.

ESTUDO DE CASO

Na onda do surfe

Fonte: Surfe, stock.xchng®.

"À primeira vista, para praticar surfe só é preciso um calção e uma prancha. Mas o esporte pode orientar suas horas de trabalho, a escolha de suas roupas, de seu carro e de seus destinos de viagem." Foi isso o que disse o surfista e empresário Cláudio Martins de Andrade durante a realização da etapa brasileira do World Championship Tour, que foi batizada de Nova Schin Festival. No patrocínio, a fabricante de bebidas investiu pouco menos de R$ 1 milhão. Mas, segundo os organizadores, a competição atraiu um investimento total de mais de R$ 4 milhões.

As dimensões do poder do filão podem ser aferidas pelos números da Associação Brasileira da Indústria Têxtil (Abit). Segundo ela, o segmento de *surfwear* já representava, em 2002, mais de 10 por cento das vendas do setor de confecção no Brasil. E o que é mais interessante: o *surfwear* seduz também aqueles que não praticam o esporte.

Existe uma razão objetiva para o sucesso universal da moda de surfista: como eles passam boa parte do tempo molhados e estão sempre viajando, suas roupas precisam combinar conforto, resistência e beleza. Mas o que realmente atrai as pessoas para o esporte e, especialmente, para os produtos a ele relacionados é o estilo de vida percebido. Como diz Romeu Andreatta, diretor da Alma Surf: "A maioria das pessoas adota o surfe como um estilo de vida que respeita a natureza, cuida da alimentação e do próprio corpo, prega a simplicidade de costumes e valoriza a juventude. E isso independe da prática do esporte".

De fato, uma legião de consumidores do surfe transformou a cidade de São Paulo na meca de grifes e lojas especializadas no esporte. Mesmo sem praia, a cidade concentra o maior número de surfistas do Brasil: 115 mil pessoas. E esse público cresce para 1 milhão quando se leva em conta os simpatizantes da modalidade — ou seja, aqueles que quase nunca ou nunca pegam onda, mas consomem produtos voltados para os surfistas. Trata-se de um grupo de consumidores que movimenta R$ 1,5 bilhão por ano só na capital paulista.

Todos esses números fizeram com que marcas que não nasceram no mundo do surfe migrassem para ele. É o caso, por exemplo, da Red Nose, que nasceu para atender aos praticantes de luta — um público cuja atitude em nada lembra o pacifismo dos surfistas — e que hoje tem os simpatizantes e praticantes de surfe entre seus principais consumidores. A marca trabalha com preços mais competitivos e tem as grandes redes de varejo C&A, Renner e Riachuelo como seus principais canais de venda.

Outro destaque no *surfwear* é a Central Surf, uma rede de lojas fundada há mais de 20 anos que possui diversos pontos de venda na capital paulista. Para a Central Surf, o surfe é também aspiracional, especialmente para as classes de menor renda. Além disso, a rede de lojas identificou, por meio de um levantamento, que seu consumidor tem entre 19 e 25 anos, ensino médio completo e voltou a consumir mais roupas depois que quitou as prestações de seu carro e de seu celular. Por fim, ela observou que, no seu caso, o consumo por parte dos extremos da faixa etária — crianças e pessoas com mais de 40 anos — vem crescendo.

Fonte: MADUREIRA, Daniela. "Longe das ondas, fã de surfe sustenta um comércio de R$ 1,5 bi". *Valor Econômico*, 9 jul. 2008, p. B5; CIAFFONE, Andréa. "O marketing radical do surf". *Gazeta Mercantil*, 12 nov. 2003, p. A-14.

Questões para o caso

1. Para os moradores da cidade de São Paulo que, embora não pratiquem surfe, compram produtos relacionados ao esporte, os surfistas são um grupo de referência? Por quê?

2. Que variável social interfere nas decisões de compra dos praticantes de surfe? Justifique sua resposta.

3. Na fase de busca de informações no processo de decisão de compra de bens relacionados a surfe, o consumidor encontra-se em estado de atenção elevada ou de busca ativa? Justifique sua resposta.

RESUMO

- Em geral, o consumidor percorre os seguintes estágios em seu processo de decisão de compra: reconhecimento de necessidade, busca de informações, avaliação de alternativas, decisão de compra e comportamento pós-compra. Em determinados casos, estágios podem ser suprimidos. Em outros, alguns estágios podem ser mais importantes do que o restante. Isso varia em função do envolvimento do consumidor com a compra e das diferenças por ele percebidas entre as alternativas existentes.

- O processo de decisão de compra é impactado por uma série de variáveis, agrupadas em três conjuntos: (1) variáveis sociais, (2) variáveis pessoais e (3) variáveis psicológicas. Todas essas variáveis agem concomitantemente sobre o consumidor durante seu processo de decisão de compra.

- As variáveis sociais que interferem no processo de decisão de compra são: cultura e subcultura, grupo de referência, família, classe social e status, estilo de vida.

- As variáveis pessoais que interferem no processo de decisão de compra são: sexo, idade, grau de instrução, profissão e ocupação, renda e geodemografia.

- As variáveis psicológicas que interferem no processo de decisão de compra são: motivação, percepção, personalidade, aprendizagem e atitude.

QUESTÕES

1. Quais as semelhanças e as diferenças entre os processos de decisão de compra de um sabonete, uma geladeira e uma joia?

2. No caso da compra de uma geladeira, há busca de informações? Se sim, trata-se de um estado de atenção elevada ou de busca ativa? As fontes de informação são internas ou externas?

3. No caso da compra de um sabonete, eleja as três variáveis psicológicas que mais interferem no processo de decisão de compra. Justifique sua resposta.

4. No caso da compra de uma joia, eleja as duas variáveis sociais que mais interferem no processo de decisão de compra. Justifique sua resposta.

5. No caso da compra de uma geladeira, se houver avaliação de alternativas, quais variáveis serão consideradas no julgamento de valor?

NOTAS

1. KOTLER, P.; KELLER, K. *Administração de marketing*. 12. ed. São Paulo: Pearson Prentice Hall, 2006.
2. BLACKWELL, R. D.; MINIARD, P. W.; ENGEL, J. F. *Comportamento do consumidor*. São Paulo: Pioneira Thomson Learning, 2005.
3. SOLOMON, M. R. *O comportamento do consumidor*: comprando, possuindo e sendo. Porto Alegre: Bookman, 2002.
4. GADE, C. *Psicologia do consumidor e da propaganda*. São Paulo: EPU, 1998.
5. RIVAS, J. A. *Comportamiento del consumidor*. Madri: Esic, 1997.
6. FESTINGER, L. *Teoria da dissonância cognitiva*. Rio de Janeiro: Zahar, 1975.
7. LINTON, R. *Cultura e personalidade*. São Paulo: Mestre Jou, 1967.
8. HOFSTEDE, G. *Culture's consequence*: international differences in work-related values. Londres: Sage, 1997.
9. HALL, E. T. *Beyond culture*. Garden City: Anchor Press Doubleday, 1976 apud KEEGAN, W. J.; GREEN, M. C. *Princípios de marketing global*. São Paulo: Saraiva, 2003.
10. ROGERS, E. M. *Diffusion of innovations*. Nova York: Free, 1962 apud KEEGAN, W. J.; GREEN, M. C. *Princípios de marketing global*. São Paulo: Saraiva, 2003.
11. SCHWARTZ, S. H. "Beyond individualism/collectivism: new cultural dimensions of value". In: KIM, U. et al. (eds.). *Individualism and collectivism*: theory, method and applications. Thousand Oaks: Sage, 1994 apud STEENKAMP, J. E. M. "The role of national culture in international

marketing research", *International Marketing Review*. Londres, v. 18, n. 1, 2001, p. 30-44.
12. TROMPENAARS, F.; HAMPDEN-TURNER, C. *Riding the waves of culture*. Londres: Nicholas Brealey, 1997 apud FLETCHER, R.; MELEWAR, T. C. "The complexities of communicating to customers in emerging markets", *Journal of Communication Management*. Londres, v. 6, n. 1, set. 2001, p. 9-23.
13. RIVAS, J. A., op. cit.
14. LIPSET, S. M. "Estratificação social e análise da sociedade americana." In: BERELSON, Bernard. *Panorama das ciências do comportamento*. Rio de Janeiro: Fundo de Cultura, s.d.
15. GADE, C., op. cit.
16. LINTON, R., op. cit.
17. SRI – Stanford Research Institute, 2010. Disponível em: <http://www.sric-bi.com/vals>. Acesso em: 15 set. 2010.
18. SCHEWE, C. D.; MEREDITH, G. "Segmenting global markets by generational cohorts: determining motivations by age", *Journal of Consumer Behavior*. Londres, v. 4, n. 1, out. 2004, p. 51-63.
19. MASLOW, A. H. *Motivación y personalidad*. Barcelona: Sagitario, 1954.
20. SCHIFFMAN, L. G.; KANUK, L. L. *Comportamento do consumidor*. 9. ed. Rio de Janeiro: LTC, 2009.
21. KOTLER, P.; KELLER, K., op. cit.
22. MOWEN, J. C.; MINOR, M. *Comportamento do consumidor*. São Paulo: Pearson Prentice Hall, 2002.
23. ZIMBARDO, P. G.; EBBESEN, E. B. *Influência em atitudes e modificação de comportamento*. São Paulo: Universidade de São Paulo, 1973.

MARKETING ESTRATÉGICO

OBJETIVOS DE APRENDIZAGEM

Após ler este capítulo, você será capaz de:

- Relacionar o marketing estratégico com a estratégia empresarial.
- Elencar os conceitos e as atividades relacionados ao marketing estratégico.
- Apresentar modelos de desenvolvimento empresarial baseados no marketing.
- Relacionar as estratégias competitivas e de crescimento com a dimensão estratégica do processo de marketing.

Nos capítulos anteriores, apresentamos alguns conceitos e definições necessários para entender os processos subjacentes à filosofia e à função do marketing em uma organização. Descrevemos os fundamentos do marketing e proporcionamos um panorama abrangente de sua gestão, salientando algumas das atividades contempladas em seu processo administrativo. Também abordamos os fatores que influenciam o comportamento do consumidor e seu processo decisório.

Neste capítulo, abordaremos a dimensão estratégica do processo de marketing sob um enfoque de sistema hierarquizado de decisão, destacando as estratégias competitivas e de crescimento em três níveis de decisão: corporativo, da unidade de negócios (UN) e da área funcional de marketing. Procuramos caracterizar o marketing estratégico como uma abordagem inerente ao posicionamento estratégico de uma empresa individual ou de uma UN integrante de uma corporação, abordagem essa que tem como propósito perseguir o crescimento dos negócios em um ambiente de intensa competição.

4.1 FUNDAMENTOS DO MARKETING ESTRATÉGICO

Conforme mostram os capítulos anteriores, no ambiente de negócios contemporâneo, as empresas vivem uma multiplicidade de situações decorrentes dos impactos positivos e negativos dos eventos, das tendências e das demandas do mercado.

As variáveis do ambiente de marketing requerem das empresas um esforço permanente, direcionado ao ajuste de seus recursos e objetivos às oportunidades de crescimento e de lucratividade sustentáveis. Soma-se a isso o fato de que a condição mutável do ambiente de negócios exige muito mais ações em tempo real, o que implica uma perspectiva dinâmica na concepção do processo estratégico.

No cenário atual, o profissional de marketing se vê pressionado a reagir de maneira muito mais rápida e efetiva aos movimentos do ambiente externo, muitas vezes devendo se afastar do procedimento padrão, que prescreve que questões estratégicas sejam solucionadas apenas mediante ações estratégicas. Assim, os movimentos táticos, tradicionalmente descartados, podem assumir um papel determinante no resultado das organizações, de acordo com uma orientação *bottom-up*.

A gestão de marketing, como um sistema de camadas, congrega dois níveis. O superior foca um horizonte de longo prazo e compreende um processo voltado ao pensamento estratégico. Suas questões fundamentais são a análise das necessidades de indivíduos e organizações no longo prazo, o dimensionamento do mercado futuro, o acompanhamento da evolução do mercado, a identificação de produtos e segmentos atrativos e a fixação de estratégias de crescimento e de posicionamento competitivo. Nesse nível superior, a empresa deverá definir o binômio produto–mercado a ser explorado com prioridade, mediante a análise de seu grau de atratividade e da posição competitiva da própria empresa, definindo uma estratégia de posicionamento que busque a superioridade em relação à concorrência.

Por sua vez, o nível inferior prende-se à ação em um horizonte de curto prazo e ao gerenciamento do composto de marketing, por meio do uso eficiente e eficaz dos recursos da empresa, tendo em vista alcançar maior participação de mercado, receita e lucro no binômio produto–mercado selecionado.

Outro aspecto relevante do processo de gestão está relacionado ao fato de que as decisões empresariais obedecem a uma hierarquia. No topo, encontram-se aquelas relativas às estratégias de crescimento, interpretadas por meio de

---

VEJA EM

Conforme mostra o Capítulo 2, as variáveis integrantes do ambiente de marketing mudam de modo incontrolável, o tempo todo e com velocidade crescente.

O QUÊ?

A expressão inglesa *bottom-up* significa "de baixo para cima". No contexto corporativo, o termo se refere a decisões ou iniciativas que se originam nos níveis mais baixos da hierarquia organizacional, disseminando-se rumo ao topo da pirâmide, ou seja, às gerências, às diretorias e à presidência. Esse modelo opõe-se ao tradicional *top-down* ("de cima para baixo"), no qual as decisões são sempre tomadas pela cúpula, sendo em seguida comunicadas às instâncias inferiores, às quais cabe simplesmente seguir o que foi determinado.

diferentes indicadores, tais como volume de vendas, participação de mercado e lucratividade. Todavia, é possível que crescimento e rentabilidade ocorram a partir de movimentos táticos, acionados em tempo real, os quais têm por base o conhecimento do grau de atratividade dos diferentes segmentos de mercado que a empresa quer e pode atender, bem como uma avaliação de sua posição competitiva. Em outros termos, a empresa, para assegurar seus objetivos de permanência, crescimento e rentabilidade, deverá investir na capacidade de gerar diferenciais competitivos, o que implica conduzir suas ações estratégicas por uma ótica que contemple, simultaneamente, seus recursos, suas capacidades e suas competências internas, o mercado e a concorrência.

É nesse contexto que figura com destaque o processo gerencial denominado **marketing estratégico**, ou seja, a dimensão estratégica do marketing. Esse processo, que tem por filosofia se orientar pelo mercado e por princípio gerar valor superior para o cliente, busca elaborar e implantar estratégias de crescimento no nível corporativo e no âmbito do domínio competitivo, além de posicionar adequadamente a empresa no mercado.

O marketing estratégico contribui para o desempenho das organizações, uma vez que as orienta sobre as oportunidades de mercado mais atrativas, ou seja, sobre as que oferecem um potencial adequado de crescimento e rentabilidade, sob a condição de a empresa possuir uma posição competitiva superior à de seus concorrentes. Nesse sentido, o marketing estratégico considera os aspectos de crescimento e rentabilidade como objetivos almejados pela empresa, servindo de diretriz para as decisões operacionais relativas ao composto de marketing.

> O marketing estratégico é um processo gerencial que tem por filosofia se orientar pelo mercado e por princípio gerar valor superior para o cliente. Seu objetivo é elaborar e implantar estratégias de crescimento no nível corporativo e no âmbito do domínio competitivo, além de posicionar adequadamente a empresa no mercado.

4.2 ESTRATÉGIAS DE CRESCIMENTO E ESTRATÉGIAS COMPETITIVAS

A estratégia empresarial tem sido analisada sob pelo menos três enfoques principais: *conceito*, *processo* e *conteúdo*.

No primeiro caso, a estratégia pode ser entendida como um conceito multidimensional. Particularmente, podemos considerar seis dimensões da estratégia:[1] (1) a primeira segue um padrão coerente, unificado e integrado de decisões; (2) a segunda determina e revela os propósitos organizacionais em relação a seus objetivos de longo prazo, programas de ação e prioridades para alocar recursos; (3) a terceira seleciona os negócios em que a organização está ou estará; (4) a quarta busca alcançar uma vantagem sustentável de longo prazo em cada um dos negócios, por meio de respostas adequadas às oportunidades e ameaças do ambiente, e aos pontos fortes e fracos da organização; (5) a quinta dimensão da estratégia engloba todos os níveis da organização (corporativo, da unidade de negócios e funcional) e (6) a sexta, por fim, define a natureza das contribuições econômicas e não econômicas aos diversos *stakeholders*.

Sob o enfoque do processo, a questão relevante diz respeito a como a estratégia é formulada ou "formada" nas organizações. Foram descritos dez processos, cada um vinculado a uma determinada escola de pensamento estratégico.[2] Assim, cada escola interpreta a estratégia, respectivamente, como um processo: de concepção, formal, analítico, visionário, mental, emergente, de negociação, coletivo, reativo e de transformação.

Com relação ao conteúdo da estratégia — questão mais diretamente ligada ao foco deste capítulo —, destacamos duas dimensões ou camadas decisórias. A primeira refere-se às **estratégias de crescimento**, que contemplam o escopo de atuação da empresa (seus negócios, produtos e mercados) e o escopo vertical ou grau de integração na cadeia de valor, assim como as formas de alcançar seus objetivos (via desenvolvimento interno, aquisições e/ou fusões e alianças estratégicas). A segunda dimensão refere-se às **estratégias competitivas**, que dizem respeito às alternativas de decisão disponíveis para alcançar e manter uma vantagem competitiva sustentável. As duas dimensões relacionam-se entre si, uma vez que a definição do escopo afeta a definição da estratégia competitiva e vice-versa.

Estratégias de crescimento

> Pode-se dizer que a estratégia empresarial apresenta duas dimensões ou camadas decisórias: as estratégias de crescimento e as estratégias competitivas. As **estratégias de crescimento** contemplam o escopo de atuação da empresa (seus negócios, produtos e mercados) e o escopo vertical ou grau de integração na cadeia de valor, assim como as formas de alcançar seus objetivos (via desenvolvimento interno, aquisições e/ou fusões e alianças estratégicas). Já as **estratégias competitivas** dizem respeito às alternativas de decisão disponíveis para alcançar e manter uma vantagem competitiva sustentável.

Nos países desenvolvidos, na primeira metade do século XX, o interesse das empresas concentrava-se no crescimento, pois a questão dominante era ocupar os mercados. Naquele período, a concorrência não era intensa, e o comportamento do consumidor era ditado predominantemente pela reação ao preço do produto. Nesse contexto, era justificável a adoção generalizada da estratégia de crescimento fundada na *expansão de mercado*, pois, quanto maior o volume de produção, menor o custo unitário do produto, havendo uma relação direta entre participação de mercado e lucratividade, especialmente em indústrias de volume.

Entre o final da década de 1960 e o início da década de 1970, estudos de empresas de consultoria, como o Boston Consulting Group (BCG), comprovaram o efeito da redução do custo de produção unitário em função do aumento do volume acumulado de produção (o chamado *efeito de experiência*). Outras relações foram confirmadas por estudos posteriores, com a análise do impacto das estratégias de mercado no lucro das empresas.[3] Esses estudos puseram em destaque algumas dimensões do crescimento das empresas, as quais puderam ser expressas por indicadores como participação de mercado, volume de vendas e rentabilidade.

O crescimento, que pode ser visto como um processo natural no desenvolvimento das organizações, revela-se em fases diferentes. As corporações norte-americanas adotaram estratégias de crescimento distintas nas últimas décadas do século XIX e no início do século XX. O primeiro período, de 1880 a 1900, caracterizou-se pela estratégia de consolidação horizontal dos mercados e pela integração vertical dos estágios de produção. No início do século XX, o crescimento daquelas corporações foi comprometido pelo desequilíbrio entre a oferta e a demanda no mercado norte-americano, obrigando-as a adotar estratégias alternativas de crescimento:

1. Expansão geográfica dos mercados e das fontes de suprimento para o exterior.
2. Expansão das linhas de produtos para os consumidores existentes.
3. Desenvolvimento de novos produtos para novos consumidores.

A discussão foi estendida, introduzindo-se o conceito de **vetor de crescimento**, o qual especifica a direção em que a empresa pretende desenvolver sua carteira de negócios.[4] O vetor de crescimento da empresa está associado às dimensões do produto (existentes e futuros) e do escopo de mercado (atual e novo). Com base nessas dimensões, a empresa pode crescer mediante quatro estratégias básicas:

4. *Penetração de mercado*, que consiste em aumentar as vendas dos produtos atuais nos mercados atuais.
5. *Desenvolvimento de mercados*, que compreende vender os produtos atuais para novos mercados.
6. *Desenvolvimento de produtos*, que significa vender novos produtos para os mercados atuais.
7. *Diversificação*, que consiste em vender novos produtos para novos mercados.

No nível da UN, o marketing estratégico é um processo que envolve tanto estratégias de crescimento, especialmente as de crescimento intensivo, relativas à expansão no âmbito dos negócios existentes (as três primeiras, das quatro que acabamos de mencionar), quanto estratégias competitivas.

No Quadro 4.1, são descritas as três modalidades de estratégias de crescimento intensivo e as ações de marketing para promovê-las com o recurso das variáveis controláveis (4Ps).

Posteriormente, o modelo de crescimento foi ampliado, introduzindo-se uma terceira dimensão: a geográfica, com as alternativas "área geográfica atual" e "área geográfica nova".[5] Os elementos que balizam as possibilidades de expansão e diversificação podem ser agrupados com base nas características de novos produtos e

> O vetor de crescimento especifica a direção em que a empresa pretende desenvolver sua carteira de negócios. Ele está associado às dimensões do produto (existentes e futuros) e do escopo de mercado (atual e novo).

Quadro 4.1 — Marketing e estratégias de crescimento intensivo

Estratégia da unidade de negócios	Exemplo de estratégia de marketing	Produto	Preço	Praça	Promoção
Penetração de mercado	Aumentar as vendas da marca X Aumentar vendas em um grupo etário	Melhorar a qualidade Acrescentar aspectos desejados pelo segmento	Reduzir preço	Tornar disponível em mais lojas Tornar disponível em lojas visitadas pelo segmento	Oferecer cupons, anunciar novos preços Direcionar propaganda para esse grupo via seleção de mídia
Desenvolvimento de mercados	Encontrar novos usos do produto Buscar novos mercados Mover-se para mercados globais	Realizar pesquisa para descobrir novos usos Acrescentar atributos desejados pelos novos mercados	Mudanças dependerão de novos usos e novos mercados	Buscar lojas de distribuição em novos mercados Descobrir parceiros de distribuição global	Educar consumidores sobre novos usos via propaganda Criar apelos novos de propaganda para novos mercados
Desenvolvimento de produtos	Melhorar os produtos existentes Desenvolver novos produtos	Investir em pesquisa do consumidor Investir em desenvolvimento do produto	Aumentar preços nos produtos melhorados	Obter espaço de prateleira para os novos produtos Ganhar cooperação dos varejistas	Educar os consumidores sobre as melhorias Usar propaganda e promoção de vendas para introduzir novos produtos

Fonte: adaptado de Ferrell e Hartline, 2005.

clientes, em relação aos produtos e mercados que já existem. Nesse caso, tais elementos ou vetores podem ser divididos em: diversificação horizontal, integração vertical e diversificação concêntrica, e formação de conglomerados, conforme mostra o Quadro 4.2.

Quadro 4.2 — Vetores de crescimento e diversificação

		Novos produtos	
Produtos / Clientes		Tecnologia semelhante	Tecnologia diferente
Novas missões	Mesmo tipo	Diversificação horizontal	
	A empresa é seu próprio cliente	Integração vertical	
	A empresa é o próprio cliente	(1) Diversificação concêntrica	(2)
	Tipo novo	(3)	Formação de conglomerados

(1) Marketing e tecnologia semelhantes
(2) Marketing semelhante
(3) Tecnologia semelhante

Fonte: Ansoff, 1997.

As diferentes modalidades de estratégias de crescimento podem ser sintetizadas em um esquema de referência, acrescentando-se a dimensão vertical, que contempla a estratégia de crescimento mediante integração – para a frente, para trás e horizontal –, conforme indica a Figura 4.1.

Há, ainda, outras possibilidades de crescimento:[6]

1. Crescimento natural: mercado atendido forte e em expansão.

2. Ganho de participação de mercado mediante baixo custo/alta produtividade, ciclo rápido e alto giro.

3. Tecnologia ou patente proprietária.

4. Canais de distribuição bem desenvolvidos e construídos ao longo do tempo.

5. Abertura de novos mercados para os produtos atuais.

6. Ganho de força via aquisições, alianças e/ou integração vertical.

7. Expansão do mercado.

8. Ressegmentação do mercado.

9. Movimentação para mercados adjacentes.

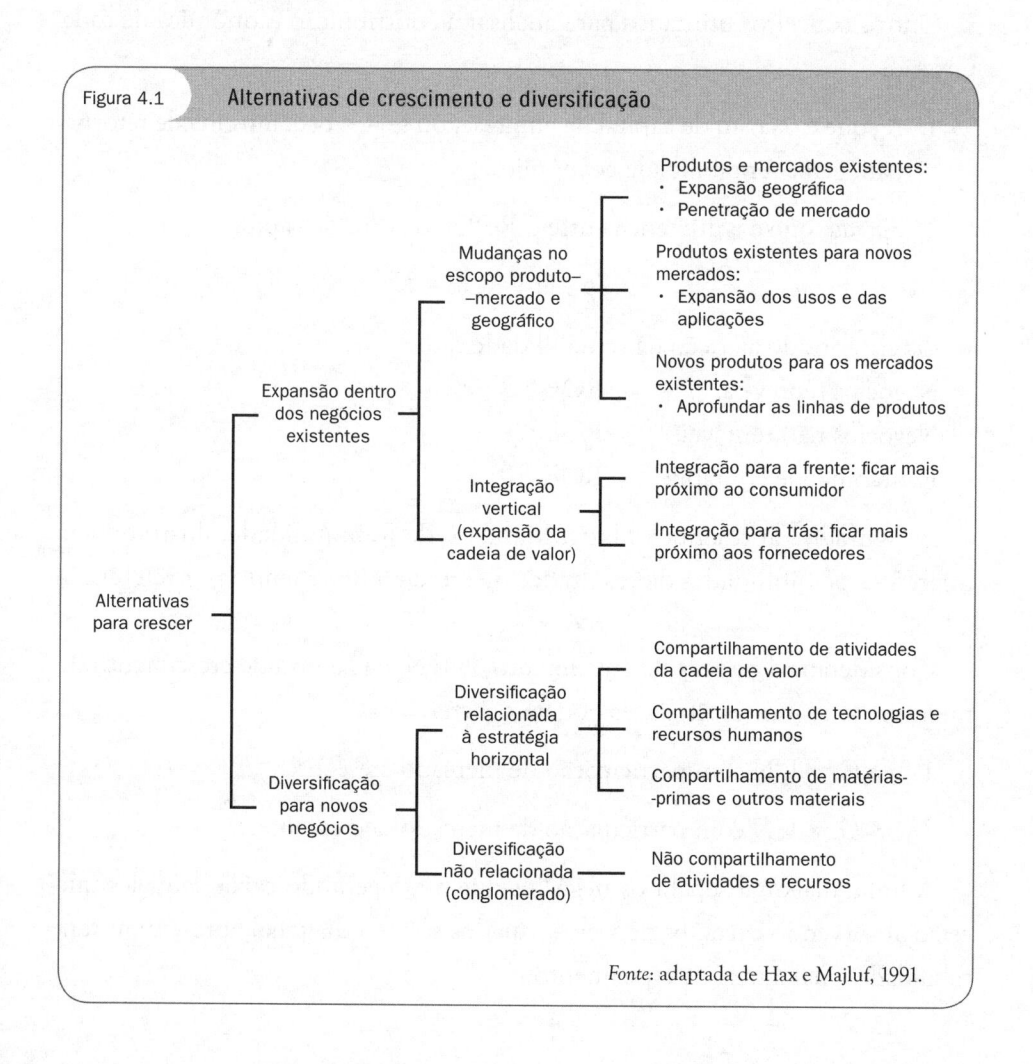

Figura 4.1 — Alternativas de crescimento e diversificação

- Alternativas para crescer
  - Expansão dentro dos negócios existentes
    - Mudanças no escopo produto-–mercado e geográfico
      - Produtos e mercados existentes:
        - Expansão geográfica
        - Penetração de mercado
      - Produtos existentes para novos mercados:
        - Expansão dos usos e das aplicações
      - Novos produtos para os mercados existentes:
        - Aprofundar as linhas de produtos
    - Integração vertical (expansão da cadeia de valor)
      - Integração para a frente: ficar mais próximo ao consumidor
      - Integração para trás: ficar mais próximo aos fornecedores
  - Diversificação para novos negócios
    - Diversificação relacionada à estratégia horizontal
      - Compartilhamento de atividades da cadeia de valor
      - Compartilhamento de tecnologias e recursos humanos
      - Compartilhamento de matérias-primas e outros materiais
    - Diversificação não relacionada (conglomerado)
      - Não compartilhamento de atividades e recursos

Fonte: adaptada de Hax e Majluf, 1991.

A dimensão financeira do crescimento

Sob a ótica das finanças corporativas, um indicador de crescimento pode ser representado por um índice, simbolizado por g, que relaciona a parcela do lucro que será reinvestida (parcela não distribuída sob a forma de dividendos) com o patrimônio líquido, no período de referência.

$$g = \frac{\text{lucros reinvestidos}}{\text{patrimônio líquido}}$$

Essa equação pode ser decomposta em:

$$g = \frac{\text{lucros reinvestidos}}{\text{lucros líquidos}} \times \frac{\text{lucros líquidos}}{\text{patrimônio líquido}}$$

A primeira expressão, simbolizada por p, representa a *taxa de reinvestimento dos lucros*; a segunda expressão indica o *retorno sobre o patrimônio*, também denominado *ROE*. Assim, o índice que reflete a *taxa de crescimento do patrimônio* poderá ser expresso por:

$$g = p \times ROE$$

Outros conceitos utilizados para analisar a contribuição econômica de cada UN são:

1. K_e, que é o custo de capital da empresa, ou seja, a taxa mínima de retorno para gerar rentabilidade econômica.

2. *Spread*, que é a diferença entre o ROE e o custo de capital.

$$Spread = ROE - K_e$$

Os critérios de aferição da rentabilidade são:

Negócios rentáveis: $ROE > K_e$
Negócios não rentáveis: $ROE < K_e$
Rentabilidade contábil: $ROE > 0$

A Figura 4.2 apresenta a Matriz Marakon de Rentabilidade, ilustrando as diferentes possibilidades de resultados de crescimento e tendo por referência a UN.

Considerando g a taxa de crescimento da UN, e G a taxa de crescimento de mercado, as seguintes situações podem ocorrer:

1. $g > G$ → UN com participação de mercado crescente.

2. $g < G$ → UN com participação de mercado decrescente.

A linha diagonal separa os negócios que estão gerando caixa daqueles que estão absorvendo caixa; os negócios situados sobre a diagonal apresentam rentabilidade igual à taxa de crescimento.

Figura 4.2 — Matriz Marakon de Rentabilidade

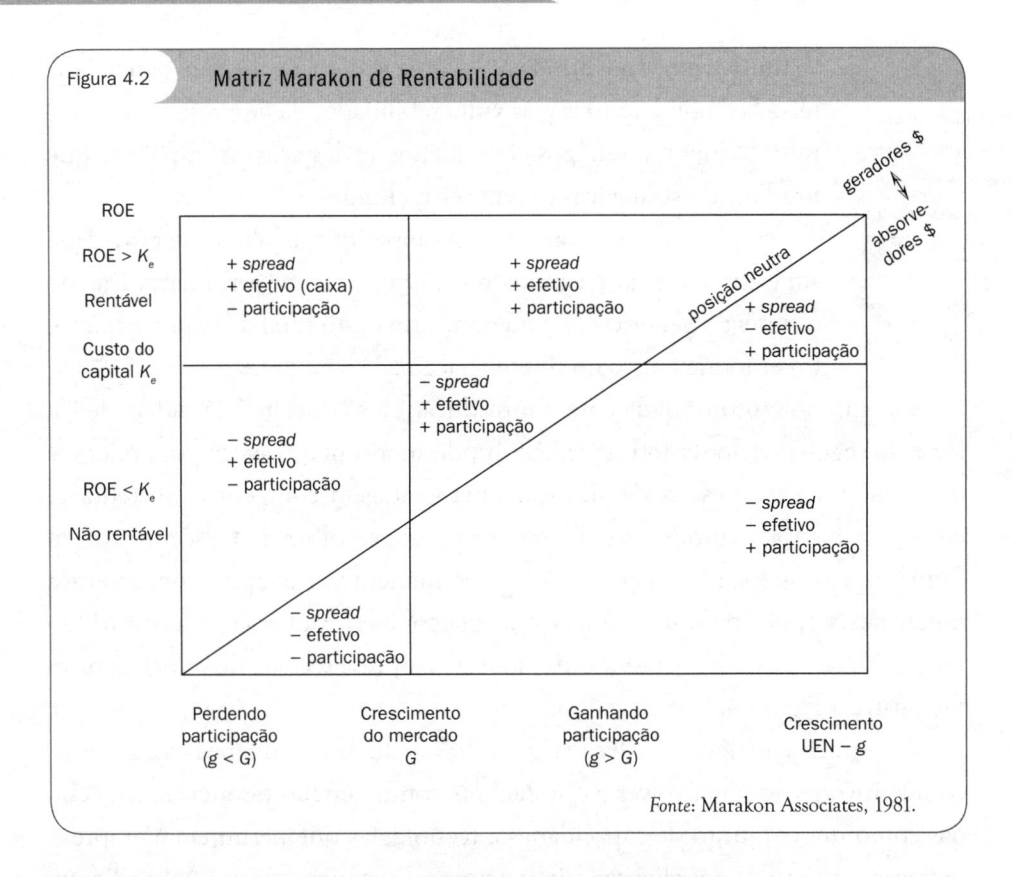

Quadrantes (da esquerda para direita, de cima para baixo):

- **ROE > K_e — Rentável** (Perdendo participação): + spread, + efetivo (caixa), − participação
- **ROE > K_e — Rentável** (Crescimento do mercado): + spread, + efetivo, + participação
- **ROE > K_e — Rentável** (Ganhando participação): + spread, − efetivo, + participação
- (centro): − spread, + efetivo, + participação
- **ROE < K_e — Não rentável** (Perdendo participação): − spread, + efetivo, − participação
- **ROE < K_e — Não rentável** (Ganhando participação): − spread, − efetivo, + participação
- (inferior): − spread, − efetivo, − participação

Eixo horizontal: Perdendo participação ($g < G$) | Crescimento do mercado G | Ganhando participação ($g > G$) | Crescimento UEN – g

Diagonal: posição neutra — geradores $ / absorvedores $

Fonte: Marakon Associates, 1981.

Estratégia e posicionamento competitivo

Na década de 1980, o conceito de estratégia competitiva evoluiu a partir dos trabalhos de Porter,[7] que simplificou a abordagem das fronteiras de mercado, introduzindo o conceito de **indústria** (setor de atividade econômica): grupo de empresas que fabricam produtos semelhantes. Desde então, a competição passou a ser abordada no nível da indústria, e não somente no âmbito do produto.

Porter propõe os conceitos de estratégia competitiva e de **vantagem competitiva**, esta última indicando o diferencial a ser desenvolvido pela empresa para criar e entregar valor superior, o qual deve ultrapassar o custo de oferecê-lo aos clientes. O objetivo central da estratégia competitiva é possibilitar à empresa uma visão de como desenvolver uma vantagem sustentável sobre a concorrência, o que lhe permitirá manter-se e crescer em um ambiente caracterizado por intensa competição.

A estratégia competitiva surge da compreensão das regras da concorrência, determinadas pela atratividade de um setor, as quais podem ser identificadas e avaliadas pela análise das chamadas cinco forças competitivas. São essas forças, em conjunto, que determinam o potencial de lucro da indústria. Avaliando-as, é possível decidir o rumo da organização e buscar um desempenho superior ao dos concorrentes. A identificação e a análise dessas forças permitem vislumbrar situações favoráveis e desfavoráveis que podem

> **Veja em**
> Como mostra o Capítulo 1, a evolução da concorrência fez com que as empresas precisassem se diferenciar umas das outras.

> "Indústria é um grupo de empresas que fabricam produtos semelhantes ou voltados a necessidades semelhantes."

> **Vantagem competitiva** é o diferencial a ser desenvolvido pela empresa para criar e entregar valor superior, o qual deve ultrapassar o custo de oferecê-lo aos clientes.

VEJA EM

As cinco forças competitivas são apresentadas no Capítulo 2.

redundar em oportunidades e ameaças e, ao mesmo tempo, detectar os pontos fortes e as vulnerabilidades da empresa, o que permitirá orientar seu posicionamento e destacar as áreas em que mudanças estratégicas devem ser realizadas.

Para conquistar vantagem competitiva e obter lucratividade superior à média da indústria, Porter propôs três alternativas de estratégias genéricas: (1) liderança no custo total; (2) diferenciação; (3) enfoque (custo ou diferenciação).

A análise foi aprofundada com a introdução dos conceitos de cadeia de valor e de segmentação da indústria. Assim, de modo mais específico, podemos dizer que uma empresa pode alcançar uma vantagem competitiva sustentável em sua indústria seguindo estes passos: primeiro, escolhendo os segmentos da indústria em que vai competir e, consequentemente, avaliando concorrentes potenciais; depois, definindo uma estratégia competitiva básica; e, por fim, gerenciando as atividades geradoras de valor da empresa (cadeia de valor), conforme ilustra a Figura 4.3.

Na primeira metade da década de 1990, a discussão do posicionamento competitivo passou a envolver a questão das **competências essenciais**, concebidas como um conjunto de capacidades e tecnologias que permitem à empresa oferecer maior valor aos clientes, diferenciar-se dos concorrentes e expandir sua atuação para outros mercados. Sob essa perspectiva, a competição ocorre em diferentes níveis:

> **Competências essenciais** são um conjunto de capacidades e tecnologias que permitem à empresa oferecer maior valor aos clientes, diferenciar-se dos concorrentes e expandir sua atuação para outros mercados.

1. *Competição pelas capacidades e tecnologias*: a competição por tecnologias, talentos/pessoas-chave, alianças estratégicas e direito de propriedade intelectual.

2. *Competição pela síntese das competências*: a capacidade de harmonizar uma ampla variedade de habilidades e tecnologias diferentes, tornando difícil sua imitação pela concorrência.

Figura 4.3 — Cadeia de valores genérica

Atividades de apoio	Infraestrutura					margem
	Administração de recursos humanos					
	Desenvolvimento de tecnologia					
	Aquisição					
Atividades primárias	Logística interna	Operação	Logística externa	Marketing e vendas	Serviços	margem

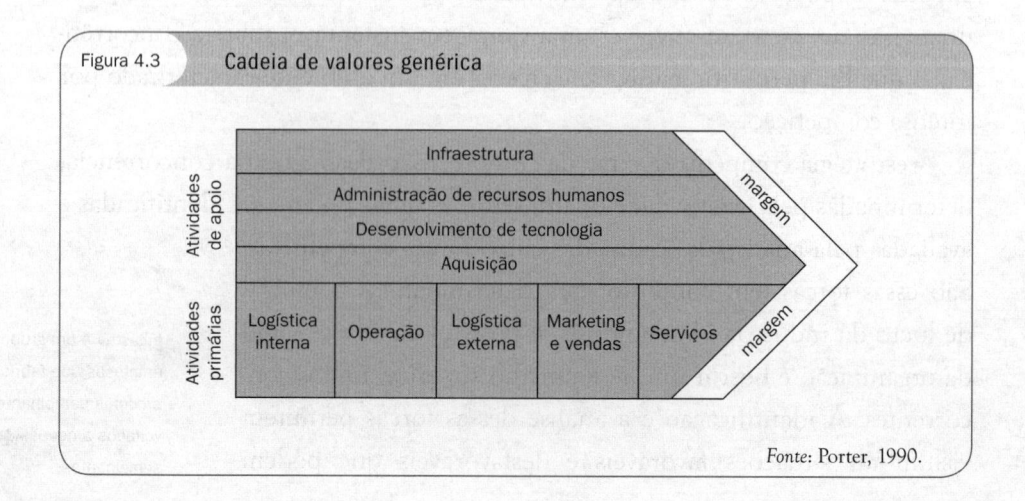

Fonte: Porter, 1990.

3. *Competição pelos produtos ou plataformas essenciais da organização*: a busca por produtos e serviços adequados às competências detidas, para permitir a competição pelo mercado.

4. *Competição baseada em produto ou pela fatia de mercado.*

A maior parte dos esforços das empresas situa-se no último nível, o dos produtos ou fatias de mercado, embora devesse se deslocar para os primeiros, os das competências, pois somente esses é que garantirão seus mercados futuros.

O conceito de estratégia competitiva, de maneira análoga ao de estratégia de crescimento, tem evoluído à medida que os mercados se revelam mais complexos e dinâmicos, a competição se acirra, e as empresas diversificam.

Posicionamento estratégico e processo adaptativo crítico

A discussão sobre estratégia competitiva e sua acepção atual, o *posicionamento competitivo*, tem sido objeto de inúmeros estudos e linhas de pensamento, além da abordagem tradicional de Porter.

Uma vertente alternativa de posicionamento competitivo é o enfoque da **visão baseada em recursos (VBR)**, a qual persegue a conquista de vantagens competitivas sustentáveis e a superação dos concorrentes. De acordo com essa abordagem, a empresa possui um portfólio de recursos físicos, financeiros, intangíveis, organizacionais e humanos, com base nos quais pode desenvolver vantagens competitivas. Nesse caso, o foco reside nos sistemas de produção e no desenvolvimento de competências nas diversas áreas funcionais. Os recursos da empresa representam um agrupamento singular e, convertidos em competências e capacidades, criam e exploram de modo lucrativo um potencial de diferenciação latente nos mercados.

Da mesma maneira como prescreve o modelo de posicionamento de Porter, a VBR parte do pressuposto de que o objetivo da estratégia de negócios é criar valor para o acionista, o que se traduz por aumento no preço das ações ou no volume de dividendos. A chave para atingir esse objetivo em mercados competitivos é possuir vantagem competitiva, o que significa entregar ao cliente valor superior por meio de ofertas e relacionamentos com maior qualidade e/ou com custo mais baixo.

De acordo com a VBR, há vários processos de negócios propulsores da vantagem competitiva da empresa e de sua habilidade na criação de valor para o acionista. Esses processos devem ter por suporte as capacidades centrais da empresa, que decorrem de recursos ou ativos que ela possui: ativos tangíveis, tecnologia, *brand equity* (valor da marca), recursos humanos, organização, cultura, ativos estratégicos. A manutenção de uma

> A **visão baseada em recursos (VBR)** é uma abordagem ao posicionamento competitivo que persegue a conquista de vantagens competitivas sustentáveis e a superação dos concorrentes. De acordo com essa abordagem, a empresa possui um portfólio de recursos físicos, financeiros, intangíveis, organizacionais e humanos, com base nos quais pode desenvolver vantagens competitivas.

base de recursos compatível com a sustentabilidade da vantagem requer investimentos contínuos.

A VBR pressupõe que a obtenção de vantagem competitiva emerge da construção de competências que assegurem uma posição sustentável no ambiente. Isso porque as mudanças e turbulências ambientais características do cenário contemporâneo realçam a limitação da visão estruturalista presente no modelo de Porter, o qual visa essencialmente estabelecer uma posição diante das "forças do ambiente".

De acordo com a abordagem da VBR, a principal causa da variedade de desempenho das empresas reside na natureza específica dos seus recursos tangíveis e intangíveis e de suas competências. Essa especificidade os torna inimitáveis, intransferíveis e insubstituíveis, propiciando a obtenção de lucros diferenciados. O desempenho da empresa vincula-se mais aos recursos que ela detém e administra do que às características da indústria ou do setor a que pertence.

Uma particularidade que distingue as abordagens de Porter e da VBR repousa na perspectiva "de dentro para fora" dessa última, e na perspectiva "de fora para dentro" da escola de posicionamento.

Pesquisas recentes ora reforçam a tipologia das estratégias competitivas genéricas, ora recomendam a utilização de estratégias combinadas, ou mesmo defendem a necessidade de avançar além dos postulados da tipologia característica da escola de posicionamento. Argumenta-se que tal tipologia pode não se ajustar perfeitamente à análise, compreensão e formulação da estratégia, em um contexto de forte competição e de conexão entre os agentes do sistema competitivo.

Entre muitas contribuições e modelos alternativos existentes, dois se destacam: *disciplinas de valor*, de Treacy e Wiersema,[8] e *modelo delta*, de Hax e Wilde II,[9] conforme apresentamos a seguir.

Posicionamento sob o enfoque do modelo das disciplinas de valor

De acordo com o **modelo das disciplinas de valor**, para ser competitiva, a empresa deve superar os concorrentes em uma determinada disciplina de valor e ser suficientemente competente nas outras duas. As três disciplinas de valor descritas pelos autores são:

1. *Excelência operacional:* As empresas que adotam essa disciplina entregam uma combinação de qualidade, preço e facilidade de compra que ninguém em seus mercados consegue igualar, pois ninguém oferece aos clientes um custo total menor. É o caso da cadeia Walmart, que atua como um varejo de baixo preço.

2. *Liderança em produtos:* As empresas praticantes da disciplina liderança em produtos se concentram em oferecer aos clientes produtos e serviços

que expandem as fronteiras de desempenho existentes. A proposição de valor para os clientes é o melhor produto. A empresa 3M, por exemplo, considera a singularidade do produto o componente essencial do valor.

3. *Intimidade com o cliente*: As empresas que utilizam essa alternativa de disciplina não entregam aquilo que o mercado quer, mas aquilo que um cliente específico deseja. Ela opera conhecendo as pessoas a quem vende e conhecendo os produtos e serviços de que elas necessitam. Sua proposição de valor é: "Entregamos para você a melhor solução total". Seu maior ativo é a lealdade dos clientes. Elas não buscam transações, e, sim, cultivam relacionamentos. A IBM, por exemplo, posiciona-se como vendedora de soluções.

> De acordo com o **modelo das disciplinas de valor**, para ser competitiva, a empresa deve superar os concorrentes em uma determinada disciplina de valor e ser suficientemente competente nas outras duas. As três disciplinas de valor descritas pelos autores são: excelência operacional, liderança em produtos e intimidade com o cliente.

É possível estabelecer conexões entre as abordagens das estratégias competitivas genéricas e das disciplinas de valor. Estas últimas expandem as primeiras, pois a "estratégia de liderança de custo total" corresponde à disciplina "excelência operacional", e a "estratégia de diferenciação" pode se desdobrar nas disciplinas "liderança em produtos" e "intimidade com o cliente". Sob o ponto de vista de marketing, uma diferença significativa entre as duas propostas é que a disciplina "intimidade com o cliente" supõe que o foco central seja o cliente, e não o produto.

Os conceitos subjacentes ao modelo de Porter, visando ao entendimento da estrutura do setor, contemplam a realidade e os cenários característicos dos anos 1980, nos quais a questão dominante era saber como a empresa se posicionaria diante da estrutura e das condições prevalecentes nesse seu setor de atuação.[10] Prahalad sugere que a pergunta a ser feita, em razão do ambiente de negócios típico do final do século XX, é de outra ordem e diz respeito a como podem ser formuladas estratégias que possibilitem à empresa modelar o futuro e que não representem apenas um exercício formal de posicionamento. Partindo desse pressuposto, a estratégia não se conforma a um processo analítico *ex post facto*, mas a um processo de descoberta e criação. A estratégia adquire, assim, um caráter inovador e criativo, devendo ser concebida como a busca de novas oportunidades de negócios e de interações com clientes, empresas, tecnologias e mercados. Desse modo, ao se criar, formular e implantar uma estratégia, o foco dirige-se para o processo de negócio como um todo, o qual requer a integração dos subsistemas adaptativos críticos — ou seja, partes do todo, como áreas, departamentos, atividades e pessoas que possuem grande representatividade ou importância para o êxito do todo.

O QUÊ?

Ex post facto é uma expressão latina que significa "a partir do fato passado". Portanto, um processo *ex post facto* é aquele que só começa depois que o fato já aconteceu. Em geral, tem um caráter mais reativo do que proativo ou criativo, já que se baseia em situações passadas, que não podem mais ser modificadas.

Posicionamento sob o enfoque do modelo delta

A competição global e os avanços rápidos das tecnologias, dos meios de comunicação e dos transportes refletem o fato de que pessoas, organizações e grupos estão fortemente interconectados, em decorrência da conexão em rede que se observa na própria sociedade. As escolas VBR e do posicionamento não contemplam especificamente economias e empresas que operam em rede como condições presentes na criação e na manutenção de relacionamento com clientes, fornecedores e outros atores integrantes de seu sistema de valor. Enquanto tais correntes enfatizam a orientação para o produto como uma filosofia e pouco se esforçam em identificar as características e peculiaridades dos segmentos de clientes, a conectividade inerente à economia em rede proporciona a criação de posições competitivas baseadas no relacionamento com o cliente.

Para interpretar o processo estratégico no ambiente competitivo e globalizado da atualidade, Hax e Wilde II analisaram multinacionais que operam nessa nova realidade e, com base nisso, conceberam o chamado **modelo delta**. Esse modelo sustenta-se na premissa de que as empresas que operam em uma economia em rede requerem um alto grau de relacionamento com clientes, fornecedores e prestadores de serviço — condição que altera os propulsores de rentabilidade e, consequentemente, a formulação estratégica. A proposta conceitual do modelo delta reflete melhor certas particularidades do ambiente de negócios contemporâneo, além de se propor a estabelecer pontos de conexão e integração entre os conceitos das outras correntes mencionadas, como a Visão Baseada em Recursos e Posicionamento, situando, todavia, o cliente no âmago das proposições estratégicas.

Segundo Hax e Wilde II, o único denominador comum nas condições atuais de internacionalização das empresas é a mudança contínua e inexorável. Assim sendo, a teoria e as práticas convencionais de negócio não têm proporcionado às empresas uma direção segura nem lhes têm assegurado uma base sólida para fundamentar seu processo estratégico. Por esse motivo, os conceitos clássicos de estratégia são passíveis de ampliação.

Esses autores questionam a atualidade do embasamento estratégico tradicional exposto por Porter, salientando que sua proposta sugere duas alternativas exclusivas de competição: baixo custo e diferenciação. Apesar de elas implicarem proposições distintas entre si, ambas refletem a filosofia básica de competição focada na economia do produto, ou seja, entregar o "melhor produto". Embora relevantes, as duas alternativas não descrevem integralmente todas as modalidades de competição presentes em um ambiente de competição em rede, o que pode ser ilustrado com o caso da Microsoft. Hax e Wilde II sinalizam, com base no modelo de análise por eles introduzido, que a Microsoft é líder em seu setor, embora não adote nenhuma das duas alternativas de estratégia competitiva: nem menor preço, nem diferenciação.

> O **modelo delta** sustenta-se na premissa de que as empresas que operam numa economia em rede requerem um alto grau de relacionamento com clientes, fornecedores e prestadores de serviço — condição que altera os propulsores de rentabilidade e, consequentemente, a formulação estratégica.

Sob o aspecto metodológico, o modelo delta:

1. Define as posições estratégicas que representam novas fontes de lucro e de vantagens na atuação da empresa.
2. Alinha as opções estratégicas com as atividades operativas da empresa, proporcionando congruência entre direção e execução estratégicas.
3. Caracteriza processos capazes de responder a ambientes incertos.

O modelo delta pressupõe que, no sistema competitivo de uma empresa, a arquitetura, a articulação e a efetivação de relacionamento/vínculo com o cliente emergem como elementos decisivos para configurar a estratégia. Hax e Wilde II denominam **customer bonding** o mecanismo de criação de vínculos quase indissociáveis com os clientes, o que é feito direta ou indiretamente, por meio de **complementadores** — elementos externos à oferta em si. Como exemplo, podemos citar uma companhia que passe a oferecer, além do transporte aéreo, um pacote de serviços, tais como estacionamento, *transfer* e guarda-volumes. O modelo delta concebe seu posicionamento central como um esquema gerencial, no qual a estratégia se desenvolve alicerçada em um sistema de estreito relacionamento empresa-complementador-cliente.

> Dentro do modelo delta, *customer bonding* é o mecanismo de criação de vínculos quase indissociáveis com os clientes. Isso pode ser feito direta ou indiretamente, por meio de **complementadores** — elementos externos à oferta em si.

No modelo delta, são sugeridas três opções ou abordagens para atingir o *customer bonding*: melhor produto (*best product*), soluções totais ao cliente (*customer solutions*) e *system lock-in*.

O Quadro 4.3 apresenta uma comparação entre as três modalidades de posicionamento competitivo descritas.

O QUÊ?

System lock-in — ou travamento do sistema — é uma opção estratégica em que a empresa passa a influenciar de maneira determinante todos os envolvidos no processo, como fornecedores e distribuidores. Um exemplo de empresa que utiliza esse tipo de abordagem é a CVC Viagens.

Quadro 4.3 Comparação entre três modalidades de posicionamento competitivo

DIMENSÕES	POSICIONAMENTO	VBR	MODELO DELTA
Foco da atenção estratégica	Indústria (setor)/negócio	Corporação	**Empresa estendida** Empresa Clientes Fornecedores
Tipos de vantagem competitiva	Baixo custo ou diferenciação	Recursos Capacidades Competências essenciais	Melhor produto Soluções totais ao cliente *System lock-in*
Unidade básica de vantagem competitiva	Atividades	*Core products* (produtos principais)	Processos adaptativos Efetividade operacional Foco no cliente Inovação
Estratégia como...	Rivalidade concorrencial	*Real estate* (sustentabilidade)	*Bonding* (vínculo com clientes)

Fonte: adaptado de Hax e Wilde II, 2001.

Estratégia de crescimento, estratégia competitiva e hierarquia de decisão

De acordo com tudo que vimos até agora, conclui-se que as decisões estratégicas de uma organização podem ser analisadas sob o enfoque da estratégia de crescimento e da estratégia competitiva, a partir de uma visão hierarquizada do processo decisório estratégico, segundo um sistema formado por múltiplas camadas, cada qual representando um nível hierárquico de decisão:

1. A *primeira camada do sistema hierarquizado de decisões* (primeiro nível de decisão estratégica) visa ao crescimento da corporação, de modo a satisfazer aos públicos diretamente interessados, que são os proprietários e os acionistas que investem, levando em conta suas expectativas de risco e retorno. Uma empresa saudável, que apresente taxas de crescimento atrativas e contínuas, pode oferecer menos risco aos investidores e ser beneficiada com sua preferência na oferta de recursos para realimentar seu sistema. Inversamente, uma empresa que apresente um quadro de estagnação, ou mesmo de queda de faturamento e/ou de rentabilidade, pode representar uma situação de baixa atratividade para os investidores, que poderão dirigir seus investimentos para outros negócios mais atrativos. Nesse nível de decisão, a principal questão estratégica está relacionada à alocação de recursos entre as unidades que compõem o portfólio de negócios, de modo a obter uma relação ótima entre risco e retorno e, consequentemente, o crescimento do patrimônio do acionista. Predominam nesse nível as *estratégias de crescimento*, e o crescimento é interpretado principalmente sob a ótica patrimonial (riqueza do acionista), embora se possa considerar também a perspectiva de mercado (participação de mercado, receita).

2. No *segundo nível do sistema hierarquizado de decisões*, o da unidade estratégica de negócios (UN ou UEN), o foco é o uso de recursos. Nesse nível, figura a *estratégia competitiva*, que visa operar os resultados econômicos e financeiros. Nela, os objetivos de crescimento serão obtidos por meio de vantagens sobre a concorrência, traduzidas pela geração de valor superior para o público que a empresa tenha considerado alvo de sua ação. A estratégia competitiva é definida no âmbito da unidade de negócios, a partir de uma avaliação do ambiente competitivo, devendo possibilitar a criação e a entrega de valor superior para o cliente e, com isso, obter vantagem competitiva. Seus objetivos devem ser consistentes com os propósitos da corporação no que diz respeito aos requisitos de crescimento e de rentabilidade. Cada unidade de negócios contribuirá para o crescimento da organização, mas em um ambiente competitivo em que, como regra, a oferta é maior do que a demanda. Nesse ambiente, o crescimento da UN, considerando seu domínio competitivo, somente será alcançado à custa da diminuição do concorrente.

3. O *terceiro nível de decisão* é representado pelas unidades de decisão funcionais, responsáveis pela implantação de ações referentes às estratégias competitivas para atingir os objetivos de crescimento da UN e, com isso, os objetivos de crescimento da corporação. Uma estratégia de lançamento de novos produtos, por exemplo, deverá apresentar coerência com a estratégia da unidade de negócios e com a estratégia de crescimento da corporação.

O sistema hierarquizado descrito anteriormente permite identificar três modalidades de competição:

1. Competição no nível da corporação — estratégia corporativa.
2. Competição no nível da indústria ou unidade de negócios — estratégia de negócio.
3. Competição no nível do produto/mercado — estratégia de marketing.

O Quadro 4.4 ilustra as diversas dimensões das estratégias de crescimento e competitiva, relacionando-as e mostrando, ainda, as principais decisões financeiras associadas a cada nível.

Ao analisarmos o Quadro 4.4, devemos compreender que uma empresa com negócios em vários setores da economia terá multiplicada a complexidade de interesses e de públicos a serem atingidos. Nessa situação mais abrangente, faz-se necessária uma hierarquização das estratégias, analisando suas diferentes dimensões (corporativa, da UN e funcional).

Quadro 4.4 — Comparação entre as estratégias de crescimento e competitivas

DIMENSÕES	ESTRATÉGIA DE CRESCIMENTO Seleção de negócios e alocação de recursos	ESTRATÉGIA COMPETITIVA Aplicação de recursos
OBJETIVO	Criação e entrega de valor superior (valor econômico, rentabilidade e crescimento da riqueza do acionista)	Criação e entrega de valor superior (diferenciação, custo, foco, recursos, competências, solução total ao cliente)
PÚBLICO	Acionista, proprietários	Clientes e outros integrantes da cadeia
FOCO	Mercado de capitais	Competidores
ESCOPO	Setores/indústria	Domínio competitivo
PRAZO	Ciclo dos negócios nos setores	Ciclo do negócio da UN/divisão
CRITÉRIO	Atratividade: rentabilidade e crescimento dos setores	Atratividade: rentabilidade e crescimento de setor específico
PAPEL DO MARKETING	Marketing corporativo	Marketing estratégico
DECISÕES FINANCEIRAS ASSOCIADAS	Financiamento do crescimento: emissão de ações, aumento de alavancagem, retenção de lucro, aumento da performance operacional	Investimentos em negócios, investimentos em produtos/mercados

Fonte: adaptado de Toledo e Rubal, 2003.

O objetivo da estratégia de crescimento da corporação é a criação e a entrega de valor para o proprietário ou o acionista de modo a aumentar seu patrimônio, ao passo que o objetivo da estratégia de crescimento da unidade de negócios é a geração de resultados (valor) para a corporação. Ressalte-se que, associado à rentabilidade – um dos critérios para a definição da estratégia –, existe o aspecto do risco (de sucesso ou de fracasso financeiro). Assim, a estratégia de crescimento da corporação pode ser acompanhada pela rentabilidade e pelo risco dos diferentes negócios em que ela opera. O sucesso da empresa estará refletido na rentabilidade obtida e no baixo risco que ela oferece para os proprietários e os acionistas, os quais se interessarão em investir na empresa, visando à remuneração futura do capital investido.

A unidade de negócios desenvolve estratégias competitivas com o objetivo de criar e entregar valor superior para o cliente/consumidor, e cada unidade funcional desenvolve estratégias com o propósito de dar operacionalidade ao processo, mediante a aplicação eficiente e eficaz dos recursos a ela alocados. Na unidade de negócios, a estratégia de crescimento também pode ser definida tendo por referência a rentabilidade e o risco dos diferentes negócios que compõem o portfólio da corporação. Seu sucesso estará refletido na rentabilidade obtida e no baixo risco que oferece para a corporação. Por sua vez, a unidade de negócios poderá utilizar os mesmos critérios (rentabilidade e risco) do negócio sob seu controle, a fim de reforçar ou reavaliar as ações implantadas com base em sua estratégia competitiva.

Os públicos-alvo dessas estratégias são: a) os acionistas ou proprietários para a estratégia de crescimento da corporação; b) o CEO, no caso de estratégia de crescimento da UN; c) os clientes consumidores (clientes finais e clientes empresariais), tratando-se de estratégia competitiva da UN; d) os fornecedores e outros públicos de interesse.

O foco de cada estratégia é o parâmetro que melhor representa suas particularidades. No caso da estratégia de crescimento, a corporação disputa recursos com as demais corporações que buscam suprir suas necessidades de financiamento no mercado de capitais. As unidades de negócios disputam entre si os recursos para a ampliação, a manutenção ou a modificação dos seus negócios, levando em conta o grau de atratividade que o mercado oferece e a posição competitiva de cada uma delas no respectivo mercado de atuação. O foco da estratégia competitiva é o concorrente. As ações estabelecidas na estratégia competitiva determinarão o seu posicionamento no mercado. Por último, a unidade funcional focará os processos produtivos, administrativos e comerciais.

Nas estratégias de crescimento da corporação e da unidade de negócios, os prazos estão vinculados ao ciclo dos negócios nos vários setores de atividade econômica. Com relação à estratégia competitiva, os prazos estão atrelados ao ciclo do negócio específico. A estratégia de crescimento da corporação, no longo prazo, leva em consideração, no mínimo, o *payback* dos investimentos realizados pelos proprietários e acionistas. Já a estratégia de crescimento da unidade de negócios, no longo prazo, também leva em consideração o *payback* dos investimentos realizados pela corporação nos negócios por ela controlados. Por fim, para a unidade de negócios, o prazo depende do ciclo do negócio específico, ao passo que para a unidade funcional depende do ciclo do produto.

4.3 ADMINISTRAÇÃO ESTRATÉGICA E MARKETING ESTRATÉGICO

A **administração estratégica** pode ser entendida como o processo por intermédio do qual as organizações analisam seus ambientes interno e externo e aprendem com eles, estabelecem a direção estratégica, formulam estratégias com o intuito de mover a empresa na direção escolhida e, por fim, organizam e implantam as estratégias, tendo em vista o uso eficiente dos recursos e o atendimento das necessidades e expectativas dos públicos de interesse. O processo de administração estratégica envolve quatro etapas: (1) análise do ambiente competitivo, (2) estabelecimento da direção estratégica, (3) formulação da estratégia nos níveis corporativos, da UN e funcionais, e (4) implantação das estratégias e estabelecimento de sistemas de controle. Essas etapas e suas inter-relações estão ilustradas na Figura 4.4.

> "A administração estratégica pode ser entendida como o processo por intermédio do qual as organizações analisam seus ambientes interno e externo e aprendem com eles, estabelecem a direção estratégica, formulam estratégias com o intuito de mover a empresa na direção escolhida e, por fim, organizam e implantam as estratégias, tendo em vista o uso eficiente dos recursos e o atendimento das necessidades e expectativas dos públicos de interesse."

Figura 4.4 — Processo de administração estratégica

Análise da situação
Avaliação do ambiente competitivo

Ambiente e públicos
Recursos, competências e vantagens

Estabelecimento da direção estratégica

Metas e objetivos de longo prazo

Declaração da missão e da visão

Formulação da estratégia

Estratégias funcionais

Estratégia no nível da UN

Estratégia corporativa

Implantação das estratégias e estabelecimento de sistemas de controle

Implantação mediante relações interorganizacionais e administração de recursos funcionais

Implantação da estratégia mediante projeto organizacional e controle

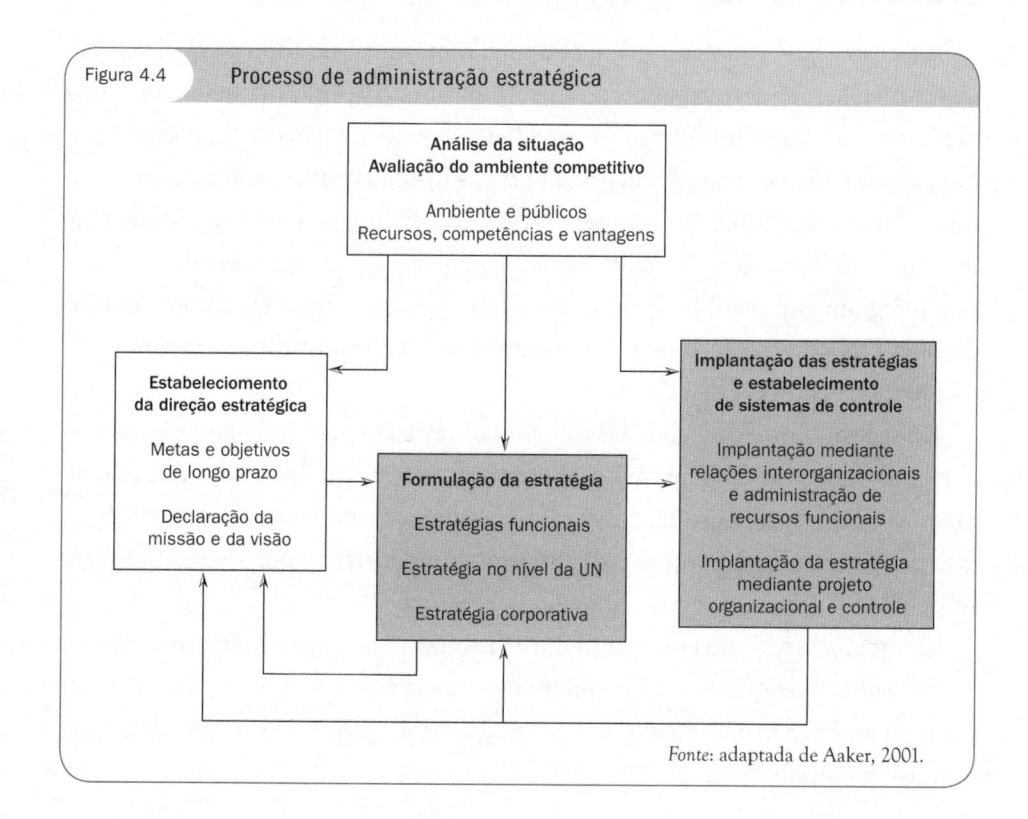

Fonte: adaptada de Aaker, 2001.

O marketing estratégico está presente em todas as etapas desse processo, mas pode ser identificado particularmente nas etapas de formulação e implantação das duas modalidades de estratégia: estratégia de crescimento e estratégia competitiva.

O marketing desempenha múltiplos papéis no direcionamento da administração estratégica corporativa e da UN:

1. Analisa necessidades de indivíduos e organizações e comunica os desejos e as necessidades dos clientes para a empresa, com uma perspectiva de longo prazo.

2. Acompanha a evolução do mercado como um todo e identifica segmentos de mercado atrativos que possam ser explorados com vantagem competitiva.

3. Determina o posicionamento competitivo, de modo a ajustar as capacidades e competências da empresa às necessidades dos clientes.

4. Direciona recursos, capacidades e competências da empresa para conquistar satisfação e fidelidade dos clientes selecionados (implantação das estratégias), procurando alcançar volume de vendas e participação de mercado que propiciem à empresa desempenho financeiro superior.

Estratégia corporativa, estratégia competitiva e estratégia de marketing

A formulação estratégica obedece a uma hierarquia, no topo da qual (no primeiro nível) está a estratégia corporativa. Em uma corporação que opera vários negócios em diferentes setores de atividade, a *estratégia corporativa* consiste em um processo de alocação de recursos entre as unidades integrantes de seu portfólio, tendo como objetivo o crescimento. Tal crescimento pode ser interpretado como aumento do volume de vendas e da participação no mercado das UN que integram o portfólio de negócios da corporação ou como a contribuição de cada UN para geração de valor para o acionista, traduzido por aumento de dividendos e/ou do valor das ações.

No segundo nível, nível da UN, a questão central refere-se à aplicação dos recursos alocados (investimentos). Seu propósito é alcançar resultados que contribuam para o crescimento da corporação mediante a implantação de estratégias que permitam à UN conquistar vantagem competitiva — por isso a estratégia nesse nível recebe o nome de *estratégia competitiva*.

O terceiro nível, nível funcional, diz respeito ao processo de *gestão estratégica de marketing*, que tem por objetivo o crescimento da UN a partir do seu posicionamento competitivo, desdobrado em estratégias de segmentação e de posicionamento.

Uma vez estabelecido o posicionamento desejado, serão definidas as estratégias relativas a cada uma das variáveis que compreendem o composto de marketing: estratégias de produto, preço, praça e promoção.

Desse modo, no âmbito da UN, o marketing estratégico envolve tanto formular e implantar estratégias de crescimento, utilizando principalmente estratégias de crescimento intensivo, como desenvolver um posicionamento competitivo. A estratégia competitiva, representada pelo processo de segmentação e posicionamento, figura como um fator essencial de crescimento da UN e da corporação, contribuindo para a criação de valor para o acionista. A Figura 4.5 sintetiza o processo estratégico nos três níveis que acabamos de descrever e apresenta os desdobramentos relativos à gestão estratégica de marketing.

> **VEJA EM**
>
> Sob a perspectiva do posicionamento competitivo no nível da UN, o marketing estratégico refere-se, em particular, aos processos de segmentação de mercado e de posicionamento de produto/marca. Assim, por serem atividades fundamentais que permitem operacionalizar a dimensão estratégica do processo de marketing, tais processos são abordados de maneira específica no Capítulo 5.

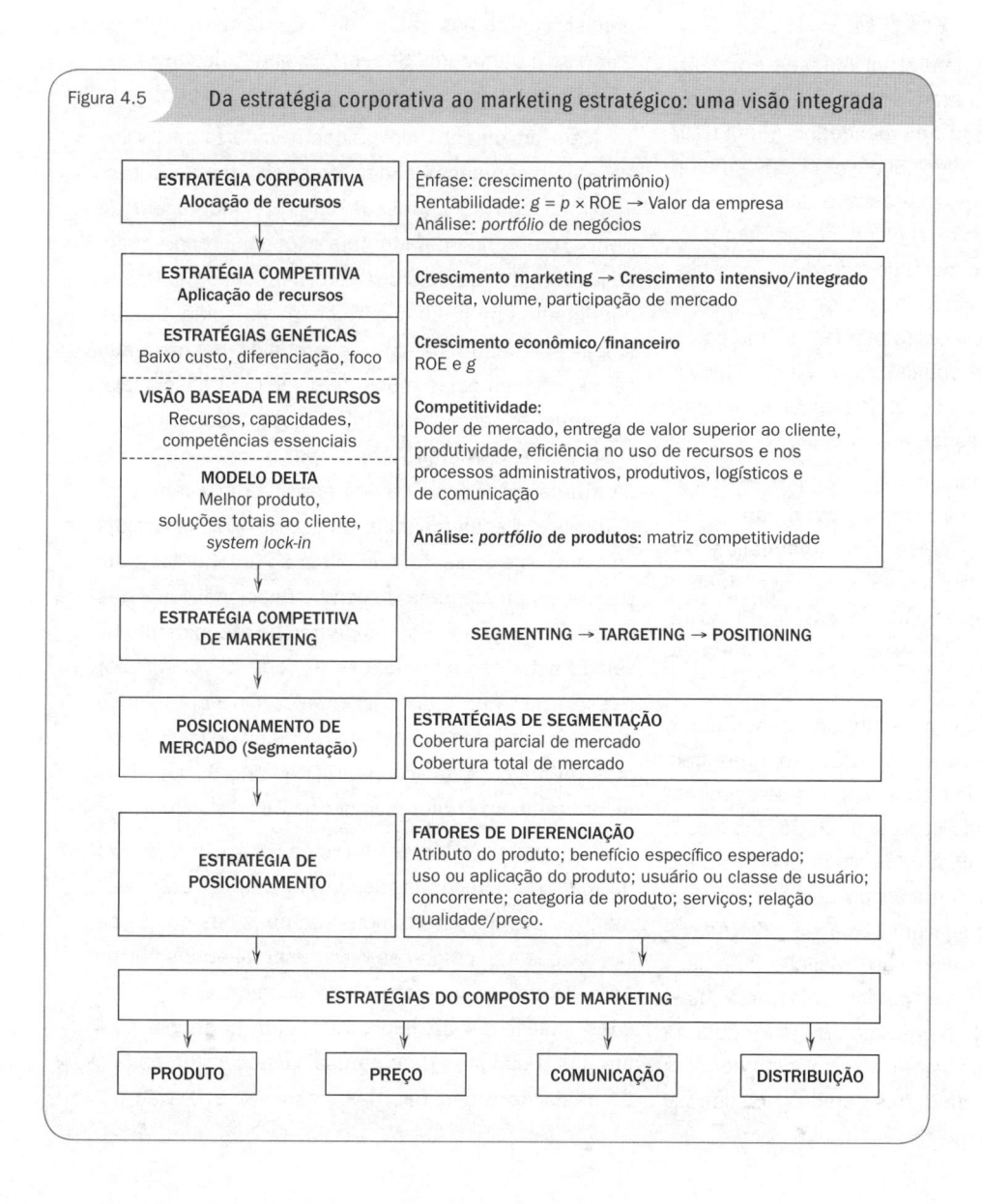

Figura 4.5 — Da estratégia corporativa ao marketing estratégico: uma visão integrada

ESTRATÉGIA CORPORATIVA — Alocação de recursos
- Ênfase: crescimento (patrimônio)
- Rentabilidade: $g = p \times ROE \rightarrow$ Valor da empresa
- Análise: *portfólio* de negócios

ESTRATÉGIA COMPETITIVA — Aplicação de recursos
- Crescimento marketing → Crescimento intensivo/integrado
- Receita, volume, participação de mercado

ESTRATÉGIAS GENÉTICAS — Baixo custo, diferenciação, foco
- Crescimento econômico/financeiro
- ROE e g

VISÃO BASEADA EM RECURSOS — Recursos, capacidades, competências essenciais
- Competitividade:
- Poder de mercado, entrega de valor superior ao cliente, produtividade, eficiência no uso de recursos e nos processos administrativos, produtivos, logísticos e de comunicação

MODELO DELTA — Melhor produto, soluções totais ao cliente, *system lock-in*
- Análise: *portfólio* de produtos: matriz competitividade

ESTRATÉGIA COMPETITIVA DE MARKETING
SEGMENTING → TARGETING → POSITIONING

POSICIONAMENTO DE MERCADO (Segmentação)
- ESTRATÉGIAS DE SEGMENTAÇÃO
- Cobertura parcial de mercado
- Cobertura total de mercado

ESTRATÉGIA DE POSICIONAMENTO
- FATORES DE DIFERENCIAÇÃO
- Atributo do produto; benefício específico esperado; uso ou aplicação do produto; usuário ou classe de usuário; concorrente; categoria de produto; serviços; relação qualidade/preço.

ESTRATÉGIAS DO COMPOSTO DE MARKETING
- PRODUTO
- PREÇO
- COMUNICAÇÃO
- DISTRIBUIÇÃO

ESTUDO DE CASO

Uma estratégia sob medida para a beleza brasileira

Fonte: Image Source/Christopher Robbins.

A empresa Beleza Natural foi fundada em 1993 por Heloísa Assis, uma brasileira de origem humilde, mas com grande espírito empreendedor. A ideia surgiu de sua experiência como cabeleireira e de uma necessidade pessoal: uma solução que deixasse seus cabelos menos crespos e rebeldes, pois os produtos até então existentes no mercado alisavam os cachos, mas deixavam um resultado falso e de baixa qualidade. Não por coincidência, essa também é uma carência de grande parte da população brasileira: calcula-se que, no Brasil, 70 por cento da população possua cabelos crespos, cacheados ou ondulados.

Com outros três familiares, a empresária pesquisou durante anos uma técnica própria para cuidar e embelezar os cabelos crespos com naturalidade e abriu seu primeiro e modesto salão na Tijuca (subúrbio do Rio de Janeiro), apostando em um nicho de mercado inexplorado: mulheres com cabelos crespos, das classes C e D.

Logo, a demanda passou a ser tão intensa que a expansão tornou-se inevitável. Em 2007, o faturamento atingiu a cifra de R$ 47 milhões, um crescimento de cerca de 40 por cento sobre o de 2006. Em 2008, a empresa já contava com oito salões (RJ e ES), em regiões com alta concentração de seu público-alvo. Nessa época, já empregavam cerca de 850 funcionários, tornando-se a maior rede brasileira de beleza especializada em soluções para cabelos crespos e ondulados e atendendo mensalmente uma média de 43 mil clientes. Os planos para o futuro compreendem expansão geográfica para outros estados brasileiros.

Com o tempo, os donos da empresa perceberam que os produtos disponíveis no mercado não supriam satisfatoriamente as necessidades específicas dos cabelos étnicos (mais frágeis e difíceis de manusear e manter). Para continuar oferecendo um resultado de qualidade, a empresa decidiu fabricar seus próprios produtos, com vistas a atender às necessidades específicas da clientela. Abriu, então, a fábrica Cor Brasil, com equipe própria de pesquisa e desenvolvimento. A verticalização da cadeia justificou-se pela dificuldade de encontrar parceiros terceirizados. Atualmente, a fábrica produz 22 produtos diferentes (um volume de 22 toneladas/mês) — todos utilizados e vendidos exclusivamente nos salões da rede. O carro-chefe da empresa é o produto "Super-Relaxante", desenvolvido internamente, com patente e fabricação próprias.

Além do produto, um aspecto importante da estratégia empresarial é seu processo de aplicação, inspirado nos conceitos de linha de montagem de Henry Ford e incorporado pela experiência na empresa McDonald's de dois dos sócios fundadores. Desde o momento em que o cliente chega ao salão até sua saída, por dentro da loja de produtos de manutenção, ele passa pelas mãos de diversos profissionais, cada qual especializado em uma etapa do processo. O serviço é executado em etapas sucessivas, cada uma a cargo de uma equipe especializada, em local específico. Dessa maneira, tem-se um processo mais ágil, seguro e eficiente, que, além de tudo, reduz a dependência da empresa da competência individual dos profissionais e mantém um padrão de atendimento nivelado em todas as unidades da rede. O consumidor passa a ser não mais o cliente de um determinado profissional, como é de hábito no mercado tradicional, mas da marca e da empresa. O horário de funcionamento também é diferenciado: das 8h às 22h.

Os preços oscilam em torno de R$ 45, bem abaixo da média de preços praticada por outros estabelecimentos. Segundo depoimento de duas das sócias da Beleza Natural, os preços devem ser mantidos baixos para continuar atendendo aos anseios e às limitações financeiras do público-alvo, em harmonia com um dos propósitos da empresa: oferecer autoestima e satisfação a pessoas das classes C e D. Não há, tampouco, intenção de aumentar os preços finais. A rentabilidade, assim, está intimamente ligada ao crescimento das vendas e à expansão da cadeia.

A Beleza Natural tem todos os serviços padronizados, com processos de qualidade controlados rigorosamente, para garantir o mesmo nível de atendimento em qualquer uma de suas filiais. Há uma equipe de auditoria interna para visitar as lojas e conferir os padrões de atendimento, a limpeza e o clima organizacional. Uma parceria com o Instituto Endeavor ajudou a empresa a definir indicadores de desempenho, a aprimorar a estrutura organizacional e a estabelecer formas e metas de crescimento. A Beleza Natural também obteve ajuda do Massachusetts Institute of Technology (MIT) para consolidar seus planos estratégicos.

Em termos de gestão de pessoas, o estilo da empresa é de liderança participativa, com alto envolvimento das pessoas e estabelecimento de um forte código de valores: atendimento carinhoso, ambiente agradável, competência, inovação. Há um amplo esquema de treinamento, e a empresa prefere contratar pessoas inexperientes, de preferência ex-clientes, pois estes conhecem de perto as reais necessidades do público-alvo, bem como os benefícios essenciais que ele procura. Os obstáculos internos para implantação da estratégia são previstos e atacados por meio do foco na motivação e no desenvolvimento dos funcionários, de acordo com o credo e os valores corporativos. Procura-se evitar barreiras cognitivas e políticas por meio de transparência com a equipe de funcionários em relação a metas, estratégias e problemas.

Com referência aos recursos limitados, os sócios têm preferido balancear o crescimento geográfico, não contraindo dívidas nem abrindo franquias, apenas reinvestindo os lucros na empresa.

Para se diferenciar da concorrência, a Beleza Natural estabeleceu os fatores estratégicos críticos descritos no Quadro 4.5.

Com todos esses requisitos, a Beleza Natural apresenta-se como empresa única, tendo por proposição diferenciada oferecer alto nível de serviços e de produto para o público de baixa renda, em um ambiente bem decorado e espaçoso, e visa destacar-se mediante a satisfação de benefícios únicos de seu público-alvo.

Fontes: BELEZA NATURAL, "A fórmula do sucesso", 19 out. 2005, disponível em www.endeavor.org.br, acesso em 11 fev. 2008; ENDEAVOR, "Como fazer uma empresa de sucesso partindo do nada", disponível em www.endeavor.org.br, acesso em 8 fev. 2008; KIM, W. C.; MAUBORGNE, R. *Blue Ocean strategy*: how to create uncontested market space and make the competition irrelevant, Harvard Business School Press, 2005; TERZIAN, F. "Desejo de voar alto e cautela com o crédito fazem a diferença", *Valor Econômico, Especial – Micro e Pequenas Empresas*, São Paulo, 30 jan. 2008, disponível em http://www.belezanatural.com.br/, acesso em 1 fev. 2008.

Quadro 4.5 — Proposição de valor da Beleza Natural

Questões fundamentais para a estratégia da Beleza Natural	
Eliminar Dependência de profissionais individuais Produtos de terceiros Resultados insatisfatórios dos produtos atuais	**Ampliar** Resultado natural do tratamento Conforto e beleza do salão Atendimento cordial Fidelidade à marca, e não ao cabeleireiro Horário de funcionamento Produtos de manutenção mensal
Reduzir Preço dos serviços	**Criar** Produtos para relaxamento dos cachos Patentes e produtos inovadores Foco em satisfação e autoestima do cliente Processos de atendimento especializados

Fonte: elaborado com base em Kim e Mauborgne, 2005.

Questões para o caso

1. Discuta o processo estratégico da Beleza Natural, analisando seu posicionamento em termos de estratégia de crescimento e estratégia competitiva.

2. Com base nas informações extraídas do texto, e em outras que possam ser obtidas no *site* da empresa, compare as três propostas de posicionamento competitivo apresentadas no Quadro 4.3 do texto — posicionamento, VBR e modelo delta —, especificamente sob o aspecto da vantagem competitiva perseguida.

3. Analise o processo de marketing estratégico da Beleza Natural, considerando os seguintes aspectos:

    a) identificação da oportunidade de mercado que emerge do confronto entre os aspectos de atratividade do mercado e da posição competitiva da Beleza Natural;

    b) descrição das características do segmento (partição), escolha da estratégia de segmentação (priorização) e posicionamento.

RESUMO

- O marketing estratégico é um processo gerencial que tem por filosofia se orientar pelo mercado e, por princípio, gerar valor superior para o cliente. Seu objetivo é elaborar e implantar estratégias de crescimento no nível corporativo e no âmbito do domínio competitivo, além de posicionar adequadamente a empresa no mercado.

- Em um sistema hierarquizado de decisões de uma corporação com múltiplas unidades, o marketing estratégico está presente no nível da unidade de negócios. Trata-se de um processo que contempla atividades que permitem a cada unidade a conquista de vantagem competitiva sustentável no setor em que atua. O posicionamento competitivo gerador de vantagem deverá contribuir para o crescimento da própria unidade e da corporação.

- O sistema de marketing estratégico compreende uma fase de análise e uma fase de decisão. Na de análise, procura-se definir oportunidades de mercado, resultado do confronto entre os segmentos de mercado atrativos identificados e a posição competitiva da unidade de negócios para explorá-los. A fase de decisão diz respeito à seleção dos segmentos atrativos, para cuja exploração a unidade ostente uma posição competitiva superior, e ao posicionamento de marketing.

QUESTÕES

1. Com base nos elementos apresentados no Quadro 4.6, referentes aos tipos de vantagem competitiva, dê exemplos de empresas que, à luz de cada uma das três abordagens sugeridas, buscam obter vantagem competitiva.

Quadro 4.6 — Abordagens para obter vantagem competitiva

DIMENSÕES	POSICIONAMENTO	VBR	MODELO DELTA
Tipos de vantagem competitiva	Baixo custo Diferenciação	Recursos Capacidades Competências essenciais	Melhor produto Soluções totais ao cliente *System lock-in*

2. Explique a diferença entre orientação para mercado e orientação para marketing, destacando as implicações de cada uma sobre a organização e as responsabilidades da função de marketing. Dê exemplos de empresas que, em sua opinião, apresentam uma dessas orientações.

3. Qual o papel do marketing no processo de administração estratégica de uma empresa?

4. Como implantar o marketing estratégico em uma empresa de pequeno ou médio porte que disponha de escassos recursos humanos e financeiros?

5. Compare o processo de definição e escolha de segmento de mercado e de posicionamento de produto/marca com o de desenvolvimento de estratégia competitiva proposto por Porter (1990).

NOTAS

1. HAX, A.; MAJLUF, N. S. *The strategy concept and process, a pragmatic approach*. Englewood Cliffs (NJ): Prentice Hall, 1991.
2. MINTZBERG, H.; AHLSTRAND, B.; LAMPEL, J. *Safári de estratégia*. São Paulo: Bookman, 2000.
3. BUZZELL, R. D.; GALE, B. T. *O impacto das estratégias de mercado no resultado das empresas*. São Paulo: Pioneira, 1991.
4. ANSOFF, I. *Estratégia empresarial*. São Paulo: McGraw-Hill, 1997.
5. ANSELMO, E.; TOLEDO, G. L. Marketing estratégico: estratégias de crescimento e competitiva: um estudo de caso sobre a evolução dos conceitos em uma empresa metalúrgica. *VI Semead – Seminários em Administração da FEA/USP*, 2003.
6. CHARAN, R.; TICHY, N. M. *Every business is a growth business*: how your company can prosper year after year. Nova York: Random House, 1998.
7. PORTER, M. E. *Vantagem competitiva*. Rio de Janeiro: Campus, 1990.
8. TREACY, M.; WIERSEMA, F. *A disciplina dos líderes de mercado*: escolha seus clientes, direcione seu foco, domine seu mercado. Rio de Janeiro: Rocco, 1995.
9. HAX, A.; WILDE II, L. *The Delta Project*: discovering new sources of profitability in a network economy. Nova York: Palgrave, 2001.
10. PRAHALAD, C. K. Estratégias na globalização. *HSM Management*, n. 5, São Paulo, 1997.

5

SEGMENTAÇÃO DE MERCADO E POSICIONAMENTO DA OFERTA

OBJETIVOS DE APRENDIZAGEM

Após ler este capítulo, você será capaz de:

- Relacionar as atividades de segmentação de mercado e de posicionamento da oferta como integrantes do processo de marketing.

- Elencar a evolução e os principais conceitos relacionados à segmentação de mercado e ao posicionamento da oferta.

- Discutir os procedimentos para a realização de segmentação de mercado e para o posicionamento de ofertas.

Conforme mostram os capítulos anteriores, marketing, além de ser uma filosofia de negócios e um processo gerencial que abrange uma série de etapas, é também um conjunto de atividades e de ferramentas que permite a orientação para o mercado.

A segmentação do mercado e o posicionamento da oferta são duas das atividades utilizadas para operacionalizar a dimensão estratégica do processo de marketing. Trata-se de procedimentos que otimizam os recursos envolvidos na gestão de marketing, pois permitem o mapeamento, a definição e a escolha de públicos-alvo a serem atendidos e, também, o modo como as ofertas devem ser expostas a eles para que sejam consideradas de determinada maneira em relação às demais ofertas existentes no mercado.

> **Veja em**
>
> A dimensão estratégica do processo de marketing é abordada no Capítulo 4.

Este capítulo explica a importância das atividades de segmentação de mercado e do posicionamento da oferta e, além disso, descreve como realizá-las.

5.1 FUNDAMENTOS DA SEGMENTAÇÃO DE MERCADO

Evolução do conceito de segmentação de mercado

Há cerca de 60 anos, as empresas consideravam que seus resultados seriam otimizados na razão direta da padronização. Assim, fabricavam-se, distribuíam-se e divulgavam-se produtos sem muita diferenciação, mesmo com o reconhecimento da heterogeneidade do mercado e das diferenças de necessidades e desejos dos consumidores. Desde a segunda metade do século XIX, a sociedade podia ser considerada "de massa", ou seja, caracterizada pela divisão do trabalho, pela produção de mercadorias em larga escala e por um sistema cada vez mais massificado de comunicações, entre outros aspectos.[1] Um ponto importante: o conceito de marketing tal como o conhecemos hoje ainda não havia sido plenamente desenvolvido. O foco das empresas estava na produção ou nas vendas; a satisfação das necessidades e dos desejos dos clientes não era considerada estratégica.

Pressionadas pelo aumento da concorrência, e amparadas por soluções tecnológicas mais acessíveis, as empresas viram-se impelidas a diferenciar suas ofertas e, dessa maneira, passaram a satisfazer melhor as necessidades de grupos de consumidores. Esses grupos de consumidores, vislumbrando a possibilidade de ter sua necessidade por produtos diferenciados satisfeita, em vez de ter acesso apenas a produtos padronizados, naturalmente passaram a preferir os produtos a eles direcionados. Desse modo, o esforço das empresas para convencer os consumidores a comprar diminuía, enquanto os resultados melhoravam. Além disso, os consumidores gostam de expressar suas diferenças — ou seja, ao contrário dos compradores empresariais, levam bastante em consideração a emoção, em detrimento de aspectos racionais.[2]

Quando as empresas passaram da padronização das ofertas à especialização, aproximaram-se do conceito central do marketing. Em outras palavras, começaram a obter resultados por meio da satisfação das necessidades e dos desejos de consumidores. Além do mais, elas começaram a enxergar que uma única oferta não poderia servir a todo o mercado. Criavam-se, assim, as bases para a teoria de segmentação de mercado.

O ponto de partida dessa teoria foi um artigo de Wendell Smith[3], em que o autor argumentava que, àquela época, a concorrência imperfeita regia o mercado e que, por conseguinte, as empresas deveriam responder a essa conjuntura com a diferenciação de produtos. A diferenciação seria um resultado, ainda, da percepção de que o mercado era heterogêneo, formado por grupos de consumidores denominados "segmentos", e de que os indivíduos pertencentes a cada segmento tinham necessidades e desejos específicos.

Se considerarmos que o conceito de marketing, em sua versão mais moderna, reza que as empresas devem obter vantagem competitiva mediante a entrega de maior valor percebido aos clientes, fica explícita a importância da segmentação de mercado, pois ela permite que as empresas se aproximem dos clientes e, assim, otimizem seus recursos.

Além de Smith, diversos outros autores definiram a segmentação de mercado. Com base nessas definições e em nossa experiência, consideramos que **segmentação de mercado** é o processo de identificar grupos de consumidores homogêneos em relação a determinadas características, comportamentos, atitudes, necessidades e/ou desejos, processo esse que permite à empresa obter vantagem competitiva mediante a maior entrega de valor aos clientes, uma vez que torna possível decidir com maior eficiência e eficácia sobre as estratégias e as ações de marketing.

> **Segmentação de mercado** é o processo de identificar grupos de consumidores homogêneos em relação a determinadas características, comportamentos, atitudes, necessidades e/ou desejos.

Dessa definição derivam algumas constatações:

- *Segmentação de mercado é um processo* — ou seja, deve-se seguir uma série de procedimentos para segmentar um mercado.

- *Segmentação de mercado é basicamente uma ação de identificação*, pois, *a priori*, os mercados já estão segmentados (os indivíduos que compõem os segmentos já possuem características que os agrupam e os dissociam de outros indivíduos); cabe ao profissional de marketing apenas identificar tais segmentos.

- As semelhanças entre os indivíduos de um segmento dizem respeito tanto a características quanto a comportamentos, necessidades e desejos.

- Segmentação de mercado é pré-requisito para futuras ações operacionais de marketing (4Ps), visando aos indivíduos identificados e eleitos como público-alvo.

O QUÊ?
Eficiência é fazer da melhor forma possível. Foco no processo. Eficácia é fazer o melhor possível. Foco no resultado.

Portanto, fundamentada em uma orientação de marketing direcionado (*targeting marketing*), a segmentação de mercado constitui um instrumento importante de que a empresa pode lançar mão para conseguir vantagem competitiva sustentável. Essa orientação estratégica figura como suporte do processo pelo qual uma empresa procura distinguir os principais segmentos de mercado, direcionar seus esforços para um ou mais segmentos em que possui capacidade e força competitiva, e desenvolver produtos, serviços e programas de marketing ajustados a cada um deles. Essa abordagem reconhece que uma empresa não pode, normalmente, atender todos os clientes de modo não diferenciado, pois eles apresentam preferências, motivos, necessidades de compra e expectativas diferentes — os quais apenas acidentalmente coincidirão.

O processo de segmentação de mercado, cuidadosamente planejado e executado com eficácia, pode poupar muito dinheiro das empresas e tempo dos profissionais de marketing, evitando que dirijam seus esforços a públicos não atrativos.

Segmentação e estrutura dos mercados

Algumas opções estratégicas de segmentação de mercado apresentam-se às empresas, dependendo de como o mercado esteja configurado. O mercado pode estar configurado como:

- *demanda homogênea* — nesse caso, todos os consumidores têm as mesmas preferências;

- *demanda difusa* — essa hipótese representa o limite da segmentação de mercado, pois cada consumidor tem suas preferências únicas e não compartilhadas com os demais; ou

- *demanda conglomerada* — hipótese em que consumidores com características e preferências similares podem ser agrupados em segmentos.[4]

No caso de demanda homogênea, a empresa pratica o chamado **marketing indiferenciado** e oferta um único programa de marketing a todo o mercado, satisfazendo parcialmente à maioria dos consumidores e obtendo a vantagem de economizar nos custos de desenvolvimento de produto, promoção, distribuição e fabricação. Esse procedimento está alinhado à chamada **estratégia de contrassegmentação**[5], que consiste na entrega de ofertas padronizadas a todo o mercado.

Na demanda difusa, a tendência seria a empresa customizar sua oferta e oferecer tantas quantos fossem os consumidores, o que é relativamente viável no marketing industrial, mas praticamente inexequível no marketing de bens de consumo. Além disso, é uma estratégia menos lucrativa que as demais, como já foi demonstrado em estudo.[6] É o que se chama de **estratégia de hipersegmentação**.[7]

No caso de demanda conglomerada, a empresa pratica o **marketing diferenciado**, ofertando um composto de marketing específico a cada segmento de mercado, o que aumenta a probabilidade de elevar a satisfação das necessidades dos consumidores, mas, ao mesmo tempo, implica custos maiores na implantação do mix de marketing.[8] Considera-se, ainda, a estratégia de **marketing concentrado**, que se observa quando a empresa opta por atingir

> A **estratégia de contrassegmentação** consiste na entrega de ofertas padronizadas a todo o mercado. Corresponde ao **marketing indiferenciado** e costuma ser aplicada quando existe demanda homogênea (todos os consumidores têm as mesmas preferências).

> A **estratégia de hipersegmentação** consiste em customizar a oferta e oferecer tantas quantos sejam os consumidores. Em geral, aplica-se quando existe demanda difusa (cada consumidor tem preferências únicas e não compartilhadas com os demais).

> A **estratégia de marketing diferenciado** consiste em ofertar um composto de marketing específico a cada segmento de mercado. Já no caso da estratégia de **marketing concentrado**, a ideia é atingir apenas um segmento de mercado, por meio de um único composto de marketing.

apenas um segmento de mercado, por meio de um único composto de marketing.

A estratégia de marketing diferenciado vem sendo substituída pelo conceito de customização em massa, definido como "a produção de baixo custo e alta variedade, mesmo individualizando produtos e serviços customizados.[9] Seu objetivo é "o desenvolvimento, a produção e o marketing de produtos em variedade suficiente para que cada consumidor encontre exatamente o que deseja".[10] A **customização em massa** baseia-se na flexibilidade dos processos produtivos, que permite atender às necessidades de cada segmento e, ao mesmo tempo, obter economias de escala, graças à produção em massa.

> A **customização em massa** é uma estratégia baseada na flexibilidade dos processos produtivos, que permite atender às necessidades de cada segmento e, ao mesmo tempo, obter economias de escala, graças à produção em massa.

A Figura 5.1, a seguir, ilustra o relacionamento entre as estratégias de segmentação e as estruturas de mercado.

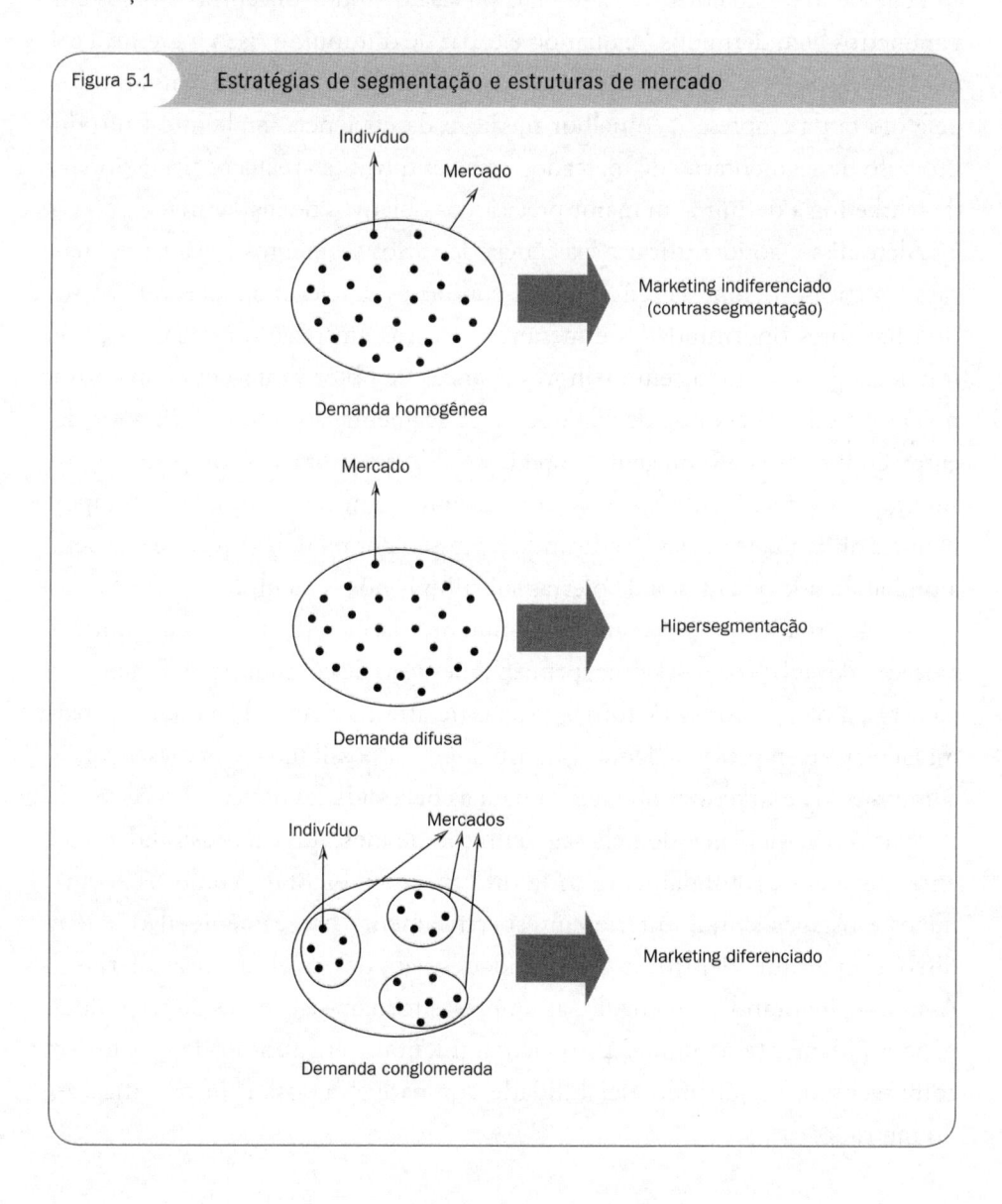

Figura 5.1 — Estratégias de segmentação e estruturas de mercado

- Demanda homogênea → Marketing indiferenciado (contrassegmentação)
- Demanda difusa → Hipersegmentação
- Demanda conglomerada → Marketing diferenciado

Objetivos, benefícios e dificuldades relativos à segmentação de mercado

> **Veja em**
>
> O Capítulo 12 apresenta as técnicas mais utilizadas para a previsão de vendas. Ao estudá-lo, conclui-se que o tamanho atual e futuro de um mercado e de seus segmentos é uma importante variável para a decisão sobre os segmentos a serem definidos como alvo pela empresa.

O objetivo principal da segmentação de mercado é identificar diferenças entre grupos de consumidores. Dessa maneira, a empresa pode concentrar-se na satisfação das necessidades e dos desejos de um ou mais grupos que lhe interesse, com estratégias e ações específicas, capazes de lhes proporcionar maior valor.

A identificação e a concentração aumentam a eficácia das ações de marketing, na medida em que permitem entender melhor as necessidades e os desejos dos indivíduos que fazem parte de dado segmento. O agrupamento desses indivíduos possibilita uma maior proximidade entre eles e a empresa.[11] A alocação mais eficaz de recursos também é fruto da possibilidade que a segmentação oferece de avaliar melhor o potencial de mercado[12] e prever a reação da demanda às possíveis decisões referentes ao composto de marketing.

A gestão de marketing torna-se mais precisa quando concentra esforços em parâmetros bem definidos[13] e quando é capaz de diminuir o risco inerente à tomada de decisões,[14] fazendo com que os consumidores sintam-se mais atraídos pela oferta da empresa.[15] A melhor medição da eficiência também é fruto do processo de segmentação de mercado, uma vez que esta auxilia os profissionais de marketing a definir com maior precisão os objetivos de marketing.[16]

Além disso, ao identificar a existência de vários segmentos e avaliar as suas características, a empresa tem maiores condições de eleger aqueles que oferecem melhores oportunidades e menores ameaças em relação às suas forças e fraquezas. Isso se traduz em melhores chances de obter vantagem competitiva no(s) segmento(s) em que decida operar. A segmentação "é um facilitador do empreendimento da vantagem competitiva",[17] e essa vantagem competitiva possibilita à empresa identificar seus concorrentes com mais exatidão[18] e impor maiores dificuldades a eles,[19] reduzindo a pressão por menores preços e também a probabilidade de entrada de ofertas substitutas no segmento.[20]

A segmentação propicia, ainda, o aumento da lucratividade, por reduzir a alocação de verbas de marketing, principalmente as de comunicação. Em outras palavras, a oferta, por si só, torna-se capaz de atrair a demanda, já que a proximidade entre empresa e cliente conferiu àquela a possibilidade de desenvolver compostos de marketing sob medida para as necessidades deste.

Outro benefício gerado pela segmentação de mercado é a possibilidade de entender mais profundamente os fatores macroambientais, como os econômicos e os sociais, que interferem especificamente no segmento-alvo. Além disso, ela permite identificar oportunidades para desenvolver novas ofertas.[21] Assim, segmentando o mercado, as empresas tornam-se capazes de responder mais rapidamente às mudanças macroambientais, em função de sua maior compreensão, adquirindo flexibilidade compatível ao grau de modificação do mercado.

A segmentação de mercado é útil também para a pequena empresa, que pode identificar alguma necessidade não satisfeita em uma parte de um segmento do mercado – o chamado **nicho** – e passar a explorá-lo, o que permite um melhor alinhamento com seu porte. A segmentação também é extremamente útil na identificação de parcelas de mercados em crescimento, maduros (estagnados) ou em declínio, o que permite às empresas ajustar suas estratégias e ações às opções que fizerem.[22]

> **Nicho** é uma parte de um segmento de mercado. Em geral, empresas de pequeno porte são as mais aptas para explorá-lo.

Por fim, a segmentação de mercado propicia a percepção e a exploração do que se denomina **"janela estratégica"**[23] – um período de tempo limitado em que uma empresa tem as competências exigidas por um mercado em particular. Nesse caso, se as decisões forem tomadas de maneira acertada, a empresa pode até conquistar a liderança no segmento de mercado escolhido.

> **"Janela estratégica"** é um período de tempo limitado em que uma empresa tem as competências exigidas por um mercado em particular.

Apesar de os benefícios da segmentação de mercado suplantarem por larga margem suas limitações e os entraves que ela enfrenta, é importante termos conhecimento das dificuldades envolvidas em sua implementação.

Em primeiro lugar, a segmentação aumenta a necessidade de investimentos, pois as decisões que a precedem dizem respeito à diferenciação da oferta, e não à padronização. A necessidade de um constante monitoramento do segmento, visando identificar sua estabilidade, também contribui para maiores custos.[24]

Além disso, a segmentação provê perfis genéricos, e não individuais. Em outras palavras, apesar de a variância dentro do segmento ser substancialmente menor que a do mercado como um todo, ela existe, pois, no limite, um indivíduo nunca é igual a outro.

Outro entrave à segmentação de mercado eficaz é que alguns executivos de marketing – mesmo amparados por eficientes pesquisas de marketing e por amplas informações sobre os segmentos de mercado em que operam – não conseguem integrar essas informações aos planos estratégicos de marketing. Às vezes, isso ocorre porque eles consideram a segmentação uma ferramenta tática, e não uma atividade estratégica; outras vezes, porque eles não encontram amparo na literatura de marketing, que enfatiza muito mais as técnicas de segmentação e as estatísticas que podem ser utilizadas para tal do que a implantação delas.[25] Para piorar, os modelos de segmentação de mercado encontrados na literatura geralmente não são seguidos – tampouco o processo segmentação-*targeting*--posicionamento. Ao contrário, reina a experimentação: o mix de marketing é ofertado ao público-alvo, que responde positiva ou negativamente e, com base nisso, novas decisões são tomadas e rearranjos, efetuados.[26]

Figura 5.2 — O mercado de relógios de pulso pode ser segmentado de diferentes maneiras. Um fabricante poderia adequar sua oferta a, por exemplo, homens esportistas, homens que buscam sofisticação, mulheres esportistas, mulheres que buscam sofisticação, jovens que preferem modelos discretos, jovens que preferem modelos chamativos, entre várias outras combinações de características.

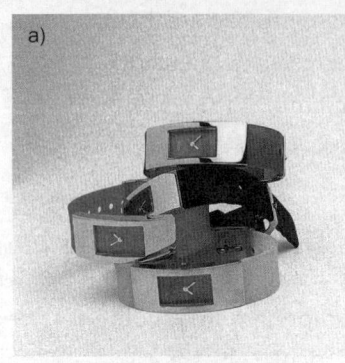

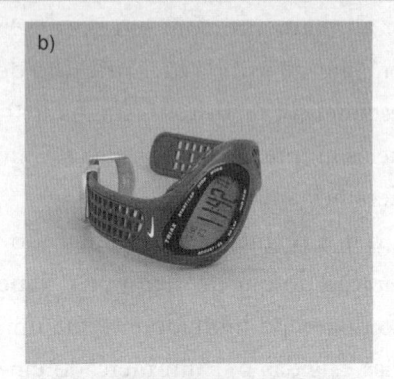

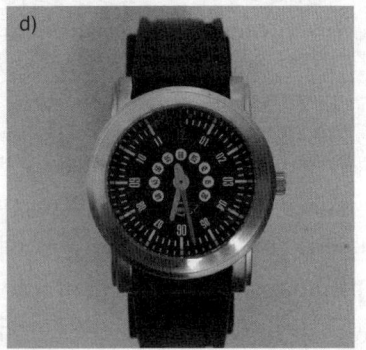

a) Relógios Guess com pulseira colorida, em aço, resina e cristal; b) Triax Speed Super, relógio anatômico da Nike; c) Relógio com pulseira de couro da Diesel; d) Relógio de pulso Speedometer, da grife Mini, que é à prova d'água e copia o velocímetro do Cooper.

Fontes: Fotos a) e b) de Marcelo Barabani / Folhapress; foto c) de Karine Xavier / Folhapress; foto d) de Adriano Vizoni / Folhapress.

Requisitos para a utilização da segmentação de mercado

A utilização da segmentação de mercado requer a observação de alguns requisitos, entre os quais se destacam os apresentados a seguir.

- *Os segmentos devem ser homogêneos*, ou seja, os indivíduos que os compõem devem responder de maneira semelhante às ações de marketing — tanto às do nível estratégico (posicionamento) quanto às do operacional (composto de marketing). Esse é o requisito mais importante,[27] pois permite ao estrategista de marketing homogeneizar a oferta e evitar o canibalismo entre ofertas da mesma empresa, não obstante o fato de que um mesmo indivíduo pode pertencer a mais de um segmento.

- *Os segmentos devem ser mensuráveis e identificáveis*. Em outras palavras, deve haver variáveis que possam separar os indivíduos em segmentos distintos, e elas devem propiciar a obtenção de informações sobre tais indivíduos.

As variáveis devem maximizar as diferenças comportamentais entre os segmentos e, ao mesmo tempo, minimizar as diferenças entre os consumidores dentro do segmento.[28] Quanto mais homogêneo for o segmento, mais fácil será desenvolver programas de marketing que causem um grande impacto.[29]

- *Os segmentos devem ser acessíveis*: deve ser possível desenvolver e implantar um programa de marketing em cada segmento selecionado como alvo.

- *Os segmentos devem oferecer uma boa relação custo–benefício*: os benefícios a ser obtidos devem compensar os custos necessários para a atração no segmento.[30]

- *Os segmentos devem apresentar estabilidade ao longo do tempo*, para que as empresas tenham tempo de captar as necessidades dos indivíduos, ofertar programas de marketing adequados e extrair os resultados esperados. Os segmentos precisam ser "duráveis o suficiente para que as diferenças utilizadas para justificar as diferentes estratégias não se evaporem antes da realização do potencial de lucro".[31]

- *O tamanho do segmento de mercado deve ser tal que propicie à empresa obter economias de escala e eliminar* trade-offs.[32] Em outras palavras, o segmento de mercado deve ser substancial a ponto de ser vantajoso para a empresa desenvolver um composto de marketing específico para ele. É o que se chama de "substancialidade".[33]

- *O segmento deve estar em crescimento*[34] ou ter perspectivas de crescer com o decorrer do tempo.

- *O segmento deve ser apropriado aos recursos e aos objetivos da organização*.[35]

- *A empresa deve possuir um ou mais departamentos* engajados em compreender as necessidades e os desejos dos consumidores (geração de informação), compartilhar o conhecimento com outros departamentos (disseminação da informação), e todos os departamentos devem promover ações para satisfazer às necessidades dos consumidores (resposta ao mercado).

Bases e variáveis para a segmentação de mercado

Cabe à empresa decidir qual a melhor maneira de segmentar o mercado de interesse. A identificação da base permitirá olhar o mercado por uma lente, e essa imagem deve permitir que, com as decisões de marketing tomadas, crie-se vantagem competitiva.

As bases e as variáveis para a segmentação diferem em função da natureza do mercado: se é um mercado de consumo ou industrial (ou empresarial). As diferentes possibilidades são apresentadas no Quadro 5.1.

Quadro 5.1   Bases e variáveis para a segmentação de mercado

Tipo de mercado	Bases	Variáveis
Consumidor	Geográfica	Região, porte da cidade ou região metropolitana, densidade, área.
Consumidor	Demográfica	Idade, tamanho da família, ciclo de vida da família, sexo, renda, ocupação, educação, religião, raça, geração, nacionalidade, classe social.
Consumidor	Psicográfica	Estilo de vida, personalidade.
Consumidor	Comportamental	Ocasiões, benefícios, *status* do usuário, índice de utilização, *status* de fidelidade, estágio de prontidão, atitude em relação ao produto.
Empresarial	Demográfica	Setor, porte, localização.
Empresarial	Operacional	Tecnologia, *status* de usuário e não usuário, recursos dos clientes.
Empresarial	Abordagem de compra	Organização em relação a compras, estrutura de poder, natureza dos relacionamentos existentes, políticas gerais de compras, critérios de compras.
Empresarial	Fatores situacionais	Urgência, aplicação específica, tamanho do pedido.
Empresarial	Características pessoais	Similaridade comprador–vendedor, atitudes em relação ao risco, fidelidade.

Para escolher uma base de segmentação, é preciso considerar em que medida ela permitirá distinguir as características dos indivíduos que serão agrupados com base nela e facilitar uma futura tomada de decisões de marketing. Nessa escolha, devem ser levadas em conta as características da própria organização (como seu tamanho, por exemplo) e a estrutura competitiva do mercado a ser segmentado. Essa escolha é complexa, principalmente porque o número de variáveis é enorme. Há também a possibilidade de as variáveis não funcionarem como descritoras do segmento escolhido e, ainda, de ser impossível utilizar as informações acerca do segmento nas decisões estratégicas e operacionais de marketing.[36]

É bastante comum a utilização de mais de uma base simultaneamente para que se eleve a precisão da identificação de segmentos e, consequentemente, das futuras decisões relativas ao composto de marketing.

É importante notar que, quando se segmenta o mercado consumidor, as bases comportamentais e psicográficas são, na maioria das vezes, melhores que as geográficas e demográficas, pois os indivíduos que apresentam o mesmo padrão de atitude e comportamento de compra, estilo de vida e personalidade são mais parecidos entre si do que os que reúnem as mesmas características socioeconômicas ou que residem na mesma região.

Processo de segmentação de mercado

Fundamentalmente, o que se busca com a segmentação é avaliar a possibilidade de agrupar clientes com base em variáveis que permitam à empresa desenvolver uma proposta de valor competitiva (posicionamento, conforme veremos adiante), que será operacionalizada pelas decisões relativas ao composto de marketing. Portanto, a definição do público-alvo — aquele ao qual a empresa direcionará os seus esforços — é resultado do processo de segmentação.

A segmentação pode ser realizada com base nas seguintes etapas:

1. *Definição de um mercado*: podemos pensar em um mercado como um conjunto de consumidores de algo ou possuidores de necessidades e desejos específicos. Em geral, a definição deve ser aplicada a um setor de atividade. Por exemplo, mercado de consumidores de calçados, mercado de consumidores que possuem interesse em entretenimento, mercado de empresas de transporte e assim por diante.

2. *Determinação das bases e das variáveis para a segmentação*: caso o mercado ainda não esteja constituído ou maduro, ou não se conheçam profundamente as variáveis que diferenciam os clientes, devemos realizar uma pesquisa a fim de retratá-lo melhor. No entanto, mesmo em mercados já constituídos, a aplicação de outras variáveis (ou uma combinação delas) pode conferir vantagens à empresa. Foi o que fez a Ford no lançamento da EcoSport, em 2002: em vez de utilizar as variáveis tradicionais do setor automotivo, a organização inovou baseando sua estratégia na segmentação por estilo de vida.

3. *Realização de pesquisa de segmentação*: esse passo consiste em investigar determinado mercado, com base nas dimensões e variáveis definidas, a fim de mapear os diversos segmentos existentes, o tamanho de cada um e outras informações relevantes para a escolha do(s) segmento(s) a atingir.

4. *Análise dos segmentos resultantes*: os segmentos formados com base na pesquisa realizada, em geral com a utilização de técnicas estatísticas multivariadas (especialmente a *cluster analysis*), devem ser avaliados por sua atratividade e em relação à competitividade da empresa. Na análise de atratividade, é comum levar em consideração o tamanho do segmento em número de clientes e de volume de vendas e a perspectiva de crescimento, entre outros fatores. Com relação à competitividade, é comum considerar fatores como força da marca, capacidade de produção e relacionamento com fornecedores e com intermediários, comparativamente aos principais concorrentes em cada segmento. Em ambos os casos, porém, a empresa deve considerar a utilização de critérios próprios.

5. *Escolha dos segmentos-alvo*: a partir dos critérios adotados, a empresa deve escolher o(s) segmento(s) ao(s) qual(is) direcionará os seus esforços de marketing. Para cada segmento escolhido, ela deverá definir um posicionamento específico, não obstante possa haver um geral, da empresa

> **O QUÊ?**
>
> *Cluster analysis*, ou análise de agrupamentos, ou, ainda, análise de aglomerados, é uma técnica que permite analisar um grande volume de indivíduos e suas características (definidas por variáveis), com o objetivo de identificar os fatores que permitem formar grupos relativamente homogêneos e distintos dos demais.

Figura 5.3 — Segmentos do mercado de consumidores de calçados

	Social	Casual	Esportivo
Masculino	MS	MC	ME
Feminino	FS	FC	FE

como um todo. Por exemplo, podemos considerar a Nestlé, que atua em diversos mercados e segmentos com as suas diferentes marcas, tais como Prestígio (chocolate) e Moça (leite condensado).

A Figura 5.3 apresenta um exemplo de segmentação no mercado de calçados, que pode ser dividido com base nas variáveis sexo (masculino e feminino) e situação de uso (social, casual e esportivo), originando seis segmentos. Após avaliar a atratividade de cada segmento e sua própria competitividade, a empresa deve escolher em qual(is) atuará.

Uma ferramenta gerencial que pode ser utilizada para fundamentar as decisões de segmentação é a **Matriz GE de Atratividade**, que apresentamos na Figura 5.4, a seguir. Desenvolvida pela consultoria norte-americana McKinsey, conjuntamente com a empresa GE, ela considera duas dimensões: a *atratividade do mercado* (ou do *segmento*), constituída por uma ou mais variáveis externas à empresa; e a *força do negócio*, constituída por uma ou mais variáveis internas. O conjunto de variáveis incluído em cada uma das dimensões deve ser definido pela empresa e refletir a realidade, e não apenas sua visão. Então, para cada uma das variáveis pode-se atribuir um peso, e para cada variável deve-se atribuir uma nota em relação a cada um dos segmentos de mercado considerados. Tal procedimento gerará índices para cada segmento, os quais deverão ser expostos na matriz.

No exemplo a seguir, foram considerados diferentes mercados para investimento de um fundo de capital. As variáveis de atratividade escolhidas foram: o tamanho do mercado, o potencial de crescimento, o grau de competição e a lucratividade prevista em cada um. Como variáveis de força do negócio foram considerados: conhecimento da marca, *know-how* e infraestrutura. A cada uma dessas variáveis foi atribuído o mesmo peso e uma nota de 1 a 5, com base em pesquisa feita com especialistas e com os principais executivos do fundo. Como resultado, obteve-se a matriz apresentada na Figura 5.3.

> **Matriz GE de Atratividade** é uma ferramenta gerencial que pode ser utilizada para fundamentar as decisões de segmentação. Ela foi desenvolvida pela consultoria norte-americana McKinsey, conjuntamente com a empresa GE, e considera duas dimensões: a *atratividade do mercado* (ou do *segmento*), constituída por uma ou mais variáveis externas à empresa; e a *força do negócio*, constituída por uma ou mais variáveis internas.

Figura 5.4 — Matriz GE de Atratividade

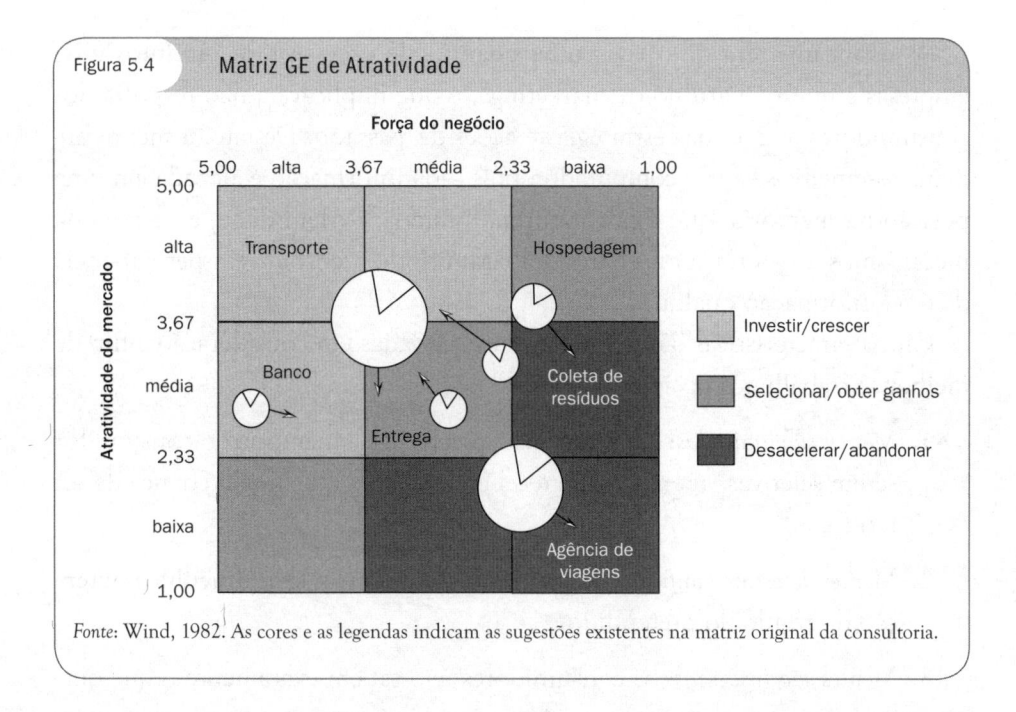

Força do negócio: 5,00 alta — 3,67 média — 2,33 baixa — 1,00
Atratividade do mercado: 5,00 alta — 3,67 média — 2,33 baixa — 1,00

Mercados representados: Transporte, Hospedagem, Banco, Coleta de resíduos, Entrega, Agência de viagens.

Legenda:
- Investir/crescer
- Selecionar/obter ganhos
- Desacelerar/abandonar

Fonte: Wind, 1982. As cores e as legendas indicam as sugestões existentes na matriz original da consultoria.

O tamanho dos círculos e a partição deles representam, respectivamente, o volume de faturamento do mercado em questão e a participação da empresa (caso ela já atue no referido mercado), ao passo que as setas indicam a tendência de cada um dos mercados.

Definidos os segmentos em que a empresa vai atuar, devem ser descritos os públicos-alvo. Ou seja, como já dissemos, público-alvo é o produto do processo de segmentação do mercado. Conhecer de maneira detalhada todos os seus aspectos atitudinais e comportamentais é fundamental para que se possa definir um adequado posicionamento e tomar boas decisões em relação ao composto de marketing.

5.2 FUNDAMENTOS DO POSICIONAMENTO

Evolução do conceito de posicionamento

O termo *posicionamento* foi utilizado pela primeira vez em 1969, em um artigo de Jack Trout publicado no *Journal of Marketing*. Tal como o conhecemos hoje, o conceito de posicionamento pertence à dimensão estratégica do processo de marketing. Mas nem sempre foi assim. O conceito tem sua origem na *unique selling proposition* (USP), ou *proposição exclusiva de vendas*, sugerida por Reeves (1961) para que o processo de comunicação fosse otimizado e não tivesse um fim em si mesmo. Também baseia-se na teoria microeconômica, que trabalha as estruturas de mercado, a competição entre empresas e os conceitos de substituição entre produtos.[37]

A justificativa era que havia uma quantidade excessiva de produtos e de empresas e muito "barulho de marketing", o que implicava a não resposta dos consumidores às mesmas estratégias e ações do passado. De fato, a mente humana assemelha-se a um computador, pois cada informação é alocada em uma posição na memória, que é por natureza limitada.[38] Além disso, a mente cria mecanismos que a tornam seletiva, não admitindo a entrada e a permanência de uma informação qualquer.[39]

Cinco características da mente devem ser levadas em consideração a fim de melhor se trabalhar o posicionamento:[40]

1. *Mentes são limitadas*: em razão de a percepção e a memória do consumidor serem seletivas, apenas o que receber atenção é que possui chance de ser retido.

2. *Mentes detestam confusão*: a complexidade das propostas dificulta a obtenção do resultado pretendido.

3. *Mentes são inseguras*: os consumidores não sabem exatamente o que querem ou por que querem algo. Além disso, as mentes tendem a ser emocionais, e não racionais. O reconhecimento de uma marca bem estabelecida pode oferecer a segurança necessária, diminuindo a percepção de risco.

4. *Mentes não mudam*: dificilmente uma posição sólida e bem estabelecida pode ser trocada. Há uma resistência inata do ser humano à mudança.

5. *Mentes podem perder o foco*: à medida que aumenta a complexidade de uma proposta ou que se tenta alavancar novos produtos com nomes consolidados, cresce a probabilidade de criar confusão e conduzir o consumidor a buscar alternativas mais claras.

Um ponto importante: o posicionamento difere do conceito de imagem, pois não se restringe a uma visão da própria empresa; implica um quadro de referência, que são os concorrentes, ao passo que a imagem diz respeito a uma percepção focada e restrita a uma empresa/marca específica.[41]

Embora a disseminação do conceito tenha sido pautada na sua capacidade de orientar as decisões de comunicação, entendemos que o posicionamento deva servir de guia estratégico para todas as decisões do composto de marketing. Ainda que ele possa se valer de diferenças reais, não devemos descartar nem julgar inadequado que ele se valha de elementos puramente perceptuais para ser implementado, desde que não se infrinjam legislações e códigos de ética. Isso se deve à dificuldade de trabalhar aspectos reais e/ou tácitos, em razão da grande competição existente nos mais diversos mercados.[42] Assim, as empresas podem utilizar elementos mais lógicos, racionais e reais, mas também podem valer-se de emocionais e imaginários.

Vale assinalar que, em razão da competição, cada vez mais as organizações buscam trabalhar essa dimensão perceptual ou criar parâmetros para fazer com que o público-alvo acredite que certos diferenciais são importantes, embora possam guardar pouca relação de causa e efeito com a realidade.

Não obstante o posicionamento possa ser considerado em diversos níveis para a finalidade deste livro, que trata da gestão de marketing, vamos abordá-lo no âmbito da marca.

Considerações atuais sobre o posicionamento

O posicionamento é considerado uma atividade fundamental para o marketing e amplamente utilizado por empresas competitivas. Trata-se de um conjunto de ações de marketing, realizadas ao longo da vida de uma oferta, que permite encontrar e definir um espaço para a atuação desta em relação aos seus concorrentes, na percepção do seu público-alvo[43].

É uma questão importante do marketing moderno e é sempre competitivo, pois os consumidores pensam em produtos e empresas em relação a outros produtos e outras empresas, estabelecendo uma hierarquia que é utilizada no processo de decisão de compra.[44] Assim, se uma empresa quiser conquistar uma posição sólida, deve se esforçar para diferenciar seus serviços dos outros existentes em seu mercado de atuação.

A importância do posicionamento reside no fato de que ele estimula os consumidores a desenvolver considerações sobre a marca/empresa trabalhada, além de contribuir para que o público-alvo diferencie as marcas/empresas concorrentes e escolha aquela que perceba como de maior valor disponível.[45]

Embora haja forte relacionamento entre *diferenciação* e *posicionamento*, este não se reduz à busca da primeira, pois se trata de um conceito mais complexo, que indica a utilização de um conjunto de atividades com vistas a induzir um público-alvo a perceber uma oferta em termos relativos a outras, bem como enaltecer seu maior valor aos olhos desse público-alvo em comparação com os valores proporcionados pelos concorrentes. De qualquer maneira, o posicionamento implica diferenciação, seja objetiva ou subjetiva, seja real ou percebida, como meio para ofertar valor ao público-alvo a partir de uma combinação dos elementos do composto de marketing.

O posicionamento possui relacionamento com a USP, com a diferenciação, com a proposta distintiva de negócio, com a análise da posição de mercado e com a imagem corporativa, constituindo, portanto, uma diretriz estratégica do processo de marketing.[46] Ele é, ainda, responsável por formar uma imagem, também influenciada por outros fatores do ambiente de marketing e, especialmente, pela consistência entre o que é comunicado e o que é ofertado pela empresa aos olhos dos consumidores atuais e potenciais.[47]

> A **estratégia de posicionamento** diz respeito a como o participante competirá em um determinado segmento, diferenciando-se dos demais para estar em condições de obter sucesso, uma vez que essa diferenciação pode constituir uma vantagem competitiva.

> **Posicionamento** é a definição de uma proposta de valor que interesse à empresa, que seja significativa para certo público-alvo e que, na percepção dele, seja distintiva e mais atrativa em relação às propostas elaboradas pela concorrência.

A **estratégia de posicionamento** diz respeito a como o participante competirá em determinado segmento, diferenciando-se dos demais para estar em condições de obter sucesso, uma vez que essa diferenciação pode constituir uma vantagem competitiva.[48]

O posicionamento deve ser implementado com base em todas as variáveis que compõem a oferta (composto de marketing).[49] Deve-se trabalhar, na verdade, o posicionamento da *marca*, que, conforme será abordado adiante, é um atributo do produto e também um elemento utilizado como vetor pelo processo de comunicação para levar ao público-alvo a proposta de valor da oferta, ou seja, o posicionamento. Devemos considerar que, ao posicionar uma marca, é fundamental observarmos como os consumidores atuais e potenciais avaliam as ofertas e como eles escolhem produtos daquela categoria.[50]

Em vista de o posicionamento procurar estimular no público-alvo uma percepção da oferta distinta da concorrência, por meio da adequação das suas variáveis aos aspectos por ele valorizados, estabelecemos o seguinte conceito: **posicionamento** é a definição de uma proposta de valor que interesse à empresa, que seja significativa para certo público-alvo e que, na percepção dele, seja distintiva e mais atrativa em relação às propostas elaboradas pela concorrência.

De maneira simplificada, o posicionamento consiste no desenvolvimento e na transmissão (alicerçada em uma marca) de uma proposta de valor a partir de aspectos significativos para determinado público-alvo, os quais serão processados e comparados com concorrentes, originando o posicionamento percebido, conforme apresentado na Figura 5.5.

O êxito de um processo de posicionamento depende da capacidade da empresa de se diferenciar dos competidores na entrega de valor aos clientes e na gestão dos fatores influenciadores do processo. Devemos, ainda, levar em conta que a seleção do atributo diferenciador apresenta maior chance de sucesso quando condiz com o que o público-alvo já pensa – o que, por outro lado, pode-se constituir um empecilho para o sucesso do reposicionamento, conforme abordaremos adiante.[51]

Processo de posicionamento

A escolha das variáveis que devem ser trabalhadas para que se obtenha o posicionamento pretendido depende da estrutura de mercado em que a empresa atua, do nível de exigência de seus consumidores, da regulamentação do setor de atividade e das capacidades da empresa. Além disso, o posicionamento deve ser operacionalizado por atributos intrínsecos e/ou extrínsecos, objetivos e/ou subjetivos, que sejam valorizados pelo público-alvo de uma oferta.

Caso o interesse seja ocupar uma posição já estabelecida, uma marca deve deslocar a marca ocupante ou relacionar-se a ela.[52] No caso de a empresa

Figura 5.5 Fatores influenciadores e o processo de posicionamento

- Consumidores
- Regulamentação
- Intermediários
- Fornecedores
- Concorrentes
- Capacidades da empresa
- Posicionamento almejado (proposta de valor) → Composto de marketing
- Marca
- Posicionamento percebido ← Processamento mental — Público-alvo

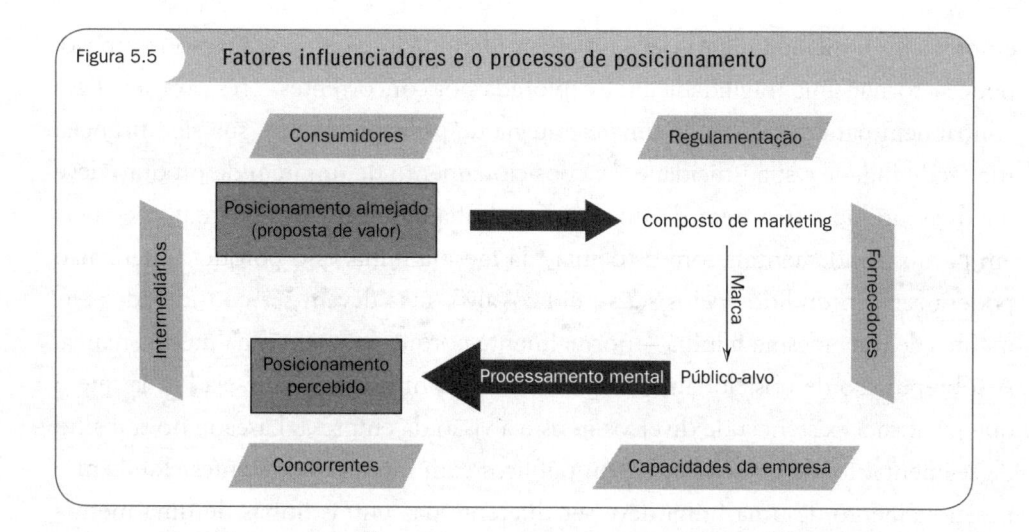

desafiada possuir uma posição sólida, o desafiante tem como alternativa relacionar os seus produtos a ela ou à sua área de competência.[53]

Em última análise, o posicionamento diz respeito a um conjunto de considerações que se pretende que os consumidores potenciais desenvolvam em relação a uma oferta. Há necessidade de se conhecer o processo cognitivo e de compra desses consumidores, a fim de que a probabilidade de sucesso aumente.[54]

Para realizar um posicionamento, diversas decisões devem ser tomadas: qual segmento de mercado e público-alvo atingir, qual imagem se pretende transmitir e quais características do produto serão enfatizadas, entre outras.[55]

Podemos considerar seis bases para a realização do posicionamento:[56]

- *Por atributo*: ocorre quando um produto é posicionado com base em uma ou mais características ou benefícios oferecidos.

- *Por preço e qualidade*: associa-se o produto a determinado nível de preço, qualidade ou valor, como alta qualidade e preço alto.

- *Por uso ou aplicação*: posiciona-se o produto como o melhor ou mais adequado para determinada finalidade.

- *Por usuário ou classe de usuários*: associa-se o produto a um grupo específico de usuários, como atletas.

- *Pela classe de produtos*: associa-se o produto a determinada categoria, o que é comum em casos complexos para apresentar o produto.

- *Pela concorrência*: realizam-se comparações entre o produto da empresa e os produtos similares dos concorrentes.

A estratégia adotada deve ser condizente com os conceitos e procedimentos que a organização tem desenvolvido, ou seja, a posição transmitida aos seus clientes deve ser consistente com o direcionamento definido pelo marketing estratégico, em consonância com o direcionamento da unidade de negócios e/ou da

> **VEJA EM**
>
> Os processos motivacional e de envolvimento também devem ser conhecidos, pois são balizadores do processo cognitivo, conforme abordado no Capítulo 3.

empresa. O posicionamento deve refletir a identidade da empresa; caso contrário, pode se tornar uma fragilidade a ser explorada por concorrentes. Três características contribuem para o sucesso de uma estratégia de posicionamento: sua significância, sua credibilidade e sua unicidade.[57] O posicionamento de um item de produto deve ser diferente de outro item de uma mesma linha, embora deva guardar coerência em pontos fundamentais com os demais da mesma linha. Isso porque os itens não podem ser confundidos pelos seus públicos-alvo, mas devem ser considerados elementos de uma mesma família — normalmente porque possuem uma mesma marca. A sobreposição de posicionamento pode causar canibalismos indesejados, já que o que justifica a existência de diversos itens é a visão da empresa, baseada no trabalho de segmentação, de que eles atendem públicos com interesses diferentes. Também o posicionamento de uma linha deve ser diferente das outras linhas de uma mesma empresa, embora deva guardar coerência em alguns pontos fundamentais com as demais. Ainda com relação ao caso das linhas de produtos, deve-se prezar por focos específicos a cada segmento, a fim de otimizar os recursos empregados e os retornos obtidos.

Tal relacionamento depende das políticas de marcas adotadas. Em última instância, as marcas é que evidenciam as propostas das ofertas aos públicos-alvo, por meio da comunicação. Assim, se uma empresa possui um nome diferente das suas linhas de produtos, e estas possuem marcas distintas, podem possuir posicionamentos diferenciados sem que sejam afetadas negativamente.

O processo de desenvolvimento de um posicionamento envolve as seguintes etapas:[58]

1. Definição do público-alvo, resultante do processo de segmentação.

2. Identificação e mapeamento dos concorrentes.

3. Verificação de como os concorrentes são percebidos e avaliados pelo público-alvo.

4. Análise do público-alvo para compreender as variáveis valorizadas.

5. Análise dos interesses e das capacidades da empresa.

6. Seleção da posição desejada.

7. Decisões relativas ao composto de marketing.

8. Implementação das estratégias e ações.

9. Monitoramento da posição.

10. Avaliação e revisão ou continuidade.

A realização de um posicionamento requer a utilização de pesquisa de marketing e a análise dos dados com técnicas que permitam "enxergar" os posicionamentos de diversos competidores, tal como a ***multidimensional scaling*** (MDS), para que um "mapa perceptual" seja criado. O MDS é uma técnica estatística multivariada que gera um gráfico (mapa perceptual), que permite visualizar como os consumidores percebem determinados produtos em relação às variáveis consideradas — estas devendo ser relevantes para eles.[59]

> *Multidimensional scaling* (MDS) é uma técnica estatística multivariada que gera um gráfico (mapa perceptual), que permite visualizar como os consumidores percebem determinados produtos em relação às variáveis consideradas — estas devendo ser relevantes para eles.

Os mapas perceptuais, por permitirem visualizar a posição de uma marca em relação às suas concorrentes, contribuem para que os estrategistas possam:[60]

- entender como produtos e serviços são percebidos por diferentes grupos de consumidores em termos das suas forças e fraquezas;
- entender as semelhanças e as diferenças entre produtos e serviços;
- encontrar espaço para reposicionar produtos e serviços;
- posicionar novos produtos e serviços no mercado;
- monitorar o impacto das ações de marketing no posicionamento de produtos e serviços.

A Figura 5.6 apresenta um exemplo de mapa perceptual. Embora seja proveniente do uso de dados obtidos em pesquisas que exploram diversas variáveis, para facilitar a compreensão e a visualização das diversas posições percebidas por um determinado público-alvo, costuma ser exposto de maneira bidimensional.

Reposicionamento

Em razão do acirramento da concorrência e de outros fatores que influenciam o desempenho empresarial, sob certas condições, há a necessidade de mudança de uma posição estabelecida, atividade denominada reposicionamento. Nessa situação, o posicionamento definido sofre pressões para que seja alterado, de modo que a empresa possa interagir adequadamente com o seu ambiente a fim de alcançar seus objetivos e otimizar o uso de seus recursos.[61]

Manter uma organização competitiva significa mantê-la ajustada ao ambiente, especialmente às necessidades e aos desejos do público-alvo. Desse modo, em vista da necessidade de ajustes no posicionamento, seja para torná-lo consistente com o desejado, seja para adequá-lo às oportunidades existentes, o reposicionamento emerge como uma atividade fundamental. A base da preocupação das empresas em ajustar o posicionamento reside, portanto, na necessidade de serem orientadas para o mercado em ambientes competitivos.

O reposicionamento consiste em um conjunto de ações que têm por objetivo que o mesmo público-alvo, ou algum diverso, passe a ter uma nova percepção acerca de uma oferta proporcionada pela empresa. Trata-se de uma estratégia complexa, que muitas vezes deixa de ser utilizada por empresas por causa de

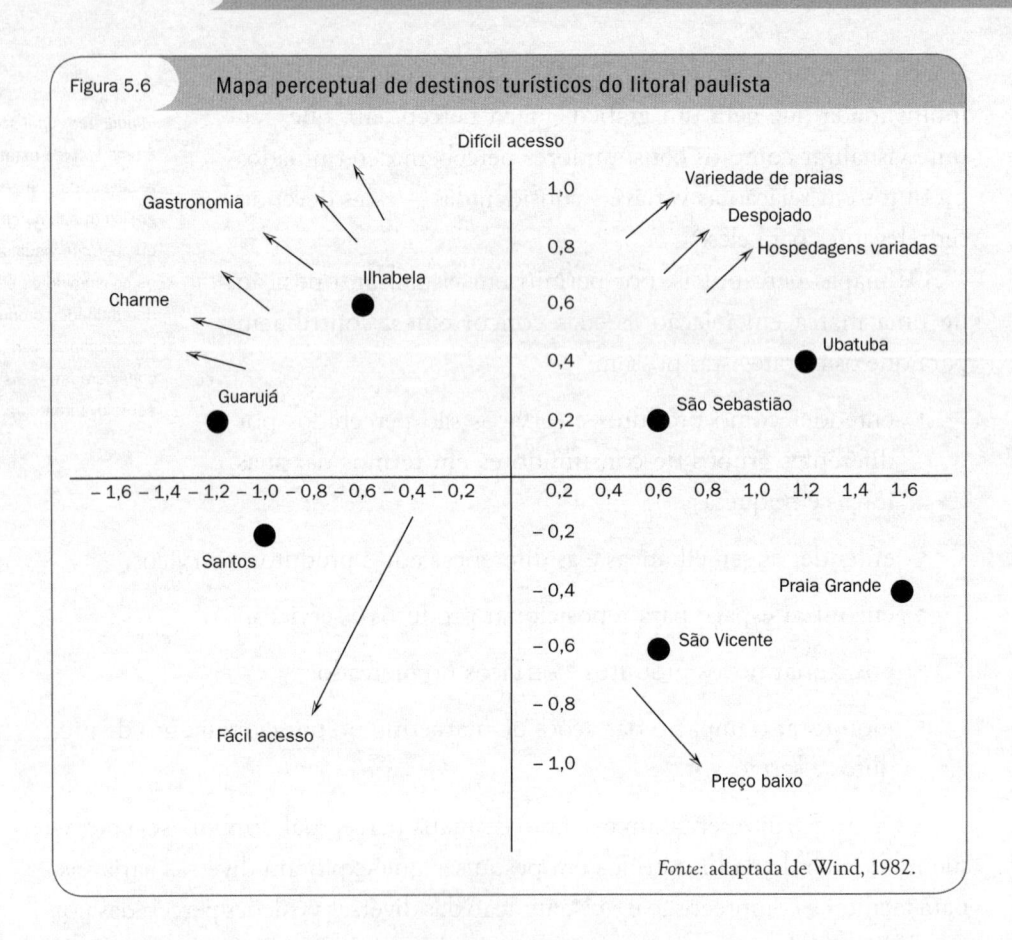

Figura 5.6 — Mapa perceptual de destinos turísticos do litoral paulista

Fonte: adaptada de Wind, 1982.

duas limitações: os recursos financeiros e o tempo necessário para estabelecer a nova posição.

Algumas das razões que tornam o reposicionamento de ofertas necessário são:[62]

- inadequação do *posicionamento* original, em virtude da superestimação das próprias vantagens competitivas ou do tamanho dos segmentos abordados;
- mudança do comportamento e dos interesses do consumidor;
- busca de segmentos mais atrativos que possam ser abordados pelas vantagens competitivas existentes;
- necessidade de diminuir fraquezas e atrair investidores;
- necessidade de tornar-se mais competitiva;
- introdução de ofertas concorrentes que estejam reduzindo os resultados da marca;
- mudança nas preferências do consumidor;
- oportunidades percebidas com relação à ressegmentação do mercado;
- deturpação do posicionamento original;
- necessidade de evitar ou promover o canibalismo.

O reposicionamento é uma estratégia adequada quando há aspectos positivos no posicionamento ou na oferta anterior (percebidos pelo público-alvo a partir da marca) que podem ser aproveitados para contribuir para a obtenção de resultados satisfatórios; por exemplo, um sistema de distribuição consolidado, um alto reconhecimento de marca ou qualquer outra variável relativa do composto de marketing.

Definimos, portanto, o **reposicionamento** como o processo de alteração do posicionamento desejado e/ou obtido sobre uma oferta ou empresa, viabilizado por alterações em um ou mais elementos do composto de marketing.

> **Reposicionamento** é o processo de alteração do posicionamento desejado e/ou obtido sobre uma oferta ou empresa, viabilizado por alterações em um ou mais elementos do composto de marketing.

A Figura 5.7 apresenta um modelo orientador para a tomada de decisão relativa à realização ou não do reposicionamento da oferta, que se baseia nos seguintes fatores:

- O nível de satisfação dos consumidores.
- A lucratividade proporcionada pela oferta (atual e tendência).

No primeiro quadrante da Figura 5.7, vemos uma situação relativamente cômoda, em que a lucratividade é considerada alta tanto atualmente quanto em termos de tendência, e o nível de satisfação dos consumidores com a oferta também é elevado. Evidentemente, em um ambiente competitivo, tal situação não deve perdurar, pois, justamente em vista da alta lucratividade, concorrentes diretos, indiretos e novos entrantes podem sentir-se atraídos e elaborar ofertas que satisfaçam mais o público-alvo, o que poderá reduzir a lucratividade. Ela também é pressionada por aumentos significativos nos custos envolvidos no processo de consubstanciação e gestão da oferta. De qualquer maneira, até que impactos representativos estejam na iminência de ocorrer, pode-se recomendar a manutenção do posicionamento obtido.

No segundo quadrante, aparece uma situação mais delicada, podendo, inclusive, ser derivada da primeira. Observa-se que, embora a lucratividade seja

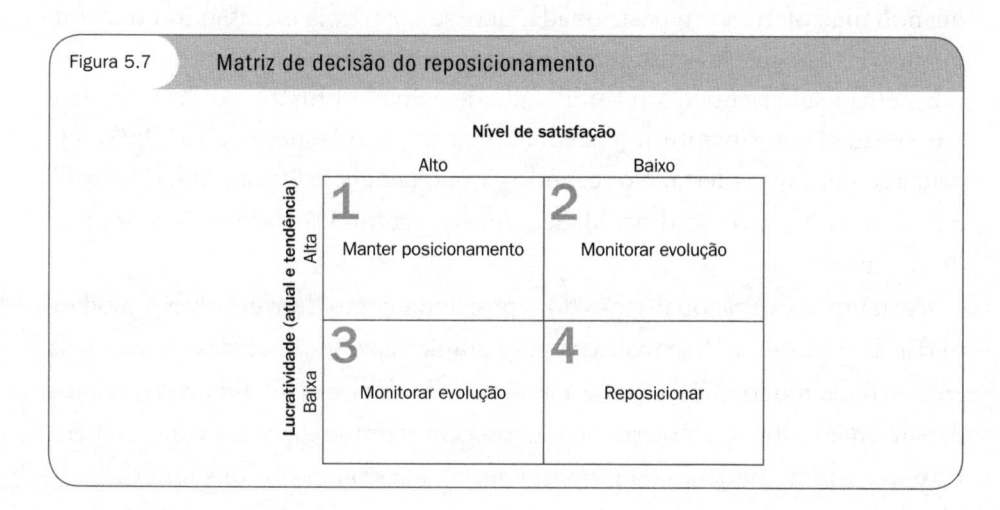

Figura 5.7 — Matriz de decisão do reposicionamento

	Nível de satisfação	
Lucratividade (atual e tendência)	**Alto**	**Baixo**
Alta	1 — Manter posicionamento	2 — Monitorar evolução
Baixa	3 — Monitorar evolução	4 — Reposicionar

elevada, o nível de satisfação do público-alvo da oferta é baixo, o que deve estimular sobremaneira o surgimento de ofertas concorrentes. Nesse caso, pode-se recomendar o monitoramento da situação, de modo que sejam tomadas medidas específicas, tais como o ajustamento da oferta existente e o desenvolvimento de outras tão logo sejam observados movimentos ameaçadores.

No terceiro quadrante, tem-se uma situação mais complicada, ao menos para a empresa, pois, embora a satisfação do público-alvo seja essencial para o desenvolvimento empresarial, ela é um meio, ou seja, não possui um fim em si. Assim, a baixa lucratividade deve ser monitorada com cautela, pois, se por um lado essa situação implica menor atratividade por concorrência direta, alternativas podem ser encontradas por concorrentes para reduzir custos ou incitar esses consumidores a pagar mais por benefícios similares. A simples descontinuação ou o reposicionamento da oferta precisam ser avaliados constantemente, mas com parcimônia, visto que dificilmente um mercado potencial deve deixar de ser atendido por algum *player* (existente ou novo) em mercados competitivos.

No quarto quadrante, há uma situação em que o reposicionamento coloca-se como uma estratégia apropriada, pois evitará a interrupção da oferta. No entanto, para que essa decisão seja apoiada em fundamentos lógicos, é importante avaliar as associações desencadeadas pela marca da oferta nos consumidores e em não consumidores, a fim de que se perceba a existência de pontos positivos que possam ser aproveitados e de pontos negativos que possam ser isolados ou atenuados. Na situação exposta, em que o nível de satisfação dos consumidores da oferta é baixo e ela proporciona baixa lucratividade, sem perspectiva de melhoria, a empresa passa a ter uma vulnerabilidade competitiva muito grande e deve tomar decisões para que essa insatisfação seja atenuada ou eliminada.

Embora a preocupação com os clientes em prospecção seja de absoluta importância, os clientes atuais também devem ser considerados quando o reposicionamento for realizado, uma vez que isso pode constituir uma fonte de ruído que dificulta o estabelecimento de um novo posicionamento. Assim, quando uma oferta for reposicionada, deve-se optar pela exclusão (ou transformação) das associações existentes ou pela inserção de novas. No primeiro caso, o benefício subjacente é a possibilidade de evitar confusão, e a dificuldade é a necessidade de sincronismo adequado para que o "espaço" criado não seja ocupado por outra oferta. No segundo caso, o benefício é o fato de o "espaço" não ficar vazio, e, como dificuldade, temos a aculturação/aceitação por parte do consumidor.

Portanto, a operacionalização do reposicionamento deve envolver a mudança das associações já desenvolvidas pelo público-alvo (estimuladas ou não pela empresa), de modo que ele passe a realizar considerações diferentes das realizadas até então sobre uma oferta ou empresa em termos relativos à concorrência, havendo, assim, mudança da proposta de valor aos olhos do consumidor.

> **Figura 5.8** Até o início da década de 1990, as sandálias Havaianas eram tidas como um calçado popular e sem nenhum apelo *fashion*. Sair às ruas de Havaianas? Nem pensar. Foi quando a marca deu início a um bem-sucedido processo de reposicionamento, visando aproximar-se das novas gerações e das camadas mais abastadas. Diversos modelos, muito mais modernos, sofisticados e coloridos foram surgindo, ao mesmo tempo que bem elaboradas campanhas de promoção reforçavam a nova imagem. Resultado: hoje os chinelos de dedo podem ser vistos nos pés de celebridades e modelos, e são bem-vindos em quase todos os ambientes. Na foto, vemos um detalhe da primeira loja-conceito da marca, localizada em um dos endereços mais sofisticados de São Paulo.
>
> *Fonte:* Rodrigo Paiva / Folhapress.

5.3 RELAÇÃO ENTRE POSICIONAMENTO E SEGMENTAÇÃO DE MERCADO

O posicionamento não proporciona benefícios se não houver uma segmentação adequada.[63] É interessante notar que "tanto a segmentação quanto o posicionamento são meios de aumentar a nitidez de um quadro que mostra como os clientes podem ser agrupados em um mercado e como eles agrupam os produtos e serviços oferecidos".[64] Desse modo, o posicionamento deve ser utilizado em conjunto com a segmentação, pois, definido o segmento de mercado em que se pretende atuar, um espaço com relação às ofertas concorrentes e às da própria empresa deve ser encontrado, diminuindo, com isso, a probabilidade de confusão por parte dos consumidores e, consequentemente, aumentando as chances de sucesso.

O posicionamento deve possuir como foco um segmento bem definido e ser continuamente monitorado para que haja sinergia entre os objetivos da empresa com relação a ele e ao ambiente que a envolve, de maneira que se possam elaborar estratégias e ações de marketing adequadas.[65]

A relação entre a segmentação e o posicionamento é tão estreita que podemos admitir que a segmentação também seja uma forma de posicionamento.[66] Assim, temos:

- *Posicionamento de mercado*, que diz respeito ao processo de identificação e seleção de um segmento, à verificação da posição dos competidores e à definição de estratégias competitivas. Envolve, ainda, a determinação dos fatores-chave de sucesso, o conhecimento das necessidades e dos interesses do mercado, a identificação das forças e fraquezas da empresa e dos seus concorrentes e o desenvolvimento de habilidades para criar e sustentar vantagens competitivas.

- *Posicionamento psicológico*, que diz respeito ao processo de fixação de uma identidade distintiva do produto na mente do consumidor, baseada no posicionamento de mercado, que utiliza ferramentas de comunicação para influenciá-lo no processo de decisão de compra.

Mesmo que dois produtos possuam características — ou processos, no caso de serviços — distintas, podem ser percebidos como similares pelos consumidores caso tais características ou processos não sejam valorizados por eles. Portanto, o posicionamento deve levar em consideração a percepção e as preferências dos consumidores para que estes percebam a diferenciação estimulada.[67]

Devemos compreender que o conceito de valor ao consumidor é a chave para um efetivo posicionamento, o que exige um profundo conhecimento dos perfis de consumidores obtidos com o processo de segmentação de mercado. Em outras palavras, uma estratégia de posicionamento de sucesso deve: captar no mercado a sua percepção sobre as ofertas existentes, averiguar as necessidades, os desejos e os valores de interesse, bem como quais ainda não são ofertados, definir maneiras de satisfazê-los e integrar os elementos do composto de marketing.[68]

De fato, no contexto do posicionamento competitivo, a segmentação e o posicionamento traduzem-se em um processo que compreende uma fase de análise e uma de decisão.

Análise de oportunidades de mercado

A primeira fase do processo de segmentação e posicionamento refere-se à análise de oportunidades de mercado. Tal análise deve levar em conta a atratividade dos grupos que compõem o mercado e, simultaneamente, a posição competitiva da empresa para explorá-los.

A atratividade de mercado é uma condição externa e diz respeito à identificação da estrutura e das características do mercado como um todo e de seus diferentes grupos, na forma de tendências, eventos e demandas. São exemplos de fatores de atratividade: tamanho do mercado, taxa de crescimento anual, lucratividade atual e histórica, restrições de entrada, restrições de saída, intensidade da concorrência, tecnologia envolvida, perfil dos clientes, condições econômicas, socioculturais, demográficas e político-legais.

A posição competitiva da empresa é uma condição interna e requer a análise de uma multiplicidade de fatores, que devem ser observados em conjunto e à luz do grau de importância relativa de cada um e da situação da empresa diante da concorrência. Como exemplos de fatores de competitividade podem ser citados: participação de mercado atual, crescimento da participação de mercado, qualidade do produto, reputação da marca, força de distribuição, estrutura de custo, fatores críticos de diferenciação, preço e capacidade gerencial.

A oportunidade de mercado emerge de uma condição única, que alia a atratividade do mercado como um todo ou de determinado(s) grupo(s) à posição competitiva da empresa. Só existirá oportunidade de mercado quando a empresa puder usufruir de uma situação atrativa no ambiente de negócios e tiver potencial competitivo para aproveitar-se dela de modo a conquistar uma vantagem sustentável sobre o(s) competidor(es). Portanto, oportunidade de mercado não é o mesmo que situação favorável e atrativa do ambiente de negócios. Essa situação só se converte em oportunidade se a empresa puder aproveitá-la em uma condição (posição competitiva) de superioridade em relação à concorrência. Se a empresa não puder aproveitar uma situação atrativa, em razão de manifestar um baixo índice de competitividade, e a concorrência revelar posição de superioridade (financeira, tecnológica, de marketing ou de recursos humanos), a oportunidade de mercado será da concorrência, e, para a empresa, essa mesma situação se converterá em ameaça.

Processo decisório de segmentação e posicionamento

A segunda fase refere-se à avaliação dos segmentos (partição, priorização), definição das estratégias (priorização) e posicionamento no mercado (posicionamento de marketing). Tais etapas podem ser descritas da seguinte maneira:

1. *Partição (segmenting) do mercado total*: levantamento das variáveis de segmentação e desenho do perfil dos segmentos de mercado que poderiam ser atingidos por compostos de marketing específicos.

2. *Priorização (targeting)*: escolha estratégica de segmentos em conformidade com o grau de atratividade de cada um, confrontado com os objetivos e o potencial competitivo da empresa e tendo por finalidade a obtenção de vantagem competitiva. A empresa pode optar pelas seguintes alternativas: a) atuar em todos os segmentos de maneira diferenciada (marketing diferenciado); b) atuar em todos os segmentos de maneira indiferenciada (marketing indiferenciado); c) concentrar-se em um ou poucos segmentos (marketing concentrado).

> **VEJA EM**
>
> Os conceitos de marketing diferenciado, indiferenciado e concentrado foram apresentados no início deste capítulo.

Figura 5.9 O sistema de marketing estratégico no contexto do posicionamento competitivo

```
        Ambiente político-legal   Ambiente econômico   Ambiente tecnológico
                    ↓                  ↓ ↓ ↓                  ↓
              ┌──────────────┐                        ┌──────────────┐
              │ Atratividade │                        │ Segmentação  │
              ├──────────────┤                        ├──────────────┤
              │ Oportunidade │      Prospecção →      │  Priorização │
              ├──────────────┤                        ├──────────────┤
              │Competitividade│                       │Posicionamento│
              └──────────────┘                        └──────────────┘
                    ↕   ↘        ┌─────────────┐       ↙    ↕
                              │  Concorrência │
              Ambiente físico └─────────────┘   Ambiente sociocultural
```

Fonte: Toledo, 2000.

3. *Posicionamento (positioning)*: define a maneira como a marca ou a empresa deseja ser percebida pelos compradores-alvo e compreende a análise dos fatores críticos de diferenciação relativamente à concorrência. Esses fatores devem conferir uma identidade única (posição) à oferta da empresa, representar valor superior para os segmentos escolhidos e servir de base para o processo decisório envolvendo os 4Ps.

A Figura 5.9 ilustra o sistema de marketing estratégico, no contexto do posicionamento competitivo da UN, realçando os três elementos anteriormente descritos: análise de oportunidades; decisões relativas à escolha dos segmentos e ao posicionamento e presença da concorrência.

Em síntese, os processos de segmentação e posicionamento constituem o âmago do marketing estratégico da empresa e a essência da conquista de maior competitividade. É no contexto dessa dimensão estratégica que o processo de segmentação de mercado e de posicionamento se revela importante para o planejamento de marketing, principalmente na formulação e na implantação de estratégias de marketing para mercados específicos.

ESTUDO DE CASO

Ford EcoSport: percepção *versus* realidade

Fonte: Jipe Ford Ecosport, em São Paulo. Marcelo Justo / Folhapress.

Com tração 4×2, mas com cara de SUV (utilitário esportivo), o EcoSport surgiu para conquistar consumidores que sempre sonharam em ter um veículo desse último tipo. No Salão do Automóvel, em outubro de 2002, ele fez com que os olhos de muitos brilhassem. Tudo porque, para uma boa parcela de interessados, o sonho de ter um SUV finalmente se tornaria um desejo realizável. A Ford atendeu a essa expectativa lançando o EcoSport com um preço de entrada popular, na faixa dos R$ 31.190, chegando a quase R$ 50 mil. Mas seria o EcoSport um verdadeiro utilitário esportivo?

O lançamento do segundo modelo Ford produzido no Complexo Industrial do Nordeste, em Camaçari (BA) — que desbancou a unidade de São Bernardo do Campo (SP) como a de maior representatividade no volume de produção —, foi apresentado à imprensa em fevereiro de 2003, em Manaus (AM), com direito a passeios de barco pelo rio Negro e *test-drive* em trechos de terra sem dificuldade na floresta amazônica. A escolha do local já mostrava o primeiro passo da estratégia de marketing para o EcoSport, um veículo que a Ford posicionou como tendo forte ligação com a natureza e a liberdade.

Tendo chegado em março às concessionárias, o veículo tinha três opções de motorização e uma ampla faixa de preço, com infindáveis adversários. Com o propulsor 1.0 Supercharger (similar ao utilizado no novo Fiesta), direção hidráulica de série e preço de R$ 31.190 (com ar-condicionado custa R$ 33.329), o modelo brigava com os médios, como GM Astra e VW Golf, e com peruas com proposta mais esportiva, como é o caso da Fiat Palio Weekend Adventure e Volkswagen Parati Crossover. A pergunta era: será que o consumidor potencial de um médio e acostumado com mais potência estaria disposto a comprar um 1.0, mesmo que Supercharger? "Sei que é possível que não, mas não posso perder o cliente que quer o EcoSport e só tem R$ 31 mil", afirmou o diretor de marketing, vendas e serviços da Ford, Barry Engle. Mas o produto foi descontinuado em 2006.

Já na faixa intermediária de motorização, o EcoSport 1.6 foi lançado com o preço de R$ 35.590 e tentou convencer o público-alvo de GM Meriva, Renault Scénic e Citroën Picasso que van é coisa "de família". Não que tal enquadramento seja negativo, mas parecer esportivo, aventureiro e ligado à liberdade é ainda melhor.

Por último, o EcoSport topo da linha foi lançado com o motor do Mondeo, um Duratec 2.0 e 16 válvulas de 143 cavalos de potência. Com preço de R$ 47.590, que chegava a R$ 49.590, com bancos de couro — sem contar a possibilidade de instalar os 48 acessórios, como quebra-mato e estribo lateral, para reforçar a imagem de *sport-utility* —, essa versão tinha como alvo o consumidor de um Mitsubishi Pajero TR4, Kia Sportage, Suzuki Grand Vitara, Honda CR-V e Toyota RAV4.

Dotado de tração 4×2, apenas nas rodas dianteiras, o EcoSport claramente utiliza o argumento "não importa o que você é, mas sim o que parece ser", explicitado ainda mais pelas campanhas de comunicação para a televisão com o *slogan* "Bem-vindo à vida". Com início no dia 30 de março, o anúncio trazia trechos adaptados do poema "Os estatutos do homem", de Thiago de Mello, como: "Fica decretado que todos os dias da semana, inclusive as terças-feiras mais cinzentas, têm o direito a converter-se em manhãs de domingo".

Acreditando mais uma vez no "o que importa é o que você parece ser", a Ford não se preocupou com a falta da tração nas quatro rodas, atributo exibido por muitos concorrentes; afinal, do total de proprietários de SUVs, 90 por cento nunca encararam lama na vida. Mesmo assim, optou por incluir na linha uma opção com tração integral.

A previsão era de que o EcoSport 4×4, com a motorização 2.0, chegaria já no segundo semestre de 2003, com um preço 20 por cento superior quando comparado à versão 4×2. No entanto, como o veículo era produzido na mesma plataforma do Ford Fiesta, na fábrica de Camaçari, a empresa teve problemas para abastecer o mercado, inclusive atrasando o lançamento da versão 4×4. Com isso, oportunidades foram aproveitadas pelos concorrentes, que lançaram diversos modelos baseados nas características do EcoSport, tais como o Cross-Fox e a Doblò Adventure; além disso, no mesmo período, o Tracker voltou ao mercado e a Pajero TR4 passou a ser produzida no Brasil.

Apesar do incontestável sucesso, alguns problemas se evidenciaram: a capacidade produtiva e a distribuição não deram conta da demanda no lançamento e em um bom período que se seguiu. Em virtude da concorrência e dos interesses dos seus públicos-alvo, em 2008 o veículo foi reestilizado. "Sim, nós estamos admitindo: o EcoSport tinha problemas de ruído", diz Nahuel Osanai, gerente de projeto da Ford. "Mas fizemos diversas alterações para resolver isso."

O EcoSport ostenta os seguintes números no segmento de SUV.

Ano	Volume (unidades vendidas)	Participação de mercado
2009	43.577	26,05%
2008	44.179	30,07%
2007	47.035	43,37%
2006	43.599	56,56%

Fontes: ACCIARTO, Renato. "Ford EcoSport: o que importa é parecer e brilhar". *Gazeta Mercantil*, caderno Carro, p. 1, 26 fev. 2003. Ford Ecosport 1.6 XLT Freestyle, *Quatro Rodas*, disponível em: <http://quatrorodas.abril.com.br/carros/testes/conteudo_262594.shtml>, acesso em: 1 maio 2011. *Informativo Fenabrave Emplacamentos*, disponível em: <http://www.tela.com.br/dados_mercado/emplacamentos/index.asp?coditem=1>, acesso em: 1 maio 2011.

Questões para o caso

1. Qual é o mercado da empresa e como ele pode ser segmentado?
2. Quais são os públicos-alvo das versões 1.0 4×2, 1.6 4×2 e 2.0 4×4 do EcoSport?
3. Quais são os principais concorrentes de cada uma das versões?
4. Como deve ser o posicionamento de cada uma delas a fim de se manterem competitivas?
5. Que elementos devem ser trabalhados a fim de dar sustentação ao posicionamento desejado para cada uma das versões e proporcionar maior longevidade aos produtos?
6. Se não fossem tomadas atitudes específicas, pode-se dizer que haveria canibalização? Em que intensidade? Por quê? Ela seria "benéfica" ou desagregadora? O que poderia ser feito para minimizar ou acelerar o processo (a depender das intenções)?
7. Imagine que determinado modelo da empresa deva ser reposicionado em vista da ocorrência de canibalismo não desejado. Defina ações para esse objetivo.

RESUMO

- O processo de segmentação de mercado envolve a identificação de grupos de clientes que tenham necessidades e desejos específicos ou características diferentes dos demais grupos, a avaliação desses segmentos e a seleção daqueles em que se concentrará o esforço de marketing.
- Atualmente, segmentação de mercado, *targeting* e posicionamento formam os três pilares do moderno marketing estratégico, e é praticamente inadmissível conceber uma estratégia de marketing sem que se pense nesses três elementos.
- O posicionamento surgiu como um guia para a comunicação e acabou se tornando uma atividade estratégica do processo de marketing.
- Desenvolver um posicionamento como real diretriz de todas as variáveis controláveis de marketing é essencial para que haja coesão e consistência do processo e para que efetivamente se pratique marketing, de modo que os recursos empregados sejam otimizados.
- As empresas devem buscar um posicionamento distinto para cada oferta, com base em dimensões

e variáveis relevantes para cada segmento de mercado que se pretende atender, o que otimiza os recursos, torna tal oferta competitiva e contribui para evitar canibalismos indesejados.[69]

- O posicionamento contribui para os objetivos de marketing e organizacionais apenas se ele for capaz de proporcionar valor ao público-alvo da oferta.
- As empresas posicionam suas ofertas nos segmentos escolhidos por meio da combinação de ações com base no composto de marketing (produto, preço, praça e promoção).
- Como decorrência das mudanças dos fatores que constituem o ambiente de marketing, inclusive os interesses da própria empresa, o posicionamento estabelecido precisa ser alterado, de modo que uma nova posição competitiva aos olhos do público-alvo seja ocupada. Assim, o reposicionamento emerge como uma atividade cada vez mais necessária e utilizada.
- O reposicionamento, pela sua própria natureza, busca alterar a estrutura competitiva de um grupo estratégico de modo que a empresa condutora seja beneficiada. Em vista disso, os seus efeitos podem se estender somente no curto e médio prazos, a depender do nível de proatividade dos demais concorrentes do grupo.

QUESTÕES

1. Quais são os requisitos para a segmentação eficaz de um determinado mercado?
2. Apresente e explique a fundamentação e as principais etapas do processo de segmentação de mercado.
3. Discuta a importância da segmentação de mercado e do posicionamento da oferta para a eficácia do marketing.
4. Apresente e explique cada uma das etapas do processo de posicionamento de uma oferta.
5. Relacione segmentação de mercado e posicionamento da oferta.

NOTAS

1. SWINGEWOOD, A. *O mito da cultura de massa*. Rio de Janeiro: Interciência, 1978.
2. TOLEDO, G. L. *Segmentação de mercado e estratégia de marketing*. São Paulo, 1972. Tese (Doutorado em Administração de Empresas) — Programa de Pós-Graduação em Economia, Faculdade de Economia, Administração e Contabilidade da Universidade de São Paulo.
3. SMITH, W. R. "Product differentiation and market segmentation as alternative marketing strategies". *Journal of Marketing*, Nova York, v. 21, jul. 1956, p. 3-8.
4. SCHNAARS, S. P. *Marketing strategy*: a customer-driven approach. Nova York: Free, 1991.

5. LAMBIN, J.-J. *Marketing estratégico*. 4. ed. Lisboa: McGraw-Hill, 2000.
6. CLAYCAMP, H. J.; MASSY, W. F. "A theory of market segmentation." *Journal of Marketing Research*, Chicago, v. 5, n. 4, nov. 1968, p. 388-394.
7. LAMBIN, J.-J., op. cit.
8. WILSON, R. M. S.; GILLIGAN, C. *Strategic marketing management*: planning, implementation and control. Oxford: Butterworth-Heinemann, 2001. BOYD JR., H. W.; WALKER JR., O. C. *Marketing management*: a strategic approach. Homewood: Irwin, 1990.
9. PINE II, B. J. "Mass customizing products and services." *Planning Review*. Dayton, v. 21, n. 4, jul./ago. 1993, p. 7.
10. KOTHA, S. "Mass customization: implementing the emerging paradigm for competitive advantage." *Strategic Management Journal*. Chichester, v. 16, *special issue*, verão de 1995, p. 24.
11. CRAVENS, D. W. *Strategic marketing*. Burr Ridge: Irwin, 1994. DIBB, S. "Market segmentation: strategies for success". *Marketing Intelligence & Planning*. Bradford, v. 16, n. 7, 1998, p. 394-406. MCDONALD, M.; DUNBAR, I. *Market segmentation*: how to do it, how to profit from it. 2. ed. Nova York: Palgrave, 1998.
12. BICKERT, J. "Cohorts II: a new approach to market segmentation." *The Journal of Consumer Marketing*. Santa Barbara, v. 14, n. 5, 1997, p. 362.
13. SEMENIK, R. J.; BAMOSSY, G. J. *Princípios de marketing*: uma perspectiva global. São Paulo: Makron Books, 1995.
14. TOLEDO, G. L., op. cit.
15. ABELL, D. F.; HAMMOND, J. S. *Strategic market planning*: problems and analytical approaches. New Jersey: Prentice Hall, 1979.
16. GRISI, C. C. de H. E. *Contribuições ao estudo das técnicas de segmentação de mercado*: uma análise de dados sobre apostadores da Loteria Federal. São Paulo, 1986. Dissertação (Mestrado em Administração de Empresas) — Programa de Pós-Graduação em Economia, Faculdade de Economia, Administração e Contabilidade da Universidade de São Paulo.
17. GOLLER, S.; HOGG, A.; KALAFATIS, S. P. "A new research agenda for business segmentation." *European Journal of Marketing*. Bradford, v. 36, n. 1/2, 2002, p. 252-271.
18. TOLEDO, G. L., op. cit.
19. WILSON, R. M. S.; GILLIGAN, C., op. cit.
20. CAHILL, Dennis J. "Target marketing and segmentation: valid and useful tools for marketing." *Management Decisions*. Londres, n. 1, 1997, p. 10-13.
21. BOYD JR., H. W.; WALKER JR., O. C., op. cit.
22. HOOLEY, G. J.; SAUNDERS, J. A.; PIERCY, N. F. *Estratégia de marketing e posicionamento competitivo*. São Paulo: Prentice Hall, 2001.

23. ABELL, D. F. "Strategic windows." *Journal of Marketing*. Chicago, v. 42, n. 3, jul. 1978, p. 21-26. WEINSTEIN, A. *Segmentação de mercado*. São Paulo: Atlas, 1995.
24. HOOLEY, G. J.; SAUNDERS, J.A.; PIERCY, N.F., op. cit.
25. YOUNG, S.; OTT, L.; FEIGIN, B. "Some practical considerations in market segmentation." *Journal of Marketing Research*. Chicago, v. 15, n. 3, ago. 1978, p. 405-412. DIBB, S., op. cit.
26. DANNEELS, E. op. cit.
27. LAMBIN, J.-J., op. cit.
28. GOLLER, S.; HOGG, A.; KALAFATIS, S. P., op cit.
29. MAHAJAN, V.; JAIN, A. K. "An approach to normative segmentation." *Journal of Marketing Research*. Chicago, v. 15, n. 3, ago. 1978, p. 338-345.
30. WINTER, F. W. "A cost-benefit approach to market segmentation." *Journal of Marketing*. Chicago, v. 43, n. 4, outono de 1979, p. 103-111.
31. DAY, G. S. *A empresa orientada para o mercado*: compreender, atrair e manter clientes valiosos. Porto Alegre: Bookman, 2001, p. 114.
32. BOYD JR., H. W.; WALKER JR., O. C., op. cit.
33. KOTLER, P. *Administração de marketing*, 12. ed. São Paulo: Pearson Prentice Hall, 2006.
34. MCDONALD, M.; DUNBAR, I., op. cit.
35. DOYLE, P. *Marketing management and strategy*. Hemel Hempstead: Prentice Hall, 1994 apud PROCTOR, T. *Strategic marketing*: an introduction. Londres: Routledge, 2000.
36. WIND, Y. "Issues and advances in segmentation research." *Journal of Marketing Research*. Chicago, v. 15, n. 3, ago. 1978, p. 317-337.
37. WIND. 1982, p. 74.
38. TROUT. 1969, p. 51.
39. Ibidem.
40. TROUT; RIVKIN. 1996, p. 8-47.
41. AAKER; SHANSBY. 1982, p. 56.
42. DI MINGO. 1988. MCGIRR.1973 apud MAGGARD. 1976.
43. KOTLER. 1998, p. 265.
44. MCKENNA. 1999, p. 13-40.
45. TOLEDO; HEMZO. 1991, p. 12-13.
46. PAYNE. 1993, p. 94.
47. TOLEDO; HEMZO. 1991, p. 13.
48. Para ECKELS. 1990, p. 128 e para PALMER; COLE. 1995, p. 329.
49. TOLEDO; HEMZO. 1991, p. 13.
50. TOLEDO; HEMZO. 1991, p. 13.
51. PAYNE. 1993, p. 102.
52. TROUT. 1969, p. 52.

53. TROUT. 1969, p. 54. Ries e Trout. 1997, p. 30.
54. WIND. 1982, p. 75. Toledo e Hemzo. 1991, p. 22.
55. AAKER; SHANSBY. 1982, p. 56.
56. AAKER; SHANSBY. 1982, p. 57-58.
57. PAYNE. 1993, p. 114.
58. AAKER; SHANSBY. 1982, p. 59-62. Payne. 1993, p. 108. Oliveira. 2005.
59. BOONE; KURTZ. 1998, p. 242. Cravens.1987, p. 378.
60. JAIN. 2000, p. 364.
61. LOVELOCK; WRIGHT. 2001, p. 192. Berkowitz et al. 2003, p. 43.
62. PALMER; COLE. 1995, p. 334. BREVETTI. 1995, p. 42-43. JAIN. 2000, p. 363. BERKOWITZ et al. 2003, p. 43-44. WIND. 1982, p. 527--544. CRAVENS. 1987, p. 383-386. PRIDE; FERREL. 2001, p. 218.
63. Segundo GWIN; GWIN. 2003, p. 31.
64. HOOLEY; SAUNDERS. 1996, p. 237.
65. WIND. 1982, p. 94-95.
66. DI MINGO. 1988, p. 34-38.
67. WIND, 1982, p. 75.
68. GWIN; GWIN, 2003, p. 31. PAYNE. 1993, p. 102.
69. Para um aprofundamento da discussão sobre canibalismo, ver OLIVEIRA; MATTAR, 2005.

GESTÃO E DESENVOLVIMENTO DE PRODUTOS

OBJETIVOS DE APRENDIZAGEM

Após ler este capítulo, você será capaz de:

- Elencar as principais decisões relativas à variável "produto" do composto de marketing.
- Discutir o produto como parte de uma oferta.
- Apresentar as possibilidades e as implicações da extensão de marcas e de linhas de produtos.
- Discutir o processo de desenvolvimento de novos produtos.

O sucesso de uma empresa está intimamente relacionado ao desenvolvimento de relacionamento de longo prazo com os seus públicos-alvo. Para tanto, ela deve buscar proporcionar-lhes satisfação superior à oferecida pelos concorrentes.

As decisões relacionadas aos produtos — um dos "Ps" do composto de marketing — são uma das formas de alcançar esse objetivo. Entendemos que a oferta (todo o composto de marketing) e, portanto, isoladamente, cada um de seus componentes são ferramentas de que o marketing dispõe para que a empresa realize a interação com o seu mercado. Assim, o produto é parte da resposta a uma oportunidade vislumbrada pela empresa.

Este capítulo aborda os principais conceitos e decisões relacionados a produtos, bem como o processo de desenvolvimento e lançamento de novos produtos.

6.1 CONCEITOS, CARACTERÍSTICAS E CLASSIFICAÇÕES DOS PRODUTOS

Embora muitos autores elejam o produto como o principal elemento do composto de marketing, devemos compreender que não haverá êxito se ele for trabalhado de maneira isolada, pois ele é parte da oferta. Não teremos sucesso se tivermos um bom produto, mas ele não for distribuído adequadamente nos pontos em que os potenciais clientes desejam comprá-lo, ou se ele não tiver um preço compatível com o seu posicionamento, ou, ainda, se a comunicação não contribuir estimulando o cliente.

Muitos produtos fracassam, são excluídos do mercado, não porque sejam ruins, mas porque o todo do composto de marketing não é trabalhado adequadamente, com consistência e coerência — o que dificulta o alcance dos objetivos para eles definidos. Assim, é fundamental conhecermos os principais conceitos relacionados aos produtos e as decisões que devemos tomar quanto a eles.

Consideramos um produto qualquer coisa que pode ser oferecida a um mercado para satisfazer um desejo ou uma necessidade.[1] Uma definição mais técnica considera que um **produto** "é um conjunto de atributos tangíveis e intangíveis que proporciona benefícios reais ou percebidos com a finalidade de satisfazer as necessidades e os desejos do consumidor".[2] Assim, podemos entender como produtos tanto bens físicos quanto serviços, pessoas, locais, organizações e ideias.

Neste capítulo, trataremos o termo *produto* como um elemento genérico, como parte de uma proposta da empresa para aproveitar alguma oportunidade de mercado, podendo variar do nível mais intangível, como um corte de cabelo ou uma consultoria, até o mais tangível, como um pó de café ou um relógio.

Em primeiro lugar, para fins de gestão, devemos considerar que os produtos possuem cinco níveis distintos que as empresas devem considerar e planejar para satisfazer o consumidor, proporcionando, da maneira mais adequada possível, o benefício principal, e construindo uma hierarquia de valor — visto que cada nível deve acrescentar mais valor para o consumidor. Esses cinco níveis são: benefício, genérico, esperado, ampliado e potencial, conforme apresentamos na Figura 6.1.

> **Veja em**
> As peculiaridades dos produtos com essência intangível (serviços) são apresentadas de maneira específica no Capítulo 15.

> **Produto** "é um conjunto de atributos tangíveis e intangíveis que proporciona benefícios reais ou percebidos com a finalidade de satisfazer as necessidades e os desejos do consumidor".[3] Assim, podemos entender como produtos tanto bens físicos quanto serviços, pessoas, locais, organizações e ideias.

Figura 6.1 — Níveis do produto

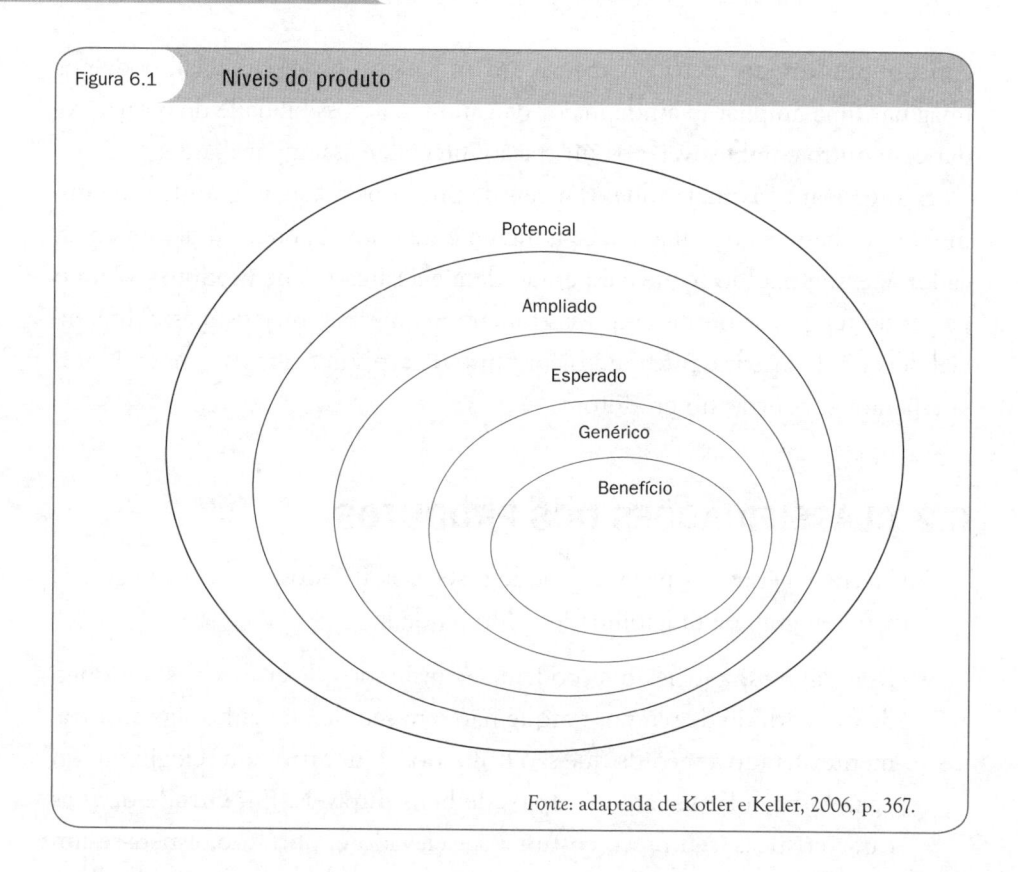

(Potencial, Ampliado, Esperado, Genérico, Benefício)

Fonte: adaptada de Kotler e Keller, 2006, p. 367.

1. *Benefício*: é considerado o núcleo do produto total, o nível mais fundamental do produto, pois consiste no benefício principal que o consumidor recebe ao adquiri-lo.

2. *Genérico*: é o nível em que o benefício principal é transformado em um produto básico, de maneira que o consumidor possa usufruí-lo.

3. *Esperado*: é o conjunto de atributos que os consumidores esperam encontrar no produto que adquirem.

4. *Ampliado*: são os serviços, os aspectos e os benefícios acrescentados aos produtos a fim de encantar o consumidor, superando suas expectativas iniciais.

5. *Potencial*: envolve todas as ampliações e transformações que determinado produto deverá sofrer no futuro, ou seja, sua possível evolução.

Como exemplo de aplicação desses diversos níveis, podemos considerar como benefício principal o transporte confortável. No nível genérico, esse benefício pode tomar a forma de um carro. No nível esperado, devem ser consideradas as diversas características de um carro, tais como suas partes integrantes e garantia. No nível ampliado, em que ocorre a diferenciação, podemos considerar uma garantia maior que a comumente oferecida para aquela categoria de carro — o fabricante pode oferecer uma garantia de três anos, por exemplo, enquanto seus concorrentes diretos oferecem apenas um ano. Já no nível potencial, podemos imaginar uma ampliação ainda maior da garantia, a possibilidade de o carro rodar com outro combustível, possuir tração integral, e assim por diante.

É interessante assinalar que os níveis de produtos possuem grande dinamismo. Suponhamos que uma empresa incremente o nível potencial de uma mercadoria, extrapolando o que é esperado daquela categoria de produtos. Com o passar do tempo, se outras empresas tomarem a mesma iniciativa, esse diferencial deixará de existir e integrará o conjunto de atributos que os consumidores já esperam encontrar no produto.

6.2 CLASSIFICAÇÕES DOS PRODUTOS

Em termos gerais, os produtos podem ser classificados em três categorias, quanto ao seu grau de tangibilidade e durabilidade:

- *Bens duráveis*: aqueles que podem ser utilizados diversas vezes ao longo de um período de tempo, porque não têm seu desempenho significativamente afetado à medida que são utilizados. Um carro, um relógio ou um aparelho celular seriam exemplos de bens duráveis. Em virtude de suas características, seu preço costuma ser elevado e, portanto, espera-se um nível de qualidade e garantia compatível com o investimento realizado.

- *Bens não duráveis*: aqueles que podem ser utilizados uma ou poucas vezes, porque têm o seu desempenho afetado à medida que são utilizados, tais como uma lâmina de barbear, refrigerante e creme dental. Seu preço costuma ser relativamente mais baixo que o dos bens duráveis. A fim de ganhar com o giro, é necessário elaborar estratégias apropriadas para aumentar a exposição do consumidor aos produtos e a frequência de uso.

- *Serviços*: aqueles que têm essência intangível, tais como assistência técnica, fisioterapia e transporte coletivo. O contato com a **fábrica de serviços** e com as pessoas que realizam as operações é extremamente importante, pois o benefício adquirido pelo consumidor não apresenta atributos físicos. Por esse motivo, o preço dos diferentes serviços é bastante variado.

E, em termos mais específicos, os produtos podem ser classificados em duas categorias: de consumo (isto é, direcionados ao consumidor final) e industriais (direcionados a compradores organizacionais e processos fabris).

Para fins de gestão, convém classificar os produtos de consumo de acordo com a frequência de compra e o tempo que o cliente destina a ela. Com base nesses critérios, os produtos dividem-se em quatro categorias principais:[4]

1. *Produtos de conveniência*: aqueles que são consumidos em uma ou poucas utilizações. Esses bens são adquiridos pelos consumidores

> **Fábrica de serviços** é o termo que define um conjunto formado por tempo, espaço, pessoas, técnicas, atividades e demais recursos empregados para que um serviço seja prestado.

finais para consumo pessoal e/ou familiar (ou, ainda, para presentear alguém) com alta frequência de compra e mínimo esforço gasto na procura e na comparação com outros tipos de mercadorias. Por serem produtos muito semelhantes em termos de características e funções, tais como biscoitos e leite, eles devem ser disponibilizados para o consumidor em quantidade e variedade adequadas. Além disso, é importante consolidar uma marca que seja percebida como diferencial, evitando que o consumidor se torne volátil e adquira produtos da concorrência. Em outras palavras, a diferenciação da marca é essencial para fidelizar clientes.

2. *Produtos de compra comparada*: são comprados com menor frequência em relação aos produtos de conveniência e possuem preço mais elevado. Na hora de adquirir esses bens, o consumidor dedica mais tempo à comparação das alternativas existentes, a fim de reduzir a dissonância cognitiva. Roupas, calçados e televisões são exemplos que integram essa categoria de produtos.

3. *Produtos de especialidade*: são comprados para cumprir finalidades específicas, feitos sob medida para atender a necessidades e desejos. Por serem, em geral, personalizados ou trabalharem a percepção de exclusividade, esses produtos são mais caros que os similares de compra comparada. É o caso de roupas e móveis feitos sob encomenda e carros de luxo, como os fabricados pela Ferrari.

4. *Produtos não procurados*: não têm a sua compra planejada, seja pelo fato de os consumidores não terem conhecimento sobre sua existência, seja pelo fato de não se sentirem estimulados a consumi-lo. Bateria de relógio e jazigos em cemitério são exemplos desse tipo de produto.

Já os produtos industriais são classificados de acordo com a função que desempenham no processo produtivo. A partir desse critério, é possível distribuí-los em três categorias:[5]

- *Bens de capital*: são utilizados para produzir ou gerenciar algo, tais como computadores e máquinas operatrizes. As instalações de uma empresa — como a sala de espera de uma companhia aérea, por exemplo — também são consideradas bens de capital.

- *Materiais e peças*: são utilizados no processo produtivo como parte do produto final, com maior ou menor modificação. São exemplos disso o milho, empregado na produção de salgadinho (*snack*), e a roda utilizada na fabricação de um automóvel.

- *Suprimentos e serviços empresariais*: são utilizados na manutenção dos bens de capital, tais como óleo, regulagem e limpeza. Também pertencem a essa categoria os bens que permitem o funcionamento da dimensão gerencial do processo, tais como tinta para impressora e papel.

Linha de produtos, composto de produto e item de produto

Uma **linha de produtos** consiste em dois ou mais itens de produtos que visam atender a uma mesma necessidade principal e proporcionam benefícios semelhantes aos consumidores. Uma mesma empresa pode possuir diversas linhas de produtos como estratégia para maximizar o aproveitamento de seus recursos e alcançar seus objetivos gerais. O conjunto das diferentes linhas de produtos comercializadas ou fabricadas pela organização é denominado mix ou **composto de produto** da empresa.[6] Cada um dos produtos de uma empresa, independentemente do seu grau de inovação e de similaridade em relação aos demais, é considerado um **item de produto**. Assim, uma linha de produtos é composta por itens de produtos. O conjunto dessas linhas de produtos, por sua vez, forma o composto, mix ou portfólio de produtos da empresa.

O portfólio de produtos de uma empresa deve ser planejado em termos de sua amplitude e profundidade. A amplitude diz respeito a quantas linhas de produtos a empresa tem. Já a profundidade depende do número de itens de produtos que cada linha possui. Empresas com portfólio de produtos muito amplo e pouco profundo são aquelas que apostam na diversificação da produção, lançando muitas mercadorias diferentes. O inverso também é possível: existem organizações que preferem compostos de produtos mais profundos e menos amplos. É o caso de empresas que escolhem especializar a produção e concentrar seus esforços em poucas linhas de produtos.

Ao montar seu portfólio, a organização deve levar em conta fatores como a necessidade de complementariedade e de competitividade, além da escala e dos custos envolvidos na operação. É preciso considerar, ainda, que as estratégias de expansão de produtos precisam ser planejadas com relação ao canibalismo — isto é, à transferência de resultados entre produtos de uma mesma empresa.[7]

Consideremos, por exemplo, o composto de produtos da empresa Coca-Cola: cada marca de refrigerante é uma linha de produtos diferente. A quantidade de marcas da Coca-Cola determina a amplitude de seu mix. Já o número de itens de produtos de cada linha indica sua profundidade.

> Uma **linha de produtos** consiste em dois ou mais itens de produtos que visam atender a uma mesma necessidade principal e proporcionam benefícios semelhantes aos consumidores.

> O mix ou **composto de produto** da empresa corresponde ao conjunto das diferentes linhas de produtos por ela comercializadas ou fabricadas.

> Damos o nome de **item de produto** a cada produto oferecido por uma empresa, independentemente do seu grau de inovação e de similaridade em relação aos demais.

Veja em

Este capítulo apresenta uma breve descrição sobre as decisões relacionadas à marca. Mais adiante, o Capítulo 14 aprofunda a discussão sobre esse tema.

6.3 DECISÕES SOBRE PRODUTOS

As principais decisões que devem ser tomadas em relação aos produtos dizem respeito à qualidade, às características, ao design, à embalagem, ao rótulo e à marca.

- *Qualidade*: constitui uma das decisões determinantes do sucesso de um produto. No âmbito do marketing, a qualidade técnica — capacidade de um produto de proporcionar os benefícios prometidos — é um componente indispensável, a partir do qual se discute a qualidade percebida. Para efeitos de marketing, a qualidade de um produto pode possuir diferentes níveis (*premium*, alta, média e baixa, por exemplo). O nível de qualidade escolhido deve ser compatível com os demais elementos do produto e do composto de marketing, levando em conta também o posicionamento almejado pela empresa. Quando o objetivo do posicionamento é convencer o público-alvo de que se trata de um produto sofisticado, é necessário manter um nível de qualidade *premium*, adequado à sensação de *status* que se pretende transmitir. Caso contrário, a proposta da empresa torna-se frágil e deixa brechas que podem ser exploradas pela concorrência. Além disso, é importante ressaltar que qualidade é um conceito relativo e não absoluto; podemos traduzi-lo como a capacidade de satisfazer necessidades. Em outras palavras, um produto terá ou não qualidade dependendo da necessidade que se propõe a satisfazer. Portanto, uma mercadoria de boa qualidade não precisa apresentar acabamentos e materiais resistentes ou sofisticados: basta incluir características adequadas à necessidade de seu público-alvo. Consideremos, por exemplo, a comparação entre duas mercadorias: uma camiseta de grife, vendida por um preço alto e confeccionada com os melhores materiais, e uma camiseta básica, barata e de material menos nobre. Qual delas apresenta um nível de qualidade superior? Para responder a essa pergunta, é necessário considerar a finalidade da compra, o uso do produto, o perfil de quem vai comprá-lo. Por exemplo: se o objetivo é vestir a camiseta para ir a uma festa, a primeira terá mais qualidade; por outro lado, se a finalidade é obter uma roupa para lavar o carro, a segunda terá mais qualidade.

> **VEJA EM**
> O conceito de qualidade percebida é abordado no Capítulo 15.

- *Características*: abrangem os atributos físicos de um produto, bem como os processos e as etapas da realização de um serviço. As características são elementos fundamentais dos produtos, incluindo, também, questões relacionadas à sua funcionalidade. Um aparelho celular, por exemplo, pode possuir ou não câmera, rádio, *MP3 player* e acesso à Internet. Essas características são aspectos do produto que o consumidor consegue avaliar objetivamente no momento da compra. Como a incorporação de cada característica gera custos, cabe à empresa identificar aquelas que são, de fato, do interesse dos clientes.

- *Design*: corresponde não apenas ao desenho ou estilo de um produto, mas também à sua eficácia e funcionalidade. Por ter uma interface artística, o *design* pode constituir um importante elemento de diferenciação

(Figura 6.2). Além disso, ele contribui para a eficiência e a eficácia da logística, à medida que melhorias no desenho do produto podem permitir que mais unidades sejam transportadas com um número menor de perdas, reduzindo custos.

- *Embalagem e rótulo*: dizem respeito ao invólucro que envolve um produto e às informações nele disponibilizadas. Podem incluir etiquetas e impressos acrescentados ao próprio invólucro. A embalagem e o rótulo de muitos produtos constituem elementos diferenciadores, pois contribuem com o esforço de comunicação de modo a atrair a atenção do consumidor. Ou seja, eles não servem somente para proteger a mercadoria: também são utilizados para expor imagens vistosas e informações sedutoras que cumprem um papel fundamental no processo de marketing, influenciando as expectativas do consumidor em relação ao produto. Além disso, estudos têm apontado que grande parte das escolhas de produtos ocorre no momento da compra — o que reforça a importância da embalagem e do rótulo.

- *Marca*: diz respeito ao termo, nome, signo, símbolo que permite a identificação de um produto específico. Um bom nome de marca deve levar em consideração os seguintes critérios: ser fácil de pronunciar e soletrar. O sabão em pó Omo, por exemplo, carrega um nome curto e simples, o que facilita sua memorização e divulgação. O nome da marca também pode estar relacionado à aplicação prática do produto. É o caso da marca Bombril, cujo nome foi formado a partir da combinação das palavras "bom brilho". A escolha do nome foi tão bem-sucedida que a marca se transformou em sinônimo de lã de aço. Outras marcas sugerem uma imagem que a organização

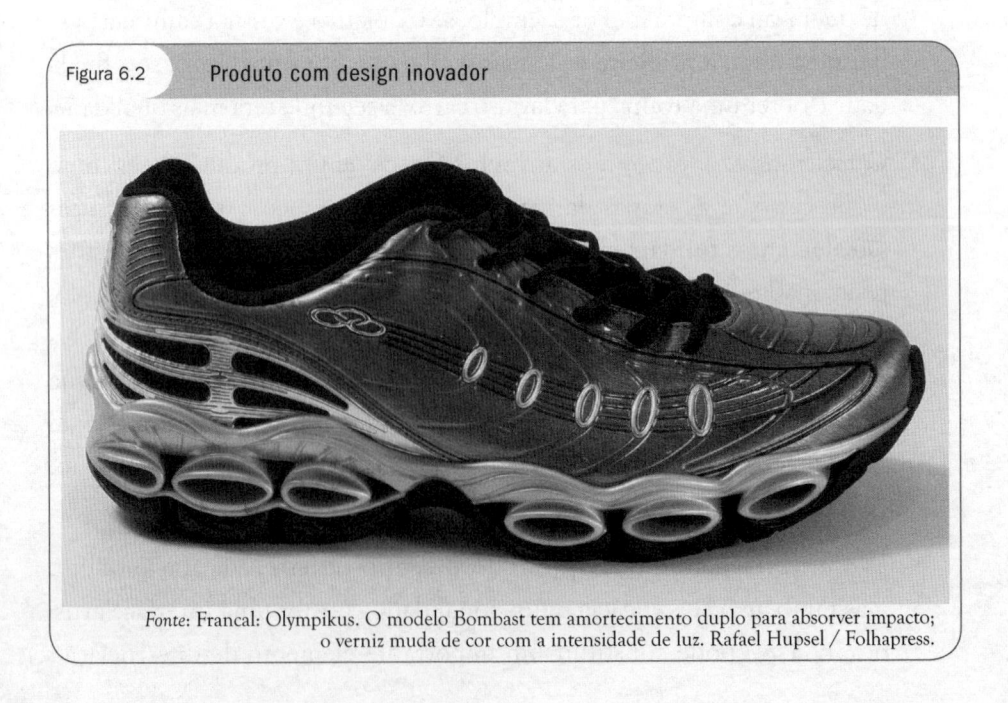

Figura 6.2 — Produto com design inovador

Fonte: Francal: Olympikus. O modelo Bombast tem amortecimento duplo para absorver impacto; o verniz muda de cor com a intensidade de luz. Rafael Hupsel / Folhapress.

> **Figura 6.3** Embalagem vistosa

Fonte: Embalagem de Aveia em flocos finos, da Quaker, que reduziu seu peso de 500g para 450g. Adriano Vizoni / Folhapress.

deseja vincular ao produto. O modelo EcoSport, lançado pela montadora Ford, por exemplo, está ligado à ideia de aventura e natureza. Também há marcas que enfatizam a diferenciação em relação à concorrência, como a Pepsi. Por último, vale citar as marcas que se destacam por ser adaptáveis e oportunas, como a Puma, por exemplo, uma vez que é associada tanto à prática de esportes quanto à moda (produtos *fashion*).[8] Como a marca é utilizada pelo processo de comunicação para levar ao cliente a proposta da empresa, ela acaba incorporando uma identidade e uma série de valores que a diferenciam das demais.

Ferramentas gerenciais para decisões sobre produtos

Para minimizar os riscos de insucesso dos produtos, é crucial que as decisões sobre eles sejam tomadas com o auxílio de informações adequadas. Neste capítulo, conheceremos duas ferramentas gerenciais que permitem visualizar, constatar e julgar situações que possuem implicações importantes sobre as decisões relacionadas ao composto de marketing como um todo — muito embora seu vínculo com o composto se dê por meio da variável produto, uma vez que ela é utilizada como parâmetro pelos indicadores de resultados com os quais essas ferramentas trabalham. Uma delas é a **Matriz BCG de Crescimento e Participação de Mercado**, que tem esse nome por ter sido desenvolvida pelo Boston Consulting Group, uma empresa que presta serviços de consultoria empresarial. Essa matriz cruza duas variáveis: o *índice de crescimento* do mercado e o *índice de*

> " A **Matriz BCG de Crescimento e Participação de Mercado** tem esse nome por ter sido desenvolvida pelo Boston Consulting Group. Essa matriz cruza duas variáveis: o índice de crescimento do mercado e o índice de participação relativa de determinado produto nesse mercado. "

participação relativa de determinado produto nesse mercado. Também pode ser utilizada para uma linha de produtos ou até mesmo para um portfólio de negócios com diversas unidades. Uma ressalva importante: a matriz indica a participação *relativa* de mercado, ou seja, quanto um produto, linha ou unidade de negócios detém a mais ou a menos em relação ao seu principal concorrente, e não quanto detém em relação ao mercado todo. Observe, na Figura 6.4, que a matriz possui quatro quadrantes. Cada quadrante mostra uma classificação que o produto pode obter de acordo com sua participação relativa no mercado (eixo horizontal) e a taxa de crescimento desse mercado (eixo vertical).

Embora deva ser combinada com outras ferramentas gerenciais, a análise do portfólio contribui para que a gestão da empresa tenha bases consistentes. Em geral, o ideal é que um produto seja introduzido quando é detectada uma oportunidade atraente. Assim, normalmente um produto "nasce" no quadrante *oportunidade*, porque seu mercado de clientes cresceu (este é o fator de atratividade). Porém, é provável que sua participação relativa seja pequena nesse momento. À medida que sua participação cresce, em um mercado que continua crescendo a altas taxas, o produto torna-se uma *estrela*. No entanto, como nenhum mercado cresce a altas taxas para sempre, o produto se transformará em uma *vaca leiteira* com o passar do tempo. Posteriormente, ele se converterá em um *abacaxi*, já que os fatores do macro e do microambiente de marketing tendem a torná-lo menos demandado em um mercado que está encolhendo.

O **Ciclo de Vida do Produto (CVP)** é outra ferramenta particularmente vinculada ao produto que, combinada com outras, pode auxiliar na tomada de decisões

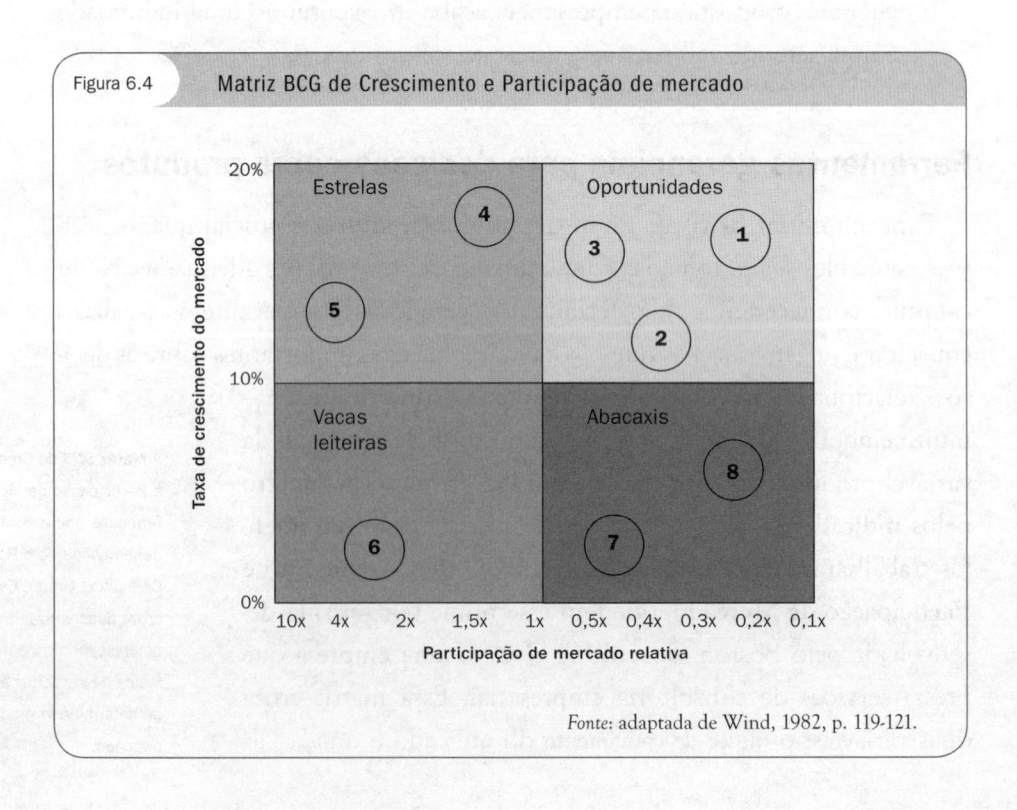

Figura 6.4 — Matriz BCG de Crescimento e Participação de mercado

Fonte: adaptada de Wind, 1982, p. 119-121.

relacionadas a todo o composto de marketing. Trata-se de uma abordagem que traça uma análise histórica da projeção de vendas em unidades ou em valor financeiro, permitindo avaliar tendências e, com isso, administrar o composto, de modo a otimizar a vida de uma oferta e os resultados proporcionados por ela.

Baseado na biologia, o conceito de Ciclo de Vida do Produto (CVP) considera que um produto, assim como os seres vivos, possui um ciclo de vida, que se estende do lançamento (nascimento) até o declínio (morte), conforme indica a Figura 6.5.

Cada etapa do CVP exige estratégias e ações específicas:

> Baseado na biologia, o conceito de **Ciclo de Vida do Produto** considera que um produto, assim como os seres vivos, possui um ciclo de vida, que se estende do lançamento (nascimento) até o declínio (morte).

- *Introdução*: como o produto está sendo introduzido no mercado, é necessário criar uma demanda, o que pode ser feito por meio da comunicação. Para tanto, convém levar em conta o estágio do público-alvo em relação a seu processo de compra. Durante a fase de introdução, as vendas são baixas e a receita normalmente não é suficiente para gerar lucros, visto que pode existir capacidade produtiva ociosa. Além disso, a empresa tem de arcar com os custos do desenvolvimento e com as despesas relacionadas à operação.

- *Crescimento*: à medida que as vendas aumentam, as receitas e os custos se equilibram. Nesse estágio, é importante buscar a consolidação com base nas estratégias definidas; afinal, em casos de sucesso, os concorrentes reagem rapidamente. Portanto, a empresa deve oferecer ampliações do produto, de modo que o público-alvo continue interessado nele.

VEJA EM

Os cincos estágios que o consumidor percorre em seu processo de decisão de compra são abordados no Capítulo 3.

Figura 6.5 — Ciclo de Vida do Produto

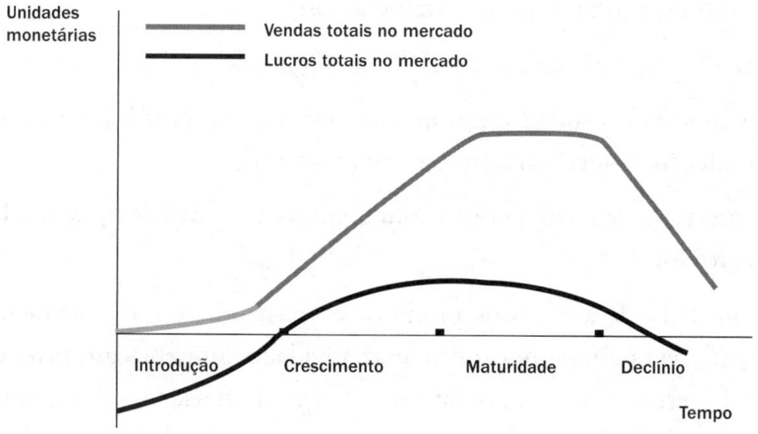

Fonte: adaptada de Wind, 1982, p. 45-49.

- *Maturidade*: como as vendas tendem a se estabilizar, é preciso identificar formas de mantê-las e até mesmo aumentá-las. Para tanto, a empresa deve tomar decisões ligadas à amplitude e à profundidade, além de considerar possíveis extensões da marca, como modo de aumentar a frequência do consumo e manter ou ampliar a participação de mercado.

- *Declínio*: com as vendas decrescendo, cabe à empresa a decisão de investir na possível recuperação do produto ou gerenciar sua substituição por meio do canibalismo, a fim de que o público-alvo do produto migre para outro produto da própria empresa. Para tanto, convém rever os contratos de fornecimento de matérias-primas, insumos e distribuição, bem como reavaliar o dimensionamento da força de vendas e demais atividades que geram custos operacionais.

Como o ambiente de marketing é bastante dinâmico, o CVP não deve ser utilizado isoladamente para subsidiar a tomada de decisão, pois leituras equivocadas ou dificultadas da etapa em que o produto se encontra não são incomuns. Uma vez que conhecemos a importância, as definições e as principais decisões que devemos tomar com relação ao produto, bem como algumas ferramentas gerenciais que nos ajudam nessas decisões, é importante conhecer também o processo de desenvolvimento e lançamento de novos produtos.

6.4 DESENVOLVIMENTO E LANÇAMENTO DE NOVOS PRODUTOS

Diversas razões motivam as empresas a desenvolver e lançar novos produtos. Entre elas, convém destacar as cinco motivações principais:[9]

- diluir o risco, evitando a dependência de um ou poucos produtos;
- substituir produtos pouco competitivos;
- crescer por meio de um portfólio mais completo;
- melhorar os resultados por meio da utilização de capacidades ociosas de produção, comercialização ou administração;
- obter vantagem competitiva com o aproveitamento de oportunidades de mercado.

Por um lado, lançar novos produtos é essencial para a permanência e o crescimento da empresa; por outro, essa atividade apresenta um nível de risco elevado. Diversos estudos apontam que a taxa de fracasso — incapacidade de atingir os resultados esperados — pode chegar a mais de 90 por cento do total de lançamentos, o que representa perdas significativas para as organizações, tanto em termos de recursos financeiros investidos quanto em termos de tempo e problemas com a imagem da empresa no mercado.

Alguns fatores, entre inúmeros outros, podem contribuir para o fracasso de um novo produto. São eles:[10]

- informações de mercado insuficientes;
- mudanças não previstas do ambiente de marketing e falta de previsibilidade;
- orçamento insuficiente para o processo;
- falta de comprometimento da cúpula da organização;
- custo elevado;
- preço elevado;
- posicionamento inadequado;
- comunicação inadequada;
- distribuição insuficiente;
- *timing* de lançamento inadequado (lançamento anterior ou posterior à real oportunidade de mercado);
- nível de qualidade percebida inadequado;
- perfil e competências inadequadas dos responsáveis pela gestão do processo.

Além disso, muitas empresas incorrem em certo empirismo ao desenvolver novos produtos, pois nem sempre cumprem todas as etapas necessárias desse processo. Isso ocorre por causa de três principais fatores:[11]

- falta de recursos financeiros para o desenvolvimento de produtos, um processo que, além de complexo, é bastante oneroso;
- falta de conhecimento acerca dos benefícios das etapas e das consequências de não cumprir todas elas;
- falta de tempo hábil, tendo em vista a ação dos concorrentes, bem como a pressão exercida por consumidores, atacadistas, varejistas e pelos próprios objetivos preestabelecidos.

Tipos de novos produtos

Em geral, existem cinco tipos de novos produtos. Essa classificação é feita de acordo com o grau de novidade que o produto oferece para a empresa e para o mercado:[12]

- *Simples melhorias e/ou revisões em produtos ou linhas de produtos já existentes, incluindo ações para reduções de custos*: esta categoria inclui melhoria do desempenho de produtos existentes, alterações em produtos que elevam a percepção de valor por parte dos públicos-alvo e alterações em produtos que reduzem custos, mantendo o mesmo desempenho.

- *Reposicionamentos*: produtos existentes passam a ser oferecidos para outros mercados ou segmentos de mercado ou, ainda, de maneira diferente aos mesmos mercados ou segmentos.

- *Produtos ou linhas de produtos novos para a empresa, mas já existentes no mercado*: esta categoria compreende produtos criados para completar a linha de produtos da empresa, como novos sabores, novo tamanho de embalagem etc.

- *Novos produtos ou novas linhas não existentes naquele mercado, mas já existentes em outros*: esta categoria abrange os lançamentos de produtos não existentes no mercado de atuação da empresa, mas que já existem em outros mercados.

- *Produtos ou linhas de produtos totalmente novos no mundo*: trata-se de produtos efetivamente novos para o mundo, ou seja, ideias originais transformadas em produtos pela primeira vez.

A partir da comparação entre esses cinco tipos de novos produtos, é possível classificá-los de acordo com o grau de risco envolvido em seu lançamento, como mostra o Quadro 6.1.

Para aumentar as chances de sucesso de um novo produto, é necessário conhecer as etapas que se estendem desde sua concepção até seu lançamento, as quais serão apresentadas mais adiante, ainda neste capítulo. A maior parte dos novos produtos, porém, consiste em extensões de linha ou de marca — e são as possibilidades, os benefícios e os riscos dessas extensões que você conhecerá no próximo subtópico.

Extensão de marca e de linha de produtos

Um novo produto pode passar a integrar uma linha de produtos já trabalhada pela empresa, ou então inaugurar uma linha nova. A **extensão de uma marca** ocorre quando ela é atribuída a produtos de linhas diferentes daquelas em que está presente atualmente ou mesmo a produtos que integrarão linhas já existentes.[13] Já a **extensão de linha de produtos** consiste em criar uma mercadoria que se enquadre em uma linha existente na empresa. Assim, uma marca "permite sua utilização tanto em produtos intimamente relacionados como aparentemente não relacionados à mesma classe de consumo, grupo de clientes, canais de distribuição ou comunicação".[14] Portanto, as extensões, independentemente se de linha — quando o novo produto pertence a uma categoria já trabalhada pela empresa — ou de marca — quando o novo produto pertence ou não a qualquer categoria trabalhada pela empresa anteriormente —, recebem uma marca preexistente.[15]

A extensão de marca pode ser utilizada como uma estratégia para uma finalidade *específica*.[16] "É um método que pode ser usado para uma empresa

> A extensão de uma marca ocorre quando ela é atribuída a produtos de linhas diferentes daquelas em que está presente atualmente ou mesmo a produtos que integrarão linhas já existentes.

Quadro 6.1 — Tipos de novos produtos e seus graus de risco

Tipos de novos produtos	Nível de risco	Fator de risco
Simples melhorias e/ou revisões de produtos já existentes	Baixo	Como a empresa sabe exatamente o que deve ser feito, o sucesso dependerá exclusivamente de sua capacidade em fazê-lo bem.
Produtos novos para a empresa, mas já existentes no mercado	Médio	Além de ser um projeto novo para a empresa, esse tipo de lançamento exige a adoção de um posicionamento correto em relação à concorrência já existente. Chegar depois a um mercado pode trazer a vantagem de lançar um produto mais atualizado tecnicamente que os concorrentes.
Novos produtos ou novas linhas não existentes naquele mercado, mas já existentes em outros	Alto	Além de constituir um projeto inédito para a empresa, esse tipo de lançamento é novo para o mercado. Saber adaptar o produto para esse novo mercado é o principal fator de risco.
Reposicionamentos	Alto	Há o risco de promover um reposicionamento incorreto, explorando inadequadamente as decisões relativas ao composto de marketing com vistas ao objetivo pretendido, e de que o público-alvo não assimile o posicionamento pretendido.
Produtos totalmente novos para o mundo	Altíssimo	Quando um lançamento é totalmente inédito, a empresa não consegue se pautar em uma experiência anterior. Por isso, todos os fatores de risco estão presentes.

Fonte: adaptado de Mattar et al., 2009, p. 392.

entrar em um novo negócio por meio da alavancagem do seu ativo mais valioso — a lembrança do consumidor, o *goodwill* e as impressões associadas à marca".

A extensão de linha também é uma maneira de estender a marca quando o novo produto recebe a marca de uma linha já existente, por ser esta o vetor que apresenta ao mercado a proposta de valor da oferta. As diferenças entre extensão de linha de produtos e de marca podem ser entendidas tanto pela visão do consumidor quanto pela visão da empresa. Sob a óptica do consumidor, a extensão de linha envolve o julgamento das similaridades entre dois exemplos de uma mesma categoria de produtos, ao passo que a extensão de marca envolve o mesmo tipo de julgamento, porém entre dois exemplos de produtos de categorias diferentes, mas com o mesmo nome. Sob a óptica da empresa, a extensão de linha pretende atender novos usuários, ao passo que a extensão de marca pretende atender os usuários da marca.[17]

> Já a **extensão de linha de produtos** consiste em criar uma mercadoria que se enquadre em uma linha existente na empresa, podendo receber uma marca nova ou já trabalhada.

Quando um novo produto é introduzido no mercado por uma empresa e incorporado a uma linha de produtos existente, diz-se que aquela linha de produtos foi estendida. Dependendo da política da empresa, a marca da linha existente — dita *marca de família, de linha* ou *de grupo de produtos* — também pode ser estendida ao novo produto, assim como a marca institucional (da empresa), ou, ainda, uma marca distinta pode ser atribuída ao novo produto.

Em outras palavras, o que define se um produto é uma extensão de linha, de marca ou, ainda, uma nova linha é seu grau de relacionamento com os demais produtos de linhas já trabalhadas pela organização e o benefício final proporcionado ao consumidor. Com base nos conceitos de linha de produtos (que não abordam a questão da marca) e de extensão de linha, pode-se dizer que, quando um novo produto é incorporado a uma linha já existente, ele pode ou não possuir a marca dos demais itens dessa linha. Independentemente de levar a mesma marca ou não, trata-se de um caso de extensão de linha.

Políticas de marcas

Ao gerenciar os produtos existentes ou lançar um novo produto, a empresa precisa tomar uma série de decisões. Entre elas, destaca-se a *política de marcas* a ser adotada. Veja, no Quadro 6.2, as quatro alternativas de política de marcas de que as organizações dispõem.[18]

Cada tipo de política de marca oferece determinadas vantagens e desvantagens.[19] Vejamos:

- *Marca única*: consiste na utilização da mesma marca em todos os itens de determinada linha de produtos da empresa. Quando se faz uso dessa política, a marca é reforçada perante o consumidor a cada adição que a organização faz na sua linha de produtos. Os benefícios e as qualidades percebidos com relação à marca são transferidos ao novo produto. O risco associado a essa política está relacionado à necessidade de o novo item de produto possuir os mesmos padrões que as demais mercadorias daquela marca. Caso isso não ocorra,[20] os demais itens da marca serão prejudicados, pois a associação entre o novo produto e eles será imediata, ou seja, uma vez que uma marca lança um produto que não siga os padrões dos produtos já consolidados, este poderá gerar no consumidor um sentimento de frustração que, consequentemente, será associado à marca, e não somente ao novo produto.

- *Marcas múltiplas*: essa política consiste em utilizar uma marca para cada item de determinada linha de produtos. O benefício está associado à possibilidade de maior autonomia com relação aos padrões, podendo-se, inclusive, atender a diferentes nichos de mercado sem incorrer em riscos de

Quadro 6.2 Políticas de marcas

Marcas / Linhas de produtos	Uma marca	Várias marcas
Dentro de uma linha	Marca única	Marcas múltiplas
Entre linhas	Extensão da marca	Marcas independentes

Fonte: Schmidt e Guimarães, 1985, p. 60.

deterioração da marca ou da empresa. Essa política de marcas é apropriada para organizações que decidem trabalhar, por exemplo, com padrões diferentes de preços e atributos. Nesse caso, a utilização da política de marca única poderia contribuir para deteriorar a marca ou a imagem da empresa. A desvantagem dessa política está associada à diluição dos recursos destinados à promoção da linha de produtos, que serão distribuídos entre todos os itens e suas respectivas marcas. Se essa divisão não for benfeita, alguns itens poderão ter seu ciclo de vida reduzido ou trazer resultados aquém dos esperados.

> **VEJA EM**
>
> Um nicho de mercado é uma parte de um segmento de mercado. O Capítulo 5 fala mais detalhadamente sobre segmentos e nichos.

- *Extensão da marca*: consiste na utilização de uma mesma marca para diferentes linhas e tipos de produtos. O principal benefício dessa política está nos menores custos de marketing. Afinal, a extensão da marca tenta transferir, aos olhos dos consumidores, os benefícios conquistados por uma marca para outras linhas de produtos. Os riscos dessa política assemelham-se aos da marca única: caso o novo produto não apresente o mesmo padrão dos demais itens que levam aquela marca, todo o composto de produtos da empresa será prejudicado. Cabe ressaltar, no entanto, que, no presente caso (política de extensão da marca), esse risco é de menor intensidade, pois não seria afetado todo o composto de produtos da empresa, e sim apenas as linhas de produtos que levarem uma mesma marca.

- *Marcas independentes*: consiste na utilização de diversas marcas independentes em cada uma das linhas de produtos de uma organização. Assim como no caso da política de marcas múltiplas, há o risco de pulverização dos recursos aplicados na promoção de linhas com diferentes marcas. Porém, essa estratégia diminui a necessidade de padronização das diversas linhas quanto à qualidade, ao uso do produto, à sua imagem e ao composto de marketing. Dessa maneira, cada linha de produtos pode atender a diferentes nichos de mercado sem o risco de deteriorar os produtos pertencentes a outras linhas trabalhadas pela empresa.

Possibilidades e implicações das extensões

No que diz respeito à política de marca, é possível classificar as extensões em cinco grupos principais. São eles:

- *Extensão da linha de produtos com a marca de família*: a linha de produtos e a marca dos demais itens da linha são estendidas ao lançamento. Os produtos Fanta Laranja e Fanta Uva são exemplos disso.

- *Extensão da linha de produtos com a marca institucional (nome da empresa)*: uma linha de produtos que leva a mesma marca que todos os demais itens de produtos da empresa é estendida. É o caso dos leites Parmalat Integral, Parmalat Semidesnatado e Parmalat Desnatado.

- *Extensão da linha de produtos com a marca institucional, combinada com a marca da linha ou marca individual:* o biscoito Chocookie Baunilha (Nabisco) e o leite condensado Moça Fiesta (Nestlé) são exemplos de como a marca institucional pode ser associada à marca do produto.

- *Extensão da linha de produtos com marcas individuais:* a linha de produtos é estendida, mas os novos itens recebem marcas diferentes. Essa prática também pode ser chamada de *política de marcas múltiplas*.[21] Em virtude do alto grau de similaridade, é possível entender que se trata de uma única linha de produtos, embora cada item possua uma marca distinta. É o caso dos chocolates fabricados pela Nestlé: Chokito, Prestígio e Galak, por exemplo.

- *Extensão da marca:* uma marca já utilizada por uma empresa é atribuída a produtos de categorias diferentes das trabalhadas até então. Em outras palavras, ela é estendida a linhas de produtos diferentes daquelas que atualmente levam a marca. Além de ser utilizada em produtos alimentícios, a marca Parmalat, por exemplo, passou a ser empregada em sorveterias, denominadas Gelaterias Parmalat.

Contudo, vale ressaltar que estender um nome conhecido para outros produtos nem sempre proporciona os melhores resultados. Isso ocorre porque a marca já ocupa uma posição na mente dos consumidores; portanto, para estendê-la, é necessário modificar essa posição, causando mudanças nos conceitos do produto.[22] Por outro lado, é importante notar que a extensão da marca evita os altos custos relacionados ao estabelecimento adequado de uma nova marca no mercado. Dessa maneira, as extensões podem funcionar como propulsoras do desenvolvimento das organizações.[23]

Apesar da contribuição que as extensões podem trazer aos lucros da empresa, devemos levar em conta uma série de indicadores, além do financeiro, para a adoção dessa política. Alguns desses indicadores são o *market share*, ou seja, a participação relativa que a empresa detém de determinado mercado ou segmento de mercado, a *satisfação do consumidor*, isto é, em que medida ele está propenso a se tornar fiel àquela marca ou empresa, e a *presença no ponto de venda*, indicador que nos mostra em que medida será possível evitar que determinado espaço físico seja destinado aos produtos de empresas concorrentes.

As principais vantagens da utilização da extensão de marca como estratégia empresarial são:[24]

- aumento do impacto da propaganda sobre a marca, podendo-se reduzir custos;
- aumento dos espaços nos pontos de venda destinados aos produtos da empresa;
- diminuição dos custos de distribuição;

Veja em

Para compreender o processo de posicionamento de um produto, leia o Capítulo 5.

Quem?

Um dos maiores especialistas em *branding*, Kevin Lane Keller é professor de marketing na Dartmouth College e leciona principalmente as disciplinas de administração de marketing e administração estratégica de marcas, além de ministrar várias palestras sobre esses temas. Entre suas publicações, podemos destacar *Gestão estratégica de marcas* e *Administração de marketing*, que está na 12ª edição — este último em parceria com Philip Kotler. Além disso, o professor Keller possui artigos publicados em revistas científicas de renome na área de marketing, tais como *Journal of Marketing*, *Journal of Marketing Research* e *Journal of Consumer Research*.

- maior aceitabilidade dos novos produtos, por parte dos varejistas, tendo em vista que os consumidores finais reconhecem a marca de imediato;
- possibilidade de corrigir distorções sazonais, por possuir uma linha mais completa.

No entanto, algumas armadilhas podem surgir com a política de extensão de marca:[25]

- diluição do conceito individual de um produto;
- diluição dos efeitos da propaganda;
- possibilidade de a extensão ser feita a um produto inadequado.

Para não cair nessas armadilhas, é preciso assegurar que cada produto tenha objetivos e posicionamentos próprios em relação à embalagem, ao preço, aos canais de distribuição, à propaganda, à promoção e ao nome de marca.[26]

A vantagem da extensão de marca está ligada ao reconhecimento do nome e da imagem, o que reduz o risco inerente à introdução de novos produtos. Com isso, é possível gastar menos recursos com distribuição e aumentar a eficácia das promoções.[27] Porém, o sucesso de uma extensão de marca depende do comportamento do consumidor diante dela. O estudo desenvolvido por Aaker e Keller aponta as seguintes conclusões quanto às associações que os consumidores realizam diante das extensões de marca:[28]

- Não há uma ligação direta entre a qualidade percebida na marca e a atitude do consumidor para com a extensão.
- A qualidade percebida na marca original é transferida para a extensão apenas quando os produtos são complementares ou substitutos.
- Em relação à percepção de adequação à classe de produto, o complemento e a substituição não são relevantes, porém a transferência de conhecimento (know-how) é bastante importante.
- A transferência e o complemento são as dimensões mais relevantes para o comportamento do consumidor diante da extensão de marca; porém, há uma relação negativa quando as duas são trabalhadas.
- Quanto mais complexo é o produto para o qual se estendeu a marca, mais aceito ele é pelo consumidor.

6.5 O PROCESSO DE DESENVOLVIMENTO DE NOVOS PRODUTOS

Uma empresa tem diversas opções para ampliar ou completar sua linha de produtos, podendo, inclusive, acrescentar outras linhas.[29] Em geral, as opções a seguir podem ser consideradas:

QUEM?

David Aaker é vice-presidente do conselho da Prophet Brand Strategy e professor emérito da Haas School of Business, na Universidade da Califórnia, em Berkeley. Ele é responsável pelo desenvolvimento do Modelo de construção da marca de Aaker, o qual apresenta quatro recursos principais para obter um alto *brand equity*: conscientização da marca, qualidade percebida, associação da marca e fidelidade à marca. Considerado uma das maiores autoridades mundiais em marcas e *brand equity*, Aaker é também autor de vários livros sobre o tema.

O QUÊ?

Alguns produtos costumam ser consumidos juntos. É o caso do arroz e do feijão, bem como do leite e do achocolatado. A esses produtos damos o nome de bens complementares. Já os produtos substitutos são usados para substituir o consumo de outros bens. A margarina e a manteiga, por exemplo, são bens substitutos.

- *Desenvolvimento interno:* trata-se da opção mais arriscada e demorada. Nesse caso, a empresa deve percorrer, praticamente, todas as etapas do processo de desenvolvimento de um novo produto. O objetivo deste livro é descrever essa opção.

- *Desenvolvimento externo:* nessa opção, a empresa pode contratar consultores, pesquisadores, institutos de pesquisas ou, ainda, elaborar contratos e convênios com universidades e institutos de pesquisas que possam ajudá-la em algumas (ou todas as) etapas do desenvolvimento de um novo produto. Graças às experiências do pessoal externo à empresa, os riscos podem ser reduzidos, principalmente nos casos em que a empresa não dispõe de conhecimentos, experiências e *expertise* internos.

- *Compra de patentes:* essa opção é adequada para empresas que buscam eliminar os estágios iniciais do desenvolvimento, pois consiste na aquisição de ideias ou produtos já patenteados. Além disso, a compra de patentes oferece à empresa a garantia de exclusividade de exploração do produto. Nos casos de compra de patentes de ideias, ainda cabe à organização investigar como a ideia pode ser convertida em produto.

- *Compra ou aluguel de licenciamento ou franquia:* nesse caso, a empresa adquire não apenas a licença para produzir o produto com possível exclusividade, mas também a tecnologia de produção, os conhecimentos sobre custos e comportamento de mercado, entre outras informações importantes. Dessa maneira, um grande número de fatores de risco é eliminado, em troca do pagamento da taxa de licenciamento ou franquia.

- *Compra:* essa opção compreende a aquisição de produtos (até mesmo marcas) ou linha de produtos já existentes no mercado e pertencentes a outras empresas. A principal vantagem aqui é a redução drástica do tempo necessário para colocar novos produtos no mercado, permitindo que a empresa queime diversas etapas e diminua os riscos do processo de desenvolvimento e lançamento de novos produtos. O desafio está em encontrar produtos que estejam à venda e que possam, sinergicamente, fazer parte da linha de produtos da empresa. Ao escolher essa alternativa, a empresa também elimina um concorrente.

- *Compra de outra empresa:* essa última opção é, sem dúvida, a menos arriscada e a mais cômoda. Adquirir outra empresa oferece à organização a possibilidade de faturar e lucrar com os produtos imediatamente. Além disso, essa opção traz consigo todo o *expertise* da empresa adquirida, bem como seus recursos humanos, tecnológicos, mercadológicos, de produção, entre outros. Essa estratégia é a mais recomendada, principalmente para empresas que pretendem ingressar em mercados totalmente desconhecidos.

Evidentemente, sua adoção deve ser precedida de inúmeros estudos, a fim de determinar o valor justo para a compra e identificar se haverá sinergia entre a organização adquirida e o conjunto de negócios da empresa.

O foco desta seção é o desenvolvimento interno de produtos. No decorrer da leitura, você perceberá que, para otimizar as chances de sucesso do novo produto, as empresas devem cumprir um conjunto de etapas. São elas:[30]

1. busca de ideias e oportunidades;
2. seleção de ideias e oportunidades;
3. desenvolvimento e teste dos conceitos;
4. análise da viabilidade econômico-financeira, tecnológica e comercial;
5. desenvolvimento do produto e seus componentes;
6. pesquisas e testes do produto e seus componentes;
7. plano de marketing para o lançamento;
8. produção, comercialização e distribuição;
9. acompanhamento, controle, correções e ajustes.

Etapa 1: busca de ideias e oportunidades

A busca de ideias e oportunidades de mercado deve ter como objetivo melhorar os resultados da empresa. Para tanto, é fundamental conhecer profundamente o ambiente de marketing em que se pretende lançar um novo produto, tanto no nível micro quanto no macro. O nível micro abrange informações ligadas a fornecedores, clientes, concorrentes, intermediários, bem como o conhecimento sobre as vulnerabilidades e as potencialidades da própria organização. Já o nível macro diz respeito a aspectos relacionados a legislação, política, demografia, ecologia, economia, tecnologia e cultura do ambiente de marketing selecionado. Todos os elementos dos níveis micro e macro merecem ser estudados, pois podem apresentar oportunidades ou ameaças para o lançamento de novos produtos.[31]

Em geral, acredita-se que três situações podem criar oportunidades de mercado: escassez de algo; possibilidade de inovar ou melhorar o fornecimento de um produto já existente; e possibilidade de fornecer um novo produto ou serviço.[32] Possuir um sistema de informações de marketing eficaz é fundamental para abastecer a empresa com informações que facilitem a identificação de oportunidades. De maneira mais ampla, a busca de ideias e oportunidades de mercado para novos produtos compreende sete subetapas: (1) análises de mercado; (2) análises das evoluções tecnológicas relacionadas com o produto (matérias-primas, processos etc.); (3) análises da concorrência; (4) análises do

VEJA EM

Os sistemas de informações de marketing são abordados detalhadamente no Capítulo 2.

> A **busca ou geração de ideias** designa um conjunto de processos que visa encontrar ou desenvolver ideias para solucionar problemas ou aproveitar de maneira lucrativa uma oportunidade percebida.

O QUÊ?

Brainstorming é uma reunião de pessoas que, incentivadas por um moderador — que informa qual é o problema em questão e cria estímulos para colher sugestões de soluções —, procuram fornecer o maior número possível de ideias, sem que haja nenhuma avaliação crítica em um primeiro momento.

consumidor; (5) análises dos mercados internacionais mais adiantados do produto; (6) análises das restrições sociais, legais e governamentais; e (7) utilização de processos de busca e/ou geração de ideias.

A **busca ou geração de ideias** designa um conjunto de processos que visa encontrar ou desenvolver ideias para solucionar problemas ou aproveitar de maneira lucrativa uma oportunidade percebida. Durante essa subetapa, a empresa pode contar com fontes de ideias e processos para geração de ideias.[33] Os departamentos de pesquisa e desenvolvimento (P&D), marketing, produção e vendas são exemplos de fontes internas de ideias. Já os fornecedores, intermediários, concorrentes, inventores, as revistas e as universidades são fontes externas de ideias.[34] O processo de geração de ideias costuma incluir técnicas como a listagem, a análise de atributos e as atividades de *brainstorming*.[35] O processo de geração de ideias deve dar origem a ideias de produtos que sejam condizentes com as oportunidades identificadas. A partir delas, é possível desenvolver produtos muito parecidos com os existentes no mercado, bem como com produtos completamente diferentes.[36] Aqui, o principal objetivo é conceber conceitos de produtos com valor superior — capazes de proporcionar benefícios únicos aos consumidores e alinhar-se aos objetivos estratégicos da empresa.[37]

Etapa 2: seleção de ideias e oportunidades

A segunda etapa consiste em selecionar ideias e oportunidades para o desenvolvimento de novos produtos. O objetivo é julgar as ideias e as oportunidades identificadas na etapa anterior, analisando quais são condizentes com os critérios preestabelecidos pela empresa. A Figura 6.6 apresenta um processo que serve para orientar a seleção de ideias.

Além do processo ilustrado na Figura 6.6, a empresa pode utilizar dois métodos:[38]

- *Proposta* versus *objetivos, estratégias e recursos da empresa*: consiste em verificar a adequação da ideia às diretrizes e possibilidades da organização. Caso seja aprovada em todos os quesitos, a ideia é testada com base no índice ponderado de avaliação.

- *Índice ponderado de avaliação*: é composto por uma tabela na qual são listados fatores importantes para que um produto obtenha sucesso. A necessidade de investimentos em marketing, por exemplo, é um fator que pode integrar essa tabela. Em seguida, são atribuídos pesos a esses fatores. As ideias recebem, então, um valor correspondente a cada fator considerado. Depois, multiplicam-se os valores obtidos pelo peso atribuído ao fator. Para calcular o índice ponderado de cada ideia, basta somar as

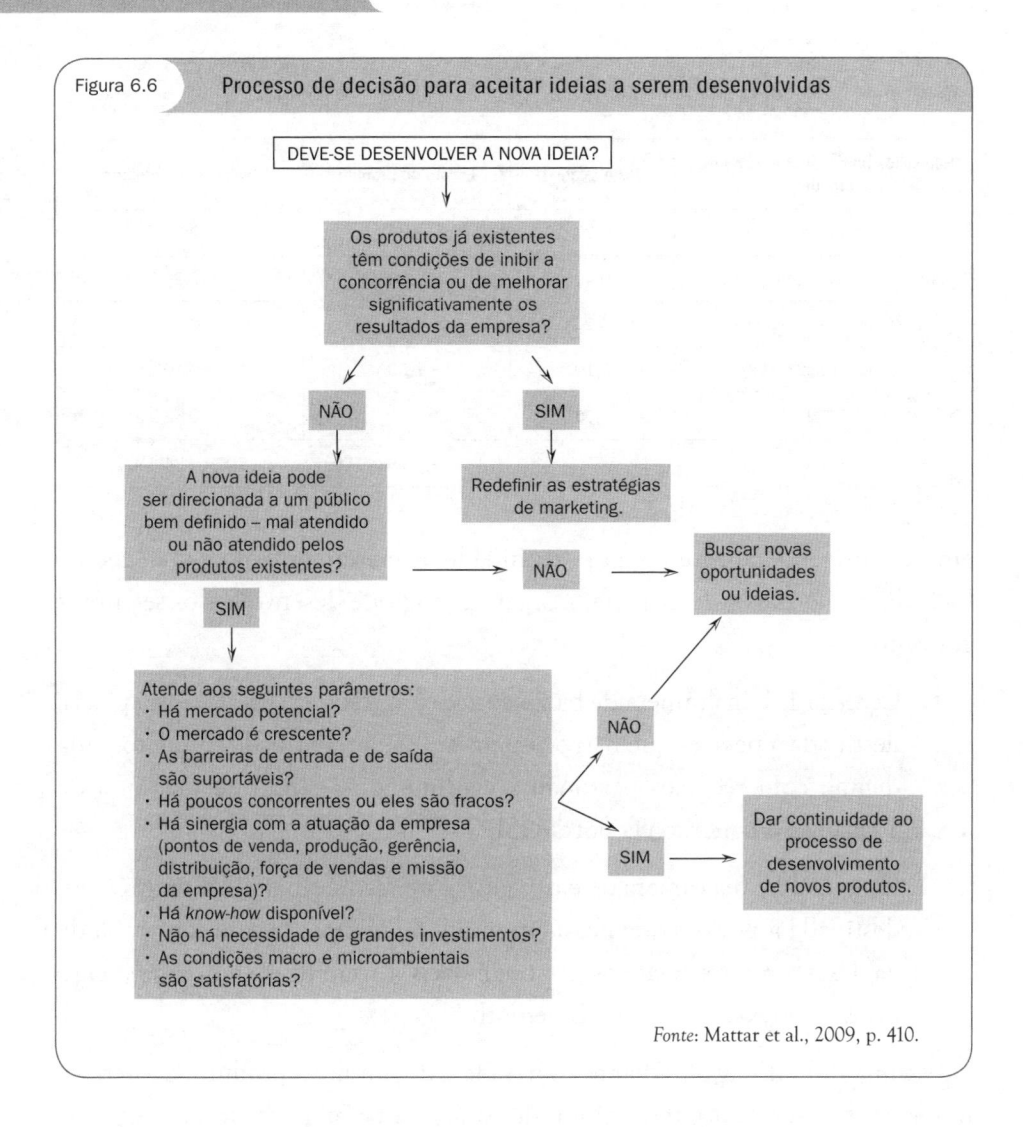

Figura 6.6 Processo de decisão para aceitar ideias a serem desenvolvidas

```
DEVE-SE DESENVOLVER A NOVA IDEIA?
            |
            v
Os produtos já existentes têm condições de inibir a
concorrência ou de melhorar significativamente os
resultados da empresa?
       /         \
     NÃO         SIM
      |           |
      v           v
A nova ideia pode      Redefinir as estratégias
ser direcionada a um   de marketing.
público bem definido         |
– mal atendido ou não       NÃO ----> Buscar novas
atendido pelos produtos                oportunidades
existentes?                            ou ideias.
      |
     SIM
      |
      v
Atende aos seguintes parâmetros:
• Há mercado potencial?
• O mercado é crescente?
• As barreiras de entrada e de saída são suportáveis?
• Há poucos concorrentes ou eles são fracos?
• Há sinergia com a atuação da empresa
  (pontos de venda, produção, gerência,
  distribuição, força de vendas e missão da empresa)?
• Há know-how disponível?
• Não há necessidade de grandes investimentos?
• As condições macro e microambientais são satisfatórias?
      |
      +---NÃO---> Buscar novas oportunidades ou ideias.
      |
      +---SIM---> Dar continuidade ao processo de
                  desenvolvimento de novos produtos.
```

Fonte: Mattar et al., 2009, p. 410.

"notas" que cada ideia obteve nos fatores analisados. As ideias são aprovadas ou reprovadas de acordo com uma escala definida pela empresa. O Quadro 6.3 exemplifica esse processo.

Cada organização deve definir um nível mínimo no total da avaliação do produto, para dar continuidade ao processo de desenvolvimento. É importante que os critérios considerados sejam definidos não apenas com base nas experiências dos responsáveis pelo processo, mas também nas informações externas, provenientes do sistema de informações da organização, especialmente dos clientes e dos concorrentes.

Etapa 3: desenvolvimento e teste dos conceitos

Uma única ideia pode dar origem a diversos conceitos. Afinal, é possível que um único produto ofereça o mesmo benefício principal para diferentes públicos-alvo, disponibilizando diversos tamanhos, sabores e cores que podem ser consumidos em ocasiões diversas. Imagine, por exemplo, que uma

Quadro 6.3 Modelo de índice ponderado para a avaliação de ideias

Requisitos para o sucesso do novo produto	Peso relativo	Escore do produto	Avaliação do produto
Inovação	0,30	0,20	0,06
Investimentos em comunicação	0,40	0,50	0,20
Variedade de tamanhos	0,20	0,80	0,16
Nível de qualidade	0,10	1,00	0,10
TOTAL	1,00		0,52

Fonte: Mattar et al., 2009, p. 411-412.

empresa pretenda aproveitar a oportunidade de crescimento do uso de tecnologia digital. A partir dessa ideia, a organização pode desenvolver os seguintes conceitos:

- *Conceito 1:* Uma câmera de baixo custo, com resolução de 7.2 megapixels, destinada a pessoas que não possuem muita familiaridade com fotografia digital, com recursos personalizáveis limitados, cartão de memória de 1 gigabyte e conexão via porta USB.

- *Conceito 2:* Uma câmera de custo alto, com resolução de 12.1 megapixels, destinada a pessoas que possuem muita familiaridade com fotografia digital, com muitos recursos personalizáveis, cartão de memória de 8 gigabytes e conexão via USB e Bluetooth.

Assim, antes de seguir adiante com a ideia de um novo produto, é essencial testar os diversos conceitos, colocando-os à prova por meio de pesquisas de marketing entre consumidores-alvo. Com base nesses dados, será possível aprimorar as ideias, moldando-as de acordo com necessidades e desejos reais dos clientes.

Etapa 4: análise da viabilidade econômico-financeira, tecnológica e comercial

A quarta etapa busca identificar se a ideia é consistente com os objetivos da empresa em termos dos recursos necessários para o desenvolvimento e a operacionalização do projeto e da rentabilidade prevista ao longo de determinado período de tempo. Caso a atratividade do negócio seja do interesse da empresa, é possível passar para a fase de desenvolvimento do produto.

A análise econômico-financeira consiste em avaliar a perspectiva de resultados relacionados à receita de vendas, custos e lucro.[39] Já a análise tecnológica diz respeito ao mapeamento das possibilidades técnicas de desenvolvimento e produção dos fornecedores e institutos de pesquisa, bem como à avaliação das capacidades existentes na própria empresa, entre outros fatores. Por último, a análise comercial deve fazer uma estimativa da aceitação do produto, seja por meio de pesquisa entre o público-alvo e intermediários, seja por consulta à força de vendas e a especialistas, a partir dos conceitos desenvolvidos.

Etapa 5: desenvolvimento do produto e seus componentes

Quando a ideia é aprovada nos estágios anteriores e os critérios predefinidos são atendidos, a empresa deve começar a investir e promover seu desenvolvimento, definindo as especificações técnicas e construindo um protótipo. As atividades de pesquisa e desenvolvimento do produto e seus componentes são otimizadas quando há uma liderança que as conduza, bem como uma cultura voltada para a inovação e o empreendedorismo.[40]

Por serem naturalmente multifuncionais, as estruturas organizacionais mais apropriadas para a realização das atividades envolvidas nessa etapa são a matricial ou a baseada em projeto. Nesta última, as equipes são organizadas para realizar determinado projeto. Cada equipe inclui especialistas das principais áreas envolvidas e um líder experiente com visão generalista.[41]

Também é importante elaborar um *protocolo*, que deve trazer especificações detalhadas. Seu conteúdo varia de acordo com o produto a ser lançado e a situação em termos de tempo, de recursos disponíveis e de concorrência. Em geral, o protocolo deve apresentar claramente as necessidades para que o processo seja consubstanciado, tais como especificações técnicas, financeiras, de marketing, de produção e aspectos legais.[42]

O processo de desenvolvimento técnico deve ser balizado por quatro princípios:[43]

- *Foco*: o foco deve recair sobre cada parte do produto em desenvolvimento, no momento em que ela estiver sendo desenvolvida. Essas partes variam de acordo com o tipo de produto; design, ergonomia, sabor e textura, entre outros, são exemplos de partes a serem focalizadas.

- *Direcionamento para o usuário*: embora haja limitações técnicas, a empresa deve manter uma visão orientada para o mercado, a fim de que o novo produto atenda às necessidades e aos desejos do consumidor. Portanto, todos os esforços precisam ser empreendidos para que o consumidor se satisfaça com a nova oferta, o que, muitas vezes, exige que a empresa desenvolva novas competências.

- *Produtividade*: a empresa precisa desenvolver competências que resultem na simplificação de procedimentos, o que promoverá economia e rapidez.

- *Rapidez, qualidade, custo e valor*: para satisfazer o mercado e obter resultados positivos, a empresa deve direcionar o desenvolvimento dos produtos sem perder de vista a rapidez, a qualidade, o custo e o valor desse processo.

A etapa de pesquisa e desenvolvimento dos produtos e seus componentes envolve avaliar as alternativas tecnológicas, selecionar a mais apropriada, verificar sua viabilidade e desenvolvê-la, se necessário. A Figura 6.7 ilustra esse processo de decisão.[44]

A opção por uma nova tecnologia deve levar em consideração os custos envolvidos, a contribuição que ela pode trazer ao novo produto e ao mercado-alvo e o tempo necessário para que ela possa ser utilizada. Para que a ideia aprovada se transforme efetivamente em um produto, é necessário que suas especificações sejam detalhadas.[45] Informações como a quantidade que se pretende produzir, as variações que o produto poderá ter e as formas de uso, distribuição e armazenamento devem constar em tais especificações, pois contribuem para a elaboração de um produto adequado.

Etapa 6: pesquisas e testes do produto e seus componentes

Esta etapa abrange uma abordagem interna e outra externa. Antes de ser testado entre os clientes, o produto deve ser submetido a testes internos que certifiquem sua funcionalidade, segurança, durabilidade e confiabilidade, atestando sua fidelidade à ideia aprovada no início do processo e mantendo a coerência do programa. Porém, partindo do pressuposto de que a qualidade técnica não constitui um diferencial competitivo, privilegiaremos o estudo da abordagem externa. Uma vez satisfeita com o desempenho do novo produto, a empresa deve dar início à abordagem externa dessa etapa, a qual visa obter a opinião de consumidores, fornecedores e intermediários — o que pode resultar em mudanças no produto. Durante essa etapa, esses participantes devem ser consultados com relação a preço, embalagem, marca e características do produto.

Algumas técnicas específicas podem ser utilizadas para o bom cumprimento dessa etapa:[46]

- *Pesquisa de flutuação das vendas*: consiste em fornecer ao consumidor uma amostra gratuita para experimentação e, após um determinado período, oferecer uma nova amostra do produto da empresa e de um produto concorrente. O objetivo é verificar quantos consumidores optam pelo produto da empresa e identificar o nível de satisfação obtido com o seu uso. A vantagem dessa pesquisa está ligada à rapidez de sua realização e ao consequente baixo custo, pois não é condição essencial o produto já possuir uma embalagem, marca ou campanha promocional em execução. Por outro lado, essas vantagens podem se converter em desvantagens, pois esse tipo de pesquisa desconsidera o impacto da campanha promocional sobre o consumidor, a opinião dos pontos de venda acerca do produto e a influência da marca sobre consumidores, intermediários e concorrentes.

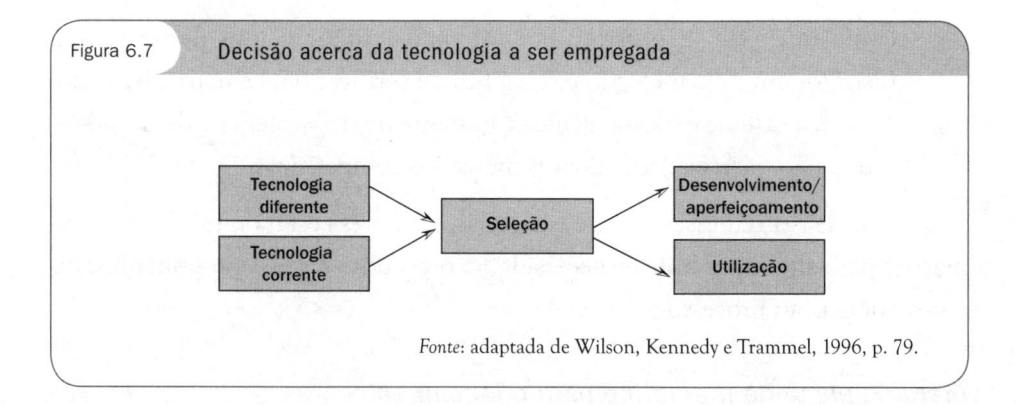

Figura 6.7 — Decisão acerca da tecnologia a ser empregada

```
Tecnologia
diferente  ┐                    ┌─ Desenvolvimento/
           ├──►  Seleção  ──────┤   aperfeiçoamento
Tecnologia ┘                    └─ Utilização
corrente
```

Fonte: adaptada de Wilson, Kennedy e Trammel, 1996, p. 79.

- *Teste de mercado simulado*: consiste em realizar uma pesquisa com consumidores acerca de sua familiaridade e preferência em relação a marcas e produtos. Para tanto, esse público é exposto a anúncios que abordam tanto o novo produto da empresa quanto produtos concorrentes de outras empresas. Depois, os consumidores recebem determinada quantia em dinheiro e são convidados a entrar em uma loja e comprar determinados tipos de produtos. Posteriormente, eles são entrevistados outra vez, a fim de verificar as motivações das compras realizadas e o porquê de não terem comprado alguns produtos. Após algumas semanas, eles são entrevistados novamente. Dessa vez, o objetivo é verificar a satisfação obtida com os produtos adquiridos e a intenção de repetir a compra. Esse método possibilita conhecer o impacto da propaganda e a taxa de repetição de consumo, o que permite fazer previsões de vendas mais certeiras. Contudo, esse teste é mais dispendioso que a pesquisa de flutuação das vendas, pois o produto e sua campanha promocional devem estar completos.

- *Teste de mercado controlado*: consiste no monitoramento, normalmente realizado por uma empresa especializada, de alguns pontos de venda. Essa empresa fornece à organização que está lançando o novo produto informações acerca do comportamento da loja em relação a seu produto, incluindo o local de exposição, o lançamento de promoções e o comportamento do consumidor no momento da compra. É possível, por exemplo, entrevistar alguns consumidores após a compra. A desvantagem desse método reside na exposição do produto à concorrência. Além disso, esse tipo de teste não identifica as dificuldades de vender os produtos às lojas, já que eles são fornecidos como cortesia pela empresa contratada.

- *Teste de mercado padrão*: consiste em escolher uma área geográfica, como uma cidade, onde a empresa lança o produto de forma real, a fim de obter uma previsão de vendas mais certeira e ajustar o plano de marketing como um todo. É possível, por exemplo, utilizar planos de marketing distintos em cada mercado-teste, a fim de verificar qual é mais adequado. Porém, a utilização dessa técnica é bastante onerosa, além de demorada — o que não parece adequado aos mercados competitivos.

Depois de realizar esses testes e pesquisas, a empresa estará munida de informações para alterar, se houver necessidade, o produto e seus componentes, ou dar sequência ao processo.

> **Veja em**
>
> O Capítulo 10 aborda de maneira específica o planejamento de marketing.

Etapa 7: plano de marketing para o lançamento

A sétima etapa do processo proposto é a elaboração do plano de marketing para o lançamento do novo produto. O **plano de marketing** consiste em realizar uma análise ambiental, fixar objetivos, definir as estratégias e ações inerentes ao processo de marketing e estabelecer formas de avaliação e ajuste.

> "O **plano de marketing** consiste em realizar uma análise ambiental, fixar objetivos, definir as estratégias inerentes ao processo de marketing e estabelecer formas de avaliação e ajuste."

É importante ressaltar que, nessa etapa, os responsáveis pelo marketing do produto devem realizar de maneira detalhada a segmentação do mercado do novo produto e a identificação do público-alvo, além de especificar estratégias e táticas de diferenciação, posicionamento, preço, canais de distribuição e comunicação.

Etapa 8: produção, comercialização e distribuição

A oitava etapa compreende as atividades de produção, comercialização e distribuição. Após definir a demanda esperada para o novo produto no plano de marketing, a empresa deve realizar as ações de comunicação cabíveis e um esforço de venda que permita alcançar os objetivos traçados de acordo com sua área de produção e suas operações. Além disso, a organização deve distribuir o produto de modo adequado, a fim de garantir que o público-alvo tenha acesso a ele quando desejar.

Uma decisão importante a ser tomada diz respeito a quando realizar o lançamento. Uma vez concluído o processo para a introdução do produto no mercado, a gestão da empresa deve identificar o momento ideal para que ele seja colocado à disposição do público-alvo.[47] Para tanto, é preciso concluir os contratos com fornecedores, intermediários e agências de propaganda e, ainda, monitorar a concorrência. Até mesmo o clima ou datas comemorativas podem influenciar a colocação de um produto no mercado, especialmente no caso de produtos sazonais. Tais decisões devem levar em conta as experiências anteriores e os testes e pesquisas realizados.

Outras variáveis importantes para o sucesso da comercialização do produto desenvolvido — tais como "onde", "a quem" e "como" — devem já ter sido consideradas quando da elaboração do plano de marketing para o lançamento.

O corpo de vendedores deve ser esclarecido acerca do novo produto, inclusive no que diz respeito às metas e estratégias de vendas apropriadas para introduzi-lo. Afinal, elas podem variar significativamente daquelas utilizadas para outros produtos com os quais a empresa trabalha. Esses cuidados visam permitir que o produto alcance com maior rapidez um nível de vendas que maximize os lucros e, consequentemente, contribua para o seu sucesso.

Etapa 9: acompanhamento, controle, correções e ajustes

A nona e última etapa do processo proposto corresponde a acompanhamento, controle, correções e ajustes. Embora o produto possa ter sido cuidadosamente desenvolvido e testado, algumas dificuldades podem ocorrer quando ele for introduzido de forma definitiva no mercado, pois estará exposto à concorrência, ao comportamento do público-alvo e às pressões econômicas, entre outras coisas. Por isso, é necessário um acompanhamento adequado do desempenho do produto.[48]

O gerenciamento do ciclo de vida é uma forma de acompanhar essa performance e colher o *feedback* do mercado, a partir do qual a empresa pode ajustar suas estratégias. Cada uma dessas fases do ciclo de vida do produto necessita de estratégias de marketing diferenciadas, haja vista as diferentes respostas que devem ser oferecidas ao ambiente de marketing. Assim, é comum que os esforços de marketing estejam voltados para a comunicação e a promoção na fase de introdução — uma vez que o público-alvo definido precisa conhecer o produto — e para a distribuição e o esforço de venda, para que o produto seja encontrado pelos demandantes.

Para controlar um produto e garantir um desempenho semelhante ao planejado, é preciso promover um acompanhamento contínuo e definir um sistema. Assim, é interessante comparar periodicamente os níveis de vendas, lucros e participação de mercado (entre outras variáveis consideradas importantes) com os parâmetros previstos no plano do produto.

Contudo, a simples comparação não é suficiente para promover ações adequadas em relação ao produto. Também é necessário projetar os resultados com base no que ocorre de forma realista, seja por meio de técnicas estatísticas, seja a partir da opinião de especialistas ou da percepção das pessoas que conduzem o processo. A projeção dos resultados é uma espécie de adequação do plano à realidade do mercado, pois, em geral, o plano é preparado alguns meses antes de ser implementado — o que pode contribuir para que haja diferenças significativas entre o esperado e o que ocorre.

O sistema apresentado na Figura 6.8 possibilita que ações corretivas e ajustes nas estratégias definidas para o produto sejam feitos de maneira eficaz: à medida que são obtidos resultados realistas ao final de determinado período

Figura 6.8   Sistema de controle do produto

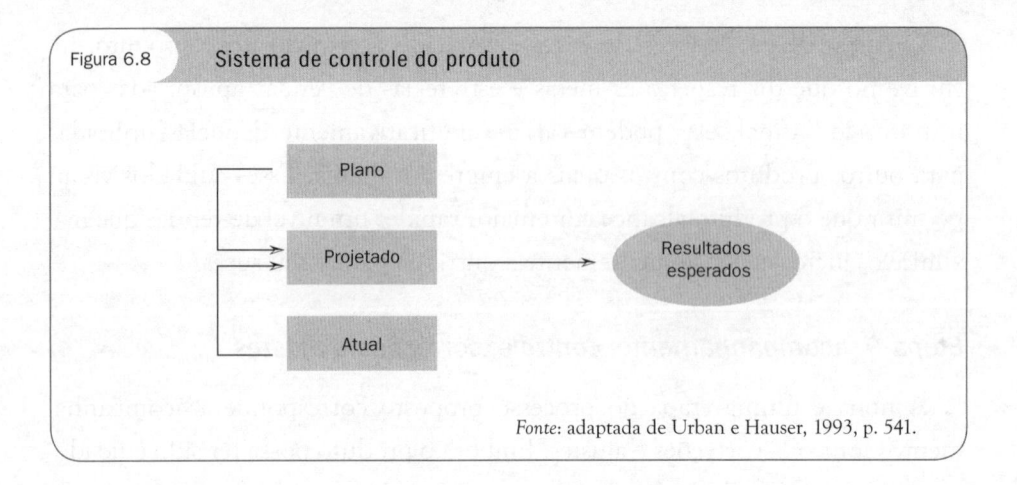

```
  ┌──→ Plano
  │
  ├──→ Projetado  ──→  Resultados esperados
  │
  └──→ Atual
```

Fonte: adaptada de Urban e Hauser, 1993, p. 541.

(um ano, por exemplo), é possível encontrar a alternativa mais adequada para melhorá-los ou mantê-los. Ou seja, o sistema proposto é uma forma de responder adequadamente às pressões dos diversos fatores do ambiente de marketing ao longo do processo, sem a necessidade de aguardar o término desse processo para descobrir que o plano não foi alcançado ou que algo poderia ter sido feito para minimizar os impactos negativos sofridos.

ESTUDO DE CASO

Kopenhagen quer atrair jovem com itens mais baratos

Fonte: Chocolate, stock.xchng®.

A Chocolates Kopenhagen Ltda. atua na indústria alimentícia, no setor de chocolates, balas e confeitos, oferecendo mais de 300 itens.

Tudo começou em 1928, com um casal de imigrantes da Letônia, Anna e David Kopenhagen, que trouxeram ao Brasil a receita do marzipã — confeito muito popular na Europa, mas até então desconhecido em nosso país. Em poucos anos, o casal fundou a primeira fábrica da Chocolates Kopenhagen, no bairro Itaim Bibi, em São Paulo.

Em 1996, Celso Moraes comprou o negócio da família fundadora e, desde então, a empresa já passou por várias mudanças. Houve um reposicionamento das lojas — com o fechamento de algumas unidades e a abertura de outras, no modelo de franquia —, contratos foram revistos, e mais da metade da rede ganhou novo layout.

A empresa iniciou um processo de revitalização em 2000, que foi acelerado depois que a filha de Celso, Renata, de apenas 24 anos, assumiu o controle da rede. Formada em administração, foi ela quem insistiu para que a companhia começasse a investir em comunicação. Assim, finalmente aconteceu a primeira aparição da marca na mídia, 70 anos depois de sua criação. Em 2006, o investimento de comunicação totalizou cerca de R$ 14 milhões.

Famosa pelos chocolates tradicionais e caros, a Kopenhagen deu um novo passo e lançou uma linha com preços mais acessíveis. Para atrair o consumidor jovem, a empresa fez uma de suas maiores campanhas publicitárias e começou a vender, em 2006, os bombons Mania, que custavam quase 30 por cento menos que os produtos convencionais da rede.

Saiu de cena o ator Edson Celulari e entrou a cantora Ivete Sangalo, garota-propaganda de uma campanha de R$ 6 milhões, que incluiu TV aberta, rádio, cinema, revistas e jornais por três meses. "Escolhemos a Ivete pela empatia com os jovens, público-alvo do produto", disse Renata Moraes.

O novo produto pegou uma carona no sucesso do tradicional Nhá Benta: os bombons Mania também são recheados com um creme de marshmallow de vários sabores, como coco, abacaxi, frutas vermelhas e maçã verde. Para produzi-los, a Kopenhagen importou um equipamento belgo-suíço, usado na fabricação de chocolates internacionais.

Apesar de mais barata que a média dos outros produtos, a nova linha ainda mantém o padrão Kopenhagen: cerca de R$ 160 por quilo, contra os cerca de R$ 200 das demais linhas. Uma caixa com cinco unidades era vendida por R$ 11,90. A expectativa era vender 1,3 milhão de caixas nos primeiros três meses após o lançamento, com um aumento de cerca de 15 por cento no faturamento, segundo Renata.

Para garantir que o consumidor ficasse mais tempo nas lojas, a Kopenhagen deu foco aos cafés nas unidades da rede, o que, segundo Renata, foi fundamental para aumentar a receita.

Em 2008, a empresa lançou uma linha de sorvetes que possui uma pequena gama de sabores, mas todos relacionados a outros produtos da rede, tais como: Chocolate com Chumbinho, Nhá Benta Tradicional, Maracujá com Marshmallow e Lajotinha.

A primeira experiência da empresa com o produto ocorreu no início da década de 2000. Porém, não foi levada adiante por conta do racionamento de energia elétrica que ocorreu em 2001, tornando o custo das geladeiras alto para a época.

Renata corrigiu os erros cometidos no passado: em 2001, o sorvete deveria ser consumido na própria loja da rede ou levado para casa em embalagens grandes. "O sorvete de massa tomava muito espaço da loja. Além disso, os consumidores que passam pelas lojas não estão preparados para fazer compras e levar o sorvete para casa", diz.

A linha de sorvetes atual tem uma proposta diferente. A venda é feita em potinhos individuais de 120 gramas, que saem por R$ 6,90. "Acredito que a linha de sorvetes poderá representar entre 10 por cento e 12 por cento do faturamento da companhia entre um ano e um ano e meio", afirma Renata.

Entre 2000 e 2005, o faturamento deu um salto de quase 170 por cento, saindo de R$ 38 milhões para R$ 109 milhões. Em 2008, a empresa estima ter faturado cerca de R$ 150 milhões, com um crescimento de mais de 6 por cento em relação a 2007.

Em abril de 2009, a Kopenhagen possuía 249 lojas (217 franquias e 32 próprias) em cerca de 60 cidades brasileiras.

Fontes: D'AMBROSIO, D. "Kopenhagen quer atrair jovem com itens mais baratos", *Valor Econômico*, 10 jul. 2006; "Kopenhagen abre vagas", *Valor Econômico*, 12 fev. 2009; BISPO, T. "Kopenhagen corrige erros e relança sorvete", *Valor Econômico*, 22 jan. 2008.

Questões para o caso

1. Quais são os públicos-alvo da Chocolates Kopenhagen?
2. Quais são seus principais concorrentes?
3. Que estratégias e ações de marketing *relacionadas a decisões de produto* devem ser implementadas para promover o posicionamento desejado e atrair o consumidor mais jovem?
4. Comente os riscos inerentes à agregação de um "novo" público-alvo a uma empresa que já possui um posicionamento consolidado.
5. Proponha um novo produto ou serviço a ser oferecido pela Kopenhagen, especificando as diversas decisões que devem ser tomadas, tais como seus atributos, serviços de apoio, bem como embalagem e rótulo (quando cabível). Defina seu público-alvo e as estratégias de produto (e de marca) que serão utilizadas. Por último, explique por que ele tem chances de obter sucesso comercial.

RESUMO

- Um produto é qualquer coisa que pode ser oferecida a um mercado para satisfazer um desejo ou uma necessidade; um conjunto de atributos tangíveis e intangíveis que proporciona benefícios reais ou percebidos com a finalidade de satisfazer as necessidades e os desejos do consumidor.

- Os produtos possuem cinco níveis distintos que as empresas devem combinar e planejar para satisfazer o consumidor: benefício, genérico, esperado, ampliado e potencial.

- Com base na frequência de compra e no tempo destinado ao processo de compra, os produtos podem ser classificados em: de conveniência, de compra comparada, de especialidade e não procurado.

- As principais decisões relativas aos produtos dizem respeito a suas características (etapas e processos, no caso de serviços), embalagem e rótulo (quando cabível), nível de qualidade, design (quando cabível) e marca.

- Certas ferramentas gerenciais permitem analisar o desempenho dos produtos. A Matriz BCG de Crescimento e Participação de Mercado e o Ciclo de Vida do Produto, por exemplo, devem ser utilizados para embasar as decisões tomadas em relação aos produtos.

- A marca de um produto pode ser única, pode ser combinada com a marca de uma linha e/ou com a marca da empresa; pode, ainda, ser da linha ou apenas da empresa.

- O processo de desenvolvimento de novos produtos compreende nove etapas: busca de ideias e oportunidades; seleção de ideias e oportunidades; desenvolvimento e teste dos conceitos; análise da viabilidade econômico-financeira, tecnológica e comercial; desenvolvimento do produto e seus componentes; pesquisas e testes do produto e seus componentes; plano de marketing para o lançamento; produção, comercialização e distribuição; acompanhamento, controle, correções e ajustes.

- Para obter sucesso no desenvolvimento e no lançamento de novos produtos, é necessário levar em consideração a orientação para o consumidor e a integração do processo.

QUESTÕES

1. Defina produtos de conveniência, de compra comparada, de especialidade e não procurados.

2. Com base na teoria de marketing, apresente e explique as principais decisões relativas a produto.

3. Relacione as decisões de produto com a segmentação do mercado e o posicionamento da oferta.

4. O que é o Ciclo de Vida do Produto e quais são suas etapas?

5. Quais são as principais possibilidades de extensão de marca e de linha de produtos?

NOTAS

1. KOTLER, P. *Administração de marketing*: análise, planejamento, implementação e controle. São Paulo: Atlas, 1998.

2. SEMENIK, R. J.; BAMOSSY, G. J. *Princípios de marketing*. São Paulo: Makron Books, 1996, p. 260.
3. Ibidem.
4. KOTLER, P; KELLER, K. *Administração de marketing*. São Paulo: Pearson. 2006
5. KOTLER, P., op. cit, 1998.
6. SEMENIK, R. J.; BAMOSSY, G. J., op. cit.
7. OLIVEIRA, B.; MATTAR, F. N. "Canibalismo entre produtos: um estudo de múltiplos casos na indústria alimentícia brasileira". *RAM. Revista de Administração Mackenzie*. São Paulo, v. 5, n. 1, 2004, p. 59-81.
8. SEMENIK, R. J.; BAMOSSY, G. J., op. cit.
9. MATTAR, F. N.; et. al. *Gestão de produtos, serviços, marcas e mercados*: estratégias e ações para alcançar e manter-se "Top of Market". São Paulo: Atlas, 2009.
10. Ibidem.
11. SEMENIK, R. J.; BAMOSSY, G. J., op. cit.
12. CRAWFORD, C. M. *New products management*. Nova York: McGraw-Hill, 1997; KOTLER, P., op. cit, 1998.
13. AAKER, D. A. *Brand equity*: gerenciando o valor da marca. São Paulo: Negócio, 1998.
14. TAVARES, M. C. *A força da marca*. São Paulo: Atlas, 1998, p. 127.
15. Ibidem.
16. TAUBER apud HERNANDEZ, J. M. C. *Proposição de um modelo de avaliação de extensões de marcas*: um estudo exploratório. Dissertação – Faculdade de Economia, Administração e Contabilidade. São Paulo: Universidade de São Paulo, 1996.
17. DESAI; HOYER apud HERNANDEZ, J. M. C., op. cit.
18. SCHMIDT, A. M. R.; GUIMARÃES, H. B. "Condições e impacto das políticas de marca em empresas nacionais de bens de consumo". *Revista de Administração*. São Paulo, v. 20, n. 1, jan./mar. 1985, p. 60-64.
19. Ibidem.
20. Ibidem.
21. Ibidem, p. 60-64.
22. RIES, A.; TROUT, J. *Posicionamento*: a batalha pela sua mente. São Paulo: Makron Books, 2001.
23. KERIN, R. A. et al. "Cannibalism and new product development". *Business Horizons*, Greenwich, v. 21, n. 5, out. 1978, p. 25-31; YOUNG, R. W. "Multibrand entries". In: ADLER, L. (Org.). op. cit., p. 143-164.
24. GAMBLE, T. "Brand extension". In: ADLER, L. (Org.). op. cit., p. 165-177.
25. Ibidem.
26. Ibidem.
27. AAKER, D. A.; KELLER, K. L. "Consumer evaluations of brand extension".

Journal of Marketing, Nova York, v. 54, n. 1, jan. 1990, p. 27-41.
28. Ibidem, p. 28.
29. MATTAR et al., op. cit.
30. Ibidem.
31. OLIVEIRA, B. *Canibalismo entre produtos*: um estudo exploratório dos fatores de marketing que contribuem para a sua ocorrência na indústria alimentícia paulistana. Dissertação. São Paulo: PPGA-Mackenzie, 2000, p. 10-11; GRUENWALD, G. *Como desenvolver e lançar um produto novo no mercado*. São Paulo: Makron Books, 1994.
32. KOTLER, P. *Marketing para o século XXI*: como criar, conquistar e dominar mercados. São Paulo: Futura, 1999.
33. MATTAR et al., op. cit.
34. Ibidem.
35. Ibidem.
36. SEMENIK, R. J.; BAMOSSY, G. J., op. cit.
37. WILSON, C. C.; KENNEDY, M. E.; TRAMMELL, C. J. *Superior product development*: managing the process for innovative products. Cambridge: Blackwell, 1996.
38. MATTAR et al., op. cit.
39. WIND, Y. J. *Product policy*: concepts, methods, and strategy. Massachusetts: Addison-Wesley, 1982.
40. CRAWFORD, C. M., op. cit.
41. Ibidem.
42. Ibidem.
43. Ibidem.
44. WILSON, C. C.; KENNEDY, M. E.; TRAMMELL, C. J., op. cit.
45. Ibidem.
46. KOTLER, P., op. cit, 1998.
47. URBAN, G. L.; HAUSER, J. R. *Design and marketing of new products*. Nova Jersey: Prentice-Hall, 1993, p. 533-534.
48. Ibidem.

7

FORMAÇÃO E GESTÃO DE PREÇO

OBJETIVOS DE APRENDIZAGEM

Após ler este capítulo, você será capaz de:

- Elencar as três abordagens básicas da formação e da gestão de preços.
- Relacionar os custos do lado da oferta (empresa) com a precificação.
- Discutir como a demanda (consumidor) influencia a decisão de precificação.
- Identificar a importância do valor percebido e da sensibilidade a preços.
- Constatar que a precificação em ambiente concorrencial é mais desafiadora e arriscada.
- Apresentar as estratégias de ajuste de preços.

No Capítulo 6, aprendemos que a gestão operacional de marketing começa com o desenvolvimento de um produto competitivo e atraente, direcionado à satisfação dos desejos e das necessidades do mercado-alvo. Neste capítulo, apresentamos os fundamentos em que se baseiam a formação e a gestão do preço desse produto. O processo de formação e gestão de preço deve desempenhar um papel integrador das decisões estratégicas da empresa, juntamente com os aspectos operacionais — que incluem a gestão de marketing.

É preciso que os administradores estejam alerta, estrategicamente falando, para que a empresa possa subsistir e crescer de maneira lucrativa em seu mercado. Para formular estratégias lucrativas, uma empresa precisa ter um bom entendimento sobre as três principais abordagens da formação e da gestão de preços, formadas pelos custos (lado da oferta ou empresa), pelo valor criado para o consumidor-alvo (lado da demanda) e pelas ações e preços praticados pelas empresas que oferecem produtos (bens ou serviços) concorrentes ou complementares (concorrência).

7.1 FUNDAMENTOS DA FORMAÇÃO E DA GESTÃO DE PREÇO

O preço é uma variável de fundamental importância na adequação do mix de marketing (4 Ps), com o qual a empresa pretende atingir o mercado-alvo. A resposta do mercado-alvo é traduzida na predisposição de dispêndio para atender aos seus desejos e a suas necessidades. Portanto, a escolha de segmentos-alvo, o posicionamento almejado pela empresa e os objetivos específicos da formação de preços encontram-se inter-relacionados.

Atualmente, algumas empresas são exemplos de sucesso na área da formação de preços, oferecendo grande valor ao consumidor a preços baixos. Entre elas, destacam-se Azul (transportes aéreos); Walmart (hipermercados); Casas Bahia (móveis e eletrodomésticos); Tok&Stok (móveis e decoração) e Dell (venda direta de computadores pela Internet). Todas adotam modelos que têm como ponto de partida a identificação de necessidades e desejos do consumidor ainda não atendidos. A partir daí, desenvolvem produtos capazes de satisfazer tais necessidades e desejos, promovem-nos honestamente e os distribuem nos formatos varejistas mais eficientes. Assim, encontram maneiras inovadoras de baixar custos e formam preços com extrema eficácia. Cabe lembrar que, com o aumento da comoditização dos produtos, cada vez mais as pessoas compram em função do preço.

Outra estratégia vencedora é oferecer produtos de qualidade excelente — os melhores de sua categoria. Os automóveis da Toyota e os sabões em pó da Procter & Gamble são exemplos disso. Há, ainda, empresas que se distinguem por associar uma cultura de criatividade aos seus produtos, como a 3M ou a Sony. Essas empresas entendem que o mercado-alvo combina suas percepções de qualidade de produto com suas percepções de preço para chegar a uma avaliação satisfatória do valor percebido. Para elas, as associações do valor percebido na escolha de bens ou serviços são um fator importante nas decisões do cliente. Elas adotam o modelo de precificação baseada em valor, porque entendem que esse é o modo mais eficaz para atingir seus objetivos de longo prazo.

A **formação de preços com base no valor** começa pelo mercado-alvo: o primeiro passo é identificar o que os consumidores querem e quanto estão dispostos a pagar por isso. As respostas a essas questões determinam a que preço o produto deve ser comercializado. Somente então começa o desenvolvimento do novo produto, que deverá satisfazer os desejos dos clientes potenciais a um

O QUÊ?

Damos o nome de comoditização ao processo de transformar um produto em *commodity*, isto é, em uma mercadoria indiferenciada, produzida em massa, que disputa a preferência do consumidor essencialmente com base no preço.

preço também satisfatório e, ao mesmo tempo, viabilizar um lucro substancial. Os custos desempenham um papel estratégico nessa equação, determinando a essência do produto. Sempre em função do que o mercado-alvo está disposto a pagar, é preciso administrar os custos de desenvolvimento, produção e comercialização do produto.[1]

Assim, é preciso determinar quais atributos ou características devem "vestir" o produto, de modo a atender aos desejos e necessidades do consumidor-alvo e gerar lucro para a empresa. Às vezes, a disposição financeira do consumidor não permite incluir todos os atributos ou características que ele gostaria de usufruir. A empresa verifica, então, quais atributos atendem prioritariamente aos desejos e necessidades do consumidor e permitem vender o produto a um preço compatível com o valor percebido, gerando o lucro desejado.

> A formação de preços com base no valor começa pelo mercado-alvo: o primeiro passo é identificar o que os consumidores querem e quanto estão dispostos a pagar por isso.

As percepções de valor são, obviamente, mais importantes do que o custo de produzir e vender o bem ou serviço. Na precificação com base no valor, os custos nunca governam os preços, porém exercem o papel fundamental de revelar o "piso" abaixo do qual a margem de lucro seria negativa. Além disso, as decisões de precificação estão atreladas ao volume de vendas, uma vez que a quantidade vendida envolve custos fixos de produção, marketing e administração. Logo, a empresa necessita dimensionar como o volume de vendas vai se refletir sobre os custos de produção, pois isso determina quanto as vendas precisam aumentar ou diminuir após uma redução ou um aumento no preço, a fim de garantir a lucratividade desejada.

Portanto, a estratégia de formação de preços com base no valor pode desempenhar muitos papéis úteis para o consumidor. Além dos aspectos do lado da demanda (valor percebido, sensibilidade a mudanças de preço) e do lado da oferta (estrutura de custos, margem de contribuição, escala, escopo e aprendizado), ela leva em conta o entendimento das capacidades e intenções da concorrência e o ambiente macroeconômico. A precificação deve ainda ser coerente com a estratégia de longo prazo da empresa, com a seleção do mercado-alvo e com o posicionamento estratégico de produtos, marcas e formatos das lojas.[2]

Aspectos do lado da oferta (empresa)

Os custos são informações internas, complexas e fundamentais para a formação do preço de venda. Na hora de calcular os custos, é necessário distinguir entre custos variáveis e fixos. Entende-se por **custos variáveis** o conjunto de gastos que aumenta ou diminui de acordo com o volume de produção. Já os **custos fixos** não oscilam por conta de alterações na quantidade produzida. A empresa continuaria a incorrer neles (pelo menos no curto prazo) mesmo que nada vendesse. Em geral, os custos variáveis incluem matéria-prima, mão de obra, custos com transporte e logística, entre outros, enquanto os fixos abrangem aluguel, depreciação, serviços de utilidade pública, impostos, seguros, salários e encargos sociais dos funcionários fixos.

Com a identificação correta desses dois tipos de custos, podemos determinar com mais segurança os preços em níveis suficientes para assegurar a margem de lucro desejada. Vale assinalar que é mais difícil determinar os custos de empresas de serviços do que identificar custos de mão de obra, materiais, tempo de máquina, armazenagem e expedição associados com a produção de bens físicos. Além disso, como são vários os métodos utilizados para estimar os custos, é possível que cada um deles apresente valores diferentes.

Também é importante levar em conta o **custo de oportunidade** das escolhas feitas pela empresa. Como o próprio nome sugere, esse tipo de custo designa as oportunidades descartadas por uma organização ao optar por investir seu capital de uma determinada forma. Suponhamos, por exemplo, que o dono de um estacionamento próximo à praia receba uma proposta de uma construtora. A empreiteira oferece R$ 500 mil em troca do terreno. Para tomar a decisão correta, é necessário calcular o custo de oportunidade do estacionamento. Esse custo não inclui apenas o salário da mão de obra e o IPTU: para valer a pena, a receita obtida com o estacionamento deve ser superior ao rendimento que o valor oferecido pela construtora teria se fosse aplicado de outra maneira (em fundos de renda fixa, por exemplo).

O custo de oportunidade mais relevante é o da utilização do capital próprio. Outro custo de oportunidade importante, principalmente em pequenos negócios, é o do trabalho ou da capacidade gerencial dos proprietários da empresa.

Para os profissionais de marketing, os custos não devem governar os preços. Segundo eles, a formação de preços com base em custos não faz sentido, pois nivela de tal modo o campo de batalha entre a empresa e a concorrência, e entre os diversos itens de uma mesma linha de produtos, que acaba dificultando a geração e a manutenção de vantagens competitivas, especialmente as baseadas em valor para o cliente.

A precificação deve envolver uma integração entre custos e valor percebido pelo consumidor, fixando um preço que tem, como piso, o custo (aí incluídas as despesas de distribuição e marketing), e, como teto, o valor máximo que o público-alvo da empresa está disposto a pagar, sempre levando em conta o nível de lucro projetado para um determinado volume de vendas.

Apesar de tudo isso, a formação de preços com base nos custos adicionados de uma margem de contribuição continua popular. Por isso vale a pena enumerar as

> Entende-se por **custos variáveis** o conjunto de gastos que aumenta ou diminui de acordo com o volume de produção. Já os **custos fixos** não oscilam por conta de alterações na quantidade produzida até o limite da capacidade instalada.

> O **custo de oportunidade** designa as oportunidades descartadas por uma organização ao optar por investir seu capital de uma determinada forma.

razões pelas quais essa metodologia não deveria mais ser adotada pelas empresas. Ela é inadequada, em primeiro lugar, porque pressupõe que todos os concorrentes possuem mais ou menos a mesma estrutura de custos. Todavia, na maioria dos contextos atuais, os concorrentes possuem estruturas de custos muito diferentes. Assim, se uma empresa fixa os preços com base em seus custos, eles podem destoar muito da média do mercado. Os clientes vão escolher os concorrentes com os preços mais baratos e exercer grande pressão sobre todos os preços, especialmente se não observarem vantagens na aquisição dos produtos mais caros.

Em segundo lugar, os produtos concorrentes e substitutos destinados a determinado público-alvo estão cada vez menos diferenciados uns dos outros. A diferenciação encontra-se, muitas vezes, incorporada aos atributos (características) intangíveis do produto, como marcas, propaganda, apresentação gráfica da embalagem e serviços adicionais.

A terceira limitação da formação de preços com base nos custos adicionados de uma margem de contribuição diz respeito ao fato de ela pressupor que atribuir custos no setor de serviços (incluindo o varejo) é uma tarefa fácil — o que, na prática, não se verifica. Os únicos custos verdadeiramente relevantes nesse setor são os relativos ao custo das mercadorias vendidas (CMV), fabricadas pela indústria a montante na cadeia produtiva, adicionados de valor com os serviços da revenda (custos operacionais) ao consumidor final. Os custos operacionais (variáveis) no varejo de bens e serviços, como revender um bem a mais em uma loja, fazer uma transação bancária adicional ou vender uma poltrona a mais em um voo, são, em geral, muito baixos. Por exemplo, é bem baixo o custo de mão de obra e combustível envolvido no transporte de um passageiro extra em um voo. O simples fato de uma empresa ter vendido um serviço por preço maior que seu custo variável não significa que ela tenha se tornado lucrativa, pois ainda há custos fixos e semivariáveis para recuperar.

Técnicas de precificação baseadas nos custos

A divisão dos custos entre fixos e variáveis é o fundamento sobre o qual se alicerça um conceito contábil-financeiro bastante conhecido, que é usado na análise de investimentos e também na formação de preços. Trata-se do **ponto de nivelamento** ou **ponto de equilíbrio** — aquele no qual as curvas de custos e receita se cruzam, "saindo do vermelho" e abrindo caminho para a área "azul" dos lucros. Os gerentes precisam saber com precisão o volume mínimo de vendas a partir do qual a empresa se tornará lucrativa, após o rateio dos custos fixos e variáveis. Por exemplo, se um hotel com cem quartos precisar cobrir custos fixos e semivariáveis de R$2 milhões por ano, e se a contribuição média por diária for de R$ 100 será necessário vender, no mínimo, 20 mil diárias por ano, de uma capacidade total de 36.500.

> **O QUÊ?**
>
> As locuções *a montante* e *a jusante* nasceram nas ciências naturais: em seu sentido original, elas designam, respectivamente, "na direção da nascente de um rio" e "na direção da desembocadura de um rio". Quando transportadas para o mundo corporativo, passaram a designar, respectivamente, as organizações que vêm "antes" ou "depois" da empresa em questão na cadeia produtiva. Se pensarmos, por exemplo, em uma fábrica de laticínios, as organizações a montante seriam as cooperativas produtoras de leite, que fornecem a matéria-prima dos produtos, e as organizações a jusante seriam as distribuidoras de alimentos e os supermercados que vendem os laticínios ao consumidor final.

> "O **ponto de nivelamento** ou de **equilíbrio** é o ponto em que as curvas de custos e receita se cruzam."

Essa abordagem tradicional de custos funciona muito bem em empresas com custos variáveis significativos ou monoprodutoras. Por outro lado, para empresas multiprodutoras, como um hipermercado, é impossível utilizá-la: o processo sairia caro demais e não valeria a pena. Por isso, essas organizações costumam optar pela abordagem do **custeio baseado em atividade** ou **custeio ABC**. Trata-se de um sistema de gerenciamento de custos por atividade que reconhece praticamente todas as atividades de uma empresa que dão suporte direto ou indireto à produção, ao marketing e à distribuição. Além disso, o custeio ABC vincula os dispêndios de recursos à variedade e à complexidade dos produtos, e não ao seu volume físico.

O sistema de custeio de uma empresa deve ser capaz de oferecer uma ampla gama de informações aos gestores, auxiliando-os no processo decisório. Uma das mais complexas dessas informações é o modo como o custo de um produto subsidia a formação do seu preço final de venda. Vários métodos podem ser utilizados para determinar o custo. Logo, o custo apurado por um dos métodos pode assumir diferentes valores.

O **custeio por absorção**, estruturado para determinar custos para fins de relatórios contábeis, tem merecido inúmeras críticas quando utilizado para fins gerenciais, principalmente em decorrência dos rateios efetuados para atribuir os custos indiretos aos produtos. O **custeio variável** tem aplicação gerencial e se estrutura de modo a não vincular os custos indiretos fixos aos produtos. Por sua vez, o custeio ABC concentra-se na gestão dos custos das empresas, notadamente na identificação das atividades que agregam ou não valor. Constituem **atividades que agregam valor** aquelas necessárias para a realização dos serviços que os clientes valorizam. As **atividades que não agregam valor** são desnecessárias do ponto de vista dos clientes, embora algumas sejam obrigatórias para a empresa, como o *backup* dos sistemas.

Segundo a filosofia do custeio ABC, os recursos de uma empresa são consumidos pelas atividades por ela executadas, e o custo dos produtos resulta da soma dos custos dessas atividades. Os custos considerados *diretos* — matéria-prima e mão de obra direta — são vinculados aos produtos da mesma maneira que no custeio por absorção ou variável. Assim, o custeio ABC concentra-se em identificar os custos *indiretos*. A Figura 7.1 apresenta o esquema básico de cálculo dos custos nesse sistema.

Em suma, o custeio ABC proporciona um modo estruturado de pensar a relação entre as atividades e os recursos que consomem. Uma questão fundamental é se, aos olhos do cliente, cada atividade enumerada agrega valor aos serviços que a empresa está vendendo.

> O **custeio baseado em atividade** ou **custeio ABC** é um sistema de gerenciamento de custos por atividade que reconhece praticamente todas as atividades de uma empresa que dão suporte direto ou indireto à produção, ao marketing e à distribuição. Além disso, o custeio ABC vincula os dispêndios de recursos à variedade e à complexidade dos produtos, e não ao seu volume físico.

> O **custeio por absorção** é utilizado para determinar custos para fins de relatórios contábeis, mas seu uso para fins gerenciais é amplamente criticado. Já o **custeio variável** tem aplicação gerencial e se estrutura de modo a não vincular os custos indiretos fixos aos produtos. Esses dois tipos de sistema de custeio representam alternativas ao custeio ABC, que distingue atividades que agregam e que não agregam valor.
> As **atividades que agregam valor** são necessárias para a realização dos serviços que os clientes valorizam. As **atividades que não agregam valor** são desnecessárias do ponto de vista dos clientes, embora algumas sejam obrigatórias para a empresa.

Figura 7.1 — Esquema de custeio ABC

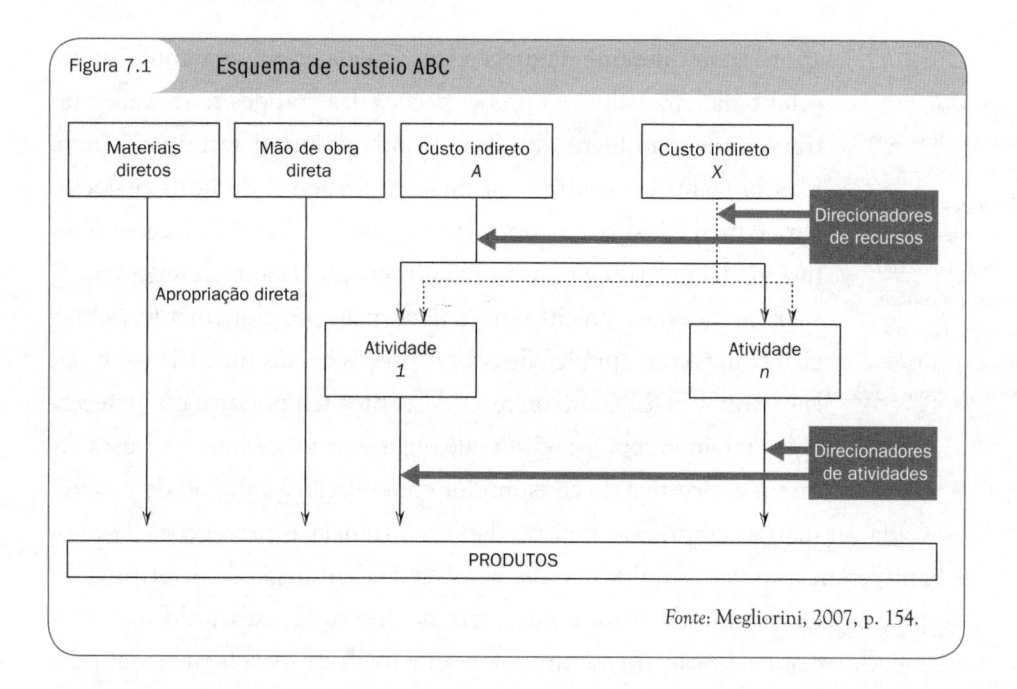

```
Materiais diretos    Mão de obra direta    Custo indireto A    Custo indireto X
                                                                    ← Direcionadores de recursos
     |  Apropriação direta        ↓                    ↓
     |                      Atividade 1          Atividade n
     |                                                          ← Direcionadores de atividades
     ↓                            ↓                    ↓
                              PRODUTOS
```

Fonte: Megliorini, 2007, p. 154.

A situação ideal para as empresas, independentemente do setor econômico em que atuam (agricultura, indústria ou serviços), ocorre quando o valor percebido pelo mercado-alvo é maior do que os custos de produção. Para tanto, é importante adequar o projeto do produto a partir do valor percebido pelo consumidor, de modo a gerar um volume de vendas que atenda ao mercado de maneira lucrativa. Em outras palavras, nessa situação ideal, a margem de contribuição é positiva para o volume de vendas projetado, cobrindo todos os custos e gerando lucro. Nesse caso, o preço final de venda do produto deve ser estabelecido em conformidade com o seu grau de aceitação por parte do mercado-alvo. Os custos nada têm a ver com a fixação desse valor. Ou seja, eles não governam preços. Pelo contrário: os custos é que devem ser ajustados aos objetivos da empresa.

Cumprir metas de custos invariavelmente exige economias adicionais, mediante ganhos de produtividade, terceirização, escolha criteriosa de fornecedores e materiais, economias de escala, economias de escopo e economias de aprendizado. Ao considerar os custos gerais indiretos, a empresa deve verificar se o consumidor está disposto a pagar pelo acréscimo nos preços que eles geram. Se a resposta for afirmativa, ela deve seguir em frente. Se for negativa, terá de se livrar desses custos, ou não terá margem necessária para obter a rentabilidade desejada.

Técnicas de precificação para varejistas de grande porte

No setor de serviços, as redes varejistas de grande porte revendem para o consumidor final uma variedade muito ampla de produtos adquiridos de inúmeros fornecedores. Por isso, a formação e a gestão dos preços requerem uma abordagem diferente daquela adotada pela empresa manufatureira orientada para valor. As preocupações das grandes redes varejistas transcendem ao lucro obtido na venda de um determinado item. Elas buscam transmitir uma imagem favorável de bons negócios para o mercado-alvo no longo prazo, praticando uma margem objetiva média positiva e atrativa para uma ampla gama de segmentos.

Esse modo de precificação é dado pelo posicionamento estratégico com foco na prática de cobrar **preços baixos todo dia** (*every day low prices — EDLP*), sem oferecer descontos temporários ou oferecendo-os raramente.[3] O varejista que segue esse procedimento busca eliminar a incerteza do consumidor com relação à variação de preços.

Cada vez mais as empresas varejistas dão importância às percepções de valor e às preferências do consumidor ao desenvolver sua estratégia de determinação de preços. Nessa linha de ação, a estratégia de "preços baixos todo dia" vem recebendo maior atenção do varejo como um meio de ponderar a natureza dos descontos de preços e das promoções ao longo do tempo. A estratégia de estabilidade nos preços ajudaria a construir fidelidade à rede, combater a concorrência e reduzir custos de estoque.

Outras grandes varejistas promovem **produtos "isca"**, que são vendidos temporariamente com preços promocionais (às vezes, abaixo do custo total), visando intensificar o tráfego na loja e gerar lucro com a venda de outros itens do sortimento, negociados com margens mais elevadas. Contudo, não haverá lucro se os custos relevantes não forem recuperados com margens mais elevadas em outros produtos que compõem o sortimento da loja. As vendas sazonais com preços de liquidação também funcionam como "isca", além de possibilitar a renovação dos estoques para a próxima estação, sendo, por isso, amplamente utilizadas em lojas de vestuário.

Margem de contribuição e *markup*

A determinação dos custos unitários de um produto possibilita estabelecer sua **margem de contribuição em valor (MCV)** – índice essencial para tomar decisões de formação de preços baseadas no custo. Entende-se por **margem de contribuição** a diferença entre o custo variável de vender uma unidade extra de um produto e o dinheiro recebido do comprador. A contribuição destina-se a cobrir custos fixos e variáveis antes de gerar lucros. O valor dessa margem corresponde ao resultado da subtração dos custos e despesas variáveis (CV + DV) do preço de venda (PV):

$$MCV = PV - (CV + DV)$$

> "A forma de precificação denominada **preços baixos todo dia** (*every day low prices — EDLP*) caracteriza-se por não oferecer descontos temporários ou oferecê-los raramente. Seu objetivo é eliminar a incerteza do consumidor com relação à variação de preços e conquistar sua fidelidade ao varejista."

> "**Produtos "isca"** são aqueles vendidos temporariamente com preços promocionais (às vezes, abaixo do custo total), visando intensificar o tráfego na loja e gerar lucro com a venda de outros itens do sortimento, negociados com margens mais elevadas."

> "A **margem de contribuição em valor (MCV)** é um índice essencial para tomar decisões de formação de preços baseadas no custo. Entende-se por **margem de contribuição** a diferença entre o custo variável de vender uma unidade extra de um produto e o dinheiro recebido do comprador. Sua função é cobrir custos fixos e variáveis antes de gerar lucros."

Quando o custo variável é constante para todas as unidades produzidas, calcula-se a **margem de contribuição percentual (MC%)**, a partir da margem de contribuição em valor (MCV). Esse percentual é obtido a partir da divisão da margem de contribuição em valor (MCV) pelo preço de venda (PV).

$$MC\% = MCV/PV$$

> A margem de contribuição percentual (MC%) é obtida a partir da divisão da margem de contribuição em valor (MCV) pelo preço de venda (PV).

A margem de contribuição percentual é uma medida de alavancagem entre o volume de vendas de uma empresa e seu lucro — isto é, de alavancagem operacional. Ela indica a importância do volume de vendas como objetivo de marketing. Para calcular o preço de venda a partir do custo variável do produto e da margem de contribuição percentual que se pretende aplicar, deve-se usar esta fórmula:

$$PV = \frac{CV}{(1 - MC\%)}$$

Assim, se o custo for $ 100 e sobre ele se aplicar uma MC% de 50 por cento, teremos: PV = 100/0,50 = $ 200.

Já o *markup* corresponde ao valor que se adiciona ao custo e que resulta no preço de venda. Em outras palavras, ele é o fator percentual que, multiplicado pelo custo, é igual ao preço de venda. Algumas empresas, principalmente as norte-americanas, adotam o conceito de *markup* em vez de margem. O ***markup* em valor (MKV)** é calculado da mesma maneira que a MCV:

$$MKV = PV - CV$$

O *markup* percentual, por sua vez, é obtido pela fórmula:

$$MK\% = MKV/CV$$

Para calcular o preço de venda com base nos valores de *markup* e custo variável, basta aplicar a seguinte fórmula:

$$PV = CV (1 + MK\%)$$

Se o custo variável de uma empresa equivale a $ 100 e sobre ele se aplicar um MK% de 50 por cento, o preço de venda será PV = $ 100 (1 + 0,50) = $ 150.

> **O QUÊ?**
> A alavancagem operacional ocorre quando um aumento de $x\%$ no volume de vendas gera um aumento de $y\%$ no lucro bruto, sendo $y > x$. Em outras palavras, um aumento no volume de vendas gera um aumento mais que proporcional no lucro bruto da empresa. Isso ocorre porque os custos fixos podem ser distribuídos por uma quantidade maior de produtos ou serviços.

> O *markup* corresponde ao valor que se adiciona ao custo e resulta no preço de venda. É o fator percentual que, multiplicado pelo custo, é igual ao preço de venda. O ***markup* em valor (MKV)** é calculado da mesma maneira que a MCV — ou seja, preço de venda menos custo variável.

Aspectos do lado da demanda (cliente)

Conforme mostram os capítulos iniciais, a percepção de valor faz parte do processo de compra. Assim, é importante entender todas as percepções de preços que o consumidor tem sobre determinado produto ou marca.

> Entende-se por **valor percebido** "a avaliação global pelo consumidor da utilidade de um produto, baseada na percepção do que é recebido e do que é entregue a ele". Em outras palavras, é o valor que o consumidor atribui ao produto, com base na relação entre os benefícios que este trará (valor de diferenciação positivo) e os custos em que o consumidor deve incorrer para adquiri-lo (valor de diferenciação negativo), segundo seu ponto de vista.

Um dos conceitos mais utilizados de **valor percebido** (preço de referência, utilidade etc.) na literatura de marketing é o de Zeithaml (p. 14),[4] para quem o "valor percebido é a avaliação global feita pelo consumidor da utilidade de um produto baseada na percepção do que é recebido e do que é entregue a ele". O conceito de valor percebido é tido atualmente como um dos fatores mais significativos para o sucesso das organizações, sendo considerado uma importante fonte de vantagem competitiva.

Em outras palavras, o valor percebido é o valor que o consumidor atribui ao produto, com base na relação entre os benefícios que este trará (valor de diferenciação positivo) e os custos em que o consumidor deve incorrer para adquiri-lo (valor de diferenciação negativo), segundo seu ponto de vista. Ou seja, é o preço de referência – contendo o acréscimo ou a redução de valor que o consumidor utiliza como elemento de comparação para avaliar o valor econômico total de um produto (bem ou serviço) oferecido no mercado.

Esse preço de referência pode se encontrar na memória do consumidor ou no preço de um produto substituto. A comparação envolve dois aspectos: um *instantâneo* e um *dinâmico*. O aspecto instantâneo compara a relação entre os benefícios (valor de diferenciação positivo) e os custos (valor de diferenciação negativo) dos diversos produtos disponíveis no mercado (veja a Figura 7.2). Ou seja, o consumidor coloca na balança os preços e os atributos de mercadorias concorrentes antes de fazer sua escolha. O aspecto instantâneo também é determinado por outros fatores, tais como variedade, marca, influência do vendedor na loja etc. Já o componente dinâmico está ligado ao histórico de consumo do cliente: na hora de escolher entre um produto e outro, o consumidor leva em conta suas experiências de compra anteriores.

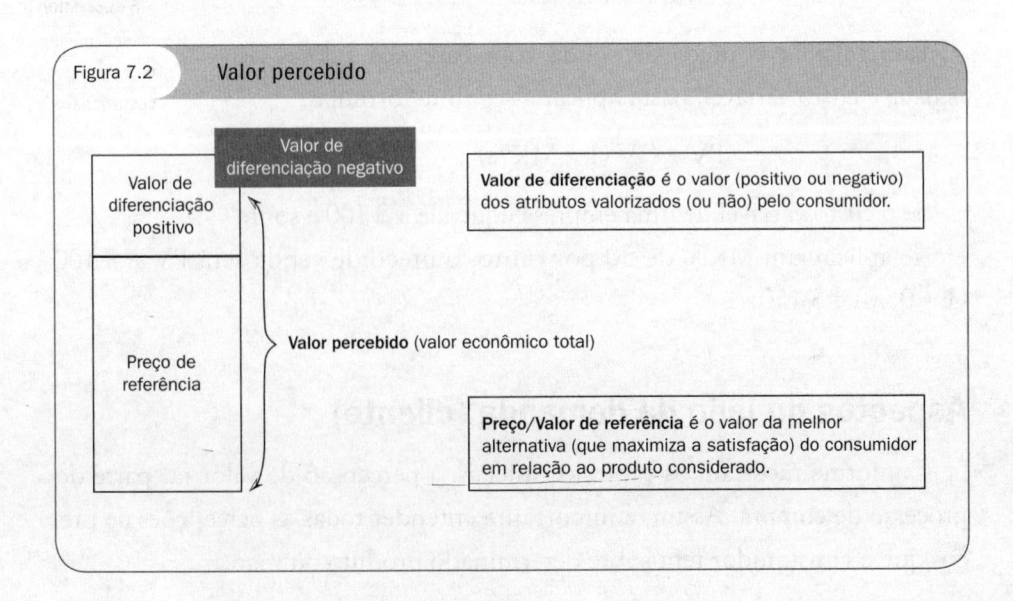

Figura 7.2 Valor percebido

Valor de diferenciação positivo
Valor de diferenciação negativo
Preço de referência

Valor de diferenciação é o valor (positivo ou negativo) dos atributos valorizados (ou não) pelo consumidor.

Valor percebido (valor econômico total)

Preço/Valor de referência é o valor da melhor alternativa (que maximiza a satisfação) do consumidor em relação ao produto considerado.

De acordo com Ofir e Winer,[5] o consumidor, em geral, processa as informações de preços, interpretando-as em termos do conhecimento que adquiriu em compras anteriores, de comunicações formais (como propaganda), comunicações informais (como boca a boca de amigos e familiares) e informações obtidas no ponto de venda ou na Internet. Sendo assim, as decisões de compra do consumidor são baseadas nos preços percebidos por ele, e não no valor declarado pelos comerciantes. Dessa maneira, entender como o consumidor chega a suas percepções de preço é uma importante prioridade na formação de preços com base em valor. Não é uma tarefa simples: é necessário lançar mão de pesquisas de mercado bastante rigorosas.

Pesquisas realizadas mostraram que poucas pessoas conseguem se lembrar com exatidão de preços de produtos específicos, embora possivelmente tenham um bom conhecimento das faixas de preços envolvidas. Quando examina um preço, o consumidor geralmente o compara com estruturas internas de referência (informações de preços guardadas na memória) ou com estruturas externas (por exemplo, um preço anunciado pelo varejista).

A forma mais simples de estimar a percepção de valor e de preço talvez seja perguntar diretamente ao consumidor por meio de pesquisa. A Ford do Brasil adotou essa estratégia em seu bem-sucedido projeto Ford EcoSport. A empresa partiu da determinação de um preço máximo ideal que o mercado-alvo estaria disposto a pagar e procurou reduzir os custos até o ponto em que o projeto se tornasse viável, gerando a margem desejada. O Ford EcoSport agradou a um segmento de mercado que havia desenvolvido certa predileção por veículos com estilo *off-road*. Isso, em conjunto com um preço adequado, transformou o veículo em um sucesso de vendas no mercado brasileiro em certo momento.

O valor percebido pelo consumidor a partir de um produto concorrente também pode ser usado como ponto de partida para a determinação do preço de um produto, ajustando os custos à situação competitiva do mercado. O importante é que o consumidor considere que o preço seja adequado e razoável, em face dos benefícios percebidos. Para atingir o equilíbrio adequado de valor percebido, há sempre uma tensão entre baixar preços, de um lado, e aumentar as percepções em relação à qualidade e a outros atributos valorizados, de outro. Embora reduções de preços sejam a estratégia mais comumente empregada para ajustar o produto ao valor percebido, as empresas podem optar por outros elementos do composto de marketing, como propaganda e força de vendas, a fim de aumentar o valor percebido.

Reduzir preços pode, muitas vezes, sair mais caro do que agregar valor. O principal motivo para isso é que a receita perdida em virtude de uma margem mais baixa em cada unidade vendida pode ser maior, no todo, do que o custo adicional para agregar valor ao produto, principalmente porque grande parte

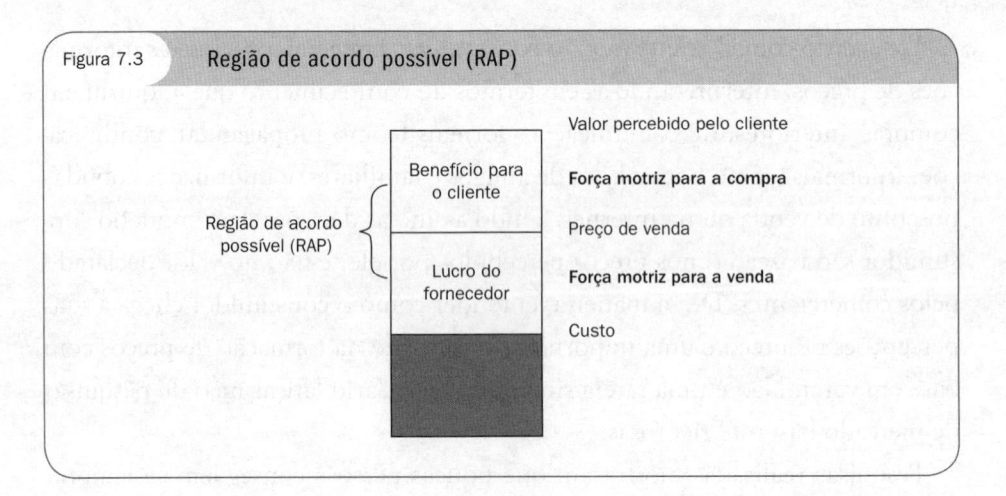

Figura 7.3   Região de acordo possível (RAP)

```
                                    Valor percebido pelo cliente
                   ┌ Benefício para
                   │   o cliente      Força motriz para a compra
Região de acordo ──┤
possível (RAP)     │                  Preço de venda
                   │  Lucro do
                   └ fornecedor       Força motriz para a venda

                                    Custo
```

desses custos é fixa e disseminada por todas as unidades vendidas, ao contrário do que ocorre na redução de preços.

A formação de preços com base no valor parte do valor percebido pelo mercado-alvo, conforme indica a linha horizontal superior da Figura 7.3. É o valor total percebido dos atributos tangíveis e intangíveis de determinado produto. Acima desse preço, o consumidor-alvo não realiza a compra — a menos que seu valor percebido aumente. Abaixo da linha do custo, a empresa interrompe a produção (nesse caso, não é necessário especificar o tipo de custo fixo, variável, total, médio etc.).

A Figura 7.3 funciona como um termômetro, no qual podem ser encontradas diversas opções de preços. Observe que esse termômetro tem um limite inferior e um superior. O limite inferior é dado pela linha de custos da produção. Isto é, quando os preços tornam-se mais baixos que os custos, a organização para de produzir para evitar prejuízos. Já o limite superior corresponde ao valor percebido pelo cliente. Isso significa que a compra não será efetuada se o preço ultrapassar o valor que o consumidor identifica no produto. Entre esses dois extremos, encontra-se uma área denominada **região de acordo possível (RAP)**. Essa região abrange as opções de preço viáveis. Os preços mais elevados beneficiam a empresa, pois aumentam sua margem de contribuição em valor. Assim, os preços altos — desde que dentro da RAP — elevam os lucros da organização. Já os preços baixos favorecem o consumidor, que paga menos do que estava disposto a desembolsar pelo produto.

Optar por um preço dentro da RAP é apenas uma pequena parte do processo de decisão de precificação. Isso ocorre porque a maioria das negociações se concentra no jogo de soma zero: as empresas procuram aumentar seus lucros com a redução dos benefícios dos clientes, como mostra a Figura 7.4. O preço funciona como fiel da balança ou ponto-pivô. As empresas de sucesso procuram expandir a RAP aumentando o valor percebido pelo cliente ou reduzindo custos. Esse processo aumenta os excedentes tanto para o vendedor quanto para o

> "A área denominada **região de acordo possível (RAP)** abrange as opções de preço viáveis. Os preços mais elevados beneficiam a empresa, pois aumentam sua margem de contribuição em valor. Já os preços baixos favorecem o consumidor, que paga menos do que estava disposto a desembolsar pelo produto."

O QUÊ?

- Um jogo de soma zero ou de soma negativa é uma situação na qual os ganhos de um participante se equivalem às perdas do outro. É impossível que os dois lados vençam simultaneamente.
- Um jogo de soma não zero ou de soma positiva é aquele em que o próprio processo de competição cria benefícios para ambas as partes.

Figura 7.4 Jogo de soma zero

O PREÇO É O FIEL DA BALANÇA

Lucro

Valor para o cliente

Preço

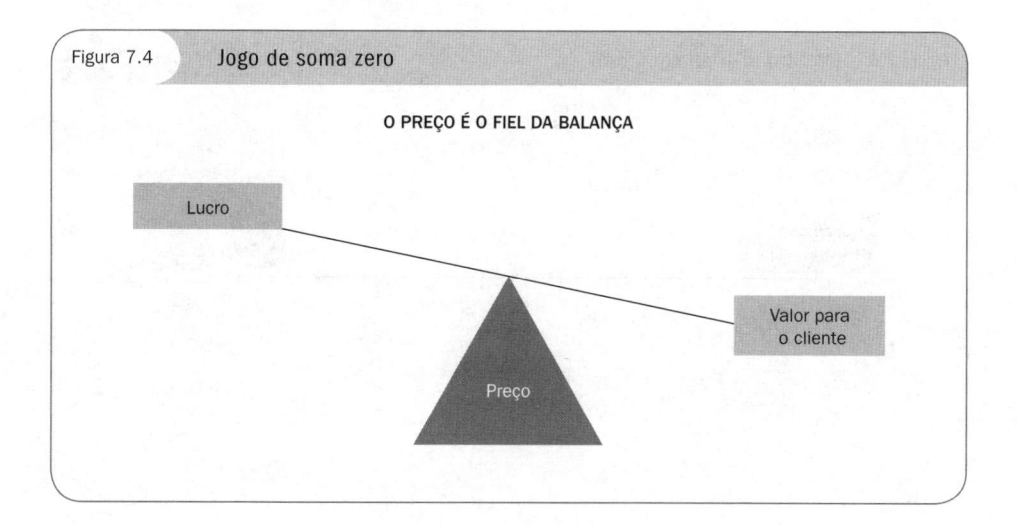

cliente e transforma o jogo de soma zero em um jogo de soma não zero, ou jogo de soma positiva.

Se o vendedor tiver um poder de mercado muito elevado e estabelecer um preço muito baixo em relação ao mínimo que os concorrentes poderiam estabelecer, o consumidor terá um valor (excedente) acima do esperado. Se o produto é indiferenciado, o concorrente mais forte, ao praticar um preço muito baixo, poderá destruir o mercado no processo. Portanto, a diferenciação sob a forma de fornecimento de um atributo de valor único para o cliente proporciona proteção contra a concorrência predatória. A combinação de valor para o cliente e diferenciação proporciona a oportunidade para que o concorrente em situação de inferioridade extraia valor para a empresa, adotando uma estratégia "extrapreço" via diferenciação do produto. A Figura 7.5 ilustra essa situação.

Compreender o demonstrativo de receita "real" é especialmente importante em mercados de concorrência acirrada. Nesse caso, existem três modos para lidar conceitualmente com a formação de preços:

1. Aumentar o valor percebido pelo cliente, esclarecendo e comunicando os atributos positivos do produto, de modo que estes sejam mais claramente percebidos.

2. Reduzir os custos na parte inferior, aumentando a escala de produção, economias de escopo e/ou melhorando o aprendizado dos funcionários.

3. Movimentar o preço dentro da RAP, aumentando a lucratividade. Note que isso será um jogo de soma zero — portanto, a vitória será conquistada à custa do cliente. A maioria das decisões de preços é tomada desse modo. Porém, trata-se de uma abordagem muito perigosa e limitada.

Hoje em dia, a globalização da economia tem contribuído para a intensificação da disputa por mercados. Além disso, as fronteiras entre setores tradicionalmente distintos vêm sendo paulatinamente transpostas. Atualmente, lojas

Figura 7.5 Situação de equilíbrio

O EQUILÍBRIO

Capacidade de extrair valor

Valor para o cliente
Diferenciação

Preço

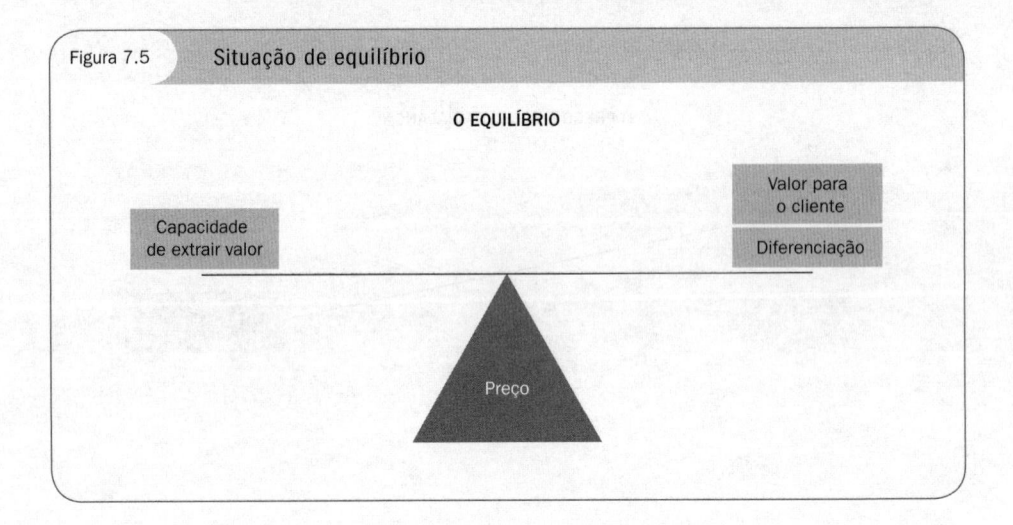

de fábrica, estabelecimentos varejistas de descontos e lojas de departamento oferecem produtos semelhantes e, consequentemente, estão competindo pelos mesmos segmentos. Não há previsão de trégua: a concessão de crédito fácil e a abundância de capital no mundo têm tornado temporária a maioria das conquistas. Se uma empresa lança um produto inovador, com atributos e utilidades inéditas, o sucesso de vendas dessa mercadoria atrairá outras empresas para o segmento. Rapidamente, dezenas de produtos similares invadirão as lojas, disputando a preferência dos clientes.

Essa situação obriga os empresários a procurar microvantagens, uma vez que as macrovantagens fáceis, como um produto exclusivo, estão mais raras do que nunca. Então, a precificação deve ser específica para cada transação, o que permitirá, no curto prazo, a maximização de lucros e, no longo prazo, a construção de uma posição favorável no mercado. As empresas de sucesso dificilmente praticam preço único, conforme se verá mais adiante.

> Os **preços psicológicos** são valores fracionários, terminados em 9 ou em 99. Como as pessoas veem os preços da esquerda para a direita, elas acreditam que o preço R$ 49 encontra-se na dezena dos R$ 40, representando uma boa economia em relação ao preço de R$ 50, que pertence à dezena seguinte.

Também é importante destacar a percepção introduzida pelos chamados **preços psicológicos**, que são valores fracionários, terminados em 9 ou em 99. Segundo a pesquisa desenvolvida por Monroe e Lee (1999),[6] as pessoas veem os preços da esquerda para a direita, achando, por exemplo, que R$ 49 se encontra na dezena dos R$ 40, o que representa boa economia em relação ao preço de R$ 50, que pula para a dezena seguinte.

Valor percebido e sensibilidade a preços

Além da percepção de valor pelo mercado-alvo, a formação de preço baseada no valor deve levar em conta a análise gerencial da sensibilidade a preço. Há três razões para que essa análise seja feita. Primeiro, ela pode identificar segmentos de mercado com diferentes sensibilidades a preço. Segundo, ela possibilita indicar a faixa de preços dentro da qual a empresa deverá, mais tarde, apreçar o produto dentro da RAP. Terceiro — e o mais importante —, a empresa precisa aprender a influenciar a magnitude da sensibilidade ao preço de seu mercado-alvo para elevar a lucratividade de seus produtos.

A variação de preços pode ter impacto substancial no comportamento de compra do consumidor. Por isso, a sensibilidade do consumidor ao preço é uma medida essencial na otimização de decisões de precificação das empresas, visto que revela a tendência da demanda por um produto a variar de acordo com variações no preço em um ponto específico da curva da demanda. Essa sensibilidade é medida tradicionalmente pela **elasticidade-preço da demanda (EPD)**:

$$EPD = \frac{\Delta\% Q}{\Delta\% P} = \frac{\text{variação percentual na quantidade demandada}}{\text{variação percentual no preço}}$$

A sensibilidade a preços fornece informações importantes para a gerência efetiva da demanda e auxilia nas previsões de receitas e vendas. Os consumidores são mais ou menos sensíveis a preços, dependendo de certas variáveis (atributos) que formam uma cesta de alternativas levadas em conta simultaneamente. A elasticidade da demanda normalmente é um número negativo, pois aumentos no preço em geral correspondem a reduções nas vendas, e vice-versa. Dessa maneira, a grandeza da elasticidade deve ser considerada em termos absolutos (sem que se leve em consideração o sinal). Se a elasticidade-preço for maior que 1,00, a demanda é considerada elástica. Em outras palavras, a variação percentual na quantidade demandada excede a variação percentual no preço, o que indica que os consumidores são bastante sensíveis a variações no preço. Se a elasticidade-preço for menor que 1,00, a demanda é inelástica. Nesse caso, a variação percentual na quantidade demandada é menor que a variação percentual no preço. Ou seja, os consumidores são relativamente insensíveis a variações no preço. A Figura 7.6 apresenta dois gráficos que medem a elasticidade-preço da demanda por produtos. No gráfico (a) podemos observar o caso de um produto elástico, ou seja, a quantidade demandada (Q) varia mais que proporcionalmente ao seu preço. Enquadram-se nessa situação produtos que possuem muitos substitutos, como iogurtes, roupas e pacotes turísticos. Já no gráfico (b) observamos a situação inversa. É o caso de produtos como combustível e energia elétrica.

> **Elasticidade-preço da demanda (EPD)** é a medida que indica a sensibilidade do consumidor a oscilações no preço de um determinado produto. Representa a variação percentual na quantidade demandada, dada determinada variação percentual no preço.

Uma regra prática relativamente confiável a respeito da sensibilidade a preços de produtos vendidos no mercado de consumo é: as marcas de pequena participação no mercado são mais sensíveis a preços do que as marcas nobres predominantes. Ou seja, se uma marca menos nobre reduzir seu preço, terá um

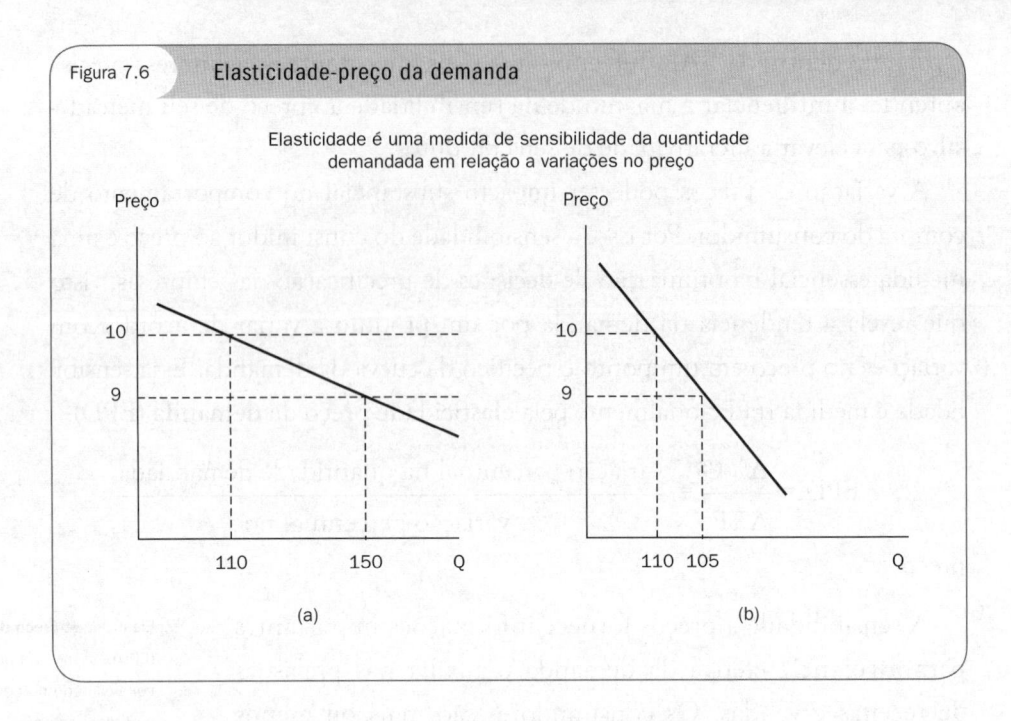

Figura 7.6 Elasticidade-preço da demanda

Elasticidade é uma medida de sensibilidade da quantidade demandada em relação a variações no preço

(a)

(b)

aumento percentual nas vendas superior ao da marca mais nobre, que tem uma base maior de clientes.

Sensibilidade a preços na Internet

De acordo com Lynch e Ariely,[7] empresas que atuam no comércio virtual estão tentando conquistar participação de mercado cobrando preços baixos. Operam sob a premissa de que os compradores da Internet são sensíveis a preços. Porém, as evidências para sustentar tal pressuposto são ambíguas. Por um lado, a rede mundial facilita a busca e a comparação de preços. Por outro lado, os compradores *on-line* também buscam qualidade. A facilidade de acesso à informação de qualidade na rede reduz a sensibilidade a preço. É por isso que a Amazon.com pode cobrar preços mais altos na venda de livros: a variedade de títulos que oferece, as vastas informações que disponibiliza sobre seus produtos e sua reputação de entrega rápida e confiável fizeram dessa empresa uma escolha fácil para consumidores que buscam maior conveniência — mesmo que tenham de pagar mais caro por isso.

O crescimento das compras na Internet está colocando interessantes dilemas de preços para os varejistas *on-line* de bens de consumo duráveis. Esses fornecedores não precisam manter uma presença física próxima a seus clientes, portanto podem operar a partir de centrais de distribuição, reduzindo seus custos operacionais. Seria insensato para varejistas com lojas físicas tentar competir via preço, dado o custo relativamente alto de manter um estabelecimento comercial. Em vez disso, sua estratégia deveria enfatizar características que não podem ser proporcionadas pela Internet, como um serviço pessoal especializado, a entrega imediata, facilidade para devolução e trocas que não exigem reembalar e reenviar o produto pelos correios, além da possibilidade de examinar *in loco* o produto (no caso de livros, a possibilidade de folheá-los). Muitos varejistas estão vendendo também pela Internet, para complementar as atividades nas lojas. Assim, varejistas que aliam o modelo concreto ao virtual oferecem aos clientes a opção de fazer compras ou encomendas *on-line* e, depois, retirar o produto na loja. Essas empresas frequentemente fornecem um mecanismo de pesquisa na loja semelhante ao que colocam na Internet.

Por fim, a compreensão do comportamento dos consumidores levou algumas empresas a cobrar preços mais altos pela Internet, por causa do anonimato garantido pelas transações virtuais. Um exemplo típico é a venda *on-line* de produtos como Viagra e Propecia (respectivamente, para tratamento da impotência sexual e calvície) a preços por volta de 15 por cento superiores aos de uma drogaria. Por motivos óbvios, as pessoas preferem comprar esse tipo de medicamento sem se expor a um contato pessoal, estando dispostas a pagar um "ágio" por uma transação anônima.

Aspectos do lado da concorrência

Uma empresa conquista seu mercado-alvo quando as pessoas que o compõem estão segmentadas de maneira correta, os canais de distribuição utilizados são aqueles que elas frequentam, e os demais atores situados à frente na cadeia produtiva transacionam com ela como sua principal fonte de insumos, produtos ou serviços. O mercado-alvo confia nos produtos produzidos pela empresa, da mesma maneira que os intermediários de marketing. Para que a empresa alcance essa posição de confiança, ela necessita prestar serviços de modo mais eficaz que os concorrentes. Isso envolve mais do que praticar preços baixos, ter uma marca forte e produzir produtos de qualidade superior — embora esses fatores sejam muito importantes para o sucesso.

Organizações que ofertam produtos e serviços percebidos como substitutos pelo público-alvo são concorrentes. A **empresa concorrente** tem ofertas que atendem aos mesmos desejos e necessidades do mercado-alvo de outra organização. A disputa por espaço inclui uma série de mecanismos que transcendem à simples produção de produtos similares. As negociações comprador-vendedor, a seleção de canais de distribuição, a escolha do local de venda, a correta apresentação (arquitetura ambiental e imagem) do formato de loja, a escolha das regiões geográficas em que pretende atuar, entre outros, são elementos fundamentais na competição de mercado. Todos os atores da cadeia produtiva constituem elementos importantes na conquista do mercado-alvo selecionado.

> Uma **empresa concorrente** é aquela que tem ofertas que atendem aos mesmos desejos e necessidades do mercado-alvo de outra organização.

> "Quando uma empresa tem um alto poder de fixação de preços no mercado, dizemos que ela detém o **monopólio** desse mercado. Quando seu poder é médio, dizemos que ela faz parte de um **oligopólio**. Quando seu poder de fixação de preços é baixo, dizemos que ela está inserida em uma **concorrência monopolística**. As empresas sem poder algum, cujos preços são determinados exclusivamente pelo mercado, são denominadas *price takers* (**tomadoras de preço**)."

O QUÊ?

A teoria dos jogos é uma teoria matemática usada para compreender situações em que dois ou mais "agentes de decisão" interagem. É amplamente empregada na administração, na política e na economia, entre outras áreas.[8]

O conhecimento da cadeia produtiva abre uma ampla gama de alternativas estratégicas que permite à empresa desenvolver relacionamentos diferenciados e lucrativos. Ela deve visualizar as estratégias extrapreços mais apropriadas para seu mercado-alvo. A entrada em determinado mercado deve ser seguida de previsões a respeito das manobras competitivas e eventuais reações das empresas ali estabelecidas. Essas decisões moldam a organização e determinam suas estratégias. Nenhum preço deve ser alterado sem que se avaliem as prováveis reações dos concorrentes existentes, dos potenciais entrantes e do mercado-alvo. A chave para uma estratégia bem-sucedida é construir e sustentar alguma vantagem competitiva; em outras palavras, possuir algum atributo que os concorrentes não têm e que seja difícil de ser copiado. Esse argumento é válido para empresas com poder (alto, médio ou baixo) de fixação de preços no mercado — respectivamente, **monopólio**, **oligopólio** e **concorrência monopolística**. Ele não é válido para as empresas denominadas *price takers* (**tomadoras de preço**), cujos preços são determinados exclusivamente pelo mercado.

Às *price takers*, só resta adotar a outra maneira de competição no mercado: via preços. Em mercados fortemente competitivos, esse modelo de competição é um jogo, como definido pela teoria dos jogos, porque o sucesso depende não apenas das decisões de precificação da própria empresa, mas também de como os clientes e os concorrentes respondem a elas. É um jogo *sui generis*, porque, quanto mais intenso for esse tipo de competição, mais ele minará o valor percebido pelo cliente que está sendo disputado.

A competição via preço pode criar situações economicamente devastadoras e psicologicamente debilitantes, que prejudicam muito a lucratividade individual das empresas e do setor — afinal, esse tipo de competição desencadeia uma verdadeira "guerra de preço". Quando isso acontece, as empresas perdem dinheiro e chegam a sair de alguns setores. Essas guerras fazem parte da luta diária das empresas que procuram conquistar mercados. Não importa quem ganha o jogo: todos os competidores poderão terminar em situação pior do que quando entraram nele. Ainda assim, as guerras de preço estão se tornando cada vez mais acirradas e comuns, porque as empresas tendem a encarar uma mudança de preços (aumento ou redução) como uma ação simples, rápida e reversível.

Existem, porém, outros caminhos mais aconselháveis que a guerra de preços. É possível, por exemplo, desenvolver novos produtos, diferenciá-los com serviços adicionais, promovê-los de maneira mais efetiva e reduzir os custos de operação. Todas essas alternativas são modos de competição extrapreço. Várias competições via preços, pouco proveitosas, ocorrem porque uma empresa vê a oportunidade de aumentar sua participação de mercado ou lucro cobrando preços mais baixos e se esquece da possibilidade de reação da concorrência.

Portanto, compreender a concorrência, suas estruturas de custo, capacidades e posicionamento estratégico é fundamental para as empresas. Além disso, elas devem se preocupar em manter os olhos atentos ao mercado de recursos: a concorrência pode adquirir uma nova tecnologia, um sistema de informática ou um canal de distribuição, ou ainda formar uma nova aliança estratégica que poderá conduzir a uma jogada de preço que afetará as demais empresas do setor.

Em suma, sob os aspectos do lado da concorrência, o modo mais inteligente de uma empresa determinar o preço é considerar cuidadosamente as estruturas de custo e as políticas de precificação dos concorrentes, levando em conta especialmente o valor percebido pelo mercado-alvo. Desse modo, os pontos fortes da própria empresa é que serão enfatizados.

7.2 TÁTICAS DE SEGMENTAÇÃO DE PREÇOS

Em mercados fortemente competitivos, as empresas raramente trabalham com um preço único. Em vez disso, desenvolvem táticas de formação segmentada de preços (também chamada de formação discriminatória ou diferenciada), que provocam variações na demanda, nos custos e na concorrência. O objetivo dessas táticas é extrair o máximo possível do excedente do consumidor (conceito econômico), ou preço de reserva ou valor percebido pelo consumidor (conceito de marketing), a fim de obter lucros mais elevados.[9]

A **segmentação de preços** é importante para todos os aspectos do marketing, mas em especial para a tática de formação de preços dos produtos. Eis sua ideia básica: cobrar mais de quem está disposto a pagar mais e menos de quem é mais sensível a preços e só está disposto a pagar menos, reconhecendo que pessoas diferentes percebem de forma diferente o valor dos produtos. Portanto, a condição fundamental para que a discriminação de preços funcione é que os segmentos apresentem um número viável de compradores e mostrem diferentes níveis de demanda e percepção de valor. Existem três graus de segmentação de preços, conforme veremos nos itens a seguir.

> A **segmentação de preços** tem como ideia básica cobrar mais de quem está disposto a pagar mais e menos de quem é mais sensível a preços e só está disposto a pagar menos.

Segmentação de preços de primeiro grau

Raramente factível na prática, a **segmentação de preços de primeiro grau** consiste em extrair de cada cliente o preço máximo que ele estiver disposto a pagar (preço de reserva ou valor

> A **segmentação de preços de primeiro grau** consiste em extrair de cada cliente o preço máximo que ele estiver disposto a pagar (preço de reserva ou valor percebido) por unidade de produto adquirida.

percebido) por unidade de produto adquirida. A inviabilidade prática dessa tática reside no fato de que normalmente a empresa não conhece o valor percebido do cliente. Mesmo que pudesse perguntar, provavelmente não obteria respostas honestas, pois o interesse do consumidor é sempre afirmar que só compraria por menos.

Segmentação de preços de segundo grau

A **segmentação de preços de segundo grau** divide os clientes de acordo com a quantidade que consomem, oferecendo descontos proporcionais à quantidade de produtos adquiridos. Essa estratégia de precificação é possível quando os clientes em diferentes segmentos compram quantidades distintas. As táticas de descontos por quantidade podem ser de quatro tipos: descontos por volume (quanto maior a quantidade comprada, maior o desconto proporcional), descontos por pedido (os descontos são progressivos de acordo com a quantidade de pedidos) e tarifa em duas partes (o preço é composto por uma parte fixa e outra variável, sobre a qual incide desconto por quantidade).

Algumas empresas com excesso de estoque ou capacidade produtiva ociosa oferecem bons descontos aos varejistas. Todavia, essa é uma prática que envolve riscos, porque o fornecedor pode acabar perdendo o lucro no longo prazo em seu esforço para atingir metas de curto prazo. Por outro lado, os preços promocionais podem ser copiados pelos concorrentes, desperdiçando recursos que poderiam ser aplicados em ferramentas de marketing com impacto em prazos mais longos.

Segmentação de preços de terceiro grau

A **segmentação de preços de terceiro grau** é uma prática lucrativa de segmentação de preços que divide os consumidores em dois ou mais grupos (segmentos), com curvas de demanda separadas para cada um deles. É a forma predominante de segmentação de preços. Em geral, a segmentação de preços de terceiro grau pode ser de seis tipos principais:

- *Por segmento de clientes*: preços diferentes de um mesmo produto para diferentes grupos de pessoas. Por exemplo, estabelecimentos, como cinema e teatro, que cobram meia-entrada de estudantes e professores independentemente do dia e do horário.

- *Pelo design e pela versão do produto*: nesse caso, o fator importante não é a diferença nos custos de produção. Assim, a empresa oferece uma versão menos sofisticada do produto a um preço mais baixo, geralmente com outra marca e embalagem, mais acessível aos compradores mais sensíveis a preço. Pode ocorrer também a elevação do valor percebido por meio de programas de marketing. Nesse caso, a ideia é vender versões sofisticadas a preços mais altos, buscando satisfazer aqueles que se dispõem a pagar mais quando percebem maior valor agregado nos produtos. Os exemplos vão

desde novos sabores e novos tipos de embalagens para chás gelados até escovas de dente com novos *designs* e características especiais, como cerdas de alturas diferentes e cabos com pequenos amortecedores, passando por embalagens luxuosas para lenços de papel perfumados e umedecidos. A Parmalat, por exemplo, lançou nova embalagem plástica para leite em formato de garrafa que lhe permitiu a diferenciação diante do vasto universo de embalagens Tetra Pak e a consequente elevação de seus preços.

As vendas do Palio Weekend no Brasil representam 40 por cento do total das vendas da linha Palio Weekend Adventure, apesar de seu preço ser 16 por cento superior ao da versão HLX, que é responsável por 11 por cento das vendas, e 33 por cento superior ao da versão ELX, que detém 40 por cento do mix de vendas da linha. Esses dados revelam uma melhora do resultado do produto com base na elevação do valor percebido. É mais um exemplo de produto que conseguiu combinar modificações que oferecem maior conveniência com boa aceitação para seus preços mais altos.

- *Por localização*: as redes varejistas classificam suas lojas pela intensidade da concorrência e aplicam menores margens nas localidades nas quais a competição é mais acirrada. No mercado internacional, as alternativas de segmentação por localidade são usadas em função da diferença de sensibilidade a preços entre países. O comprador médio da Itália, por exemplo, é mais sensível a preços do que o comprador médio da Alemanha.

- *Por período (intertemporal) e preço de pico*: a tática intertemporal separa segmentos de consumidores por meio de cobrança de preços diferentes em períodos diferentes. A empresa cobra preços mais altos no lançamento do produto ou quando existe excesso de demanda em relação à capacidade de produção. À medida que o tempo passa e o apelo do produto enfraquece em comparação às alternativas que surgem no mercado, entram em cena os descontos. É o que vem ocorrendo com os televisores de cristal líquido (LCD) e plasma, que, dentro de algum tempo, terão preços bem mais em conta no mercado por conta do lançamento das telas de LED. De modo similar, a tática da segmentação de terceiro grau por período é aplicada com frequência em compras empresariais, em comerciais de TV, no varejo de vestuário e de moda etc. O preço de pico envolve a cobrança de preços mais elevados nos momentos de maior demanda durante determinado período do dia, da semana ou do ano. Pressupõe-se que a cobrança de um preço mais alto nos períodos de pico é mais lucrativa para a empresa do que a cobrança de um único preço durante todo o tempo. As tarifas aéreas, por exemplo, possuem preços diferenciados dependendo do voo e da ocasião em que são compradas. Por exemplo, cinemas e teatros, entre outros, segmentam seus mercados oferecendo preços com descontos em horários de menor demanda, atraindo aqueles que são mais sensíveis a preços, como aposentados, estudantes, desempregados e classes sociais de menor nível de renda. Nas sessões de maior demanda, cobra-se o preço integral do ingresso.

- *Por canal de distribuição*: alguns produtos, como refrigerantes e bebidas alcoólicas, são vendidos a preços diferentes dependendo do ponto de venda no qual são oferecidos. Uma lata de cerveja pode ser vendida a R$ 3,00 na praia, a R$ 2,50 na loja de conveniência, a R$ 2,00 no bar ou no restaurante, a R$ 1,60 em um supermercado de bairro e a R$ 1,20 em um hipermercado.

- *Preços por pacotes*: a elaboração de pacotes é uma tática amplamente empregada para a precificação segmentada, embora, com frequência, sua lógica passe despercebida. Varejistas oferecem estacionamento gratuito para compra em suas lojas; restaurantes oferecem pacotes com menus a preço fixo; orquestras sinfônicas vendem pacotes por temporada, e assim por diante. A maioria das empresas oferece preços por pacote e também preços individuais, de modo que os produtos possam ser comprados separadamente. A política de preços individuais será mais lucrativa que a de preços por pacote sempre que existirem compradores que valorizem muito um dos itens do pacote, mas valorizem outro item menos do que custa para oferecê-lo. Os supermercados e os restaurantes com frequência utilizam a política mista. Há, entretanto, razões psicológicas para que, em determinadas situações, utilize-se uma política exclusiva de preços por pacote.

ESTUDO DE CASO

Um caso hipotético: o que investigar quando as vendas não vão bem?

A empresa Tudo Beleza é uma fabricante de cosméticos de alta qualidade que distribui seus produtos de maneira seletiva, por intermédio de canais de distribuição formados por lojas de alto *status* situadas nos principais shopping centers do país. As lojas mantêm uma seção exclusiva, com expositores específicos para os produtos da Tudo Beleza.

Fonte: Vidros de esmalte. Marlene Bergamo / Folhapress.

Há cerca de um ano, a empresa lançou um esmalte para unhas, produto que ainda não fazia parte da sua linha, e adotou o mesmo canal de distribuição empregado para os seus demais produtos, fixando um preço um pouco acima do praticado pelos concorrentes. A propaganda no período de lançamento do produto utilizou apelos relacionados à beleza e à vaidade feminina. Além disso, contratou demonstradoras para pintar gratuitamente as unhas das clientes interessadas no produto e ensinar como utilizar o esmalte de maneira correta.

Em que pese o esforço de comunicação despendido pela empresa, os resultados das vendas do novo esmalte têm sido decepcionantes, muito diferentes dos resultados obtidos com os demais produtos. O diretor de marketing acha que o problema está relacionado ao preço e à distribuição do produto, que transmitem para o consumidor uma imagem de produto de alto valor agregado. Embora não tenha realizado nenhuma pesquisa, ele acredita que as consumidoras que compram o esmalte não valorizam os serviços adicionais oferecidos pelas lojas de alto padrão que distribuem o produto.

O diretor de marketing opta então por vender o produto a um preço mais baixo via rede de hipermercados de grande porte.

Questões para o caso

1. Comente a posição do diretor de marketing da Tudo Beleza.
2. Quais as implicações das mudanças do canal de distribuição e do preço do esmalte sugeridas pelo diretor de marketing da empresa?
3. Você concorda com as ações de comunicação para lançamento do produto?

RESUMO

- As três principais abordagens estratégicas da formação e gestão de preços são formadas pelos custos (lado da oferta ou empresa), pelo valor criado para o consumidor-alvo (lado da demanda) e pelas ações e preços praticados pelas empresas que produzem ofertas substitutas e/ou complementares (concorrência). Do ponto de vista tático/operacional (curto e médio prazos), a tendência atual das empresas é a prática da formação de preços segmentada (discriminada) com base no valor percebido pelos diferentes segmentos do mercado.

- A formação e a gestão de preços desempenham um papel integrador entre os conhecimentos de marketing, finanças (contábil/financeiros) e de economia das organizações (estratégia competitiva). Na visão do marketing estratégico, há quatro áreas que exigem definições. A primeira é a escolha dos mercados-alvo que se pretende atender. A segunda é a definição do posicionamento estratégico que vai diferenciar a empresa da concorrência (liderança em custos, especialização, diferenciação). A terceira é a utilização das variáveis do composto de marketing com o intuito de bem servir os mercados selecionados — nesse aspecto, a formação de preço tem papel fundamental. Por fim, a quarta área que exige definições é o estabelecimento da escala e do escopo adequados às atividades que terão de ser executadas.

- Embora se costume enfatizar que os custos não devem governar os preços, é importante notar que a identificação correta dos dispêndios permite calcular uma margem de contribuição acurada para visualizar quanto as vendas precisam aumentar ou diminuir após uma alteração do preço, a fim de que a lucratividade permaneça assegurada.

- Antes de saber se é viável vender um determinado produto no mercado com uma margem adequada (toda empresa vive de margem), é preciso conhecer o valor percebido e a sensibilidade a preços dos compradores, além de verificar se é possível fragmentar o mercado em segmentos para adotar uma precificação segmentada.

- Nenhuma alteração de preço deve ser feita sem ser ponderada contra as prováveis reações dos concorrentes e dos consumidores. É preciso saber como os concorrentes provavelmente reagirão aos aspectos estratégicos, táticos e operacionais da formação de preços. A chave para uma formação e gestão de preços lucrativa é construir e sustentar uma vantagem competitiva que permita ampliar a base de clientes para os quais a empresa pretende vender.

- A segmentação de preços é importante para a tática de formação de preços. Por meio dela, a empresa reconhece que pessoas com diferentes sensibilidades a preço percebem de modo diferente o valor dos produtos.

- Existem três graus de segmentação de preços: a segmentação de preços de primeiro grau, que extrairia de cada cliente o preço máximo que este estivesse disposto a pagar; a segmentação de segundo grau, em que diferentes segmentos compram diferentes quantidades, tornando possível segmentá-los com descontos por quantidade; e a segmentação de terceiro grau, que divide os consumidores em dois ou mais grupos (segmentos), com curvas de demanda separadas para cada grupo.

QUESTÕES

1. Como as empresas devem integrar as três principais abordagens da formação e da gestão de preço de modo a obter sucesso no mercado?

2. O que são custos de oportunidade e por que devem ser levados em conta na formação de preços?

3. Por que a estratégia de formação de preço com base no valor deve começar pelo conhecimento da percepção de valor e da sensibilidade a preço?

4. As empresas de sucesso no mercado praticam um preço único ou cobram preços diferentes?

5. Sob que condições uma empresa deve competir via preços?

NOTAS

1. AILAWADI, K. L. "Market response to a major policy change in the mix of marketing: learning from P&G value pricing strategy." *Journal of Marketing*, Nova York, v. 65, jan. 2001, p. 44.

2. Para mais detalhes sobre a formação de preços com base em valor, é recomendável consultar: NAGLE, T. T.; HOLDEN, R. K. *Estratégia e tática de preços*. São Paulo: Pearson Prentice Hall, 2005.

3. LEPSCH, S. L. *Precificação em supermercado*: um estudo exploratório junto a vinte empresas brasileiras. São Paulo, 1996. 116 p. Dissertação (Mestrado) — Faculdade de Economia, Administração e Contabilidade da Universidade de São Paulo.

4. ZEITHAML, V. A. "Consumer perceptions of price, quality and value: a means-end model and synthesis." *Journal of Marketing*, v. 52, jul. 1988, p. 2-22.
5. OFIR, C.; WINER, R. S. "Pricing: economic and behavioral models." In: WEITZ, B.; WENSLEY, R. (Orgs.). *Handbook of marketing*. Nova York: Sage, 2003, p. 85-86.
6. MONROE, K. B.; LEE, A. Y. "Remembering versus knowing: issues in buyer's processing of pricing information." *Journal of the Academy of Marketing Science*, n. 27, v. 2, abr. 1999, p. 207-225.
7. LYNCH, J. G.; ARIELY, D. "Wine online: search costs affect competition on price, quality and distribution." *Marketing Science*, v. 19, n. 1, jan. 2000.
8. ARBACHE, F. B. "A teoria dos jogos como modelo de predição quantitativa e qualitativa em mercados de múltiplas variáveis e excesso de incerteza". *Revista BSP*, v. 1, n. 2, nov. 2010.
9. Para mais detalhes sobre o tema, é recomendável consultar: KREPS, D. M. *Microeconomics for managers*. Nova York: W. W. Norton & Company, 2004.

GESTÃO DA DISTRIBUIÇÃO

OBJETIVOS DE APRENDIZAGEM

Após ler este capítulo, você será capaz de:

- Identificar os conceitos fundamentais relativos à logística e à gestão de canais em marketing.
- Discutir sobre os elementos que fazem parte da logística moderna e seus conceitos.
- Apresentar os elementos de atuação tática e estratégica relativos à distribuição.

Os capítulos anteriores, voltados à dimensão operacional do marketing, abordaram o desenvolvimento e a gestão de produtos, bem como as decisões relacionadas a preço. Neste capítulo, serão apresentados os principais conceitos e as decisões sobre distribuição, vista aqui como variável decisória de marketing.

A distribuição tem sido apontada como um fator de distinção no marketing. Afinal, a globalização e o baixo crescimento dos mercados domésticos dos países desenvolvidos na década de 1970 os levaram à busca pela ampliação de mercados via crescimento internacional. Isso aumentou a importância da logística no contexto empresarial. Em consequência, os fornecedores (produtores) passaram a ver os distribuidores como clientes, e estes passaram a ver os fornecedores e suas linhas de produtos como centros de custos.[1]

Embora haja diferenças conceituais e técnicas significativas entre os termos *distribuição*, como variável decisória de marketing, e *logística*, ambos serão aqui utilizados indistintamente, a partir de uma perspectiva de integração do composto de marketing.

8.1 FUNDAMENTOS DA GESTÃO DA DISTRIBUIÇÃO

A diferenciação por meio de serviço ao cliente requer que se saiba, da maneira mais detalhada e objetiva possível, como os clientes desejam o serviço.[2] A partir desse conhecimento, as estratégias podem ser traçadas e os sistemas, desenvolvidos para atender ou, de preferência, superar as expectativas dos clientes. As organizações precisam redefinir seu serviço com base no que é importante para os clientes, adotar as especificações de serviço definidas por eles e reinventar os processos de logística, direcionando-os ao cumprimento dessas metas.

Nesse contexto, a distribuição tornou-se um potencial elemento de vantagem competitiva, cuja função é entregar valor ao cliente com a maior eficiência e eficácia possíveis. Para tanto, ela deve ser constituída por componentes que a otimizem. Diante da intensificação da concorrência internacional, tornou-se cada vez mais importante promover o entrosamento e a integração entre o produtor e os membros dos canais de distribuição, criando uma parceria forte e distintiva, capaz de reduzir os custos totais para todos os membros de tal cadeia, além de aumentar o valor recebido e percebido pelos clientes e pelo consumidor final. Essa meta só é alcançada por meio do estabelecimento de um forte diferencial competitivo, dotado de excelência operacional, que aumente a qualidade e adicione valor para todos os membros da cadeia de distribuição.[3] Chamamos esse processo de **supply chain management** (SCM) ou **gestão da cadeia de suprimentos**.

> Damos o nome de **gestão da cadeia de suprimentos** ou *supply chain management* (SCM) ao processo de entrosar e integrar o produtor e os membros dos canais de distribuição. Esse processo consiste em criar uma parceria forte e distintiva, capaz de reduzir os custos totais para todos os membros da cadeia de distribuição, aumentar o valor percebido pelo consumidor final e criar um forte diferencial competitivo.

"Tornar o produto disponível" é, em essência, a função da distribuição. Mas a "disponibilidade" é em si mesma um conceito complexo, influenciado por um grande conjunto de fatores, que, juntos, constituem o serviço aos clientes. Disponibilizar o produto é, portanto, uma função logística básica que faz parte das tarefas de marketing. Aos olhos dos clientes, o papel do serviço logístico é tornar a transferência dos produtos e serviços do comprador para o vendedor (de uma origem conhecida para um destino também conhecido) a mais útil possível, em termos de tempo e de lugar.

Consideramos **canais de marketing** um conjunto de organizações interdependentes, envolvidas no processo de tornar um produto ou serviço disponível para o uso.⁴ A logística de uma empresa é um esforço integrado, cujo objetivo é ajudar a criar valor para o consumidor com o mais baixo custo total, colocando em relevo a manufatura e as operações de marketing.⁵

O papel da logística é aumentar o nível de rentabilidade dos serviços de distribuição a clientes e consumidores, por meio de planejamento, organização e controle efetivos das atividades de movimentação e armazenagem que facilitam o fluxo de produtos.⁶ Em outras palavras, a logística diminui o hiato entre a produção e a demanda, permitindo que os consumidores recebam bens e serviços quando e onde quiserem, sempre em boa condição física e a um custo aceitável.

> **Canais de marketing** são o conjunto de organizações interdependentes, envolvidas no processo de tornar um produto ou serviço disponível para o uso.

Um produto ou serviço não tem valor até que esteja sendo usufruído pelo cliente. Ao disponibilizar um bem ou serviço produzido, a logística o transforma em produto recebido. Ao maximizar a utilidade de tempo e lugar, ela gera valor para o cliente e, consequentemente, para a empresa fornecedora.

Considere um produto industrializado — um automóvel, por exemplo. A logística está presente em todas as etapas do processo, desde a produção e o beneficiamento de matéria-prima em uma mina de ferro até a utilização do produto final pelo consumidor, passando por todas as fases de transformação e enriquecimento. Ou seja, a logística ocorre em cada uma das etapas do processo produtivo, agregando valor e funcionando como um fio de interligação, por meio dos transportes, das armazenagens e das transferências de informações. A função logística só é concluída quando o produto (o automóvel) chega íntegro e disponível ao consumidor final, em local e momento certos e nas condições desejadas.

Ora, se a distribuição contribui para disponibilizar o produto no local certo, na hora certa e nas condições adequadas, seu objetivo é satisfazer as necessidades do cliente. Em outras palavras, a distribuição como variável operacional de marketing é um *serviço* que, em última instância, busca atender às necessidades do cliente.

Em seu enfoque atual, a distribuição dedica importância igual às condicionantes espaciais — resolvendo questões inerentes a *onde*, *quanto* e *como* — e às condicionantes temporais — resolvendo os problemas de *como* e, principalmente, *quando*. Do ponto de vista da logística, o objetivo final dos sistemas planejados de distribuição é conseguir soluções econômicas ótimas, em que a preocupação com os custos tem papel de destaque, embora não seja o único critério utilizado.

Muitos aspectos estão ligados à funcionalidade da logística como ferramenta alavancadora dos avanços de uma empresa. Vejamos, por exemplo, um problema de marketing: os produtos e a própria imagem de uma empresa podem ser seriamente prejudicados se os serviços de entrega, reposição de peças, manutenção e assistência técnica não forem satisfatórios. Nesse caso, a entrega de peças e componentes no tempo certo assume, então, um papel extremamente prioritário no sistema como um todo. Mas é óbvio que as questões relacionadas aos custos de transporte, armazenagem, distribuição, controle e processamento são fundamentais e constituem o ponto principal da avaliação de soluções alternativas por parte da empresa.

> Em uma definição específica, **distribuição** é a administração do fluxo de bens e serviços em organizações orientadas ou não ao lucro.

De maneira específica, definimos **distribuição** como a administração do fluxo de bens e serviços em organizações orientadas ou não ao lucro. Quando bem gerida, proporciona o melhor nível de rentabilidade nos serviços de distribuição, por meio de planejamento, organização e controle efetivos das atividades de movimentação e armazenagem que visam facilitar o fluxo de produtos.[7]

Conhecer a estrutura dos canais de distribuição permite compreender como seus processos podem influenciar as condições do ambiente de marketing e ser por elas influenciados. Entender as estruturas exclusivas de cada canal pode ajudar a mapear os processos nos canais de marketing. Assim, o delineamento da estrutura político-econômica é um fator preponderante para identificar e dimensionar as variáveis que influenciam a estrutura e a conduta do canal. Essas variáveis apresentam interações socioeconômicas complexas, que se opõem ao sistema causa-efeito, tais como os conflitos entre o *design* e os custos de canal. Para entendê-las, é necessário fazer uma análise das relações entre política e economia internas, bem como entre política e economia externas à organização.

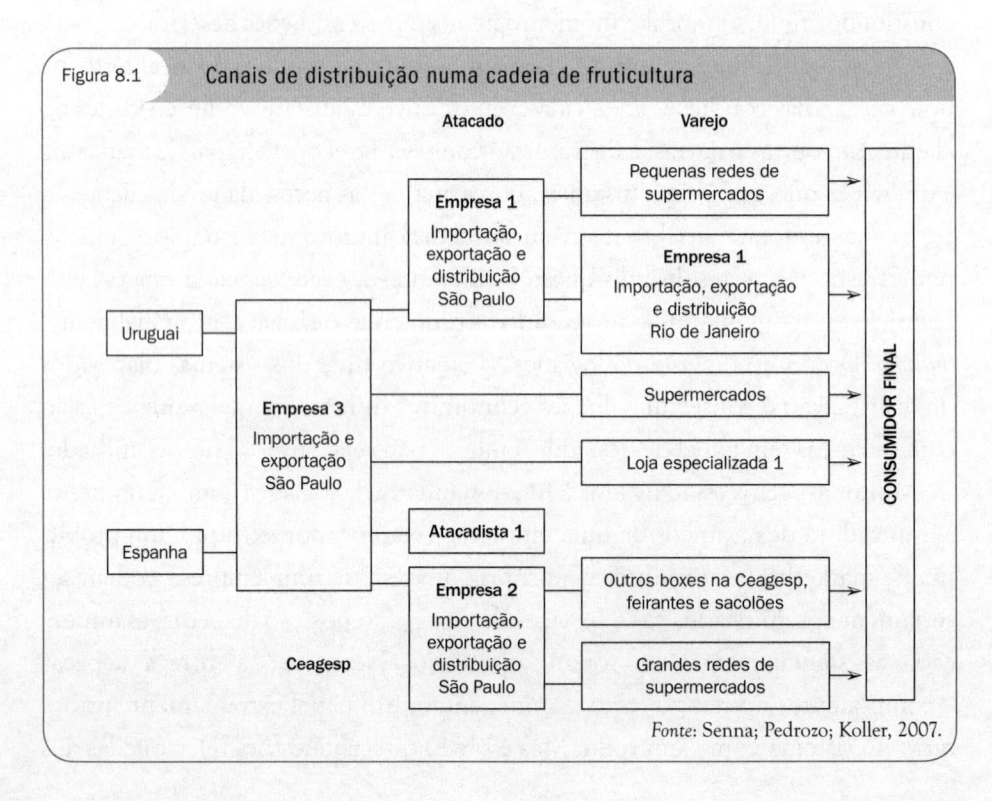

Um exemplo do papel estratégico que a logística exerce pode ser observado na Figura 8.1, que mostra a cadeia de distribuição das frutas cítricas sem sementes, provenientes do Uruguai e da Espanha, na cidade de São Paulo.

Figura 8.1 — Canais de distribuição numa cadeia de fruticultura

Fonte: Senna; Pedrozo; Koller, 2007.

A Figura 8.2 oferece uma visão completa e complexa, em uma sequência lógica, da variedade, da posição e do inter-relacionamento de cada uma das organizações que participam do uso e do gerenciamento do tempo e do espaço em uma cadeia de distribuição. Essa visão proporciona aos gerentes uma percepção ampla de todo o sistema, pois abrange todos os processos com seus fluxos de bens tangíveis circulantes. Assim, eles podem definir os canais adequadamente como sistemas de relacionamento entre entidades que participam das atividades de compra e venda de produtos e serviços e propiciam o fluxo de bens tangíveis com o melhor desempenho possível.

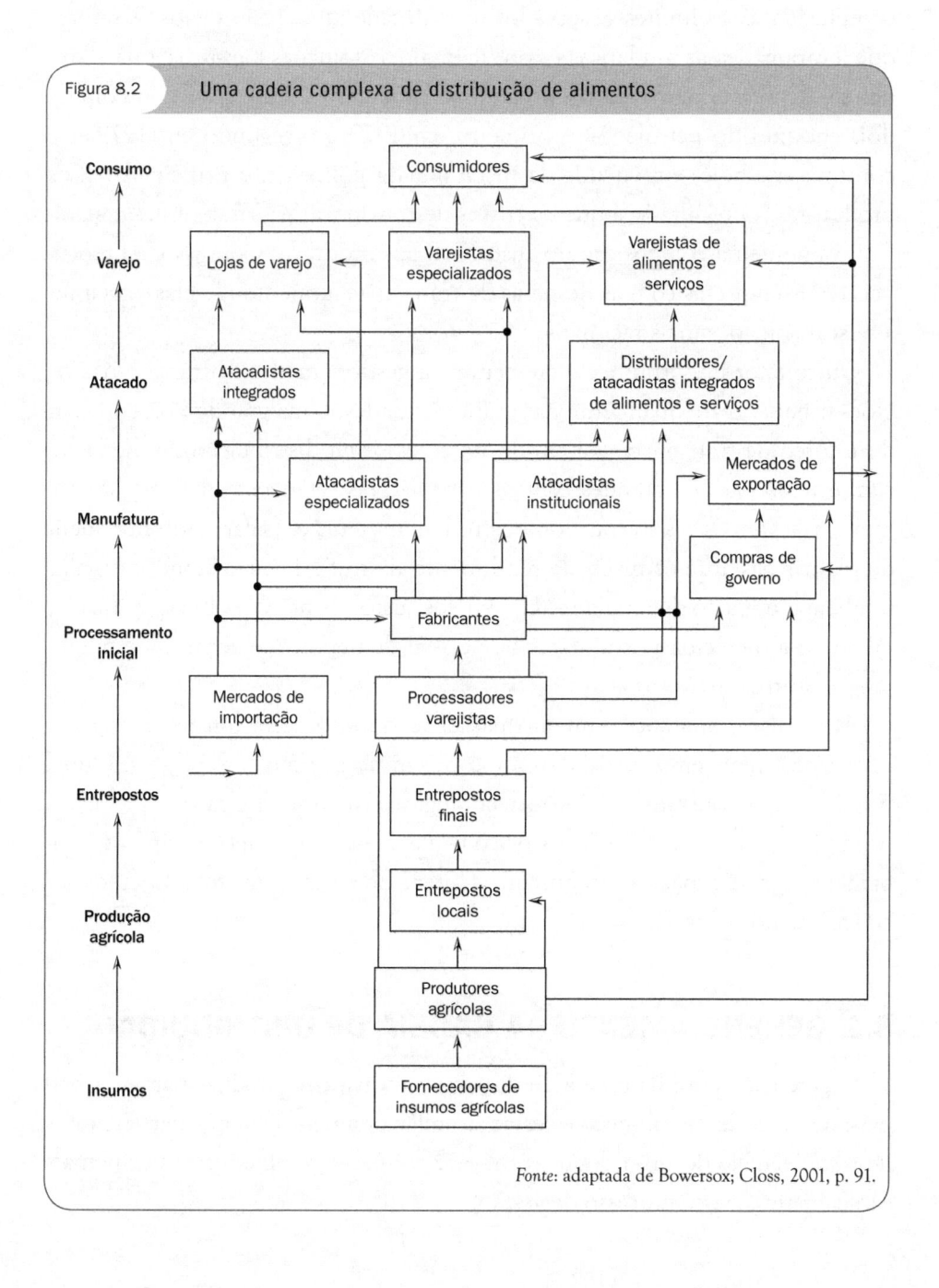

Figura 8.2 — Uma cadeia complexa de distribuição de alimentos

Fonte: adaptada de Bowersox; Closs, 2001, p. 91.

Devemos considerar que as questões ligadas à distribuição não se referem apenas à movimentação de produtos acabados (*out-bound*). Durante a produção, é possível que surjam problemas na hora de coordenar o recebimento de insumos. A aquisição de matéria-prima, por exemplo, deve ser suficiente para garantir um estoque adequado (*in-bound*) às contínuas produções, com tamanho e tempo corretos. Esse problema consome muito esforço de coordenação e gerenciamento, a fim de garantir um funcionamento mais racional do processo e a redução dos custos, incluindo a papelada, o transporte e as despesas com o inventário.

Os problemas ligados à distribuição ultrapassam hoje, em importância e complexidade, os limites observados uma década atrás.[8] São vários os fatores que levaram a essas mudanças e condicionam as soluções logísticas atuais: um deles é o notável aumento no preço dos combustíveis, que começou com os dois choques do petróleo — o primeiro em 1973 e o segundo em 1979 — e continua até hoje, em virtude da instabilidade política nos principais países produtores. O resultado é que os custos de transporte passaram a pesar significativamente na composição do custo CIF dos produtos. Com isso, a preocupação das empresas com as despesas de transporte aumentou, e elas passaram a buscar soluções mais racionais.

> **O QUÊ?**
>
> A sigla *CIF*, do inglês, é formada a partir das palavras *cost*, *insurance* e *freight*. Os custos CIF designam, portanto, as despesas com o transporte, tais como o valor do seguro e o frete, entre outros.

Outro fator importante é o crescente congestionamento de trânsito nas regiões urbanas, principalmente nas grandes cidades. Uma grande porcentagem do esforço de transporte, sobretudo na coleta e na distribuição de mercadorias, é realizada nos grandes centros urbanos. As retenções em congestionamentos elevam os gastos com combustível, manutenção e salários diretos, além de reduzir bastante os níveis de rendimento da frota. É interessante assinalar também o impacto do aumento relativo dos custos de mão de obra qualificada, tal como a oferecida por motoristas, pessoal de depósito e equipes de manutenção, entre outros.

Além disso, qualquer aumento nas taxas de juros gera um forte impacto nos custos financeiros associados à estocagem de insumos e produtos. Outro problema é a constante evolução tecnológica e mercadológica dos processos produtivos, que aumenta e diversifica o leque de produtos, opções, tipos de acabamento etc. A expansão do número de itens de estoque acarreta dificuldades crescentes no controle.

8.2 GERENCIAMENTO DA CADEIA DE DISTRIBUIÇÃO

O gerenciamento da cadeia de distribuição divide-se em duas partes principais: decisões de distribuição e gestão do relacionamento com os participantes dessa cadeia. No decorrer desta seção, você conhecerá o objetivo e as principais características desse processo de gestão.

Decisões de distribuição

Com o intuito de cumprir o objetivo da distribuição no que tange ao marketing — tornar o produto disponível em momento, sortimento e quantidade certos —, é preciso tomar uma série de decisões, que são influenciadas pelos fatores do ambiente de marketing.

O processo deve ter início com a compatibilização entre os objetivos e as estratégias gerais da empresa e as diversas possibilidades de distribuição; nesse momento, a empresa deve definir os seus próprios objetivos, assim como deve definir cada uma das variáveis operacionais do processo de marketing (composto de marketing). Uma vez traçados os objetivos da distribuição, devem ser levadas em consideração as características dos compradores, do produto e da própria empresa para que se possa escolher a estrutura do canal. Tomada essa decisão, o próximo passo é definir o nível e a cobertura ao longo da cadeia de distribuição.

Devemos, então, passar à análise dos custos, a fim de fazer ajustes de acordo com as possibilidades e os interesses da empresa. Passamos em seguida à implementação e ao acompanhamento, com o intuito de assegurar que os objetivos traçados serão alcançados, tomando medidas corretivas, se necessário.

Objetivos dos canais de distribuição

Tornar o produto disponível no momento adequado, com o sortimento adequado, no local adequado e de modo atrativo ao seu público-alvo — tudo isso sempre de maneira a otimizar os recursos organizacionais. Esses são os principais objetivos das decisões relacionadas aos canais de distribuição. Além disso, essas decisões devem contribuir para o alcance do posicionamento desejado pela empresa, bem como para a geração e a manutenção de vantagens competitivas.

Análise do produto, do cliente e da empresa

O marketing considera a satisfação do público-alvo sua contribuição para o sucesso organizacional. Portanto, conhecer o comportamento, os desejos e as necessidades desse público-alvo é fundamental também para o sucesso do projeto de canal.

Quanto ao produto, as suas próprias características devem servir de base para as decisões ligadas à distribuição. Produtos perecíveis, por exemplo, demandam decisões diferentes daqueles duráveis ou semiduráveis. Por exemplo: o leite envasado no tradicional saco plástico precisa ser distribuído mais rapidamente que o embalado nas caixinhas de longa vida.

As características da empresa também são fundamentais para que se possa definir uma estrutura de canal apropriada. Seus recursos podem ser otimizados à medida que suas virtudes e limitações sejam compatibilizadas com aquilo que o mercado espera.

> **VEJA EM**
>
> O Capítulo 3 mostra a importância de conhecer o comportamento, os desejos e as necessidades do público-alvo para atingir os objetivos de marketing.

Estrutura de canal

A estrutura vertical do canal de marketing pode ser convencional ou coordenada. A primeira – ou seja, a **estrutura vertical convencional** – considera as organizações que participam de um canal como independentes, com total autonomia para gerenciar seus negócios. As opções dessa modalidade são a distribuição direta e a distribuição indireta (que pode ser curta ou longa), como mostra a Figura 8.3.

Já a **estrutura vertical coordenada** nasceu do aumento na intensidade da concorrência e da pressão de outros fatores do ambiente de marketing. Ela baseia-se nos conceitos de *supply chain management*, ou gestão da cadeia de suprimentos, a que já nos referimos, e *efficient consumer response*, ou resposta eficiente ao consumidor.[9] É possível classificar as estruturas verticais coordenadas em três tipos principais:

- *integrada*: quando os membros do canal fazem parte da empresa produtora;
- *contratual*: quando são utilizados instrumentos legais para obter coordenação;
- *administrada*: quando a coordenação se dá de maneira informal.

A estrutura de canal coordenada é a tendência mais forte no meio empresarial, em função de sua capacidade de otimizar os recursos envolvidos na distribuição.

Cobertura do canal

A intensidade com que um canal deve cobrir determinado mercado deve se basear nas decisões anteriores e também no posicionamento desejado para a oferta e para a empresa. O Quadro 8.1 apresenta as três principais possibilidades de intensidade de cobertura.

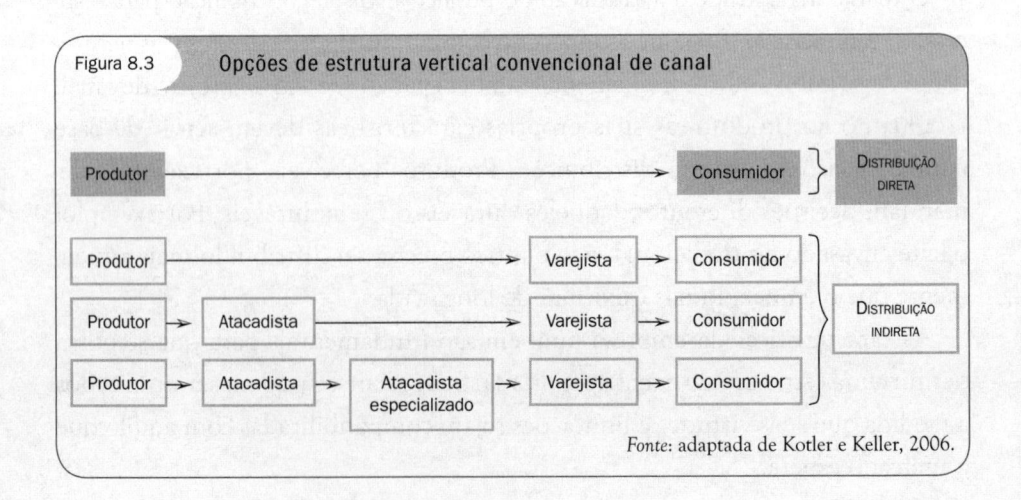

> A **estrutura vertical convencional** do canal de marketing considera as organizações que participam desse canal de maneira independente, com total autonomia para gerenciar seus negócios. Ela pode envolver a distribuição direta ou indireta, e esta última pode ser curta ou longa.

> A **estrutura vertical coordenada** nasceu do aumento na intensidade da concorrência e da pressão de outros fatores do ambiente de marketing. Ela baseia-se nos conceitos de gestão da cadeia de suprimentos e resposta eficiente ao consumidor.

Figura 8.3 Opções de estrutura vertical convencional de canal

Produtor → Consumidor } Distribuição direta

Produtor → Varejista → Consumidor
Produtor → Atacadista → Varejista → Consumidor
Produtor → Atacadista → Atacadista especializado → Varejista → Consumidor
} Distribuição indireta

Fonte: adaptada de Kotler e Keller, 2006.

Quadro 8.1	Possibilidades de intensidade de cobertura	
Tipo	Características	Exemplo
Intensiva	A empresa deseja que seu produto esteja disponível na maior quantidade de pontos de venda possível.	Nestlé
Seletiva	A empresa não considera adequado estar presente em uma grande quantidade de pontos de venda.	Häagen-Dazs
Exclusiva	A empresa opta por vender os seus produtos em locais que não vendem produtos de concorrentes.	Kopenhagen

Fonte: adaptado de Mcgoldrick, 2002.

Análise dos custos

Antes de implementar as decisões tomadas, a empresa deve detalhar seus custos relativos, de modo a compatibilizar a proposta de distribuição elaborada com os recursos disponíveis. Outros procedimentos inerentes à distribuição também devem ser considerados para fins de análise dos custos. Frequentemente, esses procedimentos passam despercebidos. Para evitar isso, a análise dos custos deve incluir os seguintes itens:[10]

- posse do produto;
- propriedade do produto;
- negociação;
- financiamento;
- informações e outros serviços;
- risco;
- pedido.

Controle

O monitoramento e o ajuste (quando necessário) fazem parte de todos os processos administrativos. Assim, apenas quando conduzimos adequadamente esta última etapa é que as decisões de distribuição podem, efetivamente, contribuir para com o desempenho de marketing almejado. Devemos, portanto, ter critérios advindos do próprio processo de planejamento da distribuição para compararmos os resultados obtidos com os objetivos definidos, de maneira que possamos verificar em que medida as decisões tomadas permanecem apropriadas ao longo do tempo.

Gestão do relacionamento

A gestão do relacionamento é uma denominação nova para uma área antiga dos negócios. Desde os primórdios da atividade comercial, os gerentes têm se preocupado com o desenvolvimento das relações com os demais participantes de suas cadeias de negócios.[11] Esse tipo de gestão parte da premissa básica de que a cooperação entre os participantes em uma cadeia de organizações pode resultar, inicialmente, em uma sinergia mínima, mas com potencial para chegar ao nível mais alto, que seria um empreendimento conjunto. Essas trocas tornam-se prioritárias na construção de um relacionamento e são extremamente importantes para os processos logísticos.

A Figura 8.4 mostra, como modelo, uma cadeia de organizações em que fornecedores e distribuidores trocam bens entre si, atuando em conjunto com diversas organizações em cada estágio ou elo da cadeia. A principal característica desse modelo é o foco nas organizações, em seu papel no sistema e nas ligações que podem ocorrer entre elas.

O foco desse modelo pode ser tanto uma organização participante da cadeia de organizações quanto uma determinada cadeia de organizações. Além disso, ele permite identificar os principais fluxos e as organizações envolvidas em cada um deles. Com base nessas informações, é possível fazer análises específicas e tomar decisões estratégicas. As razões que justificam construir e usar os mapas de cadeias de organizações são as seguintes:[12]

- ligar a estratégia corporativa à estratégia da cadeia de suprimento;
- catalogar e distribuir as informações-chave para sobreviver num ambiente dinâmico;

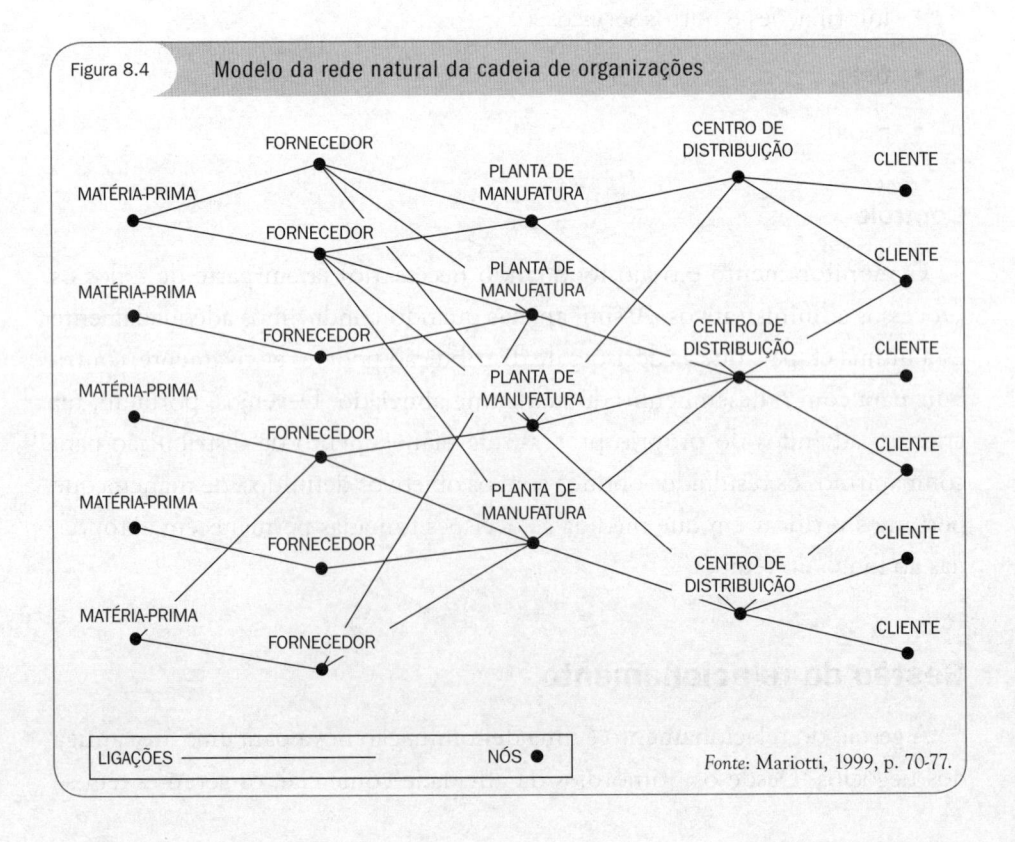

Figura 8.4 — Modelo da rede natural da cadeia de organizações

Fonte: Mariotti, 1999, p. 70-77.

- oferecer a base para o redesenho ou a modificação da cadeia de organizações;
- possibilitar a apresentação das dinâmicas atuais da cadeia;
- permitir que se visualize o esforço de integração na cadeia;
- permitir a disseminação de um entendimento comum sobre a arquitetura da cadeia;
- prover uma ferramenta de comunicação por meio de processos, organizações, funções e unidades corporativas;
- facilitar o monitoramento da evolução do processo de integração;
- orientar novos participantes (pessoas ou empresas) sobre seu papel na cadeia de organizações;
- permitir o aperfeiçoamento dos procedimentos de gestão da cadeia com o auxílio de um mapeamento bem documentado dos seus processos.

Uma **cadeia de organizações** é um conjunto de organizações que se unem para um objetivo comum. Cada membro do canal depende dos demais; o desempenho de toda a cadeia depende do desempenho de todos e da habilidade que eles têm para coordenar as atividades no interior dela.[13] Dessa maneira, cada um dos membros desempenha um papel e se especializa em uma ou mais funções.[14]

> Uma **cadeia de organizações** é um conjunto de organizações que se unem para um objetivo comum.

Os canais de distribuição podem ser descritos pelo número de níveis envolvidos. Cada camada de intermediários que executa uma tarefa para tornar os produtos acessíveis ao consumidor final é um nível da cadeia.[15] A classificação dos canais de distribuição pode ser adaptada para identificar o número de níveis intermediários e indicar a extensão de uma cadeia,[16] como mostra o Quadro 8.2. Existem canais de distribuição com mais níveis que os listados, porém eles não são frequentes.

Para entender o relacionamento de canais, é importante ter em mente que nem todos os membros do canal têm o mesmo suporte financeiro e a mesma disposição de risco para obter sucesso em cada arranjo. Para identificar

Quadro 8.2	Classificação da extensão da cadeia
Nível de canal 1	Também chamado de canal de marketing direto. Não possui níveis intermediários. Consiste em uma venda direta da organização fabricante para o consumidor.
Nível de canal 2	Apresenta um nível intermediário. Nos mercados de consumo, esse nível é sempre um varejista.
Nível de canal 3	Conta com dois níveis intermediários, um atacadista e um varejista. Esse canal geralmente é utilizado por pequenos fabricantes de alimentos, medicamentos, ferragens e outros produtos.
Nível de canal 4	Contém três níveis intermediários nos quais, por exemplo, entram os atravessadores.

Fonte: adaptado de Mcgoldrick, 2002.

> Um **participante primário** do canal é aquele que ou está disposto a participar na responsabilidade da posse de um estoque com seus custos e riscos ou assume outros aspectos significativos do risco financeiro. Produtores de bens de consumo, produtores de bens industriais, produtores rurais, atacadistas, varejistas e mineradores são participantes primários.

> Um **participante especializado** do canal é aquele que se dispõe a entrar no negócio, oferecendo sua participação no relacionamento de canal, calcada em resultados de serviços essenciais para obter uma recompensa financeira. Transportadores, montadores, armazenadores, rastreadores, agências de segurança, agências de despacho aduaneiro, agências de propaganda e outros são participantes especializados.

essas variações de comprometimento, convém verificar se o grupo de canais é primário ou especializado. Um **participante primário** do canal é aquele que ou está disposto a participar na responsabilidade da posse de um estoque com seus custos e riscos ou assume outros aspectos significativos do risco financeiro. Um **participante especializado** do canal é aquele que se dispõe a entrar no negócio, oferecendo sua participação no relacionamento de canal, calcada em performances de serviços essenciais para obter uma recompensa financeira. Os participantes primários de um canal incluem os produtores de bens de consumo, os produtores de bens industriais, os produtores rurais, os atacadistas, os varejistas e os mineradores. Já o grupo dos participantes especializados é composto por transportadores, montadores, armazenadores, rastreadores, agências de segurança, agências de despacho aduaneiro, agências de propaganda, agências de seguro e agentes financeiros.

As cadeias de organizações estabelecem a ligação entre o produtor e o consumidor. Os membros da cadeia desempenham muitas funções-chave. Alguns ajudam a completar transações à medida que se envolvem com as seguintes áreas:

- *Informação em operações*: coleta e distribuição de informações obtidas pela pesquisa e pela inteligência de marketing sobre as forças do ambiente de marketing. Essas informações são necessárias para planejar e facilitar a troca.

- *Promoção*: desenvolvimento e distribuição das comunicações persuasivas sobre um produto ou serviço.

- *Contatos*: comunicação com compradores potenciais.

- *Adaptação*: adaptação da oferta às necessidades de cada comprador, incluindo atividades de fabricação, montagem de kits e embalagem.

- *Negociação*: acordos sobre preço, prazo e outras condições da oferta para que a propriedade ou a posse seja transferida.

- *Financiamento*: obter e alocar os recursos necessários para cobrir os custos do trabalho do canal.

Outros membros da cadeia ajudam a transportar e a armazenar os produtos. Desse modo, todos assumem os riscos de executar o trabalho do seu canal.

Os membros individuais de um canal raramente conseguem ter uma visão do todo. Em geral, preocupam-se com seus próprios objetivos no curto prazo e com seus intercâmbios com as organizações mais próximas. Algumas vezes, eles cooperam entre si para atingir os objetivos gerais do canal. No entanto, a falta de cooperação é a situação mais frequente: muitas vezes, os membros do canal chegam a atuar de maneira antagônica, por acreditar que cooperar significaria relegar a segundo plano certos objetivos individuais.

Normalmente, uma empresa de grande porte tem um papel claro na cadeia de organizações e se preocupa em manter uma posição de liderança. Dentro dessa linha, existem alguns tipos de organizações de canal que proporcionam uma liderança mais firme e um desempenho superior. Já os canais convencionais nem sempre possuem uma liderança forte, sendo, por isso, prejudicados por conflitos e sujeitos a um fraco desempenho. Esses canais consistem em um ou mais fabricantes, atacadistas e varejistas independentes. Cada um deles, com seu negócio separado, busca maximizar seus próprios lucros, ainda que à custa dos lucros do sistema como um todo. São organizações competitivas que não compartilham os ganhos e fazem esforços em sentidos contrários. O ideal é que as organizações desenvolvam parcerias integradas, calcadas na filosofia "ganha--ganha" e na busca por sinergia.

8.3 LOGÍSTICA INTEGRADA

A **logística integrada** busca satisfazer da melhor forma as necessidades dos clientes por meio do acompanhamento da evolução dos sistemas e das variáveis ambientais com suas interações. Além disso, esse tipo de logística gerencia os fluxos de bens tangíveis (matéria-prima e produtos acabados) e intangíveis (informações e serviços), visando à maximização do lucro.[17] Portanto, pode ser definida como um sistema de gestão que engloba toda a cadeia logística, considerando conjuntamente todos os elos que a compõem. Esse gerenciamento abrange desde os fornecedores, por meio das organizações da cadeia de negócios, até atividades como transporte e estocagem.

> A **logística integrada** busca satisfazer da melhor forma as necessidades dos clientes por meio do acompanhamento da evolução dos sistemas e das variáveis ambientais com suas interações.

Um sistema logístico eficiente é fundamental para o comércio, pois permite a uma região geográfica explorar suas vantagens inerentes. Assim, determinada região pode concentrar seus esforços na extração e na comercialização de produtos naturais que possui em abundância.[18] O Brasil, por exemplo, possui grandes jazidas de minério de ferro e bauxita, que, entretanto, só se tornarão vantagens globais no mercado internacional se o país dispuser de infraestrutura logística para exportar esses bens para outros países a um custo competitivo.

As atividades características da logística incluem, entre outras:

- gestão de estoques;
- gestão de transportes;
- gestão da informação;

- gestão de compras, também conhecida como *sales and operation planning* (S&OP);

- programação da produção, também conhecida como *managerial resource planning* (MRP);

- gestão da armazenagem, que frequentemente utiliza um *warehouse management system* (WMS);

- gestão da movimentação de materiais;

- embalagem logística.

> Damos o nome de **gestão de processos** à análise das etapas de um fluxo de ações, visando operacionalizá-las de maneira eficaz.

Damos o nome de **gestão de processos** à análise das etapas de um fluxo de ações, visando operacionalizá-las de maneira eficaz. No entanto, essa gestão não é garantia de sucesso no campo da logística. Afinal, o ambiente e a cultura empresarial também podem influenciar as funções logísticas, assim como as outras atividades da administração. Aliás, o ambiente tende a se tornar preponderante na gestão da logística.[19]

O ambiente ou cenário em que o administrador da função logística atua é sujeito a fatores físicos, restrições legais, pressões políticas, restrições econômicas, condições de trabalho, condições de operação etc. Esses parâmetros compõem um quadro de referência, que deve ser visualizado e monitorado quanto a eventos futuros de natureza interna e externa e objetivos sociais da empresa, da função logística e de seus projetos. Isso permite que a empresa aproveite oportunidades e se proteja das ameaças impostas por essas variáveis.

8.4 A LOGÍSTICA NO MERCADO INDUSTRIAL (B2B)

Se hoje a distribuição é vista como de relevância estratégica no mercado de consumo, no mercado industrial ela é considerada um elemento essencial. A disponibilidade e a confiabilidade do suprimento são os principais fatores para que o comprador desse mercado opte por determinado fornecedor.

Os mercados empresariais tendem a ter um movimento de consumo com menor intensidade que os mercados de bens de consumo.[20] Enquanto os canais de distribuição nos mercados de bens de consumo ultrapassam a casa de milhares de estabelecimentos, nos mercados empresariais — também denominados mercados *business-to-business* (B2B) — eles ficam na casa das centenas ou menos. Podemos apontar quatro razões para isso:[21]

- Os consumidores industriais existem em número menor, com apenas algumas exceções (como no ramo de suprimentos para escritórios), não havendo, portanto, necessidade de uma rede extensa de distribuição.

- Os canais de marketing da "manufatura-direta-para-o-usuário" prevalecem muito mais nos mercados empresariais do que entre os mercados de bens de consumo.

- A aquisição de quantidades maiores pode ser negociada com mais eficiência quando é feita diretamente na base de embarque.

- A distribuição industrial, muitas vezes, requer um alto nível técnico. Para tanto, são necessários investimentos em treinamento e facilidades físicas. Em outras palavras, a distribuição industrial só pode ser feita com um grau razoável de seletividade.

O Quadro 8.3 compara a logística dos mercados de consumo final àquela adotada nos mercados empresariais (B2B).

Os fatores de diferenciação elencados no Quadro 8.3 afetam não somente os revendedores que efetuam os esforços de comunicação persuasiva no marketing empresarial, mas também a qualidade logística e o relacionamento entre os revendedores e os produtores. Revendedores industriais tendem a ter um relacionamento mais próximo com seus fornecedores, se comparados aos revendedores de bens de consumo. De maneira similar, o produtor industrial dependerá mais fortemente de cada membro do canal de distribuição e poderá dispor de um suporte financeiro e estratégico mais eficiente. O revendedor empresarial poderá ter uma posição mais crítica em relação à logística, não somente por assegurar a disponibilidade do produto, mas também por completar o processo de "customização" e buscar atender às necessidades dos consumidores.

Anderson e Narus,[22] pesquisando acerca do relacionamento entre participantes de fluxos de distribuição em mercados industriais, afirmam que, nos últimos anos, grande parte dos produtos industriais foi vendida por meio de distribuidores. Em sua pesquisa, os autores concluíram que o posicionamento dos produtos não deve estar somente na mente dos consumidores finais, mas também na dos distribuidores. Fica sugerido, assim, que, para definir o

Quadro 8.3 Logística no mercado empresarial *versus* logística no mercado de consumo

Fatores de diferenciação	Mercados empresariais	Mercados de bens de consumo
Quantidade dos canais de distribuição	Número reduzido (centenas)	Grande número (milhares)
Quantidade de clientes	Número reduzido	Grande número
Customização	Maioria	Minoria
Intermediação de vendas	Inexiste	Existe na maioria
Tecnologia de distribuição	Alto nível técnico	Variado
Dependência do distribuidor em relação ao produtor	Alta	Baixa
Relacionamento fornecedor/cliente	Íntimo	Padronizado

Fonte: Webster, 1991.

posicionamento de seus produtos, os fabricantes devem considerar não apenas as percepções e as necessidades do usuário final, mas também as percepções e as necessidades dos distribuidores.

Planejar a evolução dos relacionamentos dos participantes de uma cadeia de distribuição ou suprimento é relevante para o sucesso da distribuição. Um relacionamento voltado para as necessidades dos participantes da cadeia pode ser positivo. É possível constatar, por meio de pesquisas, que participantes de parcerias podem estar pessimistas quanto a futuras melhorias, em virtude da ausência de um planejamento contínuo dessas atividades e relacionamentos.[23] Ou seja, o planejamento é a chave para manter a satisfação dos parceiros no que diz respeito às expectativas de sucesso futuro e, em última instância, à continuidade da própria parceria.

A utilização de modelos para o gerenciamento de relações entre os participantes dos canais de distribuição está sendo vista pelos estudiosos como uma ferramenta que pode trazer benefícios aos gerentes.[24] Um desses modelos é o de troca de valor: essa troca pode ser expandida para combinar duas ou mais empresas com suas inter-relações no canal de distribuição.

Além dos relacionamentos entre o fabricante, o varejista e os clientes ou usuários finais, o modelo de canal pode incorporar os efeitos das relações com outros constituintes, incluindo as empresas de logística.

Um ponto importante: em uma parceria, quando todos os membros do canal de distribuição se dispõem a buscar o melhor resultado, agregando valor ao processo, e têm como prioridade a satisfação do cliente final (maior qualidade ao menor custo possível), os resultados serão benéficos a todos os participantes, pois o produtor terá, no final do ciclo, um produto com alto valor agregado, uma marca mais forte e um elevado nível de fidelidade por parte do consumidor. Os membros do canal terão seus serviços bem avaliados, podendo, portanto, ser remunerados à altura, e o cliente final receberá um produto ou serviço com alto grau de qualidade a um custo condizente, percebendo que está recebendo valor.

Ao entender detalhadamente a atividade de seus clientes, sua estrutura de custos e a dinâmica de seus mercados, o fornecedor pode ajustar a sua estratégia de logística e de marketing, a fim de alcançar melhorias significativas no valor para o cliente.[25] E, à medida que o benefício começa a se revelar para o cliente, o fornecedor também obterá retorno, na forma de negócios extras. Para conquistar e manter seus clientes, o fornecedor precisa se concentrar nos elementos que estes valorizam mais. Isso requer um conhecimento detalhado da cadeia de valor do cliente. O planejamento da cadeia de distribuição deve ser feito com base nas respostas às seguintes perguntas:

- Se o nosso cliente for outra organização empresarial, como a cadeia de distribuição pode criar valor para os clientes dela?

- Quais são os custos do nosso cliente e quais são as chances de esses custos serem reduzidos por meio de nossa intervenção?
- Quais são as características dos processos de negócios da empresa-cliente e quais são as possibilidades de uma maior integração desses processos com os nossos?

Quando administrada por um rigoroso planejamento, apoiado em um sistema de informações confiável e amplo, a logística pode ajudar a empresa a alcançar seus objetivos estratégicos, conquistando mercados, perpetuando operações, aumentando a lucratividade e promovendo um crescimento seguro e racional. A partir da visão de marketing voltada para as necessidades dos clientes e com base nas técnicas de administração científica, podem-se construir no presente as expectativas para o futuro. A logística pode representar a última fronteira para redução de custos, além de propiciar um aumento na percepção de valor por parte de clientes e consumidores.

ESTUDO DE CASO

Lojas virtuais cobram a mais para entrega na hora marcada

RICARDO GALLO

Fonte: Foto da Stock.xchng®.

Dois dos três principais conglomerados de comércio eletrônico do país estabeleceram cobrança extra para cumprir o que determina uma lei estadual em São Paulo — entregar produtos com hora e turno agendados.

A taxa é irregular, afirma o Procon, órgão do governo responsável por fiscalizar a aplicação da lei no estado.

O setor diz não ter condição de cumprir a lei "a ferro e fogo", por impor custos maiores ao processo de entrega.

Funciona assim: o consumidor compra uma TV LED a R$ 2.799 e frete grátis, por exemplo. Para escolher data e turno — o que a lei manda, portanto —, o produto sai a R$ 2.904, ou seja, 3 por cento mais caro. Um celular vai de R$ 399 para R$ 477 — 19 por cento a mais.

A cobrança extra é disseminada entre as lojas virtuais. Sob a forma de "entrega expressa", instituíram-na as empresas da B2W (Submarino, Americanas e Shoptime) e da Nova PontoCom (Extra, Ponto Frio e Casas Bahia), entre outras.

A Comprafácil.com, outro dos gigantes do setor, não oferece o agendamento.

MULTAS

Em vigor desde novembro de 2009, a lei da entrega fez 163 autuações em três operações, a última em novembro. A lei prevê multas de até R$ 6 milhões. Já houve multas; o Procon não informa o nome das empresas nem o valor.

O não cumprimento tem gerado atrito entre as partes. Em reunião com os grupos de comércio eletrônico, no final de 2010, o Procon sinalizou que vai endurecer a fiscalização, até com a suspensão das vendas, afirmou à *Folha* Carlos Coscarelli, assessor-chefe da diretoria do órgão.

"[Suspender] É o passo seguinte, quando tentamos interferir no mercado e a multa não resolve", disse.

O setor reagiu rápido: em dezembro, a Câmara Brasileira de Comércio Eletrônico entrou na Justiça para impedir o Procon de aplicar multas — oficialmente, a entidade pede que o agendamento seja opcional, não obrigatório. A ação ainda não foi julgada.

Desde o final de 2009, três empresas — Fnac, Livraria Cultura e Fast Shop — já obtiveram decisões na Justiça para anular multas do Procon, em um universo de 15 ações.

REEMBOLSO

Consumidores que pagam a taxa extra têm direito a reavê-la, afirmam advogados, com base no princípio de que uma mesma empresa não pode vender o mesmo produto por preços distintos. A orientação é procurar o Procon ou o Juizado Especial Cível.

"É uma malícia do fornecedor, que é abusiva", afirma Mariana Alves, advogada do Idec (Instituto de Defesa do Consumidor). Roberto Senise Lisboa, promotor de Justiça do Consumidor, concorda.

"Acho que está errado. A regra tem de estar clara para quem compra", disse o eletrotécnico Joarez Freitas, 63 anos, que tentou comprar um suporte de TV pela Americanas.com e não recebeu o produto. Ele não pagou pela taxa extra nem sabia da existência da lei de entrega.

OUTRO LADO

A Câmara Brasileira de Comércio Eletrônico, que representa o setor, afirma, porém, que, como está, a lei da entrega é prejudicial às empresas.

O texto da lei não é claro, na avaliação de Leonardo Palhares, coordenador jurídico da entidade, o que dá margem a uma interpretação "a ferro e fogo" pelo Procon.

Por sua vez, o setor também tem a sua interpretação — entende que o texto não proíbe cobrar para agendar.

De acordo com Palhares, a regra "complica a vida do setor e do consumidor".

Primeiro, ao obrigar a troca da entrega setorizada pelo agendamento, o que encarece o serviço, atender à demanda exige cinco vezes mais caminhões nas ruas, o que afeta o trânsito e polui.

"Há uma sobrecarga logística enorme, além de gerar atrasos nas entregas."

Outro fator a dificultar o cumprimento da lei está no fato de os Correios, por onde passam 35 por cento das entregas do comércio eletrônico, não terem agendamento.

"Os grandes têm escala para contratar operadoras privadas, mas as pequenas empresas, que dependem dos Correios, não", diz Palhares.

E o consumidor, acrescenta, não faz questão de agendar entrega; só em casos excepcionais. Ele compara São Paulo aos Estados Unidos, país líder em transações on-line e que não exige agendamento.

O serviço, diz, deveria ser oferecido como algo opcional, e não como regra. O setor cresce a 35 por cento por ano, com satisfação perto de 90 por cento.

O Extra, o Ponto Frio e as Casas Bahia dizem não cobrar pelo agendamento, mas sim pelo serviço de entrega. Nas três, no entanto, o preço final do produto sobe se a entrega é agendada. Submarino, Americanas e Shoptime disseram cumprir a lei.

Fonte: Folha Online. Disponível em: <http://www1.folha.uol.com.br/mercado/878161-lojas-virtuais-cobram-a-mais-para-entrega-na-hora-marcada.shtml>.

Questões para o caso

1. Escolha duas empresas ou grupos retratados no texto e compare entre eles os benefícios e as dificuldades advindos da entrega agendada.
2. Considerando-se a possibilidade de não ser necessário cumprir a referida lei no futuro, caso as empresas ganhem isso judicialmente, que estratégias e ações relativas à logística podem ser trabalhadas para aumentar a satisfação do comprador com relação a essa questão?
3. Você considera correta a referida lei? Por quê? E a cobrança adicional realizada pelas empresas para fazer entrega agendada?

RESUMO

- A logística da distribuição física é um instrumento de condução da estratégia organizacional, com vistas a distribuir produtos e serviços aos mercados com mais eficiência e atendendo com excelência às necessidades e aos desejos dos consumidores.

- A distribuição busca reduzir ao máximo o tempo que vai desde a emissão do pedido até a utilização final do produto, reduzindo de maneira significativa o número de avarias, furtos, desvios, devoluções etc.

- O alto nível de qualidade e confiabilidade, ao menor custo global, garante o maior valor possível para o processo e para o cliente, utilizando com eficiência a gestão de estoques, os transportes e a informação.

- O melhor nível de rentabilidade nos serviços de distribuição a clientes e consumidores é alcançado por meio de planejamento, organização e controle efetivos das atividades de movimentação e armazenagem.

- O fluxo de produtos dos canais de marketing e o atendimento aos mercados são facilitados pela gestão das atividades logísticas, que incluem transportes e movimentação, estoques, armazenagem e gestão de informações.

QUESTÕES

1. Qual é o papel da logística?

2. Descreva as razões para a construção de mapas de cadeias de organizações. Descreva, também, como eles podem ser usados.

3. Defina os conceitos de participante primário do canal e participante especializado do canal.

4. Conceitue a logística integrada.

NOTAS

1. WEBSTER, F. E. *Industrial marketing strategy*. Nova York: John Wiley & Sons, 1991.

2. CHRISTOPHER, M. *O marketing da logística*: otimizando processos para aproximar fornecedores e clientes. São Paulo: Futura, 1999.

3. BALLOU, R. *Logística empresarial*: transportes, administração de materiais e distribuição física. São Paulo: Atlas, 1993. BOWERSOX, D. J.; CLOSS, D. J. *Logistical management*: the integrated supply chain process. Columbus (OH): McGraw-Hill, 2001. DRUCKER, P. F. *Administrando para o futuro*: os anos 90 e a virada do século. São Paulo: Pioneira, 1996. HARMON, R. L. *Reinventando a distribuição*: logística de distribuição classe mundial. Rio de Janeiro: Campus, 1994.

4. STERN, L. W.; EL-ANSARY, A. I. *Marketing channels*. Englewood Cliffs: Prentice-Hall, 1982.

5. BOWERSOX, D. J. *Logistical management*. Nova York: MacMillan, 1996.
6. BALLOU, R., op. cit.
7. Ibidem.
8. NOVAES, A. G. N. *Sistemas logísticos*: transporte, armazenagem e distribuição física de produtos. São Paulo: Edgard Blücher, 1989.
9. CONSOLI, M. A. "Proposta de um modelo de análise da captura de valor nos canais de distribuição com base nos fluxos de marketing." Tese de Doutorado em Administração pela Faculdade de Economia, Administração e Contabilidade da Universidade de São Paulo. São Paulo, 2005. CHOPRA, S.; MEINDL, P. *Gerenciamento da cadeia de suprimentos*: estratégia, planejamento e operação. São Paulo: Pearson, 2004.
10. CONSOLI, M. A., op.cit.
11. JUGA, J. "Organizing for network synergy in logistics." *International Journal of Physical Distribution and Logistics Management*, v. 26, n. 2, 1996, p. 51-67.
12. GARDNER, J. T.; COOPER, M. C. "Strategic supply chain mapping approaches." *Journal of Business Logistics*, v. 24, n. 2, 2003, p. 37-64.
13. SWAMINATHAN, J. M.; SMITH, S. F.; SADEH, N. M. "Modeling supply chain dynamics: a multiagent approach." *Decision Sciences*, Atlanta, v. 29, n. 3, 1998, p. 607.
14. WITT, P. R. *Cost competitive products*: managing product concept to marketplace reality. Virginia: Reston, 1996.
15. CRAVENS, D. W. *Strategic marketing*. Columbus (OH): McGraw-Hill, 2006.
16. SANDHUSEN, R. L. *Marketing básico*. São Paulo: Saraiva, 2003.
17. ALMEIDA, C. M. P. R. "Gestão estratégica de cadeias de organização: um estudo exploratório, 2006." Tese de Doutorado em Administração pela Faculdade de Economia, Administração e Contabilidade da Universidade de São Paulo. São Paulo, 2006.
18. PORTER, M. E. *A vantagem competitiva das nações*. Rio de Janeiro: Campus, 1993.
19. UELZE, R. *Logística empresarial*: uma introdução à administração dos transportes. São Paulo: Pioneira, 1974.
20. WEBSTER, F. E., op.cit.
21. Ibidem.
22. ANDERSON, J. C.; NARUS, J. A. "A model of the distributor's perspective of distributor-manufacturer working relationships." *Journal of Marketing*, v. 48, 1984, p. 62-74.
23. WALTON, S. *Made in America*. Nova York: Bantam, 1996.
24. MILLER, R. L.; LEWIS, W. F.; MERENSKI, J. P. "A value exchange model for the channel of distribution: implications for management and research." *Journal of Academy of Marketing Science*, v. 13, n. 4, 1985, p. 1-17.
25. CHRISTOPHER, M. *Logística e gerenciamento da cadeia de suprimentos*. São Paulo: Pioneira, 1999.

9

GESTÃO DA COMUNICAÇÃO INTEGRADA DE MARKETING

OBJETIVOS DE APRENDIZAGEM

Após ler este capítulo, você será capaz de:

- Relacionar as principais características da Comunicação Integrada de Marketing.
- Desenvolver o planejamento da Comunicação Integrada de Marketing.
- Elencar as principais características das formas de comunicação mais trabalhadas.

A comunicação é uma das variáveis do processo de marketing mais conhecidas. Seu objetivo é promover a interação de uma empresa e seus produtos e serviços com o público-alvo. Para ser bem-sucedida, ela deve ser trabalhada de maneira adequada e coerente com as demais variáveis do composto de marketing, uma vez que é parte desse conjunto. Ao longo deste capítulo, serão apresentadas as principais ferramentas da comunicação de marketing e um modelo para seu planejamento.

9.1 COMUNICAÇÃO INTEGRADA DE MARKETING

Comunicação de marketing designa qualquer contato entre a empresa e seu público, capaz de criar ou consolidar a imagem de seus produtos ou da própria organização.[1] Sua função prioritária é estimular o cliente, afetando, por exemplo, seu comportamento de compra. Damos o nome de **Comunicação Integrada de Marketing (CIM)** à evolução do processo de comunicação de marketing. Trata-se de um modo diferenciado de entender e conduzir o processo de comunicação com o mercado, utilizando simultaneamente vários meios diferentes para estabelecer contato com o cliente. A Figura 9.1, por exemplo, traz logotipos de diversas empresas em um dos carros da Stock Car.

No mercado atual, marcado por um alto nível de segmentação, os meios de comunicação são fragmentados, e as mensagens veiculadas tornam-se saturadas. Para fazer uma comunicação eficaz, as empresas precisam utilizar ao mesmo tempo diferentes formas de comunicação, tais como a propaganda, o patrocínio e o marketing direto. Esse procedimento visa garantir contato com o cliente de diferentes formas e em diferentes momentos. Nessa circunstância, é necessário fazer com que todas as formas de comunicação transmitam uma única mensagem. Com isso, a CIM é capaz de gerar sinergia e potencializar os efeitos da comunicação, aumentando seu impacto e destacando a mensagem da empresa em relação às demais.

> **Comunicação de marketing** designa qualquer contato entre a empresa e seu público, capaz de criar ou consolidar a imagem de seus produtos ou da própria organização.

> Já Comunicação **Integrada de Marketing (CIM)** é a evolução do processo de comunicação de marketing. Trata-se de uma forma diferenciada de entender e conduzir o processo de comunicação com o mercado, utilizando simultaneamente vários meios diferentes para estabelecer contato com o cliente.

Figura 9.1 — Divulgação de marcas em carro da Stock Car

Fonte: O piloto Cacá Bueno durante treinos para a etapa do Rio de Janeiro da Stock Car 2010, no autódromo de Jacarepaguá, no Rio de Janeiro, RJ.

Em geral, o objetivo principal da CIM é criar a imagem de uma marca consistente com o posicionamento desejado e provocar determinada ação do cliente. Suponhamos, por exemplo, que uma empresa veicule uma propaganda na televisão, apresentando ao público uma imagem associada à sofisticação e ao luxo. Simultaneamente, a mesma empresa distribui malas diretas oferecendo promoções agressivas de preço com foco no mercado de baixa renda. Certamente, a imagem da marca ficaria confusa aos olhos do consumidor. Esse exemplo pode parecer distante da realidade, mas não é. O risco de realizar esforços de comunicação desconexos é constante. Para evitá-lo, a empresa deve ficar atenta para que a comunicação transmita sempre a mesma imagem e a mesma mensagem, o que garantirá a coerência e reforçará o posicionamento desejado.

Consideremos agora uma situação diferente. Consciente da importância de não veicular comunicações com mensagens incongruentes, uma empresa opta por trabalhar apenas com uma forma de comunicação: a comunicação no ponto de venda. Assim, essa organização consegue garantir que não haverá mensagens desconexas, pois só uma forma de comunicação será promovida. Por outro lado, ela abre mão de outros tipos de contato com os clientes. Resultado: no mercado contemporâneo, caracterizado pela competição e pela saturação de mensagens comerciais, essa empresa dificilmente chamaria a atenção do cliente.

Em resumo, podemos dizer que uma comunicação eficaz com os clientes deve atender a dois requisitos principais: em primeiro lugar, é preciso usar mais de uma forma de comunicação simultaneamente para atingir os clientes de modo impactante; em segundo lugar, todos os contatos da empresa com o cliente devem transmitir a mesma mensagem, pautada no posicionamento desejado. A CIM visa trabalhar justamente com essas duas questões: ela promove sinergia entre os diferentes esforços de comunicação da empresa, a fim de aumentar o impacto da mensagem. Para garantir esse resultado, a aplicação da CIM está fundamentada em três pilares, como mostra a Figura 9.2. São eles: tema central, formas de comunicação e públicos-alvo.

O **tema central único** é o elemento que agrega e integra a mensagem às diferentes formas de comunicação praticadas. Uma comunicação só pode ser

Figura 9.2 Pilares da CIM

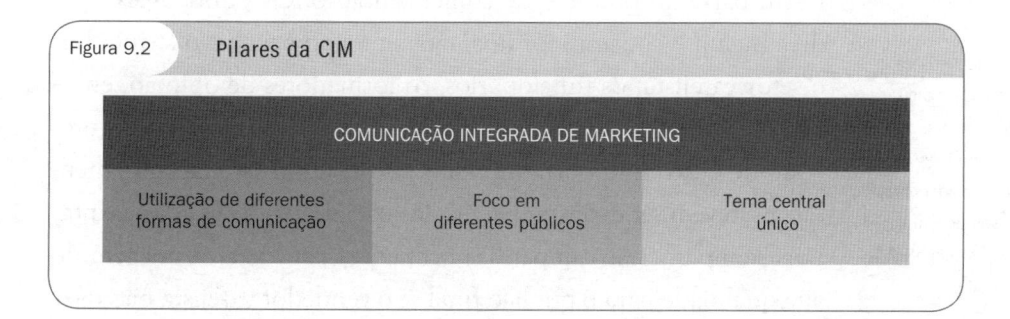

COMUNICAÇÃO INTEGRADA DE MARKETING		
Utilização de diferentes formas de comunicação	Foco em diferentes públicos	Tema central único

> O **tema central único** é o elemento que agrega e integra a mensagem às diferentes formas de comunicação praticadas. Ele expressa a imagem, a mensagem que a empresa quer registrar na memória do cliente exposto a seus diferentes esforços de comunicação.

considerada integrada se for trabalhada com base em um tema central único, que deve ter por base o posicionamento desejado. O tema central é o conceito que a empresa quer transmitir ao cliente, o qual expressa a imagem, a mensagem que a empresa quer registrar na memória do cliente exposto a seus diferentes esforços de comunicação. Considere, por exemplo, uma nova marca de roupas que pretende se fixar no mercado jovem e transmitir a imagem de liberdade e juventude. Esse tema deve estar presente em todas as comunicações desenvolvidas pela empresa. Toda peça de comunicação, seja propaganda, promoção ou qualquer outra, deve ter sempre o mesmo tema central como pano de fundo. Dessa maneira, o consumidor será paulatinamente impactado pela mesma mensagem. A somatória de todos esses impactos permitirá que a mensagem seja compreendida e fixada pelo cliente.

Em relação ao primeiro pilar — utilização de diferentes formas de comunicação —, vale enfatizar que o processo de CIM envolve, por definição, o uso de duas ou mais formas de comunicação. Caso contrário, não faria sentido falar em integração. Não basta adotar um tema central único para promover a CIM: é necessário que a comunicação atinja o consumidor em diferentes momentos e de diferentes maneiras. Essa necessidade é reiterada pela intensificação dos fenômenos de atenção seletiva e retenção seletiva. Entende-se por **atenção seletiva** a capacidade do indivíduo de perceber apenas os esforços de comunicação que captam seu interesse. Já a **retenção seletiva** designa a capacidade do consumidor de só se lembrar das informações que reforçam suas atitudes e crenças. Isto é, ele se recorda apenas das mensagens que reiteram aquilo em que ele já acredita.[2] Para romper as barreiras da atenção e da retenção seletivas, é importante assegurar que a comunicação da empresa impacte o consumidor em diferentes momentos e de diferentes maneiras. Isso explica por que as empresas devem trabalhar com diferentes formas de comunicação. Mais adiante, este capítulo apresenta as principais formas de comunicação possíveis e suas características.

> Entende-se por **atenção seletiva** a capacidade do indivíduo de perceber apenas os esforços de comunicação que captam seu interesse. Já a **retenção seletiva** designa a capacidade do consumidor de só se lembrar das informações que reforçam suas atitudes e crenças.

O terceiro pilar da CIM envolve os diferentes públicos-alvo que fazem parte do processo de comercialização. Os **públicos-alvo** podem incluir o consumidor final (ativo ou potencial), o distribuidor, o setor varejista, os funcionários, os formadores de opinião, entre outros. Todos eles devem ser considerados possíveis alvos do processo de CIM. É importante notar que as mesmas imagens e mensagens devem ser expostas para todos os públicos. De nada adianta, por exemplo, criar campanhas brilhantes para fixar a imagem de alta qualidade para o público final se o vendedor varejista não tiver

> Os **públicos-alvo** podem incluir o consumidor final (ativo ou potencial), o distribuidor, o setor varejista, os funcionários, os formadores de opinião, entre outros. Todos eles devem ser considerados possíveis alvos do processo de CIM.

a mesma imagem sobre os produtos da empresa. A imagem de alta qualidade incutida na mente do consumidor ruiria quando ele entrasse em contato com o vendedor.

É um equívoco grave considerar apenas o consumidor no processo de comunicação e ignorar outros públicos, tais como os intermediários, os influenciadores, a opinião pública etc. Afinal, esses grupos também podem influenciar — ainda que em diferentes níveis — o processo de comercialização. Para obter sucesso na criação de imagens e mensagens sólidas, a empresa deve transmitir o tema central não apenas ao consumidor potencial, mas também a todos os públicos com que ela se relaciona.

Deixar de utilizar a CIM significa fragmentar a mensagem e provocar confusão na mente do público-alvo. Com isso, perde-se a oportunidade de melhorar a eficácia da comunicação. Portanto, é preciso integrar ao máximo as formas de comunicação empregadas. Porém, como não é possível estabelecer um ponto para separar a comunicação integrada da não integrada, falaremos em comunicação com maior ou menor nível de integração.

Em suma, a aplicação da CIM no processo de gestão da comunicação não se limita ao desenvolvimento de um conjunto de ações de comunicação semelhantes. Não basta, por exemplo, criar um anúncio de televisão, veicular o áudio do mesmo anúncio no rádio e adaptar a imagem da propaganda de televisão para um anúncio de revista. A CIM não consiste em adaptar as mesmas peças de comunicação a diferentes meios. Trata-se de uma comunicação integrada, e não adaptada. Uma comunicação integrada gira em torno de um mesmo tema central. Uma nova empresa de roupas voltada para o público jovem, por exemplo, poderia realizar propagandas de televisão que transmitissem uma imagem ligada à juventude e à liberdade. A partir dessa ideia, ela poderia desenvolver a seguinte promoção: os clientes que apresentassem as melhores fotografias com o tema "liberdade" ganhariam saltos de paraquedas. Os vendedores que atendessem esses clientes seriam convidados para saltar com os vencedores. Outra opção seria criar um evento anual de música eletrônica. A questão não é repetir as mesmas peças publicitárias, mas sim criar uma série de contatos com o cliente e os demais públicos-alvo, utilizando diferentes formas de comunicação para transmitir a mesma ideia.

Planejamento da CIM

A operacionalização da CIM deve ser antecedida por um processo de planejamento. O **planejamento da CIM** é o processo de análise e definição das decisões relacionadas à comunicação. Não se pode iniciar um processo de comunicação sem definir previamente a situação da empresa, o objetivo da comunicação

> O planejamento da CIM é o processo de análise e definição das decisões relacionadas à comunicação. Suas etapas assemelham-se às que compõem o planejamento das outras variáveis operacionais de marketing.

Figura 9.3 Processo de planejamento da CIM

Análise do ambiente de marketing → Definições dos objetivos da CIM → Orçamento → Estratégias da CIM → Táticas da CIM → Métodos de avaliação

e os meios para alcançá-lo. Além disso, a comunicação precisa estar em sintonia com as demais decisões de marketing, por isso as etapas do planejamento da CIM assemelham-se às que compõem o planejamento das outras variáveis operacionais de marketing. A diferença está no foco do processo.

O planejamento da CIM é composto, basicamente, pelas seguintes etapas: declaração de missão e visão; análise situacional; definição de objetivos; formulação do orçamento; desenvolvimento de estratégias da CIM; definição de suas táticas e, por fim, de seus métodos de avaliação, como mostra a Figura 9.3.

A primeira etapa efetiva da CIM é a "definição de seus objetivos", conforme detalharemos mais adiante. No entanto, duas importantes etapas que ocorrem em outros processos (normalmente nos planejamentos estratégico e de marketing) trazem importantes informações que também são utilizadas no planejamento da CIM: a missão da empresa e a análise do ambiente de marketing.

Além disso, todas as decisões tomadas em relação às demais variáveis do composto de marketing e, consequentemente, ao público-alvo e ao posicionamento do produto ou serviço para o qual a CIM será elaborada são de fundamental importância.

> **VEJA EM**
>
> Para mais detalhes sobre a dimensão estratégica do processo de marketing, leia os capítulos 3, 4 e 5.

Definição dos objetivos da CIM

Esses objetivos designam as ações que precisam ser executadas e as metas que devem ser alcançadas. Eles são desenvolvidos de acordo com a análise situacional, levando em conta, especialmente, as oportunidades nela descritas. Além disso, esses objetivos precisam estar alinhados com os objetivos gerais de marketing. Em síntese, os objetivos da CIM devem combinar deduções lógicas traçadas a partir da análise situacional e do plano de marketing da empresa. Após analisar a situação do mercado e da empresa, o gestor de CIM é capaz de identificar os principais problemas que a comunicação poderá solucionar, as oportunidades que ela poderá aproveitar e — talvez o mais importante — que resultados ela pode oferecer. Se a análise situacional apontar, por exemplo, que a empresa sofreu uma queda de 30 por cento nas vendas nos últimos três anos, pode não ser factível propor como objetivo de comunicação aumentar as vendas em 200 por cento.

Os objetivos também são usados como base para a avaliação. Ao final da campanha, o gestor da CIM pode olhar para trás e ver se os resultados desejados foram alcançados e, caso isso não tenha ocorrido, ele precisa saber o motivo. Ajustes podem ser feitos para corrigir a rota do programa; já os objetivos inalcançáveis podem ser substituídos por outros mais factíveis. Em seu conjunto, os objetivos fornecem a direção para o planejador da campanha de comunicação. Por esse motivo, é importante que eles satisfaçam cinco condições:

- ser mensuráveis e quantificáveis;
- especificar prazos (um cronograma);
- ser realistas;
- ser claros;
- ser integrados.

Os objetivos não devem conter requisitos impossíveis de atender, mas também não devem ser modestos a ponto de não exigir esforços. Outro ponto importante diz respeito à integração dos objetivos da CIM aos objetivos gerais de marketing. É necessário que eles proponham metas coerentes, e seria inútil, por exemplo, ter uma meta de comunicação de "atitude amigável com os consumidores" e, ao mesmo tempo, reduzir o número de prestadores de serviço ao cliente.

Definidos os objetivos, é hora de estabelecer o *orçamento de comunicação*. Embora muito importante, essa é frequentemente a etapa mais negligenciada do planejamento da CIM. O objetivo desse orçamento é definir o montante de recursos financeiros que será necessário para atingir os objetivos da CIM. Em outras palavras, é a quantidade de dinheiro que a empresa investirá em comunicação e, em geral, os orçamentos são feitos para um horizonte de 12 meses.

O desafio é determinar o orçamento ótimo, visto que gastos demasiados significam desperdício e gastos insuficientes resultam em vendas perdidas e participação de mercado encolhida. Para evitar esses extremos, convém seguir certas técnicas na hora de estabelecer um orçamento. O Quadro 9.1 descreve os métodos mais utilizados.

Na prática, a maioria dos responsáveis pelo orçamento se baseia em todos esses métodos para desenvolver o orçamento mais eficaz e preciso possível. Do mesmo modo, a empresa anunciante também estabelece um orçamento com base nas informações fornecidas pela agência de propaganda e pelo planejador de CIM. O importante é contar com uma definição precisa de quanto poderá ser investido em comunicação, pois é com base nessa definição que a estratégia de CIM poderá ser desenvolvida.

Quadro 9.1	Métodos para definir o orçamento da CIM
Método da porcentagem de vendas	O gestor aloca uma porcentagem de vendas para cada marca, produto ou serviço com base nas vendas passadas ou estimadas.
Método da porcentagem de lucro	É semelhante ao método da porcentagem de vendas, com a diferença de que a porcentagem de lucro é usada como referência no lugar do percentual de vendas.
Método do objetivo e da tarefa	O profissional de marketing especifica o papel da CIM no plano de marketing, bem como os resultados esperados do planejamento da CIM. O orçamento é baseado no resultado esperado.
Método da paridade competitiva ou método "siga o líder"	O gestor da CIM simplesmente copia o orçamento da CIM da concorrência.
Método de utilização de todos os recursos disponíveis ou método de "máximo possível"	O gestor usa as verbas que sobraram depois de todos os orçamentos terem sido desenvolvidos.
Método do balanço	Semelhante ao método do "máximo possível", porque ambos são altamente subjetivos. O planejador estima quais verbas serão necessárias para atingir determinadas metas. Essa estimativa é baseada na experiência passada e no histórico de gastos da empresa.

Somente depois de definir os objetivos e o orçamento a empresa deve tomar decisões sobre a *estratégia* que pretende utilizar. A escolha dessa estratégia ditará a direção geral que o gestor da CIM deverá seguir para alcançar os objetivos desejados. A estratégia da CIM inclui as definições gerais da campanha de comunicação a ser realizada. É preciso que a empresa defina uma plataforma criativa (ou estratégia de mensagem) e os pontos essenciais da estratégia.

A plataforma criativa deve conter o mercado-alvo, os principais concorrentes, as razões para a compra e uma promessa ao cliente — essa promessa deve ser capaz de responder à pergunta: "Por que o cliente deve comprar meu produto e não outro?". Já os pontos essenciais da estratégia devem incluir informações relacionadas à criação, como frases de impacto, logotipos e slogans, e também informações não relacionadas a ela, como exigências legais. A estratégia geral da CIM orientará as execuções táticas da campanha de CIM. Nesse momento, é importante escolher o tema central de toda a comunicação da empresa e os diferentes públicos-alvo que serão impactados pela CIM.

A definição do tema central da campanha é crucial para que os objetivos traçados sejam alcançados, por isso a empresa deve garantir a escolha de um tema adequado. É fundamental que a campanha seja fundamentada em um tema central único, princípio que constitui um dos principais pilares da CIM, como vimos no início deste capítulo.

O *desenvolvimento das táticas da CIM* é a penúltima etapa do planejamento. Essas táticas correspondem aos aspectos executáveis da campanha. Cada execução tática deve se basear na estratégia geral de CIM, e qualquer falha nesse ponto resultará em uma campanha não integrada, que enviará mensagens confusas ao consumidor.

Nessa etapa é preciso definir quais formas de comunicação serão trabalhadas, quais mídias serão utilizadas, como a mensagem central será transmitida

> **VEJA EM**
>
> A escolha do tema central e dos públicos-alvo deve ter como base as decisões tomadas para criar o posicionamento desejado, como mostra o Capítulo 5.

e como os diferentes públicos-alvo serão abordados. Como uma das premissas fundamentais da CIM é o emprego de múltiplas formas de contato com o cliente, a empresa deve lançar sua campanha por meio de propaganda, venda pessoal, promoção de vendas, marketing direto, relações públicas, publicidade, entre outras. Para tanto, é preciso entender minimamente cada uma dessas formas de comunicação. Mais adiante, serão apresentadas as características principais de cada uma delas.

A última etapa do planejamento da CIM é a escolha de *métodos de avaliação*. Portanto, nenhum plano de CIM estará completo se não contar com uma forma de avaliação de resultados. O objetivo de tais métodos é julgar se a campanha de comunicação foi ou não capaz de alcançar os objetivos propostos. É claro que, para que se possa identificar se os objetivos foram alcançados ou não, é preciso que, em primeiro lugar, tenham sido estabelecidos objetivos adequados, claros, mensuráveis e quantificáveis.

O método mais fácil e comum de avaliação consiste em comparar os resultados da campanha com seus objetivos. Se eles não tiverem sido alcançados, existe um problema a ser resolvido. Todos os níveis da campanha devem ser submetidos à avaliação, portanto cabe ao planejador estabelecer objetivos para cada nível.

Durante a avaliação da CIM, é necessário prestar muita atenção à relação entre desempenho de vendas e efeitos da CIM. É importante ter em mente que os resultados de vendas são influenciados pelo mix de marketing como um todo, bem como por outras variáveis incontroláveis. Em outras palavras, a comunicação não é a única responsável pelo sucesso ou fracasso das vendas. Em muitas situações, é impossível mensurar o impacto dos demais componentes do mix de marketing sobre os resultados de vendas.

As avaliações de comunicação devem levar em conta tanto o volume de vendas como valores não relacionados a vendas. A empresa deve considerar, por exemplo, o conhecimento da marca, a compreensão da mensagem, as mudanças de atitude em relação ao produto, a percepção da marca e as intenções de compra.

Existem vários métodos para avaliar ações de comunicação, já que eles variam de acordo com a forma de comunicação e o tipo de mídia utilizado. A **avaliação dos meios de comunicação**, por exemplo, busca avaliar o desempenho dos veículos de comunicação, medindo índices de audiência, cobertura e penetração das organizações de mídia e seus produtos. É o caso dos trabalhos desenvolvidos pelo Instituto Ibope, com relação à televisão, e pelo Instituto Verificador de Circulação (IVC), com relação às mídias impressas. Já a **avaliação do conteúdo e da forma da comunicação** é utilizada para medir a eficiência da mensagem, verificando o grau de sua compreensão e aceitação

> A **avaliação dos meios de comunicação** busca avaliar o desempenho dos veículos de comunicação, medindo índices de audiência, cobertura e penetração das organizações de mídia e seus produtos. Já a **avaliação do conteúdo da forma** da comunicação é utilizada para medir a eficiência da mensagem, verificando o grau de sua compreensão e aceitação pelo público-alvo.

pelo público-alvo. Esses dois métodos de avaliação incluem várias técnicas diferenciadas que podem ser usadas para avaliar campanhas. Em geral, a avaliação de conteúdo é feita por meio de levantamento de dados qualitativos, colhidos por entrevistas em profundidade, grupos de foco, entrevistas individuais, ou por meio de pesquisas de monitoramento, que promovem levantamentos contínuos sobre o comportamento dos consumidores.

É importante destacar também que os testes devem ser um processo contínuo, permitindo que os comunicadores da CIM verifiquem o nível de eficácia do programa ao longo da campanha, e não apenas no final dela.

Um ponto importante: antes de executar uma campanha, a empresa deve testar o conceito. Essa medida, embora nem sempre aplicada por falta de tempo ou de recursos, pode evitar erros ou efeitos indesejados. Durante a fase de testes, a organização deve levantar os seguintes questionamentos: os conceitos que estão em desenvolvimento são fortes? Eles resistem bem à avaliação e aos testes? Depois de verificar a solidez do conceito, é hora de colocar a mensagem à prova: o texto fornece a mensagem certa para o público? Os elementos que compõem a mensagem são coerentes entre si? Uma vez colocada na mídia, a campanha ainda pode ser testada com a utilização de algum tipo de método concomitante. Por fim, mais testes podem ser realizados após o término da campanha.

Formas de comunicação

Conforme visto anteriormente, a CIM demanda o emprego de inúmeras formas de comunicação. Por isso, a empresa precisa conhecer as principais características dessas formas que compõem o mix de comunicação disponível. O primeiro passo é compreender o que é uma forma de comunicação. Afinal, muitas pessoas ainda confundem forma de comunicação (ou ferramenta de comunicação) com o conceito de mídia (ou meio de comunicação).

Formas de comunicação são as modalidades de comunicação existentes. Juntas, elas constituem uma espécie de mix de instrumentos de comunicação.

> **Formas de comunicação** são as modalidades de comunicação existentes. As mais utilizadas hoje em dia são propaganda, publicidade e relações públicas, patrocínio, *product placement*, promoção de vendas, *merchandising*, marketing direto e venda pessoal.

A mensagem pode ser única (tema central), mas sua formatação é diferenciada de acordo com o conteúdo, as necessidades e as circunstâncias. A empresa pode se comunicar com o cliente de diversas maneiras. Ela pode criar, por exemplo, uma promoção para que o cliente concorra a prêmios, ou patrocinar um evento com sua marca. Essas diferentes maneiras de enviar mensagens para o cliente são as formas de comunicação que o gestor pode utilizar. Hoje em dia, as principais formas de comunicação trabalhadas são propaganda, publicidade e relações públicas, patrocínio, *product placement*, promoção de vendas, *merchandising*, marketing direto e venda pessoal.

Já as **mídias** são os meios utilizados para transmitir a comunicação. Suponhamos, por exemplo, que uma empresa deseje divulgar uma promoção de vendas. Para estabelecer esse contato com o consumidor, ela precisa utilizar uma mídia, como o rádio, o jornal ou a mala direta. Nesse caso, a forma de comunicação empregada pela empresa é a promoção de vendas. O rádio, o jornal ou a mala direta são as mídias que podem levar a mensagem ao cliente.

Porém, existem outros tipos de mídias importantes, como a Internet e os locais públicos e privados (mídias externas). Conceitualmente, tudo que possa ser utilizado para transmitir uma mensagem é mídia — até banheiros de bar, bandejas de *fast-food* ou poltronas de avião podem servir como meios de comunicação. Nesse sentido, as possibilidades de uso de mídias são, praticamente, infinitas.

Com base nessas considerações, pode-se afirmar, por exemplo, que propaganda não é sinônimo de televisão. A televisão pode ser o meio mais adequado para a veiculação de propagandas, mas não o único. Afinal, também é possível divulgar uma propaganda em outros meios, como a Internet. Além disso, a televisão não divulga apenas propagandas: ela também transmite promoções de vendas, ações de *product placement* e até marketing direto.

Essa distinção entre modo e meio de comunicação ajuda a compreender melhor o papel das novas tecnologias. Em geral, o avanço tecnológico, em especial na área da tecnologia da informação (TI), tem provocado o surgimento de novas mídias, e não de novos modos de comunicação. A Internet é um exemplo disso.

Esclarecida a diferença entre modo e mídia, é hora de conhecer os principais tipos de modo de comunicação: os massificados e os segmentados. É preciso que o gestor de CIM domine bem o conceito desses modos para que seja capaz de desenvolver uma comunicação integrada, e não meramente adaptada.

Os **modos de comunicação massificados** são aqueles que visam atingir uma grande quantidade de consumidores simultaneamente, por meio do envio de mensagens uniformes para todos. O objetivo dos **modos de comunicação segmentados**, pelo contrário, é alcançar um ou poucos consumidores com mensagens específicas. É importante ressaltar que nenhuma forma de comunicação é mais ou menos importante que as demais. Cada uma tem características próprias, que são úteis em determinadas situações e não substituem os atributos das outras.

Hoje, as empresas precisam utilizar muitos modos de comunicação para o processo de CIM. No passado, isso não era necessário, visto que a propaganda concentrava a maior parte dos

> As **mídias** são os meios utilizados para transmitir a comunicação. As mídias tradicionais são: televisão, rádio, jornal, revista, cinema e *outdoor*. A Internet e os locais públicos e privados (mídias externas) também são exemplos de mídias importantes.

> Os **modos de comunicação massificados** são aqueles que visam atingir uma grande quantidade de consumidores simultaneamente, por meio do envio de mensagens uniformes para todos. O objetivo dos **modos de comunicação segmentados**, pelo contrário, é alcançar um ou poucos consumidores com mensagens específicas.

investimentos. A paulatina redução dos gastos com propaganda e o aumento dos recursos destinados a modos de comunicação mais segmentados não são indícios de que a propaganda esteja perdendo sua importância. Esses dados mostram apenas que os investimentos passaram a ser distribuídos de maneira mais equilibrada.

Na Figura 9.4, vemos os diferentes modos de comunicação de que trataremos neste capítulo. Começaremos pelos modos massificados, na seção a seguir; depois, analisaremos os segmentados e, por fim, os modos surgidos mais recentemente — o *buzzmarketing* e o marketing viral.

Modos massificados

As empresas dispõem de quatro modos massificados de comunicação. São eles: propaganda; publicidade e relações públicas; patrocínio e *product placement* (PP).

Propaganda

A **propaganda** designa o desenvolvimento e a execução de qualquer mensagem de lembrança, informação ou persuasão comunicada a um mercado ou público-alvo. Em geral, ela não é personalizada, mas sim massificada (daí sua inclusão no presente tópico). Trata-se de uma comunicação paga pelo anunciante: ele encomenda, monta e veicula a propaganda. Seu objetivo principal é criar uma imagem que auxilie o posicionamento da oferta. A propaganda costuma surtir efeito no médio ou no longo prazo.

> A **propaganda** designa o desenvolvimento e a execução de qualquer mensagem de lembrança, informação ou persuasão comunicada a um mercado ou público-alvo.

As mídias tradicionais de propaganda são a televisão e o rádio, mas o anunciante pode lançar mão de outras, tais como jornais, *outdoors* e outras mídias externas. O benefício mais importante da propaganda está ligado à sua capacidade de comunicar uma mensagem para um grande número de pessoas ao mesmo tempo.

Figura 9.4 Formas de comunicação

Formas massificadas	Formas segmentadas	Outras formas
Propaganda	Promoção de vendas	Buzzmarketing
Publicidade e relações públicas	Merchandising	Marketing viral
Patrocínio	Marketing direto	
Product placement	Venda pessoal	

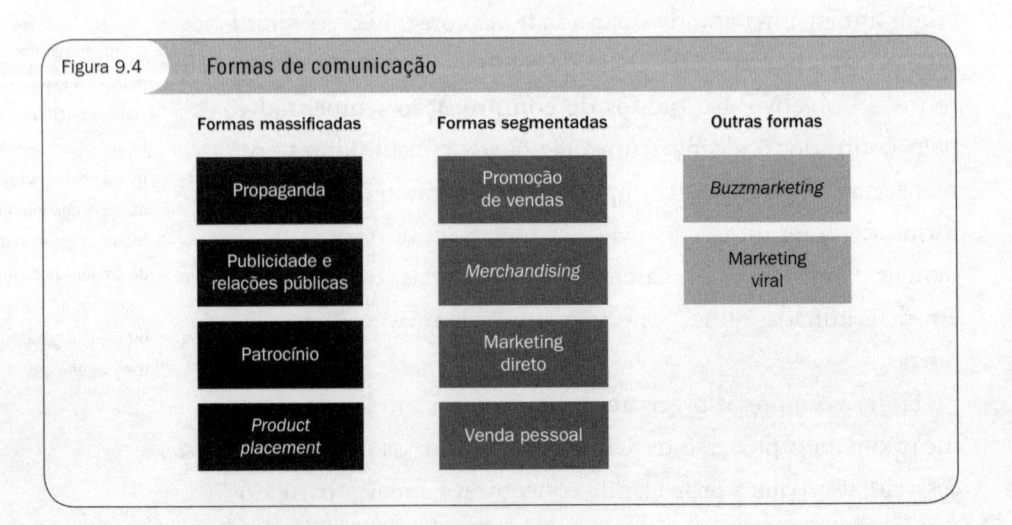

A propaganda é paga e repetitiva, e o patrocinador da mensagem é identificado. Além disso, todos sabem que a propaganda sempre traz informações positivas sobre o produto ou serviço. Porém, é importante não exagerar na valorização dos atributos nem gerar falsas expectativas, a fim de não frustrar os consumidores.

Atualmente, a propaganda está desacreditada entre os consumidores. Isso se deve à superutilização e ao emprego inadequado desse modo de comunicação. Para driblar o ceticismo do cliente, cabe ao gestor usá-la com cautela, aproveitando a vantagem de comunicar-se simultaneamente com um grande número de pessoas, mas sem perder de vista as limitações desse modo de comunicação.

Publicidade e relações públicas

Publicidade e relações públicas normalmente andam lado a lado, embora sejam atividades diferentes. Elas desempenham a mesma função e são executadas, frequentemente, pelo mesmo profissional, grupo ou departamento. A **publicidade** utiliza a mídia de massa da mesma maneira que a propaganda. A diferença é que a publicidade não é paga. Quando a empresa paga pela veiculação, como no caso da propaganda tradicional, ela tem total controle sobre a forma e o conteúdo do anúncio. Como a publicidade utiliza espaço não pago, o conteúdo da mensagem é determinado pelo meio de comunicação (TV, jornal, rádio etc.). Imagine, por exemplo, que uma montadora de automóveis pague por um espaço em uma revista de carros para veicular um material desenvolvido pela própria montadora. Nesse caso, trata-se de uma *propaganda*. Por outro lado, se a revista de carros publicasse uma matéria comparando o carro da montadora com carros de outros fabricantes, estaríamos diante de um exemplo de *publicidade*.

> A **publicidade** utiliza a mídia de massa da mesma maneira que a propaganda. A diferença é que a publicidade não é paga.

Vale assinalar que, como dito, a empresa não tem domínio sobre o conteúdo da publicidade, portanto a mensagem desta pode ser favorável ou desfavorável. Para influenciá-la, a empresa deve manter contato constante com a imprensa. Mesmo assim, é impossível impedir totalmente a publicidade negativa.

A publicidade e a propaganda são modos de comunicação próximos, com alguns pontos em comum e outros diferenciados. Assim como a propaganda, a publicidade atua na formação da imagem da empresa e no posicionamento do produto. Ela é impessoal e tem efeito no médio e longo prazos. Ao contrário da propaganda, porém, a publicidade não é paga, não é repetitiva e seu conteúdo não é controlado pela empresa. Graças a essas características, ela tem mais credibilidade que a propaganda. Por isso, os gestores de comunicação não medem esforços para gerar publicidade favorável à imagem da empresa e de seus produtos. Isso pode ser feito por meio das relações públicas. Chamamos de **relações públicas** o gerenciamento da imagem da empresa mediante o estabelecimento de um bom relacionamento com seus vários públicos. Seu alvo prioritário é a comunidade, ou seja, a opinião pública — ao contrário dos demais modos de comunicação, cujo foco é o usuário final ou o consumidor.

O objetivo das relações públicas é inserir notícias e entrevistas na pauta dos veículos de comunicação por meio de ações de assessoria de imprensa, a fim de estabelecer uma imagem organizacional favorável. Além disso, o departamento de relações públicas é responsável pelo trabalho de *lobby* nos órgãos públicos e pelas ações sociais. Ele também deve ser capaz de capitalizar os benefícios dessas iniciativas para a imagem da empresa.

Vale assinalar que, mesmo buscando otimizar os resultados de publicidade por meio do trabalho de relações públicas, nem sempre a publicidade obtida é positiva. Portanto, pode-se dizer que o objetivo último é gerar notícias — preferencialmente favoráveis — na mídia.

Os resultados das relações públicas e da publicidade não são totalmente previsíveis, mas podem ser quantificados. Para mensurá-los, é necessário desenvolver um curso de ação e um cronograma para as ações planejadas, além de avaliar sua eficácia e sua relação custo-benefício.

Patrocínio

Embora seja praticado há muito tempo, o **patrocínio** só ganhou destaque recentemente impulsionado pelo desenvolvimento da CIM. Trata-se de um modo de comunicação cujo objetivo consiste em vincular a imagem da empresa ou de sua oferta a um evento, causa ou pessoa específico (como um atleta ou artista). Em outras palavras, a essência do patrocínio é construir uma imagem por meio da associação com outra já estabelecida. A abordagem é diferente da seguida pela propaganda, que busca criar uma imagem própria para a empresa. Porém, a finalidade da propaganda e do patrocínio é a mesma: ajudar na construção do posicionamento da oferta ou da marca. Seu efeito tende a ser de médio ou longo prazo, pois a transferência da imagem não ocorre sem a manutenção da atividade por um período prolongado. Logo, ações de patrocínio de curto prazo e com diferentes focos podem tornar a empresa ou o produto mais conhecidos, mas dificilmente gerarão algum efeito na construção de sua imagem. A Figura 9.5 traz um exemplo de patrocínio no esporte.

A escolha do que ou de quem patrocinar é sempre muito delicada. Nessas horas, a empresa deve verificar se a imagem que pretende promover é compatível

Figura 9.5 Exemplo de patrocínio no esporte

Fonte: O jogador Giba, da Seleção Brasileira, durante treino para amistoso contra a Polônia, no ginásio Tarumã, em Curitiba, PR. Heuler Andrey/Agif/Folhapress.

com a imagem do evento ou da pessoa patrocinada. Afinal, é inútil patrocinar eventos ou pessoas cuja imagem seja totalmente diferente daquela que a empresa quer para sua marca e ofertas. Mesmo com esses cuidados, o patrocínio ainda é um modo de comunicação arriscado: alterações na imagem do patrocinado sempre terão impacto na imagem do patrocinador, ainda que de maneira indireta e com intensidade menor. Suponhamos, por exemplo, que uma empresa de material esportivo invista fortemente no patrocínio de um jogador de futebol que, posteriormente, envolve-se em escândalos ligados ao consumo de anabolizantes ou drogas. Certamente, esses problemas terão reflexos sobre a imagem da marca patrocinadora. Por isso, não basta verificar se a imagem do patrocinado é compatível com a imagem pretendida pela empresa: também é preciso levar em conta que a imagem dele pode mudar. Um bom contrato e o monitoramento das atividades do patrocinado são importantes para evitar surpresas desagradáveis.

O formato do patrocínio pode ser bastante variado. Em alguns casos, o patrocinado usa a marca ou o produto da empresa. Isso ocorre quando astros da música, por exemplo, sempre aparecem em público usando roupas de uma determinada marca. Em outros casos, o patrocínio abrange a concepção, o desenvolvimento e o controle do objeto patrocinado. Uma empresa pode, por exemplo, criar um show de música com o nome de sua marca ou produto.

Evidentemente, o grau de envolvimento é proporcional ao retorno e aos riscos do patrocínio.

Product placement

> Damos o nome de *product placement (PP)* à inserção de produtos em programas de televisão ou filmes.

Damos o nome de **product placement** (**PP**) à inserção de produtos em programas de televisão ou filmes. No Brasil, essa modalidade de comunicação é chamada equivocadamente de *merchandising*. Na verdade, *merchandising* é outro modo de comunicação, com características diferentes, conforme veremos mais adiante.

A atividade de *PP* não é nova. Ela já estava presente nos primórdios da televisão e do cinema, antes mesmo da propaganda. Ao longo do tempo, o *PP* evoluiu e se tornou mais sofisticado, passando a envolver mais mensagens e meios de comunicação — hoje em dia, o *PP* pode ser encontrado na Internet, em revistas, livros e *games*, além da televisão e do cinema.

A atividade de *PP* pode ser classificada em três níveis básicos, de acordo com a intensidade da mensagem. O primeiro deles é a inserção: nesse caso, o produto é simplesmente mostrado dentro de determinado contexto. É o que ocorre, por exemplo, quando um personagem de telenovela aparece usando um relógio ou um automóvel de uma marca específica. No segundo nível, a aparição do produto é acompanhada de uma demonstração de seu uso. Em geral, os produtos inovadores encontram-se nesse nível, porque o público precisa de explicações para compreender como utilizá-los. No terceiro nível, os dois primeiros fatores são acrescidos de um testemunhal. Ou seja, o produto é apresentado, manuseado e recebe um depoimento favorável. Como você pode ver, as ações de *PP* são controladas, tanto quanto nas propagandas. Conceitualmente, o *PP* de terceiro nível fica muito próximo da propaganda.

Os custos e os efeitos do *PP* variam de acordo com seu nível, sua duração, o momento e os personagens envolvidos. A tendência dessa modalidade de comunicação é crescer, pois ela leva a mensagem dos blocos de comerciais — as propagandas convencionais — para *dentro* dos programas ou filmes. Assim, a mensagem e o programa tornam-se integrados e inseparáveis, aumentando as chances de exposição do consumidor à comunicação de marketing. Nesse sentido, o *PP* funciona como uma boa alternativa à propaganda, pois esta, além de sofrer com a falta de credibilidade, tem cada vez menos eficácia. Por ser uma comunicação de interrupção, ela sofre com o efeito *zapping*, nome que damos à troca constante de canais com o uso de controle remoto, especialmente nos intervalos da programação. Além disso, os avanços tecnológicos da televisão digital já permitem a eliminação de comerciais.

No entanto, quando feito de modo muito exagerado, sem se integrar ao contexto, o *PP* pode ter efeitos negativos, uma vez que a audiência não costuma ver favoravelmente interrupções nos programas ou filmes. Quantas vezes você se lembra de ter visto personagens de novelas interrompendo abruptamente um diálogo para fazer comentários descabidos sobre quanto estavam satisfeitos com os novos serviços de seu banco?

Por outro lado, o *PP* não pode estar integrado demais ao contexto. Caso contrário, ele corre o risco de passar despercebido pelo consumidor. Em matéria de *PP*, é necessário buscar a medida ótima para que a comunicação da empresa não se torne discreta demais, nem incisiva e desconexa a ponto de se tornar desagradável.

Formas segmentadas

Quando as modalidades massificadas não são adequadas, a empresa pode optar por modos segmentados de comunicação. São eles: promoção de vendas, *merchandising*, marketing direto e venda pessoal.

Promoção de vendas

A **promoção de vendas** é um modo de comunicação com efeito de curto prazo cujo objetivo é estimular a compra imediata. Toda ação promocional visa agregar um benefício extra ao produto ou serviço para incentivar a compra. A promoção de vendas é um conjunto de técnicas impactantes que incentivam a compra mais rápida de uma quantidade maior de produtos e serviços. Ela pode ser promovida por meio de cupons, produtos gratuitos, programas de treinamento ou prêmios para vendedores, entre outros. Veja um exemplo na Figura 9.6.

> A **promoção de vendas** é uma forma de comunicação com efeito de curto prazo cujo objetivo é estimular a compra imediata.

Figura 9.6 — Vitrine que anuncia liquidação de verão, no shopping Ibirapuera, em São Paulo

Fonte: Casal observa vitrine de loja que anuncia liquidação de verão, no shopping Ibirapuera, em São Paulo, SP. Juca Varella/Folhapress.

As atividades de promoção complementam outras variáveis do mix da CIM. As promoções são indiretas, não pessoais e oferecem estímulo de curto prazo. Vale assinalar que a empresa deve seguir uma série de normas e regras na hora de desenvolver ações promocionais nas modalidades sorteio, concurso e vale-brinde. O gestor da CIM ou a empresa contratada para assisti-lo nessa atividade precisa conhecer todos os aspectos legais das atividades promocionais previstos na legislação vigente.

Merchandising

A atividade de *merchandising* tem sua origem no processo de arrumação de mercadorias nas lojas. Daí a origem da palavra, que vem do inglês *merchandise* (mercadoria). A importância dessa atividade aumenta à medida que o varejo amplia e diversifica a quantidade de itens e opções de marcas comercializadas.

> O *merchandising* é uma atividade de exposição de produtos no ponto de venda que inclui um amplo conjunto de peças de comunicação.

Atualmente, um hipermercado chega a comercializar mais de 50 mil itens. Sem uma boa organização desses itens dentro da loja, é impossível para um cliente localizar os produtos que deseja comprar. Conhecido como *point-of-purchase communication* nos Estados Unidos, o **merchandising** é uma atividade de exposição de produtos no ponto de venda que inclui um amplo conjunto de peças de comunicação.

Embora seja uma modalidade de comunicação relevante para todas as categorias de produtos, o *merchandising* é fundamental para produtos de consumo de compra por impulso. Nessa categoria, a atividade de *merchandising* pode aumentar as vendas em 60 por cento ou 70 por cento, dependendo do tipo de produto e do ponto de venda.

Figura 9.7 — Produtos expostos em prateleira de supermercado

Fonte: Prateleiras de supermercados com leite e achocolatados, em Toledo. Cláudio Gonçalves/Folhapress.

Marketing direto

O **marketing direto** é um modo de comunicação personalizado, desenvolvido para cada cliente ou grupo de clientes com base em informações armazenadas em bancos de dados. A mala direta, o telemarketing, a venda direta, a propaganda de resposta direta e os modos que utilizam meios eletrônicos são alguns exemplos de marketing direto. Esse modo de comunicação pode ser usado com muitas mídias diferentes ou apenas uma. Por exemplo, a mala direta pode ser usada sozinha para atingir o mercado-alvo ou ser acompanhada por inserções no rádio.

Com o aumento dos custos da mídia tradicional (especialmente da TV), os profissionais de marketing passaram a procurar outros métodos para atingir seus públicos-alvo a um custo mais razoável. Graças aos avanços no gerenciamento de bancos de dados, muitos clientes-alvo podem ser atingidos por meio do marketing direto de modo menos dispendioso do que pela propaganda na televisão. Além disso, o marketing direto é mensurável, o que permite à organização saber exatamente sua eficácia.

O marketing direto estimula uma resposta imediata, por isso é uma área em crescimento na CIM. As funções do marketing direto devem ser gerenciadas para garantir sua integração com todas as outras áreas da comunicação de marketing.

> "O **marketing direto** é um modo de comunicação personalizado, desenvolvido para cada cliente ou grupo de clientes com base em informações armazenadas em bancos de dados."

Venda pessoal

A **venda pessoal** envolve o diálogo entre vendedor e cliente; ou seja, uma comunicação individual (por telefone ou presencial) entre um comprador e um vendedor. Sua vantagem é o poder de persuasão, pois o vendedor pode responder diretamente às preocupações e perguntas do consumidor, fornecendo um *feedback* imediato a um cliente potencial.

Obviamente, a venda pessoal só permite a comunicação com um número limitado de indivíduos por vez. Em geral, cada contato envolve apenas um consumidor. Por isso, esse modo de comunicação é um dos métodos mais caros, se considerarmos o preço por contato. Em contrapartida, é o modo de comunicação mais eficaz do mix de comunicação: além de ser personalizada e interativa, ela pode ser moldada instantaneamente, de acordo com a reação do receptor. Essa capacidade não é encontrada em outro modo de comunicação.

Para gerenciar a venda pessoal, é preciso treinar, incentivar e acompanhar as equipes de vendas — tanto as equipes próprias quanto as de varejos que comercializam a marca. Dessa maneira, a empresa consegue assegurar a apresentação e a negociação correta de seus produtos.

> "A **venda pessoal** envolve o diálogo entre vendedor e cliente; ou seja, uma comunicação individual (por telefone ou presencial) entre um comprador e um vendedor."

Figura 9.8 — Casal no shopping, provando sapato.

Fonte: Image Source.

Outros modos de comunicação

A comunicação é, por natureza, dinâmica. Por isso, novos modos de comunicação e mídia surgem constantemente. É importante notar que a criação de novas mídias é muito mais frequente, embora também seja possível identificar novos modos de comunicação. Alguns modos de comunicação inovadores vêm crescendo em participação. Dentre eles, destacam-se o marketing viral e o *buzzmarketing*, que merecem uma atenção especial.

O **marketing viral** e o ***buzzmarketing*** designam a propagação de uma mensagem boca a boca ou por outras maneiras não convencionais. A intenção de ambos é criar burburinho, colocar um tema em evidência, fazer com que determinado assunto ganhe relevância nos comentários entre as pessoas e que o próprio consumidor passe adiante a mensagem da empresa.

A diferença entre marketing viral e *buzzmarketing* é que o primeiro ocorre exclusivamente na Internet, ao passo que o segundo não é exclusivo do mundo digital. A grande vantagem do marketing viral é sua cobertura e velocidade na disseminação da mensagem, infinitamente maiores que aquelas da comunicação boca a boca tradicional. Porém, essa ampliação dos efeitos também pode maximizar o aspecto negativo da comunicação boca a boca: mesmo na versão digital, ela continua sendo uma comunicação não controlada, podendo ser tanto positiva quanto negativa para a empresa. Quando negativa, seus efeitos podem ser

> "O marketing viral e o *buzzmarketing* designam a propagação de uma mensagem boca a boca ou por outras maneiras não convencionais. A diferença entre eles é que o primeiro ocorre exclusivamente na Internet, ao passo que o segundo não é exclusivo do mundo digital."

devastadores, exatamente pela amplitude e rapidez da versão digital, fato que exige dos gestores de comunicação um monitoramento contínuo do ambiente virtual e atitudes imediatas no caso de mensagens desfavoráveis. Contudo, essas medidas não são implementadas com facilidade em grandes corporações.

O lançamento do filme *A bruxa de Blair* é um exemplo bastante conhecido de marketing viral. Antes do lançamento, foi distribuído pela Internet um texto que divulgava que o filme havia sido montado com base em uma fita de vídeo encontrada na floresta. Os produtores do filme não promoveram propagandas para divulgá-lo. Apenas criaram um site com a história e o próprio consumidor se encarregou de divulgar a mensagem para os demais. O filme foi um sucesso.

É evidente que certos assuntos caem na situação de *buzzmarketing* ou marketing viral naturalmente, em virtude do interesse que despertam ou da carga de polêmica que contêm. Porém, não é fácil gerar intencionalmente um *buzzmarketing* ou um marketing viral para atender a um interesse empresarial ou comercial. Por outro lado, esses modos de comunicação oferecem a vantagem de reduzir os gastos com divulgação e conferir repercussão e credibilidade à mensagem emitida. O *buzzmarketing* ou o marketing viral devem ser iniciados com uma "ideia-vírus", um fato que tenha potencial para desencadear o processo. Fatos negativos ou polêmicos, como dito, facilitam essa iniciativa, mas não costumam ser do interesse do emissor da mensagem. A partir da integração de um fato ou situação inusitada à CIM, a comunicação é planejada para se propagar dentro de um grupo de pessoas: o público-alvo da empresa. Para tanto, é preciso que a empresa seja capaz de impactar, em primeiro lugar, os formadores de opinião, responsáveis por transmitir a mensagem aos demais e iniciar o processo viral ou o *buzzmarketing*.

ESTUDO DE CASO

Comunicação Integrada de Marketing: Oi, simples assim.

Fonte: Businessman in front of the office [Empresário em frente ao escritório]. Stock.xchng®.

A Oi — empresa de telefonia fixa, móvel, comunicação de dados, Internet e televisão por assinatura — iniciou suas atividades com telefonia móvel no estado de São Paulo em outubro de 2008. Para entrar no competitivo e atraente mercado desse estado, a empresa contou com um esforço de comunicação bastante agressivo. Com o tema central "liberdade de escolha", ela buscou atingir diferentes públicos por meio de diferentes modos de comunicação, tais como propaganda intensa, promoção agressiva e patrocínio.

A empresa

Quando entrou em São Paulo, a organização operava serviços de telefonia fixa em 16 estados das regiões Norte, Nordeste e Sudeste (Rio de Janeiro, Espírito Santo, Minas Gerais, Bahia, Alagoas, Sergipe, Pernambuco, Rio Grande do Norte, Ceará, Paraíba, Piauí, Maranhão, Pará, Amazonas, Roraima e Amapá), bem como telefonia móvel em 17 estados (os mesmos 16 acrescidos de São Paulo).

Além da telecomunicação, outras tecnologias — como televisão, rádio e Internet — são trabalhadas pela Oi. No ano passado, ela adquiriu a TV por assinatura Way TV. A Oi TV está presente nos municípios mineiros de Belo Horizonte, Poços de Caldas, Barbacena e Uberlândia. Em setembro, a companhia obteve licença para operar o serviço de TV por satélite (DTH) em todo o país. Lançada em novembro do ano passado, a Oi TV móvel já distribui conteúdo audiovisual.

A Oi também atuava em todo o território nacional na prestação de serviços de comunicação de dados, Internet e chamadas de longa distância (com o código 31). Além disso, a empresa tem a emissora de rádio Oi FM.

Com a compra do controle da Brasil Telecom, em 2009, passou a operar em todo o território nacional, sem restrições. Em março de 2010, a empresa possuía cerca de 62 milhões de clientes, sendo 21 milhões em telefonia fixa, mais de 36 milhões em móvel, mais de 4 milhões em banda fixa e 283 mil em TV por assinatura, alcançando um lucro de R$ 1,75 bilhão em 2010.

Em todo o país, a empresa trabalha com o slogan "Oi, simples assim", visando transmitir a imagem de um estilo de vida ligado a ousadia, inovação, confiabilidade e inteligência. O público jovem é alvo frequente de seus esforços de comunicação.

A campanha de entrada no mercado de São Paulo

Conforme dito, a Oi iniciou suas operações de telefonia móvel no estado de São Paulo em 2008. Esse mercado, além de muito promissor, é um grande desafio. Conquistar o cliente paulista certamente não seria uma tarefa fácil. Dono de uma das menores taxas de teledensidades da América Latina, o Brasil ainda pode crescer consideravelmente nesse setor; no entanto, o mercado paulista, especificamente, já contava com outras operadoras, como a Vivo, a TIM e a Claro, cujas posições já estavam consolidadas. Em um mercado com competitividade bastante elevada, a Oi ainda precisaria se inserir, apresentando-se ao consumidor e criando uma imagem de marca para poder disputar a preferência do público. Para tanto, uma forte campanha de comunicação foi desenvolvida. Seu objetivo era trabalhar sempre um tema central constante a partir de diferentes formas de comunicação. Elas eram dirigidas não somente ao possível consumidor de São Paulo, mas também ao público interno e a influenciadores.

O tema central

Toda a campanha trabalhada no estado de São Paulo tinha o mesmo tema central, que pode ser dividido em dois focos principais: apresentar a Oi como uma marca diferente e apresentar a operadora como aquela que respeita a liberdade de escolha do consumidor.

Segundo a diretora de comunicação da Oi, Flávia da Justa, em depoimento publicado no site da operadora, o objetivo da campanha era criar a imagem da marca no estado e levar o consumidor a experimentar a Oi e optar por ela. Nas palavras de Flávia: "Queremos mostrar para o consumidor paulista que a Oi é uma empresa diferente das outras e que oferece benefícios reais para seus clientes. Assim como a oferta, a campanha reforça o conceito de simplicidade e a estratégia de liberdade adotados pela empresa, convidando os consumidores a experimentar o nosso serviço. As ações da companhia reforçam que a nossa intenção é que o cliente fique na Oi porque gosta".

Essa estratégia de comunicação vinha de encontro ao momento vivido no mercado, que, em janeiro do ano seguinte (2009), passaria a contar com a mobilidade numérica. Isso significa que, a partir do ano seguinte à entrada da Oi no mercado paulista, os consumidores poderiam mudar de operadora de telefonia móvel e manter os seus números. Até então, a possibilidade de perda do número era um grande aliado das operadoras para evitar a migração de seus clientes para outras empresas.

As formas de comunicação trabalhadas

Para trabalhar o tema central proposto, a Oi lançou mão de uma série de ações e modos de comunicação diferentes. O pontapé inicial da campanha ocorreu muito antes de suas operações no estado começarem, por meio de propagandas veiculadas na TV, mídia exterior e mídia impressa, anunciando a chegada da empresa. Além disso, lojas e quiosques foram colocados em funcionamento. Em geral, os quiosques ofereciam o serviço gratuito de desbloqueio dos aparelhos de celular. Com isso, os aparelhos comprados poderiam funcionar com o chip de outra operadora.

O serviço de desbloqueio de aparelhos oferecido pela Oi foi divulgado fortemente por meio de propagandas na televisão e em diversas outras mídias. No mesmo período, a operadora liderou a campanha "bloqueio não", cujo intuito era pressionar pela venda de aparelhos desbloqueados. Essa campanha foi divulgada fortemente por propagandas na televisão e na Internet e por meio de *product placement*, em especial na rede MTV.

Para consolidar rapidamente a marca no novo mercado, a empresa também trabalhou um canal direto com o ouvinte de rádio paulistano, criando a Oi FM, cuja operação começou no mês de julho de 2008 e se apresentou pelo *slogan* "uma rádio diferente".

Várias formas de comunicação foram trabalhadas durante a campanha. São elas:

- *Propaganda*: uma série de propagandas foi desenvolvida para mostrar situações em que experimentar e ter liberdade de escolha fazem a diferença. Uma das propagandas desenvolvidas para TV apresentava uma cidade em que todos precisavam andar com sua vaca particular para poder tomar leite, até que, um dia, uma mulher diferente entra no supermercado e simplesmente pega uma caixinha de leite da prateleira. O anúncio termina com a locução em *off* dizendo que é fácil se acostumar com as coisas difíceis, até que chega alguém e simplifica. A comparação com a chegada da Oi em São Paulo e o desbloqueio de celulares promovido pela empresa é bastante óbvia.
- *Patrocínio*: a empresa patrocinou eventos e shows. Foram realizados shows gratuitos e simultâneos em diversas regiões do estado, incluindo a capital, o interior e o litoral. Na capital paulista, dois shows foram promovidos (um no Parque do Carmo e o outro no Parque da Independência).

Os demais tiveram como sede as cidades de Campinas, Bauru, Ribeirão Preto e Guarujá. O *site* da Oi de São Paulo transmitiu os eventos.

Outro exemplo foi o patrocínio do evento Moto Festival, que aconteceu entre os dias 5 e 7 de setembro, no Autódromo de Interlagos, na capital paulista. O evento era uma mescla de exibição de modelos de motos e shows de rock. Por ser um evento de moto, ele estava bastante vinculado à imagem de liberdade que a empresa vinha buscando. O espaço da Oi no evento contava com a exibição de capacetes customizados, do *game* interativo *Guitar Hero*, com torres com tecnologia *Bluetooth* e pontos de desbloqueio de aparelhos móveis. Uma promoção também foi desenvolvida dentro desse evento: durante os três dias do Moto Festival, o público pôde votar em um dos três *layouts* de pintura para uma moto Harley-Davidson, disponíveis no *hotsite* da Oi FM. O modelo escolhido foi produzido e sorteado.

- *Promoção de vendas*: a cartada final para assegurar uma entrada firme no mercado de São Paulo foi a promoção oferecida pela operadora. A promoção permitia que o cliente experimentasse o serviço Oi por três meses de graça, com bônus diário de R$ 20 para fazer ligações locais para Oi ou telefone fixo, enviar mensagens de texto para qualquer operadora no Brasil e fazer longa distância pelo 31.

A promoção foi divulgada fortemente por filme publicitário de televisão. Ele começava com uma música produzida especialmente para a peça, ironizando as promoções sempre iguais desenvolvidas pelas outras operadoras, e locução em *off*: "A Oi chegou a São Paulo". Após as cenas com a música ao fundo, a locução encerra: "Mas a Oi não é igual às outras. Quem comprar um Oi Chip vai poder falar de graça durante três meses. Não é promoção, é liberdade: três meses pra experimentar a Oi de graça e ver se gosta. Mas a quantidade é limitada. Garanta já seu Oi Chip e cadastre-se. Dia 24 de outubro você vai falar de graça".

A mesma mensagem foi divulgada em painéis e *outdoors*: "Três meses para experimentar a Oi de graça. A Oi chegou diferente porque não sabe fazer igual" e "Você já viu alguma operadora oferecer três meses de graça para você ver se gosta? Não? Que bom, vamos ser diferentes nisso também". Além disso, a nova campanha foi divulgada em todo o estado de São Paulo, incluindo rádios, Web, revistas e jornais.

Os diferentes públicos

Além de trabalhar com o consumidor potencial do estado de São Paulo, a Oi buscou se comunicar também com o público interno, investindo fortemente no treinamento de seus funcionários, e com os possíveis influenciadores do consumidor paulistano, como os clientes Oi de outros estados, por exemplo.

A empresa desenvolveu uma campanha específica para o cliente Oi do Nordeste, a fim de estimular o cliente a divulgar a promoção Oi (bônus de R$ 20 por dia para ligação DDD feita com 31) para seus conhecidos em São Paulo. Os anúncios foram divulgados na região Nordeste em TV aberta e rádio.

Criação da NBS, o anúncio começa com uma mulher de aproximadamente 50 anos mostrando uma foto de seus dez filhos. Ela dizia: "Meu nome é Francisca e tenho dez filhos. Tá tudo lá em São Paulo. Agora, a Oi chegou em São Paulo com uma promoção que dá três meses de graça pra ligar de lá pra cá. Eu vou é pedir pros dez aproveitarem. DDD de graça por três meses!...". As cenas, então, mostram Francisca pensando em como seria bom ter os dez filhos ligando todos os dias. Por outro lado, ela imagina que seus filhos ligariam demais, em horários inconvenientes, como durante a novela, na hora do crochê, ou até durante o banho. Em *off*, a locução complementa: "Avise seus parentes em São Paulo pra comprar o Oi Chip e se cadastrar na promoção. A partir do dia 24, eles vão ligar de graça, pro seu Oi e pro seu Oi Fixo".

A imagem volta para Francisca, que comenta: "Bom... acho que dez é muito... Vou avisar só uns dois ou três...".

Os resultados

A campanha utilizou diferentes modos de comunicação, como propaganda, promoção, patrocínio e *product placement*, além do marketing viral gerado pela campanha "bloqueio não" e pela promoção. Além do público consumidor final, clientes de outros estados foram trabalhados para se tornarem influenciadores do potencial cliente de São Paulo. O tema central — liberdade de escolha e Oi, uma operadora diferente — estava presente em todas as ações de comunicação desenvolvidas.

Com isso, no dia 30 de outubro, menos de um mês após o início da operação no estado, a Oi já contava com 1 milhão de clientes, segundo dados divulgados pelo site da empresa.

Fontes: www.novaoi.com.br; www.revistaonline.wordpress.com; www.marketingdigital.com.br; www.revistafator.com.br.

Questões para o caso

1. Apresente o tema central trabalhado pela Oi e discuta se o tema escolhido é adequado ao posicionamento pretendido pela empresa e ao objetivo de marketing buscado.
2. Cite os modos de comunicação trabalhados pela Oi e as mídias utilizadas em cada um deles.
3. Além do consumidor final, que outros públicos foram trabalhados pela Oi?

RESUMO

- Os principais pilares da Comunicação Integrada de Marketing são o tema central, a utilização de diferentes modos de comunicação e o foco em diferentes públicos (não só o consumidor final).
- As etapas do planejamento de Comunicação Integrada de Marketing são: declaração de missão e visão; análise situacional; definição de objetivos; formulação do orçamento; desenvolvimento de estratégias da CIM; definição de suas táticas e, por fim, de seus métodos de avaliação.
- Modos de comunicação não são sinônimos de mídias de comunicação. Os modos de comunicação

são as modalidades de comunicação existentes que constituem uma espécie de mix de instrumentos de comunicação. Hoje em dia, os principais modos de comunicação trabalhados são propaganda, publicidade e relações públicas, patrocínio, *product placement*, promoção de vendas, *merchandising*, marketing direto e venda pessoal. Mídias ou meios de comunicação são meios pelos quais se pode transmitir a comunicação. As mídias tradicionais são: televisão, rádio, jornal, revista, cinema e *outdoor*. Também há outros tipos de mídias importantes — a Internet, bem como os locais públicos e privados (mídias externas), são exemplos disso.

- Os modos de comunicação podem ser divididos em dois grupos: massificados e segmentados. Os massificados visam atingir uma grande quantidade de consumidores simultaneamente, por meio de mensagens uniformes para todos. Já os modos segmentados têm por objetivo alcançar um ou poucos consumidores com mensagens específicas.

- Os principais modos de comunicação massificados são: propaganda, publicidade, patrocínio e *product placement*.

- Os principais modos segmentados de comunicação são promoção de vendas, *merchandising*, marketing direto e vendas pessoais.

- São exemplos de modos de comunicação inovadores o marketing viral e o *buzzmarketing*, que trabalham com o estímulo à comunicação boca a boca positiva.

QUESTÕES

1. Quais são as principais características da CIM?
2. Por que a CIM utiliza necessariamente diversos modos de comunicação?
3. Uma empresa ciente da importância da comunicação integrada desenvolveu uma campanha baseada em propaganda e a divulgou com o auxílio de três mídias: televisão, rádio e revista. O áudio do anúncio de televisão foi utilizado no rádio. A imagem e o texto do mesmo anúncio foram veiculados na revista. Essa campanha pode ser considerada uma campanha nos moldes da CIM?
4. Que características um bom objetivo de comunicação precisa ter?
5. Qual é a diferença entre modo de comunicação e mídia?
6. Qual é a diferença entre publicidade e propaganda?
7. O que é marketing viral?

NOTAS

1. KOTLER, P; KELLER, K. L. *Administração de marketing*. São Paulo: Prentice-Hall, 2006.
2. SHIMP, T. A. *Propaganda e promoção*. Porto Alegre: Bookman, 2002.

10

PLANEJAMENTO E ELABORAÇÃO DE PLANOS DE MARKETING

OBJETIVOS DE APRENDIZAGEM

Após ler este capítulo, você será capaz de:

- Identificar a diferença e a relação entre planejamento e plano.
- Relacionar o planejamento de marketing no contexto do planejamento empresarial.
- Conceituar o planejamento de marketing e evidenciar sua importância para a empresa.
- Elencar os diferentes níveis do planejamento de marketing.
- Apresentar um modelo de planejamento de marketing operacional para o nível de produtos, serviços, marcas ou mercados e discutir seus componentes.

Planejar, organizar, implementar e controlar são algumas das atribuições de um administrador e, consequentemente, do gestor de marketing.

Por razões didáticas, os capítulos anteriores apresentaram os conhecimentos básicos de marketing de maneira compartimentalizada. Este capítulo mostrará como colocar esses conhecimentos em prática de maneira conjunta, integrada e sistematizada. Em outras palavras, você aprenderá a executar um procedimento denominado planejamento de marketing. Além disso, você conhecerá o plano de marketing, documento que apresenta os resultados do planejamento de marketing.

10.1 PLANEJAMENTO DE MARKETING NO CONTEXTO DO PLANEJAMENTO EMPRESARIAL

Existem diversas maneiras de interpretar o conceito de **planejamento**. Veja as definições oferecidas por Ackoff em seu livro *Planejamento empresarial*:[1]

> Planejamento é a definição de um futuro desejado e dos meios eficazes de alcançá-lo. Planejamento é algo que fazemos antes de agir [...]. É um processo de decidir o que fazer, e como fazê-lo, antes que se requeira uma ação.
>
> Planejamento é um processo que se destina a produzir um ou mais estados futuros desejados e que não deverão ocorrer, a menos que alguma coisa seja feita. O planejamento [...] se preocupa tanto em evitar ações incorretas, quanto em reduzir a frequência dos fracassos ao explorar oportunidades.
>
> A necessidade de planejamento [...] é tão óbvia e tão grande que é difícil para qualquer pessoa se opor a ele.
>
> Planejamento [...] não é um ato, e sim um processo, sem fim natural ou ponto final. É um processo que (se espera) se aproxime de uma "solução", mas nunca chega até ela, por duas razões: primeira porque não há limite para a quantidade de revisões que se possam fazer de decisões anteriores; [...] segunda, tanto o sistema para o qual se planeja quanto o seu ambiente mudam durante o processo de planejamento e nunca é possível levar todas estas mudanças em consideração.

Planejamento é "a definição de um futuro desejado e dos meios eficazes de alcançá-lo".[2]

Observe que essas citações tratam o planejamento de maneira genérica, permitindo que o conceito seja utilizado indistintamente por pessoas ou qualquer tipo de organização (famílias, igrejas, governos, ONGs, escolas, empresas, clubes, sindicatos, associações). Ao longo de nossa vida, aprendemos a planejar intuitivamente, com base em nossas experiências. Isso acontece porque, quando não planejamos, sofremos consequências dolorosas: ficamos sem férias, perdemos compromissos importantes, trabalhamos em uma profissão não desejada, temos uma família maior que a nossa capacidade de sustentá-la ou presenciamos nossos recursos financeiros terminarem antes do final do mês, por exemplo.

As empresas (e outras organizações) lidam com o mesmo problema. Se não planejam suas atividades, sofrem consequências amargas, tais como a diminuição das vendas, a perda de participação de mercado, a redução dos resultados, a produção de mercadorias desatualizadas, entre outras. Por isso, sempre é necessário planejar. Na vida pessoal, o planejamento costuma ser informal. Já no mundo organizacional, ele deve ser obrigatoriamente formal.

O **plano** é o produto final do processo de planejamento. Ele é um documento que retrata o planejamento adotado em determinado momento. Logo, o processo de planejamento (contínuo) é mais importante que o plano, seu produto final (estático).[3] Uma pesquisa realizada nos Estados Unidos identificou o significado de **planejamento empresarial** para 50 presidentes executivos de importantes organizações. A partir desses dados, os pesquisadores colheram as seguintes definições:

> Planejamento é um método sistemático e eficiente de gerenciamento da mudança. Inclui a determinação de para onde a companhia vai e de como chegar lá ou, mais formalmente, o estabelecimento de objetivos e metas e a formulação e a seleção de alternativas estratégicas e cursos de ação para alcançá-los.
> Planejamento identifica e analisa oportunidades, pontos fortes, fraquezas, problemas e ameaças, e fixa prioridades para capitalizá-los ou superá-los de modo que os recursos da companhia sejam aplicados da melhor maneira possível.
> Planejamento compreende a medição regular do progresso dos objetivos e metas e a execução de estratégias e programas de ação. Ainda, é claramente reconhecido que os planos têm frequentemente de ser alterados à luz de novas circunstâncias.
> Planejamento deve ser um processo contínuo e não um exercício a ser realizado uma vez ao ano; deve envolver todos aqueles cujas funções têm implicações importantes sobre os destinos da companhia.[4]

> O **plano** é o produto final do planejamento. É um documento que retrata o planejamento adotado em determinado momento. Pode-se definir **planejamento empresarial** como um método sistemático e eficiente de gerenciamento da mudança que identifica e analisa oportunidades, mede o progresso alcançado e altera os planos à luz de novas circunstâncias.

Perguntou-se, também, a esses executivos, quais seriam as principais consequências do planejamento, e eles expressaram suas respostas na forma de constatações, tais como:

> A companhia está se desenvolvendo melhor.
> Há melhor entendimento do negócio.
> Há melhor discernimento e investigação de oportunidades e necessidades.
> Decisões melhores são tomadas.
> [O planejamento] promove a coordenação e a integração entre unidades operacionais e a administração central e entre as várias unidades operacionais e de *staff* da companhia.
> É um guia para os executivos-chefes, proporciona um senso mais realístico do futuro e melhor controle sobre o direcionamento da companhia.[5]

Não se deve esquecer que o planejamento é apenas a primeira das quatro atividades que compõem o processo de administração. Esse processo também compreende as atividades de *organização*, *implementação* e *controle*. O planejamento é fundamental: se for malfeito ou não realizado, as outras atividades são inviabilizadas ou comprometidas.

O planejamento empresarial divide-se em três níveis: estratégico, operacional e tático. Os dois últimos são comumente trabalhados nos níveis funcionais ou departamentais, ficando, portanto, restritos a uma área da empresa. A seguir, você conhecerá as características e os processos de cada um deles. É importante notar que, nos níveis operacional e tático, consideramos alguns aspectos próprios de marketing.

O **planejamento estratégico** caracteriza-se por:

- envolver toda a empresa ou unidade estratégica de negócios (UEN);
- ser desenhado para o longo prazo (cinco anos ou mais);

> **O planejamento estratégico** é elaborado pela alta direção e envolve toda a empresa ou unidade estratégica de negócios. Aplica-se ao longo prazo e visa definir diretrizes gerais e estratégias amplas.

- definir diretrizes gerais (missão e objetivos amplos);
- definir estratégias amplas;
- ser elaborado pela alta direção.

O processo de planejamento estratégico compreende oito fases:

1. definição da missão do negócio;
2. análise dos ambientes interno e externo;
3. fixação de objetivos;
4. formulação de estratégias gerais;
5. formulação de programas de ações que envolvem a empresa como um todo;
6. alocação de recursos;
7. definição de medidas de desempenho para controle;
8. elaboração de projeções de resultados.

Já o planejamento operacional aplica-se, como dito, a departamentos ou áreas específicas da empresa. Neste livro cabe-nos falar, evidentemente, do **planejamento operacional de marketing**. Ele caracteriza-se por:

- envolver isoladamente um produto, uma linha de produtos, um serviço, uma marca ou um mercado;
- ser desenhado para o prazo de um ano;
- definir diretrizes específicas;
- definir estratégias e ações focadas em um serviço, uma marca, um mercado ou uma linha de produtos.
- ficar sob a responsabilidade da gerência média de marketing;
- submeter-se aos direcionamentos estabelecidos no planejamento estratégico.

> **O planejamento operacional de marketing** é elaborado pela gerência média de marketing e define diretrizes específicas, submetidas aos direcionamentos gerais do planejamento estratégico. Aplica-se a um prazo mais curto (geralmente um ano) e visa definir estratégias e ações focadas em um serviço, uma marca, um mercado ou uma linha de produtos.

O processo de planejamento operacional de marketing compreende sete fases:

- análise dos ambientes interno e externo do produto, serviço, marca ou mercado;
- fixação de objetivos e metas;
- formulação de estratégias operacionais;
- formulação de ações;
- alocação de recursos;

- definição de medidas de desempenho para controle;
- elaboração de projeções de resultados.

O **planejamento tático de marketing** caracteriza-se por:

- envolver isoladamente aspectos momentâneos, pontuais e circunstanciais de produto, linha de produtos, serviço, marca ou mercado;
- ser concebido para um prazo curtíssimo;
- visar atender às necessidades momentâneas, pontuais e circunstanciais;
- ficar sob responsabilidade da gerência média e da supervisão;
- submeter-se aos direcionamentos estabelecidos no planejamento operacional e, tão logo as necessidades momentâneas, pontuais e circunstanciais tenham sido superadas, voltar ao direcionamento estabelecido no planejamento operacional.

> O **planejamento tático de marketing** é elaborado pela supervisão e pela gerência média e envolve isoladamente aspectos momentâneos, pontuais e circunstanciais de produto, linha de produtos, serviço, marca ou mercado. Ele aplica-se ao curtíssimo prazo e visa atender às necessidades momentâneas, pontuais e circunstanciais.

Como você pode ver, o planejamento de marketing é dividido em planejamento estratégico, operacional e tático. O **planejamento estratégico de marketing** deve ser elaborado pela alta gerência de marketing em conjunto com a alta administração da empresa. Trata-se de uma dimensão analítica, focada na busca por oportunidades de mercado. Por isso, constitui um *input* importante para o processo de planejamento estratégico da empresa. Sua principal contribuição é analisar o ambiente externo, identificando oportunidades e ameaças mercadológicas para produtos, serviços, marcas ou mercados da empresa no longo prazo e propondo ações adequadas.

> O **planejamento estratégico de marketing** deve ser elaborado pela alta gerência de marketing em conjunto com a alta administração da empresa. Sua principal contribuição é analisar o ambiente externo, identificando oportunidades e ameaças mercadológicas para produtos, serviços, marcas ou mercados da empresa no longo prazo e propondo ações adequadas.

Elaborado pela gerência média de marketing, o planejamento operacional de marketing tem o foco voltado para produtos, serviços, marcas ou mercados da empresa e visa ao médio prazo. O planejamento tático de marketing, elaborado no nível de supervisão e gerência média, também tem o foco voltado para produtos, serviços, marcas ou mercados, mas visa atender às necessidades de curtíssimo prazo. Todos os níveis de planejamento de marketing utilizam a mesma metodologia; o que varia é apenas sua abrangência.

Observe, no Quadro 10.1, como as decisões estratégicas, operacionais e táticas de marketing são distribuídas entre as gerências alta e média.

Embora haja diferenças entre o planejamento operacional e o tático, eles serão tratados de maneira conjunta e integrados neste capítulo. Para conhecer melhor o planejamento de marketing, é importante notar que estratégia e tática não são

VEJA EM

O Capítulo 4 aborda o planejamento estratégico de marketing de maneira mais detalhada.

Quadro 10.1 Relação entre os tipos de planejamento e de decisões tomadas e o nível da organização em que são tomadas

Tipos de planejamento de marketing	Tipos de decisão de marketing	Nível organizacional de marketing
Estratégico	Relacionadas a mercados	Alta gerência
Operacional	Relacionadas ao composto de marketing	Gerência média
Tático	Relacionadas ao composto de marketing	Gerência média

tratadas aqui como conceitos equivalentes. **Estratégias de marketing** são caminhos mais adequados, que devem ser seguidos para alcançar objetivos de marketing no médio e longo prazos. Já as **táticas de marketing** são ações ou métodos utilizados para implementar correções de rumos de curto prazo, a fim de atingir metas de marketing de curto prazo.

Para diferenciar estratégias e táticas de marketing, vale a pena ter em mente as seguintes regras práticas:

- As estratégias sempre antecedem as táticas.
- As estratégias são poucas; as táticas são numerosas.
- As estratégias podem afetar o marketing de mais de um produto da empresa; as táticas são exclusivas de cada produto.
- As estratégias tendem a ter continuidade no tempo (são menos flexíveis); as táticas tendem a ser de curto prazo (são mais flexíveis).
- Mudanças radicais nas estratégias (acertos ou erros) podem trazer consequências drásticas para o bem ou mal do marketing do(s) produto(s); no caso das táticas, isso não ocorre.
- Os resultados das estratégias ocorrem no médio e no longo prazos; os das táticas são imediatos.

10.2 PLANEJAMENTO DE MARKETING

Realizar um planejamento operacional de marketing consiste basicamente em aplicar os conhecimentos de planejamento empresarial ao marketing de produtos, serviços, marcas e mercados de uma empresa. Ele envolve, entre outras atividades:

- pesquisas de marketing dentro e fora da empresa;
- procura por oportunidades e ameaças à empresa e aos seus produtos;
- procura por potencialidades e vulnerabilidades dos produtos e da empresa;
- formulação de suposições;

> **Estratégias de marketing** são caminhos mais adequados, que devem ser seguidos para alcançar objetivos de marketing no médio e longo prazos. Já as **táticas de marketing** são ações ou métodos utilizados para implementar correções de rumos de curto prazo, a fim de atingir metas de marketing de curto prazo.

O QUÊ?

As palavras *estratégia* e *tática* têm raízes gregas. *Estratégia* resulta da combinação de *stratos* (exército) e *agos* (comando). Ela designava inicialmente a capacidade do líder militar de comandar suas tropas. Já o termo *tática* deriva de *taktikós*, que significava "pôr em ordem".

- formulação de previsões;
- fixação de objetivos e metas de marketing;
- geração de estratégias de marketing;
- definição de programas de ação;
- formulação de orçamentos financeiros;
- revisão dos resultados, objetivos, metas, estratégias e programas de ação.[6]

Um plano de marketing é utilizado para:

- preparar o lançamento de um novo produto;
- reformular a abordagem de marketing para produtos existentes;
- reformular a abordagem de marketing para mercados e segmentos de mercado;
- juntar os planos de marketing departamentais, divisionais e empresarial para que sejam incluídos no plano corporativo ou de negócio.[7]

A Figura 10.1 apresenta as fases que compõem o processo de planejamento operacional de marketing e seus inter-relacionamentos.[8]

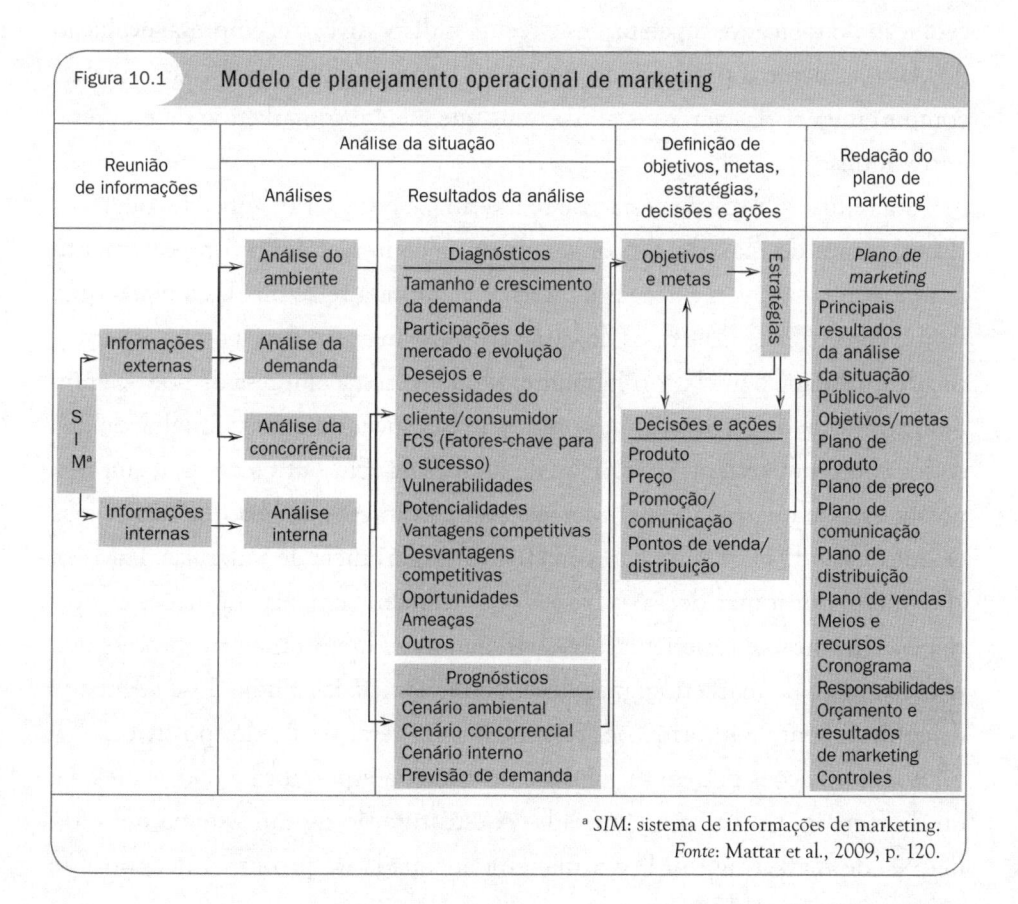

Figura 10.1 Modelo de planejamento operacional de marketing

Reunião de informações	Análise da situação		Definição de objetivos, metas, estratégias, decisões e ações	Redação do plano de marketing
	Análises	Resultados da análise		
SIM[a] — Informações externas — Informações internas	Análise do ambiente / Análise da demanda / Análise da concorrência / Análise interna	**Diagnósticos** Tamanho e crescimento da demanda; Participações de mercado e evolução; Desejos e necessidades do cliente/consumidor; FCS (Fatores-chave para o sucesso); Vulnerabilidades; Potencialidades; Vantagens competitivas; Desvantagens competitivas; Oportunidades; Ameaças; Outros. **Prognósticos** Cenário ambiental; Cenário concorrencial; Cenário interno; Previsão de demanda	Objetivos e metas ← Estratégias → Decisões e ações: Produto; Preço; Promoção/comunicação; Pontos de venda/distribuição	**Plano de marketing** Principais resultados da análise da situação; Público-alvo; Objetivos/metas; Plano de produto; Plano de preço; Plano de comunicação; Plano de distribuição; Plano de vendas; Meios e recursos; Cronograma; Responsabilidades; Orçamento e resultados de marketing; Controles

[a] SIM: sistema de informações de marketing.
Fonte: Mattar et al., 2009, p. 120.

Daqui em diante, chamaremos o "planejamento operacional de marketing" apenas de "planejamento de marketing". Os próximos tópicos apresentam um detalhamento das fases ilustradas na Figura 10.1. Vale assinalar que o planejamento de marketing não é uma atividade linear, com começo, meio e fim. Ao contrário, é uma atividade circular, complexa e sem fim determinado, pois a captação ou o surgimento de novos conhecimentos, informações e fatos possibilita novas análises cujos resultados podem levar à revisão de decisões anteriores. Além disso, não é possível separar, na prática, a análise da situação — responsável por fixar objetivos — do desenvolvimento de estratégias e ações; afinal de contas, uma etapa é decorrente da outra. Ou seja, à medida que as análises são efetuadas, simultaneamente, nossa mente desenvolve estratégias e ações e define objetivos, ou vice-versa.

Reunião de informações

O planejamento de marketing deve ser iniciado sobre bases sólidas. Para tanto, é imperativo colocar à disposição dos decisores de marketing todas as informações necessárias para sua atuação. São elas: desejos, necessidades e grau de satisfação dos consumidores/clientes; situação e ações dos concorrentes; evolução do mercado; capacitações e recursos disponíveis na empresa; evolução de vendas, lucros e participação no mercado de produtos, serviços e marcas; comportamento das variáveis ambientais que afetam o marketing da empresa, entre outras.

Para reduzir o risco na gestão de marketing, é necessário, antes de tomar decisões, dispor do máximo de conhecimento e compreender o comportamento das inúmeras variáveis externas e internas à empresa relacionadas a marketing. Para conhecer esses dois tipos de variáveis, a organização deve possuir informação de qualidade e usá-la corretamente. Muitas vezes, a empresa dispõe de grande quantidade de informações, porém a irrelevância ou a baixa qualidade dos dados compromete todo o processo de marketing. Em outros casos, a empresa possui grande quantidade de informações relevantes e de boa qualidade, mas os executivos de marketing não percebem a importância de utilizá-las. Por isso, eles optam por tomar decisões baseadas unicamente em suas intuições e experiências. Intuição e experiência são extremamente importantes no processo de planejamento de marketing, mas devem estar associadas a uma dose adequada de conhecimento e informações relevantes para gerar resultados positivos.

As informações podem ser obtidas de maneira esporádica e não planejada, ou de maneira contínua e planejada. A estruturação de um sistema de informações de marketing (SIM) é a maneira adequada de prover os decisores de informações de marketing.

> **Veja em**
>
> O Capítulo 2 apresenta uma discussão aprofundada sobre o sistema de informações de marketing (SIM).

Análise da situação

A **análise da situação** envolve a análise de informações externas e internas necessárias para a realização do diagnóstico e do prognóstico de marketing.[9] Nas palavras de Ohmae:

> A análise constitui elemento fundamental do raciocínio estratégico: seu ponto de partida. Colocado diante de problemas, tendências, acontecimentos ou situações que pareçam compor um todo harmonioso [...], o encarregado do raciocínio estratégico disseca-os, separando e analisando os componentes, ele os recompõe segundo cálculos destinados a proporcionar-lhes o maior proveito possível.[10]

Atividade fundamental do processo de planejamento de marketing, a análise da situação deve ser elaborada de maneira correta e profunda, com base em informações adequadas. Um dos seus resultados é o **diagnóstico da situação**. Ele compreende, entre outras atividades, a detecção dos fatores-chave do sucesso (FCS) no setor empresarial e a identificação das potencialidades e vulnerabilidades dos produtos, dos serviços, das marcas e dos mercados da empresa e de seus concorrentes. Além disso, esse diagnóstico permite verificar vantagens e desvantagens competitivas, ameaças e oportunidades, características e comportamentos dos consumidores, comportamento e posicionamento dos principais concorrentes, bem como tamanho, evolução e segmentação do mercado.

O **prognóstico da situação** é outro resultado da análise situacional. Ele inclui a construção de cenários alternativos futuros para as principais variáveis ambientais, a elaboração de estimativas de demanda do mercado para cada cenário e a previsão de comportamento estratégico dos principais concorrentes.

Uma vez realizados o diagnóstico e o prognóstico, fica fácil determinar objetivos, estratégias e ações a serem alcançados por meio do plano de marketing. Quanto mais completas e precisas as informações disponíveis para a análise da situação, maior a probabilidade de que o diagnóstico e o prognóstico estejam corretos, o que permitirá a criação de objetivos e metas realistas, o desenvolvimento de estratégias eficazes e a implementação de ações corretas. Repare que, na Figura 10.1, a análise da situação divide-se em quatro análises diferentes: do ambiente, da demanda, da concorrência e interna.

A **análise do ambiente** envolve a análise das informações relacionadas aos ambientes econômico, social, político, demográfico, cultural, legal, tecnológico e ecológico. Essa análise é fundamental na hora de construir cenários e identificar ocorrências ambientais significativas para o marketing da categoria do produto em análise. A construção de cenários envolve a elaboração de quadros de alternativas futuras em relação às variáveis não controláveis de marketing. Cada

---

QUEM?

Kenichi Ohmae é um célebre estrategista empresarial japonês, autor de vários livros, tais como *The end of the Nation-State* e *The borderless world*. Uma de suas contribuições mais famosas é o modelo dos 3 Cs, que estudaremos mais adiante.

> A **análise da situação** envolve a análise de informações externas e internas necessárias para a realização do diagnóstico e do prognóstico de marketing.

O QUÊ?

- Os fatores-chave — também conhecidos como básicos ou críticos — do sucesso compreendem aqueles fatores (do produto ou da empresa relacionados com o produto) que os participantes de um dado mercado devem possuir para ser bem-sucedidos.
- Potencialidade é a virtude ou qualidade de quem ou do que (empresa ou produto) é forte, tem poder, potência ou solidez.
- Vulnerabilidade é a característica de uma empresa ou de um produto fraco, que não tem poder, potência ou solidez.

quadro deve ser consistente internamente e apresentar uma determinada probabilidade de ocorrência, a fim de estimular a administração a refletir e preparar planos.[11] A determinação de ocorrências ambientais significativas compreende apontar e analisar as consequências, para o marketing da categoria de produto analisada, de eventos, fatos, tendências, mudanças, evoluções etc., que estejam ocorrendo nos elementos ambientais de marketing.

A **análise da demanda** abrange a análise de todas as informações de interesse para o marketing de um produto. Essas informações devem incluir dados relacionados a tamanho e evolução do mercado; características, comportamentos, desejos e necessidades dos clientes do produto; segmentação de mercado; demanda por segmentos, entre outros.

O terceiro componente da análise da situação é a **análise da concorrência**, que envolve a análise do ambiente competitivo e dos concorrentes. Isso inclui a identificação e a descrição dos principais concorrentes, tipos de concorrência, participação no mercado de cada um, potencialidades e vulnerabilidades de cada um, vantagens e desvantagens competitivas, estratégias e ações de cada um, entre outros pontos.

A **análise interna** consiste em analisar informações geradas na própria empresa acerca do marketing de um produto, tais como recursos e capacitações de marketing, de produção, de finanças, tecnológicas, variáveis de decisão de marketing (produto, preço, distribuição e comunicação) e variáveis de desempenho (vendas, participação de mercado, lucros, margens de contribuição). O objetivo dessa análise é apontar as potencialidades e as vulnerabilidades do produto e da empresa, no que diz respeito a esse produto.

A partir dos resultados dessas quatro análises, o planejador de marketing pode detectar quais são os FCS para essa categoria de produtos no mercado. É importante determinar os FCS durante a análise — preferencialmente, em seu início — para não desperdiçar esforços na identificação de potencialidades (pontos fortes) e vulnerabilidades (pontos fracos) comparando fatores do produto e da empresa com concorrentes que sejam irrelevantes para o sucesso do produto no mercado. A pesquisa de marketing realizada com os clientes é um dos modos de determinar os FCS. Outra opção interessante é analisar produtos e empresas bem-sucedidos no mercado e investigar os diferenciais que justificam seu êxito.

Depois de determinar os FCS, o planejador de marketing tem condições de identificar as potencialidades e as vulnerabilidades de seu produto, serviço ou marca.

> O **diagnóstico da situação** é um dos resultados da análise da situação. Ele compreende, entre outras atividades, a detecção dos fatores-chave do sucesso (FCS) no setor empresarial e a identificação das potencialidades e vulnerabilidades de produtos, serviços, marcas e mercados da empresa e seus concorrentes. Além disso, esse diagnóstico permite verificar vantagens e desvantagens competitivas, ameaças e oportunidades, características e comportamentos dos consumidores, comportamento e posicionamento dos principais concorrentes, bem como tamanho, evolução e segmentação do mercado.

> O **prognóstico da situação** é outro resultado da análise situacional. Ele inclui a construção de cenários alternativos futuros para as principais variáveis ambientais, a elaboração de estimativas de demanda do mercado para cada cenário e a previsão de comportamento estratégico dos principais concorrentes.

> A **análise do ambiente** envolve a análise das informações relacionadas aos ambientes econômico, social, político, demográfico, cultural, legal, tecnológico e ecológico.

VEJA EM

Para mais informações sobre a análise do ambiente, leia o Capítulo 2.

Além disso, ele é capaz de detectar os pontos fortes e fracos de sua empresa e da concorrência que possam afetar o produto em relação a cada FCS.

A **vantagem competitiva** é a base fundamental para o sucesso de um produto, serviço ou organização. Nas palavras do professor Jean Jacques Lambin, as vantagens competitivas são:

> [...] as características ou atributos detidos por um produto ou marca que lhe conferem certa superioridade sobre seus concorrentes imediatos. Essas características ou atributos podem ser de natureza variada e contidos no próprio produto ou serviço básico, nos serviços necessários ou adicionais que acompanham o produto ou serviço básico, ou nas modalidades de produção, distribuição ou venda próprias do produto ou da empresa.[12]

A **desvantagem competitiva**, pelo contrário, é a condição da empresa ou do produto que é ou está pior que seu(s) concorrente(s) imediato(s) em determinado aspecto valorizado pelo mercado (FCS), sob o ponto de vista dos clientes. Se para obter uma vantagem competitiva em relação à concorrência é preciso combinar a potencialidade do produto da empresa e a vulnerabilidade do produto concorrente no que diz respeito a um determinado FCS, a desvantagem competitiva ocorre no caso inverso. Um ponto importante: quando comparado a um concorrente, um produto pode ter uma vantagem competitiva em relação a um FCS e uma desvantagem competitiva em relação a outro. De modo semelhante, é possível que a empresa apresente uma vantagem competitiva em relação a um concorrente e uma desvantagem competitiva, em um mesmo FCS, em relação a outro.

A vantagem competitiva é obtida por meio da implementação de estratégias competitivas adequadas. De acordo com Porter, "a essência da formulação de uma estratégia competitiva é relacionar uma empresa ao seu meio ambiente".[13]

Há uma diferença entre as vantagens competitivas de origem interna e as de origem externa à empresa. As de origem externa baseiam-se em qualidades diferenciais do produto ampliado que representem valor para o cliente. Uma vantagem competitiva externa dá ao produto um poder de mercado efetivo, permitindo que seja praticado um preço superior ao dos concorrentes. As de origem interna consistem na superioridade da empresa em matéria de custos de fabricação, administração ou gestão do produto, o que lhe confere custos mais baixos que os de seus concorrentes. Uma vantagem competitiva de origem interna aumenta a

> A **análise da demanda** abrange a análise de todas as informações de interesse para o marketing de um produto. Inclui dados relacionados a tamanho e evolução do mercado; características, comportamentos, desejos e necessidades dos clientes do produto; segmentação de mercado; demanda por segmentos, entre outros.

> A **análise da concorrência** envolve a análise do ambiente competitivo e dos concorrentes.

> A **análise interna** consiste em analisar informações geradas na própria empresa acerca do marketing de um produto, tais como recursos e capacitações de marketing, de produção, de finanças, tecnológicas, variáveis de decisão de marketing (produto, preço, distribuição e comunicação) e variáveis de desempenho (vendas, participação de mercado, lucros, margens de contribuição).

VEJA EM

Leia o Capítulo 4 para conhecer o papel das vantagens competitivas no âmbito do marketing.

> A **vantagem competitiva** é a base fundamental para o sucesso de um produto, serviço ou organização. Trata-se das características ou dos atributos de certo produto ou marca que lhe conferem relativa superioridade sobre seus concorrentes imediatos.

Quadro 10.2 Potencialidades e vulnerabilidades: as vantagens e as desvantagens competitivas

Análise para um fator-chave de sucesso em relação a um concorrente			
Resultados da análise interna		Resultados do concorrente analisado	Conclusão
Potencialidade	+	Vulnerabilidade =	Vantagem competitiva
Vulnerabilidade	+	Potencialidade =	Desvantagem competitiva
Potencialidade	+	Potencialidade =	Neutralidade competitiva (estável)
Vulnerabilidade	+	Vulnerabilidade =	Igualdade competitiva (instável)

> A **desvantagem competitiva** é a condição da empresa do produto que é ou está pior que seu(s) concorrente(s) imediato(s) em determinado aspecto valorizado pelo mercado (FCS), sob o ponto de vista dos clientes.

produtividade, a rentabilidade e a competitividade da empresa.[14] O Quadro 10.2 apresenta a relação entre potencialidades e vulnerabilidades comparativas entre concorrentes em FCS que proporciona vantagens ou desvantagens competitivas.

Outro resultado importante da análise da situação é a identificação de oportunidades e ameaças de marketing para um determinado produto. As oportunidades caracterizam-se por ocorrências significativas no ambiente que, quando aliadas a uma vantagem competitiva do produto em um FCS ou mais, podem favorecer os resultados de marketing. Cabe à empresa percebê-las e explorá-las devidamente — enquanto elas durarem — por meio de ações adequadas.

Já as ameaças caracterizam-se por ocorrências significativas no ambiente de marketing que, quando aliadas a uma desvantagem competitiva do produto em um FCS ou mais, podem prejudicar os resultados de marketing, caso ações enérgicas não sejam tomadas para eliminá-las. Às vezes, pode ser necessário até planejar saídas estratégicas do mercado.

O Quadro 10.3 apresenta uma lista resumida de informações que devem ser levadas em conta durante a análise da situação.

Definição de objetivos, metas, estratégias e ações de marketing

De posse das informações e análises realizadas até aqui, devemos agora tomar as decisões que deverão ser implementadas e controladas com vistas ao alcance dos objetivos, que também devem ser definidos.

Objetivos

O objetivo é a base para direcionar os esforços de marketing e definir as estratégias de uma organização. Ele serve de guia ou diretriz para orientar as estratégias e as ações de marketing. Mesmo não sendo garantia de sucesso, os objetivos são fundamentais para uma empresa, pois permitem que a organização

| Quadro 10.3 | Listagem das informações consideradas na análise da situação |

A. Análise e previsões dos fatores ambientais de marketing
1. Condições da economia e suas tendências.
2. Legislação e suas tendências.
3. Tecnologia e suas tendências.
4. Demografia e suas tendências.
5. Valores sociológicos e suas tendências.
6. Valores culturais e suas tendências.
7. Clima político e suas tendências.
8. Clima governamental e suas tendências.
9. Clima psicológico e suas tendências.
10. Ecologia (ambiente físico, natural).

B. Análise da demanda
1. Análise das características do consumidor/cliente (atitudes, comportamentos, necessidades, desejos etc.).
2. Análise do mercado.

C. Análise da oferta
1. Análise do ambiente competitivo.
2. Análise dos concorrentes.

D. Análise do ambiente interno
1. Recursos e capacitações de marketing.
2. Recursos e capacitações de produção.
3. Recursos e capacitações de finanças.
4. Recursos e capacitações tecnológicas.
5. Clima organizacional.
6. Compras.
7. Análise das variáveis de decisões de marketing:
    7.1. Análise do produto e (ou) da linha de produtos.
    7.2. Preço.
    7.3. Pontos de distribuição.
    7.4. Promoção e comunicação.
    7.5. Equipe de vendas.
8. Análise do desempenho.

Fonte: Mattar et al., 2009, p. 133.

expresse de maneira adequada e clara a proposta de sua existência. Com isso, a empresa pode direcionar bem seus esforços e reduzir as incertezas em relação à sua política.[15]

Não se deve esquecer que os objetivos de marketing são apenas os meios para alcançar os objetivos organizacionais. Portanto, eles devem ser alinhados aos objetivos gerais da empresa. Esses objetivos gerais devem propiciar direcionamentos claros para a definição dos objetivos de marketing, tais como "estimular a demanda pelo produto x" e "diversificar as linhas de produtos no mercado y, até o limite de z milhões de reais".[16]

O QUÊ?

Os termos *objetivos* e *metas* não devem ser utilizados como sinônimos. "Objetivo é uma proposta de longo prazo, não quantificada nem definida para um período de tempo específico". Já "meta diz respeito a um objetivo mensurável em um horizonte de tempo bem definido".[17]

Ou seja, o objetivo direciona, ao passo que a meta quantifica o objetivo e determina o prazo para ele ser atingido.

Em outras palavras, o marketing deve propor objetivos que deem sustentação aos objetivos organizacionais. Suponhamos, por exemplo, que uma empresa pretenda elevar seu faturamento a um determinado percentual em certo período de tempo. Nesse caso, um objetivo de marketing apropriado seria atingir um índice de participação de mercado e de lembrança de marca que ajude a alcançar seu objetivo geral. Com base nesse pressuposto, sugere-se que os objetivos de marketing sejam definidos de acordo com o modelo apresentado na Figura 10.2.

Como mostra a Figura 10.2, os objetivos de marketing são determinados por quatro fatores. São eles:

- *Missão, visão e valores*: um objetivo de marketing deve contribuir direta (se for ele próprio um objetivo corporativo) ou indiretamente (se for um meio para alcançar os objetivos corporativos) para que a missão, a visão e os valores da organização sejam cumpridos. Essas considerações servem para tornar os objetivos consistentes e coerentes ao longo do tempo.

- *Análise e projeção do ambiente externo*: o ambiente externo deve ser monitorado e projetado no horizonte de tempo em que o plano será implementado. A partir desse trabalho, a empresa pode vislumbrar oportunidades e ameaças para seu negócio. Portanto, a definição dos objetivos de marketing deve considerar as oportunidades observadas, a fim de conduzir a empresa ao desenvolvimento.

- *Análise e projeção do ambiente interno*: a análise das capacidades da empresa é uma etapa fundamental do processo de planejamento, pois permite observar — à luz das oportunidades e das ameaças identificadas — quais potencialidades e vulnerabilidades devem ser aproveitadas ou trabalhadas.

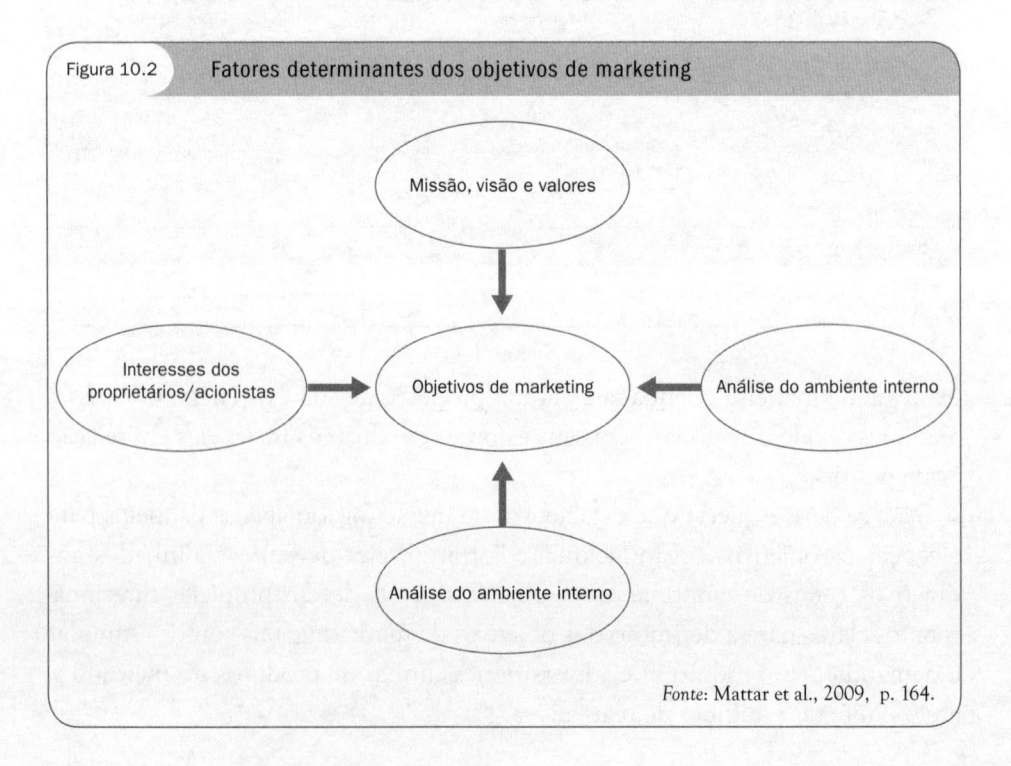

Figura 10.2 Fatores determinantes dos objetivos de marketing

```
                    Missão, visão e valores
                              │
                              ▼
Interesses dos                                    Análise do
proprietários/acionistas ──▶ Objetivos de ◀── ambiente interno
                              marketing
                                 ▲
                                 │
                        Análise do ambiente interno
```

Fonte: Mattar et al., 2009, p. 164.

Em outras palavras, os objetivos precisam considerar as possibilidades atuais e futuras, bem como as restrições da empresa.

- *Interesses dos proprietários e acionistas*: embora a literatura privilegie o processo lógico e profissional para definir os objetivos, não se podem deixar de lado os interesses e as expectativas dos investidores. Muito pelo contrário: eles precisam ser cuidadosamente observados e analisados, evitando-se, assim, que esses agentes redirecionem seus recursos para outras empresas.

Os objetivos de marketing podem ser qualitativos ou quantitativos. Um exemplo de objetivo qualitativo é a busca por "uma oportunidade em um nicho de mercado onde a empresa possa desenvolver uma vantagem adiante da concorrência".[18] Como em última análise os objetivos de marketing possuem direcionamento financeiro (especialmente em um horizonte de longo prazo), é bastante comum que eles sejam apresentados sob a forma de valores ou índices mensuráveis. Esse tipo de objetivo é classificado como objetivo quantitativo. Eles compreendem os seguintes índices ou valores:[19]

- *Lucratividade*: é definida em termos monetários ou percentuais (porcentagem dos ativos), constituindo um modo de medição direta e quantitativa.

- *Participação de mercado*: variável que possui correlação positiva com a lucratividade e negativa com os custos. Em razão da escala e da curva de experiência, a empresa deve buscar uma participação de mercado ótima, e não a maior. Para tanto, convém traçar estimativas acerca da relação entre participação de mercado e lucratividade, além de calcular o risco inerente a cada nível de participação.

- *Crescimento*: é uma variável importante para os investidores. Além disso, ela serve de orientação para os gestores, motiva os funcionários, permite o direcionamento voltado para oportunidades, obriga a empresa a competir, bem como estimula o desenvolvimento de competências e a atenuação dos pontos fracos.

Para se tornar eficazes, os objetivos de marketing precisam ser: claros, fáceis de entender, compartilhados, consensuais, quantitativos, realistas, desafiadores, consistentes, flexíveis e bem comunicados.

Estratégias e ações

Os **objetivos** apontam a direção a seguir, e a **meta** revela quanto se deseja atingir em um determinado período. A **estratégia** é o caminho a ser seguido para alcançar esses objetivos e metas. As **ações** são as operações que a empresa deve realizar, segundo as estratégias definidas, para cumprir seus objetivos e metas:

> O que a estratégia empresarial procura é a vantagem sobre a concorrência. Sem os concorrentes, desnecessária seria a estratégia, já que a finalidade única do

> Os **objetivos** apontam a direção a seguir, e a **meta** revela quanto se deseja atingir em determinado período. Já a **estratégia** é o caminho a ser seguido para alcançar esses objetivos e metas. As **ações** são as operações que a empresa deve realizar, segundo as estratégias definidas, para cumprir seus objetivos e metas.

planejamento estratégico é permitir à empresa conseguir sobre seus concorrentes, da maneira mais eficiente possível, alguma vantagem que depois ela possa sustentar.[20]

As estratégias e as ações de marketing precisam ser estabelecidas de modo a atender aos seguintes pontos básicos:

- serem orientadas para os desejos e as necessidades dos consumidores, e não para o produto, a produção, as finanças ou as vendas da organização;

- serem definidas de modo a gerar vantagens competitivas para o produto no mercado;

- assegurar a integração e o funcionamento eficaz de todas as atividades da empresa que tenham ou possam ter consequências sobre as atividades de marketing;

- reconhecer a importância da prática do planejamento de marketing e da utilização das técnicas de marketing como modo de solução de problemas na gestão dos esforços de marketing;

- ser definidas com o intuito de gerar volumes crescentes de receitas lucrativas.

O processo de planejamento de marketing ensejou a utilização de abordagens já existentes e o desenvolvimento de inúmeras outras para realizar diagnósticos e prognósticos e criar estratégias de atuação nos negócios. Entre elas, destacam-se: a abordagem do ciclo de vida do produto; a abordagem matriz produto-mercado; a abordagem SWOT (ameaças e oportunidades, fraquezas e forças); a abordagem da análise de cenários; a abordagem da análise competitiva da indústria; a abordagem da análise do portfólio de produtos; a abordagem PIMS (*profit impact of marketing strategies*); a abordagem da atratividade de mercado; a abordagem das arenas competitivas e, por fim, a abordagem do triângulo estratégico de Ohmae. A seguir, apresentamos uma breve descrição de cada uma dessas abordagens.[21]

> **VEJA EM**
> Para conhecer melhor as abordagens utilizadas para realizar diagnósticos e prognósticos, sugerimos a leitura do Capítulo 7 de MATTAR, F. N.; et al., *Gestão de produtos, serviços, marcas e mercados*: estratégias e ações para alcançar e manter-se "top of market". São Paulo: Atlas, 2009.

> **VEJA EM**
> A abordagem conhecida como ciclo de vida do produto é apresentada no Capítulo 6.

- *Ciclo de vida do produto* (*abordagem da consultoria Arthur D. Litlle*): segundo essa abordagem, o desenvolvimento de estratégias adequadas de marketing deve levar em conta o estágio em que o produto se encontra em relação ao seu ciclo de vida: desenvolvimento, lançamento (introdução), crescimento, maturidade ou declínio.

- *Matriz produto-mercado* (*abordagem de Ansoff*): segundo essa abordagem, a estratégia de crescimento intensivo de uma empresa é definida a partir da análise conjunta, em uma matriz, dos produtos (atuais e novos) e dos mercados (atuais e novos). Com isso, a organização obtém quatro opções estratégicas para o crescimento intensivo. As opções estão enumeradas em ordem crescente, de acordo com o risco que oferecem para a empresa (a primeira é a menos arriscada, e a quarta, a mais arriscada). São elas: (1) penetração de mercado (produtos atuais em mercados atuais); (2) desenvolvimento de mercado (produtos atuais em novos mercados); (3) desenvolvimento de produtos (novos produtos para os mercados atuais) e (4) diversificação (novos produtos para novos mercados).

- *Análise SWOT* (*abordagem da Harvard Business School*): trata-se de uma abordagem voltada para os pontos fortes (*strengths*), as fraquezas (*weaknesses*), as oportunidades (*opportunities*) e as ameaças (*threats*). Segundo essa metodologia, o desenvolvimento de estratégias adequadas é resultado da análise conjunta dos seguintes elementos: oportunidades e ameaças ambientais; potencialidades e vulnerabilidades da empresa ou da unidade objeto de planejamento; valores dos responsáveis pela implementação da estratégia; e expectativas da sociedade quanto às responsabilidades sociais da empresa.

- *Análise de cenários*: essa abordagem compreende a construção e a análise de diferentes visões do futuro ambiental de negócios. Os cenários consistem em uma descrição detalhada de uma possível situação ambiental futura, com base nas informações disponíveis, incluindo aspectos econômicos, sociais, políticos, legais, culturais, ecológicos, tecnológicos, demográficos, comportamentais, concorrenciais, mercadológicos, entre outras variáveis ligadas ao ambiente de marketing. Uma vez construído o cenário, a empresa deve determinar estratégias de negócios que interagirão melhor com ele.

- *Análise competitiva da indústria* (*abordagem de Porter*): essa abordagem propõe que o desempenho de uma empresa está relacionado a dois fatores — a estrutura do setor empresarial e a posição que a empresa ocupa nesse setor. Segundo Porter, o idealizador de tal abordagem, um terço do desempenho da empresa é influenciado pelo primeiro fator, e dois terços, pelo segundo. Assim, as estratégias competitivas vitoriosas devem ser desenvolvidas à luz do conhecimento da estrutura do setor empresarial em que a empresa atua. Para determinar a estrutura de um setor empresarial, é necessário analisar as forças competitivas básicas que afetam o desempenho das empresas que atuam nele. São elas: a ameaça de novos competidores; o poder de barganha dos fornecedores; o poder de barganha dos clientes; a vulnerabilidade a produtos substitutos; o grau de rivalidade entre empresas concorrentes; o modo como essas forças evoluem à medida que o mercado se modifica e a reação dos competidores, clientes e fornecedores a tais mudanças.

- *Análise de portfólio de produtos BCG* (*Boston Consulting Group*): essa abordagem consiste em posicionar os produtos (ou unidades de negócios)

> **VEJA EM**
>
> O Capítulo 6 mostra como criar uma matriz BCG de crescimento e participação de mercado.

de uma empresa mediante a utilização de uma matriz de dupla entrada: a matriz BCG de crescimento e participação de mercado. Nessa matriz, duas variáveis são integradas — a taxa de crescimento do mercado e a participação relativa de mercado —, as quais são relacionadas com o fluxo de caixa que cada produto submetido à análise proporciona. Com base na matriz BCG, é possível visualizar os resultados e a posição estratégica da empresa em relação ao portfólio dos seus atuais produtos e à projeção dos movimentos estratégicos adequados e possíveis para cada um deles.

- *Profit Impact of Marketing Strategies* (PIMS): trata-se de um modelo de regressão múltipla do tipo *cross sectional*, construído a partir de dados reais de um grande número de empresas de diversos portes e setores nos Estados Unidos. Os *inputs* desse modelo são as características do negócio das empresas participantes, da concorrência, do mercado e do setor, além de dados sobre vendas, custos e lucros. A abordagem procura explicar as variáveis "retorno sobre o investimento" (ROI) e "*cash-flow*" (fluxo de caixa) a partir das estratégias de marketing adotadas pelas empresas.

- *Atratividade do mercado* (*abordagem da GE-McKinsey*): essa abordagem consiste em utilizar uma matriz que integra as variáveis "atratividade de mercado" e "posição no negócio". Essas variáveis são construídas a partir do julgamento subjetivo dos executivos da empresa, que ponderam vários fatores diferentes em cada caso particular.

- *Arenas competitivas* (*abordagem de D'Aveni*): o objetivo da abordagem é explicar como as empresas devem superar as manobras dos concorrentes em situações de hipercompetição. Nesses casos, as vantagens competitivas tendem a ser rapidamente erodidas. Por isso, essa abordagem propõe que a solução estratégica para superar as manobras concorrenciais consista em obter novas vantagens competitivas de modo sequencial em quatro arenas competitivas: (1) custo-qualidade; (2) *timing* e *know-how*; (3) criação e invasão de fortalezas e (4) reservas financeiras. As estratégias competitivas adequadas podem variar muito, de acordo com a arena em que as empresas estiverem competindo.[22]

- *Triângulo estratégico de Ohmae* (3 Cs): o foco principal das estratégias de marketing deve ser a concorrência, o mercado ou as potencialidades do produto ou da empresa. Segundo Ohmae, as organizações devem considerar três elementos básicos na hora de desenvolver estratégias empresariais: a corporação (a empresa), os clientes e os concorrentes. Esses três elementos formam um triângulo estratégico, apelidado de 3 Cs. Esse triângulo indica que vencerá a concorrência a empresa que conseguir obter mais valor entre os consumidores ou clientes.[23]

10.3 PLANO DE MARKETING

Todo trabalho de planejamento deve ser formalizado em um documento denominado plano de marketing. O plano de marketing é o documento que retrata os resultados do planejamento de marketing para determinado período. Suas funções são inúmeras; entre elas, cabe destacar que ele deve servir como instrumento para:

- obter a aprovação do planejamento de um produto da alta direção da empresa;
- comunicar objetivos, metas, estratégias, ações, oportunidades, intenções e responsabilidades entre o planejador de marketing de um produto e os responsáveis por executar as ações planejadas;
- coordenar e controlar toda a atividade de marketing relacionada ao produto.

Diretrizes para a redação do plano de marketing

Um bom plano de marketing deve ser objetivo, realista, coerente e completo. Ao redigi-lo, é importante ter em mente que se trata de um documento empresarial, e não uma obra literária ou acadêmica. Por isso, toda a objetividade é bem-vinda e necessária, tanto na forma quanto no conteúdo do plano. Para ser objetivo na forma, o plano deve dispor os dados em uma sequência lógica, apresentar uma redação simples e clara, bem como utilizar amplamente tabelas, quadros, gráficos e figuras que simplifiquem e facilitem a comunicação. Um plano objetivo no conteúdo deve apresentar apenas informações relevantes. A elaboração de um plano objetivo deve ser pautada em algumas regras:

- seguir um dos modelos de estrutura propostos na literatura; criar um modelo próprio ou seguir o adotado pela organização em que o plano será desenvolvido;
- selecionar e salientar sempre os pontos relevantes do plano em cada uma de suas partes componentes;
- utilizar parágrafos e frases curtos, sempre na ordem direta;
- utilizar apenas palavras conhecidas pela audiência;
- utilizar, sempre que possível, tabelas, quadros, gráficos e figuras que simplifiquem e facilitem a comunicação;
- explicitar as razões de todas as proposições presentes no plano;
- utilizar anexos para apresentar informações importantes, mas não essenciais;
- deixar claras as responsabilidades pela execução de cada ação do plano.

Para ser valorizado e ter credibilidade, o plano de marketing deve ser realista. Isso significa que sua análise da situação deve ser neutra, e suas proposições (público-alvo, objetivos e metas, estratégias e ações propostas) devem levar em conta as realidades ambientais externas e internas à empresa. Além disso, essas proposições devem ser factíveis, sugerindo ações e objetivos que possam ser realizados pela empresa.

O plano de marketing pode ser considerado coerente quando:

- está de acordo com a realidade mostrada na análise da situação;
- apresenta soluções para as vulnerabilidades do produto e da empresa;
- apresenta propostas de como utilizar as potencialidades do produto e da empresa;
- identifica e potencializa as vantagens competitivas do produto e da empresa;
- apresenta objetivos e metas coerentes com a realidade apontada pela análise da situação e com as ações propostas;
- caracteriza efetivamente as oportunidades e apresenta propostas para aproveitá-las;
- apresenta propostas de como minimizar ou fugir das ameaças e define estratégias adequadas às situações diagnosticadas.

O plano de marketing só estará completo quando apresentar todas as informações necessárias aos públicos a que se dirige. O responsável por sua elaboração deve estar ciente de que o documento será utilizado para conseguir a aprovação da diretoria para sua proposta. Se aprovado, esse documento servirá de base para importantes decisões empresariais. Entre seus usuários estará uma grande parte da empresa — os departamentos de vendas, marketing, P&D, programação da produção, compras, pesquisa de marketing, propaganda, promoção de vendas, consultoria jurídica, entre outros. Para eles, é importante que o plano seja objetivo, realista, coerente e completo em relação ao objetivo a que se propõe.

Modelo de plano de marketing

É importante manter em mente que o plano de marketing não é o planejamento de marketing: ele é um documento que retrata os resultados do processo de planejamento em um determinado momento. Por isso, nem tudo que foi utilizado durante o planejamento deverá ser incluído no plano. Assim, apenas os resultados principais da análise da situação devem constar do plano, principalmente para justificar os objetivos, as estratégias e os planos de ações que o compõem. Planos iniciais de marketing necessitam de um detalhamento muito

CAPÍTULO 10 PLANEJAMENTO E ELABORAÇÃO DE PLANOS DE MARKETING 273

maior dos resultados da análise da situação do que planos sequenciais, em que apenas as alterações em relação à versão anterior são salientadas.

Existem várias maneiras de estruturar um plano de marketing. As empresas que já possuem um modelo padronizado devem adotá-lo, pois isso facilitará todo o processo de comunicação, uma vez que todos os executivos já estão familiarizados com ele. As empresas que não dispõem de um padrão preexistente podem recorrer ao modelo apresentado no Quadro 10.4.

> **O QUÊ?**
>
> O termo *consumerismo* designa um comportamento de consumo consciente e racional, no qual as pessoas não apenas se preocupam com o impacto de suas escolhas sobre o ambiente físico e social, mas também exigem uma atitude de respeito e profissionalismo das organizações com quem se relacionam.

Quadro 10.4 — Possível estrutura para um plano de marketing

1. Página de rosto
2. Sumário
3. Resumo gerencial
4. Corpo do plano:
    a. Introdução ou *background*
    b. Resultados da análise da situação
        i. Situação ambiental
        ii. Condições da economia e tendências
        iii. Legislação e tendências
        iv. Tecnologia e tendências
        v. Demografia e tendências
        vi. Valores socioculturais e tendências
        vii. Clima político-ideológico e tendências
        viii. Clima governamental e tendências
        ix. Clima psicológico e tendências
        x. Ecologia e consumerismo
        xi. Oportunidades para os produtos da empresa em outros países
        xii. A indústria e a oferta
        xiii. As empresas concorrentes
        xiv. A demanda e o mercado
    c. A empresa e o produto
        i. Fatores-chave de sucesso
        ii. Vulnerabilidades
        iii. Potencialidades
        iv. Vantagens e desvantagens competitivas
        v. Ameaças
        vi. Oportunidades
        vii. Os produtos concorrentes
    d. Objetivos e metas
    e. Estratégias
    f. Público ou clientes-alvo
    g. Ações propostas
        i. Produto
        ii. Preço
        iii. Promoção e comunicação
        iv. Pontos de distribuição
        v. Organização de marketing
        vi. Organização da força de vendas
        vii. Sistema de informações de marketing
        viii. Outros
    h. Cronograma e responsabilidades
    i. Resultados esperados
        i. Previsão de vendas
        ii. Previsão de participação de mercado
        iii. Demonstrativo de lucros e perdas projetado
    j. O que e como controlar
5. Anexos. Exemplos de anexos:
    a. Formulação do produto
    b. Embalagem (*design*, rótulos etc.)
    c. Resultados de pesquisas e testes (do produto, da embalagem, do rótulo, da marca, do preço, da propaganda, das promoções de venda etc.)
    d. Detalhes de custos
    e. Estudos de demanda e de previsão de vendas

Controle

> Realizar **controle** significa confrontar, de maneira contínua ou pelo menos frequente, os resultados no tempo, comparando a implementação de um plano com o que se esperava dele.

Realizar **controle** significa confrontar, de maneira contínua ou pelo menos frequente, os resultados no tempo, comparando a implementação de um plano com o que se esperava dele. Nenhuma atividade de planejamento será eficaz se não houver controle. O controle é essencial para detectar desvios e permitir que ações sejam tomadas para recolocar a empresa no rumo planejado. No âmbito do marketing, há quatro tipos de controle que devem ser executados, conforme mostra o Quadro 10.5.

Para que se possam realizar os diversos tipos de controle expostos, a seguir são apresentados vários demonstrativos, que devem ser elaborados e constantemente consultados pelos decisores de marketing.

> O **controle dos resultados operacionais de marketing** é feito por meio da observação da evolução das receitas, dos custos e dos lucros no período em que são executadas as ações previstas no plano de marketing.

O **controle dos resultados operacionais de marketing** é feito por meio da observação da evolução das receitas, dos custos e dos lucros no período em que são executadas as ações previstas no plano de marketing. O Quadro 10.6 apresenta um modelo para controle de resultados operacionais de marketing.

Esses resultados, exclusivamente internos da empresa, devem ser acompanhados de outras avaliações internas e, principalmente, externas, tais como: vendas e participação de mercado em unidades e valor, margens, preços. Veja, no Quadro 10.7, uma proposta para controle do desempenho operacional de marketing do produto.

Quadro 10.5 — Tipos de controle de marketing

Tipos de controle	Responsabilidade principal	Propósito do controle	Abordagens
Controle do plano anual	Alta gerência	Verificar se os resultados planejados estão sendo atingidos.	Análises de vendas, participação de mercado, financeira, despesas de marketing sobre vendas e desempenho em relação ao mercado.
Controle da lucratividade	*Controller* de marketing	Examinar onde se está ganhando ou perdendo dinheiro.	Rentabilidade por produto, região, território, segmento, cliente, canal de distribuição e tamanho dos pedidos.
Controle da eficiência	Gerentes de linha de frente e de apoio *Controller* de marketing	Avaliar e aperfeiçoar a eficiência das despesas de marketing e o impacto delas sobre os resultados.	Eficiência da força de vendas, da propaganda, da promoção de vendas, das relações públicas e da distribuição.
Controle estratégico	Alta gerência Auditor de marketing	Verificar se estão sendo aproveitadas as melhores oportunidades em termos de mercados, produtos e canais.	Análise da eficácia e da excelência de marketing. Análise da responsabilidade ética e social da empresa. Auditoria de marketing.

Fonte: Kotler e Keller, 2006, p. 722.

Quadro 10.6 — Modelo para controle de resultados operacionais de marketing

Produto, serviço, marca ou mercado	Meta (R$)	Real (R$)	Diferença (R$)	Diferença (%)
Vendas				
Custo da mercadoria vendida				
Margem bruta				
Despesas de marketing:				
Propaganda				
Promoção de vendas				
Merchandising				
Distribuição				
Pesquisas de marketing				
Despesas de vendas				
Margem de marketing				

A conquista dos objetivos operacionais de marketing depende do alcance dos objetivos das ações de marketing. Por isso, não basta controlar o desempenho operacional: também é necessário exercer o **controle das ações de marketing** planejadas e executadas. Considere, por exemplo, que o objetivo das ações de propaganda seja elevar o conhecimento da marca de 35 por cento para 40 por cento, a fim de aumentar a participação de mercado em 2 por cento pela indução à experimentação. Se as ações de propaganda não aumentarem o conhecimento da marca (objetivo da ação de marketing), a expansão da participação de mercado (objetivo operacional) ficará comprometida. Daí a importância de controlar as ações de marketing.

> Para garantir o desempenho operacional, é necessário promover o **controle das ações de marketing**. Esse tipo de controle utiliza dois demonstrativos de desempenho: o demonstrativo do desempenho das vendas do produto e o demonstrativo do desempenho das ações de comunicação.

Quadro 10.7 — Modelo para controle do desempenho operacional de marketing do produto

Produto, serviço, marca ou grupo de produtos	Meta (R$)	Real (R$)	Diferença (R$)	Diferença (%)
(1) Mercado total em unidades				
(2) Vendas em unidades				
(3) Participação de mercado em unidades [= (2) / (1)]				
(4) Preço líquido por unidade				
(5) Mercado total em R$ [= (1) × (4)]				
(6) Vendas em R$ [= (2) × (4)]				
(7) Participação de mercado em R$ [= (6) ÷ (5)]				
(8) Custo direto por unidade				
(9) Margem bruta por unidade [= (4) − (8)]				
(10) Margem bruta total [= (2) × (9)]				

Os demonstrativos mais utilizados para controlar as ações de marketing são:

1. *Demonstrativo do desempenho das vendas do produto*: os objetivos de marketing do produto dependem dos resultados alcançados com as vendas. No plano de marketing, é importante explicitar os objetivos de vendas que devem ser atingidos por produto, mercado, região, canal de venda e ponto de venda. O controle do plano deve identificar qualquer divergência entre esses objetivos e os resultados reais, bem como as causas diagnosticadas, as causas estabelecidas e as correções necessárias. Os demonstrativos para o controle das ações de marketing dividem-se em quatro tipos:

   - demonstrativo dos resultados das atividades de venda pessoal (volume de vendas, receita e margem bruta por vendedor em cada região, canal de venda e cliente);
   - demonstrativo dos resultados de vendas do produto (receita, volume e margem de vendas por região, canal de venda e tipo de cliente);
   - demonstrativo das despesas de vendas (por região, canal de venda e cliente);
   - demonstrativo do custo da força de vendas em relação ao custo total de vendas.

2. *Demonstrativo do desempenho das ações de comunicação*: as ações de comunicação (propaganda, promoção de vendas, *merchandising*, relações públicas, marketing direto e venda pessoal) têm implicação direta no alcance dos objetivos de marketing. A realização correta dessas ações, dentro do prazo definido e dos custos previstos, é fundamental para alcançar os objetivos operacionais de marketing. Por isso, elas precisam ser controladas. Os tipos de demonstrativos para o controle das ações de comunicação são:

   - demonstrativo dos resultados das campanhas de propaganda (conhecimento de marca e produto, impacto sobre vendas, atratividade do produto sobre novos consumidores);
   - demonstrativo dos resultados das ações de promoção de vendas (elevação da participação de mercado, elevação do consumo do produto por consumidor, vendas por região e canal de vendas, margens brutas de vendas obtidas com a promoção e número de clientes cadastrados);
   - demonstrativo dos resultados das ações de relações públicas (quantidade de espaço obtida pelo produto na mídia eletrônica e impressa, novos negócios realizados e nível de *recall* obtido);
   - demonstrativo das despesas de comunicação por região e canal de venda.

> **VEJA EM**
>
> As ações de comunicação e sua gestão (incluindo seu controle) são abordadas com detalhes no Capítulo 9.

O conjunto de demonstrativos apresentados viabiliza o **controle e a avaliação do desempenho de marketing**. Esse tipo de controle e avaliação inclui quatro análises:

1. *Análise do desempenho de vendas*: os resultados com vendas (unidades ou valor) são importantes indicadores do desempenho de marketing da empresa. Divergências entre as receitas de vendas desejadas e as realizadas podem advir tanto de alterações de preços quanto de quantidades. As análises devem avaliar quanto da variação foi provocada por uma ou outra causa. Elas devem cobrir o desempenho das vendas por produto, região, território de vendas, canal e tipo de loja.

2. *Análise da participação de mercado*: a participação de mercado é uma das principais maneiras de avaliar o desempenho de marketing. Ela é um robusto indicador do nível de desempenho do produto em relação aos concorrentes. Pequenas variações na participação de mercado podem ter implicações severas sobre os resultados, principalmente em mercados volumosos. Ao acompanhar esse indicador, o gerente de produtos pode perceber anormalidades, analisar suas causas e tomar medidas corretivas. As análises podem ser realizadas em relação ao mercado total, regional ou territorial. Além disso, elas podem ser aplicadas para toda a empresa, para uma linha de produtos, para um produto e até para uma marca.

3. *Análise da rentabilidade de marketing*: desvios observados nos resultados financeiros podem ter as mais diversas origens: preço praticado, volume vendido, custos diretos do produto e despesas de marketing (propaganda, promoção de vendas, *merchandising*, relações públicas, distribuição, pesquisas de marketing, custos com vendas). Por isso, esse tipo de desvio deve ser submetido a análises mais profundas e detalhadas, o que permitirá descobrir suas causas.

4. *Análise das despesas de marketing*: a análise das despesas de marketing (propaganda, promoção de vendas, *merchandising*, relações públicas, distribuição, pesquisas de marketing e venda pessoal) pode identificar variações que influenciam negativamente os resultados de marketing. Às vezes, elas apontam problemas que, se não forem resolvidos no tempo certo, podem provocar sérias dificuldades para o cumprimento dos objetivos de marketing. O Quadro 10.8 mostra um exemplo de demonstrativo para análises dos resultados de marketing.

> O controle e a avaliação do desempenho de marketing incluem quatro tipos de análise: análise do desempenho de vendas, análise da participação de mercado, análise da rentabilidade de marketing e análise das despesas de marketing.

Observe que, no exemplo do Quadro 10.8, o volume real de vendas ficou 12,5 por cento abaixo da meta. Em função da queda nas vendas e da elevação

Quadro 10.8 — Demonstrativo para análises de resultados de marketing

Produto, serviço, marca ou grupo de produtos	Meta (em milhares de reais)	Real (em milhares de reais)	Diferença = Meta – Real (em milhares de reais)	Diferença (%)
Vendas	4.000	3.500	–500	–12,5%
Custo da mercadoria vendida	–2.200	–2100	–100	–0,45%
Margem bruta	1.800	1.400	–400	–22,2%
Despesas de marketing:				
Propaganda	–400	–400	0	0%
Promoção de vendas	–100	–100	0	0%
Merchandising	–100	–80	–20	–20%
Distribuição	–250	–200	–50	–20%
Pesquisas de marketing	–50	–50	0	0%
Despesas de vendas	–100	–90	–10	–10%
Total de despesas de marketing	–1000	–920	–80	–8%
Margem de marketing	800	480	–320	–40%

dos custos da mercadoria vendida (muito acima do custo previsto para as vendas realizadas), a margem bruta ficou 22,2 por cento abaixo da meta. Como as despesas de marketing tiveram uma redução de apenas 8 por cento, inferior à redução nas vendas, a margem de marketing teve uma queda de 40 por cento em relação à meta.

ESTUDO DE CASO

Polvilho Antisséptico Granado: o desafio de conquistar as novas gerações

Fonte: Polvilho antisséptico Granado para os pés. Rafael Hupsel/Folhapress.

O Polvilho Antisséptico Granado, talco antisséptico criado e comercializado pela Granado Laboratórios, conseguiu chegar aos cem anos de existência na liderança do mercado e como principal produto da empresa. E isso sem passar por muitas mudanças de posicionamento, de formulação ou de embalagem. O Polvilho Antisséptico Granado foi lançado em 1903, sendo um dos primeiros medicamentos a obter registro no Brasil. A ideia do produto surgiu a partir da observação dos problemas causados pelo calor do Rio de Janeiro: assaduras, frieiras, sudorese e outros, principalmente nos pés. Inaugurava-se uma nova categoria de medicamentos.

Um dos grandes diferenciais do Polvilho Granado é que, graças à sua tradição e boa aceitação durante esses mais de cem anos, sua fórmula e embalagem pouco se alteraram. Na verdade, o produto só mudou de embalagem duas vezes. A primeira foi durante a Segunda Guerra Mundial, quando a lata foi trocada pela embalagem de papelão, em virtude da escassez da folha de flandres. A segunda ocorreu mais recentemente, com a modernização da linha, quando o papelão foi substituído pelo plástico.

Apesar de registrar vendas crescentes, a empresa sempre se preocupou em manter um posicionamento moderno e adequado a cada época, fazendo pequenas alterações e mudanças, algumas motivadas por pesquisas de mercado. O grande desafio é manter a tradição e a identidade da marca, que já satisfazem plenamente os usuários atuais, mas, ao mesmo tempo, modernizar-se para continuar gerando a experimentação de novos usuários, em especial os mais jovens. A propósito, uma pesquisa de mercado apontou que o Polvilho Antisséptico Granado não atingia o público jovem — a nova geração acreditava na eficiência do produto, mas não se identificava com ele.

Em 1999, foram lançadas para esse público as versões Fresh e Sport, com duas opções de perfume. Essas novas apresentações possuem a mesma fórmula, eficácia e indicações da tradicional e visam atender às necessidades do público-alvo, predominantemente masculino e praticante de esportes.

Até o momento, a maior parte da verba de comunicação tem sido direcionada para ações em pontos de venda, principalmente farmácias e supermercados, as quais envolvem *sampling* (distribuição de amostras) e de material promocional, em geral com a presença de promotores uniformizados. Além disso, a empresa fechou uma parceria com a Procter & Gamble para utilizar as equipes de promotores dessa empresa em um trabalho mais forte nos pontos de venda. Para a classe médica, foi implementado um plano de mala direta, cujo objetivo não é criar receituário, mas manter viva a imagem dos produtos, para que os médicos possam se lembrar e até indicá-los, mesmo que informalmente.

No futuro, a empresa pretende também fazer um trabalho em lojas de tênis, material esportivo e academias de ginástica, o que deverá envolver a colocação de *displays* com o polvilho nas suas versões Fresh e Sport, para alavancar ainda mais as vendas do produto com o público jovem.

Infelizmente, porém, com essas ações, a empresa ainda não vem alcançando os resultados planejados para as novas versões. As pesquisas de *focus group* realizadas indicam que o problema está no posicionamento das novas marcas e nas suas comunicações.

Fonte: www.granado.com.br.

Questões para o caso

1. Tendo em vista esse diagnóstico e o Quadro 10.9, que apresenta os resultados de uma pesquisa do Ibope sobre a mudança na percepção de eficiência das mídias no Brasil, proponha um plano de

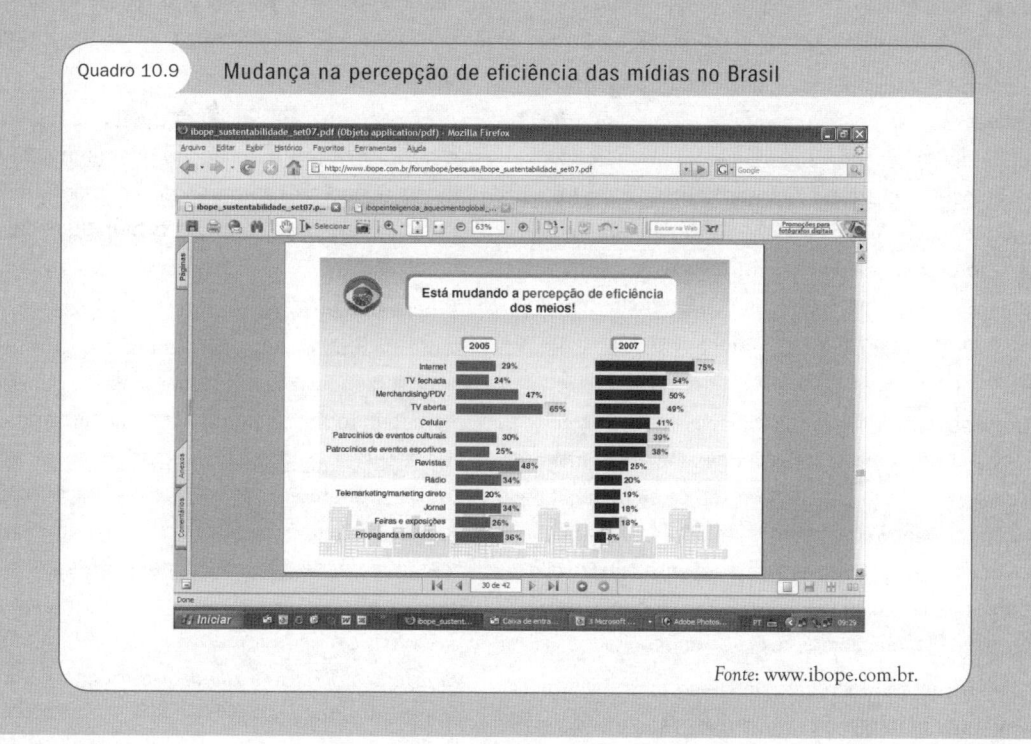

Quadro 10.9 Mudança na percepção de eficiência das mídias no Brasil

Fonte: www.ibope.com.br.

marketing capaz de resolver o problema das versões Fresh e Sport do Polvilho Granado.

2. Esse plano deverá conter:

a) Os segmentos para os quais os produtos em questão deverão estar voltados e o posicionamento que deverá ser adotado.

b) Os objetivos e as metas de vendas, em termos de faturamento e de unidades para cada um dos produtos.

c) As definições das estratégias e ações relativas ao composto de marketing.

d) Um cronograma anual, dividido em semanas, com as implementações das estratégias e ações e as respectivas responsabilidades.

e) As formas de controle do plano.

RESUMO

- O produto final do planejamento (processo contínuo) é um plano (documento) que retrata em um determinado momento o resultado do processo de planejamento.

- Há três níveis de planejamento na empresa: estratégico, operacional e tático.

- O processo de planejamento estratégico compreende as seguintes fases: definição da missão do negócio; análise dos ambientes interno e externo; fixação de objetivos; formulação de estratégias; formulação de programas de ações; alocação de recursos; definição de medidas de desempenho para controle e elaboração de projeções de resultados.

- O planejamento operacional caracteriza-se por: envolver isoladamente um produto, uma linha de produtos, um serviço, uma marca ou um mercado; estabelecer o prazo de um ano; definir diretrizes específicas; definir estratégias focadas em uma linha de produtos, um serviço ou uma marca; ser alocado sob a responsabilidade da gerência média e se submeter aos direcionamentos estabelecidos no planejamento estratégico.

- O processo de planejamento operacional compreende as seguintes fases: análise dos ambientes interno e externo do produto, serviço, marca ou mercado; fixação de objetivos e metas; formulação de estratégias operacionais; formulação de ações; alocação de recursos; definição de medidas de desempenho para controle e elaboração de projeções de resultados.

- O planejamento tático caracteriza-se por: envolver isoladamente aspectos momentâneos, pontuais e circunstanciais de um produto, uma linha de produtos, um serviço, uma marca ou um mercado; estabelecer curtíssimo prazo; atender a necessidades momentâneas, pontuais e circunstanciais; ser alocado sob a responsabilidade da gerência média e se submeter aos direcionamentos estabelecidos no planejamento operacional.

- As estratégias de marketing são caminhos mais adequados para alcançar objetivos de marketing no médio e no longo prazo.

- As táticas de marketing são ações ou métodos utilizados para implementar correções de rumos de curto prazo, a fim de atingir metas de marketing de curto prazo.

- O planejamento operacional de marketing consiste basicamente na aplicação dos conhecimentos de planejamento empresarial ao marketing dos produtos, serviços, marcas e mercados de uma empresa.

- O planejamento de marketing deve ser iniciado sobre bases sólidas. Para tanto, é imperativo colocar à disposição dos tomadores de decisão de marketing todas as informações necessárias para sua atuação. São elas: desejos, necessidades e grau de satisfação dos clientes; situação e ações dos concorrentes; evolução do mercado; capacitações e recursos disponíveis na empresa; evolução de vendas, lucros e participação no mercado de produtos, serviços e marcas; comportamento das variáveis ambientais que afetam o marketing da empresa, entre outras.

- Para obter uma vantagem competitiva em relação à concorrência, é preciso combinar a potencialidade do produto da empresa e a vulnerabilidade do produto concorrente no que diz respeito a um determinado FCS. A desvantagem competitiva ocorre quando se observa o oposto.

- As oportunidades de marketing para o produto de uma empresa são caracterizadas por ocorrências significativas no ambiente que, aliadas a uma vantagem competitiva do produto em um FCS (potencialidade do produto e vulnerabilidade do concorrente) ou em um conjunto de FCS, podem favorecer os resultados de marketing. Para tanto, é necessário identificá-las e explorá-las devidamente, enquanto perdurarem, por meio de ações adequadas.

- As ameaças de mercado para o produto de uma empresa são caracterizadas por ocorrências significativas no ambiente de marketing que, aliadas a uma desvantagem competitiva do produto em um FCS (vulnerabilidade do produto e potencialidade do concorrente no FCS) ou em um conjunto de FCS, podem prejudicar os resultados de marketing, caso ações enérgicas não sejam tomadas para eliminar as desvantagens competitivas ou até mesmo para planejar saídas estratégicas do mercado.

- O objetivo é a base para direcionar os esforços de marketing e definir as estratégias de uma organização. Ele serve de guia ou diretriz para orientar as estratégias e as ações de marketing.

- Para serem eficazes, os objetivos de marketing precisam ser: claros, fáceis de entender, compartilhados, consensuais, quantitativos, realistas, desafiadores, consistentes, flexíveis e bem comunicados.

- As estratégias de marketing precisam atender aos seguintes pontos básicos: ser orientadas para os desejos e as necessidades dos consumidores e não para produto, produção, finanças ou vendas; ser definidas de modo a gerar vantagens competitivas do produto no mercado, quando comparado aos concorrentes; assegurar a integração e o funcionamento eficaz de todas as atividades da empresa que tenham ou possam ter consequências sobre as atividades de marketing; reconhecer a importância da prática do planejamento de marketing e da utilização das técnicas de marketing como forma de solucionar problemas na gestão dos esforços de marketing e ser definidas com vistas a gerar volumes crescentes de receitas lucrativas.

- Todo trabalho de planejamento deverá ser formalizado no plano de marketing.

- Um bom plano de marketing deve ser objetivo, realista, coerente e completo.

- O controle é essencial para, de maneira contínua, detectar desvios e permitir que ações sejam tomadas para recolocar a empresa no rumo planejado.

QUESTÕES

1. Quais são as características do planejamento estratégico da empresa e do planejamento operacional/tático de marketing? Qual é a relação entre eles?

2. Qual é a diferença entre os conceitos "estratégico" e "tático/operacional"?

3. Apresente e descreva sucintamente os componentes do processo de planejamento de marketing.

4. Quais são as utilidades de um plano de marketing?

5. Defina objetivos, metas, estratégias e ações de marketing.

6. Quais são os fatores determinantes dos objetivos de marketing?

7. Apresente uma proposta de estrutura para um plano de marketing.
8. O que é controle? Para que ele serve?

NOTAS

1. ACKOFF, R. L. *Planejamento empresarial*. Rio de Janeiro: Livros Técnicos e Científicos, 1982, p. 1-3.
2. Idem, ibidem, p. 1.
3. OLIVEIRA, D. P. R. *Planejamento estratégico*: conceitos, metodologias e práticas. São Paulo: Atlas, 1986, p. 22.
4. BUELL, V. P. *Marketing management*: a strategic planning. Nova York: McGraw-Hill, 1984, p. 187.
5. Idem, ibidem, p. 187-188.
6. Idem, ibidem.
7. WESTWOOD, J., op. cit.
8. MATTAR, F. N. et al. *Gestão de produtos, serviços, marcas e mercados*: estratégias e ações para alcançar e manter-se "top of market". São Paulo: Atlas, 2009, p. 120.
9. BUELL, V. P., op. cit.
10. OHMAE, K. *O estrategista em ação*: a arte japonesa de negociar. São Paulo: Pioneira, 1985, p. 13.
11. KOTLER, P. *Administração de marketing*: análise, planejamento, implementação e controle. São Paulo: Atlas, 1994, p. 229.
12. LAMBIN, J. J. *Marketing estratégico*. Madri: McGraw-Hill, 1989, p. 209.
13. PORTER, M. *Competitive strategy*: techniques for analysing industries and competitors. Nova York: Free, 1989, p. 9.
14. LAMBIN, J. J., op. cit.
15. JAIN, S. C. *Marketing*: planning and strategy. Cincinnati: South-Western College, 2000, p. 184.
16. Norton Paley, "Corporate objetive and marketing aim: whats the relationship? *California Management Review*, n. 2, 1968, p. 59-60.
17. JAIN, S. C., op. cit. p. 185.
18. ASSAEL, H. *Marketing management strategy and action*. Boston: Kent, 1985, p. 17.
19. JAIN, S. C., op. cit.
20. OHMAE, K., op. cit. p. 35.
21. MATTAR, F. N. et al., op. cit.
22. D'AVENI, R. *Hipercompetição*: estratégias para dominar a dinâmica de mercado. Rio de Janeiro: Campus, 1995.
23. OHMAE, K., op. cit.

MARKETING *BUSINESS TO BUSINESS*

OBJETIVOS DE APRENDIZAGEM

APÓS LER ESTE CAPÍTULO, VOCÊ SERÁ CAPAZ DE:

- IDENTIFICAR OS PRINCIPAIS TIPOS DE MERCADO QUE NÃO ATENDEM A UM CONSUMIDOR FINAL, MAS SIM A ORGANIZAÇÕES.
- DISCUTIR AS DIFERENÇAS E AS SIMILARIDADES ENTRE O MERCADO CONSUMIDOR E O INDUSTRIAL.
- ELENCAR A IMPORTÂNCIA E AS DIFERENÇAS ENTRE O MARKETING DE BENS DE CONSUMO E O MARKETING DE BENS INDUSTRIAIS.

Os primeiros estudos de marketing no mercado industrial de que se tem notícia foram um livro de casos publicado por Melvin Copeland em 1930 e um livro-texto voltado estritamente para o mercado industrial, escrito por John Frederick em 1934.[1] Desde então, esse campo de estudo mudou drasticamente.[2] No entanto, pesquisas sobre o assunto foram relativamente esparsas até o aparecimento do periódico *Industrial Marketing Management*, em 1972. Outro periódico de referência, o *Journal of Business & Industrial Marketing* (JBIM), só publicaria sua primeira edição em 1986, cobrindo tópicos na área de marketing industrial e marketing orientado para negócios. Lançado em 1993, o *Journal of Business-to-Business Marketing* também é uma importante fonte para pesquisadores que estudam o marketing industrial.

O mercado industrial é conhecido por diversos nomes. Até os anos 1980, era conhecido como *mercado industrial* mesmo; depois, passou a ser chamado de *B to B* ou *B2B*, abreviação em inglês do termo *business to business*. Essa abreviação popularizou-se provavelmente por sua simplicidade, sonoridade e fácil memorização. Também é possível encontrar, com menos frequência, os termos *mercado empresarial*, *mercado organizacional*, *mercado entre empresas* ou *mercado entre organizações*. Porém, essas denominações não são exatas, porque vão além do conceito original de mercado industrial. Dessa maneira, a atividade de marketing voltada para esse mercado acompanhava as variações na nomenclatura utilizada. Este capítulo aborda o marketing *business to business*, ligado ao mercado industrial.

11.1 OS MERCADOS ORGANIZACIONAIS E O MERCADO INDUSTRIAL

Os mercados se diferenciam pelos objetivos. No mercado consumidor, composto por indivíduos e famílias que compram bens e serviços para consumo próprio, o objetivo é a satisfação pessoal. Já nos mercados organizacionais, o objetivo é, em geral, um resultado específico, como a obtenção de lucro. Além disso, as decisões tomadas nesse mercado costumam ser mais racionais.

Os mercados organizacionais podem ser de três tipos — **mercado revendedor**, **mercado governamental** e **mercado industrial**. As características de cada um deles são as seguintes:

> Os mercados organizacionais podem ser de três tipos: revendedor, governamental e industrial. O **mercado revendedor** é formado por organizações que compram produtos ou serviços para revendê-los. O **mercado governamental** é composto por organizações do setor público, que compram produtos e serviços como parte de sua missão de prover serviços ao público. Já o **mercado industrial** é constituído por organizações que compram produtos e serviços para processá-los e/ou usá-los na produção de novos produtos e serviços.

- *Mercado revendedor*: o objetivo é obter ganho com a venda do que foi comprado anteriormente. Esse mercado é formado por organizações que compram produtos ou serviços para revendê-los. Elas não mudam os produtos comprados, mas adicionam valor, geralmente, com serviços, como o de distribuição.

- *Mercado governamental*: o objetivo é comprar em nome do povo. Esse mercado é composto por organizações do setor público, que compram produtos e serviços como parte de sua missão de prover serviços ao público.

- *Mercado industrial* (*transformador*): o objetivo é usar o que foi comprado para produzir outros bens ou serviços. Esse mercado é constituído por organizações que compram produtos e serviços para processá-los e/ou usá-los na produção de novos produtos e serviços.

Embora os compradores organizacionais dividam-se nesses três grupos (industrial, revendedor e governamental), este capítulo descreverá apenas o mercado industrial e as atividades de marketing das empresas que vendem para ele.

Importância do mercado industrial

De acordo com o Instituto Brasileiro de Geografia e Estatística (IBGE), em relação ao produto interno bruto (PIB) nacional, o setor industrial vem apresentando a evolução mostrada no Quadro 11.1.

Como se nota no Quadro 11.1, o setor industrial responde, hoje, por cerca de 28 por cento do valor adicionado do PIB brasileiro. Esse percentual manteve-se estável ao longo dos últimos anos com algumas pequenas oscilações. Dentro da conta indústria, o Brasil divide a composição do PIB em setores industriais, que constituem mercados relevantes para o marketing industrial no país.

Nos últimos anos, as indústrias de bens de capital e de bens duráveis foram as grandes responsáveis pelo expressivo crescimento observado nesse período, conforme mostra o Quadro 11.2.

Em 2007, o setor industrial da economia cresceu cerca de 6 por cento. Os números do mercado industrial divididos em setores específicos revelam uma grande relevância da indústria de bens de capital no Brasil. Em 2007, 2008 e 2010, esse setor apresentou o maior crescimento dentro do mercado industrial. Em 2009, em virtude da crise internacional conhecida como *subprime*, iniciada nos Estados Unidos, apresentou a maior queda (-17,43 por cento). Ao comparar o setor de infraestrutura com o de bens de consumo duráveis, nota-se que o crescimento daquele proporcionou a expansão deste — com efeito, a indústria de bens de consumo duráveis apresentou uma taxa de crescimento de 10,3 por cento em 2010.

Quadro 11.1 — Participação dos setores agrícola, industrial e de serviços no PIB

Participação no valor adicionado a preços básicos (%)

Classes e atividades	2002	2003	2004	2005	2006	2007	2008	2009	2010
Valor adicionado bruto	100,0	100,0	100,0	100,0	100,0	100,0	100,0	100,0	100,0
Agropecuária	6,6	7,4	6,9	5,7	5,5	5,56	5,90	6,08	5,77
Indústria	27,1	27,8	30,1	29,3	28,8	27,81	27,91	25,42	26,82
Serviços	66,3	64,8	63,0	65,0	65,8	66,63	66,19	68,50	67,41

Fonte: IBGE. Disponível em: www.ibge.gov.br/home/estatistica/indicadores/pib/pib-vol-val-201004_8.shtm.

Quadro 11.2 — Taxa de variação da produção industrial

Produção industrial	2007	2008	2009	2010
Indústria geral	6,01	3,10	-7,34	10,46
Bens de capital	19,48	14,30	-17,43	20,85
Bens intermediários	4,84	1,53	-8,81	11,41
Bens de consumo duráveis	9,07	3,78	-6,38	10,26
Bens de consumo não duráveis	3,35	1,35	-1,54	5,25

Fonte: IBGE. Disponível em: www.sidra.ibge.gov.br.

Quadro 11.3	Investimentos mapeados do Brasil para 2009-2012 (em bilhões de reais)
Setor	Volume de investimentos
Petróleo e gás	269,7
Energia elétrica	141,1
Telecomunicações	77,8
Saneamento	49,4
Extrativa mineral	48,0
Rodovias	26,7
Siderurgia	24,5
Eletroeletrônica	24,0
Petroquímica	23,7
Automotivo	23,5
Sucroalcooleiro	19,7
Ferrovias	17,0
Papel e celulose	9,0
Indústria da saúde	8,0
Portos	7,2

Fonte: BNDES, 2009.

Em termos de volume de negócios, o mercado industrial brasileiro é liderado pelas indústrias voltadas à infraestrutura. As projeções de investimentos para o período de 2009 a 2012, levantadas em dezembro de 2008 pelo BNDES, indicam propostas firmes de investimentos da ordem de R$ 760 bilhões, como mostra o Quadro 11.3. Somados, os setores de petróleo e gás, energia elétrica e telecomunicações representam mais da metade do volume de investimentos da indústria brasileira (64 por cento). Só no setor de petróleo e gás são esperados 35 por cento de todo o investimento disponível no país para infraestrutura e indústria.

Características do mercado industrial

De acordo com o que vimos no início deste capítulo, podemos definir **mercado industrial** como todas as atividades compreendidas na compra de bens e serviços por organizações, com a finalidade de uso próprio ou para vendê-los a terceiros.

> O **mercado industrial** engloba todas as atividades compreendidas na compra de bens e serviços por organizações, com a finalidade de uso próprio ou para vendê-los a terceiros.

As organizações que atendem ao mercado industrial devem entender os desejos e as necessidades de seus compradores, à semelhança daquelas que atendem ao mercado de consumo. Contudo, é importante notar que o processo de compras no mercado industrial apresenta algumas diferenças importantes em relação àquele realizado no mercado de consumo, como mostra o Quadro 11.4.

| Quadro 11.4 | Processo de compras dos clientes de bens de consumo e de bens industriais |

Característica	Compras de bens de consumo	Compras de bens industriais
Concentração geográfica	Dispersa	Mais concentrada
Tamanho do mercado e número de compradores	Grande	Limitado
Papéis dos clientes	Menos especializados	Mais especializados
Processo de compra	Menos formal	Mais formal
Responsabilidades	Não mensuradas	Mensuradas formalmente
Capacidades internas	Fracas	Mais fortes
Complexidade	Pequena	Maior
Relacionamento	Mais simples Comunicação e informações limitadas	Complexo Maior comunicação e troca de informações

As peculiaridades do mercado industrial estão relacionadas a cinco aspectos: demanda, clientes, centro de compras, processo de decisão de compra e situação de compra.

Demanda

Nos mercados industriais, a demanda apresenta as seguintes características:

- *É derivada*: a demanda é gerada por empresas que utilizam os produtos para atender a seus próprios consumidores finais ou outras organizações.
- *Flutua muito*: reage fortemente às oscilações da demanda final.
- *É pouco elástica a preço*: é pouco sensível às mudanças de preço ou porque o produto fornecido impacta pouco o preço final do cliente ou porque o cliente não pode mudar significativamente seu processo produtivo (pelo menos no curto prazo).

Clientes

Os clientes dos mercados industriais também apresentam peculiaridades, entre as quais se destacam:

- São *múltiplos*, pois incluem os clientes diretos e os clientes desses clientes.
- Suas decisões de compra são compartilhadas, como veremos adiante.
- São profissionais e tecnicamente competentes — isso significa que decidem a compra com base em critérios objetivos.
- São poucos, grandes e concentrados geograficamente.

- Compram diretamente do fabricante.
- Mantêm relacionamento estreito com o fornecedor.

Centro de compras

No mercado industrial, os indivíduos ou os centros de compra podem desempenhar vários papéis. É possível que a mesma pessoa desempenhe um ou mais papéis. As opções são:

- *Usuário*: aquele que efetivamente utilizará o produto ou o serviço.
- *Influenciador*: nas organizações, esse papel é desempenhado por um especialista ou uma pessoa próxima do comprador com poder de afetar a decisão.
- *Comprador*: aquele que efetivamente faz a compra. Tem autoridade formal e responsabilidade para a compra, selecionando o fornecedor e negociando os termos do contrato.
- *Decididor*: seu papel no processo de compra é essencial. Ele decide a compra, dando o veredito final. Possui o poder formal ou informal de selecionar ou aprovar o fornecedor.
- *Gatekeeper*: em português, significa "o que fica na porta". Esse termo designa aquele que filtra e controla a entrada de fornecedores. Alguns autores também o denominam "fiscal interno" ou "guardião". Essa função pode ser exercida por recepcionistas, secretárias, especialistas técnicos e outros que impedem ou liberam a passagem para que os fornecedores encontrem aqueles que desempenham os outros papéis no processo de compra.

Alguns autores mencionam outros participantes importantes desse processo, como analistas e controladores que podem cumprir outros papéis. A Figura 11.1 ilustra um centro de compras e os papéis desempenhados pelos diversos participantes do processo de compra.

Processo de decisão de compra

A Figura 11.2 mostra os sete estágios que compõem o processo de decisão de compra. Contudo, esse processo não costuma ser tão linear como a figura sugere, pois algumas das etapas podem ocorrer simultaneamente. Mesmo assim, conhecê-lo é importante para entender os diferentes estágios e para melhorar a tomada de decisão em cada um deles.

Os sete estágios a que se refere a Figura 11.2 podem ser descritos da seguinte maneira:

- *Estágio 1 – Reconhecimento da necessidade*: a necessidade de uma compra pode ser motivada por forças internas e externas. Por exemplo, uma empresa pode precisar de um novo componente para melhorar um produto,

> **VEJA EM**
>
> Leia o Capítulo 3 para conhecer os papéis que os indivíduos podem desempenhar durante as compras no mercado consumidor.

Figura 11.1 — O centro de compras e os papéis dos participantes

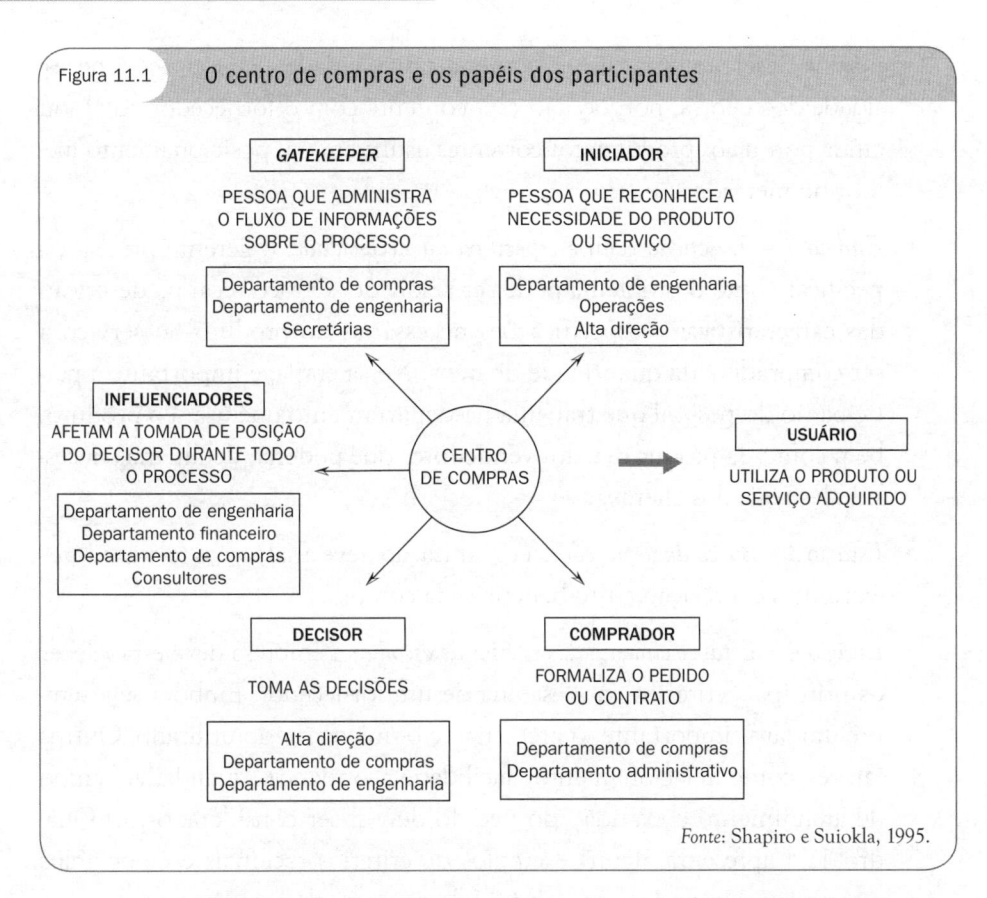

GATEKEEPER
PESSOA QUE ADMINISTRA O FLUXO DE INFORMAÇÕES SOBRE O PROCESSO
- Departamento de compras
- Departamento de engenharia
- Secretárias

INICIADOR
PESSOA QUE RECONHECE A NECESSIDADE DO PRODUTO OU SERVIÇO
- Departamento de engenharia
- Operações
- Alta direção

INFLUENCIADORES
AFETAM A TOMADA DE POSIÇÃO DO DECISOR DURANTE TODO O PROCESSO
- Departamento de engenharia
- Departamento financeiro
- Departamento de compras
- Consultores

CENTRO DE COMPRAS

USUÁRIO
UTILIZA O PRODUTO OU SERVIÇO ADQUIRIDO

DECISOR
TOMA AS DECISÕES
- Alta direção
- Departamento de compras
- Departamento de engenharia

COMPRADOR
FORMALIZA O PEDIDO OU CONTRATO
- Departamento de compras
- Departamento administrativo

Fonte: Shapiro e Suiokla, 1995.

Figura 11.2 — Processo linear de decisão de compra

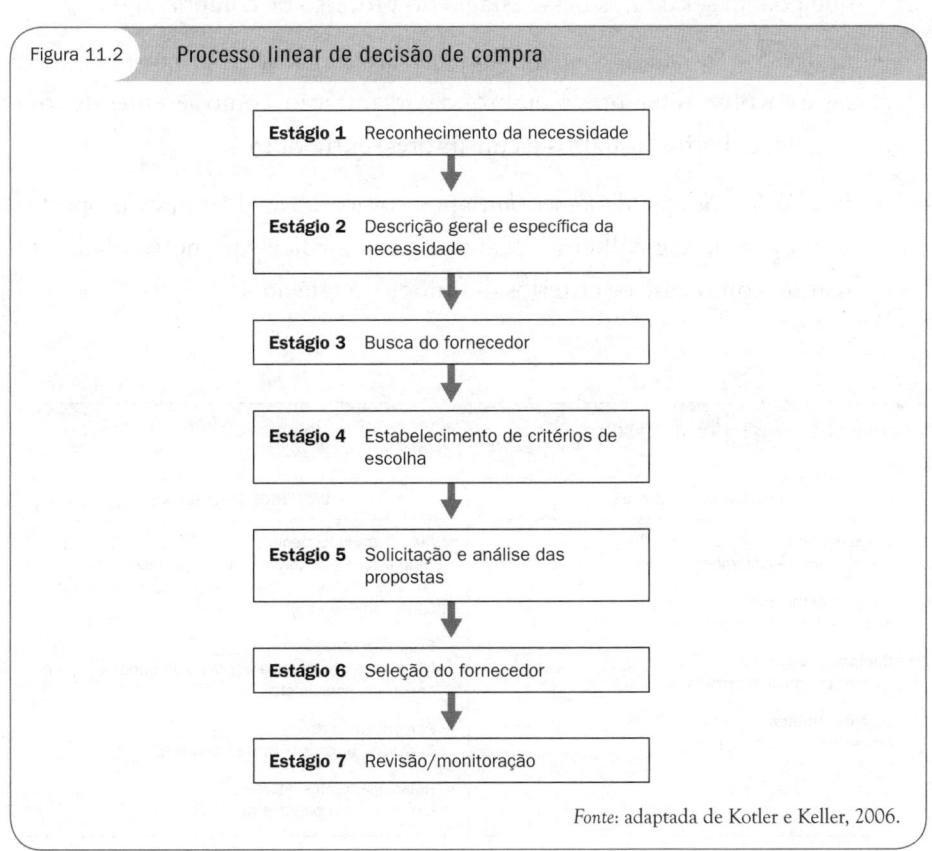

- **Estágio 1** Reconhecimento da necessidade
- **Estágio 2** Descrição geral e específica da necessidade
- **Estágio 3** Busca do fornecedor
- **Estágio 4** Estabelecimento de critérios de escolha
- **Estágio 5** Solicitação e análise das propostas
- **Estágio 6** Seleção do fornecedor
- **Estágio 7** Revisão/monitoração

Fonte: adaptada de Kotler e Keller, 2006.

porque deseja reduzir custos, aumentar a qualidade e adequar-se à necessidade de clientes, porque não está contente com o fornecedor atual, ou ainda porque os produtos concorrentes usufruem um posicionamento melhor no mercado.

- *Estágio 2 – Descrição geral e específica da necessidade*: o gerente precisa especificar como o problema pode ser resolvido. O foco recai na descrição das características e especificações necessárias do produto ou serviço a ser comprado e da quantidade de itens. Nessa etapa, é importante a participação do pessoal que trabalha no departamento que usará o produto, bem como da produção e dos vendedores que poderão detalhar as necessidades reais dos clientes.

- *Estágio 3 – Busca do fornecedor*: a organização deve analisar os fornecedores existentes e a relação custo-benefício da compra.

- *Estágio 4 – Estabelecimento de critérios de escolha*: a empresa deve estabelecer os principais critérios para escolha de um fornecedor. Embora seja sempre um fator importante, o preço não é o único critério utilizado. Outros fatores como relacionamento, facilidade, confiança, qualidade, tempo de atendimento e exatidão do pedido devem ser considerados. O Quadro 11.5 apresenta alguns exemplos de critérios racionais e emocionais que podem ser usados nesse estágio do processo de compra.

- *Estágio 5 – Solicitação e análise das propostas*: a análise da proposta também deve envolver diferentes membros da organização, como gerentes de compra, engenheiros, usuários e consultores, entre outros.

- *Estágio 6 – Seleção do fornecedor*: após comparar as diferentes propostas, a empresa deve escolher a opção mais adequada a suas necessidades, tomando como base os critérios definidos no estágio 4.

Quadro 11.5 Critérios de escolha

CRITÉRIOS RACIONAIS	CRITÉRIOS EMOCIONAIS
- Preço mínimo (inclui prazo de pagamento) - Custo total mínimo (ótimo argumento de vendas) - Compras recíprocas (potencial pouco explorado) - Escolha limitada (potencial pouco explorado)	- Autoengrandecimento (valorização dos conhecimentos técnicos e dos critérios adotados para a seleção de nossa empresa como fornecedora) - Exaltação do ego (valorização da pessoa por meio de brindes, viagens, encontros sociais etc.) - Percepção de risco (tomador de risco × avesso ao risco) - Relacionamentos laterais (amizade, camaradagem)

- *Estágio 7 – Revisão/monitoração*: dependendo do nível de satisfação com o item adquirido, o gerente de compras pode continuar, modificar ou cancelar o acordo. Após cada compra, experiência vai sendo acumulada, e as próximas compras tornam-se cada vez mais fáceis.

Situação de compra

Há três tipos de situações de compra comuns no mercado industrial:

- *Nova*: a empresa nunca precisou comprar o produto que agora se tornou necessário. Nessa situação, a necessidade é percebida pelos gerentes como uma experiência totalmente diferente das anteriores. É a situação de compra mais complexa, já que o comprador necessita buscar muitas informações.

- *Recompra direta*: os compradores já possuem experiência prévia e necessitam de pouca ou nenhuma informação nova. Nesse caso, a organização conta com critérios preestabelecidos de compra e está satisfeita com eles.

- *Recompra modificada*: usuários, influenciadores ou decisores desejam mudar preço, fornecedor, especificações ou cronograma de entrega. Embora seja semelhante à recompra direta, a recompra modificada apresenta uma diferença importante — nessa situação, a organização entende que a compra pode ser feita em condições melhores que as anteriores.

Cada uma dessas três situações determina condições diferentes nas diversas dimensões dos centros de compras, como se observa na Figura 11.3.

Figura 11.3 — Situação de compra relacionada com a dimensão do centro de compra

DIMENSÃO DO CENTRO DE COMPRA	SITUAÇÃO DE COMPRA		
	COMPRA NOVA	RECOMPRA DIRETA	RECOMPRA MODIFICADA
Pessoas envolvidas	Muitas	Uma	Duas a três
Tempo de decisão	Longo	Curto	Moderado
Definição do problema	Incerto	Bem definido	Pequenas modificações
Objetivo na compra	Boa solução	Fornecedor de preço baixo	Fornecedor de preço baixo
Fornecedores considerados	Novos/atuais	Atuais	Atuais
Influência na compra	Funcionários técnicos/operacionais	Agente de compras	Agente de compras e outros

Fonte: Kerin et al., 2008, p. 148.

Tendências do comportamento de compra no mercado industrial

O comportamento de compra no mercado industrial está passando da orientação de transações para a de relacionamento, à semelhança do que vem ocorrendo há algum tempo no mercado consumidor. Além disso, a parceria apoiada pelo desenvolvimento da tecnologia da informação está se consolidando cada vez mais no mercado industrial. Restrita até pouco tempo ao território doméstico, a busca de fontes passou a explorar recursos globais, graças à queda de fronteiras e barreiras nacionais. A Figura 11.4 ilustra tais tendências no comportamento de compra do mercado industrial.

Há, ainda, outras mudanças já em curso no comportamento de compra industrial. São elas:

- a aquisição passa a ser vista como competência essencial, dado seu poder de elevar a qualidade da oferta e diminuir os custos;
- os fornecedores passam a ser vistos como parceiros, trazendo soluções em vez de apenas efetuar vendas;
- com a globalização, os valores tornam-se transculturais;
- a organização passa a adquirir também serviços, agregando valor à sua oferta.

11.2 ATIVIDADES DE MARKETING NO MERCADO INDUSTRIAL

Está cada vez mais fácil ter acesso a informações sobre concorrentes e compradores atuais ou potenciais. As novas tecnologias da informação e o desenvolvimento de competências nas análises de dados permitem enxergar o ambiente de maneira mais ampla e, ao mesmo tempo, identificar os segmentos existentes. Os aspectos de segmentação e posicionamento são mais explorados nas pesquisas sobre bens de consumo; contudo, a segmentação também é um componente importante no marketing industrial, pois deve acomodar os objetivos estratégicos e operacionais da organização.

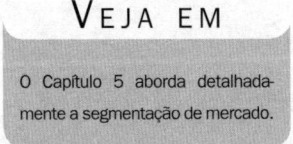

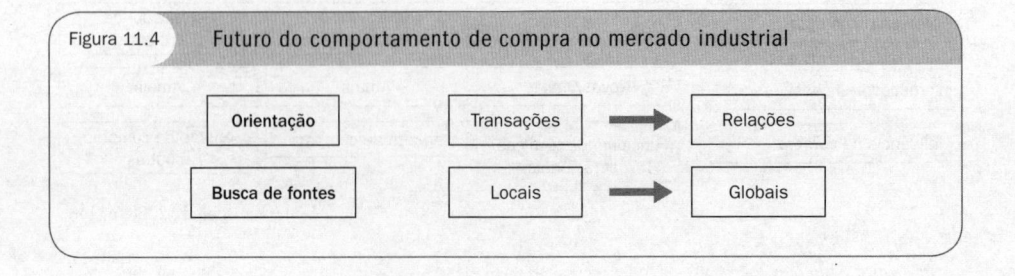

> **VEJA EM**
> O Capítulo 5 aborda detalhadamente a segmentação de mercado.

Figura 11.4 — Futuro do comportamento de compra no mercado industrial

| Orientação | Transações | → | Relações |
| Busca de fontes | Locais | → | Globais |

Entende-se por segmentação de mercado a identificação de segmentos específicos do mercado global com potencial suficientemente elevado para justificar a adaptação da política de marketing da empresa. A segmentação permite que a empresa alcance diferentes objetivos, tais como:

- penetrar profundamente nos segmentos escolhidos e, assim, aumentar sua participação neles;

- concentrar seus esforços de marketing e, com isso, economizar recursos financeiros, humanos e técnicos;

- simplificar os processos de distribuição (por exemplo, encurtando as vias), de venda pessoal (menos vendedores), de propaganda e promoção (campanhas dirigidas aos segmentos) e de controle (menor volume de dados a processar);

- fortalecer a imagem da empresa e de suas linhas de produtos graças à adaptação, aumentando a lucratividade por linha.

As organizações devem ter sempre em mente os clientes estratégicos, ou seja, aqueles que se destacam pelo alto potencial de compra e que atuam como formadores de opinião, podendo exercer papéis de relevo, como influenciadores da compra e disseminadores da oferta. A atenção dada a esses clientes deve ser customizada e diferenciada, assim como os produtos e serviços a eles oferecidos. Contar com uma assessoria de especialistas e negociar as soluções são propostas de valor que não devem ser negligenciadas, pois constituem boas opções para manter um relacionamento proveitoso com esses clientes.

Já os outros segmentos de mercado, formados por clientes com médio ou baixo potencial, podem ser classificados de acordo com características que facilitem a implementação de ações comerciais. Para delinear o perfil desses segmentos, convém observar as seguintes características:

- *Potencial de compra*: pequeno ou médio.

- *Ramo de atividade*: alimentação, imobiliário, educação etc.

- *Localização geográfica*: norte, sul, sudeste, leste, oeste, nordeste etc.

- *Estágio tecnológico*: nesse aspecto, o termo **tecnicista** designa os segmentos que possuem grande capacidade técnica, concentrando as discussões nas características do serviço; e o termo **não tecnicista** designa os segmentos desprovidos de grande capacidade técnica, os quais concentram as discussões na solução do problema.

- *Aplicação do produto*: na fabricação ou na comercialização.

> " Em relação ao estágio tecnológico, os segmentos do mercado industrial podem ser classificados como **tecnicistas** — possuem grande capacidade técnica e concentram as discussões nas características do serviço — ou como **não tecnicistas** — desprovidos de grande capacidade técnica, concentrando as discussões na solução do problema. "

> Em relação à formalização de atividades, segmento **organizado** é aquele cuja estrutura de compras possui todas as informações sobre seu relacionamento com os fornecedores e atua com base nessas informações. Já segmento **não organizado** é aquele cuja estrutura de compras carece de informações sobre seu relacionamento com os fornecedores e cujas compras são feitas sem uma base sólida.

- *Formalização de atividades*: nesse aspecto, chamamos de **organizado** o segmento cuja estrutura de compras possui todas as informações sobre seu relacionamento com os fornecedores e atua com base nessas informações e de **não organizado** o segmento cuja estrutura de compras carece de informações sobre seu relacionamento com os fornecedores e cujas compras são feitas sem uma base sólida.

A organização também pode optar pela microssegmentação, considerando, por exemplo, o valor, a organização administrativa, a relação de poder do centro de compras e a percepção de risco.

Como o principal objetivo das empresas que estão no mercado industrial é o lucro, Shapiro[3] apresenta uma matriz na qual os diversos níveis de preços de venda cruzam o custo de atendimento.

Com base nessa matriz, é possível visualizar os clientes mais e menos lucrativos, como mostra a Figura 11.5.

Um ponto importante: em termos de marketing, é essencial adotar imediatamente um posicionamento em cada segmento.

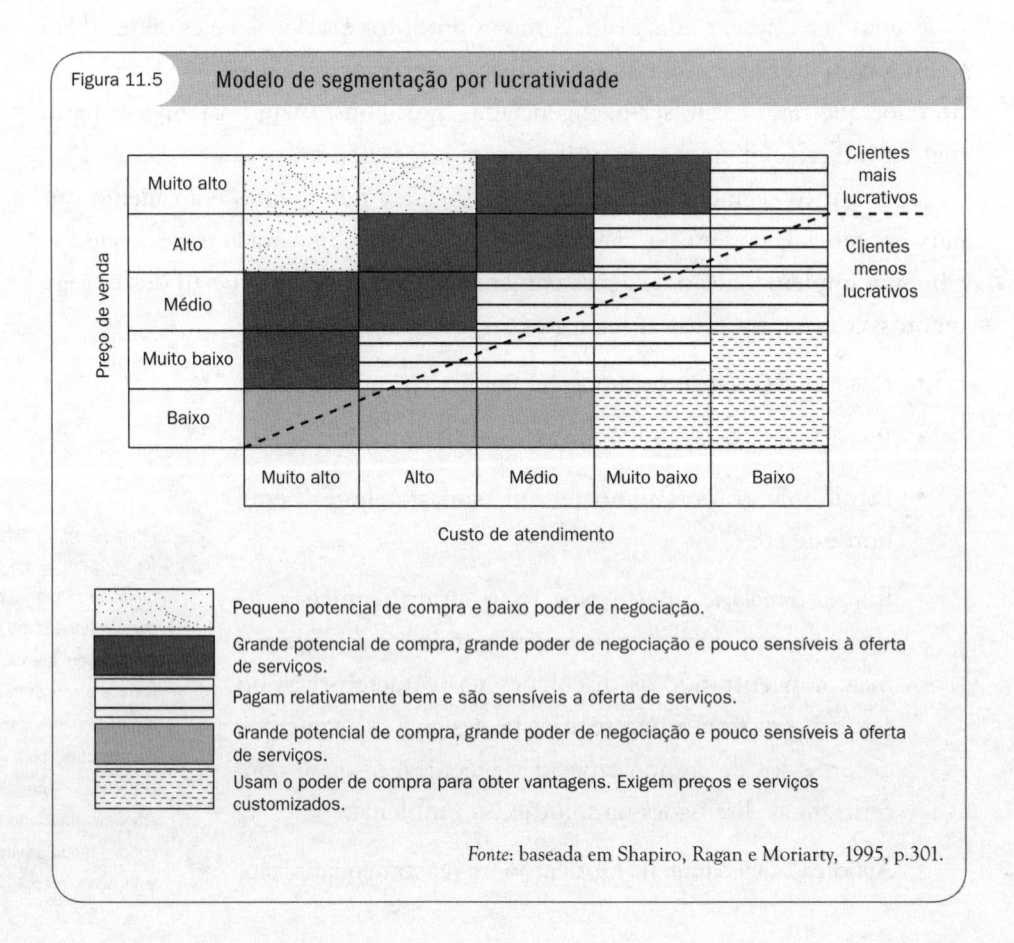

Figura 11.5 — Modelo de segmentação por lucratividade

- Pequeno potencial de compra e baixo poder de negociação.
- Grande potencial de compra, grande poder de negociação e pouco sensíveis à oferta de serviços.
- Pagam relativamente bem e são sensíveis a oferta de serviços.
- Grande potencial de compra, grande poder de negociação e pouco sensíveis à oferta de serviços.
- Usam o poder de compra para obter vantagens. Exigem preços e serviços customizados.

Fonte: baseada em Shapiro, Ragan e Moriarty, 1995, p.301.

Composto de marketing na oferta de produtos industriais

Em sua essência, a gestão de marketing no mercado industrial não difere daquela voltada para bens de consumo. No entanto, existem aspectos especiais que podem ser ressaltados em relação ao composto de marketing na oferta de produtos industriais. É sempre estrategicamente importante para o sistema produtivo da organização que o produto seja bem definido, uma vez que o cliente que sabe o que quer limita o poder de negociação do fornecedor.

No mercado industrial, é possível classificar os produtos em três grupos principais, como mostra o Quadro 11.6.

A proposta de valor de desempenho superior e o impacto emocional positivo devem estar embutidos no produto ofertado para o mercado industrial. Além disso, a empresa deve proporcionar o melhor custo total, oferecendo, por exemplo, preços baixos, alta confiabilidade e serviços básicos sem complicações. É importante disponibilizar para o cliente a melhor solução, definindo o problema específico, entendendo suas reais necessidades e identificando a melhor opção para ofertar bens e serviços personalizados e negociados.

O preço é o item menos abordado e pesquisado no mercado industrial; em geral, ele é o menos compreendido por profissionais e pesquisadores do assunto. Poucas empresas sabem aplicar políticas adequadas para administrar o preço com inteligência, porém ele é um dos fatores mais decisivos nas vendas de produtos e serviços. É claro que a redução de preços nem sempre é solução. É necessário combinar preços, confiabilidade e atendimento adequados para conquistar os compradores organizacionais. Vale ressaltar que os produtos comprados correspondem aos custos de produção das organizações compradoras, que desejam obter o maior lucro possível.

No mercado industrial, a distribuição tende a usar canais mais curtos, prevalecendo uma grande racionalidade na logística de entrega. A Internet e o

Quadro 11.6 Classificação dos produtos no mercado industrial

Produtos que entram completamente no processo de elaboração do produto industrial	Produtos que entram parcialmente no processo de elaboração do produto industrial (bens de capital)	Produtos que não entram no processo de elaboração do produto final (são consumidos para melhorar a produção e, em geral, são serviços)

• Matérias-primas (passam por um pequeno processo de industrialização)
  • Produtos agrícolas
  • Produtos naturais
  • Produtos sintéticos
• Materiais e peças industrializadas (passam por um processo de industrialização bem maior)
  • Materiais componentes
  • Peças componentes
	• Edifícios e direitos sobre terrenos
	• Equipamento pesado e instalações
	• Equipamentos e ferramentas leves e/ou portáteis
	• Equipamentos de escritório
		• Suprimentos operacionais
		• Suprimentos de manutenção e consertos
		• Serviços empresariais de manutenção e consertos
		• Serviços empresariais de assessoria

Fonte: adaptado de Backhaus, 2007.

comércio eletrônico têm afetado positivamente a relação entre as organizações, pois facilitam a venda e a comunicação, além de racionalizar as vias de entrega.

Diferentemente do que ocorre em relação aos bens de consumo, a comunicação no mercado industrial não tem o objetivo de provocar desejos, mas sim de contribuir para que o vendedor industrial realize um trabalho mais eficaz. A venda recebe atenção especial, pois, no marketing de produtos industriais, a figura do vendedor sobressai. Nesse mercado, a compra está intrinsecamente ligada à informação obtida pela venda pessoal. Muitas organizações também utilizam promoções de vendas em forma de feiras, convenções e eventos.

O relacionamento comercial (compra e venda) no mercado industrial tem recebido uma grande influência do desenvolvimento da tecnologia da informação. A sofisticação dos sistemas eletrônicos de comunicação permite as ligações entre as empresas. Outro ponto importante é a capacidade de armazenamento de informações dos computadores, a qual — com a velocidade das comunicações — vem aumentando consideravelmente.

O grande problema do mercado industrial é sua dependência do desenvolvimento de outros mercados: o governamental, o revendedor e o consumidor. Alterações nesses três mercados afetam as organizações ofertantes no mercado industrial sem que elas possam ter controle sobre tais mudanças. Um modo de equilibrar essa balança desfavorável é o setor industrial focar a inovação tecnológica, pois, com isso, pode-se conseguir que os demais mercados também dependam dele.

ESTUDO DE CASO

Parceria com rede varejista impulsiona fabricante de PCs

CLÁUDIA TREVISAN

Fonte: *Laptop Work*, de stock.xchng®.

O caminho do Positivo até a liderança na venda de computadores no varejo passou por uma bem-sucedida aliança com o Magazine Luiza, rede que possui 350 lojas em sete estados do país.

Maior cliente individual do Computador para Todos, o Magazine Luiza já obteve financiamentos de R$ 80 milhões, de um total de R$ 158 milhões que o BNDES (Banco Nacional de Desenvolvimento Econômico e Social) liberou para o programa desde dezembro do ano passado. A maior parte da linha de crédito foi destinada à venda de computadores da marca Positivo, principal parceiro da rede varejista nesse segmento.

O encontro entre as duas empresas ocorreu no início de 2005, quando o Magazine Luiza buscava um fornecedor permanente entre as empresas nacionais e o Positivo tentava encontrar uma forma de vender seus computadores no varejo.

"As redes de varejo não conseguiam fazer um planejamento de longo prazo nesse segmento porque nenhum fornecedor dava sustentabilidade para isso", diz Marcelo Neves, gerente de compras do núcleo de informática do Magazine Luiza, que vende computadores há seis anos. O Positivo ofereceu o que a rede procurava.

A redução no preço das máquinas e o financiamento oficial permitiram que consumidores da classe C tivessem acesso ao produto. A consequência das mudanças que o setor mais festeja é a redução da parcela de mercado ocupada por computadores contrabandeados, que passou de 74 por cento em 2004 para 52 por cento no segundo trimestre de 2006, de acordo com a IDC.

"O grande sucesso do Computador para Todos e da queda de tributação sobre o setor foi derrubar o contrabando", diz Flávio Philbert, da Itautec.

Neves ressalta que o aumento na venda de computadores não está restrito aos modelos de até R$ 1.400, beneficiados pelo financiamento oficial. Segundo ele, um dos produtos de maior aceitação entre os consumidores foi o PCTV do Positivo, que pode ser usado como computador, TV, DVD, rádio e MP3 e custa R$ 1.899.

O diretor do Magazine Luiza acrescenta que também houve crescimento nas vendas de notebooks, mais caros que os computadores de mesa. Mas a marca não é a líder nesse segmento: o lugar é ocupado pela HP. A Positivo não aparece nem mesmo entre as cinco empresas que mais vendem notebooks no país, já que só passou a lançar modelos de forma mais agressiva no início de 2006.

Os dados da IDC mostram que a venda de notebooks subiu 113 por cento no primeiro semestre de 2006 em relação a igual período de 2005. Entre janeiro e junho, foram vendidas 216 mil unidades, número próximo aos 275 mil registrados em todo o ano passado, quando as vendas já haviam crescido 47 por cento.

Fonte: TREVISAN, Cláudia, "Parceria com rede varejista impulsiona fabricante de PCs", Folha.com, 10 out. 2006. Disponível em: <http://www1.folha.uol.com.br/folha/informatica/ult124u20743.shtml. Acesso em: 1 ago. 2011.

Questões para o caso

1. Aponte os principais benefícios e riscos da parceria estabelecida entre o Positivo e o Magazine Luiza.
2. Que estratégias o Positivo pode desenvolver, com base no marketing B2B, para melhorar sua posição no ranking de vendas de notebooks?
3. Que estratégias os principais concorrentes do Positivo e do Magazine Luiza podem desenvolver para evitar problemas com essa parceria?

RESUMO

- Os mercados se diferenciam pelos objetivos. No mercado consumidor, composto por indivíduos e famílias que compram bens e serviços para consumo próprio, o objetivo é a satisfação pessoal. Já nos mercados organizacionais, o objetivo é, em geral, um resultado específico, como a obtenção de lucro. Além disso, nestes últimos mercados, as decisões costumam ser mais racionais.

- No mercado industrial, os clientes apresentam as seguintes características, se comparados aos clientes de bens de consumo: estão mais concentrados geograficamente, são mais especializados, existem em menor quantidade, têm um processo de compra mais formal e, em geral, exigem um relacionamento comprador–fornecedor mais complexo.

- No mercado industrial, a demanda é derivada e flutuante, tendendo a ser inelástica ao preço.

- O centro de compras e seus participantes (usuários, influenciadores, decisores e *gatekeepers*) exercem seus papéis de modo a influenciar o processo de compra do mercado industrial.

- Existem três situações de compra mais comuns: nova, recompra direta e recompra modificada. A nova é a mais complexa, por causa da falta de experiência prévia.

- O marketing industrial é realizado pelas empresas que vendem no mercado industrial. Embora essas organizações usem as mesmas ferramentas do marketing de bens de consumo, o marketing industrial tem suas especificidades.

Apesar de a segmentação ser menos explorada nesse mercado, a organização deve atentar para seus clientes estratégicos, dando-lhes um tratamento personalizado. Já os segmentos com médio ou baixo potencial devem ser categorizados de acordo com critérios demográficos e outros que permitam melhorar a lucratividade da empresa e o atendimento aos clientes.

- No mercado industrial, os canais de distribuição tendem a ser mais curtos. A figura do vendedor industrial sobressai de maneira acentuada e a promoção é um apoio às vendas, o que contribui para que o vendedor industrial realize um trabalho mais eficiente.
- A tecnologia da informação é o elemento fundamental que está transformando o mercado industrial.

QUESTÕES

1. Qual é a diferença entre o mercado consumidor e os mercados organizacionais?
2. Quais são os tipos de mercados organizacionais?
3. Com relação à segmentação industrial, como devem ser tratados os clientes estratégicos e os de médio e baixo potencial de compra?
4. Como a dependência de outros mercados afeta o mercado industrial?

NOTAS

1. Trata-se, respectivamente, destas obras: COPELAND, M. J. *Cases on industrial marketing, with introduction and commentaries.* Nova York: McGraw-Hill, 1930. FREDERICK, J. *Industrial marketing*: a century of marketing. Nova York: Prentice-Hall, 1934.
2. BACKHAUS, K.; MELL, B.; SABEL, T. Business-to-business marketing textbooks: a comparative review. *Business-to-business Marketing*, v. 14, n. 4, 2007.
3. SHAPIRO, B.; SVIOKLA, J. (Orgs.). *Conquistando clientes.* São Paulo: Makron Books, 1995.

ADMINISTRAÇÃO ESTRATÉGICA DE VENDAS

12

OBJETIVOS DE APRENDIZAGEM

Após ler este capítulo, você será capaz de:

- Identificar a importância de vendas nas estratégias de marketing.
- Relacionar os princípios e os instrumentos da administração de vendas.
- Apresentar as principais técnicas de administração de vendas.
- Discutir a importância das metodologias de administração de vendas.

O relacionamento entre vendedores e compradores tem passado por mudanças significativas, em função do novo ambiente competitivo. No que tange ao processo de vendas especificamente, o ambiente de negócios atual caracteriza-se pelo excesso de oferta — o que obriga os vendedores a assumir posturas distintas diante dos clientes.

No âmbito da gestão de marketing, a atividade de vendas é considerada uma das ferramentas do mix de comunicação. Para dar conta de suas especificidades, este capítulo aprofunda a discussão sobre a gestão de vendas, atividade inerente a todos os tipos de organizações.

> **Veja em**
>
> O Capítulo 9 apresenta o papel das vendas como ferramenta do mix de comunicação.

12.1 A EVOLUÇÃO DA ATIVIDADE DE VENDAS

Tradicionalmente, a atividade de vendas era considerada uma forma de forçar o cliente a comprar o produto. Uma série de táticas eram usadas para envolvê-lo. Muitas vezes, argumentos obscuros eram utilizados para ludibriar o consumidor, forçando-o a adquirir algo de que não necessitava. A filosofia predominante era "qualquer coisa é válida para fechar um pedido".[1]

O foco principal dessa visão de vendas era o objetivo de curto prazo e o resultado da negociação em si. Essa visão só passou a ser questionada quando o mercado começou a apresentar algumas mudanças, tais como:[2]

- aumento da concorrência;
- aumento dos custos de vendas;
- centralização dos processos de compras;
- redução da quantidade de fornecedores;
- concentração da indústria.

A concentração da indústria, particularmente, transferiu o poder de negociação para as mãos do comprador. Isso tornou-se uma realidade tanto na interação entre fabricantes quanto na relação entre fabricantes e varejistas, que exigem cada vez mais da indústria em termos de ofertas e ações para melhorar o desempenho de seus negócios.[3]

Nesse novo ambiente, a atividade de vendas é parte integrante da estratégia de posicionamento e conquista de mercado. Prevalece a orientação de longo prazo, contrapondo-se ao modelo tradicional. Esse novo enfoque faz com que as atividades de vendas e marketing tornem-se cada vez mais integradas, pois ambas começam a voltar sua atenção para os negócios de longo prazo e para os consumidores finais e clientes na cadeia de negócios. Com isso, ocorrem menos conflitos entre essas atividades no dia a dia da empresa.

A diferença entre as orientações de curto e longo prazo pode ser explicada pela natureza dos relacionamentos e das trocas realizadas pelos participantes da cadeia de negócios. Empresas com orientação de curto prazo baseiam-se na eficiência de cada troca realizada para maximizar seus resultados. Já empresas com orientação de longo prazo baseiam-se no relacionamento com os clientes e nas várias trocas realizadas para maximizar a rentabilidade. Nesse último caso, os resultados são obtidos pela eficiência e sinergia proporcionadas pelos investimentos e riscos aplicados ao processo de negociação.[4] Esse enfoque de vendas privilegia um comportamento que valoriza:[5]

- o alinhamento com os clientes em relação a seus negócios e suas necessidades;
- a intenção de construir um relacionamento de longo prazo;

- o esforço em buscar soluções específicas para cada cliente, procurando atendê-lo em suas necessidades particulares;
- o aprendizado contínuo das necessidades dos clientes e a preparação para satisfazê-las.

A orientação para clientes na administração de vendas

A rentabilidade deriva do relacionamento desenvolvido com os clientes, e a venda é uma consequência das interações de longo prazo. Tendo em vista essas premissas, a estratégia de vendas, quando orientada para clientes, passa a ser definida não mais apenas com base nos objetivos estabelecidos para os produtos, mas principalmente em função do perfil e da importância dos clientes.

A lei de Pareto cada vez mais se aplica às relações de vendas: há uma forte tendência para que 80 por cento dos negócios sejam resultantes de 20 por cento dos clientes. Isso leva a uma gestão de vendas orientada para clientes específicos. Ou seja, devem ser empregadas estratégias diferentes para clientes diferentes. Então, a estratégia de vendas deve ser definida em função de grupos e perfis de clientes, já que os lucros da empresa são representados pela somatória dos resultados obtidos individualmente com cada cliente.

Basicamente, existem três formas de incrementar a rentabilidade de uma empresa: (1) conquistar novos clientes, (2) aumentar a rentabilidade dos clientes existentes e (3) aumentar a duração do relacionamento com os clientes.[6]

A gestão de vendas da empresa deve ser estabelecida a partir do perfil dos clientes existentes no segmento do mercado em que ela atua. Esses perfis podem ser classificados de maneira quantitativa ou qualitativa. A classificação quantitativa leva em conta a importância dos clientes no volume de negócios que pode ser gerado. Já a classificação qualitativa é feita em função da importância que a empresa possui para os clientes em termos de custos e de qualidade no processo, ou seja, com base nos benefícios que podem ser proporcionados.

Desse modo, a classificação dos clientes em grupos é que orientará as ações de vendas, em termos tanto de políticas comerciais quanto de estrutura da equipe e de atendimento. Em consequência, a equipe de vendas deixa de estar representada por apenas um perfil de vendedor ou representante comercial, passando a ser composta por diversos perfis, escolhidos segundo as características dos clientes.

A equipe passa a ser formada, assim, por **gerentes de contas especiais** (*key account managers*), que atendem os principais clientes, com alta participação nas vendas da empresa;

O QUÊ?

Também conhecida como "princípio 80-20", a lei de Pareto propõe que 80 por cento dos efeitos são provocados por 20 por cento das causas.

VEJA EM

A importância de definir estratégias diferentes para os diversos grupos de clientes é abordada no Capítulo 5, que discute a segmentação de mercado e o posicionamento da oferta.

> Equipes de vendas orientadas para clientes são compostas por **gerentes de contas especiais**, que atendem os principais clientes, com alta participação nas vendas da empresa; **vendedores com perfil de gestão e desenvolvimento de clientes**, responsáveis pelos clientes intermediários; e **vendedores e/ou representantes comerciais**, que prestam atendimento à grande massa de pequenos clientes, com enfoque tradicional de vendas.

vendedores com perfil de gestão e desenvolvimento de clientes, responsáveis pelos clientes intermediários; e **vendedores e/ou representantes comerciais**, que prestam atendimento à grande massa de pequenos clientes, com enfoque tradicional de vendas.[7]

Essa mudança de enfoque demanda cada vez mais a aplicação de técnicas de gestão ao processo de administração de vendas. O papel comportamental de dedicação, intuição e comprometimento da equipe continua sendo importante, mas também se tornou necessário aplicar técnicas ao processo. A diferença entre gerenciar vendas ou simplesmente administrar as atividades de vendas está na capacidade de analisar o mercado, planejar a atividade, determinar programas e projetos e estabelecer controles e um plano de ação.

Tradicionalmente, a gestão de vendas atribui eventuais resultados positivos à qualidade das ações empreendidas. Por outro lado, resultados negativos são atribuídos às condições de mercado. Hoje em dia, essa atitude não pode mais ser aceita, uma vez que denota, na realidade, falta de controle e gerenciamento. A gestão de vendas deve sempre conhecer com clareza as razões de sucessos e fracassos, controlando as atividades e as interações com os clientes de maneira planejada e estruturada.

O processo de vendas

As etapas do processo de vendas diferenciam-se no modo como cada uma delas é estabelecida, em função de o enfoque estar na conquista, no desenvolvimento ou na manutenção do cliente.[8] As etapas que constituem o processo são: prospecção, pré-aproximação, abordagem, avaliação de necessidades, apresentação, resposta a objeções, obtenção do compromisso, fechamento da venda e acompanhamento. Descreveremos cada uma delas a seguir.

Prospecção

Na etapa de prospecção, o objetivo é identificar os clientes potenciais e estabelecer os primeiros contatos com eles, a fim de descobrir suas necessidades e encontrar alternativas para abordá-los, ainda que de maneira indireta, com base em fontes secundárias. Numa primeira subetapa, é gerada uma base de dados com as informações necessárias. Em seguida, são selecionados os clientes-alvo.

Pré-aproximação

Durante a pré-aproximação, o objetivo é identificar alternativas de abordagem. São pesquisados fatores relevantes relativos aos clientes, as pessoas envolvidas no processo de decisão de compra, a possibilidade de contatos e a preparação das visitas iniciais.

Abordagem

O foco da abordagem é a primeira impressão que a empresa deseja causar, procurando estabelecer um impacto específico, de interesse da empresa. O objetivo é gerar empatia e o início de uma relação de confiança mútua.

Avaliação de necessidades

A avaliação de necessidades é a etapa que busca conhecer as necessidades dos clientes, por meio de perguntas do tipo:

- *situacionais*: pede-se ao cliente que exponha uma situação em que se possam obter informações relacionadas aos produtos que a empresa pode oferecer;
- *confirmatórias*: de posse das informações obtidas, o ofertante formula sua interpretação e a expõe ao cliente, para que ele confirme ou não, a fim de que possa apresentar uma correta proposta.

Apresentação

O objetivo desta etapa é promover a interação com o cliente e a exposição das vantagens e dos benefícios do produto. Os recursos são as características próprias do produto; as vantagens descrevem esses recursos como diferenciais em relação a produtos concorrentes; e os benefícios mostram como as vantagens podem auxiliar o comprador.

Resposta a objeções

Nessa etapa, as objeções são ouvidas, esclarecidas, respeitadas e respondidas. Os tipos de objeção mais encontrados são: questões de preços e prazos de pagamento; comparações com os concorrentes; queixas ligadas ao desempenho e à adequação do produto ou serviço.

Obtenção do compromisso

Após convencer o comprador de que o produto e a oferta apresentados merecem atenção, o vendedor o estimula a executar uma ação que o aproxime da concretização da venda. Em outras palavras, o vendedor obtém o compromisso do cliente.

Fechamento da venda

Depois de constatar que o comprador não possui mais dúvidas, o vendedor deve formalmente orientar sua ação para concluir a negociação e concretizar a venda.

Acompanhamento

Uma venda nunca deve ser considerada um fim em si mesma, mas sim o início da próxima venda. Nesse sentido, deve-se estabelecer um processo de acompanhamento das interações com o cliente.

12.2 ADMINISTRAÇÃO ESTRATÉGICA DE VENDAS

Ao longo deste capítulo, examinaremos as diversas atividades realizadas pela administração estratégica de vendas. São elas:

- planejamento estratégico de vendas;
- organização da força de vendas;
- recrutamento, seleção e assimilação;
- treinamento e desenvolvimento;
- motivação e supervisão;
- remuneração da força de vendas;
- gestão das despesas da força de vendas;
- liderança e supervisão da força de vendas;
- estimativa do potencial de mercado e previsão de vendas;
- gestão dos territórios de vendas;
- elaboração do orçamento de vendas;
- estabelecimento de cotas de vendas e, por fim,
- avaliação do desempenho de vendas.

Por conta da amplitude e da abrangência dessas atividades, a atuação do gerente de vendas requer cada vez mais domínio técnico e de gestão de negócios. O gerente de vendas tem de: exercer forte liderança sobre sua equipe; desenvolver um conhecimento mais detalhado da empresa do cliente; desenvolver modelos e procedimentos de trabalho e de atendimento ao cliente; aplicar ferramentas motivacionais flexíveis para atender aos diferentes perfis da equipe; trabalhar em estreita colaboração com os outros departamentos; além de orientar a busca contínua pela satisfação do cliente.[9]

Planejamento estratégico de vendas

O planejamento estratégico de vendas deve ter como premissa básica as estratégias de mercado definidas pela área de marketing, uma vez que cabe à atividade de vendas viabilizar os objetivos estabelecidos para os produtos. Na prática, o planejamento de vendas deve identificar o grau de dificuldade para atender aos objetivos estabelecidos pela direção da empresa, de modo a concretizar e otimizar as estratégias e as ações de marketing.

Durante esse planejamento estratégico, os potenciais do mercado são avaliados em termos de abrangência geográfica e perfis dos clientes. A partir dessa avaliação, é possível definir as políticas e as ações comerciais, bem como a estrutura e o perfil da força de vendas. O planejamento orienta não apenas as atividades de vendas, mas a interação com todos os outros setores e atividades da empresa. As etapas do planejamento estratégico de vendas podem ser definidas de acordo com o seguinte modelo:[10]

- análise das necessidades do comprador e interação com marketing;
- análise geral do ambiente e análise específica da concorrência;
- potencial de vendas por cliente e região e definição de cotas;
- organização de vendas, perfil de atendimento a clientes, definição de territórios, perfil e quantidade da força de vendas por perfil de cliente;
- definição do modelo de abordagem da força de vendas;
- análise do modo de interação com setores internos e externos e remuneração;
- definição dos planos de ação e do modelo de operação dos vendedores;
- estabelecimento do orçamento de vendas;
- definição do modelo de gerenciamento e controle da equipe e das suas atividades.

Ao elaborar o plano, a empresa deve estabelecer prioridades e definir se o foco recairá sobre clientes, regiões ou produtos. Além disso, é necessário avaliar os custos de vendas, o modo de atendimento por segmento de cliente e a interação logística com a produção e com a entrega.[11]

Organização da força de vendas

A força de vendas pode ser organizada com base em seis critérios diferentes. São eles:

1. *Especialização geográfica*: a força de vendas é agrupada com base em territórios.

2. *Especialização de operação por produto*: os vendedores vendem um único tipo de produto e estão subordinados aos gerentes de produto de seu grupo. Esses gerentes são subordinados ao gerente geral. A vantagem desse arranjo

é a atenção específica dada a cada linha de produtos. A desvantagem é ter mais de um vendedor atendendo o mesmo cliente.

3. *Especialização da operação por tipo de mercado ou ramo de negócios:* os vendedores podem vender os mesmos produtos, desde que o façam exclusivamente nos segmentos de mercado em que atuam.

4. *Gerência de contas especiais:* estruturas e programas são desenvolvidos para lidar com os principais clientes, com uma equipe específica para cuidar dos grandes clientes e estratégias e políticas diferenciadas para cada tipo de cliente.

5. *Organização independente:* agentes independentes (representantes comerciais) atuam em um território específico. A organização independente é adequada quando o volume de vendas não justifica o custo de uma equipe própria ou quando a empresa introduz um novo produto ou ingressa em um novo mercado.

6. *Venda eletrônica por meio de telefone ou site na Internet:* esse arranjo é adequado quando a empresa busca uma ampla abrangência geográfica a baixo custo e um atendimento contínuo aos clientes.

A seleção da força de vendas tem importância estratégica e deve ser desenvolvida em cinco fases, como você verá no próximo subtópico. Durante esse processo, é essencial levar em consideração as cinco habilidades críticas em vendas: relacionamento com o contratado, planejamento da força de vendas, habilidades de questionamento, habilidades de apresentação e ganho de confiança.[12]

Recrutamento, seleção e assimilação

O recrutamento de um funcionário é sempre um ponto crítico em uma organização. Quando o processo se refere a um vendedor, torna-se ainda mais importante, pois ações mal realizadas nessa área podem trazer danos irreparáveis.

A seleção da força de vendas desdobra-se em cinco fases:[13]

- planejar o processo de recrutamento e seleção;
- recrutar um número adequado de candidatos;
- selecionar os mais qualificados;
- contratar;
- assimilar.

Um bom programa de seleção é fundamental para recrutar pessoal qualificado. Vale assinalar que uma boa seleção aprimora o desempenho da força de vendas, favorece a redução de custos e facilita outras tarefas gerenciais. Por isso, a gerência deve determinar o perfil do candidato desejado por meio da análise e da descrição do cargo e das qualificações exigidas.

Em geral, as fontes de recrutamento são as indicações dadas por pessoas de dentro da própria organização, por outras empresas e por instituições de ensino, além de anúncios, agências de empregos e *headhunters*, entre outros.

O processo de seleção baseia-se na quantidade e no perfil dos vendedores necessários. Para tanto, são desenvolvidos sistemas que comparam as características dos candidatos aos pré-requisitos estabelecidos. Algumas ferramentas utilizadas são os formulários de inscrição, as entrevistas pessoais (baseadas no desempenho, em entrevistas estressantes — uma técnica que visa conhecer a reação do candidato a situações extremas e desgastantes, tais como sarcasmo e assédio, a fim de pressupor quanto o candidato é confiável e quanto ele deve se dedicar ao cargo em razão de suas necessidades financeiras — e no conhecimento), os testes psicológicos, as referências, os relatórios de crédito (informações relativas a pagamento de contas, dívidas, a fim de verificar o risco de inadimplência) e os centros de avaliação — cujos procedimentos abrangem testes, entrevistas e exercícios de simulação, como jogos empresariais, grupos de discussão etc.

No decorrer do processo de seleção, o candidato é submetido a várias entrevistas. Na ausência de padronização e treinamento dos entrevistadores, é possível que ocorram desvios de percepções pessoais em pontos específicos da entrevista, o que pode levar a uma avaliação indevida do candidato.

O processo de contratação tem início com a elaboração da pré-proposta do cargo. São tomadas como referência as qualificações dos candidatos incluídos nesse processo e a maneira como a contratação será oferecida. A apresentação da proposta deve abranger os seguintes aspectos: revisão das características do cargo, solicitação de perguntas (ou seja, verificar se o candidato tem alguma dúvida) e confirmação do interesse.

A contratação deve especificar claramente o que se espera do candidato, bem como os instrumentos e os recursos que lhe serão disponibilizados. Ela também deve detalhar o modo de remuneração e os benefícios oferecidos, além de discutir amplamente a missão da empresa e sua postura ética com relação aos negócios.

Para assimilar os novos funcionários, a empresa deve garantir que eles conheçam os valores e as atitudes das pessoas que atuam na organização, bem como o processo de trabalho e as interações de vendas. É necessário ainda apresentar os procedimentos formais e as normas administrativas que eles terão de seguir. Esse processo de integração deve ser formalizado e estruturado. As pessoas envolvidas devem passar por um treinamento que destaque os fatores relevantes que elas precisam saber.

Treinamento e desenvolvimento

No processo de contratação de um novo vendedor, são identificados aspectos de sua formação, experiência e comportamento que podem e devem ser aprimorados. Afinal, não se pode esperar que um profissional já chegue totalmente perfeito para a organização.

Portanto, o processo de contratação dá início à identificação das necessidades de treinamento do indivíduo. Nesse contexto, o treinamento tem a função de habilitá-lo a exercer sua função plenamente. Mas as demandas da função não são estáticas; pelo contrário: como estão sempre se modificando, é preciso manter os profissionais em dia com essas mudanças por meio de treinamentos de atualização. Finalmente, a empresa deve preparar seus profissionais para novas competências e funções com o auxílio de um treinamento de desenvolvimento.

> O **treinamento** é um processo aplicado ao indivíduo, considerando suas necessidades particulares e as demandas da empresa, que exigem um preparo igual de todos os funcionários.

O **treinamento** é um processo aplicado ao indivíduo, considerando suas necessidades particulares e as demandas da empresa, que exigem um preparo igual de todos os funcionários. Os programas de treinamento de vendas, particularmente, são divididos em quatro fases:

1. *definição do treinamento*, de acordo com as necessidades individuais e coletivas;
2. *projeto do programa*, contendo as atividades que devem ser desenvolvidas;
3. *execução do programa*, com cronograma e custos das atividades;
4. *avaliação dos resultados alcançados*, tanto no que se refere à qualidade dos programas aplicados quanto à melhora do desempenho dos treinandos.

O objetivo do treinamento é aumentar a produtividade e reduzir a rotatividade, assim como elevar o moral e melhorar a comunicação da equipe. Contudo, convém observar que a capacidade cognitiva e criativa, a motivação individual e a capacidade de trabalhar em grupos são características que os indivíduos desenvolveram ao longo de sua vida. Embora a organização possa incentivá-las ou aprimorá-las, é difícil mudá-las na essência. Portanto, os treinamentos devem ser oferecidos aos funcionários mais indicados, a fim de evitar o desperdício de recursos.[14]

A operacionalização do programa de treinamento determinará:

- objetivos (produtividade, motivação, comunicação, relacionamento etc.);
- seleção dos indivíduos para o treinamento;
- necessidades gerais e específicas de cada indivíduo;
- número de horas de treinamento necessárias;

- seleção dos responsáveis por aplicar o treinamento (internos ou externos);
- ocasião, local e tipo de treinamento (desenvolvido especialmente para a empresa ou programa padrão de mercado);
- conteúdo do treinamento (empresa, produtos, técnicas de vendas, questões comportamentais, conhecimento de mercado etc.);
- métodos de ensino que serão aplicados (palestras, *workshop*, aulas presenciais, virtuais etc.);
- verbas e custos alocados para os programas de treinamento.

> Entende-se por **motivação** o desejo de empreender esforço para atender a uma necessidade. O esforço motivacional inclui três dimensões: intensidade (nível do esforço empreendido), persistência (tempo em que o vendedor mantém o esforço) e escolha (opção por determinadas ações para realizar a tarefa).

Entende-se que a atitude dos vendedores em relação ao seu trabalho e ao seu desempenho é fortemente influenciada pelo volume e pela qualidade do treinamento que receberam. Isso significa que o programa de treinamento influencia diretamente o resultado da empresa.

Motivação e supervisão

As ações das pessoas são fortemente influenciadas por seus desejos e motivações. Aqui, entende-se por **motivação** o desejo de empreender esforço para atender a uma necessidade. O esforço motivacional inclui três dimensões: intensidade (nível de esforço empreendido), persistência (tempo em que o vendedor mantém o esforço) e escolha (opção por determinadas ações para realizar a tarefa).

A natureza da função de vendas, a individualidade dos vendedores, a diversidade das metas da empresa e as contínuas modificações do mercado tornam a motivação dos vendedores uma tarefa especialmente difícil e importante. Ela é colocada à prova a cada visita ou interação com os clientes, bem como pela própria empresa.

Em geral, a motivação é estudada de acordo com a teoria da hierarquia das necessidades de Maslow e a teoria do fator dual de Herzberg. Segundo Maslow, a satisfação do indivíduo é formada por recompensas extrínsecas e intrínsecas. Para Herzberg, as fontes de satisfação e insatisfação dividem-se em dois grupos: fatores de higiene e fatores de motivação. O primeiro grupo relaciona-se com o ambiente de trabalho, e o segundo, com responsabilidade, reconhecimento, desafio e oportunidades.

Por conta da natureza do trabalho de vendas, o modelo de remuneração costuma variar bastante em função dos resultados alcançados; por isso, é comum acreditar que o fator motivacional do vendedor se restringe à remuneração que

Quem?

O norte-americano Frederick Herzberg (1923-2000) foi um importante representante de uma corrente de psicólogos que, nos anos 1960, levou as descobertas do comportamentalismo para as empresas. Sua mais conhecida contribuição foi a teoria dos dois fatores, apresentada no livro *The motivation to work*, de 1959.

ele pode obter. Esse enfoque é limitado, uma vez que se concentra apenas em uma parte dos fatores motivacionais. Quando a força de vendas é externa, formada por representantes de vendas, essa limitação torna-se particularmente notável, pois o representante tende a se estabilizar em um determinado volume de vendas, sem encontrar motivação para buscar novos desafios.

A motivação está ligada ao indivíduo, portanto as recompensas e os incentivos da empresa valorizados por um determinado vendedor podem não ter o mesmo efeito sobre outro. Desse modo, não existe uma "fórmula mágica" para determinar o que motivará a força de vendas: a empresa deve avaliar continuamente se as recompensas oferecidas são compatíveis com o esforço e com o desempenho de cada vendedor, julgando se são justas ou não. Além disso, é preciso averiguar se há conflito de papéis (na prática, o vendedor tem dois chefes: o seu gerente e o cliente) ou ambiguidade (vendedor fazendo o trabalho de outros departamentos).

Remuneração da força de vendas

> A **remuneração financeira** é feita por meio de pagamento direto em dinheiro, ligado ou não ao volume de vendas e aos resultados obtidos. A **remuneração não financeira** está ligada ao reconhecimento, à oportunidade de desenvolvimento de uma carreira, aos recursos e benefícios indiretos e a prêmios em forma de benefícios não financeiros.

Como dito, a remuneração é o método de motivação mais utilizado pelas empresas — o que desperta críticas tanto dos empregadores quanto dos funcionários. Em geral, a remuneração da força de vendas é formada por **remuneração financeira** e **remuneração não financeira**. A primeira é feita por meio de pagamento direto em dinheiro, ligado ou não ao volume de vendas e aos resultados obtidos. A segunda está ligada ao reconhecimento, à oportunidade de desenvolvimento de uma carreira, aos recursos e benefícios indiretos e a prêmios em forma de benefícios não financeiros.

Pela natureza da atividade, pode-se adotar um sistema de remuneração baseado no reconhecimento de competências. Esse sistema reconhece a contribuição ou o valor agregado que os funcionários geraram para a empresa. A dificuldade desse sistema encontra-se justamente em estabelecer uma maneira de mensurar esse valor agregado e recompensar o profissional.[15]

Existe uma crescente preocupação das organizações em atrair, desenvolver e fidelizar talentos. Para conseguir isso nas funções de vendas, a remuneração variável e a avaliação por habilidades e competências tornam-se uma ferramenta de grande importância.[16]

> A **remuneração por habilidades** tem como foco o indivíduo, e não o cargo que ele ocupa. Trata-se de um programa de remuneração variável que considera fatores como estratégia, estilo gerencial e estrutura.

O enfoque da **remuneração por habilidades** é o indivíduo, e não o cargo que ele ocupa. Para elaborar e implantar um programa de remuneração variável baseado em habilidades e competências, é necessário considerar fatores como estratégia, estilo gerencial e estrutura.

É muito importante estabelecer um plano de remuneração compatível com as estratégias da empresa. Essas estratégias podem ser alteradas de acordo com o mercado, bem como com os esforços e os resultados realizados. Um bom plano de remuneração deve incluir uma renda regular — não muito alta, para motivar o desejo de vender — e ser simples o bastante para ser compreendido pelos vendedores. Esse plano não deve conter mais do que três medidas para o cálculo da remuneração, e deve ser considerado justo pelos vendedores.

> Vendedores do tipo *farmer* preocupam-se em estabelecer um relacionamento de longa duração com o cliente. Vendedores do tipo *hunter* têm interesse em operações de curto prazo. Seus resultados são mais rapidamente detectados e mensurados pela empresa.

Vendedores do tipo *farmer* (fazendeiro), preocupados em estabelecer um relacionamento de longa duração com o cliente, podem demorar muito mais do que vendedores do tipo *hunter* (caçador), mais interessados em operações de curto prazo, para obter resultados mensuráveis para a empresa. Uma remuneração com grande parte da comissão relacionada ao número de vendas pode se tornar bastante desestimulante para um vendedor do tipo *farmer*, cuja ocupação principal é desenvolver grandes contas. As formas de remuneração devem, portanto, ser capazes de reconhecer as diferenças individuais e os diversos tipos de comprometimento que as pessoas têm com a empresa e com suas atividades.

Existem três tipos básicos de planos de remuneração: plano de salário fixo, plano de comissão pura e plano combinado. Cada tipo apresenta pontos fortes e fracos.

Plano de salário fixo

Ao adotar um **plano de salário fixo**, a empresa opta por pagar um valor fixo mensal, independentemente dos resultados alcançados pelo funcionário. Os pontos fortes desse tipo de plano são o grau de segurança proporcionado aos vendedores, que passam a contar com estabilidade de renda. Os planos de salário fixo diminuem a rotatividade na força de vendas, pois formam vendedores leais e satisfeitos. Já que têm uma renda garantida, esses funcionários podem dar mais atenção aos interesses dos clientes.

> O **plano de salário fixo** propõe que a empresa pague um valor fixo mensal, independentemente dos resultados alcançados pelo funcionário.

Por outro lado, esse plano não incentiva os vendedores a buscar metas maiores ou incrementar o volume de vendas. Além disso, a empresa passa a ter um custo fixo, o que pode representar um problema em épocas de vendas decrescentes.

O plano de salário fixo é mais bem-aceito quando a administração deseja um cargo de vendas bem equilibrado, ou seja, quando há maior regularidade da equipe em virtude da segurança financeira, evitando-se uma alta rotatividade (*turnover*), e o processo de vendas é longo. Ele é adequado nas seguintes circunstâncias:

- os recém-chegados à empresa estão em treinamento ou ainda não desenvolveram uma carteira de clientes;
- a empresa pretende entrar em um novo mercado ou lançar uma nova linha de produtos;
- vários representantes devem trabalhar juntos por longos períodos a fim de vender para um único cliente.

Planos de comissão pura

No **plano de comissão pura**, o valor do pagamento é proporcional aos resultados obtidos. É possível calcular esse valor a partir de:

- uma **base de comissões**, isto é, um indicador sobre o qual o desempenho é medido e o pagamento das comissões, feito — esse indicador pode ser o lucro bruto, o volume de vendas, a quantidade de produtos vendidos, entre outros;
- **taxas de comissões** (5 por cento ou 10 por cento do preço da mercadoria, por exemplo), que são pagas sobre cada unidade vendida; também é possível estabelecer **taxas progressivas** ou **regressivas**, cujo valor aumenta ou diminui conforme o volume das vendas;
- um patamar mínimo para os pagamentos das comissões.

As comissões são divididas quando mais de um vendedor faz a venda. Muitas empresas mantêm **contas de adiantamento**, por meio das quais fazem adiantamentos em dinheiro para seus vendedores. Também existem aquelas que limitam os ganhos, fixando um teto para as comissões dos vendedores.

A vantagem do plano de comissão pura é o incentivo proporcionado à força de vendas. A ausência de limites para a renda do funcionário pode fazer com que ele trabalhe com mais empenho. Prova disso é que, em geral, um comissionado trabalha durante mais horas que um assalariado. Além disso, o plano de comissão pura elimina os vendedores ineficientes e permite à empresa arcar com um custo variável, em vez de fixo. Porém, esse tipo de plano torna difícil supervisionar e dirigir as atividades dos vendedores, pois eles tendem a pensar que estão sozinhos no negócio. Como sua única preocupação é o volume de vendas e o resultado, esses vendedores geralmente não prestam a devida atenção à satisfação do cliente.

O plano de comissão pura é a melhor opção quando:

- a empresa está em situação financeira frágil, e, portanto, os custos de venda devem estar diretamente relacionados ao seu volume;
- é necessário um grande incentivo para obter um volume adequado de vendas;
- é necessário pouco trabalho prospectivo, sem vendas;
- não é necessário desenvolver relacionamentos de longo prazo com o cliente.

Planos combinados

Os planos combinados são formados por uma combinação de valores fixos e variáveis. A vantagem desse tipo de remuneração é superar os pontos fracos impostos pela rigidez de um único método. Esses planos podem resultar de três combinações:

- salário fixo mais comissão ou bonificação;
- comissão com conta de adiantamento garantida;
- comissão e bonificação.

Quando a empresa busca aumentar o volume de vendas ou a lucratividade, a proporção de remuneração variável deve ser maior. Por outro lado, o salário fixo deve ter um peso maior na remuneração total quando a empresa enfatiza os serviços ao cliente, um esforço de vendas balanceado ou a venda em equipe.

Damos o nome de **bonificação** ao valor pago por um desempenho acima do normal. Esse modo de remuneração não deve ser utilizado isoladamente, mas sim combinado com outro elemento, como salário fixo ou comissão. As cotas ou as metas de vendas são as bases mais utilizadas para medir o desempenho dos vendedores.

Salário fixo mais comissões é a combinação mais adotada pelas empresas. Entretanto, existem outros planos salariais, como o composto por salário mais bonificações, que é adequado quando a organização deseja ter mais controle sobre a força de vendas e oferecer algum incentivo.

Os recursos e a amplitude dos gastos permitidos aos vendedores são uma forma de remuneração indireta e não financeira. Na tentativa de atrair bons vendedores, são oferecidos laptops, celulares, carros, despesas de representação, ajuda de vestuário, entre outros benefícios. Recomenda-se que a empresa especifique detalhadamente, por meio de um plano de despesas bem elaborado e pela implementação de métodos de controle, as despesas que pagará. A fim de controlá-las, ela deve treinar os vendedores, esclarecendo o que se espera deles. Também é importante que eles planejem suas

> "Damos o nome de **bonificação** ao valor pago por um desempenho acima do normal. As cotas ou as metas de vendas são as bases mais utilizadas para medir o desempenho dos vendedores."

viagens com cuidado e que compreendam as normas para utilização de cartões de crédito e as limitações para o entretenimento de clientes.

A motivação associada à remuneração pode ser um meio de incentivar a proatividade, a geração de novas ideias e a criação de processos mais eficientes. Do ponto de vista da empresa, um bom plano de remuneração oferece sete vantagens:

- motivar os vendedores;
- correlacionar esforços e resultados com recompensas;
- controlar as atividades dos vendedores;
- assegurar o tratamento adequado aos clientes;
- atrair e conservar vendedores competentes;
- economizar, mantendo a competitividade;
- ser flexível e estável.

Sob a perspectiva do vendedor, um bom plano de remuneração proporciona três vantagens principais:

- dispor de uma renda segura e de uma renda adicional de incentivo;
- contar com um sistema simples, que não combine mais de três medidas para calcular a remuneração;
- contar com um sistema justo, fundamentado em fatores mensuráveis e controláveis pela força de vendas.

Os vendedores estão mais interessados em saber até quanto podem ganhar do que em entender propriamente como isso vai ocorrer. Para a empresa, o nível de remuneração é um custo direto de vendas. Definir o método de remuneração torna-se essencial, pois é um incentivo para o desempenho do vendedor. Por outro lado, a empresa deve avaliar esse custo para verificar sua viabilidade na composição do preço.

Gestão das despesas da força de vendas

Como dito, a administração de vendas deve especificar formalmente as despesas que a empresa pagará à sua força de vendas. Em princípio, o vendedor deve ser reembolsado (1) por despesas relativas ao trabalho e (2) por despesas pessoais que em outra situação não seriam necessárias. Despesas como alimentação, hospedagem, transporte e comunicação são pagas normalmente, mas entretenimento e presentes devem ser avaliados quanto à sua efetividade no processo de vendas. O plano de despesas deve ser elaborado de modo que os vendedores não tenham ganhos ou perdas.

Geralmente, as empresas que usam o salário puro como base de remuneração pagam todas as despesas de viagens e administrativas de seus funcionários. Já as organizações que usam o plano de comissão pura podem fazer com que os vendedores paguem suas despesas. Isso costuma ocorrer por dois motivos:

- a administração já considera que o valor da comissão inclui as possíveis despesas necessárias para realizar as vendas, deixando a critério dos vendedores o controle e a otimização desses gastos;

- a empresa prefere evitar a necessidade de controles rigorosos sobre a validade das despesas, principalmente em épocas de vendas em declínio, quando essas despesas podem representar um reforço de remuneração aos olhos dos vendedores.

Para efeito de controle, a organização pode estabelecer um limite compatível com a necessidade de gastos e com o volume potencial de vendas. Outra opção é não estabelecer limites e exercer um controle rigoroso e orientado sobre os gastos apresentados.

A fim de exercer um controle contínuo e simplificado sobre os gastos, convém utilizar um método de treinamento e prática — que consiste em ensinar aos representantes de vendas como a empresa espera que gastem o dinheiro e, ao mesmo tempo, controlar essas despesas por meio de cartões de crédito e conta bancária.

Liderança e supervisão da força de vendas

Liderança é o processo pelo qual uma pessoa influencia o comportamento de outras, visando induzi-las a um comportamento específico. No caso de vendas, a liderança se concentra fortemente em atender aos parâmetros e atingir as metas estabelecidas. Existem dois tipos principais de estilo de liderança: o estilo orientado para tarefas e o estilo orientado para relacionamentos. Vejamos as características de cada um:

- *Estilo orientado para tarefas*: nesse caso, a primeira e mais importante preocupação é executar a tarefa. Os gerentes usam a comunicação em um só sentido para dizer a seus subordinados *como*, *quando*, *onde* e *o que* fazer. O comportamento típico de líderes que adotam esse estilo inclui atividades como planejar, esclarecer, monitorar, informar e delegar. Eles se baseiam na autoridade do cargo e na capacidade de recompensar ou punir seus subordinados. São chamados de **líderes autocráticos**.

- *Estilo orientado para relacionamentos*: nesse caso, os gerentes preocupam-se com o bem-estar das pessoas e utilizam a

> **Liderança** é o processo pelo qual uma pessoa influencia o comportamento de outras, visando induzi-las a um comportamento específico.

> **Líderes autocráticos** são aqueles que adotam o estilo de liderança orientado para tarefas. Usam a comunicação em um só sentido, a fim de ditar para seus subordinados *como*, *quando*, *onde* e *o que* fazer. Esse tipo de líder baseia-se na autoridade do cargo e na capacidade de recompensar ou punir seus subordinados.

> **Líderes participativos** ou **democráticos** são aqueles que adotam o estilo de liderança orientado para relacionamentos. Eles preocupam-se com o bem-estar das pessoas e utilizam a comunicação nos dois sentidos: buscam a participação de seus subordinados, fornecem *feedback* e compartilham a tomada de decisões. Sua habilidade de influência está no poder pessoal — eles são cordiais, amistosos e acessíveis.

> A **liderança situacional** varia conforme as pessoas envolvidas e o ambiente de trabalho, subdividindo-se em quatro estilos principais: comportamento de relacionamento alto, comportamento de relacionamento baixo, comportamento de tarefas alto e comportamento de tarefas baixo.

comunicação nos dois sentidos — buscam a participação dos subordinados, fornecem *feedback* e compartilham a tomada de decisões. O comportamento típico de quem adota esse estilo de liderança inclui apoiar, treinar, orientar, preparar a equipe e representá-la. A habilidade de influência dos líderes está no poder pessoal — eles são cordiais, amistosos e acessíveis. Por isso, são chamados **líderes participativos** ou **democráticos**.

Há ainda a **liderança situacional**, que varia conforme as pessoas envolvidas e o ambiente de trabalho. Ela se subdivide em quatro estilos principais:

- *Comportamento de relacionamento alto*: aplica-se quando os vendedores precisam ser motivados para desempenhar suas atividades em alto nível, ou para realizar melhor certos aspectos de suas tarefas. São vendedores que se defrontam com uma tarefa nova ou difícil e podem não ter as habilidades necessárias ou a disposição para enfrentá-la.

- *Comportamento de relacionamento baixo*: estilo adequado para liderar vendedores de alto desempenho, que prezam sua autonomia e liberdade.

- *Comportamento de tarefas alto*: estilo usado para vendedores recém-contratados e inexperientes. São profissionais com muita motivação, mas pouca habilidade.

- *Comportamento de tarefas baixo*: estilo adequado para vendedores experientes que atendem os mesmos clientes há muito tempo, executando ações estáveis e repetitivas.

Estimativa do potencial de mercado e previsão de vendas

A previsão de vendas é o fator mais importante de todo o planejamento operacional da empresa. Todas as outras previsões — produção, finanças, compras, estrutura operacional, recursos humanos e investimentos — fundamentam-se nela. As próprias questões operacionais de orientação mensal da produção dependem das previsões de vendas, visto que é fundamental adequar o ciclo de produção ao ciclo de vendas. Na relação entre essas duas variáveis, pode haver as seguintes situações:

- *Ciclo de produção menor que o de vendas*: o ciclo de produção deve ter início depois da efetuação do pedido. Portanto, o cliente deve estar disposto a esperar pela entrega. Nesse caso, a previsão de vendas é utilizada apenas como uma diretriz, uma vez que não determina antecipadamente a produção. A equipe de vendas está livre para atender exatamente à demanda do cliente.

- *Ciclo de produção maior que o de vendas*: o processo de produção deve ser iniciado antes da venda, e o cliente é atendido imediatamente, recebendo as mercadorias que estão em estoque. Nessas circunstâncias, a previsão de vendas é utilizada para determinar a produção futura. A equipe de vendas deve responder às demandas dos clientes com os estoques existentes e a programação da produção.

Potencial de mercado e potencial de vendas

Entende-se por **potencial de mercado** o total de vendas que se espera obter com um produto ou serviço, direcionado a um mercado dentro de um período estabelecido. Já o **potencial de vendas** é a participação máxima — expressa em valores absolutos ou percentuais — que uma empresa individual pode esperar atingir em determinado potencial de mercado.

A **metodologia de previsão de vendas** busca oferecer uma estimativa de vendas (em valores monetários ou em unidades) que uma empresa pretende alcançar durante certo período em determinado mercado, segundo um plano de marketing. A organização dispõe de três técnicas para estimar o potencial de mercado e de vendas de um produto. São elas: o cálculo do fator de mercado, as pesquisas das intenções do comprador e os testes de mercado. Todas elas tomam por base uma análise do cliente, cujo objetivo é determinar quem usará o produto e identificar todas as possíveis características dessas pessoas ou organizações, incluindo seus hábitos de compra e os motivos que as levam a adquirir o produto.

Vejamos, agora, as características das três técnicas mencionadas:

- *Cálculo do fator de mercado*: o **fator de mercado** é um elemento ou variável que possui correlação com a demanda de um dado produto. A técnica de dedução do fator de mercado determina os potenciais de mercado e de vendas. Ela é simples, tem alta validade e apresenta diversas vantagens.

- *Pesquisas das intenções do comprador*: essa técnica consiste em fazer contato com possíveis clientes, indagando se comprariam ou não o produto ou o serviço pelo preço proposto. A principal vantagem desse método é que ele se baseia em informações obtidas diretamente daquelas pessoas que, em última análise, compram ou não o

> O **potencial de mercado** é o total de vendas que se espera obter com um produto ou serviço, direcionado a um mercado dentro de um período estabelecido. Já o **potencial de vendas** é a participação máxima — expressa em valores absolutos ou percentuais — que uma empresa individual pode esperar atingir em determinado potencial de mercado.

> A **metodologia de previsão de vendas** busca oferecer uma estimativa de vendas (em valores monetários ou em unidades) que uma empresa pretende alcançar durante certo período em determinado mercado, segundo um plano de marketing. As três técnicas empregadas para estimar o potencial de mercado e de vendas de um produto (cálculo do fator de mercado, pesquisas das intenções do comprador e testes de mercado) tomam por base uma análise do cliente, cujo objetivo é determinar quem usará o produto e identificar todas as possíveis características dessas pessoas ou organizações, incluindo seus hábitos de compra e os motivos que as levam a adquirir o produto.

> **Fator de mercado** é um elemento ou variável que possui correlação com a demanda de um dado produto.

- *Testes de mercado*: para utilizar essa técnica, a empresa deve introduzir e comercializar experimentalmente um novo produto em um mercado que apresente características semelhantes aos outros em que ela já atua. Depois, a demanda pelo produto no mercado-teste é utilizada para prever as vendas do produto em outras regiões. É provavelmente a técnica que oferece estimativas mais precisas sobre o potencial de vendas de novos produtos.

Depois de calculado o potencial de vendas, deve-se dividi-lo entre os diversos territórios. O método mais usual é aplicar algum fator ou índice de mercado pertinente, subdividido em pequenas áreas.

> Damos o nome de **índice de mercado** ao fator de mercado expresso como uma porcentagem em relação a algum número tomado como base.

Damos o nome de **índice de mercado** ao fator de mercado expresso como uma porcentagem em relação ao potencial de vendas calculado, tomado como base. Um índice de mercado pode ser baseado em dois ou mais fatores de mercado.

A previsão de vendas auxilia os executivos na elaboração do orçamento do departamento, além de influenciar as cotas de vendas e a remuneração dos vendedores. Existem quatro fatores que influenciam a previsão de vendas: os planos de marketing, as condições da indústria, as condições do mercado e as condições comerciais em geral. A fim de realizar tal previsão, a empresa conta com três tipos de métodos: métodos de pesquisa, matemáticos e operacionais.

Métodos de pesquisa

Os métodos de pesquisa subdividem-se em dois tipos principais:

- *Opinião dos executivos*: método mais antigo e simples, de execução rápida e fácil; afinal, basta obter a visão dos executivos quanto às vendas futuras. Essas opiniões podem ser sustentadas ou não por fatos concretos. Esse método de pesquisa é muito popular em empresas de pequeno e médio porte, porém é pouco científico, ficando à frente apenas das conjecturas sem conhecimento. Caso queira melhorar sua estruturação e seu controle, a organização pode aplicar aqui a técnica Delphi.

- *Opinião da força de vendas*: método de pesquisa que consiste em colher de cada vendedor uma estimativa dos produtos que ele espera vender durante determinado período. Os resultados são obtidos com base na intuição e na experiência dos vendedores. As estimativas individuais são agregadas para formar uma previsão geral. É importante assinalar que esse método entrega a responsabilidade da previsão nas mãos dos que têm de fazê-la acontecer e estão mais próximos do mercado.

Métodos matemáticos

Existem três tipos de métodos matemáticos:

- *Técnica da média móvel*: parte do pressuposto de que as vendas nos períodos seguintes terão um comportamento semelhante às do período anterior. Para encontrar a média de vendas em um período, é preciso somar as vendas dos períodos considerados e dividir o resultado pelo número de períodos. Tratando-se de produtos com histórico de vendas estável, a técnica de média móvel é capaz de oferecer previsões precisas. Outra vantagem é que ela envolve cálculos fáceis. Contudo, essa técnica oferece previsões menos exatas para produtos que passam por oscilações drásticas nas vendas.

- *Modelo de ajustamento exponencial*: é semelhante à técnica da média móvel. A diferença é que ele permite especificar que período de tempo deve influenciar mais ou menos a previsão. Isso é feito por meio de uma constante de ajustamento (L). O valor da constante é definido com base em uma revisão dos dados, na intuição e nos conhecimentos sobre a semelhança entre as condições do período previsto e as de períodos anteriores.

- *Análise de regressão*: é um método matemático que procura estabelecer relações entre variáveis, de tal modo que uma parte previsível seja influenciada pela parte aleatória. Uma vez identificadas essas relações, é possível estabelecer uma equação relacionando as variáveis que caracterizam a realidade. Dessa maneira, a organização pode prever o comportamento de uma variável sempre que houver uma alteração nas demais. Poderíamos, por exemplo, identificar uma relação entre as vendas e o investimento em propaganda ou entre a demanda por refrigerantes e a temperatura na cidade.[17]

Métodos operacionais

Os métodos operacionais podem ser classificados em:

- *Avaliações do tipo "tem que ser"*: a empresa escolhe arbitrariamente o valor ou o montante de vendas esperado para um produto em determinado período. Essa projeção é baseada na capacidade produtiva, nos investimentos realizados ou na participação almejada. A partir daí, a equipe deve encontrar uma maneira de atingir a meta estabelecida.

- *Avaliações baseadas na capacidade*: quando o mercado apresenta uma demanda muito alta, a previsão de venda é determinada pela

> **O QUÊ?**
> A técnica Delphi permite sistematizar uma discussão em grupo, de maneira que as opiniões dos participantes sejam agrupadas e avaliadas segundo determinados critérios.

capacidade produtiva. Nessa situação, deve-se estudar o mix de otimização do processo produtivo e focar a venda em lucratividade, e não em volumes.

Gestão dos territórios de vendas

Um **território de vendas** é constituído por clientes atuais e potenciais, localizados em determinada área geográfica. Esses territórios podem ser designados a um vendedor, a uma filial ou a um intermediário (varejista ou atacadista).

Uma gestão eficiente dos territórios de vendas garante a cobertura adequada do mercado potencial, além de melhorar o relacionamento com os clientes e motivar os vendedores. Outras vantagens são a possibilidade de adequar os custos de vendas ao território — e, assim, reduzi-los — e a maior facilidade no desempenho de outras atividades de vendas e marketing. A gestão de territórios ajuda, por fim, no controle e na avaliação da força de vendas.

O processo de estabelecimento ou de revisão de territórios inclui três etapas.

1. Definir a unidade básica de controle das fronteiras territoriais (estado, cidade ou região).

2. Determinar a localização e o potencial dos clientes, o que pode ser feito por meio de fontes externas, como catálogos comerciais, listas de assinantes de jornais, associações comerciais etc.

3. Determinar os limites dos territórios básicos, o que pode ser feito pelo sistema de agregação ou de fragmentação.

O **sistema de agregação** (*build-up method*) forma os territórios por meio da combinação de pequenas áreas geográficas baseadas no número de visitas que se espera que um vendedor faça. Esse sistema uniformiza a carga de trabalho dos vendedores. Já o **sistema de fragmentação** (*breakdown method*) envolve a divisão de todo o mercado em segmentos aproximadamente iguais, de acordo com o potencial de vendas. Assim, esse sistema uniformiza o potencial de vendas.

O sistema de agregação é especialmente adequado para fabricantes de produtos de consumo ou para empresas que desejam uma distribuição intensiva. Já o sistema de fragmentação é mais comum entre os fabricantes de produtos industriais ou organizações que preferem uma distribuição seletiva.

Na Figura 12.1, vemos as etapas necessárias para estabelecer um sistema de agregação e, na Figura 12.2, as que devem ser percorridas para que se organize um sistema de fragmentação.

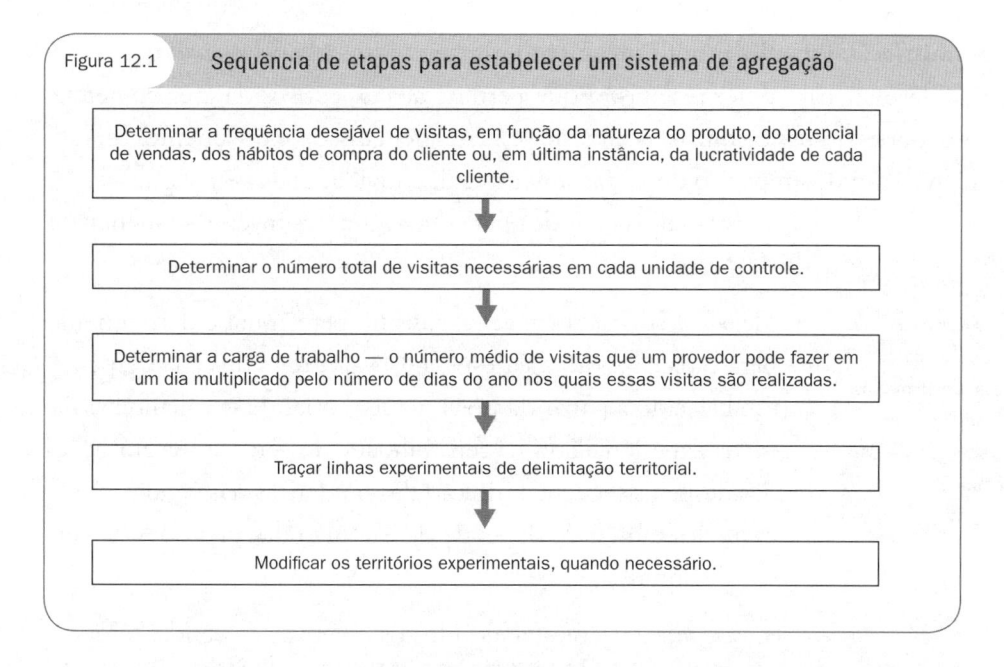

Figura 12.1 — Sequência de etapas para estabelecer um sistema de agregação

- Determinar a frequência desejável de visitas, em função da natureza do produto, do potencial de vendas, dos hábitos de compra do cliente ou, em última instância, da lucratividade de cada cliente.
- Determinar o número total de visitas necessárias em cada unidade de controle.
- Determinar a carga de trabalho — o número médio de visitas que um provedor pode fazer em um dia multiplicado pelo número de dias do ano nos quais essas visitas são realizadas.
- Traçar linhas experimentais de delimitação territorial.
- Modificar os territórios experimentais, quando necessário.

Figura 12.2 — Sequência de etapas para estabelecer um sistema de fragmentação

- Determinar o potencial de vendas geral.
- Determinar o potencial de vendas de cada unidade de controle.
- Determinar o volume de vendas esperado de cada vendedor.
- Traçar limites territoriais experimentais.
- Modificar territórios experimentais, quando necessário.
- Planejar como cada representante cobrirá o seu território, o que envolve direcionar os vendedores e planejar seu tempo.
- Estabelecer rotas, em um mapa ou lista, mostrando a sequência em que cada segmento do território deve ser coberto.

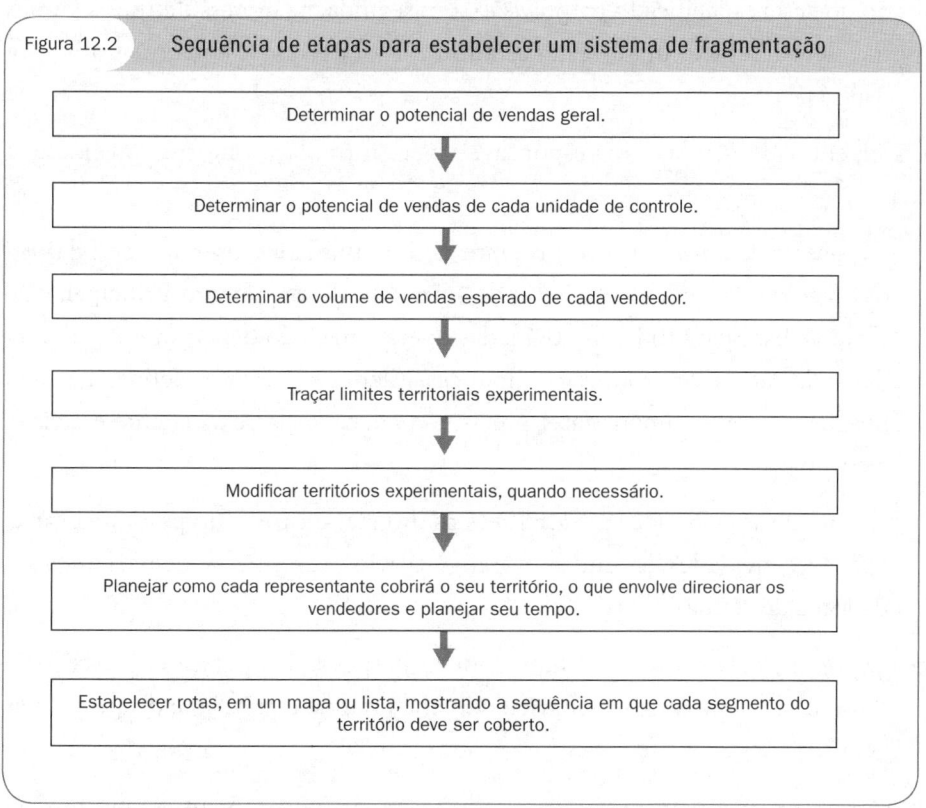

Elaboração do orçamento de vendas

A gestão de vendas deve estar fundamentada em um orçamento que atenda aos objetivos de planejamento, coordenação e avaliação das operações. O **orçamento** é um plano de ação e um padrão de desempenho para os diversos departamentos. É por meio dele que todas as pessoas sabem o que a alta administração espera delas. O orçamento estabelece um custo razoável que a empresa deve ter para obter receitas, o que permite aos executivos da área comercial coordenar as despesas com as receitas de vendas. Além disso, os orçamentos servem para avaliar o desempenho do departamento e das atividades de vendas.

Existem dois métodos para determinar os níveis orçamentários de despesas:

> O **orçamento** é um plano de ação e um padrão de desempenho para os diversos departamentos. Ele estabelece um custo razoável que a empresa deve ter para obter receitas.

- *Método de porcentagem de vendas*: um percentual é determinado para cada categoria de despesa. O valor total de cada despesa é estabelecido a partir da previsão de vendas. Esse cálculo baseia-se na experiência ou na sensibilidade do gerente. As alocações das despesas seguem a direção das mudanças nas vendas. A eficácia desse método depende da exatidão das previsões de vendas da empresa.

- *Método de objetivos e tarefas*: são estabelecidos os objetivos de vendas, a partir do que está especificado na previsão. Em seguida, a empresa define as tarefas que devem ser executadas para alcançar tais objetivos e estima os custos para realizá-las.

Os gerentes de vendas são responsáveis pela formulação de três orçamentos básicos:

- *Orçamento de vendas*: é o volume previsto de unidades a serem vendidas ou das receitas oriundas de tais vendas. Trata-se do orçamento principal, que serve de base para todas as atividades operacionais do departamento de vendas e das áreas de produção e finanças. Além de prever as vendas de cada produto, a empresa pode fazer previsões para cada classe de cliente e divisão territorial.

- *Orçamento de despesas de vendas*: prevê as diversas despesas do pessoal encarregado das atividades de vendas. Abrange salários, comissões e demais despesas da força de vendas.

- *Orçamento administrativo*: compreende as despesas de operação do escritório de vendas, como aluguel, eletricidade, material de escritório e despesas fixas gerais.

Em geral, os orçamentos são elaborados para períodos anuais, semestrais ou trimestrais. Esses períodos recebem o nome de **período orçamentário**. Muitas empresas preferem o período trimestral, pois ele se assemelha ao ciclo de conversão de operações. Ao decidir sobre que período utilizar, é importante ponderar o grau de controle e os custos de compilação dos orçamentos.

> Damos o nome de **período orçamentário** ao período para o qual determinado orçamento é elaborado.

Na hora de elaborar um orçamento, cada unidade administrativa deve determinar de quanto precisa para alcançar suas metas de desempenho. Isso normalmente é feito: (1) pelo levantamento de cada uma das atividades que a unidade deve executar; (2) pela determinação de quantas pessoas serão necessárias para desenvolver essas atividades; e (3) pela previsão dos materiais e suprimentos que serão necessários. Muitas vezes se utiliza como base o orçamento do ano anterior, considerando as mudanças nas estratégias de vendas e quanto sua implantação custará.

Estabelecimento de cotas de vendas

Cota de vendas é uma meta de desempenho atribuída a uma unidade de negócios ou regional por um determinado período de tempo. Esse período normalmente é de um mês, um trimestre, um semestre ou um ano, mas também pode ser semanal.

Para estabelecer a cota, é preciso levar em conta o potencial e a previsão de vendas. O gerenciamento por números baseia-se na filosofia: se todos alcançarem seus números, os números da empresa serão alcançados, satisfazendo o planejamento operacional de marketing.

> **Cota de vendas** é uma meta de desempenho atribuída a uma unidade de negócios ou regional por um determinado período de tempo.

As cotas têm seis funções principais:

- *Indicar os pontos fortes e fracos da estrutura de vendas*: quando são estabelecidas cotas exatas para cada território, a administração pode determinar a extensão do desenvolvimento territorial, em função de a cota ter sido ou não alcançada.

- *Fornecer metas e incentivos para a força de vendas*: as pessoas têm um desempenho melhor quando suas atividades são orientadas por padrões e metas. Sem um padrão de medida, os representantes de vendas não têm certeza de que seu desempenho é satisfatório.

- *Controlar as atividades e avaliar a produtividade dos vendedores*: uma vez estabelecidos os valores, é possível criar parâmetros para comparar o desempenho dos vendedores aos esforços e custos necessários para atingir os volumes de vendas definidos.

- *Melhorar a eficácia dos planos de remuneração*: são estabelecidos valores comparativos entre os objetivos de volume de vendas e a remuneração dos vendedores.

- *Controlar as despesas de vendas*: são feitas comparações entre as despesas e as vendas obtidas em cada área.

- *Avaliar os resultados dos concursos de vendas*: para isso, comparam-se os diversos integrantes da equipe em relação ao cumprimento das cotas atribuídas a cada um.

As cotas podem ser classificadas em quatro tipos principais:

- *Cota de volume de vendas*: é a mais comum. Esse tipo de cota pode ser estabelecido para uma área geográfica, uma linha de produtos, um cliente etc. Quanto ao período, é mais eficiente definir uma cota mensal do que trimestral ou anual. Ela é fácil de compreender e simples de calcular, porém seu foco é o volume, em detrimento de outras atividades não relacionadas diretamente com vendas.

- *Cota de lucros*: baseada no lucro bruto ou líquido, esse tipo de cota pode provocar atritos entre a administração e os representantes de vendas. Uma solução pode ser estabelecer a cota segundo a contribuição que cada representante dá para os lucros da organização.

- *Cota de atividades*: a administração pode selecionar tarefas como visitas diárias, visitas a novos clientes, pedidos de novos clientes ou demonstrações de produtos e exposições. Essa cota é especialmente indicada para vendedores de prospecção. As dificuldades são confirmar se a atividade foi realmente executada e avaliar sua eficácia.

- *Cotas combinadas*: esse sistema procura utilizar os pontos fortes de diversos tipos de cotas. Seu uso é limitado pela sua complexidade.

Para estabelecer uma cota de volume de vendas, a empresa pode empregar duas abordagens. A primeira opção é estabelecer cotas em combinação com os potenciais de vendas territoriais, definidos pela parcela do total de vendas da indústria que a empresa deseja obter em um dado território. Em alguns casos, é preciso ajustar os potenciais em função da remuneração ou de fatores humanos e psicológicos. Já a segunda abordagem não estabelece cotas de volume de vendas com base nos potenciais de vendas. Em vez disso, são levados em conta outros fatores, como vendas anteriores ou a opinião dos executivos.

Avaliação do desempenho de vendas

A avaliação do desempenho de vendas é um termo que abrange:

- *Análise do volume de vendas*: é um estudo detalhado da qualificação das vendas realizadas em função de territórios, produtos, regiões, cotas, valores líquidos, descontos, perfil de clientes, classificação ABC etc.

- *Análise dos custos e da lucratividade de marketing*: a análise dos custos é um desdobramento da análise das vendas. É um estudo das diversas despesas de marketing que permite identificar a lucratividade dos diversos segmentos da organização. Já a análise da lucratividade é uma etapa que serve para corrigir os esforços de marketing mal direcionados. Uma das causas desse problema é que as empresas não entendem o princípio dos 80-20 (lei de Pareto).

- *Medidas analíticas usadas para avaliar o desempenho individual dos vendedores:* os vendedores podem ser avaliados pelo critério de resultado de vendas, lucratividade e controle de gastos, como mencionado anteriormente. Mas também devem ser avaliados por um processo que considera a forma como os resultados foram alcançados. Os indicadores mais comuns para essa avaliação são: número de visitas, desenvolvimento de clientes, mix de venda nos clientes, descontos médios por clientes, grau de satisfação com o atendimento etc.

12.3 TENDÊNCIAS NA ADMINISTRAÇÃO ESTRATÉGICA DE VENDAS

Há cada vez menos espaço para a intuição na gestão de vendas. A sensibilidade ainda tem seu lugar, pois vender ainda é uma arte; porém, sua influência vem sendo reduzida pela aplicação científica de novos procedimentos e técnicas.

A visão tradicional de vendas como uma atividade pouco técnica está perdendo espaço. Os profissionais que se direcionarem a essa atividade terão de ser verdadeiros gestores de negócios, integrados a todos os setores da empresa e do mercado. Deverão gerenciar suas equipes interagindo com os demais setores, especialmente marketing, produção e finanças, a fim de articular ações e buscar resultados comuns. Cada vez mais, a atividade de vendas estará integrada à atividade de marketing para otimizar os resultados da organização.[18]

ESTUDO DE CASO

A concentração no mercado brasileiro e sua influência na gestão de vendas

Fonte: Chess5, de stock.xchng®.

O mercado brasileiro tem passado por um processo de concentração tanto na indústria como no varejo. Esse fenômeno teve início em meados da década de 1990, quando as empresas passaram por dificuldades e a concorrência tornou-se mais acirrada. A fim de dominar os mercados, as organizações começaram a realizar fusões. Outras empresas maiores optaram por comprar as menores.

No setor industrial, a antiga Brahma comprou a Antártica, criando a Ambev — que posteriormente se transformaria em Imbev, com aquisições de outras empresas pelo mundo. A Colgate comprou a Kolynos. A Nestlé adquiriu a Garoto, e a Unilever, a Kibon. Na área varejista, também é possível identificar a mesma tendência. O Carrefour adquiriu o Eldorado, o Ataca-

Quadro 12.1	Percentual de vendas das cinco principais corporações do varejo no Brasil em 2006						
	Massas	Óleo de soja	Refrigerante	Chá pronto	Sopas	Chocolates	Cerveja
1º	M. Dias Branco	Cargill	Coca-Cola	Leão Jr.	Unilever	Nestlé	Ambev
2º	J. Macedo	Bunge	Ambev + Pepsi	Pepsi	Nestlé	Garoto	Femsa
3º	Selmi	ADM	Dolly	Coca-Cola	Yoki	Kraft Foods	Petrópolis
4º	Santa Amália	Cocamar	Schincariol	Parmalat	Liotécnica	Ferrero	Schincariol
5º	Piraquê Cia.	Caramuru	Convenção	Moinhos Unidos	Brasfrigo	Neugebauer	Cintra
Total	60,7%	85,7%	87,9%	96,2%	97,6%	97,8%	98,7%

Fonte: Super Varejo, 2007.

dão e algumas redes regionais. O Grupo Pão de Açúcar comprou o Sé Supermercados, a Casa Sendas, o Assai e várias redes regionais. O Walmart comprou o grupo Sonae, que já havia comprado várias redes da região Sul e o Bompreço no Nordeste.

Todos esses movimentos resultaram em uma forte concentração do mercado, visto que poucas empresas dominam uma grande fatia do faturamento em cada setor. O Quadro 12.1 apresenta a participação das organizações industriais por setor. Observe que, em quase todos os casos, as cinco principais organizações dominam mais de 80 por cento do mercado.

Esse mesmo comportamento está presente no varejo, em que se percebe claramente uma mudança significativa da concentração das empresas e a formação de grandes grupos. A comparação entre os *rankings* do mercado brasileiro do setor de autosserviços de 2001 e 2010 (quadros 12.2 e 12.3) revela que não apenas a concentração aumentou, mas também alguns grupos se consolidaram e outros desapareceram. Em 2001, as dez maiores redes detinham 45,5 por cento do mercado de autosserviços; já em 2010, esse percentual chegou a quase 70 por cento.

Essa realidade tem transformado as relações de compra e venda, uma vez que se tornou necessário

Quadro 12.2	*Ranking* dos dez maiores varejistas em 2001	
	EMPRESAS EM 2001	R$ milhões
1	Cia. Brasileira de Distribuição	9.857
2	Carrefour	9.236
3	Sonae	3.411
4	Bompreço	3.222
5	Casas Sendas	2.622
6	Walmart	1.482
7	Jerônimo Martins / Sé	1.043
8	Zaffari	838
9	G. Barbosa	731
10	Coop. Rhodia	639

Fonte: Revista Supermercado Moderno. Disponível em: www.sm.com.br/publique/CGI/cgilua.exe/sys/start-htm?sid=38.

Quadro 12.3 — Ranking dos dez maiores varejistas em 2010

	EMPRESAS EM 2010	R$ milhões
1	Carrefour	29.000
2	Cia. Brasileira de Distribuição	25.725
3	Walmart	22.334
4	G. Barbosa	3.501
5	Cia. Zaffari	2.490
6	Prezunic	2.449
7	DMA Distribuidora	1.930
8	Super Muffato	1.926
9	A. Angeloni	1.813
10	Condor	1.728

Fonte: Abras.

estabelecer diferentes relações com esses grandes grupos, que detêm uma participação tão importante no mercado. As tradicionais relações de compra e venda — nas quais o vendedor visita o comprador para "tirar o pedido" — não são mais válidas, pois essa integração passou a ser determinada por novos modelos de relacionamento. Hoje em dia, as entregas são feitas automaticamente em função da demanda ou da produção. Os estoques intermediários são eliminados, e os acordos de comercialização são estabelecidos para horizontes de seis meses a um ano (ou mais). Os conceitos de integração aplicados entre fornecedores e clientes são: *supply chain management* (SCM), *efficient consumer response* (ECR), com aplicações de entregas *just in time* (JIT) ou troca eletrônica de dados (EDI), abastecimento contínuo, entre outros. Embora sejam utilizados em momentos e de formas diferentes, esses modelos, na essência, resumem-se a três características principais: forte interação entre compradores e vendedores, mudança do foco da venda do curto para o longo prazo e visão de resultados conjuntos.

Atualmente, as empresas deixaram de discutir as questões de compra e venda e passaram a debater questões de desenvolvimento de negócios. Nesse novo ambiente, é necessário desenvolver equipes de vendas específicas para atender esses clientes de acordo com as novas necessidades que surgem.

Surge, assim, o cargo de gerente de contas especiais (*key account management*), para dar conta desses grandes clientes. Em geral, o gerente de contas possui poucos clientes. Afinal, ele não deve apenas vender, mas sim desenvolver negócios. Além disso, esse gerente costuma ter influência indireta sobre outros setores da empresa, como marketing, logística, *trade marketing* e finanças, entre outros. Seu objetivo é atingir um determinado volume de vendas e, principalmente, desenvolver os negócios e aumentar sua participação nos clientes.

Como resultado da concentração de mercado, a formação das equipes de vendas deve ser estabelecida a partir da análise da situação de mercado. É necessário criar equipes distintas (gerente de contas especiais, vendedores, representantes) para atender clientes especiais e políticas de vendas diferentes. Essas políticas abrangem desde o desenvolvimento de negócios conjuntos até a tradicional venda específica de curto prazo.

É importante assinalar que um modelo não substitui o outro. Na realidade, houve uma ampliação do enfoque: além do modelo tradicional de vendas focadas no curto prazo, agora é necessário trabalhar com o novo modelo de vendas com visão voltada para o longo prazo.

Fontes: Super Varejo, n. 83, jul. 2007, p. 21; www.ecrbrasil.com.br/ecrbrasil/page/saibatudosobreecr.asp.

Questões para o caso

1. Descreva as principais atividades do gestor de vendas e compare com as do gerente de contas especiais.

2. Como a instituição do gerente de contas especiais pode contribuir para a competitividade dos supermercados?

3. Apresente outras ferramentas e atividades que influenciam na competitividade.

RESUMO

- A atividade de vendas deve operacionalizar as interações com clientes.

- O desempenho de vendas deriva do desempenho humano, que depende basicamente das habilidades dos indivíduos, da motivação individual e da capacidade de trabalhar em grupo.

- O trabalho conjunto e harmonioso é fundamental para o bom desempenho de vendas e marketing.

- No ambiente hipercompetitivo, as funções de vendas e marketing têm de estar unidas em todos os níveis, dos conceitos centrais da estratégia aos menores detalhes da execução.[18]

- A estratégia de marketing define as regras e o comportamento dos vendedores, que devem desempenhar seu papel para atender ao mix de marketing.

- A equipe de vendas deve ser definida em função do perfil dos clientes, e não a partir da visão da empresa.

- Como os clientes são diferentes, a equipe de vendas deve se adequar aos diversos perfis de consumidor. Ela deve ser formada por gerentes de contas especiais, vendedores e representantes comerciais.

- As atividades da gestão de vendas devem ser baseadas em técnicas e procedimentos e, principalmente, ser integradas a partir de uma visão estratégica do relacionamento que se pretende estabelecer com os clientes.

QUESTÕES

1. Quais são as diferenças básicas entre a orientação de vendas de curto e de longo prazo?

2. Quais são as etapas do processo de vendas?

3. Quais são as atividades exercidas na administração estratégica de vendas?

4. Quais são os possíveis critérios para organizar uma equipe de vendas?

5. Quais são os tipos básicos de plano de remuneração? Quais são as características de cada tipo?

6. Quais são os principais métodos de previsão de vendas? Descreva-os.

NOTAS

1. JOLSON, M. A. "Broadening the scope of relationship selling." *Journal of Personal Selling & Sales Management*, v. 17, n. 4, 1997, p. 75-88.
2. ALVAREZ, F. J. S. M.; CARVALHO, M. *Gestão eficaz da equipe de vendas.* São Paulo: Saraiva, 2008.
3. ALVAREZ, F. J. S. M. *Trade marketing:* a conquista do consumidor no ponto de venda. São Paulo: Saraiva, 2008.
4. GANESAN, S. "Determinants of long-term orientation in buyer-seller relationships." *Journal of Marketing*, v. 58, 1994, p. 1-19.
5. BILLINGTON, J. "Salesmanship as partnership." *Harvard Management Update.* Disponível em: <www.hbsp.harvard.edu>. Acesso em: 7 nov. 2008.
6. GRANT, A. W. H.; SCHLESINGER, L. A. "Realize your customer's full profit potential." *Harvard Business Review*, Boston, set.-out. 1995, p. 59-72.
7. ALVAREZ, F. J. S. M. "O modelo de gerência de contas especiais: um estudo exploratório em instituições financeiras no Brasil." Tese de doutorado – São Paulo: Faculdade de Economia e Administração da Universidade de São Paulo, 2004.
8. FUTRELL, C. M. *Vendas:* fundamentos e novas práticas de gestão. São Paulo: Saraiva, 2003.
9. STANTON, W.; SPIRO, R. *Administração de vendas.* Rio de Janeiro: LTC, 2000.
10. CASTRO, L. T.; NEVES, M. F. *Administração de vendas:* planejamento, estratégia e gestão. São Paulo: Atlas, 2005.
11. MEJIDO, J. L. T.; SZULCSEWSKI, C. *Administração estratégica de vendas e canais de distribuição.* São Paulo: Atlas, 2002.
12. CREAR, D.; BECHIR, R.; JACKSON, R. *The sales broads:* we train sales forces. Disponível em: <www.thesalesboard.com>. Acesso em: 25 set. 2008.
13. STANTON, W.; SPIRO, R., op. cit.
14. TERRA, J. C. C. *Seleção de profissionais criativos.* São Paulo: Terra Fórum Consultores, 2007.
15. HIPÓLITO, J. A. M. "Remuneração por competências: recompensando o desenvolvimento e a contribuição do profissional." *Revista FAE Business*, n. 3, set. 2002.
16. RIBEIRO, A. R. B.; OLIVEIRA, J. A. "Remuneração variável: uma nova forma de motivar e fidelizar talento." *Revista Tendências do Trabalho.* Rio de Janeiro, 2002.
17. WANKE, P.; JULIANELLI, L. (Orgs.). *Previsão de vendas.* São Paulo: Atlas, 2006.
18. SHAPIRO, B. P. "A equipe centrada no cliente: como coordenar vendas e marketing." Disponível em: <www.intermanagers.com.br>. Acesso em: 22 nov. 2008.

13

INTERNET E *DATABASE MARKETING*

OBJETIVOS DE APRENDIZAGEM

Após ler este capítulo, você será capaz de:

- Identificar os negócios na Internet.
- Relacionar a importância do *database marketing* para a gestão de marketing.
- Apresentar a influência do *e-commerce* na gestão de marketing e do *database marketing*.

No contexto competitivo atual, é impossível negar a importância da tecnologia para o desempenho das empresas em seus respectivos mercados de atuação. Novos desafios apresentam-se com frequência e intensidades crescentes, potencializados por mudanças no ambiente de marketing que pressionam a empresa a assumir novas posturas e procurar novos meios para se diferenciar da concorrência.

Em vista das necessidades de marketing, a Internet e a utilização de bases de dados podem incrementar os negócios.[1] Neste capítulo abordamos o relacionamento do marketing com a Internet e o *database*, com foco nas contribuições que essas ferramentas podem propiciar à otimização dos recursos empresariais e ao desenvolvimento e à sustentação de competitividade.

13.1 INTERNET E *DATABASE MARKETING*

O surgimento da Internet foi tão importante quanto a invenção da máquina a vapor: assim como esta foi a base da Revolução Industrial, aquela constitui o alicerce de uma revolução no uso da informação. Além disso, ambas foram responsáveis pela mudança no modo de produção e pelo surgimento de novas relações sociais e de grandes corporações mundiais.

É notória a revolução que o mundo está atravessando. Por um lado, descortina-se o fenômeno da globalização e, por outro, a revolução tecnológica, capitaneada pelo uso da Internet. As constantes e incontroláveis mudanças que ocorrem no ambiente de negócios contemporâneo exigem adaptações permanentes dos produtos e processos produtivos e administrativos. Aqueles que não procurarem se adequar às novas condições ambientais enfrentarão dificuldades para crescer e, até mesmo, para sobreviver. As empresas estão expostas a drásticas mudanças de paradigmas gerenciais e culturais. Muitas delas estão desorientadas e sem rumo diante das situações que prevalecem no ambiente externo.[2]

Nesse cenário de revolução tecnocultural, destaca-se a função da Internet e do *database marketing* — instrumentos que melhoram a competitividade empresarial e impulsionam o mercado. É importante assinalar também que ambos mantêm uma inter-relação com as demais áreas que integram o "sistema empresa".

Conforme abordado no Capítulo 1, o marketing é dinâmico por causa de dois fatores principais:

- as necessidades e os desejos dos clientes mudam permanentemente, com uma velocidade cada vez maior;
- a competição está se tornando cada vez mais intensa e agressiva.

Em consequência disso, a empresa deve acompanhar sistematicamente a evolução das necessidades, dos hábitos, dos desejos e de outros aspectos que caracterizam a demanda. Ao mesmo tempo, é preciso buscar mecanismos para conquistar e manter de forma sustentável a vantagem sobre os competidores.[3]

Nesse contexto, o papel do *database marketing* ganha realce, pois o foco de suas atividades é ocupado por dois elementos cruciais do cenário competitivo de qualquer organização: o mercado e a concorrência. O *database marketing* desempenha uma função vital para concretizar os objetivos de crescimento da empresa, especialmente para aqueles que atuam em mercados altamente competitivos.

Já a Internet é um instrumento que reduz as distâncias entre as empresas, funcionando como alternativa eletrônica de comunicação global que diminui custos, além das aplicações de relacionamento com clientes e comércio eletrônico. Além disso, ela também pode ser utilizada para outros fins, tais como relacionamento com fornecedores, trabalho colaborativo, divulgação de informações sobre produtos e serviços, segmentação de clientes e redução de custos operacionais com reengenharia de processos de negócios. Graças à rede mundial, é possível gerenciar informações que podem ser utilizadas para ajustar as atividades empresariais.

A Internet é uma das mídias utilizadas para comunicações empresariais que podem ser operacionalizadas de qualquer computador, smartphone ou tablet conectado ao redor do mundo. Ela está inserida em um contexto tecnológico relativamente democrático e já está presente em diversos cenários de negócios.[4]

Quando as empresas utilizam a Internet para veicular seus Websites, esse recurso tecnológico passa a constituir uma estratégia de *e-business*, que pode auxiliar a consecução de diversos objetivos empresariais, tais como:

- coletar informações sobre clientes e concorrentes;
- conquistar e reter clientes;
- realizar pesquisas de mercado;
- facilitar a comunicação interna entre os funcionários;
- oferecer serviços personalizados ou não aos clientes e
- integrar os processos em uma cadeia produtiva.

A evolução da Internet

As primeiras aplicações do comércio eletrônico remontam à década de 1970, com a transferência eletrônica de fundos (*electronic funds transfer* – EFT). À época, essa prática ainda era limitada a grandes corporações e a instituições financeiras. O aperfeiçoamento das transações eletrônicas contribuiu para o surgimento da troca eletrônica de dados (*electronic data interchange* – EDI), que posteriormente passou a incluir outros processos, além de transações financeiras.

A expansão das possibilidades de transferências de dados permitiu que um número crescente de empresas tivesse acesso a essa nova tecnologia. Empresas de manufatura, varejo e serviços, por exemplo, passaram a utilizar essas transferências na negociação de ações e em sistemas de reservas de viagens. Com a comercialização e a popularização da Internet, suas aplicações multiplicaram-se rapidamente. Uma das razões foi o incremento de redes, protocolos de comunicação e *softwares*; isso sem falar no aumento da competição nesse setor.

A escolha de modelo e soluções mais adequados no ambiente de negócios por meio da Internet depende diretamente das estratégias estruturadas pelos vários agentes envolvidos nos processos de troca no mercado. Entre esses agentes, destacam-se o governo, as empresas e os consumidores. Entende-se por **e-commerce** ou **comércio eletrônico** a operacionalização de parte da ou de toda a cadeia de valor de uma empresa pela Internet. Independentemente de

> Entende-se por *e-commerce* ou **comércio eletrônico** a operacionalização de parte da ou de toda a cadeia de valor de uma empresa pela Internet.

utilizar a Web ou os meios tradicionais, a empresa deve melhorar todos os tipos de esforços de pré-vendas e pós-vendas para se manter competitiva.[5]

Todavia, há pouca informação sobre como as estratégias dos diversos gestores funcionais de uma organização interagem com a utilização do ferramental da Internet. Vários estudos têm relatado descobertas sobre a adoção da Internet por empresas tradicionais.

Essas organizações geralmente adotam uma abordagem "de cima para baixo" da estratégia de Internet: o executivo de tecnologia da informação é responsável por tomar e executar as decisões relacionadas ao uso dessa ferramenta. No entanto, todas as áreas funcionais da organização podem ser afetadas direta ou indiretamente por tais decisões.

Os estágios da Internet

A evolução da Internet percorreu quatro estágios, como mostra a Figura 13.1:

- *Presença*: as empresas desenvolviam sites para publicar e disponibilizar informações sobre a instituição, os produtos e os serviços. Nos Estados Unidos, essa fase teve início por volta de 1993 e, no Brasil, cerca de dois anos depois.

- *Interação*: os sites institucionais ganharam interatividade — tornou-se possível fazer consultas no próprio site, preencher formulários, registrar informações, consultar bancos de dados on-line e, ainda, enviar e-mails pelo próprio site.

- *Transação*: o aperfeiçoamento da criptografia permitiu que informações sigilosas — como números de cartão de crédito — fossem enviadas de maneira mais segura. Ainda nesse estágio, foram feitas as primeiras

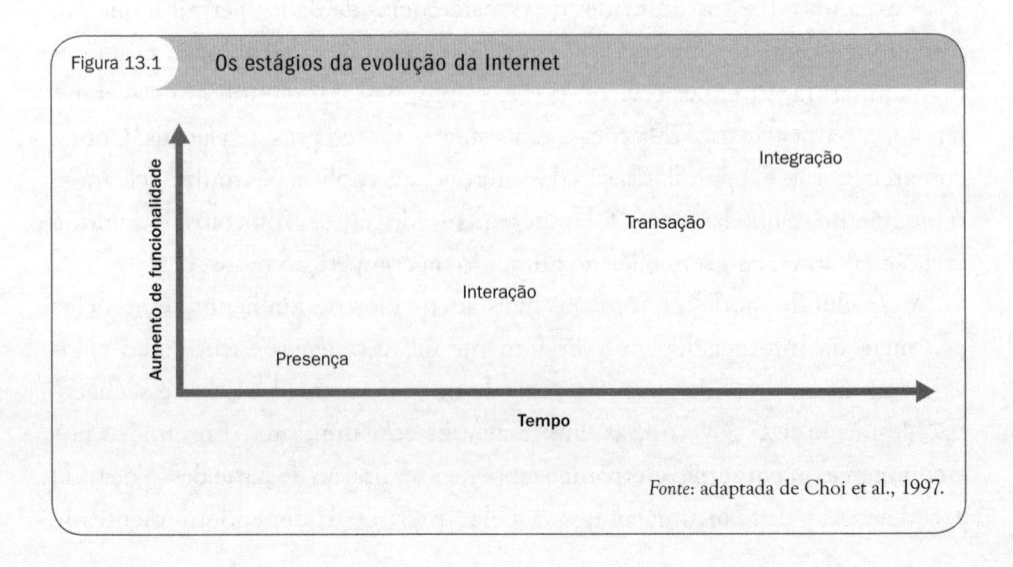

Figura 13.1 Os estágios da evolução da Internet

Fonte: adaptada de Choi et al., 1997.

transferências eletrônicas de fundos. Nesse período surgiu também o comércio eletrônico, oferecendo o recurso de compra e venda pela Internet.

- *Processo ou Integração*: esse estágio é marcado pela automatização total dos processos da empresa, inclusive daqueles que envolvem o relacionamento com fornecedores e clientes, tais como os sistemas de pedidos e pagamentos.

Os negócios empresariais na Internet

A **Internet** é uma infraestrutura global e descentralizada de comunicação originária dos setores militar e acadêmico. É uma das ferramentas que possibilitaram a mudança das relações de negócios on-line. Além disso, ela permite que o consumidor interaja diretamente com o sistema de informações da empresa por meio de uma infraestrutura pública. A Internet é a maior e a mais conhecida implantação de redes interligadas, fornecendo acesso on-line constante e conectando centenas de milhares de redes individuais ao redor do mundo todo.[6]

> A **Internet** é uma infraestrutura global e descentralizada de comunicação originária dos setores militar e acadêmico. É uma das ferramentas que possibilitaram a mudança das relações de negócios on-line.

A tecnologia da Internet inaugurou várias oportunidades que as empresas estão utilizando para trocar informações internamente e manter comunicação externa com outras empresas. Trata-se de uma plataforma universal para comprar bens e serviços e para dirigir importantes negócios dentro da própria corporação. Com tais aplicações, a Internet tende a se tornar um expressivo catalisador do *e-commerce* e do *e-business*.

As diversas facetas da tecnologia da Internet podem ser de grande ajuda às empresas. Essa ferramenta pode ser utilizada para incrementar a gestão do relacionamento com o cliente, o desenvolvimento de produtos, as iniciativas de marketing, bem como o suporte nos processos de pré-venda, venda e pós-venda. Em geral, a Internet oferece quatro tipos de oportunidades para as organizações:[7]

- estabelecer uma ligação direta com clientes, fornecedores ou distribuidores, o que permite completar transações ou obter informações sobre a negociação com mais facilidade;
- trabalhar melhor a cadeia de valor;
- desenvolver e entregar novos produtos e serviços;
- dominar o canal eletrônico de uma indústria ou segmento de negócio específico, controlando o acesso aos clientes e definindo novas regras de negociação.

Explorando essas quatro oportunidades, os gestores podem avaliar o que convém investir em comércio pela Internet e calcular os riscos que pretendem assumir. Para iniciar uma estratégia forte de comércio pela Internet, é necessário articular o que está ao alcance da empresa. A Internet também proporciona a oportunidade de reduzir os custos de criar, movimentar, gerenciar e processar documentos e transações individuais, além de outras trocas de informações entre empresas.

Frequentemente, o uso da Internet na gestão empresarial apresenta cinco vantagens. São elas:

- escopo e alcance global;
- processamento rápido e conveniente das transações;
- eficiência e flexibilidade no processamento de informações;
- gestão baseada em dados e capacidades de relacionamento;
- menores custos com vendas e distribuição.

Os recursos de hipermídia, disponíveis na Internet, oferecem um grande número de vantagens, se comparados à mídia tradicional: os dados percorrem longas distâncias em segundos, sem que o usuário perceba que diversos computadores locados em regiões diversas do globo se complementam para atender à sua requisição. O controle interativo disponibiliza várias fontes de informação que os usuários podem acessar por meio de sites relacionados, tanto no site original como em outros. Além disso, eles podem navegar facilmente por meio dos documentos. Em função do dinamismo da Internet, os patrocinadores dos sites podem manter a informação atualizada 24 horas, sete dias por semana e 365 dias por ano.[8] Com o auxílio da Internet, as empresas conseguem alcançar seus clientes globalmente, quase a qualquer momento, por meio de mensagens interativas contendo: informações sobre a empresa, seus produtos e serviços, últimas notícias, informações setoriais, contatos e *hiperlinks*, lojas virtuais e ferramentas de serviços ao cliente. Os canais para discussões em grupo entre compradores e o esclarecimento on-line de dúvidas são exemplos disso.

Internet e marketing

Na prática, a Internet não modificou os princípios fundamentais de marketing: ela apenas influenciou alguns desses princípios, tais como o comportamento de compra, a precificação, a promoção, os canais de distribuição e as estratégias.

Nos primeiros estágios do comércio via Internet, ser detentor de um Website mais eficiente e criativo era o suficiente para garantir a prosperidade dos negócios virtuais. Hoje em dia, como a concorrência é intensa, é necessário contar com uma estratégia sólida de marketing na Internet. Afinal, o ambiente on-line apresenta aos executivos de marketing novos instrumentos, agregando uma conveniência que pode aumentar o sucesso dos esforços de marketing.

A Internet é uma ferramenta poderosa para vendas e marketing, pois proporciona oportunidades de personalização e interação com clientes que não são encontradas em outros canais. Empresas podem manter diálogos continuados com clientes, usando e-mail, bate-bapo e grupos de discussão eletrônica para solidificar seus relacionamentos com eles. A Internet também tem o potencial de permitir uma interação mais rápida, barata e personalizada com os clientes do que qualquer outra mídia.[9]

As atividades de marketing podem ser incrementadas em todos os aspectos por meio da Internet. Sua utilização tem influência direta:

- no planejamento estratégico de marketing;
- na identificação e na definição de segmentos do mercado-alvo;
- na elaboração de compostos de marketing;
- na fixação de objetivos de marketing;
- na implantação de programas de marketing e
- na medição do desempenho.

A Internet é potencialmente útil para todo o processo de marketing das empresas, oferecendo acesso a uma grande gama de dados sobre o ambiente externo. Essas informações podem conduzir a empresa na hora de criar ou adaptar as estratégias de marketing para ficar à frente da concorrência. A inclusão da Internet na estratégia de negócios também pode eliminar algumas barreiras impostas à entrada de produtos no mercado nacional ou internacional. Isso permite conquistar a lealdade dos clientes e reduzir os custos com marketing e distribuição. Vale ressaltar que a empresa precisa inovar continuamente para sustentar sua vantagem competitiva por um longo período.

O objetivo do marketing no ambiente virtual é combinar a própria Internet com os canais e as atividades tradicionais do marketing de ambiente físico, fomentando relacionamentos duradouros e lucrativos com o cliente. Entretanto, o marketing na Internet é diferente do tradicional: convencionalmente, entende-se que a organização é responsável por definir e atingir seu mercado-alvo; no marketing na Internet, são os clientes e os *prospects* que se dirigem aos sites das empresas.[10]

Por conta da globalização, produtos podem ser criados e produzidos em diferentes localidades; cabe às empresas o papel de expandir o conceito de produto pela Internet, lançando mão dos serviços de atendimento ao consumidor e de pós-vendas. O preço, por sua vez, depende da percepção de valor do produto pelo cliente.

> **O QUÊ?**
>
> Damos o nome de *prospect* às empresas e aos indivíduos que apresentam o perfil de clientes que são alvos das empresas.

Na hora de precificar um produto comercializado on-line, é necessário prestar atenção aos meios de pagamento e às questões legais e de segurança das transações, que se refletem nos custos de produzir e distribuir pela Internet. Quanto à distribuição (praça), ela se expande para o espaço virtual da própria Internet, na medida em que se torna possível distribuir produtos on-line, a qualquer hora e em qualquer lugar. Por fim, a comunicação (promoção) é realizada na própria Internet, incorporada como nova mídia, graças a seu caráter interativo.[11]

Com o uso do marketing na Internet, é fundamental que a empresa conheça as políticas do país no qual deseja realizar uma campanha publicitária. Do mesmo modo, o público tem assumido novas atitudes e predisposições que podem afetar seu interesse por certos produtos e serviços. Portanto, é fundamental o esforço da empresa, seja ela tradicional seja virtual, para satisfazer da melhor maneira possível seu cliente.

> **Mercado virtual (*marketspace*)** é o ambiente eletrônico em que os bens são entregues diretamente aos compradores depois de estes concluírem a transação. Conceitualmente, opõe-se ao mercado físico tradicional (*marketplace*).

Além de ser um ingrediente novo no ambiente de negócios, a Internet caracteriza-se por estar em permanente mudança. De maneira semelhante, o mercado físico tradicional (*marketplace*) está mudando, assim como a necessidade de entregar bens. Atualmente, esse espaço convencional está cedendo lugar para o **mercado virtual (*marketspace*)**, ambiente eletrônico em que os bens são entregues diretamente aos compradores depois de estes concluírem a transação.[12]

A substituição da propaganda de massa por uma abordagem de marketing *one-to-one* tem sido facilitada pela tecnologia da Internet, como um desdobramento da evolução do marketing de relacionamento. Mediante a utilização de recursos como bancos de dados e *cookies*, a empresa consegue conhecer os hábitos de compra e as características dos clientes, podendo, assim, dirigir-se a eles de maneira mais personalizada. Para tanto, o gestor de marketing deve ter consciência das oportunidades peculiares trazidas pela Internet e manter contato com seus clientes a fim de assegurar sua lealdade. Provavelmente, a Internet possui mais potencial do que as ferramentas tradicionais para lidar com consumidores em uma base *one-to-one*. Cabe ao gestor de marketing avaliar o que é mais apropriado para seus clientes.

O QUÊ?

Entende-se por propaganda de massa o conjunto de mensagens e atividades que têm por objetivo influenciar um público vasto e indiscriminado. Já o marketing *one-to-one* consiste em tentar vender o maior número possível de produtos para um mesmo cliente. Aqui, a ênfase é na customização.

A fim de aumentar a retenção de clientes, as empresas estão desenvolvendo e gerenciando o relacionamento com eles por meio da melhor integração entre vendas, serviços e novas tecnologias. No final da década de 1980, o conceito de maximização do relacionamento com o cliente como diferencial competitivo ganhou destaque. Nessa ocasião, os gerentes perceberam que os clientes não existem de maneira agregada, concluindo que a filosofia expressa pelo aforismo "um tamanho serve para todos" poderia não funcionar. A partir daí, eles adotaram a estratégia de vender para seus clientes e servi-los ao mesmo tempo.

Figura 13.2 Faixas e bexigas em comemoração de aniversário do supermercado Carrefour da Marginal Pinheiros, em São Paulo

Fonte: Moacir Lopes Júnior/Folhapress.

O uso da Internet veio facilitar essa interação, à medida que proporciona o diálogo com o cliente por meio de e-mails, *chats*, grupos, fóruns de discussão, entre outros. Com isso, a comunicação pôde superar fronteiras geográficas e ganhar um alcance cada vez mais amplo.

A Internet é útil para o comprador que busca preços baixos e comodidade na compra de produtos e serviços. Além disso, ela também ajuda o internauta a obter mais informações sobre características e preços de produtos.[13] O uso da Internet também se destaca por facilitar a customização de produtos e serviços, uma vez que as lojas físicas geralmente oferecem produtos padronizados. Por meio da Web, tornou-se mais fácil configurar computadores, carros, joias, presentes e uma diversidade de outros produtos e serviços, como viagens e seguros, por exemplo. Se a empresa tomar medidas adequadas, é possível, inclusive, promover uma customização em massa, o que garante uma vantagem competitiva sobre a concorrência e o aumento da demanda por uma categoria de produtos e serviços.

À medida que a concorrência aumenta, a empresa deve agir sob uma orientação voltada para o mercado. Embora a ótica da oferta seja o pensamento dominante, é imperativo elaborar estratégias competitivas a partir de uma análise do ponto de vista da demanda, além de monitorar cuidadosamente as iniciativas da concorrência.

Diversos produtos e serviços físicos foram transformados para o formato digital. Apesar disso, a maioria dos produtos e os serviços continuam e continuarão disponíveis em ambientes físicos, podendo ser comercializados pela Internet também.

O QUÊ?

A produção em massa permite reduzir os custos por meio de um processo de produção eficiente, capaz de promover economias de escala. A customização em massa, por sua vez, reduz os custos da empresa por meio de economias de escopo, aplicando um processo específico para produzir uma grande variedade de produtos ou serviços com custos menores e mais rapidez. Muitas vezes, isso é feito com o auxílio de recursos tecnológicos.

VEJA EM

Os capítulos 1 e 2 também destacam a importância de monitorar de perto a concorrência.

A noção de comunidade tem sido o coração da Internet desde seu início. Por muitos anos, os cientistas têm utilizado a Internet para compartilhar dados, colaborar em pesquisas e trocar mensagens. Comunidades de pesquisa interativas que não existiam fisicamente ganharam vida no ambiente virtual. Atualmente, muitas comunidades têm surgido para atender aos interesses dos usuários. Essas comunidades on-line também são uma forma de angariar audiência para os sites corporativos, pela criação de grupos de discussão, listas de distribuição, contatos com vários *Webmasters*, para que eles incluam em seus sites pessoais links para os sites da empresa, inscrição dos sites corporativos em concursos, empresas de eventos on-line, e assim por diante.

> **VEJA EM**
>
> Leia o Capítulo 5 para conhecer mais sobre a segmentação de mercado.

A segmentação prevê a adoção de estratégias de marketing direcionadas a grupos classificados segundo um critério relevante. As comunidades on-line podem, então, ser úteis à exploração da segmentação, agregando interação e oferecendo uma gama maior de serviços aos clientes. Isso inclui, por exemplo, a criação de encontros periódicos para discutir características de produtos, bem como seus impactos ambientais e novas aplicações.[14]

Outra mudança diz respeito à desintermediação, ou nova intermediação — um processo facilitado pela Internet do qual se tratará mais adiante. Porém, não é possível generalizar todas as mudanças que estamos comentando, uma vez que diversos setores da economia se encontram em estágios diferentes da utilização da Internet como facilitadora de decisões de marketing. Aos poucos, a importância da Internet como canal de compra e vendas tem crescido, à medida que as empresas passam a adotá-la como complemento a seus canais físicos. É importante assinalar que a integração entre os canais deve levar em conta as vantagens da comercialização on-line e off-line, a fim de proporcionar os melhores retornos.

Apesar das diversas modificações no ambiente de marketing, ainda é complexo descrever o que mudou no composto de marketing com o advento da Internet. Afinal de contas, essa mudança é contínua. Mesmo assim, é possível verificar que a Internet superou os limites do tempo e do espaço geográfico, deslocando o poder de barganha para as mãos do consumidor. Ao fornecer informações sobre vários produtos e facilitar o acesso a diversos fornecedores, ela colocou o cliente em uma posição de controle singular. Além disso, a Internet é uma fonte abundante e interativa de informações, capaz de conferir ainda mais poderes aos clientes, ao oferecer opções que eles nunca tiveram antes. Hoje em dia, os consumidores podem escolher entre um sem-número de marcas, pesquisar em gigantescas bases de dados, solicitar características únicas de personalização, opções de entrega específicas, produção customizada, além de realizar acesso e download instantâneos de conteúdo eletrônico, dar lances em leilões virtuais, entre outras opções.

As empresas que desejam utilizar a Internet para melhorar seus negócios devem planejar o nível adequado de tecnologia que pretendem adotar para comercializar seus produtos e serviços. A Internet constitui um ferramental estratégico conveniente, mas as organizações não devem perder de vista seu mercado-alvo, sua concorrência e os recursos disponíveis, à semelhança de quando operam em ambientes físicos.

O comércio eletrônico (*e-commerce*)

O *e-commerce* ou comércio eletrônico envolve compartilhar informações, manter relacionamentos e conduzir transações de negócios por meio de redes de telecomunicações dentro e fora das empresas. Em outras palavras, o comércio eletrônico é o modo como geramos e concretizamos vendas, compras e ações de marketing de pós-venda on-line.[15]

A Internet é uma ferramenta de inegável importância no comércio eletrônico. Trata-se de uma tecnologia fácil de entender, amplamente utilizada pelo público: hoje, qualquer pessoa pode acessar a Internet em qualquer lugar. Basta ter um computador, um smartphone ou um tablet com conexão à Internet. Essa facilidade chamou a atenção das empresas quanto à venda para o cliente final, pois não é necessário realizar investimentos vultosos. Por isso, um número cada vez maior de setores econômicos está interessado em *e-commerce*.

Para a maioria das organizações, o comércio eletrônico não se restringe somente a um catálogo on-line para a efetivação de transações comerciais. Além de ser um canal de vendas, o *e-commerce* funciona como um canal para melhoria do relacionamento entre compradores, fornecedores e, inclusive, distribuidores. Com o auxílio da Internet, a empresa ou o indivíduo interessado em comprar ou vender algo pode interagir na busca de informações de seu interesse, em vez de se limitar ao que lhe é apresentado inicialmente.

Graças ao modelo de "customização em massa" facilitado pela Internet, hoje em dia os serviços e o atendimento podem ser personalizados a um custo relativamente baixo. Empresas de logística, como os Correios e a Federal Express, são um exemplo disso. Os sites dessas organizações permitem que cada cliente acompanhe detalhadamente o trajeto de sua encomenda. O site do Yahoo! e o da Amazon, por exemplo, também proporcionam a customização de seus serviços: os usuários podem escolher o tipo de informação e os elementos gráficos que desejam visualizar na tela do computador.

Como já dissemos no início deste capítulo, o comércio eletrônico é a realização de toda a ou parte da cadeia de valor dos processos de negócios em um ambiente eletrônico, por meio da aplicação intensa das tecnologias de comunicação e informação. Ele abrange qualquer negócio transacionado eletronicamente entre dois ou mais parceiros. De acordo com essa linha de pensamento, o importante é conhecer os parceiros de negócio. Contudo, muitas empresas ainda operam como se estivessem sozinhas no mundo, sem estabelecer processos permanentes de gestão do seu conhecimento sobre a concorrência, o mercado e os clientes.[16]

Existem basicamente quatro modalidades de comércio eletrônico:

- comércio eletrônico entre as próprias empresas (*business to business* ou B2B);
- comércio eletrônico entre a empresa e o mercado consumidor (*business to consumer* ou B2C);
- comércio eletrônico entre o consumidor e as empresas (*consumer to business* ou C2B);
- comércio eletrônico entre consumidores (*consumer to consumer* ou C2C).

O primeiro tipo de *e-commerce* (B2B) ocorre, por exemplo, entre fornecedores e varejistas que, por meio da troca de informações digitais, controlam melhor os estoques, a distribuição e os pagamentos. Na hora de ampliar geograficamente seus mercados, a empresa deve considerar a necessidade de uma infraestrutura computacional e de comunicação de dados adequada, além dos aspectos logísticos e de segurança. No Brasil, as transações econômicas decorrentes do B2B pela Internet movimentaram aproximadamente R$ 950 bilhões em 2010 – um crescimento de 256 por cento em relação ao ano de 2005, quando somaram R$ 267 bilhões*.

Nas transações B2C, a empresa disponibiliza para o consumidor informações detalhadas e imagens digitalizadas de seus produtos. Com isso, a venda pode ser concretizada sem intermediação. Basta efetuar o pagamento de maneira eletrônica. Esse tipo de comércio eletrônico é utilizado por varejistas representados por lojas virtuais ou agrupados em shoppings virtuais. Em outras palavras, qualquer empresa que comercialize produtos ou serviços diretamente ao consumidor por meio da Internet está colocando em prática uma transação B2C.

No terceiro tipo de comércio eletrônico (C2B), o consumidor tem voz ativa no processo de compra de produtos ou serviços pela Internet. É o cliente que define como deseja ser atendido, quanto pretende pagar e de que maneira. Inclui, também, a oferta de bens e serviços a empresas, que pagam por eles. São exemplos os blogs e os fóruns, em que o proprietário pode divulgar produtos e serviços de empresas que se interessarem por seu espaço.

Já o *e-commerce* do tipo C2C caracteriza-se pela participação conjunta de todos os consumidores. É o caso dos leilões virtuais, que permitem a comunicação

---

* Segundo o site E-consulting Corp. X Business 2 Business e o caminho da inclusão empresarial (http://www.administradores.com.br/informe-se/artigos/business-2-business-e-o-caminho-da-inclusao-empresarial/50508/print e www.grupoecc.com.br/knowledge/b2b).

entre pessoas físicas e o desenvolvimento de um mercado sem intermediários e de fácil negociação. O C2C é formado por transações efetuadas diretamente entre consumidores, normalmente sem o envolvimento de empresas.[17]

Mais recentemente, o governo também passou a participar do comércio eletrônico para conferir maior transparência a suas atividades e permitir o exercício da cidadania pelos membros da sociedade. O **e-government** abrange as relações estabelecidas entre os governos e as empresas (G2B ou *government to business*), entre governos (G2G ou *government to government*) e entre governos e consumidores (G2C ou *government to consumer*). No Brasil, o *e-government* está bastante desenvolvido. Boa parte das transações que exigiam a presença em uma repartição pública agora é feita pela Internet. São exemplos disso a entrega da declaração do imposto de renda, as consultas de multas de automóveis e a consulta dos processos de arrecadações federais, estaduais e municipais.

> O *e-government* abrange as relações por meios eletrônicos estabelecidas entre os governos e as empresas (G2B ou *government to business*), entre governos (G2G ou *government to government*) e entre governos e consumidores (G2C ou *government to consumer*).

O comércio eletrônico é composto por três dimensões básicas, como mostra a Figura 13.3:

- *Dimensão produto*: o gestor de marketing precisa verificar se seu produto pode ser negociado na forma digital, além da tradicional. Uma das dificuldades para estruturar um produto na Internet é garantir que o reconhecimento da imagem do produto pelos clientes influencie positivamente suas decisões de compra.

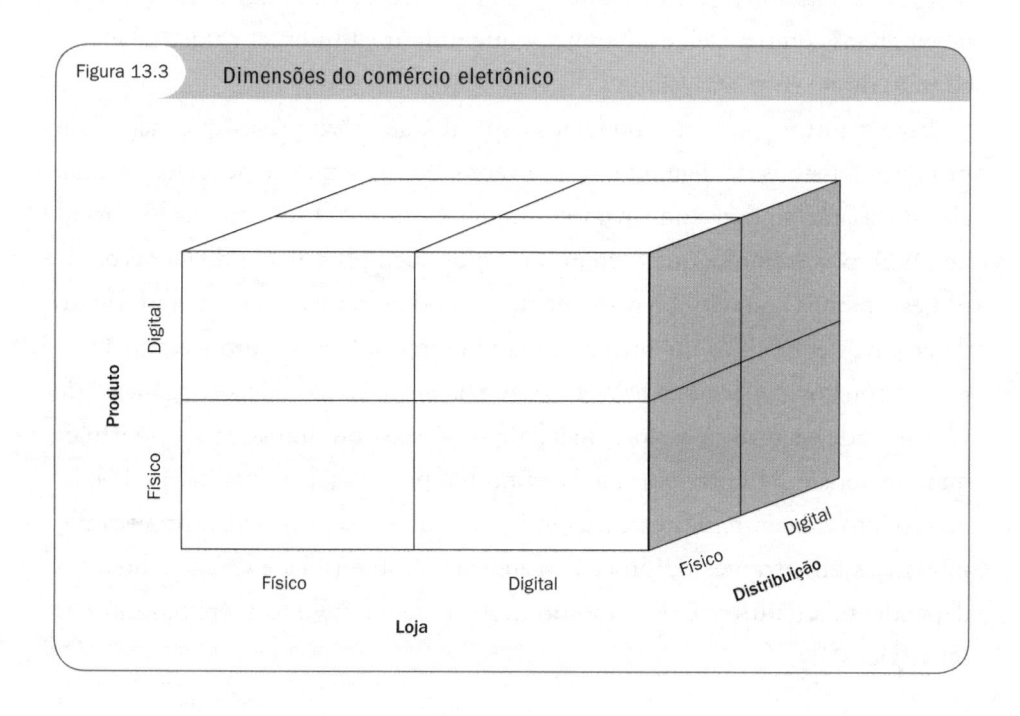

Figura 13.3 — Dimensões do comércio eletrônico

(Eixos: Produto: Físico / Digital; Loja: Físico / Digital; Distribuição: Físico / Digital)

- *Dimensão loja*: essa dimensão corresponde ao local em que o consumidor pode adquirir o produto ou serviço. A loja pode ser feita de "tijolos e concreto" — um estabelecimento do tipo *bricks-and-mortar* —, em uma esquina movimentada do mundo físico; ou pode ser uma loja totalmente virtual, hospedada em um computador conectado à Internet em qualquer lugar do mundo. Uma loja virtual também poderia ter a forma de um catálogo impresso, mas, por estar na Internet, ela não se submete às barreiras geográficas e temporais do meio físico tradicional. Portanto, é preciso aprender a trabalhar com o acesso de diferentes tipos de clientes, em diferentes dias e horários.

- *Dimensão entrega*: a entrega tradicional é feita ao consumidor dentro da loja ou na residência dele com o auxílio de transportadores ou entregadores convencionais. Dependendo da natureza do produto ou serviço, é possível fazer a entrega digital, mediante o download de um arquivo pela Internet, por exemplo. Ao definir o modelo de loja virtual, as empresas têm de deixar bem claro para os clientes a abrangência geográfica do negócio. Afinal, o acesso a um site pode ser realizado a qualquer momento e em qualquer lugar.

No Brasil, empresas como Pão de Açúcar, Ponto Frio, Lojas Americanas, Livraria Saraiva e Clark Calçados comercializam produtos físicos por intermédio de lojas digitais.[18] Outras empresas, como o Submarino e a Tickets for Fun, já foram criadas diretamente para o ambiente virtual e não mantêm estabelecimentos físicos abertos ao público. Vale a pena destacar também que alguns fabricantes passaram a vender diretamente para o consumidor final. É o caso de empresas como a Dell e a Compaq, que utilizam a Internet para estabelecer contato direto com seus clientes.

Para o futuro próximo, podemos esperar que as empresas que negociam produtos passíveis de digitalização reinventem seus ramos de negócios. Afinal, elas precisarão se reinventar para continuar existindo. É o caso das locadoras de DVD, por exemplo, que correm o risco de sucumbir diante do *download* de filmes, "piratas" ou não. Livros e revistas já podem ser comprados em formato de arquivos e até lidos on-line em computadores, tablets e outros equipamentos eletrônicos conectados à Web. Algumas agências de bancos, agências de viagens e de seguros já estão comercializando seus produtos em lojas virtuais que funcionam 24 horas por dia. No Brasil, o processo de virtualização da loja, do produto e da entrega (logística) tende a evoluir e a se consolidar, provocando mudanças importantes no processo gerencial. A intensidade dessas mudanças dependerá da natureza e do ramo do negócio da empresa (comércio, indústria ou serviços).[19]

Database marketing

Apesar das adversidades, o marketing busca maneiras eficazes para fidelizar clientes. Nesse sentido, a Internet e o **database marketing** constituem importantes ferramentas estratégicas, pois oferecem suporte ao marketing de relacionamento. Embora seus benefícios sejam significativos, o *database marketing* ainda é um recurso subutilizado, em razão de ser pouco difundido entre os profissionais de marketing.[20]

Sua função principal é desenvolver bancos de dados sobre as características dos consumidores, incluindo dados de identificação (nome, endereço, e-mail etc.), dados relativos a compras passadas, dados demográficos e psicográficos, entre outros. Essas informações servem de base para que a empresa possa definir estratégias, desenvolver novos produtos, fixar preços, estabelecer comunicação e lançar promoções — tudo isso direcionado para públicos cada vez mais específicos. O objetivo central do *database marketing* é promover a integração entre os perfis dos consumidores e seus comportamentos de compra, fornecendo à organização os subsídios necessários para adequar suas atividades ao perfil do mercado-alvo, de modo a satisfazer melhor suas necessidades e conquistar, assim, uma posição competitiva superior.[21]

O *database marketing* é um processo complexo, integrado aos elementos centrais do marketing estratégico — segmentação, *targeting* e posicionamento. É possível utilizá-lo de várias maneiras, a começar pela análise da informação armazenada, com o intuito de construir perfis detalhados dos consumidores a partir de suas diversas características. Ele serve como fonte de fidelização do cliente, o que permite reduzir os custos de mantê-lo. Com isso, a empresa consegue sustentar uma vantagem competitiva em seu setor.

O objetivo do *database marketing* é criar um elo eletrônico entre a empresa e o consumidor, o qual possa ser utilizado para otimizar seu relacionamento. Um *database* bem desenvolvido pode ajudar a implementar as atividades de retenção do cliente de várias formas; ele pode, por exemplo:

- ajudar o profissional de marketing a identificar seus clientes mais importantes, apresentando-lhes ofertas adequadas ao seu perfil;
- permitir aos profissionais de marketing interagir com os clientes de uma forma mais personalizada;
- permitir o monitoramento de mudanças nos padrões de compra;
- possibilitar que a empresa crie programas de recompensa para seus clientes mais fiéis, ajudando-a a reforçar a lealdade à sua marca;

> O *database marketing* tem a função principal de desenvolver bancos de dados sobre as características dos consumidores, incluindo dados de identificação (nome, endereço, e-mail etc.), dados relativos a compras passadas, dados demográficos e psicográficos, entre outros. Essas informações servem de base para que a empresa defina estratégias, desenvolva novos produtos, fixe preços, estabeleça comunicação e lance promoções — tudo isso direcionado para públicos cada vez mais específicos.

- facilitar o desenvolvimento de novos produtos, alinhado às características dos consumidores da empresa.

A integração de dados off-line e on-line em um *database* está apenas começando, mas, desde já, pode ajudar empresas do mercado tradicional ou virtual a aprimorar os serviços oferecidos aos clientes, construir melhores relacionamentos com eles e desenvolver esforços de marketing eficientes. Quanto maiores o número e a qualidade das informações sobre o consumidor, maior será a capacidade da empresa de atendê-lo e recomendar-lhe produtos. Assim, o *database marketing* é um recurso que pode, sem dúvida, ser utilizado estrategicamente.[22]

Para que o *database marketing* efetivamente ajude a organização a conquistar uma vantagem competitiva, é preciso que oito fatores estejam presentes:

1. Toda a empresa precisa ser encorajada a adotar uma orientação para mercado. Afinal, a orientação para mercado é o fator mais importante para a efetividade do *database marketing*, pois ela posiciona o consumidor no foco central dos esforços da organização. De acordo com uma pesquisa realizada pelo National Center for Database Marketing, 86 por cento das diferenças nos níveis de vantagem competitiva atingidas com o *database marketing* são explicadas pelo grau de orientação da empresa para o mercado.

2. O *database marketing* deve ser posicionado em uma perspectiva estratégica. Isso significa que as empresas que estão se preparando para utilizar essa ferramenta devem alinhar os objetivos do banco de dados aos seus objetivos estratégicos, assegurando que eles sejam claros para toda a organização.

3. Todos os membros da organização devem entender a função do *database marketing*. Além disso, devem contribuir para que seus resultados sejam rastreados e melhorados continuamente.

4. Deve haver disposição e habilidade de cooperação entre os departamentos nos esforços de *database marketing*.

5. Todas as pessoas da organização devem estar conscientes de que o uso de recursos externos para construir um *database marketing* não supre a falta de habilidades, capacidades e competências internas.

6. Mudanças culturais e estruturais devem ser promovidas dentro da empresa para acomodar o *database marketing*, de modo que ele possa trazer os benefícios potenciais.

7. Deve-se encorajar uma orientação para informação, valorizando a manipulação dos dados de uma maneira efetiva e orientada para a busca de resultados.

8. Os dados do sistema e a alocação dos recursos nos programas de *database marketing* devem ter como foco a obtenção de vantagem competitiva.

Empresas bem estruturadas são capazes de extrair informações dos dados que possuem e transformá-las em inteligência de marketing.

Sugerimos três modalidades de aplicação operativa do *database marketing*. São elas:

- criação de programas de fidelização;
- criação de programas voltados para prospecção de novos clientes;
- criação de uma abordagem integrada para lidar com clientes novos e antigos.

É importante ressaltar que o processo de implantação e utilização de *database marketing* é dinâmico. Portanto, a empresa precisa atualizar e monitorar seus dados permanentemente para se manter em sintonia com a evolução do ambiente de marketing. Para tanto, é preciso que ela não apenas avalie suas competências e seus recursos, mas também assuma uma orientação para mercado.[23]

Os executivos reconheceram a importância das informações para a obtenção de vantagens competitivas há muito tempo. Porém, infelizmente, grande parte dos dados gerados na empresa transforma-se em relatórios que são enviados a vários níveis da estrutura e arquivados sem causar nenhum impacto significativo no processo de tomada de decisão.

Em um ambiente de rede, todos os níveis da maioria das organizações têm à disposição um número de dados muito maior do que sua capacidade de assimilá-los. Não importa quanto a organização esteja atualizada: a quantidade e o ritmo de desenvolvimento de informações externas são exponencialmente superiores à sua capacidade de absorção e processamento. Isso é particularmente verdadeiro para as corporações ligadas à Internet; afinal, elas têm acesso a um número maior de informações do que aquelas que não são conectadas.[24]

Ao examinar a mudança fundamental da economia da informação e seu impacto potencial na estratégia empresarial, é possível tirar duas conclusões:

- a capacidade das organizações e dos indivíduos de monopolizar o controle da informação reduziu-se;
- houve um aumento das oportunidades para melhorar o acesso à informação e diminuir o tempo necessário para implementar uma estratégia.

A tecnologia torna-se um eficiente agente facilitador, à medida que as empresas procuram novos meios de cortar custos, aumentar a produtividade e melhorar o serviço ao consumidor. A nova tecnologia não se limita a automatizar os processos existentes e melhorar a utilização de recursos: ela também ajuda a empresa na hora de redefinir qual trabalho deve ser feito e como ele deve ser realizado.

As organizações estão se tornando cada vez mais exigentes em relação aos sistemas de *database* a serem usados no comércio eletrônico. Entre outros requisitos, esses produtos devem oferecer:

> **VEJA EM**
>
> O Capítulo 2 mostra detalhadamente a importância das informações para o profissional de marketing.

- capacidade sem precedentes de manipular uma quantidade crescente de dados;
- um suporte cada vez mais sofisticado;
- habilidade de trabalhar em relação estreita com *softwares*, outros bancos de dados e aplicações tradicionais.

O crescimento do comércio eletrônico está mudando o modo como as organizações veem os dados de seus consumidores. A integração das bases de dados tem sido um requisito cada vez mais importante, por conta da necessidade de consolidar a imagem da empresa na modalidade on-line. Contudo, os profissionais de marketing de empresas pertencentes à economia tradicional ainda têm problemas para manipular dados. Além disso, novas complexidades estão sendo incorporadas com a onda de fusões e aquisições somada ao advento da Internet.[25]

Comentários adicionais acerca do *database marketing*

O *database marketing* é uma ferramenta estratégica que, se utilizada corretamente, pode ajudar a empresa, de maneira efetiva, a obter vantagens competitivas; porém, é importante assinalar que não se trata de uma ferramenta de uso exclusivo da área de marketing. O ideal seria que todas as áreas da empresa trabalhassem de maneira integrada, o que envolveria o fornecimento e a utilização de informações de maneira articulada, com vistas à melhoria do desempenho da organização.

Um volume grande de dados não significa, necessariamente, informações aplicáveis, uma vez que dados, por si só, podem ser desprovidos de significado. Além disso, o *database marketing* não é o único instrumento de tomada de decisões. Por isso, é necessário sempre atualizar os dados, integrá-los e convertê-los em informações significativas, a fim de oferecer suporte ao processo decisório estratégico.

Atualmente, o *database marketing* tem um caráter nitidamente estratégico. Afinal, a empresa precisa conhecer seus clientes para conseguir se aproximar deles. Isso se torna ainda mais evidente no mercado on-line, em que os produtos tendem a ser padronizados. Hoje, os profissionais de marketing das empresas estão começando a perceber que um bom relacionamento com os consumidores pode oferecer um importante diferencial competitivo. Por isso, as informações sobre os clientes são recursos que propiciam à empresa a possibilidade de gerar valor para eles.[26]

As vantagens competitivas, baseadas em informações consistentes, permitem que a empresa conheça seus consumidores. O impulso da tecnologia e o desenvolvimento de um foco no consumidor ajudam a manter relacionamentos e fidelizar os clientes, o que, sem sombra de dúvida, traz benefícios econômicos e financeiros para a organização. Quanto melhor conhecer seus clientes, maior a chance de a empresa conseguir desenvolver mecanismos eficazes para mantê-los e, consequentemente, melhorar seu desempenho.

Entretanto, o uso do *database marketing* ainda é muito limitado, tanto no mercado tradicional quanto no on-line. Nas empresas brasileiras, particularmente, a utilização desse instrumento ainda está aquém do descrito na literatura. Isso se deve a três razões principais:[27]

- ao investimento necessário para desenvolver o *database marketing*;
- à resistência à implementação de inovações;
- à preocupação crescente com a privacidade, que poderia ser ameaçada pela troca de dados entre empresas.

Apesar dessas restrições, as empresas devem considerar a utilização do *database marketing* como uma ferramenta estratégica, capaz de oferecer suporte para o desempenho de suas atividades de marketing e para a criação de diferenciais competitivos.

ESTUDO DE CASO

O mercado de seguros no ambiente virtual: oportunidades e limitações

Fonte: Computador laptop, de Image Source.

A Unimed Seguros poderia desenvolver ações promocionais tanto por meio de malas diretas eletrônicas, enviadas por e-mail, quanto pela veiculação de banners em sites estratégicos. No entanto, atualmente, a empresa não executa nenhuma dessas estratégias, pois acredita que seus clientes atuais e potenciais preferem ser abordados por estratégias promocionais no mercado físico. Mesmo assim, é óbvio que os banners promocionais continuam sendo usados em alguns sites das cooperativas que fazem parte do conglomerado Unimed.

A Internet pode desempenhar um papel importante no composto de marketing dessa empresa. Afinal, sabe-se que a rede mundial abre caminho para novos entrantes e facilita o surgimento de produtos substitutos – o que torna mais difícil manter vantagens competitivas sustentáveis. Nessas circunstâncias, contar com a Internet para colher informações sobre os clientes e a concorrência pode constituir um diferencial. A partir desses dados, a empresa pode fazer ajustes nas estratégias dos 4Ps, tomando decisões mais adequadas sobre produtos, preços, praça e promoção. Além disso, a Internet pode ser utilizada para buscar oportunidades e, também, para acessar bases de dados que permitem à empresa conhecer os produtos e serviços oferecidos pela concorrência.

Com o auxílio da Web, também é possível desenvolver painéis eletrônicos a fim de coletar as opiniões de consumidores. Esse processo tem início com o recrutamento de entrevistados. Depois de qualificados para participar, eles recebem um questionário por e-mail ou são direcionados para um site seguro, onde preenchem esse mesmo questionário. Todavia, a Unimed Seguros só usa a Internet na hora de procurar informações sobre a concorrência, ao passo que as informações sobre clientes são colhidas por corretoras.

A empresa, na verdade, entende a importância dos consumidores on-line. Contudo, sua posição estratégica em relação a esse grupo baseia-se na crença de que, no caso de serviços de previdência, saúde e seguros, os consumidores on-line usam a Internet apenas para a busca de informações, mas, quando vão efetivamente escolher os produtos, procuram um atendimento pessoal.

Atualmente, com sua loja virtual, a empresa pode oferecer uma praça a mais para a oferta de seus produtos.

Porém, apesar de clientes atuais e potenciais visitarem o site em busca de informações sobre os produtos, em muitos casos a compra acaba por se realizar fisicamente.

Questões para o caso

1. Qual é o papel das funções de marketing na empresa analisada?
2. De que maneira a Internet contribui para a melhoria dos negócios da empresa?
3. Como a Internet pode ajudar a empresa a manter seus clientes e fornecedores?
4. Discuta a relação entre a gestão de marketing e a de tecnologia.

RESUMO

- Na prática, a Internet não modificou os princípios fundamentais de marketing: ela apenas influenciou alguns desses princípios, tais como o comportamento de compra, a precificação, a promoção, os canais de distribuição e as estratégias.
- A Internet é um ferramental poderoso para vendas e marketing, pois fornece possibilidades de personalização e interação com clientes os quais não são encontradas em outros canais.
- A Internet permite uma interação mais rápida, barata e personalizada do que qualquer outra mídia.
- Além de ser nova no ambiente de negócios, a Internet caracteriza-se por estar em permanente mudança.
- O mercado físico tradicional (*marketplace*) está mudando, assim como a necessidade de entregar bens. Atualmente, esse espaço convencional está cedendo lugar para o mercado virtual (*marketspace*).
- As empresas que desejam utilizar a Internet para melhorar seus negócios devem planejar o nível adequado de tecnologia que pretendem adotar para comercializar seus produtos e serviços.
- O *database marketing* pode ser usado em várias atividades práticas de marketing, tais como: segmentar a base de consumidores de acordo com frequência de compra, ocasiões de uso e preferências de compra; ajustar os programas de marketing às necessidades individuais dos consumidores e oferecer suporte às operações de serviço, disponibilizando o banco de dados para os responsáveis no momento em que estiverem interagindo com os consumidores.
- As vantagens competitivas, baseadas em informações consistentes, permitem que a empresa conheça seus consumidores. O impulso da tecnologia e o desenvolvimento de um foco no consumidor ajudam a manter relacionamentos e fidelizar os clientes, o que, sem sombra de dúvida, traz benefícios econômicos e financeiros para a organização. Quanto melhor conhecer seus clientes, maior a chance de a empresa desenvolver mecanismos eficazes para mantê-los e, consequentemente, melhorar seu desempenho.

QUESTÕES

1. Como a gestão empresarial é influenciada pela Internet?
2. Como são desenvolvidos os negócios eletrônicos com o auxílio da Internet?
3. Para as empresas, conhecer as necessidades e os desejos do mercado é extremamente relevante. A partir desse pressuposto, justifique a importância da relação entre Internet e *database marketing*.

4. Sob o prisma da vantagem competitiva, como a Internet pode contribuir para com um *database marketing* sólido e funcional para a tomada de decisão?

NOTAS

1. URDAN, A.; URDAN, F. *Gestão do composto de marketing*: visão integrada de produto. São Paulo: Atlas, 2006; FERRELL, O. C.; HARTLINE, M. *Estratégia de marketing*. São Paulo: Pioneira, 2005; LAMB JR., C. W.; HAIR JR., J. F., McDANIEL, C. *Princípios de marketing*. São Paulo: Pioneira-Thomson Learning, 2004.
2. LAMBIN, J. J. *Marketing estratégico*. Bélgica: McGraw-Hill, 2008.
3. Idem, ibidem.
4. DEITEL, H. M.; DEITEL, P. J.; STEINBUHLER, K. *E-business e e-commerce para administradores*. São Paulo: Pearson, 2004; LAUDON, K. C; LAUDON, J. P. *Sistemas de informação gerenciais*. São Paulo: Prentice Hall, 2004; YAMASHITA, S. S.; GOUVÊA, M. A. "Impactos da Internet sobre o marketing no mercado consumidor." *Revista de Economia e Administração da IBMEC*, v. 4, n. 3, 2005, p. 343-366.
5. DEITEL, H. M. et al., op. cit.; LAUDON, K. C.; LAUDON, J. P., op. cit.; YAMASHITA, S. S.; GOUVÊA, M. A., op. cit.
6. LIMEIRA, T. M. V. *E-marketing*: o marketing na Internet com casos brasileiros. São Paulo: Saraiva, 2007.
7. DEITEL, H. M. et al., op. cit.; LAUDON, K. C.; LAUDON, J. P., op. cit.; YAMASHITA, S. S.; GOUVÊA, M. A., op. cit.
8. LIMEIRA, T. M. V., op. cit.
9. DEITEL, H. M. et al., op. cit.; LAUDON, K. C.; LAUDON, J. P., op. cit.; YAMASHITA, S. S.; GOUVÊA, M. A., op. cit.
10. URDAN, A.; URDAN, F., op. cit.; FERRELL, O. C.; HARTLINE, M., op. cit.; LAMB JR., C. W. et al., op. cit.
11. LIMEIRA, T. M. V., op. cit.
12. DEITEL, H. M. et al., op. cit.; LAUDON, K. C.; LAUDON, J. P., op. cit.; YAMASHITA, S. S.; GOUVÊA, M. A., op. cit.
13. LIMEIRA, T. M. V., op. cit.
14. URDAN, A.; URDAN, F., op. cit.; FERRELL, O. C.; HARTLINE, M., op. cit. LAMB JR., C. W. et al., op. cit.
15. LIMEIRA, T. M. V., op. cit.
16. Ibidem.
17. Ibidem.
18. Ibidem.
19. URDAN, A.; URDAN, F., op. cit.; FERRELL, O. C.; HARTLINE, M., op. cit.; LAMB JR., C. W. et al., op. cit.

20. GUILHOTO, L. F.; TOLEDO, G. L.; TODELO, L. A. "O uso do database marketing como fonte de vantagem competitiva no comércio eletrônico." *VI Semead – Seminários em administração FEA/USP*, São Paulo, 2003.
21. Ibidem.
22. Ibidem.
23. Ibidem.
24. Ibidem.
25. Ibidem.
26. Ibidem.
27. Ibidem.

14

BRANDING: CRIANDO E GERENCIANDO O VALOR DA MARCA

OBJETIVOS DE APRENDIZAGEM

Após ler este capítulo, você será capaz de:

- Discutir a importância da marca para o marketing.
- Relacionar as dimensões e as variáveis que integram a marca.
- Apresentar o processo de gestão da marca.

Utilizado desde o final do século XIX nos Estados Unidos, o *branding* — ou gestão das marcas, em português — tem assumido importância cada vez maior no ambiente de negócios. Com expressivos resultados no desempenho dos produtos, ele tem se especializado a ponto de se transformar em uma nova competência do marketing. Isso se deve, em grande parte, à intensificação da competição nos mais variados setores da economia dos tempos atuais. Apesar de estar ligado ao "P" do produto na gestão do composto de marketing, esse processo tem sido considerado uma variável dinâmica e estratégica na gestão dos negócios como um todo.

O objetivo deste capítulo é discutir como os gestores de marketing podem desenvolver marcas fortes para agregar valor aos produtos a elas associados e, com isso, elevar o nível de competitividade das organizações para as quais trabalham. Para tanto, abordamos inicialmente o conceito de marca e sua interface

> **Veja em**
>
> O Capítulo 6 mostra como a gestão das marcas é ligada ao "P" do produto.

com o posicionamento. Em seguida, discutimos a classificação e a estrutura das marcas, bem como seu relacionamento com a fidelidade. Por fim, apresentamos o *brand equity* e os aspectos relacionados ao valor da marca.

14.1 HISTÓRICO E EVOLUÇÃO DO CONCEITO DE MARCA

O termo *marca* tem suas origens em uma antiga palavra norueguesa que significava queimar[1]. A partir de determinado momento na evolução dos negócios, a marca passou a ser utilizada para identificar bens e serviços. Segundo Keller,[2] o uso das marcas comerciais teve início como uma forma de controle que as guildas (espécie de associação de artesãos da Idade Média) estabeleciam para determinar a origem e, portanto, a qualidade dos produtos que comercializavam. Daí em diante, as marcas têm sido usadas para identificar e proteger o consumidor e as organizações, na medida em que indicam a origem, a qualidade e os benefícios dos produtos e serviços. No século XIX, as marcas foram empregadas durante a Revolução Industrial, desencadeando todo o processo de comunicação e ações de marketing, cuja evolução chegou até as formas dos dias atuais.

Nos Estados Unidos, as indústrias farmacêutica e alimentícia foram pioneiras no uso das marcas. A partir disso, a promoção de vendas e a propaganda tornaram-se as principais ferramentas de desenvolvimento e fixação das marcas aos consumidores com o objetivo de diferenciá-las e, assim, posicioná-las no mercado.

No sentido moderno, a gestão das marcas surgiu nos Estados Unidos, com o desenvolvimento do sabonete Ivory, da Procter & Gamble, no final do século XIX.[3] Naquela ocasião, pela primeira vez, as técnicas da estrutura de valores e diferenciais do produto foram associadas à *marca*, de maneira organizada e planejada.

Nas inúmeras definições já dadas ao conceito de marca, observamos uma convergência para dois fatores centrais: a capacidade que ela tem de identificar os produtos e de diferenciar a oferta. Esses dois fatores, aliás, guardam estreita relação com os motivos que originaram o próprio uso da marca, conforme acabamos de comentar.[4] As diversas abordagens conceituais[5] à marca têm outro ponto em comum: todas se originam de uma definição proposta pela American Marketing Association (AMA), segundo a qual, "marca é um nome, termo, sinal, símbolo, ou qualquer outra característica que identifique um bem ou serviço do vendedor, em distinção a outros dos demais vendedores".[6]

Todavia, ainda que o conjunto de conceitos já estabelecidos gire em torno desses dois fatores, cabe refletir se eles são suficientes para delimitar as marcas no nível de complexidade que tem caracterizado o ambiente de negócios. Em outras palavras, é preciso investigar se a dimensão atual do conceito de marca é

Figura 14.1 As marcas nasceram para identificar os produtos e diferenciá-los dos demais e, até hoje, essas são suas principais funções

Fonte: Letícia Moreira/Folhapress.

suficiente para expressar, de maneira ampla, os principais constructos inerentes à dinâmica das marcas. Será que as atuais definições de marca deixam de abordar pontos importantes? E qual é, hoje em dia, a função mais relevante exercida pelas marcas?

Em uma dimensão abrangente, as marcas de hoje fazem mais do que simplesmente identificar ou diferenciar o produto de seus concorrentes no mercado. É preferível, portanto, desenvolver uma visão ligada à **ancoragem do produto**, ou seja, à determinação de referenciais de marketing que ofereçam sustentação à oferta. A função central das marcas deve ser criar referenciais que a credenciem no mercado, dando sentido, vida e dinamismo aos produtos a que se referem. Dessa maneira, a marca pode conquistar a preferência pelo produto, influenciando o consumidor e ditando padrões de comportamento. A **fidelidade a marcas** é outra dinâmica relacionada à ancoragem dos produtos. Ela designa, em última instância, "uma relação de continuidade que se estabelece entre o consumidor e a marca em perspectiva, na busca de recompensas de bem-estar e satisfação pessoal".[7]

Com base nessa perspectiva, entende-se por **marca** "o conjunto de referenciais físicos e simbólicos capazes de influenciar

> A **ancoragem do produto** consiste na determinação de referenciais de marketing que ofereçam sustentação à sua oferta. A **fidelidade a marcas** é uma dinâmica relacionada à ancoragem de produtos. Ela designa "uma relação de continuidade que se estabelece entre o consumidor e a marca em perspectiva, na busca de recompensas de bem-estar e satisfação pessoal".[8]

> **Marca** é "o conjunto de referenciais físicos e simbólicos capaz de influenciar e determinar a preferência para os produtos, tendo por base a oferta de valor a ela associada".[9]

> Os **referenciais físicos** são todas as manifestações materiais relacionadas à marca, como os elementos visuais gráficos, o uso de cores, a logotipia e a própria embalagem do produto. Já os **referenciais simbólicos** constituem o padrão de representatividade associado à marca e derivam, em boa medida, dos referenciais físicos. São exemplos desse tipo de referencial o significado das cores e das formas e a simbologia das letras, entre outros.

> O **sistema de preferências** está relacionado à estima capaz de determinar as razões de escolha da marca.

e determinar a preferência para os produtos, tendo por base a oferta de valor a ela associada".[10]

Damos o nome de **referenciais físicos** a toda manifestação material relacionada à marca. São exemplos disso os elementos visuais gráficos, o uso das cores, a logotipia e a própria embalagem do produto — que frequentemente faz parte da comunicação visual da marca —, como no caso da "garrafa *contour*" da Coca-Cola. Já os **referenciais simbólicos** constituem o padrão de representatividade associado à marca e derivam, em boa medida, dos referenciais físicos. São exemplos desse tipo de referencial o significado das cores e das formas e a simbologia das letras, entre outros.

O **sistema de preferências** está relacionado à estima capaz de determinar as razões de escolha da marca. Esse sistema é amparado pelos atributos do produto e por outras variáveis gerenciais do composto de marketing, notadamente o preço e a distribuição, além da própria comunicação, fator central nas ações de posicionamento da oferta.

É importante assinalar que a oferta de valor propicia a adequação do produto objeto da transação com o mercado-alvo. Ela constitui o resultado final da gestão da marca, definindo o posicionamento da marca no mercado.

14.2 CLASSIFICAÇÃO DAS MARCAS

A dinâmica da gestão de marcas não se restringe à delimitação conceitual das marcas. Esse processo inclui, entre outras coisas, a determinação de variáveis que permitem estabelecer critérios gerenciais mais específicos. A classificação ou a categorização das marcas é um dos critérios gerenciais substanciais para a gestão da marca. Todavia, esses critérios não são definidos de maneira uniforme e são, em geral, pouco abrangentes. Restam, portanto, muitas indagações, tais como: de que modo as marcas podem ser classificadas? Qual é a possível abrangência dessa classificação?

Os procedimentos de classificação ou categorização de conceitos costumam esbarrar na dificuldade natural de determinar fronteiras para diferenciar uma categoria (ou classe) das demais. Frequentemente, o entrelaçamento das fronteiras cria inúmeros obstáculos, provocando a sobreposição dos limites entre uma categoria e outra. Esse problema pode se agravar a ponto de descaracterizar a classificação proposta originalmente. O desafio é, portanto, estabelecer limites para o alcance das categorias. Dificuldades à parte, a classificação das marcas é essencial para o desenvolvimento do conceito de posicionamento — atividade fundamental da gestão de marketing.

> **Veja em**
>
> Leia o Capítulo 5 para conhecer a atividade de posicionamento da oferta.

Os tipos de classificação mais comuns apontam para três grupos: marca do fabricante, marca do intermediário e marca genérica. Damos o nome de **marca do fabricante** à marca que é de propriedade de um fabricante e o identifica, como a Nestlé. Quando a marca pertence ao canal (varejo ou atacado), utiliza-se a classificação **marca do intermediário**. É o caso da marca "Pão de Açúcar". Já a classificação **marca genérica** dá conta dos produtos que não são identificados e têm apenas sua categoria indicada. Isso ocorre, por exemplo, com as frutas e verduras vendidas a granel.[11]

> **Marca do fabricante** é aquela que pertence a um fabricante e o identifica (exemplo: Nestlé). **Marca do intermediário** é aquela que pertence ao canal, de varejo ou atacado (exemplo: Pão de Açúcar). **Marca genérica** é aquela referente aos produtos não identificados, que têm apenas sua categoria indicada (exemplo: frutas e verduras vendidas a granel).

Alguns autores consideram a marca do fabricante como marca nacional. No entanto, é importante ressaltar que o nível de cobertura de uma marca não deve ser confundido com sua propriedade.[12] O café torrado e moído Da Serra e os refrigerantes Convenção, Jesus e Arco-Íris são apenas alguns dos inúmeros exemplos que contrariam a visão desses autores, uma vez que todas elas pertencem a fabricantes, mas são regionais, ou seja, não possuem presença (distribuição) em todo o território nacional. Em suma, a marca do fabricante pertence a quem fabrica e distribui o produto. É o caso de marcas como Tostines (Nestlé), Brahma (Imbev) e Pálio (Fiat), entre outras.

Classificar uma marca como genérica também é problemático, pois a expressão designa justamente a ausência de marca. O conceito de produto genérico (ou sem nome) surgiu na França, nos anos 1970, com o apelo de boa qualidade e preço baixo.[13] A transposição de produto genérico para marca genérica ocorreu logo em seguida.

No entanto, se "marca genérica" designa produtos sem nome, identificados apenas pela categoria, estamos diante de um conceito paradoxal.[14] É preferível empregar o termo *produto genérico*, este, sim, dotado de ampla aplicação, notadamente no que diz respeito a *commodities*. Já a coexistência das expressões *marca do intermediário* e *marca particular* ou *privada* aparentemente não se deve a diferenças conceituais, e, sim, a problemas na tradução dos originais.

Conforme ilustra a Figura 14.2, uma classificação adequada das marcas deve estabelecer dois tipos de marca: a dos fabricantes e a dos canais de marketing (atacado ou varejo). Cada uma dessas grandes categorias pode ser subdividida em outras duas. A marca dos fabricantes é subdividida em:

- *Marcas líderes*: subgrupo formado pelas marcas de maior expressão no mercado — líderes absolutas ou não —, que apresentam forte apelo à preferência dos consumidores.

- *Marcas de primeiro preço*: também denominadas *"marcas B"*. Esse subgrupo é composto por uma classe de marcas que, em geral, apresenta um nível

Figura 14.2   Classificação das marcas

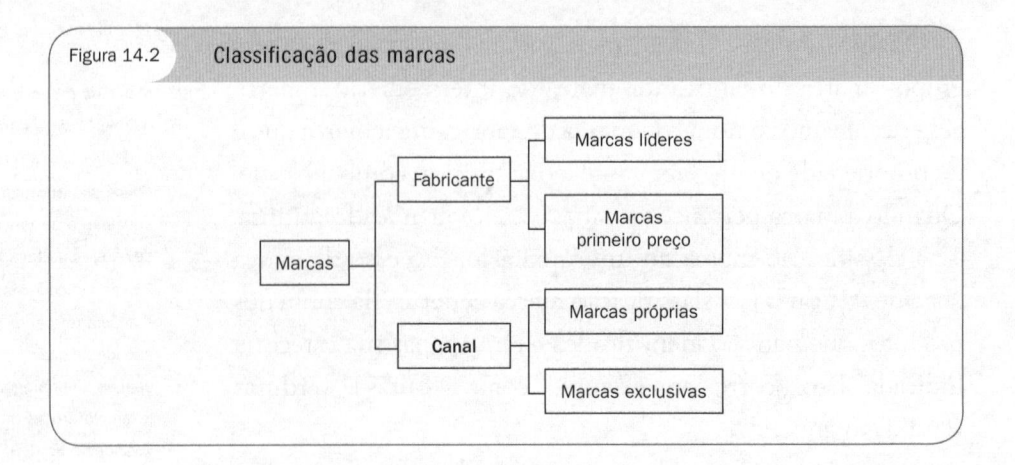

```
                    ┌─── Marcas líderes
        ┌─ Fabricante ┤
        │            └─── Marcas primeiro preço
Marcas ─┤
        │            ┌─── Marcas próprias
        └─── Canal ──┤
                     └─── Marcas exclusivas
```

de demanda menor e é vendida, em grande parte, por conta do forte apelo de seus preços baixos.

As marcas dos canais de marketing também podem ser subdivididas em duas classes. São elas:

- *Marcas próprias*: a marca é identificada pela mesma marca do canal. A marca "Carrefour" é um exemplo disso.

- *Marcas exclusivas*: a marca pertence a um canal de marketing, mas adota um nome diferente da marca do canal. É o caso da marca "Great Value", da rede Walmart. Esse tipo de marca diferencia-se da marca do fabricante pelo fato de ser distribuída apenas na rede que detém a sua propriedade.

14.3 ESTRUTURA DAS MARCAS

Toda marca estrutura-se em torno de dois fatores básicos: os atributos associativos e os valores agregados, como mostra a Figura 14.2. **Atributos associativos** são as principais associações que os consumidores fazem entre a marca e os atributos do produto, gerando expectativas positivas. Conforme o nível em que são geradas, essas expectativas levam à compra e, conforme sua intensidade, levam também à recompra (índice de fidelidade). Suponhamos, por exemplo, que um consumidor decida comprar sua primeira televisão. A marca escolhida será aquela que despertar a maior expectativa positiva. Mais tarde, quando for trocar esse aparelho ou comprar um adicional, ele preferirá, pelo menos inicialmente, a marca que já conhece, desde que ela tenha lhe proporcionado plena satisfação (intensidade da expectativa).

Repare, portanto, que os atributos associativos são compostos por variáveis funcionais e emocionais. As **variáveis funcionais** operam no plano racional e estão ligadas diretamente ao

> **Atributos associativos** são as principais associações que os consumidores fazem entre a marca e os atributos do produto. Eles são compostos por variáveis funcionais e emocionais.

desempenho do produto. Já as **variáveis emocionais** atuam no plano subjetivo, incluindo relações de prestígio, poder e status, entre outras. A associação é um fator vital para o sucesso da marca.

Já os **valores agregados** a uma marca dividem-se em imagem, personalidade e representações visuais.

A imagem abrange valores referentes ao produtor, ao consumidor e ao próprio produto. Ou seja, ela interage com os agentes sociais, dimensionando-os e integrando-os às estruturas sociais, em um processo de legitimação em que as relações são formadas de maneira estruturada no longo prazo. Por isso, a composição da imagem da marca é um processo extremamente delicado, realizado, normalmente, em um longo período, cuja abreviação depende da intensidade da ação publicitária. Em outras palavras, a imagem da marca é uma construção trabalhosa, erguida tijolo a tijolo. Qualquer ruptura é desastrosa para o processo, podendo pôr em terra anos de trabalho. A ruptura normalmente é provocada por ações dissonantes do produto, tais como perda de qualidade, propaganda enganosa, saturação e desatualização, entre outras.

> As **variáveis funcionais** operam no plano racional e estão ligadas diretamente ao desempenho do produto. Já as **variáveis emocionais** atuam no plano subjetivo, incluindo relações de prestígio, poder e status, entre outras.

> Os **valores agregados** a uma marca dividem-se em imagem (abrange valores referentes ao produtor, ao consumidor e ao próprio produto), personalidade (proporciona o nível de distinção de uma marca) e representações visuais (todos os símbolos gráficos que fazem alusão à marca).

À semelhança do que ocorre entre os humanos, a personalidade — no âmbito do marketing — proporciona o nível de distinção de uma marca. O conceito do produto sedimenta-se justamente em torno dessa personalidade. É com base nela que uma marca consegue assumir contornos de superior, competente, marcante, fidedigna, ativa, formal, jovem, intelectual, formosa, entre outros traços apoiados em padrões eminentemente culturais. Essas características resultam do processo de classificação das representações sociais e determinam o valor de uso de uma marca.

As representações visuais são todos os símbolos gráficos (imagens) que fazem alusão a uma marca. Os elementos visuais são de extrema importância para a fixação da mensagem associativa que se pretende produzir com a marca. Na maioria das vezes, essa simbologia tem um papel mais importante que o

Figura 14.3 Estrutura da marca

Marca	
Atributos	Valores
• Variáveis funcionais • Variáveis emocionais	• Imagem • Personalidade • Representações visuais

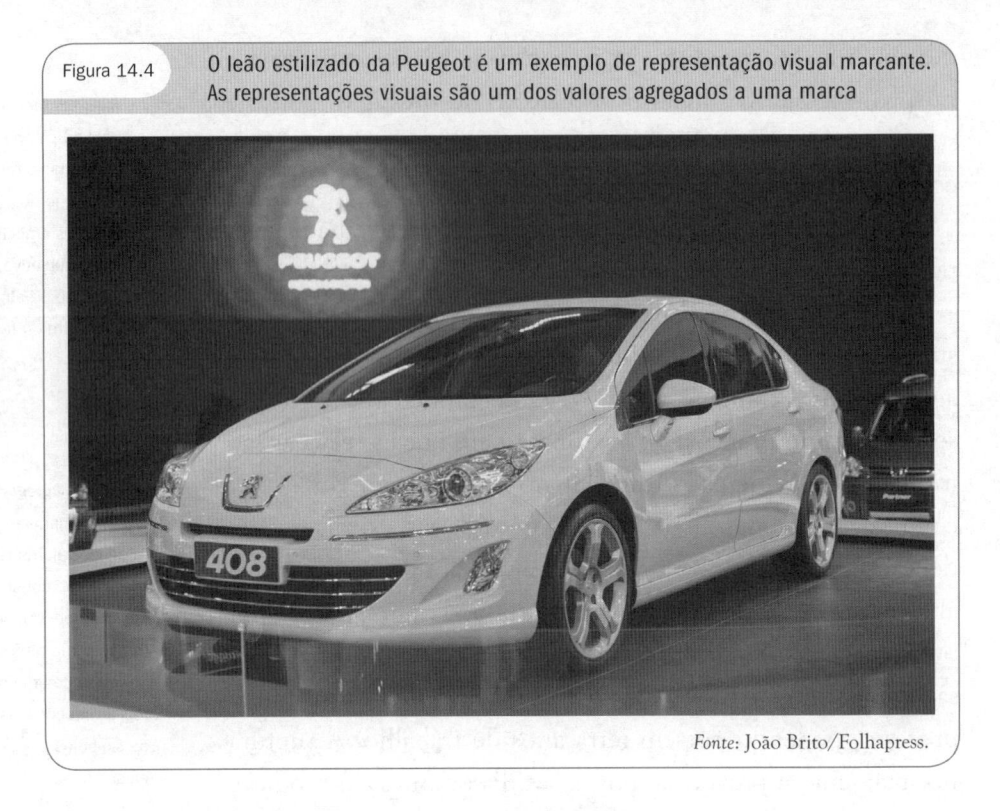

Figura 14.4 — O leão estilizado da Peugeot é um exemplo de representação visual marcante. As representações visuais são um dos valores agregados a uma marca

Fonte: João Brito/Folhapress.

próprio nome da marca. O McDonald's, por exemplo, pode ser reconhecido a centenas de metros de distância, em qualquer lugar do mundo, apenas pela letra "M" afixada nos painéis de suas lojas. A estrela da Mercedes também é um dos símbolos mais conhecidos internacionalmente. A maçã mordida da Apple identifica rapidamente a série de produtos eletrônicos mais cobiçados do mundo, como o iPod, o iPhone e os computadores pessoais Macintosh. O mesmo ocorre com o leão estilizado da Peugeot.

Quando bem construídas, as marcas têm a capacidade de expressar sentimentos e estabelecer relacionamento afetivo com os consumidores. A marca do sabão em pó Omo é um bom exemplo disso. É possível identificar evidências de fortes laços emocionais no plano da escolha das marcas. Dentro dessa dimensão afetiva, convém classificar algumas variáveis que integram o conjunto de atributos de uma marca: o nível de motivação que uma marca desperta em uma pessoa, as atitudes provenientes dessa motivação e, por fim, o valor agregado (representativo do benefício) espelhado por ela.

"Estar na mente dos consumidores" é um dos elementos mais críticos para a formação do valor da marca. Nesse caso, os valores culturais e sociais são fundamentais para obter apelos intuitivos que proporcionem associações espontâneas no consumidor. Quanto mais espontânea for a formação das associações na mente do consumidor, mais diferenciada será a marca. Isso evita — ou pelo menos reduz — a possibilidade de que surjam imitações. Uma marca diferenciada também é capaz de sustentar a adoção de preço superior ao da concorrência.

Além disso, o objetivo específico das marcas é produzir os valores de troca mediante uma série de influências no público-alvo. A fim de concretizar o valor de troca, esse conjunto de influências busca estabelecer fortes laços com os consumidores, perpetuando as relações de troca. Os principais resultados das influências exercidas pelas marcas sobre o público consumidor são: a diferenciação do produto, a compensação dos preços altos, a geração de novos desejos, bem como a necessidade de criar mercados e novas identidades com vistas a promover uma promessa de bem-estar pessoal. Afinal de contas, o que é o consumo senão uma tentativa, nem sempre concreta, de obter realização pessoal? A sensação de bem-estar não é, por vezes, resultado da posse de objetos fortemente desejados? Nesse contexto, o marketing potencializa a realização de desejos e aspirações, muitas vezes reprimidos ou deixados no limbo do esquecimento (mais no sentido da sublimação do que da perda do interesse). Assim, o indivíduo pode deixar de comprar algo que, do ponto de vista da utilidade, é extremamente necessário e optar por adquirir um produto altamente desejado, mesmo que sua utilidade seja significativamente menor.

É muito difícil resistir aos apelos de consumo emitidos por uma personagem idealizada nos sonhos, frequentemente transposta para um ator (ou atriz) de telenovela ou filme. O diálogo é quase direto, e os apelos tocam o coração do indivíduo. Essa idealização concretiza-se com a compra do produto da marca anunciada. É a autorrealização, a busca da felicidade por meio do consumo. Afinal, o consumo deve proporcionar prazer, ser reconfortante e atender a expectativas.

> **VEJA EM**
> O Capítulo 1 explica a importância do marketing na sociedade.

Na maioria das vezes, as marcas assumem importância decisiva nesse processo, estabelecendo a relação entre prazer e consumo. No fundo, as marcas representam a promessa de bem-estar, a garantia de que o prazer em consumir determinado produto ou serviço efetivamente ocorrerá após a compra e a posse do bem. De acordo com Kotler,[15] "posicionamento é a ação de projetar o produto e a imagem da empresa para ocupar um lugar diferenciado na mente do público-alvo". Esse processo de posicionamento deve responder às seguintes questões:[16]

- Qual é a posição ocupada na mente do consumidor?
- Qual é a posição desejada?
- Quem deve ser derrotado?
- Há recursos suficientes?
- É possível manter a posição?
- A comunicação está de acordo com a posição?

> **VEJA EM**
> Os capítulos 1 e 2 também destacam a importância de monitorar de perto a concorrência.

14.4 BRAND EQUITY

Existem diferentes interpretações do conceito de *brand equity*. Essa profusão de definições é provocada por dois motivos: divergências no que se refere à fundamentação conceitual e as diferentes tentativas de traduzir o termo para o português. Geralmente, *brand equity* é traduzido como "valor de marca". No entanto, a tradução literal "equidade da marca" também já foi adotada, o que gera um conflito conceitual muito grande. Isso ocorre porque, na língua portuguesa, o termo *equidade* significa apenas julgamento justo, respeito às igualdades, justiça e virtude, correção, lisura, entre outros sentidos.[17] Já na língua inglesa, o termo *equity* vai além desse significado, designando também o valor de uma propriedade sem os ônus eventualmente inerentes a ela, ou ainda os direitos não exigíveis dos acionistas de uma empresa.[18] Logo, "patrimônio da marca" é a melhor tradução para *brand equity*, pois dá conta do sentido original em inglês. No entanto, essa nomenclatura é pouco utilizada pelos autores e pesquisadores da área no Brasil.

Na acepção conceitual, são identificadas duas tendências centrais para definição do termo: uma financeira e outra estratégica. A vertente financeira aborda *brand equity* na perspectiva do valor da marca – entendendo esse valor como uma questão financeira. Derivada do mercado de capitais, essa concepção parte do pressuposto de que a marca agrega valor financeiro aos ativos de uma organização, especialmente no momento de sua venda. Por isso, o objetivo da vertente financeira sempre foi – e ainda é – desenvolver meios de apropriar esse valor aos balanços das empresas. Várias organizações procuraram criar metodologias para identificar o valor das marcas – a mais conhecida é da Interbrands. Já a vertente estratégica define *brand equity* como o valor líquido da marca. Sob esse ponto de vista, o *brand equity* é fruto de uma série de ações estratégicas das empresas as quais resultam na imagem, na força e na fidelidade à marca.[19]

Em geral, observa-se que o conceito não tem um sentido único, sendo desprovido de uma abordagem que permita obter uma definição consensual e objetiva entre os pesquisadores e autores da área. O Instituto de Ciências de Marketing, por exemplo, define *brand equity* da seguinte maneira:

> É o valor agregado ao nome que é recompensado pelo mercado com maiores margens de lucros ou participação de mercado. Os consumidores ou distribuidores podem ver o valor de uma marca como um ativo financeiro e/ou como um conjunto de comportamentos ou associações favoráveis à marca.[20]

Diversos outros autores conceituam o valor de marca tangenciando essa definição. Repare que ela destaca o papel dos pontos centrais que modulam o conceito de *brand equity*, incluindo o valor que a marca agrega ao produto. Sem o valor da marca, o desempenho do mesmo produto é, normalmente, inferior.[21] Embora sejam aspectos evidentemente necessários e inerentes ao conceito, eles ainda caem no vazio e pouco contribuem para dar a verdadeira dimensão do *brand equity*, pois precisam ser delimitados com mais precisão. Por isso, propomos aqui a definição de **brand equity** como o conjunto de atributos intangíveis que a marca consegue transferir para a oferta (produto ou serviço) da empresa, representado por todas as associações positivas (funcionais ou emocionais) relacionadas à marca e capaz de conferir o grau de prestígio e distinção que a oferta pode alcançar no mercado.[22]

A noção central que se procura desenvolver é a de que as marcas renomadas só conseguem esse alto grau de distinção por meio do *brand equity*. Isto é, elas estão fortemente posicionadas no mercado e possuem uma presença marcante na mente dos consumidores — o que Marder[23] denomina acessibilidade interna. A função da acessibilidade interna é indicar ao consumidor que marca deve ser escolhida no momento em que sente a necessidade de adquirir determinado produto, levando em conta os referenciais relativos a essa marca.

Vale ressaltar, no entanto, que o prestígio — ponto central da concepção proposta neste texto — não está relacionado apenas a produtos luxuosos ou de elevado glamour. Na verdade, ele pode estar relacionado tanto a produtos de elevado valor monetário — como as marcas Rolex, Cartier, Victor Hugo, entre outras — quanto a marcas de produtos de baixo valor agregado, como Bic e Bombril, produtos de consumo de massa.

> *Brand equity* é o conjunto de atributos intangíveis que a marca consegue transferir para a oferta (produto ou serviço) da empresa, representado por todas as associações positivas (funcionais ou emocionais) relacionadas à marca e capaz de conferir o grau de prestígio e distinção que a oferta pode alcançar no mercado.

Figura 14.5 — O prestígio — ponto central da concepção de *brand equity* proposta neste texto — não está relacionado apenas a produtos luxuosos ou de elevado glamour. Marcas ligadas a produtos de consumo de massa também podem lhes conferir prestígio. É o caso da marca Bic, sinônimo de economia e qualidade

Fonte: Léo Drumond/Folhapress.

Os aspectos atitudinais do *brand equity* centralizam-se na figura do consumidor e projetam ações para construção do conceito no longo prazo. O desenvolvimento do *brand equity* na perspectiva atitudinal desdobra-se em cinco estágios: funcional, econômico, psicológico, social e cultural.[24] Esses estágios são sequenciais e progressivos. O processo tem início com os estágios funcional e econômico, momentos em que o consumidor entra em contato com a marca e estabelece os primeiros elementos de associação e relacionamento com ela. Esses dois estágios iniciais são importantes e necessários para o desenvolvimento do *brand equity*. No entanto, são insuficientes; afinal, é a partir do estágio psicológico que o consumidor começa a atribuir os efeitos que diferenciam a marca das demais opções no mercado. Nesse estágio, o consumidor estabelece relações mais fortes e afetivas com a marca. Esse sentimento evolui para a aceitação social, quarto estágio do desenvolvimento atitudinal do *brand equity*, no qual a marca confere ao consumidor não apenas a aceitação, mas também, e acima de tudo, o reconhecimento por parte do grupo. Por fim, o *brand equity* assume um valor cultural: nesse estágio, a marca passa a fazer parte das representações do grupo, traduzindo mais do que significados genéricos; a partir daí, ela representa conceitos relacionados ao status dos indivíduos no grupo social.

O desenvolvimento do *brand equity* pode criar associações capazes de definir posições de mercado, que persistem durante longos períodos e resistem à concorrência agressiva. Contudo, é importante assinalar que pode ser necessário um investimento inicial e contínuo substancial, que não necessariamente resultará em lucros no longo prazo. O retorno, quando acontece, pode demorar décadas. Por isso, o gerenciamento do *brand equity* é difícil, exigindo paciência e visão.

Nessa perspectiva, o *brand equity* reúne um conjunto de ativos e passivos de uma marca, seu nome e seu símbolo, que é somado ou subtraído do valor que um produto ou serviço proporciona para a empresa ou seus clientes. Cabe ressaltar que os ativos e os passivos que compõem o *brand equity* devem estar ligados ao nome e ao símbolo da marca.

Os ativos e os passivos em que o *brand equity* se baseia variam de acordo com o contexto. Mesmo assim, eles podem ser agrupados, de maneira prática, em cinco categorias:

- *Fidelidade à marca*: a fidelidade da base de consumidores reduz a vulnerabilidade da ação competitiva. Os concorrentes podem se sentir desencorajados a investir recursos para atrair consumidores satisfeitos. Uma alta fidelidade implica, ainda, maior poder de barganha com o varejo, uma vez que os consumidores leais esperam que a marca esteja sempre disponível no ponto de venda.

- *Conhecimento do nome*: as pessoas tendem a comprar uma marca conhecida, pois se sentem confortáveis com o que lhes é familiar, visto que parece ser confiável, ter boa qualidade e ter vindo para ficar.

- *Qualidade percebida*: a qualidade percebida influencia diretamente as decisões de compra e a fidelidade à marca, especialmente quando o comprador não tem motivação ou capacidade para fazer uma análise detalhada. Além do mais, a percepção de qualidade pode servir de base para a extensão da marca. Se uma marca é bem conceituada em um segmento, é lógico supor que ela terá uma alta qualidade em um contexto correlato.

- *Associações à marca em acréscimo à qualidade percebida*: o valor subjacente do nome da marca frequentemente se baseia em associações específicas ligadas a ela, tais como credibilidade, confiança no serviço etc.

- *Outros ativos do proprietário da marca*: os ativos também podem tomar a forma de patentes, *trademarks*, relações com os canais de distribuição etc. Para serem relevantes, eles devem estar ligados à marca, levando em conta a distribuição, o valor de uma patente e os pontos comerciais.

Os ativos do *brand equity* geralmente acrescentam ou subtraem valor para os consumidores, ajudando-os a interpretar e acumular muitas informações sobre produtos e marcas. Como parte do seu papel em adicionar valor para o consumidor, o *brand equity* também é capaz de acrescentar valor para a empresa, por meio da geração marginal de fluxo de caixa. Para tanto, o *brand equity* pode ser usado para:

- dar destaque a programas que visam atrair novos consumidores ou reconquistar clientes antigos;
- ressaltar a fidelidade à marca — a qualidade percebida, as associações e o nome bem conhecido estimulam a compra e aumentam a satisfação de uso;
- proporcionar maiores margens, permitindo tanto a cobrança de um preço *premium* como a menor utilização de promoções;
- proporcionar uma plataforma para o crescimento via extensões da marca;
- dar novo impulso ao canal de distribuição;
- proporcionar uma vantagem competitiva que frequentemente representa uma barreira real para a concorrência.

O Instituto Ipsos atribui o desenvolvimento do *brand equity* a cinco fatores centrais: relevância, popularidade, qualidade, diferencial e familiaridade.[25]

- *Relevância*: diz respeito ao grau de importância que a marca tem para as pessoas, isto é, valores atribuídos à marca, seu prestígio e grau de reconhecimento.

O QUÊ?

O princípio de defeito zero, estabelecido pelo engenheiro Philip Crosby,[26] propõe a eliminação total dos erros de produção. Para provar a viabilidade de sua proposta, Crosby implementou o programa defeito zero na Martin Company, fábrica de material bélico nos Estados Unidos. As falhas eram identificadas em sua origem, evitando que o produto final apresentasse defeitos. Os funcionários também eram estimulados a executar seu trabalho com perfeição.

- *Popularidade*: diz respeito aos sentimentos que a marca desperta nas pessoas. Ser popular significa ser simpática, agradável e bem vista pelas pessoas. Certamente, a popularidade resulta, em grande parte, das ações de comunicação que promovem a marca.

- *Qualidade*: assume o sentido de produtos honestos, que cumprem muitíssimo bem sua função central, sem apresentar falhas — é o denominado defeito zero do produto.

- *Diferenciais*: remetem aos fatores associados à marca que a distinguem das demais ofertas do mercado.

- *Familiaridade*: representa o nível de conhecimento da marca, mesmo que o indivíduo não tenha acesso ao uso (ou consumo) da marca. Poucas pessoas têm acesso ao automóvel de luxo Mercedes, por exemplo; no entanto, ele desfruta de uma grande popularidade entre todas as classes sociais.

Gestão do valor das marcas

> **Valor em marketing** é o grau de importância que o consumidor atribui a um produto ou marca. Trata-se de um fator decisivo no estabelecimento da preferência do consumidor no processo de escolha de produtos e marcas que integrarão seu repertório de consumo.

Quais são os fatores de maior relevância que determinam o sucesso de um produto no mercado? A resposta a essa questão aponta para o que se chama **valor em marketing**, ou seja, o grau de importância que o consumidor atribui a um produto ou marca. Esse grau de importância é o fator decisivo no estabelecimento da preferência do consumidor no processo de escolha de produtos e marcas que integrarão seu repertório de consumo.

Conforme demonstra a Figura 14.6, o valor em marketing (V_m) é o resultado da divisão do nível de satisfação (S) obtido com o produto pelo esforço de compra (EC) necessário para adquiri-lo. Já a satisfação sempre resulta da comparação do desempenho (D) do produto com o nível de expectativa (E) que se estabeleceu antes de sua aquisição. Assim, um produto será valorizado à medida que obtiver relações favoráveis entre essas variáveis.

Por exemplo, uma pessoa que pretende comprar um automóvel nutrirá, durante a análise e a avaliação das alternativas, um conjunto de expectativas (E) que espera atender com a aquisição do veículo. A expectativa é, portanto,

Figura 14.6	Estrutura do valor em marketing

$$V_m = \frac{S = \frac{D}{E}}{EC}$$

uma projeção antecipada dos benefícios que se quer obter. Se o uso do produto e o desempenho (D) confirmarem — ou até mesmo superarem — as expectativas anteriores, o resultado será a sensação de satisfação (S) resultante do bom negócio realizado, uma vez que as expectativas do comprador foram atendidas.

É claro que a situação inversa provocaria um sentimento de frustração e, portanto, de insatisfação. Para promover a valorização de um produto ou marca, é necessário gerar a satisfação dos consumidores. Mas isso não é tudo. O valor em marketing só se concretiza caso a satisfação proporcionada pelo bom desempenho alinhado às expectativas iniciais tenha uma relação favorável com o esforço de compra (EC). O **esforço de compra** refere-se a tudo que uma pessoa tem de fazer para ter acesso a um produto e, finalmente, comprá-lo. Inclui o preço, as condições de pagamento, os locais em que o produto pode ser comprado, as condições de entrega e as instalações, entre outros fatores. O esforço de compra representa, assim, a soma de recursos financeiros, mentais, físicos e de tempo de que o comprador tem de dispor para adquirir o produto.

> O **esforço de compra** refere-se a tudo que uma pessoa tem de fazer para ter acesso a um produto e, finalmente, comprá-lo.

No desenvolvimento da oferta de valor ao mercado, o grau de importância (valor em marketing) pode ser obtido com a redução do esforço de compra, ou com um aumento no nível de satisfação, para recompensar o elevado nível de esforço empregado. Um produto de alto valor de marca, como uma caneta Montblanc, por exemplo, consegue compensar seu custo, muito elevado em comparação a canetas comuns, graças à sua capacidade singular de gerar satisfação aos usuários. Por outro lado, a caneta Bic também tem uma elevada capacidade de gerar valor em marketing, pois tem um baixíssimo nível de esforço de compra. Portanto, para obter vantagem competitiva, a empresa deve compor essa equação de satisfação e esforço de compra da melhor forma possível.

VEJA EM

No Capítulo 3, discute-se de forma mais detalhada o comportamento do consumidor.

O relacionamento entre marcas e fidelidade

A fidelidade a marcas é um tema muito desafiador para os administradores de marketing de uma maneira geral. Desfrutar de um grupo de consumidores leais à marca é um privilégio que tem se tornado mais escasso nos últimos tempos. O aumento da complexidade dos mercados e a intensificação da competição ocupam o topo da lista de justificativas para a redução do número de consumidores leais.

A proliferação e a descontinuação de marcas disponíveis no mercado têm aumentado constantemente. Isso atrapalha um dos principais aspectos ligados à percepção da marca: os atributos associativos, que possibilitam a construção da expectativa, fator-chave no desenvolvimento da fidelidade. Para falar em fidelidade, é necessário retornar ao princípio, ou seja, à fundamentação estrutural da marca em si.

Tratando-se de consumo, a marca é importante porque a distinção final de um produto se dá pelo valor da oferta, que é representado pela marca. A marca traduz, portanto, de maneira marcante e decisiva, o valor do uso para o comprador de determinado produto. Além disso, ela é o principal recurso do marketing responsável por criar fortes apelos para estabelecer a melhor relação possível entre o consumidor e o produto.

Em sentido paralelo, a fidelidade à marca é a tentativa do consumidor de garantir a manutenção da felicidade conquistada com o consumo do produto. É a busca de continuar experimentando a sensação de bem-estar proporcionada pela marca preferida. Assim, a fidelidade assume uma relação de continuidade entre o consumidor e a marca, na busca de bem-estar e satisfação pessoal.

O relacionamento consumidor-marca pode ser interpretado da seguinte maneira:[27]

> Quando um cliente é leal, ele apresenta um comportamento de compra definido como não aleatório, expresso ao longo do tempo por alguma unidade de tomada de decisões. O termo "não aleatório" é fundamental. O cliente leal tem uma tendência específica em relação àquilo que compra. Suas compras não ocorrem aleatoriamente. Além disso, o termo lealdade denota uma condição relativamente duradoura e exige que a ação de comprar ocorra no mínimo duas vezes.

A regularidade de compras ou a relação duradoura é estabelecida como compra continuada. Aqui, entende-se por **relação duradoura** um ciclo de compra de produto ou serviço que pode variar de duas ocorrências (como a aquisição de dois imóveis da mesma construtora) a centenas de vezes (como o corte de cabelo no mesmo salão) dentro de um determinado período. Em outras palavras, esse tipo de relação ocorre, ao menos durante certo tempo, quando o consumidor repete consistentemente a compra de uma mesma marca de determinado tipo de produto. Por exemplo, uma dona de casa pode escolher mensalmente, durante anos a fio, a marca Omo ao adquirir sabão em pó para sua residência.

A relação que se estabelece entre a consumidora e a marca do sabão em pó deriva de "apelos" coletivos exercidos pela marca. É bem verdade que muitas vezes esses apelos são criados sobre formas de atrativos especiais. Os programas de relacionamento são um bom exemplo dessa prática.

Quando fixadas na mente das pessoas, as marcas reforçam os sentimentos de segurança, confiança, tradicionalidade, entre outros. Na maioria das vezes, esses sentimentos são fatores determinantes da fidelidade dos consumidores, por reforçarem as expectativas em relação ao consumo.

Esses fatores do reforço da compra na configuração da fidelidade a marcas são vistos como oriundos de duas vertentes: a atitudinal e a comportamental.[28] Segundo Clancy e Schulman, a primeira refere-se ao sentimento das pessoas com relação à marca. Já a vertente comportamental designa a ação, ou seja, o ato de comprar. Parece estranha essa separação, uma vez que atitude e comportamento estão intrinsecamente ligados e, portanto, não permitem supor que ocorram separadamente. Por isso, é preferível atribuir níveis de intensidade para a ocorrência da fidelidade, em vez de origens. Assim, um dos fatores determinantes da fidelidade é, sem dúvida, a percepção do risco. Quanto maior o risco envolvido no processo de compra, tanto maior será a busca de garantias por parte do consumidor. Nesse contexto, a marca é um importante reforçador positivo durante a escolha. Cabe salientar que a percepção de risco pode envolver não apenas fatores financeiros (nesse caso, o que importa é o valor absoluto do bem em relação ao nível de renda do consumidor), mas também outras variáveis, tais como qualidade (especialmente em alimentos e higiene pessoal), desempenho e durabilidade (produtos eletroeletrônicos), entre outras. Do ponto de vista financeiro, por exemplo, uma guloseima raramente representa o mesmo risco que a compra de um automóvel ou uma casa.

Um dos exemplos clássicos de fidelidade é a marca Harley-Davidson, que desperta verdadeiras paixões no seu público em todo o mundo. Seu carisma é tão forte que as pessoas, além de estarem dispostas a brigar por ela, formam verdadeiras comunidades de seguidores, com clubes e outros tipos de agremiações que se reúnem regularmente para expressar o valor e o apreço à marca.

Exemplos como esses mostram que as pessoas podem amar não só outras pessoas, mas também marcas. A fundamentação básica da fidelidade é a

Figura 14.7 — A Harley-Davidson é um dos exemplos clássicos de fidelidade à marca. Seus fãs formam verdadeiras comunidades de seguidores, com clubes e outros tipos de agremiações que se reúnem regularmente para expressar o valor e o apreço à marca

Fonte: Caio Esteves/Folhapress.

expectativa (nível de intensidade da busca do prazer, do bem-estar ou da felicidade) que o consumidor desenvolve com relação a um produto. Aqui, a expectativa fica em evidência, em vez da necessidade. Afinal, a expectativa envolve aspectos sentimentais do consumo, criando laços muitíssimo mais fortes entre consumidor e marca. A necessidade, por sua vez, ocupa um plano mais racional, em que o envolvimento tende a ser menor.

Assim, a compra de uma marca específica (que denota o comportamento leal) só ocorrerá se a expectativa for forte o suficiente para induzir o indivíduo a tal. Já a necessidade pode, quando muito, levar as pessoas a comprar apenas para atender a uma carência. Note que não há garantia de fidelidade no consumo motivado por necessidade: a compra pode recair sobre produtos da marca ou ocorrer aleatoriamente, o que configuraria um comportamento não leal. Nos casos de necessidade, a compra é fundamentada em fatores diversos, como preço, facilidade de acesso, e assim por diante. O fator discriminador nessa questão é, na verdade, o nível do envolvimento do consumidor com a marca no processo da compra. A expectativa gera, por assim dizer, um envolvimento maior do que o gerado pela necessidade.

É possível concluir, portanto, que as estruturas intrínsecas do consumo modelam comportamentos e estabelecem relações de fidelidade. Trata-se de uma conotação mitológica da existência humana no plano individual e coletivo das interações sociais, no qual é construído o campo do consumo — mais especificamente, o consumo das marcas.

O ciclo da fidelidade à marca

A partir das premissas que levam as pessoas a desenvolver fidelidade a uma marca, é possível construir o modelo do ciclo da fidelidade, como modo de explicar o processo de adoção. Esse modelo apresenta as etapas que, de maneira encadeada, levam um indivíduo a adotar uma marca, assumindo, portanto, um comportamento leal a ela.

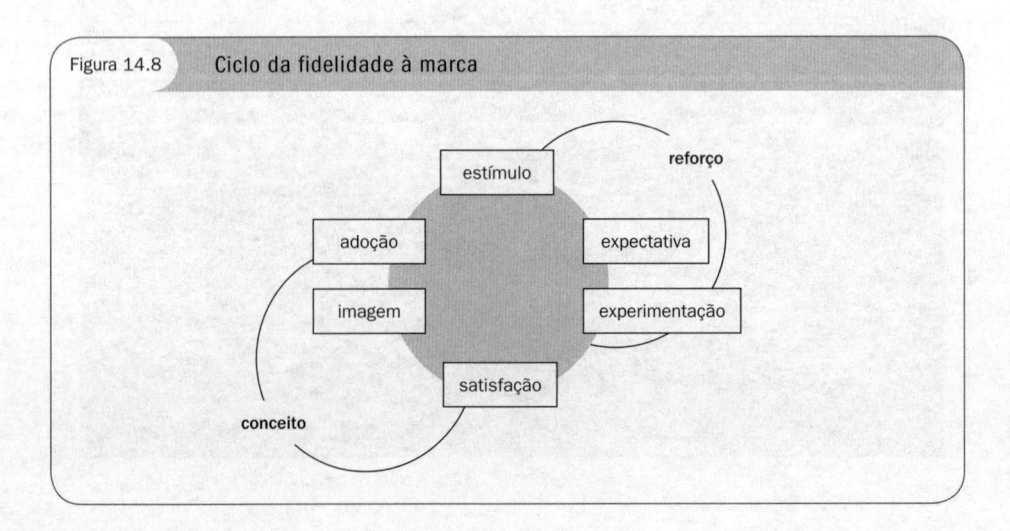

Figura 14.8 — Ciclo da fidelidade à marca

(estímulo — reforço — expectativa — experimentação — satisfação — conceito — imagem — adoção)

O modelo do ciclo da fidelidade, mostrado na Figura 14.8, procura evidenciar a maneira como ocorre a fidelidade, partindo, em um primeiro momento, do estímulo inicial. Esse estímulo pode ser, por exemplo, a indicação de um amigo, ou um comercial veiculado na TV e apoiado por cartazes e promoção de vendas no supermercado, entre outros. Vale ressaltar que é possível que vários estímulos ocorram simultaneamente. Esse conjunto de estímulos gera uma expectativa inicial no consumidor com relação ao produto anunciado e em promoção. Nesse exemplo, partimos do pressuposto de que se trata de um produto novo no mercado ou desconhecido pelo consumidor.

Para que a expectativa seja forte o suficiente para levar o indivíduo a comprar o produto, é preciso trabalhar com o maior número de variáveis possível ligadas à manifestação do valor de uso. Dependendo da intensidade da expectativa, o consumidor comprará e experimentará o produto. A sensação pós-compra consolidará ou não a expectativa inicial, determinando a satisfação ou a insatisfação (nesse caso, não há formação da fidelidade) com o produto. Se a sensação for positiva, o consumidor criará uma imagem favorável ao produto. Em um primeiro momento, essa imagem será adotada temporariamente. Se a essa sensação forem somados novos estímulos reforçadores, o estado de expectativa será mantido e novas compras (recompras) serão efetuadas. Uma vez confirmadas as sensações iniciais de satisfação com o produto, o conceito da marca será formado e a fidelidade a ela será concretizada. Em suma, o ponto fundamental para obter a fidelidade à marca é o desenvolvimento correto da expectativa do consumidor.

> **VEJA EM**
>
> O Capítulo 1 também aborda a relação entre construção de expectativa e fidelidade à marca.

As questões culturais e de marketing são centrais no modelo proposto para o estabelecimento da fidelidade. À semelhança do trecho do "Soneto da fidelidade", de Vinícius de Moraes, que diz "que não seja imortal, posto que é chama", a fidelidade à marca também sofre seus reveses, podendo ser extinta quando a concorrência lança novos apelos ligados à curiosidade, à inovação etc. Além disso, os consumidores também podem abandonar um comportamento fiel, caso estejam insatisfeitos com a marca comprada regularmente. Na prática, problemas relacionados à insatisfação ocorrem com uma frequência impressionante. Isso se deve ao fato de o interesse da maioria dos fabricantes estar focado exclusivamente na obtenção de lucro, em detrimento do encantamento do cliente. Em outros casos, a quebra da fidelidade à marca pode ser provocada pela ausência do produto no local habitual de compra, o que faz com que o consumidor compre uma marca alternativa.

O caminho que leva ao "coração" do consumidor não é dos mais fáceis de trilhar. É preciso, antes de tudo, estar na mente das pessoas. Para tanto, não basta lançar propagandas intensas. É claro que a comunicação é muito importante, mas não é o suficiente. Em primeiro lugar, a empresa deve cumprir todas as promessas feitas ao público.

Além disso, o consumidor tem de sentir que o preço é justo e adequado, compatível com o custo de produtos substitutos. Isso faz lembrar uma antiga marca de sabonete: Vale Quanto Pesa. As vantagens que o produto tem em relação aos concorrentes devem ser sempre claramente evidenciadas no processo de comunicação da empresa, seja em anúncios de rádio, TV, jornal, entre outros tipos de mídias, seja no rótulo do produto, ou mesmo em ações promocionais de vendas, como demonstração etc. A sensação de ganho para o consumidor é vital para reforçar positivamente a satisfação do uso e da posse. Todo material de comunicação visual da marca deve ser utilizado corretamente. Símbolos, cores, formas e texturas, por exemplo, devem combinar de maneira harmoniosa e "saltar aos olhos" das pessoas. Por fim, é necessário inovar sempre.

No mundo dos negócios, ou seja, nas estruturas sociais, a realidade não pode ser controlada. O máximo que as pessoas podem fazer é influenciar umas às outras, na busca de respostas específicas. Sendo assim, é muito difícil estabelecer uma relação de fidelidade com o consumidor. Porém, quando as condições básicas de incentivos (satisfação plena, distribuição eficiente e forte apelo de comunicação) são firmemente mantidas, é possível, até certo ponto, garantir o nível de fidelidade, sobretudo quando ela repousa na tradicionalidade (mito do consumo) ou na confiabilidade (segurança com o produto).

ESTUDO DE CASO

Apple passa Google em *ranking* mundial das marcas mais valiosas

DE SÃO PAULO

Fonte: IBook, de Dora Mitsonia/Stock xchng®.

A Apple quebrou quatro anos de hegemonia do Google e se tornou a marca mais valiosa do mundo, de acordo com o *ranking* de marcas BrandZ divulgado nesta segunda-feira pela agência de pesquisa de marketing Millward Brown.

Petrobras avança na lista de mais valiosas

A marca teve uma valorização de 84 por cento em relação à avaliação do ano passado, e seu valor é estimado em US$ 153,285 bilhões. Já o Google teve um recuo de 2 por cento no valor da marca, para US$ 111,498 bilhões neste ano.

Para o *ranking* das marcas, a agência cruza dados financeiros das empresas com avaliações de consumidores e analistas do setor, além de estimar um potencial de crescimento para a companhia no futuro.

De 2009 para 2010, o valor das cem marcas mais valiosas do mundo cresceu 17 por cento. A soma dos valores individuais chegou a US$ 2,4 trilhões. A agência compara a alta nos valores com um crescimento médio de 13 por cento em mercados de capitais no mundo.

Entre as cinco marcas mais valiosas na lista de 2010, quatro são de tecnologia (Apple, Google, Microsoft e IBM). A exceção é a rede de alimentação McDonald's, na quarta posição, e cujo valor da marca é estimado em US$ 81,016 bilhões.

As empresas de tecnologia também marcaram as maiores valorizações nesta edição do *ranking*. Com uma alta de 246 por cento, o Facebook liderou essa lista e estreou no ranking na 35ª posição. O site de buscas chinês Baidu obteve a segunda maior alta. A marca chinesa subiu 141 por cento — para US$ 22,555 bilhões — e saiu da 75ª posição, em 2009, para o 29ª lugar.

As dez marcas mais valiosas:

1. Apple
2. Google
3. IBM
4. McDonald's
5. Microsoft
6. Coca-Cola
7. AT&T
8. Marlboro
9. China Móbile
10. General Electric

Questões para o caso

1. Considerando-se o avanço do valor de marca das empresas de tecnologia, que estratégias as empresas dos outros setores de atividade podem implementar para retomar a força que tinham até pouco tempo atrás?
2. Escolha uma das marcas Top 10 e proponha extensões da marca escolhida para outras categorias de produtos, explicando o porquê de a proposta ser adequada para a continuidade do desenvolvimento da marca.
3. Além do fato de muitas das marcas Top 10 pertencerem ao setor de tecnologia, apresente outros aspectos em comum.

RESUMO

- Embora esteja relacionada apenas ao "P" do produto, a marca merece atenção especial, por sua capacidade de gerar valor financeiro e percebido.
- Desde seu surgimento, as marcas são utilizadas para identificar os produtos e diferenciá-los dos demais.
- Atualmente, as marcas são ligadas à ancoragem dos produtos, contribuindo para o estabelecimento dos referenciais de marketing.
- Marca é o conjunto de referenciais físicos e simbólicos capazes de influenciar e até determinar a preferência pelos produtos, tomando por base a oferta de valor a ela associada.
- As marcas podem ser classificadas como marca do fabricante ou marca do canal de distribuição.
- A estrutura da marca é composta por atributos funcionais e emocionais, além de valores de imagem, personalidade e representações visuais.
- Quando bem construída, uma marca é capaz de estabelecer um vínculo afetivo com os clientes.
- Um dos elementos mais críticos para a formação do valor da marca é conseguir estar na mente dos clientes.
- O *brand equity* reúne um conjunto de ativos e passivos de uma marca o qual é somado ou subtraído do valor que um produto proporciona para uma organização e seus clientes.
- A gestão da marca é fundamental para a geração de valor para o cliente.

QUESTÕES

1. Qual é a origem das marcas? Qual é a importância da sua gestão para o campo dos negócios?

2. Como podem ser classificadas as marcas? Quais são as suas subdivisões?

3. Quais são os atributos associativos que compõem a estrutura das marcas? Como são divididos?

4. O que é *brand equity*? Qual é a sua importância para a gestão das marcas em um contexto competitivo?

5. Qual é o fator determinante para a formação da fidelidade à marca?

NOTAS

1. SCHULTZ, D. E.; BARNES, B. E. *Campanhas estratégicas de comunicação de marca*. Rio de Janeiro: Qualitymark, 2001.
2. KELLER, K. L. *Strategic brand management*. Upper Saddle River: Prentice Hall, 1998.
3. Ibidem.
4. NILSON, T. H. *Competitive branding*. Chichester: Wiley, 1998.
5. BOONE, L.; KURTZ, D. *Marketing contemporâneo*. Rio de Janeiro: LTC, 2008; ETZEL, M.; WALKER, B.; STANTON, W. *Marketing*. São Paulo: Makron, 2001; McCARTHY, E. J.; PERREAULT, W. D. *Marketing essencial*. São Paulo: Atlas, 1997; PRIDE, W.; FERREL, O. *Marketing*. Rio de Janeiro: LTC, 2000.
6. BENNETT, P. D. (Org.). *Dictionary of marketing terms*. Chicago: AMA, 1995, p. 26.
7. SERRALVO, F. A. *A influência das marcas na formação cultural dos usos e costumes*. Tese (Doutorado em ciências sociais). Pontifícia Universidade Católica de São Paulo, 1999.
8. Ibidem.
9. Ibidem, p. 109.
10. Ibidem, p. 109.
11. BOONE, L.; KURTZ, D., op. cit.; CHURCHILL JR., G.; PETER, J. *Marketing*. São Paulo: Saraiva, 2000; ETZEL, M. et al., op. cit.; PRIDE, W.; FERREL, O., op. cit.
12. BOONE, L. E.; KURTZ, D. L., op. cit.
13. SEMENIK, R. J.; BAMOSSY, G. J. *Princípios de marketing*. São Paulo: Makron, 1996.
14. NICKELS, W. G.; WOOD, M. B. *Marketing*. Rio de Janeiro: LTC, 1999. ETZEL, M. et al., op. cit., p. 231.

15. KOTLER, P. *Administração de marketing.* 12. ed. São Paulo: Pearson Prentice Hall, 2006, p. 305.
16. RIES, A.; TROUT, J. *Posicionamento:* a batalha pela sua mente. São Paulo: Pioneira, 2002, p. 199.
17. HOUAISS, A. *Dicionário Houaiss da língua portuguesa.* Rio de Janeiro: Objetiva, 2001, p. 1183.
18. WEBSTER'S. *The new lexicon Webster's encyclopedic dictionary of the English language.* Nova York: Lexicon, 1991, p. 319.
19. FELDWICK, P. Para que serve o valor líquido da marca? *Revista HSM Management,* n. 7, mar-abr. 1998.
20. SANTESMASES, M. *Términos de marketing.* Madri: Pirámide, 1996, p. 902.
21. SRIVASTAVA, R.; SHOCKER, A. *Brand equity:* a perspective on its meaning and measurement. Cambridge: MSI, 1991, p. 12; AAKER, D. *Managing brand equity.* Nova York: Free, 1991, p. 15; McQUEEN, J. Leveraging the power of emotion in building brand equity. *ARF Proceeding,* fev. 1991, p. 5; KELLER, K., op. cit.
22. SERRALVO, F. A. apud KELLER, K.; MACHADO, M. *Gestão estratégica de marcas.* São Paulo: Pearson, 2006, p. 30.
23. MARDER, E. *The laws of choice.* Nova York: Free, 1997.
24. CHRISTIANI, A. *Exploring brand equity.* Nova York: ARF, 1995.
25. IPSOS, Instituto. Disponível em: <http://www.ipsos.com.br>. Acesso em: 2 maio 2005.
26. CROSBY, P. *Quality is free.* Nova York: McGraw-Hill, 1979.
27. GRIFFIN, J. *Como conquistar e manter o cliente fiel.* São Paulo: Futura, 1998, p. 14-15.
28. CLANCY, K.; SCHULMAN, R. *Mitos do marketing que estão matando os seus negócios.* São Paulo: Makron, 1995, p. 91.

15

MARKETING DE SERVIÇOS

OBJETIVOS DE APRENDIZAGEM

Após ler este capítulo, você será capaz de:

- Discutir a importância do setor de serviços na economia.
- Relacionar as principais diferenças entre bens e serviços.
- Elencar as decisões de marketing relacionadas a serviços.
- Apresentar as dimensões do marketing de serviços e suas interfaces.

O marketing surgiu focado em produtos físicos, como uma maneira de permitir diferenciá-los e adequá-los às necessidades e aos desejos do mercado, reduzindo o esforço de venda. Os capítulos anteriores apresentaram as diversas atividades, ferramentas e decisões relacionadas ao marketing. Agora, você conhecerá os importantes aspectos que diferenciam os produtos físicos dos serviços. Além disso, entenderá por que o marketing aplicado a serviços é fundamental.

O objetivo deste capítulo é, portanto, apresentar as peculiaridades do marketing das organizações prestadoras de serviços, suas diferenças em relação aos produtos tangíveis e as principais decisões relacionadas ao marketing de serviços.

15.1 REPRESENTATIVIDADE DO SETOR DE SERVIÇOS

À medida que aumenta o desenvolvimento tecnológico e as interações sociais tornam-se complexas, a estrutura econômica dos países passa a concentrar grande parte da sua força em serviços. Aliás, nas mais diversas economias, o crescimento do setor de serviços é tanto causa quanto consequência do processo de desenvolvimento social.[1]

No Brasil, especificamente, a representatividade econômica do setor de serviços aumentou nos anos 1980 e 1990, tendência que se mantém até os dias de hoje, como mostra a Figura 15.1.

Em termos de estrutura econômica nacional, a representatividade do setor terciário em relação ao PIB dos países é, em geral, bem maior que a dos setores primário e secundário, conforme ilustra o Quadro 15.1. De acordo com esse quadro, houve queda expressiva nos setores primário e secundário. Já o setor terciário cresceu no que diz respeito à representatividade na economia de todos os países considerados, com exceção da China — país que concentra atualmente grande parte da produção industrial mundial em virtude das condições favoráveis dos seus fatores de produção, com destaque para a baixa remuneração da mão de obra.

15.2 ASPECTOS FUNDAMENTAIS DOS SERVIÇOS E DE SUA GESTÃO

Embora não seja fácil definir o termo *serviços*, precisamos tentar fazê-lo, porque o domínio desse conceito apresenta as seguintes utilidades:[2]

- é um ponto de partida para o ensino e a pesquisa, pois permite exames mais detalhados da realidade;

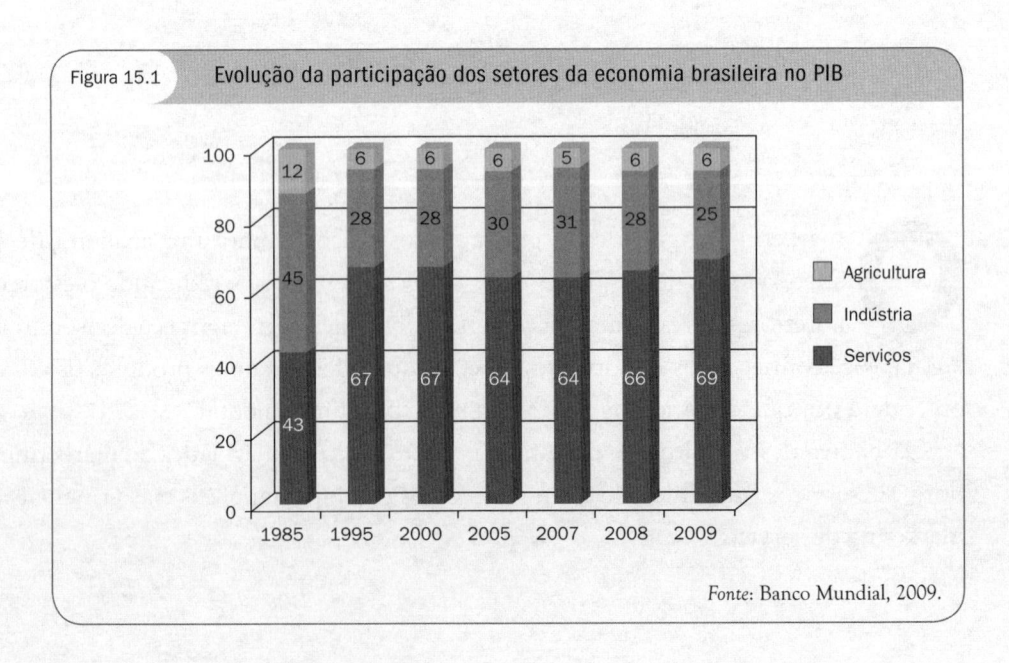

Figura 15.1 — Evolução da participação dos setores da economia brasileira no PIB

Ano	Agricultura	Indústria	Serviços
1985	12	45	43
1995	6	28	67
2000	6	28	67
2005	6	30	64
2007	5	31	64
2008	6	28	66
2009	6	25	69

Fonte: Banco Mundial, 2009.

Quadro 15.1 Participação dos setores da economia no PIB em países selecionados

Setor	Agricultura								Indústria								Serviços							
País	1985	1995	2000	2005	2007	2008	2009		1985	1995	2000	2005	2007	2008	2009		1985	1995	2000	2005	2007	2008	2009	
Argentina	8	6	5	9	9	10	8		39	28	28	36	34	32	32		53	66	67	55	57	58	61	
Brasil	12	6	6	6	6	6	6		45	28	28	30	31	28	25		43	67	67	65	67	66	69	
Estados Unidos	2	2	1	1	1	1	-		31	26	24	23	22	21	-		67	72	75	76	77	77	-	
México	10	6	4	4	4	4	4		35	28	28	26	35	36	35		55	66	68	70	61	60	61	
Portugal	15	6	4	3	2	2	2		30	28	28	25	25	24	23		55	66	69	72	73	73	75	
Espanha	6	5	4	3	3	3	3		34	29	29	29	29	28	26		59	66	66	67	68	69	71	
França	4	3	3	2	2	2	2		29	25	23	21	21	20	23		66	72	74	77	77	78	79	
Reino Unido	2	2	1	1	1	1	3		40	32	28	24	23	23	21		58	66	71	75	76	77	78	
Índia	31	26	23	19	18	18	18		26	28	26	29	29	28	27		43	46	50	52	53	54	55	
China	28	20	15	13	11	11	10		43	47	46	48	47	47	46		29	33	39	40	42	42	43	
Japão	3	2	2	2	1	1	-		40	34	32	30	24	28	-		57	64	66	69	69	71	-	

Fonte: Banco Mundial, 2011.

- permite às organizações evitar o estreitamento de perspectivas, orientando e conduzindo a objetivos e ações mais acurados;
- torna a discussão coerente, à medida que diminui a dissonância relativa às interpretações.

A generalização excessiva do conceito de serviços é pouco útil, uma vez que estamos diante de uma categoria vasta. Por outro lado, o excesso de especialização dificulta a aplicabilidade e leva à confusão.[3]

Atualmente, uma quantidade imensa de ofertas consiste em bens intangíveis. Nas palavras de Grönroos:[4] "Uma máquina, ou quase qualquer produto, pode ser transformado em um serviço para um cliente, se a empresa fizer esforços de desenvolver uma solução sob medida para atender às demandas mais detalhadas daquele cliente".

É importante assinalar que "a maioria das empresas não está claramente baseada em serviços ou bens. Há uma amplitude entre o tangível e intangível ou oferta dominada por bens e serviços, referido como *continuum* de serviços".[5] A classificação oficial das atividades de serviços proporciona uma boa ideia da magnitude do setor. De acordo com o Instituto Brasileiro de Geografia e Estatística (IBGE), os serviços são divididos nas seguintes categorias:

- comércio, reparação de veículos automotores, objetos pessoais e domésticos;
- alojamento e alimentação;
- transporte, armazenagem e comunicações;
- intermediação financeira, seguros, previdência complementar e serviços relacionados;
- atividades imobiliárias, aluguéis e serviços prestados a empresas;
- administração pública, defesa e seguridade social;
- educação;
- saúde e serviços sociais;
- outros serviços coletivos, sociais e pessoais;
- serviços domésticos;
- organismos internacionais e outras instituições extraterritoriais.

> Em uma definição simples, **serviços** são ações, processos e atuações. Tanto podem ser a base da oferta, quando o benefício principal é proporcionado por aspectos intangíveis, quanto podem representar aspectos acessórios, quando o benefício principal é proporcionado por aspectos tangíveis.

Em uma definição simples, os **serviços** são "ações, processos e atuações".[6] A amplitude desse conceito engloba não apenas as ofertas das empresas de serviços, mas também, em muitos casos, os bens de empresas manufatureiras com aspectos complementares intangíveis. Em outras palavras, os serviços tanto podem ser a base da oferta, quando o benefício principal é proporcionado por aspectos intangíveis, quanto podem representar aspectos acessórios, quando o benefício principal é proporcionado por aspectos tangíveis. As figuras 15.2 e 15.3 apresentam exemplos dessas duas situações, tomando por base, respectivamente, um meio de hospedagem e um computador pessoal.

Os serviços também podem ser definidos como "qualquer ato ou desempenho, essencialmente intangível, que uma parte pode oferecer a outra e que não resulta na propriedade de nada".[7] Na verdade, trata-se de disponibilizar um benefício ao cliente, sem que seja fundamental obter algo tangível para usufruir dele.

Por exemplo, um curso superior ou uma pós-graduação não propicia a posse de algo tangível que represente todo o esforço realizado por um aluno e o conhecimento que ele adquiriu. Por isso, é importante que as instituições de ensino zelem por sua imagem, por seu posicionamento e pela qualidade de seus cursos.

Como a definição de serviços engloba uma imensa quantidade de produtos intangíveis, generalizações a seu respeito são difíceis, quando não equivocadas. É preciso considerar outros aspectos para obter um refinamento das diversas naturezas que compõem os serviços; assim, torna-se mais fácil tecer considerações apropriadas. Uma classificação bastante útil é a seguinte:[8]

- *Bem tangível:* o benefício disponibilizado ao mercado é baseado em aspectos puramente físicos, desprovidos de serviços, tal como ocorre no caso do creme dental ou do sal.

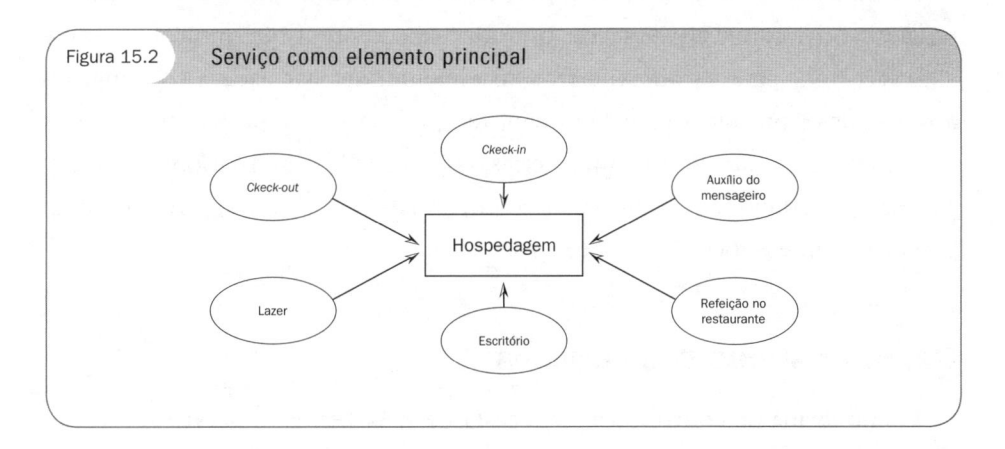

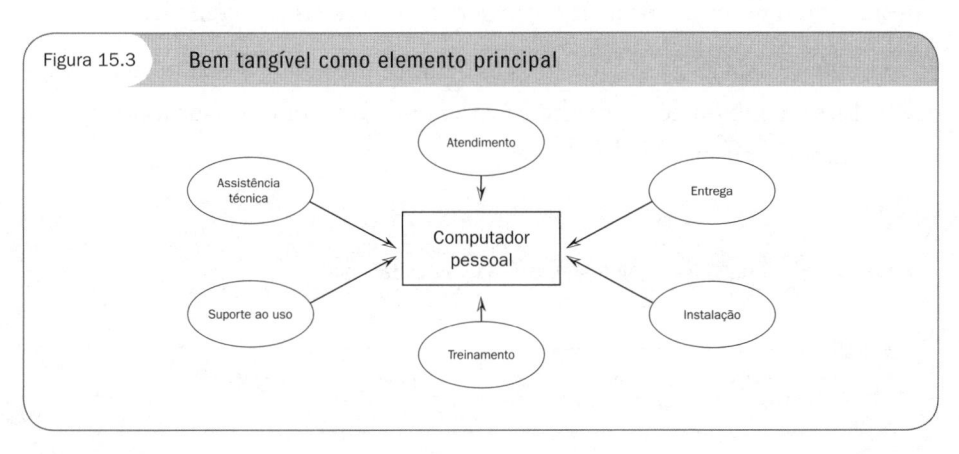

Figura 15.2 — Serviço como elemento principal

Hospedagem: Ckeck-in, Ckeck-out, Auxílio do mensageiro, Lazer, Escritório, Refeição no restaurante

Figura 15.3 — Bem tangível como elemento principal

Computador pessoal: Atendimento, Assistência técnica, Entrega, Suporte ao uso, Treinamento, Instalação

- *Bem tangível acompanhado de serviços:* o benefício ofertado ao mercado é baseado, essencialmente, em aspectos físicos, com a adição de serviços de apoio e complementares. Esses serviços adicionais permitem usufruir plenamente do benefício principal. É o caso dos automóveis e dos aparelhos de televisão, que contam com serviços de manutenção e garantia, por exemplo.

- *Bem híbrido:* a oferta contempla, em medida similar, tanto aspectos físicos quanto intangíveis. A oferta dos restaurantes é um exemplo de bem híbrido.

- *Serviço acompanhado de bem tangível:* o benefício ofertado ao mercado baseia-se essencialmente em aspectos intangíveis, com a adição de aspectos físicos de apoio e complementares. Esses aspectos físicos são adicionados para permitir que o cliente usufrua plenamente do serviço adquirido. É o caso do transporte aéreo.

- *Serviço:* o benefício disponibilizado ao mercado é baseado em aspectos puramente intangíveis, desprovidos de aspectos físicos, tal como ocorre no caso de um corte de cabelo ou de uma massagem.

A Figura 15.4 representa essas quatro categorias em um *continuum* de tangibilidade, indo desde o bem tangível até o serviço puramente intangível.

Atualmente, é difícil dar exemplos de produtos que sejam absolutamente tangíveis ou intangíveis, uma vez que um expediente a que muitas organizações recorrem para se diferenciar é, justamente, agregar aspectos intangíveis aos benefícios proporcionados por bens tangíveis, e vice-versa. Assim, empresas que eram sinônimos de manufatureiras, como a IBM (International Business Machine), tradicional produtora de equipamentos de informática, alteraram completamente o foco do seu negócio.

Características dos serviços

Como forma de contribuir para a gestão do marketing de serviços, diversos autores apresentam uma classificação genérica das suas características:

- *Intangibilidade:* os serviços não podem ser tocados, segurados nem vistos. Eles englobam desempenho e processos, o que dificulta sua avaliação por parte do público-alvo.

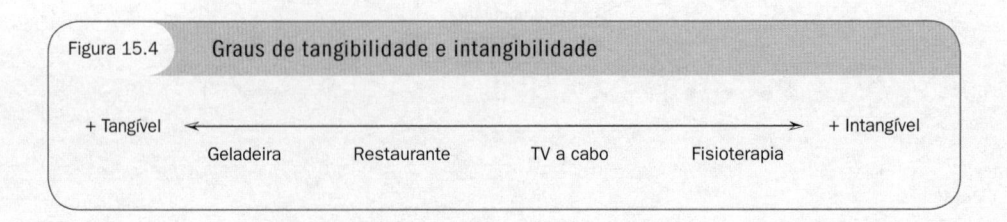

Figura 15.4	Graus de tangibilidade e intangibilidade

+ Tangível ←―――――――――――――――――――――――――→ + Intangível

Geladeira   Restaurante   TV a cabo   Fisioterapia

- *Heterogeneidade ou inconsistência*: os serviços apresentam, por sua própria natureza, certa variabilidade. Afinal, sua "entrega" depende da interação humana.

- *Inseparabilidade*: os serviços, normalmente, são entregues ao mesmo tempo que são produzidos. Não é possível separar o prestador do serviço do serviço propriamente dito. O nível de interação entre as partes envolvidas depende do grau de presença física necessária para receber o serviço.

- *Perecibilidade ou inventário*: os serviços não podem ser estocados como os bens e, por essa razão, os custos associados são mais subjetivos e relacionados à capacidade de produção.

Por um lado, as características dos serviços impõem aos prestadores desafios semelhantes aos enfrentados por quem trabalha com bens tangíveis. Por outro, permitem o aproveitamento de oportunidades específicas, que não poderiam ser abordadas da mesma maneira pelas ofertas essencialmente tangíveis. Para atenuar os possíveis pontos fracos dos serviços, convém seguir caminhos que contribuam para a tomada de decisão de compra do público-alvo.[9]

No caso da *intangibilidade*, a empresa pode descrever os benefícios proporcionados pelo serviço para o público-alvo de modo a tentar torná-lo tangível, ao menos em partes complementares e suplementares. Com isso, ela consegue criar evidências que deixam claro para o consumidor o que será entregue. No que diz respeito à *heterogeneidade*, cabe à organização treinar os funcionários e definir um grau de padronização com base nos interesses do público-alvo e nas capacidades da empresa. Para superar o desafio da *inseparabilidade*, é importante, dependendo do interesse do cliente, promover ou evitar a interação pessoal. Por último, em relação à *perecibilidade*, a empresa deve administrar a demanda de maneira eficaz e adotar políticas salariais variáveis.

Além dessas características, que são importantes para diferenciar os bens dos serviços, devemos levar em conta alguns fatos que podem ocorrer em maior ou menor grau na prestação de serviços, cuja compreensão contribui para a correta condução do trabalho de marketing. Trata-se dos seguintes fatos:[10]

- *Os clientes não obtêm propriedade sobre os serviços* — pelo menos não de maneira permanente, como no caso de uma hospedagem ou do aluguel de uma roupa.

- *Os produtos dos serviços são realizações intangíveis*, pois os benefícios não decorrem de características físicas, mas sim da natureza da realização. O conforto oferecido por um quarto de hotel e o bem-estar relacionado ao aluguel de uma roupa diferenciada são exemplos disso.

- *Há maior envolvimento do cliente no processo produtivo*, afinal sua contribuição é fundamental para o sucesso de sua relação com a empresa.

- *Pessoas da empresa e mesmo outros clientes podem fazer parte da prestação do serviço*, pois o contato é parte dessa prestação, como ocorre em um jogo de futebol ou em uma peça de teatro.

- *Há grande variação nos insumos e produtos operacionais*, porque há muitas pessoas envolvidas no sistema de criação e entrega dos serviços, o que torna difícil definir e controlar padrões. Em alguns casos, os próprios clientes podem exigir essas variações.

- *O cliente tem mais dificuldade na hora de avaliar serviços do que bens tangíveis*, uma vez que muitos referenciais são subjetivos, dependendo da interação e do consumo. Já as características físicas são mais facilmente conhecidas e valoradas.

- *Há ausência de estoques*, porque o serviço é uma ação ou realização. Ainda que haja capacidade produtiva, o serviço só é, de fato, criado no momento de sua solicitação.

- *O tempo é muito importante*, já que o cliente deve ficar à disposição para receber e utilizar o serviço. Isso explica o repúdio por longos períodos de espera.

- *A entrega pode envolver apenas canais eletrônicos*, pois a realização do serviço pode prescindir da entrega de algo físico. É o caso do pagamento de uma conta via Web.

Classificação dos serviços

Por conta das inúmeras ofertas de serviços, seu agrupamento ou classificação é fundamental para que possamos compreender que fatores devem ser levados em conta durante a estruturação da operação e dos processos, a fim de satisfazer as expectativas dos clientes. Os serviços podem ser agrupados com base em sete variáveis:[11]

- *Grau de tangibilidade ou intangibilidade*: pode haver grande variação dentro do escopo de serviços, conforme vimos na Figura 15.4.

- *Destinatário direto*: as interações podem ser mais ou menos intensas, requerendo maior ou menor participação do cliente no processo.

- *Tempo e lugar da entrega*: cada serviço pode requerer maior ou menor rapidez e ser realizado em diversos lugares, incluindo uma fábrica de serviços (uma pizzaria), uma residência (como os serviços de manicure e pintura) ou um escritório, por exemplo.

- *Grau de personalização ou padronização*: pode variar de acordo com as expectativas e os interesses dos clientes e também com a estrutura competitiva de um determinado mercado.

- *Natureza da relação com os clientes*: pode ser mais ou menos intensa e requerer maior ou menor grau de formalismo, como ocorre com uma operadora de telefonia móvel ou com um ônibus urbano.

- *Equilíbrio entre oferta e demanda*: determinados serviços possuem maior sazonalidade que outros. Um restaurante universitário, por exemplo, tem baixa procura durante as férias. Já uma barbearia em um centro comercial conta com uma demanda perene.

- *Instalações, equipamentos e pessoal que participa da experiência*: a intensidade da interação e os benefícios buscados pelo cliente exercem influência importante sobre a operação de serviços.

Vale ressaltar que os serviços também podem ser agrupados de acordo com suas etapas e sequências (ou seja, de acordo com seu grau de *complexidade*) e, também, de acordo com a *variabilidade* dessas etapas e sequências — que, por serem variáveis independentes, podem ser combinadas de diferentes maneiras.[12] Uma pequena floricultura, por exemplo, pode possuir um processo de prestação de serviço pouco complexo, mas com grande variabilidade. Já um banco pode apresentar um esquema bastante complexo, mas com mínima variabilidade. Além disso, por causa do uso comum de aspectos tangíveis para proporcionar ao cliente uma visão mais condizente com a proposta, os funcionários e os bens facilitadores contribuem para alterar a complexidade e a divergência (variabilidade) da operação.[13]

A ambientação dos pontos de contato entre fornecedor e cliente de serviços deve criar sentimentos que favoreçam a realização da compra.[14] Muitas vezes, o cliente tem contato direto e intenso com a "fábrica" em que o serviço é produzido ao interagir com seu fornecedor. Por isso, é importante assinalar que as características dos pontos de contato podem provocar impactos na percepção do cliente acerca da experiência de serviço, influenciando diretamente seu nível de satisfação.[15] Damos o nome de **encontro de serviço** a esse inter-relacionamento entre produtores e demandantes de serviços. Esse tipo de encontro pode envolver não somente a relação entre pessoas, mas também o contato com tecnologia, produtos e comunicação.[16]

> Damos o nome de **encontro de serviço** ao inter-relacionamento entre produtores e demandantes de serviços. Esse tipo de encontro pode envolver não somente a relação entre pessoas, mas também o contato com tecnologia, produtos e comunicação.

O marketing de serviços deve levar em consideração sua interdependência com as operações e com a gestão das pessoas. Afinal, a natureza dos serviços requer que todo esse conjunto seja regido e delineado por uma estratégia única para obter êxito na interação com os clientes.

15.3 A ESTRATÉGIA EM MARKETING DE SERVIÇOS

A definição de uma estratégia de serviços deve considerar as quatro etapas descritas na Figura 15.5.[17]

A operacionalização da estratégia deve considerar, além do serviço principal, os serviços suplementares de facilitação e os serviços suplementares de ampliação, que permitem criar diferenciação. Um **serviço ampliado** é um bem ou serviço acrescido de elementos suplementares que agregam valor ao cliente. Esses elementos, apresentados na Figura 15.6 como pétalas de uma flor, podem ser:[18]

> Um **serviço ampliado** é um bem ou serviço acrescido de elementos suplementares que agregam valor ao cliente.

- *de facilitação*: informações, tomada do pedido, faturamento e pagamento;
- *de ampliação*: consultoria, hospitalidade, proteção, exceções.

Conheça as características de cada elemento suplementar:

- *Informações*: a obtenção de um serviço só é plena quando o cliente recebe a informação correta, no momento adequado. Quaisquer distorções podem frustrar as expectativas do consumidor, o que dificulta sua satisfação e, consequentemente, a criação de um vínculo de longo prazo com a empresa. Suponhamos, por exemplo, que uma pessoa faça contato telefônico com um cinema para saber o horário da sessão de um filme. Caso as informações sejam incorretas, seu planejamento (horário da refeição e do encontro com seus amigos, por exemplo) pode ser afetado.

- *Tomada do pedido*: parte burocrática do processo de obtenção do serviço que, em geral, gera custos e desgastes para os clientes. É o caso de

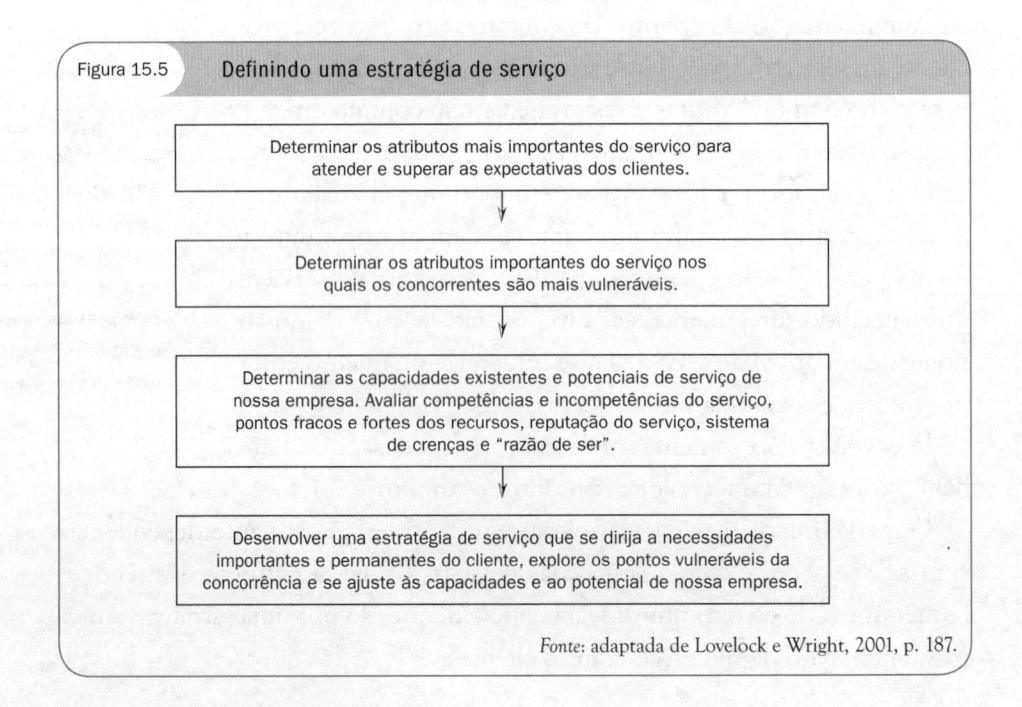

Figura 15.5 — Definindo uma estratégia de serviço

Determinar os atributos mais importantes do serviço para atender e superar as expectativas dos clientes.

↓

Determinar os atributos importantes do serviço nos quais os concorrentes são mais vulneráveis.

↓

Determinar as capacidades existentes e potenciais de serviço de nossa empresa. Avaliar competências e incompetências do serviço, pontos fracos e fortes dos recursos, reputação do serviço, sistema de crenças e "razão de ser".

↓

Desenvolver uma estratégia de serviço que se dirija a necessidades importantes e permanentes do cliente, explore os pontos vulneráveis da concorrência e se ajuste às capacidades e ao potencial de nossa empresa.

Fonte: adaptada de Lovelock e Wright, 2001, p. 187.

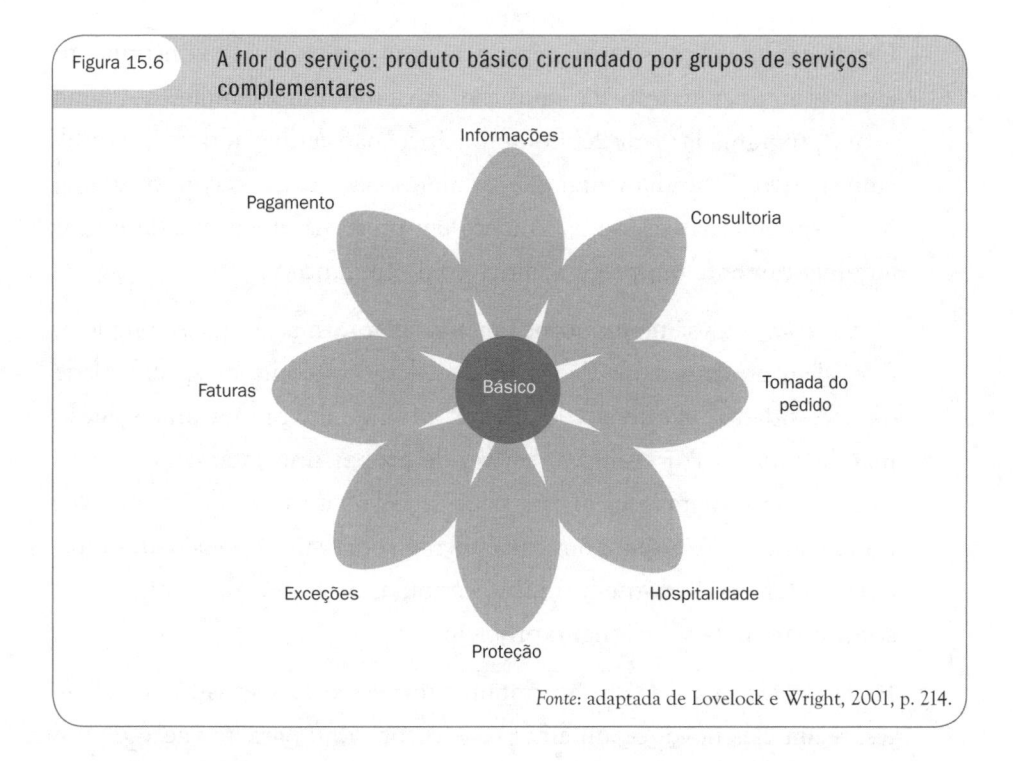

Figura 15.6 A flor do serviço: produto básico circundado por grupos de serviços complementares

Fonte: adaptada de Lovelock e Wright, 2001, p. 214.

inscrições, reservas e confirmações. Essa burocracia deve ser estruturada para ocorrer do modo mais rápido possível. Por isso, convém solicitar que o cliente envie somente aquilo que é essencial para efetivar a produção do serviço. Como exemplo, podemos citar o preenchimento de uma ficha para confecção de uma carteirinha que proporcione descontos a estudantes. Ora, se as informações podem ser fornecidas pela própria escola, a ficha deve priorizar uma forma de endosso do estudante, para que outras pessoas, em seu nome, obtenham tais informações. Isso poupa o cliente do desgaste de repetir informações que já estão disponíveis em uma base única.

- *Faturas*: são documentos que imputam ao cliente a obrigação de um determinado pagamento e apresentam informações sobre o serviço adquirido. As faturas devem ser claras e completas, a fim de não gerar dúvidas; afinal de contas, elas devem servir como elemento esclarecedor do serviço. As faturas de contas de telefone, em geral, deixam muitos clientes descontentes. Frequentemente, eles precisam entrar em contato com a operadora de outra maneira, o que gera mais desgaste.

- *Pagamento*: fornecer recursos financeiros para o provedor de um serviço quase sempre é algo desconfortável para o cliente, pois — ao contrário do que ocorre com os bens tangíveis — o que se obtém, frequentemente, é a promessa de solução para um problema. Por isso, é importante facilitar ao máximo o pagamento, em termos de possibilidades de realização.

Dessa maneira, é possível evitar que o pagamento por si só constitua um entrave à concretização da aquisição. Imagine, por exemplo, que uma conta programada para débito automático não tenha sido paga por algum motivo. É fundamental que a empresa faça contato com o cliente, dando-lhe alternativas de pagamento em prazo hábil, em vez de iniciar automaticamente um processo litigioso de cobrança.

- *Consultoria*: trata-se de um fornecimento de informações mais completo, que, além de considerar dados básicos, leva em conta a especificidade da necessidade e do desejo do cliente, a fim de lhe propor uma solução mais adequada. Por exemplo, em vez de propor um tratamento padrão para o serviço de massagem, um salão de beleza deve fazer com que seus funcionários conversem com cada cliente sobre suas necessidades específicas, oferecendo conselhos sobre conduta, postura e alimentação que contribuam para solucionar o problema.

- *Hospitalidade*: diz respeito ao tratamento pessoal dispensado aos clientes, sejam eles novos sejam antigos. Isso contribui para a criação de um ambiente salutar e agradável, fazendo com que o cliente se sinta bem ao interagir com a empresa. Ao entrar em um restaurante, por exemplo, o cliente deve ser saudado e conduzido a uma mesa. Ao longo da refeição, o gerente deve abordá-lo para se colocar à disposição e se certificar de que a refeição e o atendimento estão adequados. Essas simples medidas podem fazer toda a diferença quando o cliente escolher novamente um restaurante.

- *Proteção*: mesmo que um bem físico seja utilizado como parte do serviço, a empresa deve interagir com o cliente, fazendo-o sentir-se seguro e levando-o a usufruir integralmente do serviço, sem que suas preocupações afetem sua satisfação. Isso é válido para organizações que oferecem, por exemplo, seguros em carros alugados, vestiários em clubes e guarda-volumes em casas noturnas.

- *Exceções*: em virtude da possibilidade de flexibilizar processos e produtos, as exceções devem ser administradas com extremo cuidado no ramo de serviços. Isso porque, por um lado, a falta de padrão dificulta o posicionamento e, por outro, a ausência de ajustes às necessidades e aos desejos específicos dificulta a satisfação do cliente e, consequentemente, a formação de relacionamentos de longo prazo com ele. Pacotes específicos de canais de TV por assinatura podem ser interessantes para alguns clientes, por exemplo. Porém, a empresa deve disponibilizar alternativas que combinem canais diferentes, caso outros clientes tenham interesse em fazê-lo.

Evidentemente, as empresas não precisam necessariamente utilizar todos os elementos suplementares. Em outras palavras, não é necessário contemplar todas as pétalas da flor ilustrada na Figura 15.6. Contudo, cada pétala formada deve ser perfeita, pois isso permite estudar o desempenho do serviço ofertado e verificar como o cliente percebe o serviço e o compara à concorrência.

Para que os serviços básicos e seus elementos suplementares cheguem até os clientes, as empresas de serviços precisam definir onde, quando e como entregá-los. Para tanto, elas devem contar com diferentes canais de entrega: varejo, intermediário ou franqueado, entrega em domicílio (casa ou trabalho do cliente), correio, fax, e-mail ou telefone. Um ponto importante a ser considerado na hora de planejar esses canais de entrega: de acordo com Lovelock e Wright, no cenário de serviços, clientes e fornecedores interagem por meio de estilos e aparências físicas que comunicam o serviço, na forma de propagandas, símbolos e marcas registradas, com um design cheio de "cores, texturas, aromas, sons e distribuição espacial que criam certos desejos por bens, serviços ou experiências".[19]

15.4 O COMPOSTO DE MARKETING DE SERVIÇOS

Ao longo deste livro, cada um dos elementos do composto de marketing foi apresentado e discutido de modo abrangente e profundo. No entanto, as peculiaridades dos serviços levaram diversos autores a explicitar mais detalhadamente as decisões que devem ser tomadas no âmbito operacional do processo de marketing dos serviços. Esses desmembramentos nada mais são do que ajustes e detalhamentos que devem ser feitos em todo e qualquer modelo.

Assim, além dos tradicionais 4Ps, é possível identificar claramente outras quatro variáveis que devem ser levadas em consideração na hora de tomar decisões relacionadas à dimensão operacional do marketing de serviços. São elas: pessoas; evidência física; processo e produtividade e qualidade.[20]

A variável *pessoas* diz respeito ao conjunto formado por funcionários e clientes. Esse grupo tem importância diferenciada no ramo dos serviços; afinal, em muitos casos, os funcionários têm contato direto com o cliente durante a produção. Já a *evidência física* está ligada aos elementos tangíveis e sensoriais do ambiente em que o serviço é prestado. Ela é objeto de preocupação específica do marketing de serviços, pois seu aspecto tangível serve para atenuar o desconforto provocado pela intangibilidade — uma vez que o cliente não possui algo que represente integralmente o bem adquirido.

O *processo*, por sua vez, engloba o conjunto de etapas e procedimentos que compõe a realização do serviço. Ele também constitui um ponto fundamental, pois a operação do serviço segue seu roteiro. Se o produto físico é formado por uma série de características, o serviço é constituído, em essência, por uma série de etapas e processos.

A *produtividade* e a *qualidade* estão relacionadas à eficácia com que os insumos de serviços são transformados e processados, bem como à percepção de satisfação dos clientes. É importante pensar em produtividade e qualidade de maneira conjunta, buscando um equilíbrio entre os interesses da empresa e os do cliente. O próximo tópico apresenta uma discussão detalhada sobre a qualidade no âmbito dos serviços. Vale assinalar que ela é uma variável delicada, que pode contribuir de maneira decisiva para o sucesso de uma empresa prestadora de serviços.

Veja no Quadro 15.2 todas as variáveis operacionais do marketing de serviços, acompanhadas das principais decisões relacionadas a cada uma delas.[21]

Qualidade em serviços

Depois de levar em conta as características dos serviços e os moldes de relacionamento entre empresa e cliente, é hora de dar atenção à qualidade – ponto fundamental para que haja uma interação adequada. A qualidade dos serviços é um assunto tão importante que se consolidou como um dos temas mais discutidos na literatura de marketing. Busca-se não apenas chegar a um consenso sobre o assunto, mas principalmente encontrar maneiras de organizar a qualidade e transmiti-la adequadamente.

Embora seja tratada como uma variável interna, sob controle das organizações, a qualidade contribui pouco em matéria de competitividade se não for considerada a dimensão externa do ambiente empresarial.[22] Entende-se por qualidade "qualquer coisa que os clientes afirmam ser, e a qualidade de um produto ou serviço, em particular, é qualquer coisa que o cliente *perceba* como tal".[23]

A **qualidade** pode ser considerada uma função da relação entre o que o cliente obtém e o que esperava obter – isto é, ela diz respeito ao grau de dissonância entre a expectativa e o que se obtém efetivamente. É importante lembrar que as expectativas devem ser gerenciadas pela empresa; caso contrário, elas podem não ser atendidas.

Quadro 15.2 — Composto de marketing de serviços

Produto	Preço	Praça (distribuição)	Promoção (comunicação)	Pessoas	Evidência física	Processo	Produtividade e qualidade
Aspectos	Tabela	Canal	Propaganda	Recrutamento	Instalações	Roteiro	Etapas
Qualidade	Flexibilidade	Estocagem	Publicidade	Treinamento	Equipamentos	Padronização	Equipamentos
Acessórios	Descontos	Transporte	Marketing direto	Motivação	Sinalização	Customização	Operação
Embalagem	Margens	Exposição	Venda pessoal	Recompensas	Roupas	Etapas	Interação
Marca			Promoção		Cartão de visita	Envolvimento dos clientes	Exposição
Design					Declarações		Educação
Itens e linhas					Garantia		

Fonte: adaptado de Zeithaml e Bitner, 2003, p. 41; Lovelock e Wright, 2001, p. 101-126.

As expectativas são formadas pela comunicação deliberada e espontânea acerca da empresa. Já as experiências do cliente, enquanto situação real, são determinadas pela empresa que presta o serviço. Elas são formadas por duas dimensões: o que é ofertado e como a oferta é entregue. Essas dimensões contribuem para formar a imagem da oferta e seu posicionamento.[24] Qualquer dissonância entre as duas dimensões deve ser identificada por meio da análise dos hiatos, o que pode ser feito com base no **modelo SERVQUAL** — instrumento que mede a qualidade dos serviços a partir das expectativas e das percepções dos clientes. Para tanto, esse instrumento toma por base cinco dimensões, criando um programa sistemático de pesquisa: confiabilidade; responsividade; segurança; empatia; tangibilidade.[25]

O modelo de qualidade em serviços apresentado na Figura 15.7 indica as possíveis dificuldades (lacunas) que podem surgir na prestação de um serviço.

A primeira lacuna — relacionada à dissonância entre as expectativas do público-alvo e a percepção da empresa — ocorre porque nem sempre é simples captar as expectativas. Quando

> A **qualidade** pode ser considerada uma função da relação entre o que o cliente obtém e o que esperava obter — isto é, ela diz respeito ao grau de dissonância entre a expectativa e o que se obtém efetivamente.

> O **modelo SERVQUAL** é um instrumento que mede a qualidade dos serviços a partir das expectativas e das percepções dos clientes. Ele leva em conta cinco dimensões: confiabilidade; responsividade; segurança; empatia; tangibilidade.

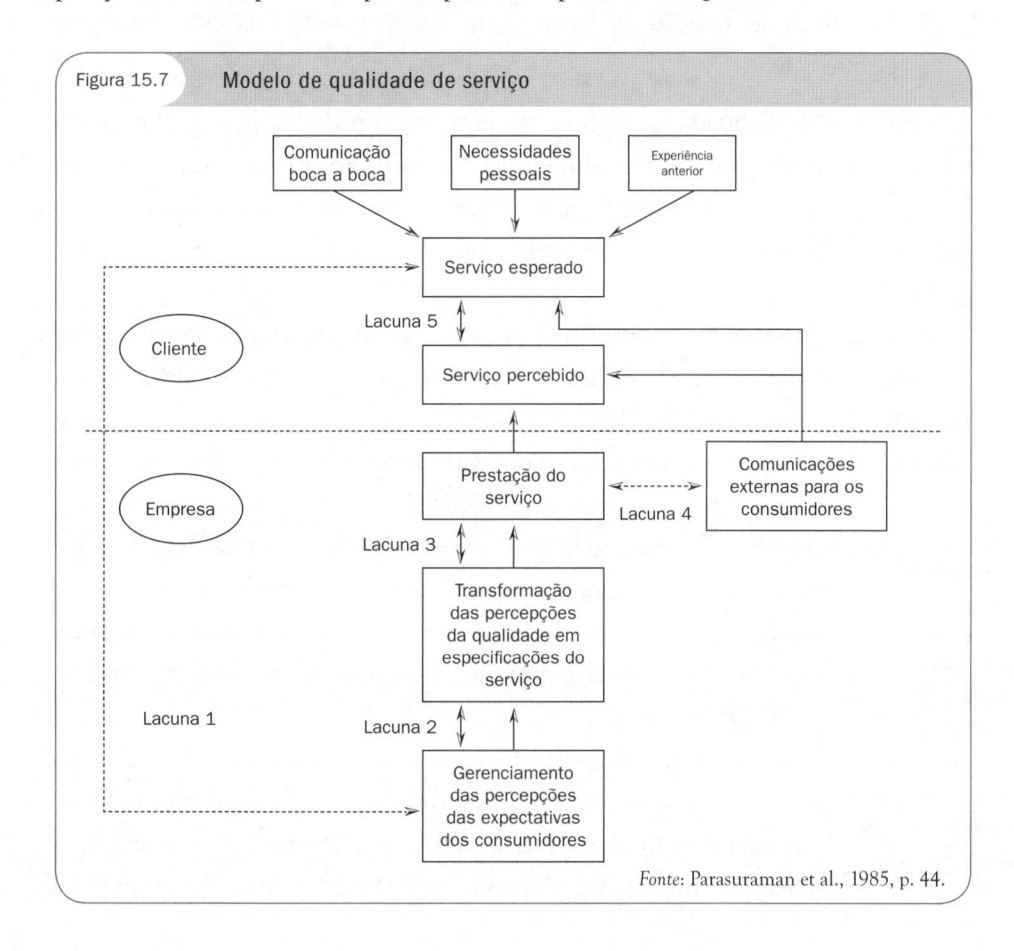

Figura 15.7 — Modelo de qualidade de serviço

Fonte: Parasuraman et al., 1985, p. 44.

isso é feito, é possível passar para a segunda lacuna, que diz respeito à dificuldade de atender a uma expectativa com um serviço adequado. A terceira lacuna manifesta-se quando a entrega do serviço não condiz com a proposta, ou quando procedimentos conflitantes são definidos. Já a quarta lacuna está ligada ao nível de consistência entre a comunicação realizada e a execução do serviço. Por último, a quinta lacuna é formada pelo nível de consistência entre o que é percebido e o que é esperado pelo cliente.

Com base nesse modelo, diversos fatores-chave podem ser trabalhados, a fim de atenuar ou eliminar as lacunas apresentadas. Conheça os instrumentos que podem ser empregados para solucionar os problemas inerentes a cada lacuna:[26]

1. *Lacuna 1*: pesquisa de marketing, comunicação, relacionamento e recuperação.

2. *Lacuna 2*: planejamento dos serviços, estabelecimento de padrões com base nos clientes e evidências físicas.

3. *Lacuna 3*: política de recursos humanos, compatibilização entre oferta e demanda, redefinição dos papéis dos clientes e intermediários dos serviços.

4. *Lacuna 4*: comunicação integrada, gestão das expectativas dos clientes, promessas e comunicação interna.

5. *Lacuna 5*: adequação da lacunas anteriores e gestão da expectativa do público-alvo.

Uma gestão adequada do comportamento humano é fundamental para obter sucesso no processo e na qualidade da operação do serviço.[27] Em processos padronizados, essa gestão pode ser realizada por meios mecanizados e regulamentados. Nos processos divergentes (variáveis), é preciso encontrar outras maneiras de fazer isso.[28]

A gestão de serviços é complexa por causa das interações necessárias para elaborar e entregar ofertas eminentemente intangíveis. Logo, o marketing externo (tradicional) por si só não é suficiente para as organizações de serviços, que também devem levar em consideração o marketing interno e o marketing interativo, como mostra a Figura 15.9.[29] Enquanto o **marketing externo** aborda a relação empresa-cliente, o **marketing interno** trata da relação empresa-funcionário, no sentido de treiná-lo e motivá-lo sob a orientação para marketing. Já o **marketing interativo** trata da relação funcionário-clientes, essencial nas organizações de serviços.

A qualidade em serviços constitui um elemento de suma importância para o sucesso da oferta e da empresa prestadora. Outras variáveis também são igualmente relevantes, uma vez que a satisfação do cliente depende apenas em parte da qualidade.

> Enquanto o marketing externo aborda a relação empresa-cliente, o marketing interno trata da relação empresa-funcionário, no sentido de treiná-lo e motivá-lo sob a orientação para marketing. Já o marketing interativo trata da relação funcionário-clientes, essencial nas organizações de serviços.

Figura 15.8 Na prestação de serviços, a atuação dos funcionários da linha de frente é fundamental para a percepção de valor

Fonte: Image Source, Emmerichwebb.

Em geral, o relacionamento entre um prestador de serviços e seus clientes sofre forte influência da atuação dos funcionários da linha de frente.[30] Por isso, é fundamental que haja uma interação adequada entre a gestão de marketing, as operações e a gestão das pessoas, ingrediente que contribui para o sucesso de uma empresa de serviços.

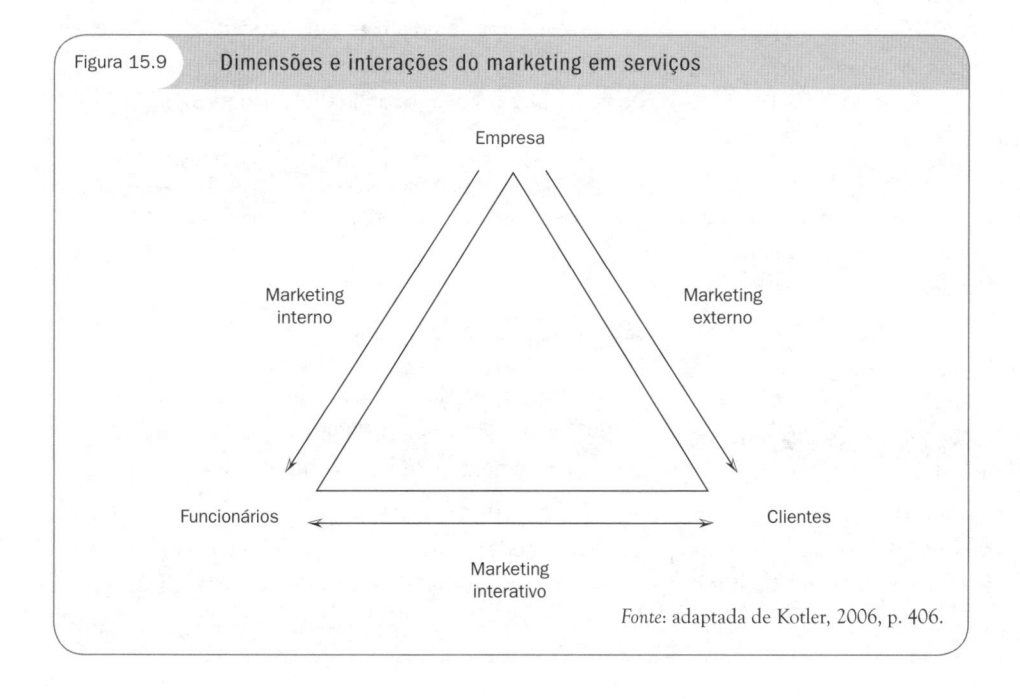

Figura 15.9 Dimensões e interações do marketing em serviços

Empresa

Marketing interno

Marketing externo

Funcionários

Clientes

Marketing interativo

Fonte: adaptada de Kotler, 2006, p. 406.

ESTUDO DE CASO

Faturamento de locadoras de veículos cresce 17 por cento em um ano

CLAUDIA ROLLI, de São Paulo

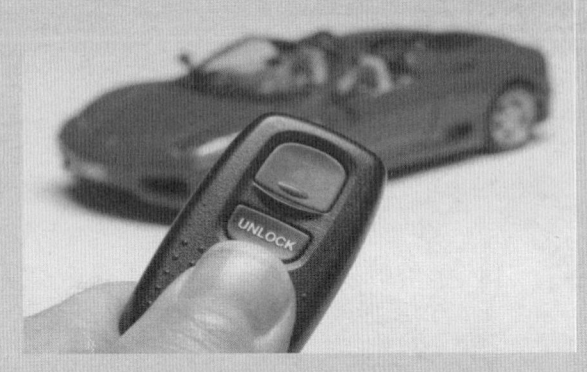

Fonte: P. Wilding/ Stock xchng®.

Impulsionado pelo reajuste de tarifas, o mercado de locação de automóveis faturou R$ 5,11 bilhões em 2010. O valor representa crescimento de 17 por cento em relação ao ano anterior, quando o faturamento do setor chegou a R$ 4,37 bilhões.

"Enquanto a frota cresceu 14 por cento, o crescimento no faturamento foi maior (17 por cento) por conta da recuperação no valor das tarifas, que há anos não eram corrigidas e estavam defasadas", diz Paulo Gaba Jr., presidente do conselho da Abla (Associação Brasileira das Locadoras de Automóveis).

Na locação para pessoas físicas, o preço da diária de carros passou de R$ 60 a R$ 70 para a faixa de R$ 85 no caso de automóveis populares. Nos modelos de médio porte, subiu de R$ 100 para R$ 130, segundo informa a associação.

Do total de R$ 5,11 bilhões faturados pelo setor, o turismo de lazer (relacionado diretamente à locação de carros por pessoas físicas) ainda é pequeno em comparação à participação dos demais — corresponde a 20 por cento.

Já a terceirização de frotas e o turismo de negócios — ligados à locação de pessoas jurídicas — são responsáveis por 56 por cento e 24 por cento do faturamento, respectivamente.

Até dezembro, existiam no país 2.008 locadoras, que empregavam, juntas, 264.708 pessoas. A frota total das empresas é de 414.340 veículos, com idade média de 15 meses.

A participação do mercado de locação de carros nas vendas das montadoras e importadoras cresceu 9,4 por cento no ano passado, pouco acima do registrado em 2009, segundo a Abla.

"A expansão do mercado de locação só não foi maior porque não existe uma política de financiamento para o setor. Há oito anos reivindicamos incentivos, mas nada de concreto ainda foi feito. Não há nenhuma isenção de impostos ou outro incentivo para que a locação cresça no país", diz Gaba Jr.

Os descontos dados para o pagamento de ICMS são definidos por cada estado, segundo afirma. "E os descontos no valor dos carros são obtidos diretamente pelas empresas em negociações com as montadoras."

Volkswagen, Fiat e GM lideram os três primeiros lugares no *ranking* de participação no mercado de locação de veículos. Ford e Renault aparecem em quarta e quinta posições.

"Ford e Renault aparecem tecnicamente empatadas, com 2,49 por cento e 2,48 por cento de participação. No ano passado, tinham, respectivamente, 3,92 por cento e 3,54 por cento. O que explica em parte a diminuição dessa diferença é a falta de novos modelos da Ford nesse mercado e a aceitação de carros como o Logan, da Renault, para locações", diz o executivo.

"Mas de uma forma geral faltam políticas específicas para o setor, como um gerente para atender os frotistas, mais promoções e descontos maiores na hora de comprar em maior quantidade", afirma Gaba Jr.

Fonte: Folha Online. Disponível em: <http://www1.folha.uol.com.br/mercado/919904-faturamento-de-locadoras-de-veiculos-cresce-17-em-um-ano.shtml>. Acesso em: 31 maio 2011.

Questões para o caso

1. Apresente estratégias para que as locadoras evitem a competição por preço.
2. Como aumentar o faturamento com locação para o turismo de lazer?
3. O que podem fazer a Ford e a Renault para terem maior representatividade no setor de locação de veículos?

RESUMO

- Atualmente, a gestão de marketing preocupa-se em tratar os serviços com uma abordagem específica por conta de dois motivos principais: a representatividade desse setor na economia e o fato de a teoria de marketing ter sido voltada originalmente para bens tangíveis. As peculiaridades dos serviços exigem um tratamento específico por parte dos gestores de marketing, pois os elementos tangíveis que podem compor esse tipo de oferta dificilmente representam o benefício proporcionado pelo serviço.

- Para compreender melhor as decisões relacionadas à operacionalização do marketing de serviços, é necessário detalhar seu composto mais do que se faz normalmente.

- Além dos 4Ps tradicionais, as empresas prestadoras de serviços devem considerar quatro variáveis operacionais. São elas: pessoas; evidência física; processo e produtividade e qualidade.

- Em virtude das peculiaridades dos serviços, a qualidade nessa área é um elemento crítico. Ela precisa ser tratada com atenção especial para que a percepção desenvolvida pelo público-alvo seja compatível com a desejada pela empresa.

- A integração do marketing com a operação e a gestão de pessoas é fundamental em empresas prestadoras de serviços, pois a eficácia de sua oferta depende sobremaneira de competências diferentes.

- O marketing de serviços deve ser trabalhado no sentido de otimizar o relacionamento entre as dimensões interna, externa e interativa. Isso permite criar diferenciais competitivos sólidos, dificilmente copiados ou suplantados pela concorrência.

QUESTÕES

1. Escolha uma empresa essencialmente prestadora de serviços e apresente um de seus serviços, desmembrando-o em processos e etapas.

2. Que variáveis operacionais formam o composto de marketing de serviços? Quais tipos de decisão estão relacionados a cada uma delas?

3. De que maneira um salão de beleza pode trabalhar para administrar sua demanda?

4. Por que é importante promover a interação entre as operações, a gestão de pessoas e a gestão de marketing em uma empresa de serviços?

NOTAS

1. URDAN, A. T. *Qualidade de serviço*: proposição de um modelo integrativo. São Paulo, 1993. Tese (Doutorado em Administração de Empresas) – PPGA-FEA/USP.
2. Ibidem.
3. Ibidem.
4. GRÖNROOS, C. *Marketing*: gerenciamento e serviços. Rio de Janeiro: Campus, 1995, p. 34-37.
5. IKEDA, A. A. *Marketing de relacionamento em organizações de fomento ao turismo*. São Paulo, 2000, p. 35. Tese (Livre-docência em Administração) – PPGA-FEA/USP.
6. ZEITHAML, V. A.; BITNER, M. J. *Marketing de serviços*: a empresa com foco no cliente. Porto Alegre: Bookman, 2003, p. 28.

7. KOTLER, P. *Administração de marketing*. 12. ed. São Paulo: Pearson Prentice Hall, 2006, p. 397.
8. Ibidem.
9. Ibidem; BERKOWITZ et al. *Marketing*, v. 1. Rio de Janeiro: LTC, 2003, p. 64-66.
10. LOVELOCK, C.; WRIGHT, L. *Serviços*: marketing e gestão. São Paulo: Saraiva, 2001.
11. Ibidem.
12. SHOSTACK, G. L. "Service positioning through structural change." *Journal of Marketing*. Chicago, v. 51, n. 1, jan. 1987, p. 34-43.
13. Ibidem.
14. LOURES, C. A. S. *Um estudo sobre o uso da evidência física para gerar percepções de qualidade em serviços*. São Paulo, 2003. Dissertação (Mestrado em Administração) — PPGA-FEA/USP.
15. BITNER, M. J. "Servicescapes: the impact of physical surroundings on customers and employees." *Journal of Marketing*. Chicago, v. 56, n. 2, abr. 1992, p. 57-71.
16. HESKETT, J. et al. *Service breakthroughs*: changing the rules of the game. Nova York: Free, 1990.
17. BERRY, 1995, apud LOVELOCK, C.; WRIGHT, L., op. cit.
18. LOVELOCK, C.; WRIGHT, L., op. cit.
19. Ibidem, p. 242.
20. ZEITHAML, V. A.; BITNER, M. J. op. cit.; LOVELOCK, C.; WRIGHT, L., op. cit.
21. ZEITHAML, V. A.; BITNER, M. J., op. cit.
22. GRÖNROOS, C., op. cit.
23. BUZZELL, R. D.; GALE, B. T. *The PIMS principle*: linking strategy to performance. Nova York: Free, 1987, p. 47.
24. GRÖNROOS, C., op. cit.
25. BERKOWITZ et al., op. cit.; PARASURAMAN, A. et al. "Reassessment of expectations as a comparison standard in measuring service quality: implications for further research." *Journal of Marketing*. Chicago, v. 58, n. 1, jan. 1994, p. 111-124.
26. ZEITHAML, V. A.; BITNER, M. J., op. cit.
27. SHOSTACK, G. L., op. cit.
28. MILLS, P. K. "The control mechanisms of employees at the encounter of service organizations." In: CZEPIEL, J. A.; SOLOMON, M. R.; SURPRENANT, C. F. *The service encounter*: managing employee/customer interaction in service businesses. Lexington: Lexington Books, 1985.
29. GRÖNROOS, C. "A service quality model and its marketing implications." *Journal of Marketing*, v. 18, n. 4, 1984, p. 36-44.
30. IKEDA, A. A., op. cit.

16

MARKETING NO VAREJO

OBJETIVOS DE APRENDIZAGEM

Após ler este capítulo, você será capaz de:

- Relacionar a importância do varejo na economia.
- Identificar as características do varejo brasileiro.
- Apresentar os conceitos de marketing aplicados ao varejo.
- Descrever como empresas brasileiras utilizam os conceitos de marketing para melhorar seus desempenhos.
- Discutir as tendências do marketing no varejo.

O varejo exerce um papel cada vez mais importante no cenário econômico brasileiro. O *ranking* das maiores empresas do Brasil e do mundo conta com um número crescente de empresas varejistas, acirrando ainda mais a competição.

Diversas decisões, ferramentas e atividades de marketing aplicam-se tanto ao varejo como a empresas de outros setores. No entanto, em vista das peculiaridades e da importância do setor varejista, este capítulo busca explorar os detalhes que contribuem para desenvolver e sustentar vantagem competitiva nesse meio.

16.1 A IMPORTÂNCIA DO VAREJO E O VAREJO NO BRASIL

O varejo é uma atividade de grande importância: ele constitui um dos setores mais significativos da economia brasileira e mundial. No Brasil, essa cifra é de R$ 576,8 bilhões, número que representava cerca de 19 por cento do produto interno bruto do país em 2008.

O Walmart, por exemplo, demonstra a importância do varejo nos países em que atua. Maior rede varejista mundial, com faturamento de US$ 380 bilhões em 2010, ocupa atualmente o primeiro lugar no *ranking* das maiores empresas norte-americanas da revista *Fortune*.[1]

Dados do IBGE confirmam a importância do varejo no Brasil. No Quadro 16.1, vemos a participação de cada segmento no setor.

A importância do varejo também se deve à sua participação como elo fundamental nos canais de distribuição, uma vez que disponibilizam produtos e serviços dos fabricantes aos consumidores finais. Em alguns casos, a própria empresa produtora responsabiliza-se por entregar os bens e os serviços aos consumidores finais. Por outro lado, muitos fabricantes preferem delegar a distribuição a outras empresas, o que lhes permite manter o foco em suas atividades principais. Eles entendem que vender diretamente para os consumidores é uma tarefa muito onerosa e trabalhosa, que requer investimentos na estrutura de vendas e na oferta de serviços.

> Damos o nome de **setor varejista** ao conjunto de organizações envolvidas no processo de disponibilizar produtos ou serviços para uso ou consumo.

Damos o nome de **setor varejista** ao conjunto de organizações envolvidas no processo de disponibilizar produtos ou serviços para uso ou consumo. Além de reduzir os custos de distribuição, as empresas desse setor aumentam o alinhamento e o valor das ofertas para os consumidores. Os principais benefícios oferecidos pelos varejistas são:[2]

Quadro 16.1 Participação dos segmentos do comércio varejista em 2008

	Participação dos segmentos do comércio varejista em 2008 (em %)										
	Hiper e super-mercados	Combustíveis	Produtos alimentícios, bebidas e fumo	Vestuário, calçados e tecidos	Produtos farmacêuticos	Lojas de departamentos	Materiais de construção	Equipamentos de informática	Eletroeletrônicos	Móveis e iluminação	Outros
Empresas no setor (%)	9,88%	6,84%	6,38%	11,55%	5,52%	0,61%	8,09%	1,85%	1,05%	3,49%	34,00%
Receita líquida de revenda	12,37%	4,15%	0,56%	2,76%	1,97%	1,39%	2,20%	0,49%	2,45%	1,01%	12,00%
Salários	16,79%	2,60%	1,46%	7,30%	4,14%	2,46%	3,94%	0,82%	4,77%	2,22%	16,00%
Pessoal ocupado	23,50%	3,28%	2,61%	9,64%	4,90%	2,73%	5,13%	0,97%	4,52%	2,93%	22,00%

Fonte: IBGE, 2008. Disponível em: <http://sidra.ibge.gov.br>.

- informar o fabricante sobre as necessidades dos consumidores, uma vez que o varejo está em contato direto e constante com eles, por isso conhece melhor suas preferências;
- identificar tendências e a necessidade de novos serviços;
- disponibilizar produtos e serviços em local, tempo e formato adequados ao consumidor;
- apresentar um sortimento de produtos e marcas para cada segmento de consumidores;
- viabilizar compras em quantidades menores, de acordo com as necessidades específicas do consumidor;
- formalizar pedidos com o fabricante e manter estoques;
- garantir transporte, supervisão e armazenamento adequados dos produtos até o domicílio dos compradores;
- informar consumidores sobre o lançamento de novos produtos;
- permitir a demonstração e a experimentação do produto;
- disponibilizar serviços necessários no pré e no pós-venda;
- negociar os preços adequados para o segmento de consumidores;
- oferecer opções de formas de pagamento e condições de crédito e financiamento;
- assumir os riscos associados à transferência de propriedade de bens e serviços.

O dinamismo do varejo é responsável por constantes reestruturações das empresas do setor. Isso se deve à necessidade de adequá-las ao cenário de competição cada vez mais acirrada, decorrente principalmente de importantes transformações da economia brasileira a partir dos anos 1990. Essas mudanças incluem a abertura comercial, a liberação das importações, o aumento do poder aquisitivo da população, o fortalecimento da concorrência interna e a entrada de grandes varejistas mundiais. Além disso, a estabilidade econômica proporcionada pelo Plano Real impulsionou o setor na busca por maior eficiência e novos formatos.

Com o tempo, tornou-se necessário promover uma oferta mais adequada para os consumidores das classes C, D e E, que passaram a representar importantes segmentos de mercado para as empresas, especialmente para os setores de alimentos, bens duráveis e semiduráveis. Desde então, o aumento da concorrência e a disputa pelo consumidor final têm levado a mudanças de estratégias e táticas de marketing. Novos formatos de lojas e a introdução de novos serviços surgiram para atender a diferentes características e necessidades dos diversos segmentos de mercado.

No entanto, o varejo brasileiro ainda apresenta limitações em alguns aspectos, tais como:

- dificuldade para identificar adequadamente os segmentos e os públicos-alvo prioritários;
- relacionamento restrito e baixo nível de integração com os demais elos de sua cadeia de valor (fornecedores e indústrias);
- gestão pouco profissional, principalmente nas redes regionais, em que predominam modelos de gestão familiar;
- mão de obra não especializada e de alta rotatividade;
- elevado endividamento dos varejistas, em virtude da necessidade de conceder prazos e condições de pagamento aos consumidores.

Esses problemas revelam que o varejo brasileiro ainda precisa evoluir e aperfeiçoar seu processo de gestão, mediante estratégias que promovam a sustentabilidade das grandes e pequenas empresas do setor e aprimorem o formato do composto de marketing varejista. O objetivo deve ser melhorar o atendimento às necessidades e demandas específicas dos diferentes segmentos de mercado.

16.2 ESTRATÉGIA DE VAREJO

A estratégia varejista envolve fundamentalmente decisões relacionadas às atividades de segmentação do mercado e posicionamento da oferta. Dado o crescimento do mercado e da concorrência, o varejo dificilmente atende a todos os segmentos de mercado atrativos. Daí a importância da segmentação, que permite agrupar consumidores com comportamentos de compra semelhantes. Com base nela, o varejista pode escolher os segmentos compatíveis com a orientação de sua empresa, seu formato, suas competências e os níveis de rentabilidade esperados.

Ao escolher um segmento, a empresa deve levar em consideração o comportamento dos seus clientes atuais. Além disso, ela deve colocar na balança as questões que a diferenciam da concorrência, gerando valor superior em suas ações de marketing a partir de um posicionamento competitivo no mercado.

O mapeamento do comportamento do consumidor é importante para identificar os principais motivos que levam os indivíduos à compra, bem como uma abordagem no ponto de venda capaz de garantir maior satisfação durante o processo de compra. Veja alguns fatores que influenciam a decisão do consumidor na escolha de um varejista:[3]

- variedade e tipos de marcas;
- qualidade dos produtos;
- preços praticados;
- conveniência e localização;
- apresentação e serviços oferecidos;
- qualidade e orientação da equipe de vendas.

Conhecer esses fatores permite que a organização entenda o comportamento do consumidor no varejo. De posse dessas informações, a empresa pode formular estratégias e táticas de sucesso, capazes de construir um relacionamento de longo prazo com os consumidores.

O posicionamento no mercado é criado a partir das percepções dos consumidores sobre a proposta de valor da empresa. Como os conceitos de segmentação e posicionamento já foram trabalhados no Capítulo 5, este capítulo apresenta detalhadamente as decisões operacionais do marketing de varejo, ou seja, aquelas relacionadas ao composto de marketing de varejo.

A empresa varejista deve definir o sortimento de produtos, incluindo a amplitude e a profundidade de marcas e categorias. Além disso, é preciso decidir com que nível de qualidade e com que serviços, política de marcas, preços e promoções ela pretende atender às necessidades dos consumidores. Também cabe à empresa fazer escolhas associadas ao ponto de venda, estabelecendo sua localização, seu ambiente, seu *layout* e sua oferta de serviços — aspectos que serão discutidos no decorrer deste capítulo.

As decisões do mix varejista refletem as táticas usadas por uma empresa para atender às necessidades dos segmentos de mercado escolhidos, traduzindo as ações e os esforços empreendidos. As principais variáveis de operacionalização de marketing afetam o modo como o consumidor avalia a loja. São elas:

- mix e sortimento de produtos;
- localização da loja;
- ambientação de venda, *layout* e disposição de produtos;
- serviços no varejo;
- preços e formas de pagamento;
- comunicação e promoção.

> **VEJA EM**
>
> O Capítulo 5 apresenta os conceitos de segmentação de mercado e posicionamento da oferta, bem como as etapas que os compõem.

Formato de varejo

No mercado varejista, inúmeros formatos de loja atendem a diferentes segmentos e situações de compra. Conhecer a segmentação do mercado é importante para entender que tipo de cliente é atraído por formato e em que circunstâncias isso ocorre.

O varejo direciona grande parte de seus esforços à definição dos diferentes formatos possíveis. Afinal, é ela que permite desenvolver as características físicas e as comodidades que visam atrair e satisfazer as necessidades de compra. Aqui, o objetivo é aumentar o valor percebido e a diferenciação, o que eleva o grau de satisfação e facilita a fidelização do cliente. É importante assinalar que a escolha do formato de varejo influencia outras decisões do composto varejista.

Existem nove formatos mais comuns no setor varejista brasileiro, como mostra o Quadro 16.2.

O formato do varejo depende da análise do segmento de mercado que a loja ou a rede pretende atender. No Brasil, apesar da forte concentração do setor varejista, a participação dos formatos menores no total de lojas vem crescendo nos últimos anos — mas isso não significa que o consumidor priorize as lojas pequenas.

Em 2007, o número de lojas de até 250 m² apresentou redução de aproximadamente 20 por cento em relação a 2006. Esses dados indicam que os supermercados estão se adaptando rapidamente às novas tendências, criando novos formatos constantemente. Entre as principais tendências, destacam-se o aumento e as mudanças de renda e perfil dos consumidores. O aumento das redes de médio porte no setor é justificado pela preferência dos clientes por lojas com uma grande variedade de mercadorias e marcas mais conhecidas — o que lhes permite satisfazer várias necessidades em um único espaço.

Essa tendência já foi detectada pelas médias e grandes redes de supermercados. Ela é visível, por exemplo, no varejo de eletrodomésticos e eletrônicos, que busca um novo formato, marcado por lojas menores e atendimento especializado.

O Ponto Frio, por exemplo, está desenvolvendo um formato com áreas reduzidas, de 70 m² a 300 m², denominado Ponto Frio Digital. A tecnologia é o foco

Quadro 16.2 Formatos mais comuns no setor varejista brasileiro

Formato	Exemplo
Loja de especialidade	Tok & Stok, Decathlon, O Boticário, Track & Field e Saraiva
Loja de departamentos	Pernambucanas, Insinuante, Riachuelo, Casas Bahia, Fast Shop, Magazine Luiza e Lojas Americanas
Supermercado	Carrefour Bairro, Pão de Açúcar, Dia e Compre Bem
Loja de conveniência	AmPm e Select
Loja de descontos e clubes de compras	Sam's Club e Makro
Loja *off-price*	Gregory Off Price e Outlet Reebok
Superloja e hipermercado	Walmart, Carrefour e Extra
Showroom de vendas por catálogo	Hermes e Compra Fácil
Varejo *on-line*	Submarino

desse novo espaço, no qual é vendido um número maior de produtos de informática, eletrônicos e celulares. A rede acredita que esse novo formato permitirá sua expansão para outras regiões do país. No início de 2008, a rede instalou 45 lojas Ponto Frio Digital na Bahia, estado que apresenta o mercado mais forte do Nordeste e onde, até então, a empresa ainda não estava representada. Essas lojas reduzidas têm estoque menor, operando como se fossem apenas parte de uma loja convencional, o que torna o processo de instalação mais ágil.

Em matéria de varejo, não é possível apontar uma estratégia ou um formato ideal. A melhor alternativa é aquela que promove o maior nível de eficiência para o negócio escolhido, para o público-alvo e para o posicionamento de mercado pretendido.

Mix e sortimento de produtos

A seleção adequada do mix e do sortimento de produtos é um componente-chave na satisfação do consumidor. O objetivo dessa seleção é identificar os desejos dos clientes e, a partir daí, definir que produtos o varejista deve manter em sua loja. Além disso, a seleção do mix e do sortimento de produtos é um fator decisivo para o sucesso e a rentabilidade do negócio, pois auxilia na criação da imagem pretendida e no aumento do tráfego de novos compradores nas lojas.

Os varejistas podem se diferenciar pela sofisticação ou exclusividade de seus produtos, pela presença de uma linha de produtos de baixo custo ou até mesmo por escolherem trabalhar com uma grande variedade de produtos. Eles podem, inclusive, criar marcas próprias como uma ferramenta para desenvolvimento de vantagens competitivas e aumento da lucratividade.

Vale ressaltar que seis importantes questões resumem as decisões relacionadas ao mix e sortimento de produtos. São elas:

- Quem são nossos consumidores?
- Quais de suas necessidades podem ser atendidas?
- Como posso me diferenciar da concorrência?
- Qual é o grau de substituição entre minhas mercadorias e as da concorrência?
- Quais são a amplitude e a profundidade corretas para atender ao segmento-alvo?
- Devo desenvolver marcas próprias?

Na hora de tomar decisões sobre o mix e o sortimento de produtos, é importante levar em consideração a definição de **categoria de produtos** — conceito que designa um conjunto de produtos que possuem alto grau de afinidade e substituição. É o caso de bebidas alcoólicas, produtos de açougue, panificados e frutas. Em outras palavras, uma categoria de produtos é um agrupamento formado por itens complementares ou substitutos que visam atender a uma necessidade específica do consumidor. Essas categorias permitem definir o formato do varejo com base na identificação das necessidades que devem ser atendidas, estabelecendo o setor de atuação da empresa. Os **departamentos** ou **seções** agregam categorias de produtos que demonstram certa afinidade e algum grau de substituição e complementaridade.

Conforme mostra o Quadro 16.3, as decisões relativas ao sortimento englobam duas dimensões: amplitude (número de categorias e subcategorias que o varejista pretende vender) e profundidade (número de marcas e itens dentro de uma categoria ou subcategoria).

As decisões de mix e sortimento de produtos envolvem a introdução de novos produtos, a exclusão de produtos com baixo volume de vendas, o aumento da variedade de produtos e marcas e, até mesmo, o agrupamento de lojas de acordo com as características da região e do segmento-alvo.

As categorias podem ser classificadas de acordo com seu volume de vendas e sua participação em termos de margens brutas em cada loja da rede varejista. Em muitos casos, categorias com margens pequenas são importantes, porque geram fluxo de compradores. Por isso, é importante assegurar que elas não faltem nas prateleiras. Um açougue, por exemplo, pode incrementar seus resultados se acrescentar carvão, grelhas e espetos ao mix de

> **Categoria de produtos** é um conjunto de produtos complementares ou substitutos que visam atender a uma necessidade específica do consumidor. Os **departamentos** ou **seções** agregam categorias de produtos que demonstram certa afinidade e algum grau de substituição e complementaridade.

Quadro 16.3 — Dimensões da decisão de sortimento

Amplitude	Profundidade
Categorias	Número de marcas em cada categoria
Número de categorias	Tipo de marca (*premium*, líder ou marca própria)
Papel de cada categoria na dinâmica da loja	Marcas
	Variações de produto por marca (tamanho, formato e embalagem)

Quadro 16.4 — Tipos de categoria de produtos

Papel da categoria	Definição	Exemplos de categorias
Destino	Define o posicionamento do varejista, em função de benefícios adicionais.	Frutas, legumes e hortaliças / Produtos de beleza e cosméticos
Rotina e principal	Inclui categorias de compra rotineira e automática, que não apresentam grande diferencial.	Produtos de limpeza / Café, arroz, feijão e açúcar
Conveniência	Agrega valor adicional e cria uma imagem de mix de acordo com as necessidades do consumidor.	Cigarros / Revistas / Material escolar
Ocasional	Inclui compras ocasionais e sazonais. Essas categorias devem estar presentes, pois criam um mix mais completo.	Ovos de Páscoa e produtos natalinos

Fonte: adaptado de Mcgoldrick, 2002, p. 309.

produtos. Em geral, as categorias podem desempenhar quatro papéis no varejo, como mostra o Quadro 16.4.

Gerenciamento de categorias

O **gerenciamento de categorias** é um conceito recente, amplamente utilizado por diferentes tipos de varejo. Trata-se de um processo que busca envolver a gestão de grupos específicos de produtos como se fossem unidades de negócios em cada ponto de venda, com o objetivo de atender às necessidades específicas dos consumidores. O gerenciamento de categorias parte basicamente de dois interesses:

- atender às necessidades dos clientes, facilitando o processo de compra e motivando compras adicionais;
- auxiliar o processo decisório de exposição, manutenção de estoques e gestão de diferentes linhas de produtos.

> O **gerenciamento de categorias** é um processo que busca envolver a gestão de grupos específicos de produtos como se fossem unidades de negócios em cada ponto de venda, com o objetivo de atender às necessidades específicas dos consumidores.

O gerenciamento de categorias também pode afetar os fabricantes, permitindo que conheçam melhor os consumidores, fortaleçam o relacionamento com o varejo e consolidem estratégias e ações de marketing conjuntas. Além disso, ele possibilita o desenvolvimento de sistemas de gestão integrados entre varejo e indústria. Esses sistemas aumentam a rapidez da reposição e da entrega de mercadorias, enviando-as diretamente do fornecedor para cada loja, centro de distribuição ou depósito.

Marca própria

A marca própria é um importante instrumento do marketing varejista que está ganhando cada vez mais espaço. Damos o nome de **marca própria** à marca de produtos distribuídos exclusivamente pela organização que a detém. Ela pode levar o nome da empresa ou outro que não esteja ligado à marca da organização. Em outras palavras, as marcas próprias são desenvolvidas por varejistas, que as utilizam com exclusividade.

> **Marca própria** é uma marca de produtos distribuídos exclusivamente pela organização que a detém.

O desenvolvimento de marcas próprias está associado às seguintes causas:

- aumento do número de fabricantes que terceirizam a fabricação, em virtude da dificuldade de criar marcas conhecidas pelos consumidores;
- necessidade do varejo de criar instrumentos de pressão sobre os fabricantes de marcas tradicionais, a fim de aumentar seu poder de negociação.

Veja em

O Capítulo 14 discute a gestão de marcas de maneira mais detalhada.

Além disso, as marcas próprias permitiram a entrada e a distribuição de produtos sem uma marca forte ligada à indústria. Isso pode levar à oferta de produtos com preços mais competitivos para segmentos de mercados diferentes daqueles atendidos pelas marcas líderes.

No Brasil, os varejistas estão investindo no desenvolvimento de marcas próprias para aumentar o mix e o sortimento de produtos, fortalecer a imagem da marca e elevar os lucros. Atualmente, a marca própria representa cerca de 7 por cento do faturamento das grandes redes supermercadistas do país. Na Europa, esse percentual atinge até 15 por cento do volume total de vendas.

As principais vantagens da utilização de marcas próprias são a consolidação da imagem do varejista, o fortalecimento da fidelidade do consumidor, o aumento do poder de barganha com os fornecedores de marcas líderes, a melhoria das margens de lucro do varejo e a expansão do domínio da empresa sobre o gerenciamento de categorias. Porém, a presença de marcas próprias não deve comprometer a profundidade da oferta; afinal, a ausência de outras marcas pode conferir ao varejista uma imagem limitada e monótona.

Logística e distribuição

A gestão de estoques também evoluiu, abandonando o modelo que sugeria a manutenção de grandes quantidades em muitos depósitos. Hoje, vigora a gestão logística dos estoques, que propõe o armazenamento de quantidades suficientes para suprir a demanda das unidades de cada loja. Isso é feito por meio de entregas escalonadas pelo fornecedor e modificações nas formas de estocagem, compra e pagamento.[4]

Os centros de distribuição, utilizados por grandes varejistas — como Casas Bahia, Lojas Riachuelo, Magazine Luiza, Marabraz e Pão de Açúcar —, reduzem os custos de distribuição, além de permitirem um processamento mecanizado e um fluxo regular e coordenado para as lojas da região. Com isso, é possível manter um estoque mínimo em cada loja e reduzir os riscos de entrega nos casos em que o produto é levado diretamente ao domicílio do cliente.

Alguns sistemas integrados mais complexos envolvem diversas atividades entre o fabricante e o varejista. Eles recebem o nome de *Efficient Consumer Response* (ECR). Seu objetivo é atender às necessidades do consumidor, gerando valor por meio da disponibilização do produto certo, no momento certo e pelo preço certo. Esses sistemas reduzem os custos de estocagem e armazenamento do fabricante e do varejista. Por isso, tornaram-se peças-chave tanto no varejo como na indústria de eficiência operacional, pois viabilizam o gerenciamento dos produtos no ponto de venda e aproximam a indústria dos consumidores finais. Orientados pela demanda dos consumidores finais, os sistemas integrados facilitam e agilizam as ações e a distribuição de indústrias e fabricantes. Conheça os principais benefícios desses sistemas:

> **VEJA EM**
>
> A gestão da distribuição é abordada de maneira mais específica no Capítulo 8.

> "Damos o nome de *Efficient Consumer Response* (ECR) aos sistemas integrados cujo objetivo é atender às necessidades do consumidor, gerando valor por meio da disponibilização do produto certo, no momento certo e pelo preço certo. Esses sistemas reduzem os custos de estocagem e armazenamento do fabricante e do varejista."

- *Reposição eficiente*: os sistemas de ECR reduzem o tempo de reposição do produto e das fases de inventários, além de diminuir a falta de produtos no ponto de venda (PDV). Esses sistemas englobam processos de logística e troca de dados (*Electronic Data Interchange* — EDI).

- *Promoção eficiente*: os sistemas de ECR ajudam a planejar as promoções, com redução dos custos e geração de maior valor para o consumidor.

- *Sortimento eficiente*: esses sistemas contribuem para a escolha do sortimento adequado ao perfil de cada PDV, o que otimiza os espaços nas prateleiras, o giro de estoques e a rentabilidade por metro quadrado.

- *Lançamento eficiente de produtos*: os sistemas de ECR mapeiam as necessidades específicas dos consumidores, e, com base nessas informações, é possível lançar produtos com maiores probabilidades de sucesso.

Os primeiros sistemas integrados foram criados por meio de uma parceria entre a Procter & Gamble e o Walmart. Ainda hoje, eles são desenvolvidos, principalmente, por grandes varejistas.

Localização

A escolha da localização do varejista é muito importante. Ela deve levar em consideração fatores que afetam o comportamento do consumidor, como a acessibilidade, representada pela facilidade de acesso e atratividade de novos consumidores. Seu objetivo é garantir fluxo de compradores e volume de vendas suficiente para o bom desempenho da loja.

A localização possui estreito relacionamento com o posicionamento do varejo. Lojas sofisticadas são localizadas em regiões nobres e centrais para atrair consumidores de alta renda. Já as lojas populares costumam ocupar os centros comerciais de bairro, frequentados apenas por segmentos de baixa renda, já que o acesso não é tão fácil. O Grupo Pão de Açucar é um exemplo disso: suas lojas Pão de Açucar operam em regiões mais nobres, ao passo que as lojas CompreBem têm endereços mais populares.

Além disso, a escolha da localização envolve investimentos elevados e de longo prazo. Entre eles, destacam-se os gastos com aquisição ou aluguel do ponto de venda, construção e reforma, compra de mobiliário adequado ao tipo de varejo, pagamento de condomínio e outras taxas. Esses custos são considerados irreversíveis, pois dificilmente o varejista consegue recuperá-los. Portanto, convém fazer uma análise detalhada e minuciosa por meio de técnicas que permitam optar pelo melhor ponto para a realização desses investimentos. Qualquer erro na escolha da localização leva a uma desvantagem competitiva, a desperdício dos esforços de marketing e a menores margens — afeta, enfim, todo o desempenho operacional da loja.

Algumas técnicas são utilizadas para análise de novos investimentos, bem como para ampliação ou diversificação das atividades em um ponto de venda já existente. Elas podem ser bastante sofisticadas, mas grande parte dos varejistas — principalmente os de menor porte — utiliza métodos simples, que buscam responder aos seguintes questionamentos:

- Qual deve ser a localização de uma nova loja?
- Qual deve ser a extensão de cada setor ou piso?
- A loja deve ser reposicionada? Em caso positivo, onde?
- Qual é a melhor localização, levando em conta o sortimento de produtos e a política de preços?
- Como promover a racionalização da rede?

> As **decisões estratégicas** definem as grandes diretrizes para a expansão da rede e a definição das cidades ou regiões em que ela deverá atuar para atender aos segmentos de mercado escolhidos.
> As **decisões táticas** lidam com questões relacionadas à localização específica de cada ponto de venda.

Na prática, a estratégia de localização é composta por uma sequência de decisões lógicas que analisam as oportunidades e as ameaças para o investimento em estudo. Essas decisões podem ser classificadas em estratégicas e táticas. As **decisões estratégicas** definem as grandes diretrizes para a expansão da rede e a definição das cidades ou regiões em que ela deverá atuar para atender aos segmentos de mercado escolhidos. As **decisões táticas** lidam com questões relacionadas à localização específica de cada ponto de venda.

A estratégia de decisão da localização pode ser dividida em três etapas:[5]

- *Procura*: identificação de áreas geográficas que possuem potencial para novas lojas.
- *Análise de viabilidade*: escolha dos melhores locais disponíveis na área e projeção de receitas e despesas.
- *Microanálise*: avaliação detalhada de características relevantes de um local específico para o desempenho potencial da loja.

Listas de verificação (*checklists*) também são ferramentas importantes na hora de avaliar áreas e locais para instalação de novas lojas. Alguns pontos de análise são comuns a todos os tipos de varejos; porém, é natural que as etapas e as características dessas listas variem em função da natureza do varejista, de seu grau de especialização, da variedade de produtos e da importância da conveniência na escolha do consumidor. Além disso, elas devem refletir o estilo de cada varejista — ou seja, a experiência dos gestores do negócio também deve ser levada em consideração, pois a escolha da localização depende diretamente de sua *expertise* e de seu conhecimento de mercado.

Desenvolvidas há mais de 40 anos, as listas de verificação consideram diversos fatores, tais como:

- *População*: detalhamento das características da população nas zonas consideradas relevantes para o varejista. É possível incluir nessa análise variáveis demográficas e socioeconômicas, como tamanho, idade, perfil, renda, ocupação, desemprego, estilo de vida, padrões atuais de compra, grupos culturais e étnicos, entre outras.

- *Acessibilidade*: análise de pontos que facilitam ou impedem a entrada e a saída da loja. Inclui o mapeamento do fluxo de pedestres, rotas de entrada e saída, transportes públicos na região, condições das vias públicas, capacidade e número de vagas de estacionamento, visibilidade, acesso para funcionários e condições de embarque e desembarque de mercadorias.

- *Concorrentes*: análise dos concorrentes diretos e indiretos. Os **concorrentes diretos** são aqueles que oferecem um formato e um mix de produtos e serviços semelhantes aos da empresa. Já os **concorrentes indiretos** são aqueles que proporcionam um formato, um mix ou um nível de serviço diferente, mas ainda assim podem afetar o fluxo de pessoas e o desempenho da loja. É o caso das lojas de departamento e das grandes superlojas. Essa análise avalia os gastos presentes e potenciais de uma rede a partir do estudo das atividades varejistas existentes, dos formatos utilizados, dos níveis de saturação da região e de áreas comerciais, shoppings e superlojas já instalados.

- *Custos*: cálculo dos desembolsos projetados para um dado período, os quais devem ser contrapostos à projeção de receitas para o mesmo período. Grande parte dos custos tem origem na própria operação da loja; no entanto, a análise do custo de aquisição de um local para instalação da loja também representa uma linha de custo importante, bem como os gastos com aluguel e despesas de manutenção. Somam-se ainda as despesas para preparar e construir andares, áreas de estacionamento e de embarque e desembarque de mercadorias. Também é necessário considerar os custos com o *layout* da loja, taxas municipais, alvará, taxas do condomínio e seguro. Enfim, a empresa deve contabilizar todos os valores a serem gastos para que a loja funcione e receba os clientes adequadamente, no formato escolhido pelo varejista.

> **Concorrentes diretos** são aqueles que oferecem um formato e um mix de produtos e serviços semelhantes aos da empresa. Já os **concorrentes indiretos** são aqueles que proporcionam um formato, um mix ou um nível de serviço diferente, mas ainda assim podem afetar o fluxo de pessoas e o desempenho da loja.

As diferentes opções de localização podem ser classificadas como mostra o Quadro 16.5.

Quadro 16.5	Tipos de localização	
Centro comercial não planejado	Centro comercial planejado	Outros
Zona comercial de centro	*Shopping centers*	Hipermercados
Zona comercial de bairro	Galerias de vizinhança (conveniência em área limitada)	Aeroportos
Zona de vizinhança	Centros especializados	Postos de gasolina
	Outlet center (concentração de lojas de fabricantes)	
	Centros comerciais em áreas turísticas	

Ambientação

O *layout* e a disposição — variáveis relativas à ambientação — também constituem elementos-chave do mix varejista. É na loja que o consumidor, muitas vezes, desenvolve atitude favorável para com o varejista, envolvendo-se mais no processo de compra. Estima-se que aproximadamente 85 por cento das decisões de compra são tomadas no ponto de venda.[6] Em outras palavras, um grande número de pessoas não planeja detalhadamente suas compras. Portanto, uma ambientação adequada pode estimular compras adicionais e não planejadas — as denominadas **compras por impulso**. Ou seja, a ambientação pode promover um aumento significativo no volume de vendas. É claro que essas ações devem estar combinadas com outras decisões do composto varejista, mas pode-se dizer que, de maneira geral, o varejo está utilizando cada vez mais a ambientação para melhorar seu desempenho.

> Denominamos **compras por impulso** as compras adicionais não planejadas.

A ambientação abrange a apresentação externa e interna da loja. O objetivo da apresentação externa é atrair o consumidor para o interior, ao passo que a apresentação interna busca envolvê-lo de maneira harmônica e estimulante, criando uma atmosfera adequada à compra.

Estudos sobre o envolvimento do consumidor confirmam que as vitrines, combinadas aos demais componentes da ambientação, estimulam os consumidores. Os sentidos dos clientes podem ser incentivados por diversos elementos, tais como cores, iluminação, aromas, apelos ao tato, sons e apelos ao paladar. As redes de *fast-food*, por exemplo, utilizam cores que incitam a fome; as lojas de departamento e vestuário criam suas próprias fragrâncias; as padarias utilizam o aroma de pão fresco para atrair compradores. Esses apelos aos sentidos associam à loja uma sensação agradável e prazerosa, o que contribui para identificar o varejista e fortalecer sua imagem perante o consumidor.

A importância da vitrine é confirmada pelo grande número de pessoas que apenas admiram as belas vitrines de centros comerciais e shopping centers. Isso ocorre porque a vitrine é responsável por despertar a atenção do público, estabelecer comunicação com o comprador e seduzi-lo para que entre na loja. Portanto, a vitrine não deve ser encarada como mero local de exposição do estoque.

CAPÍTULO 16 **MARKETING NO VAREJO** **411**

Sua função é comunicar com clareza, objetividade e rapidez a proposta e os produtos ofertados pelo varejista. Por isso, ela deve expor lançamentos, promoções e produtos da estação, por exemplo.

Outros elementos também podem facilitar a comunicação e o processo de compra. São eles:

- comunicação visual;
- disposição de mercadorias em diferentes áreas da loja;

Figura 16.1 — Os apelos da ambientação devem se dirigir aos cinco sentidos do consumidor. Afinal, quem resiste ao aroma de bolo recém-assado em uma confeitaria? Ou à iluminação glamurosa de uma loja sofisticada? Ou, ainda, à poltrona aconchegante de uma livraria?

A. Vista da rotisseria do Empório Santa Maria, no bairro de Pinheiros, em São Paulo/SP. De Henrique Manreza/Folhapress.
B. Livraria da Vila, obra do arquiteto Isay Weinfeld no Shopping Cidade Jardim, em São Paulo/SP. Grandes redes de livrarias celebram a inauguração de lojas físicas em 2010 e têm projetos de abrir mais unidades em 2011. De Carlos Cecconello/Folhapress.
C. Fachada de loja do novo shopping center Cidade Jardim, na Marginal Pinheiros, em São Paulo/SP. De Moacyr Lopes Junior/Folhapress.

- prateleiras e *displays* adequados a cada tipo de produto;
- leitores de código de barras para facilitar a identificação dos preços;
- identificação correta dos produtos;
- identificação dos funcionários e de suas funções.

Além disso, é importante oferecer conforto aos clientes. Para tanto, a loja deve apresentar corredores largos, pisos diferenciados, provadores, serviços de limpeza e manutenção eficientes. Isso sem falar nos *checkouts* (caixas para pagamento), que devem existir em número suficiente e estar localizados em pontos adequados.

Diversos tipos de *layout* estão disponíveis para o varejo, como revela o Quadro 16.6. A definição do *layout* deve levar em conta o número de itens comercializados e as necessidades específicas dos consumidores.

Após definir o espaço que cada departamento ou tipo de mercadoria ocupará, o varejista precisa distribuir esses espaços ao longo da loja. Isso deve ser feito com base na análise de diversos fatores, como o comportamento do consumidor, a frequência e a necessidade de reposição, a proximidade dos departamentos e a distribuição equilibrada das vendas. Alguns métodos podem auxiliar o planejamento do espaço interno. Durante esse processo, o varejista deve ficar atento a alguns pontos importantes:

- *Política de estoques*: é importante manter um estoque mínimo, mas que permita a reposição instantânea de prateleiras e *displays*.

Quadro 16.6 Tipos de layout

Tipos de layout	Características	Exemplos
Formato de grade	Retangular, em linhas paralelas, formando fundos retos com a fachada e o fundo da loja. Os corredores são definidos a partir dos tipos de mercadorias expostas. As mais procuradas são colocadas no fundo da loja, obrigando o consumidor a passear por vários corredores e visualizar outras categorias de produtos.	Supermercados e drogarias
Fluxo livre	A disposição dos equipamentos e dos corredores permite o fluxo não direcionado dos clientes. Esse *layout* estimula o passeio e a realização de compras por impulso.	Lojas de departamentos
Butique	Cada departamento ou categoria ocupa um espaço bem definido, quase como se fosse uma loja dentro da loja. Cada espaço tem sua própria identidade. A desvantagem é que o aproveitamento do espaço não é otimizado.	Centauro
Guided shoppers flow	O consumidor é guiado por todas as categorias de produtos expostas, tal como ocorre em algumas lojas de especialidades.	Tok & Stok
Outros formatos	Espinha de peixe e modelos mistos estimulam o passeio sem deixar o consumidor cansado ou desconfortável, em virtude do tamanho do espaço e da quantidade de mercadorias.	Hipermercados

Fonte: adaptado de Mcgoldrick, 2002.

Figura 16.2 O layout em formato de grade

Fonte: Image Source/Shannon Fagan.

- *Necessidades locais específicas*: convém dispor as mercadorias de acordo com a região de atuação e com as necessidades específicas de cada segmento de mercado escolhido.

- *Posicionamento da loja*: deve-se levar em conta a percepção que a empresa deseja que seu cliente possua dela, em comparação à percepção que eles têm de seus concorrentes.

- *Oferta de serviços adicionais e mercadorias sazonais*: espaços para empresas parceiras e áreas de suporte (como de atendimento ao cliente e de embalagem) e mesmo para produtos expostos ocasionalmente precisam ser considerados.

Em 2006, a rede O Boticário desenvolveu um novo formato para suas lojas, que incluía a eliminação do balcão de atendimento. As lojas que já aderiram ao novo formato contam com mais espaço, melhor iluminação, nova vitrine e novo mobiliário para todos os franqueados. Essa mudança facilitou o acesso do consumidor e a experimentação dos produtos. Agora, as mercadorias são expostas de maneira mais informal, como se estivessem em uma casa, e não na gôndola de um supermercado. Além disso, a empresa investiu no treinamento das vendedoras, que agora só auxiliam na busca de produtos e dão dicas sobre sua utilização. A previsão era de que essas iniciativas fossem adotadas por todos os franqueados até 2010. O objetivo é envolver o consumidor no processo de compra, aumentar sua satisfação, garantir o crescimento do volume de vendas, obter vantagens competitivas e promover um posicionamento adequado do mix de produtos e serviços oferecidos pela rede.[7]

Serviços

Consideramos serviços todas as atividades que envolvem um relacionamento pessoal entre o varejista e o consumidor. Elas são fundamentais para a construção de relacionamento de longo prazo com os clientes e para sua fidelização. No setor varejista, os serviços são classificados em três grupos:[8]

- *Pré-transação*: abrange as facilidades para a compra do produto e a ajuda para que o consumidor esclareça dúvidas sobre os produtos. Inclui horário de funcionamento da loja, estacionamento, informações, contato e experiência com o produto, além de *merchandising* no PDV.

- *Transação*: são serviços relacionados às facilidades oferecidas pelo varejista para que a transação seja completada. Inclui crediário, embalagens, empacotamento, disponibilidade da mercadoria, rapidez do caixa e qualidade do atendimento do pessoal de vendas.

- *Pós-transação*: são serviços que garantem a satisfação do consumidor após a compra. Inclui entrega, montagem e instalação, consertos, garantias, devolução e gerenciamento de problemas e reclamações.

Os serviços também são importantes para o posicionamento da oferta. O varejista pode escolher entre quatro níveis diferentes de serviços, descritos no Quadro 16.7.

Por estar mais próximo dos compradores, o varejo possui informações sobre o comportamento de compra que o colocam em uma condição privilegiada para mapear as necessidades e os desejos dos clientes, inclusive aqueles que não são explícitos. Isso lhe permite implementar serviços inovadores, ampliar seu atendimento e criar diferenciais importantes em um setor bastante competitivo.

O comprador já não se interessa apenas pelo mix de produtos tangíveis. Portanto, os resultados do varejo podem ser incrementados pelo acréscimo de serviços aos

Quadro 16.7 Níveis de serviço

Nível de serviço	Descrição	Exemplo
Autosserviço	Base de todas as operações de desconto, o autosserviço leva o consumidor a procurar, comparar e selecionar produtos de diferentes categorias.	Supermercados
Seleção	Os próprios clientes encontram o que precisam, mas podem pedir ajuda. Eles necessitam do vendedor para finalizar a compra ou para comprar uma categoria específica.	Drogarias e perfumarias
Serviço limitado	As mercadorias são expostas, mas os clientes precisam de informações e ajuda.	Lojas de eletrodomésticos e móveis
Serviço completo	Os vendedores ajudam em todas as fases do processo de compra (procura, comparação e seleção).	Butiques

produtos comercializados. Esses serviços adicionais constituem um importante diferencial, capaz de aumentar o valor da oferta e atrair muitos consumidores.

Os clientes aceitam pagar um pouco mais para obter um número maior de benefícios. Na maioria das vezes, eles conseguem identificar os concorrentes que oferecem o mesmo produto por um preço menor, mas que não oferecem benefícios adicionais.[9] Por isso, o varejista pode abandonar a competição por preços mais baixos e transformar os serviços extras em uma nova experiência para os compradores. O objetivo é estabelecer um vínculo emocional, fidelizar clientes e atrair novos compradores em busca desse "algo mais".

A conjunção desses fatores provoca o aumento da oferta de serviços pagos e de novos negócios no varejo, o que contribui para elevar as receitas e melhorar os resultados, além de alavancar o valor das empresas do setor. As varejistas Tesco (Inglaterra) e Tchibo (Alemanha), por exemplo, oferecem serviços de agências de turismo. As lojas do Walmart têm até clínicas médicas. A Costco (Estados Unidos) também seguiu o mesmo caminho, incorporando a seus negócios um grande número de serviços destinados às pequenas e médias empresas. Seu objetivo é tornar a loja e seu relacionamento comercial mais efetivos e produtivos. Entre os serviços oferecidos pela Costco, destacam-se o financiamento e o refinanciamento de veículos, empréstimos para pequenas empresas, serviços e financiamento imobiliários, investimentos, processamento de cartões de crédito com taxas diferenciadas, seguros e até previdência.[10]

Essa tendência também é confirmada no Brasil, onde as ofertas do varejo não se limitam mais à comercialização e à entrega de mercadorias. Afinal, nossos clientes também desejam encontrar uma variedade maior de serviços, de maneira conveniente e confortável, com experiências positivas de relacionamento. Em resposta a essa tendência, os supermercados já oferecem serviços de agência de viagem, posto de gasolina, farmácia, aquisição de ingressos, além de produtos e serviços financeiros — que incluem atividades bancárias dentro do estabelecimento, planos de proteção de crédito, garantia estendida para os produtos comercializados, seguros, cartões da loja e cartões de crédito.

A propósito, os programas de fidelização, os cartões de loja e os clubes de descontos são modos de fidelizar o cliente, pois criam diferenciais importantes para a construção de um relacionamento de longo prazo. E não é só isso: esses serviços ajudam a empresa a identificar os melhores clientes, criar formas de pagamento diferenciadas e lançar promoções direcionadas para esse grupo. Do ponto de vista do cliente, esses programas representam oportunidades de pertencer a um grupo, receber tratamento diferenciado e obter acesso a outros serviços da empresa, tais como os serviços financeiros. Para os varejistas, os cartões de fidelidade e de lojas oferecem vantagens e informações preciosas, pois formam bancos de dados sobre os clientes da empresa. Essas informações são úteis para construir modelos e mapear as necessidades e as preferências dos consumidores. Quando operacionalizados, promovidos e utilizados efetivamente, esses cartões podem se transformar em verdadeiras oportunidades de negócio.

As parcerias entre bancos e varejistas consolidaram essa tendência, fortalecendo as operações de crédito e os serviços de banco prestados no varejo. Nesses acordos, a carteira de crédito e os riscos são transferidos para os bancos. Em troca, os varejistas ampliam a oferta de produtos bancários, funcionando como correspondentes ou entrepostos dos bancos. Como essas empresas costumam ter grandes redes de distribuição em todo o país, eles contam com maior proximidade e simpatia dos consumidores. Com isso, os clientes conseguem utilizar alguns serviços bancários nesses postos avançados, situados no interior de estabelecimentos comerciais. É possível, por exemplo, encaminhar propostas de abertura de contas de depósitos à vista e a prazo, contratar crédito direto ao consumidor, fazer operações de empréstimo pessoal, efetuar pagamentos e saques, além de recarregar celulares e obter financiamentos com desconto na folha de pagamento. Diversas empresas varejistas já firmaram parcerias com bancos.

Comunicação e promoção de vendas

A Comunicação Integrada de Marketing (CIM) envolve o desenvolvimento e a implantação de várias formas de comunicação com base em objetivos bem definidos, a fim de otimizar os recursos investidos em marketing. Assim como em outros setores, a comunicação no varejo visa influenciar ou afetar diretamente o comportamento do público-alvo. Para tanto, são levados em consideração todos os contatos do comprador com a oferta de produtos e serviços do varejista. Para fortalecer a imagem de sua marca e atrair novos consumidores, o varejo emprega todas as formas de comunicação relevantes para seu público de interesse. A finalidade é motivá-los a comprar e estabelecer um relacionamento de longo prazo com a organização.

> **VEJA EM**
>
> O Capítulo 9 apresenta as características, os objetivos e o processo de planejamento da Comunicação Integrada de Marketing (CIM).

Com o auxílio de ferramentas específicas, os varejistas definem o volume e o modo dos investimentos em comunicação de marketing, a fim de alcançar o maior número possível de consumidores. É importante assinalar que a propaganda e a promoção de vendas são as ferramentas mais utilizadas no setor varejista. No curto prazo, a propaganda é capaz de atrair novos compradores e aumentar o valor do tíquete médio dos clientes atuais. No longo prazo, ela consolida a imagem e a marca da loja por meio de campanhas institucionais, comunicação de ações e iniciativas sociais. Já as promoções de vendas utilizam diferentes formatos para capturar a atenção do comprador e aumentar o volume de vendas. Elas ajudam a incrementar o tráfego na loja e o volume de compras por impulso, além de promover experiências diferenciadas no ponto de venda, mediante a demonstração e a experimentação de produtos e lançamentos.

Como estão sempre associadas à criação de valor adicional para o comprador, essas promoções são bastante eficientes na fidelização de clientes, garantindo a lealdade dos consumidores à loja e à rede varejista.

A maioria das promoções de vendas no mercado brasileiro pertence a uma das seguintes categorias:

- *Varejista como patrocinador exclusivo*: trata-se de promoções totalmente custeadas e comunicadas pelo varejista. Podem ser de vários tipos: concursos e sorteios, programas de compras frequentes, programas de fidelidade, brindes, itens promocionais, calendário promocional (mês de aniversário) e eventos especiais.

- *Promoções cooperadas*: parceria do varejo com fornecedores. A comunicação dessas promoções pode ocorrer no ponto de venda, mas também destaca a marca do fabricante. Essa categoria inclui *displays* no PDV, cupons, amostras, demonstração e experimentação.

Preços

A política de preços pode variar de acordo com o setor, o tipo de varejo e o nível de serviços oferecidos. Apesar de ser uma variável do mix que pode ser facilmente alterada, o preço é uma questão crucial, cuja escolha deve levar em consideração fatores de difícil mapeamento, tais como:

- comportamento de compra do consumidor;
- elasticidade a preço, ou seja, sensibilidade do consumidor às alterações de preço;
- perfil do segmento de mercado escolhido — se ele é orientado para custos baixos ou para serviços diferenciados;
- área de influência da loja e seu poder de atração de consumidores de outras regiões.

As decisões de preço também buscam equilibrar os interesses de curto e longo prazo do varejista, uma vez que afetam diretamente os resultados operacionais no curto prazo, ao mesmo tempo que influenciam o retorno do capital investido pelos acionistas. Essas decisões podem assegurar a participação de mercado de novas lojas, permitindo que penetrem com rapidez e capturem uma parcela de mercado na região por meio da política de preços baixos. Por outro lado, a mesma política pode ser utilizada por organizações preexistentes, que desejam se defender da ameaça provocada pelo surgimento de um novo concorrente.

No entanto, a política de preços baixos pode comprometer a percepção de qualidade, principalmente quando os clientes atribuem grande importância a qualidade, estilo e design. Vários estudos confirmam que o preço influencia a imagem de qualidade, pois a percepção de preço dos consumidores tem relação positiva com a percepção de qualidade.

A decisão de preços no varejo deve ser pautada em três objetivos:

- *Objetivos de vendas*: volume de vendas e participação de mercado.
- *Objetivos financeiros*: maximização do lucro e margem sobre vendas.
- *Objetivos de imagem e posicionamento*: associados à escolha de determinados segmentos de mercado.

O posicionamento de marketing escolhido será colocado em prática a partir da estratégia custo-benefício que o varejista pretende apresentar ao consumidor, entre outros fatores.

16.3 NOVOS CANAIS E TENDÊNCIAS NO VAREJO

A partir do desenvolvimento da Internet e do comércio eletrônico, o varejo criou novos formatos e ações para alcançar consumidores cada vez mais informados e com acesso a diferentes canais para aquisição de produtos e serviços. O varejista tradicional precisa desenvolver estratégias eficazes para superar a concorrência dos novos entrantes, que investem em formatos de lojas sem grandes estoques e operam com número reduzido de funcionários e vendedores e, por isso, são capazes de combinar custos menores e cobertura de mercado abrangente.

Até meados de 1990, o varejo acreditava que o *e-commerce* teria um crescimento limitado e participação pouco significativa nas vendas. Para alguns, a Internet ainda era secundária; e o número de usuários era, de fato, bastante baixo. Essa percepção foi alterada a partir de 1998, quando o aumento significativo nas vendas de Natal nos Estados Unidos despertou a preocupação do varejo tradicional — que estava despreparado para enfrentar o crescimento das empresas exclusivamente "pontocom".

A primeira reação do varejo tradicional foi tratar esse crescimento do varejo virtual como uma ameaça. Porém, as redes mais preparadas direcionaram esforços e investimentos para o canal da Internet e das vendas diretas, passando a fazer parte desse novo formato de varejo. Apenas os mais conservadores não realizaram esses investimentos, mantendo distância da Web e dos canais de vendas diretas. Por isso, suas vendas foram afetadas negativamente. Mesmo após a crise do setor pontocom — que impactou as empresas exclusivamente virtuais — o varejo tradicional não conseguiu recuperar a parcela de mercado perdida.

Atualmente, um grande número de empresas vem fazendo movimentos em direção ao atendimento de seus clientes pela Internet. Aparentemente, essas iniciativas seguem o raciocínio de que as características de um negócio podem ser modificadas para aumentar sua eficiência operacional sem comprometer o posicionamento da empresa entre os clientes. As vendas on-line são vistas como alternativa viável para a sustentabilidade do negócio. Os gestores do setor varejista consideram essa estratégia interessante em virtude de sua capacidade de reduzir custos e gerar benefícios em matéria de logística e cadeia de abastecimento.[11]

Além disso, o número de consumidores que fazem compras pela Internet está cada vez maior. Esse crescimento revela que os compradores aceitam o direcionamento para um meio virtual, onde efetuam compras e recebem tratamento diferenciado a partir do relacionamento construído com o varejista. Essas mudanças levaram ao desenvolvimento de táticas que permitem a presença da organização também nos canais de comércio eletrônico e de venda direta. Em outras palavras, a empresa contemporânea ingressa no varejo virtual sem abrir mão do modelo tradicional, atendendo às necessidades de diferentes grupos de consumidores e obtendo resultados sustentáveis. O varejo no formato integrado oferece sete vantagens principais:[12]

- fortalecimento da marca, que passa a estar presente também nos canais virtuais;
- aumento da credibilidade, pois as lojas físicas podem oferecer apoio logístico;
- aumento do número de pontos de contato, promovendo o estreitamento do relacionamento com o cliente;
- mídia e ações de comunicação permanentes na Internet, o que torna as atividades de compra e consulta, por exemplo, mais convenientes para o consumidor, que tem atendimento 24 horas e acesso irrestrito ao Website da rede varejista;
- gestão de estoques integrados das lojas físicas e do canal Internet;
- aumento do poder de negociação com fornecedores;
- possibilidade de integrar e sustentar operações financeiras e de investimento.

Para finalizar este capítulo, e também este volume, destacamos algumas tendências no varejo brasileiro que podem ajudar os investidores a elaborar estratégias mais eficazes. São elas:

- *Evolução e concentração das grandes redes mundiais*: observada nos últimos dez anos, essa tendência ainda é atual. Ela indica a necessidade de investir em posicionamento, imagem e marca, questões cada vez mais relevantes para o consumidor.

- *Necessidade de investimentos em sistemas de gestão integrados*: esses sistemas melhoram a rentabilidade da indústria e do varejo, mesmo quando as margens são mais apertadas. Para tanto, é necessário reduzir os custos das atividades que não trazem benefícios para os compradores.

- *Desenvolvimento de estratégias integradas entre varejo tradicional, e-commerce e canal de vendas diretas*: essas estratégias consolidam a marca e a atuação do varejista em diferentes segmentos de mercado e regiões geográficas.

- *Maior complexidade nas relações entre indústria e varejo*: em muitos casos, a complexidade dessas relações exige áreas específicas para gerenciar o contato entre indústria e varejo. A área de *trade marketing* e o gerente de categoria são indicados para essa função, pois entendem melhor as necessidades e as características dos mercados da indústria e do varejo.

ESTUDO DE CASO

Grupos locais de varejo predominam na América Latina

CAROLINA MATOS

Fonte: Stock xchng®.

As redes internacionais, como Walmart e Carrefour, que dominam o varejo em países como os Estados Unidos, ainda representam pouco no mercado da América Latina.

Estudo da empresa de informações sobre consumo Kantar Worldpanel, antecipado para a *Folha*, mostra que esses grandes grupos somam apenas 13 por cento de participação no mercado varejista latino-americano.

Já as lojas e redes locais — próprias de cada um dos 15 países avaliados — chegam a 84 por cento. Os 3 por cento restantes ficam com a rede regional da América Latina Cencosud. No mercado brasileiro, as redes internacionais ficam com 12,2 por cento, o grupo regional (Cencosud), com 0,3 por cento, e os locais, com 87,5 por cento.

Nos Estados Unidos, as grandes redes detêm cerca de 80 por cento do mercado, de acordo com a CNDL (Confederação Nacional de Dirigentes Lojistas). E, na Europa, 45 por cento.

Argentina e Chile são exceções na América Latina, com fatia de 45 por cento do varejo com as empresas internacionais.

"Nesses dois países, historicamente, a economia e o consumo se desenvolveram mais rápido", diz Fátima Merlin, diretora de varejo da Kantar Worldpanel. "Mesmo a Argentina tendo entrado em crise mais recentemente, as redes já estavam estabelecidas por lá", completa.

Já no Brasil, dificuldades de infraestrutura, como estradas, que encarecem a distribuição dos produtos, e os hábitos de consumo das classes com menor poder aquisitivo são apontados como desafios aos estrangeiros.

"Cerca de 60 por cento do consumo das classes D e E (com renda familiar mensal de até quatro salários mínimos, pelos critérios da pesquisa) é feito fora de hiper e supermercados, em lojas menores e mercadinhos."

CUSTOS TRABALHISTAS

Renato Prado, analista da Fator Corretora, também destaca os altos custos tributários e trabalhistas no Brasil como limitadores da expansão das grandes redes. "No Chile, por exemplo, a estrutura trabalhista é bem mais flexível", diz. "Assim, mesmo existindo potencial de consumo no Brasil, com uma grande classe média e desemprego em queda, é preciso equacionar

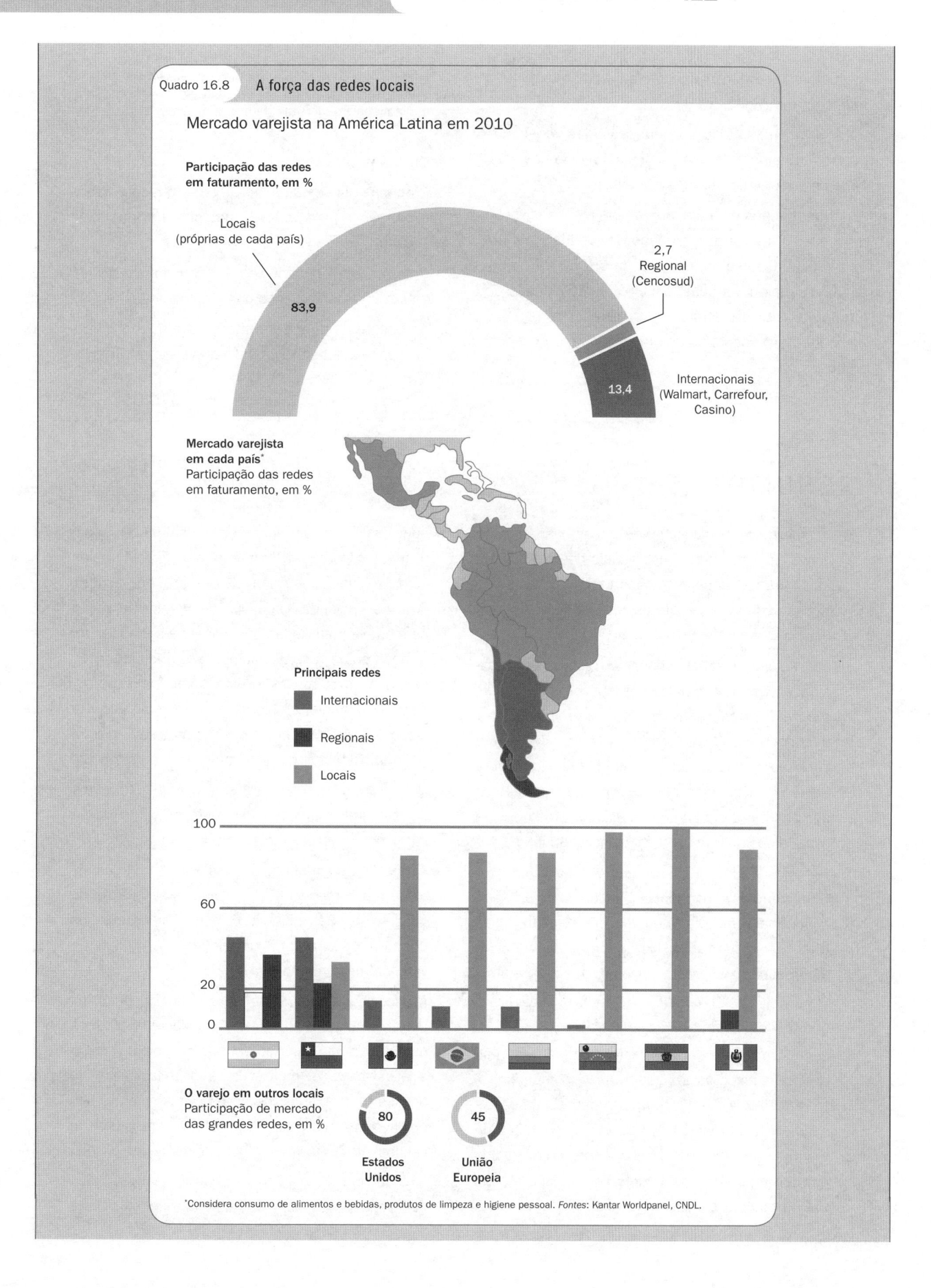

> Quadro 16.8 A força das redes locais

Mercado varejista na América Latina em 2010

Participação das redes em faturamento, em %

- Locais (próprias de cada país): 83,9
- Regional (Cencosud): 2,7
- Internacionais (Walmart, Carrefour, Casino): 13,4

Mercado varejista em cada país*
Participação das redes em faturamento, em %

Principais redes
- Internacionais
- Regionais
- Locais

O varejo em outros locais
Participação de mercado das grandes redes, em %

- Estados Unidos: 80
- União Europeia: 45

*Considera consumo de alimentos e bebidas, produtos de limpeza e higiene pessoal. *Fontes*: Kantar Worldpanel, CNDL.

os custos de produção, que são elevados e têm muito impacto na atividade varejista."

A CNDL ressalta a concentração das redes nos centros urbanos, com falta de concorrência nos mercados menos desenvolvidos do país.

"Nas grandes capitais, predomina a concentração de renda, o que atrai a atenção das redes", diz Roque Pellizzaro Junior, presidente da CNDL. "Já em localidades mais afastadas, principalmente cidades do interior, a falta de infraestrutura para uma logística eficiente é um desestímulo ao investimento privado", completa.

Fonte: Folha.com. Disponível em: <http://www1.folha.uol.com.br/mercado/884847-grupos-locais-de-varejo-predominam-na-america-latina.shtml>.

Questões para o caso

1. Proponha um modelo de negócio que permita a expansão das grandes redes internacionais no Brasil.
2. Como os pequenos mercados e "vendinhas" podem sobreviver com o avanço das grandes redes locais?
3. Apresente os principais fatores que podem contribuir para o desenvolvimento do varejo no Brasil.

RESUMO

- A importância do varejo se deve à sua participação como elo fundamental nos canais de distribuição: as empresas do setor transportam produtos e serviços dos fabricantes até os consumidores finais.

- Entre as atividades exercidas pelo varejo, destacam-se: informar os fabricantes sobre as necessidades dos consumidores; identificar tendências e a necessidade de novos serviços; disponibilizar produtos e serviços em local, tempo e formato adequados ao consumidor; informar consumidores sobre o lançamento de novos produtos; garantir a demonstração e a experimentação do produto, bem como disponibilizar os serviços necessários no pré e no pós-venda.

- O aumento da concorrência e a disputa pelo consumidor final têm levado a mudanças de estratégias e táticas de marketing. Novos formatos de lojas e a introdução de novos serviços surgiram para atender às diferentes características e necessidades dos diversos segmentos de mercado.

- A concorrência e os diferentes comportamentos dos consumidores impedem que um mesmo varejista atenda de maneira satisfatória todos os segmentos de mercado. Assim, a segmentação de mercado é fundamental para o varejo, na medida em que agrupa consumidores com comportamentos de compra semelhantes. Com ela, o varejista pode escolher os segmentos compatíveis com a orientação da sua empresa, seu formato, suas competências e os níveis de rentabilidade esperados. As principais variáveis de operacionalização de marketing utilizadas pelo varejista e que afetam o modo como o consumidor avalia a loja são: formatos de loja, mix e sortimento de produtos; localização da loja; ambientação de venda, *layout* e disposição de produtos; serviços no varejo; preços e formas de pagamento; comunicação e promoção.

- No mercado varejista, existem inúmeros formatos de loja que atendem a diferentes segmentos de mercado e diversas situações de compra.

- A seleção adequada do mix e sortimento de produtos é um componente-chave para a satisfação do consumidor. Seu objetivo é identificar os desejos dos clientes e, a partir daí, definir que produtos o varejista deve manter em sua loja.

- A escolha da localização do varejista é muito importante. Ela deve levar em consideração fatores que afetam o comportamento do consumidor, como a acessibilidade, representada pela facilidade de acesso e atratividade de novos consumidores. Seu objetivo é garantir fluxo de compradores e volume de vendas suficientes para o bom desempenho da loja.

- O *layout* e a disposição — variáveis relativas à ambientação — também constituem elementos-chave do mix varejista. É na loja que o consumidor, muitas vezes, desenvolve atitude favorável para com o varejista, envolvendo-se mais no processo de compra. Estima-se que aproximadamente 85 por cento das decisões de compra são tomadas no ponto de venda. Em outras palavras, um grande número de pessoas não planeja detalhadamente suas compras. Portanto, uma ambientação adequada pode estimular compras adicionais e não planejadas, denominadas compras por impulso. Ou seja, a ambientação pode promover um aumento significativo no volume de vendas.

- Os varejistas estão mais próximos dos compradores. Por isso, eles podem mapear as necessidades e os desejos de seus clientes. Com base nessas informações, é possível implementar serviços inovadores, ampliar o atendimento e criar diferenciais importantes nesse setor bastante competitivo.

- O objetivo da comunicação no varejo é influenciar ou afetar diretamente o comportamento do público-alvo. Para fortalecer a imagem de sua marca e atrair novos consumidores, o varejo emprega todas as formas de comunicação relevantes para seu público de interesse. A finalidade é motivá-los a comprar e estabelecer um relacionamento de longo prazo com a organização. A propaganda e a promoção de vendas são as ferramentas mais utilizadas no varejo.

- A política de preço pode variar de acordo com o setor, o tipo de varejo e o nível de serviços oferecidos. Apesar de ser uma variável do mix que pode ser facilmente alterada, o preço é uma questão crucial, cuja escolha deve levar em consideração fatores de difícil mapeamento. Ela exerce influência direta sobre participação de mercado, construção da imagem do varejista e lucratividade da empresa.

- A partir do desenvolvimento da Internet e do comércio eletrônico, o varejo criou novos formatos e ações para alcançar consumidores cada vez mais informados e com acesso a diferentes canais para aquisição de produtos e serviços. O varejista tradicional precisa desenvolver estratégias eficazes para superar a concorrência dos novos entrantes, que investem em formatos de lojas sem grandes estoques e operam com número reduzido de funcionários e vendedores e, por isso, são capazes de combinar custos menores e cobertura de mercado abrangente.

- Muitos varejistas tradicionais passaram a vender pela Internet. Eles veem as vendas on-line como alternativa viável para a sustentabilidade do negócio. Os gestores do setor varejista consideram essa estratégia interessante por causa de sua capacidade de reduzir custos e gerar benefícios em matéria de logística e cadeia de abastecimento.

QUESTÕES

1. Como o varejo pode contribuir para com a atividade econômica? Justifique sua resposta sob a ótica do fabricante e sob a ótica do consumidor.

2. Os conceitos de segmentação e posicionamento podem ser utilizados pelas empresas do setor varejista? Por quê?

3. Por que a localização é um aspecto fundamental do composto de marketing aplicado ao varejo?

4. Que ferramentas da atividade de promoção (comunicação) são mais relevantes para as empresas do setor varejista? Justifique sua resposta.

5. Você acha que o varejo tradicional e o varejo pela Internet são atividades complementares ou concorrentes entre si? Explique seu ponto de vista e apresente exemplos.

NOTAS

1. CNN Money. Disponível em: <http://money.cnn.com/magazines/fortune/fortune500/2011/index.html>; Walmart 2011 Annual Report. Disponível em: < http://walmartstores.com/sites/annualreport/2011/financials/walmart_2011_Annual_Report.pdf >. Acesso em: 27 maio 2011.
2. KOTLER, P. *Administração de marketing*. 12. ed. São Paulo: Prentice Hall, 2006.
3. ALVAREZ, F. J. S. M. *Trade marketing*: a conquista do consumidor no ponto de venda. São Paulo: Saraiva, 2008.
4. SANTOS, J. "A evolução do varejo." *Revista FAE Business*, n. 11, jun. 2005, p. 19-23. Disponível em: <http://www.fae.edu/publicacoes/pdf/revista_fae_business/n11/ambiente_evolucao_do_varejo.pdf>. Acesso em: 27 maio 2011.
5. McGOLDRICK, P. *Retail marketing*. McGraw-Hill, 2002.
6. ESTUDO de comportamento de compra dos consumidores no ponto de venda. Popai. Disponível em: <http://www.popaibrasil.com.br/pesquisas>. Acesso em: 27 maio 2011.
7. CANÇADO, P. "O Boticário busca imagem sofisticada." *O Estado de S.Paulo*. Disponível em: <http://www.estadao.com.br/arquivo/economia/2006/not20061011p17299.htm>. Acesso em: 27 maio 2011.
8. PARENTE, J. *Varejo no Brasil*: gestão e estratégia. São Paulo: Atlas, 2000.
9. DAUD, M.; RABELLO, W. *Marketing de varejo*: como incrementar os resultados com a prestação de serviços. Porto Alegre: Bookman, 2007.
10. SOUZA, M. G. "Redesenhando o varejo com os serviços". *Portal Gouvêa de Souza*. Disponível em: <http://www.gsmd.com.br>. Acesso em: 27 maio 2011.
11. SIQUEIRA, J. P. L. "A Internet e o varejo: uma análise dos interesses da oferta e preferências dos consumidores." Tese de Doutorado. Faculdade de Economia, Administração e Contabilidade da Universidade de São Paulo, out. 2004.
12. SOUZA, M. G.; SERRENTINO, A. *Multivarejo*: na próxima economia. São Paulo: Makron/Pearson Education do Brasil, 2002.

REFERÊNCIAS BIBLIOGRÁFICAS

AAKER, D. A.; SHANSBY J. G. *Positioning your product. Business Horizons.* Greenwich, v. 25, n. 3, p. 56-62, maio/jun. 1982.

AAKER, D. S. *Administração estratégica de mercado.* 5. ed. Porto Alegre: Bookman, 2001.

ANSOFF, I. *Estratégia empresarial.* São Paulo. McGraw-Hill. 1997.

BALLOU, R. H. *Logística empresarial: transportes, administração de materiais e distribuição física.* São Paulo: Atlas, 1993.

BANCO MUNDIAL. Washington D.C., 2009. Disponível em: <http://www.worldbank.org/>. Acesso em: 15 abr. 2009.

BERKOWITZ, E. N. et al. *Marketing*, v. 2. Rio de Janeiro: LTC, 2003.

BNDES – Banco Nacional de Desenvolvimento Econômico e Social. *Perspectivas de investimentos 2009/12 em um contexto de crise*, n. 60, 5 fev. 2009.

BOWERSOX, D. J.; CLOSS, D. J. *Logistical management:* the integrated supply chain process. Columbus (OH): Mc Graw-Hill, 2001.

BREVETTI, F. "Realigning public perceptions". *Asian Business.* Hong Kong, v. 31, n. 12, p. 42-44, dez. 1995.

CHOI, S. Y.; WHINSTON, A. B.; STAHL, D. O. *The economics of electronic commerce.* Indianapolis: Macmillian Technical Publications, 1997.

CRAVENS, David W. *Strategic marketing.* Illinois: Richard D. Irwin, Inc., 1987.

DANNEELS, E. (2003). "Tight-loose coupling with customers: The enactment of customer orientation". *Strategic Management Journal*, 24 (6): 559-576.

DAY, G. S. *The market driven organization:* understanding, attracting and keeping valuable customers. Nova York: The Free Press, 1999.

DI MINGO, E. "The fine art of positioning". *The Journal of Business Strategy.* Boston, v. 9, n. 2, p. 34-38, mar./abr. 1988.

ECKELS, R. W. *Business marketing management*: marketing of business, products and services. Nova Jersey: Prentice-Hall, Inc., 1990.

FERRELL, O. C.; HARTLINE, M. D. *Estratégia de marketing*. São Paulo: Thomson, 2005.

GWIN, C. F.; GWIN, C. R. "Product attributes model: a tool for evaluating brand positioning". *Journal of Marketing Theory and Practice*. Statesboro, v. 11, n. 2, p. 30- -42, spring 2003.

HALL, E. T. *Beyond culture*. Garden City: Anchor Press Doubleday, 1976 apud KEEGAN, W. J.; GREEN, M. C. *Princípios de marketing global*. São Paulo: Saraiva, 2003.

HAX, A.; MAJLUF, N. S. *The strategy concept and process, a pragmatic approach*. Englewood Cliffs (NJ): Prentice Hall, 1991.

HAX, A.; MAJLUF, N. S. *The strategy concept and process, a pragmatic approach*. N. Jersey: Prentice Hall International Editions, Englewood Cliffs, 1991.

HAX, A.; WILDE II, L. *The Delta Project*: discovering new sources of profitability in a network economy. Nova York: Palgrave, 2001.

HOFSTEDE, G. *Culture's consequence*: internacional differences in work-related values. Londres: Sage, 1997.

HOOLEY, G. J.; SAUNDERS, J. *Posicionamento competitivo*: como estabelecer e manter uma estratégia de marketing no mercado. São Paulo: Makron Books, 1996.

_____. *Estratégia de marketing e posicionamento competitivo*. São Paulo: Pearson, 2001. p. 102.

_____; PIERCY, N. F. *Estratégia de marketing e posicionamento competitivo*. 3. ed. São Paulo: Pearson Prentice Hall, 2005.

IBGE – Instituto Brasileiro de Geografia e Estatística. *Massa de rendimento nominal habitual de todos os trabalhos das pessoas ocupadas*, 2011. Disponível em: <http://www.ibge.gov.br/home/estatistica/indicadores/trabalhoerendimento/pme_nova/default_massa_rend.shtm>. Acesso em: 31 jan. 2011.

IBGE. *Censo 2000*. Disponível em: <http://www.ibge.gov.br/>. Acesso em: 17 mar. 2010.

IPEADATA. *Macroeconômico*. Disponível em: <http://www.ipeadata.gov.br/Default.aspx>. Acesso em: 10 dez. 2009.

JAIN, S. C. *Marketing*: planning & strategy. Cincinnati: South-Western College Publishing, 2000.

KERIN, R. A.; HARTLEY, S. W.; BERKOWITZ, E. N.; RUDELIUS, W. *Marketing*. São Paulo: McGraw-Hill, 2008

KOTLER, P. *Administração de marketing*: análise, planejamento, implementação e controle. São Paulo: Atlas, 1998.

_____. *Administração de marketing*, 10. ed. São Paulo: Pearson Prentice Hall, 2000.

_____.; KELLER, K. L. *Administração de marketing*. 12. ed. São Paulo: Pearson Prentice Hall, 2006.

LAS CASAS, A. L. *Marketing*: conceitos, exercícios e casos. 8 ed. São Paulo: Atlas, 2009.

LOVELOCK, C.; WRIGHT, L. *Serviços*: marketing e gestão. São Paulo: Saraiva, 2001.

MAGGARD, J. P. "Positioning revisited". *Journal of Marketing*. Nova York, v. 40, n. 1, p. 63-66, jan. 1976.

MARAKON ASSOCIATES. "Matriz Marakon de rentabilidade". *Comunicado 7*. São Francisco: Marakon Associates, 1981.

MARIOTTI, J. L. "The trust factor in supply chain management". *Supply Chain Management Review*, v. 3, n. 1, p. 70-77, 1999.

MASLOW, A. H. *Motivations and personality*. Upper Sadle River: Prentice Hall, 1970.

MATTAR, F. N. et al. *Gestão de produtos, serviços, marcas e mercados*: estratégias e ações para alcançar e manter-se "top of market". São Paulo: Atlas, 2009.

_____. *Pesquisa de marketing*. São Paulo: Atlas, 2005.

McGOLDRICK, P. *Retail marketing*. Oxford: McGraw-Hill, 2002.

McKENNA, Regis. *Estratégias de marketing em tempos de crise*. São Paulo: Publifolha, 1999.

MEGLIORINI, E. *Custos*: análise e gestão. São Paulo: Pearson, 2006.

OLIVEIRA, B. *Proposição de um modelo de marketing para o reposicionamento de serviços*. Tese (Doutorado em Administração). FEA/USP, 2005.

_____.; MATTAR, F. N. "Canibalismo entre produtos: um estudo de múltiplos casos na indústria alimentícia brasileira". *RAM – Revista de Administração Mackenzie*, São Paulo, v. 5, n. 1, p. 59-81, 2004.

PALMER, A.; COLE, C. *Services marketing*: principles and practices. Nova Jersey: Prentice-Hall, 1995.

PARASURAMAN, A. et al. "A conceptual model of service quality and its implications for future research". *Journal of Marketing*. Chicago, v. 49, n. 4, p. 41-50, 1985.

PAYNE, A. *The essence of services marketing*. Londres: Prentice-Hall, 1993.

PORTER, M. *Estratégia competitiva*: técnicas para análise de indústrias e da concorrência. Rio de Janeiro: Campus, 2005.

_____. *Vantagem competitiva*: criando e sustentando um desempenho superior. 3. ed. Rio de Janeiro: Campus, 1991.

PRIDE, W. M.; FERREL, O. C. *Marketing*: conceitos e estratégias. Rio de Janeiro: LTC, 2001.

ROGERS, E. M. *Diffusion of Innovations*. Nova York: Free Press, 1962 *apud* KEEGAN, Warren J.; GREEN, M. C. *Princípios de marketing global*. São Paulo: Saraiva, 2003.

SCHMIDT, A. M. R.; GUIMARÃES, H. B. "Condições e impacto das políticas de marca em empresas nacionais de bens de consumo". Revista de Administração, São Paulo, v. 20, n. 1, p. 60-64, jan./mar. 1985.

SCHWARTZ, S. H. (1994). *Beyond individualism/collectivism*: new cultural dimensions of value. In: KIM, U., TRIANDIS, H. C., KAGITCIBASI, C., CHOI, S. C. and YOON, G. (Eds). *Individualism and collectivism*: theory, method and applications.Thousand Oaks: Sage, 1994 *apud* STEENKAMP, Jan-Benedict E. M. "The role of national culture in international marketing research". *International Marketing Review*. Londres, v. 18, n. 1, p. 30-44, 2001.

SENNA, A. J. T.; PEDROZO, E. Á.; KOLLER, O. C. *Revista Brasileira de Fruticultura*, v. 29, n. 3, 2007.

SHAPIRO, B.; RANGAN, V. K.; MORIARTY, R. *Administrando clientes para realização de lucros (não apenas vendas)*. In: SHAPIRO, Benson; SVIOKLA, John (Editores). *Mantendo clientes*. São Paulo: Makron Books, 1995. p. 298-311.

TOLEDO, G. L. Relações públicas e marketing: um conceito tridimensional. In: XVIII Encontro Anual da Associação Nacional de Programas de Pós-Graduação em administração – Enanpad, 1994, Curitiba. *Anais...* Curitiba, 1994.

_____. Métodos e técnicas de análise do mercado. *Apostila de curso de pós-graduação em administração*. FEA/USP, 2007.

_____.; HEMZO, M. A. "O processo de posicionamento e o marketing estratégico". In: Encontro Anual da Associação Nacional de Programas de Pós-Graduação em Administração – ENANPAD, XV, 1991, Belo Horizonte, *Anais...* Belo Horizonte: ANPAD, 1991.

_____.; RUBAL, J. M. Estratégia de crescimento e estratégia competitiva em marketing: um estudo de caso de lançamento de produto em uma organização prestadora de serviços. *VI SEMEAD – Seminários em administração da FEA/USP*, 2003.

TROMPENAARS, F.; HAMPDEN-TURNER, C. *Riding the waves of culture*. Londres: Nicholas Brealey, 1997 apud FLETCHER, Richard; MELEWAR, T. C. "The complexities of communicating to customers in emerging markets". *Journal of Communication Management*. Londres, v. 6, n. 1, p. 9-23, set. 2001.

TROUT, J. "'Positioning' is a game people play in today's me-too market place". *Industrial Marketing*. Chicago, v. 54, n. 6, p. 51-55, jun. 1969.

_____.; RIVKIN, Steve. *O novo posicionamento*: a última palavra sobre estratégia de negócios no mundo. São Paulo: Makron Books, 1996.

URBAN, G. L.; HAUSER, J. R. *Design and marketing of new products*. Nova Jersey: Prentice-Hall, 1993.

WEBSTER, F. E. *Industrial marketing strategy*. Nova York: John Wiley & Sons, 1991.

WESTWOOD, J.*The marketing plan*: a praticionnaire's guide. Londres: Kogan Page, 1990.

WILSON, C. C.; KENNEDY, M. E.; TRAMMELL, C. J. *Superior product development*: managing the process for innovative products. Cambridge: Blackwell Publishers, 1996.

WIND, Y. J. *Product policy*: concepts, methods, and strategy. Massachusetts: Addison-Wesley Publishing Company, 1982.

WOODRUFF, R. B. "Customer value: the next source for competitive advantage". *Journal of the Academy of Marketing Science*, v. 25, n. 2, p. 139-153, primavera de 1997.

ZEITHAML, V. A.; BITNER, M. J. *Marketing de serviços*: a empresa com foco no cliente. Porto Alegre: Bookman, 2003.

ÍNDICE REMISSIVO

4Ps, 5, 9, 93, 117, 140, 147, 182, 349, 389
Abraham Maslow, 6
Acompanhamento, controle, correções e ajustes, 175-176
Administração estratégica
    de vendas, 299-328
    e marketing estratégico, 107-109
Alternativas de crescimento e diversificação, 95
Ambiente de marketing, 26-35
    empresa, 34-35
    macroambiente, 26-32
    microambiente, 32-34
American Marketing Association (AMA), 2, 3, 354
Amostra
    não probabilística, 54
    probabilística, 54
Amostragem, 42, 53-55
Análise
    da concorrência, 262
    da demanda, 262
    da situação, 261
    da viabilidade econômico-financeira, tecnológica e comercial, 170-171
    de oportunidades de mercado, 138-139
    do ambiente, 261
    do produto, do cliente e da empresa, 213
    dos custos, 215
    interna, 262

Análise dos resultados do projeto de pesquisa, 59-61
    qualitativa, 59-60
    quatitativa, 60-61
Ancoragem do produto, 355
Aspectos do lado
    da concorrência, 197-199
    da demanda (cliente), 189-194
    da oferta (empresa), 183
Associação Brasileira da Indústria Têxtil (Abit), 85
Associação Brasileira dos Anunciantes (ABA), 78
Associação Brasileira dos Institutos de Pesquisa de Mercado (Abipeme), 78
Associação Nacional das Empresas de Pesquisa (Anep), 78
Atenção seletiva, 230
Atividades
    de marketing no mercado industrial, 292-296
    que agregam valor, 186
    que não agregam valor, 186
Atributos associativos, 358
Avaliação de alternativas, 69

Bloqueio seletivo, 82
Bonificação, 313
Boston Consulting Group (BCG), 92
Bottom-up, 90
Brand equity (valor da marca), 99

Brand equity, 361-366
Branding: criando e gerenciando o valor da marca, 353-373
Busca
　de ideias e oportunidades, 167-168
　de informações, 68-69
　ou geração de ideias, 168
Buzzmarketin, 246

Cadeia de organizações, 217
Canais de marketing, 208-209
Centro de compras, 288
Ciclo da fidelidade à marca, 370-372
Ciclo de Vida do Produto (CVP), 156, 157
Classificação das marcas, 356-358
Classificações dos produtos, 148-149, 150-152
Clientes, 287-288
Cluster analysis, (análise de agrupamentos), 125
Cobertura do canal, 214
Coleta de dados por comunicação, 50-51
　entrevistas, 50
　　questionamento autopreenchidos, 50-51
　　questionamento disfarçado, 50
　　questionamento estruturado, 50
　　questionamento não disfarçado, 50
　　questionamento não estruturado, 50
Comércio eletrônico (*e-commerce*), 333--334, 341-344
Comoditização, 182
Competências essenciais, 98
Comportamento
　do consumidor, 65-86
　pós-compra, 70-71
Comportamento de compra
　com dissonância reduzida, 67
　complexa, 66-67
　habitual, 67
　que busca variedade, 67
Composto de marketing, 5, 10, 90, 91, 109, 118, 120, 122, 125, 127, 135, 138, 147, 148, 153, 155, 213, 227, 232, 295, 340, 400
　de serviços, 389-395
　na oferta de produtos industriais, 295-296
Composto de produto, 152
Compra, 69-70
Comunicação
　de marketing, 228
　dos resultados, 61
　e promoção de vendas, 416-417

Comunicação Integrada de Marketing (CIM), 227-250
　definição dos objetivos da, 232-236
　formas de comunicação, 236-238
　planejamento da, 230
Conceitos fundamentais do marketing, 5-17
Conceitos, características e classificações dos produtos, 148-150
Concorrência monopolística, 198
Conformidade, 74
Controle das ações de marketing, 275
Controle dos resultados operacionais de marketing, 274
Controle e a avaliação do desempenho de marketing, 277
Controle, 215, 274
Custeio
　baseado em atividade ou custeio ABC, 186
　por absorção, 186
　variável, 186
Custo das mercadorias vendidas (CMV), 185
Custo de oportunidade, 184
Customer bonding, 103
Customização em massa, 119
Custos
　fixos, 183
　variáveis, 183

Database marketing, 345-349
Decisões
　de distribuição, 213
　sobre produtos, 152-158
Definição de objetivos, metas, estratégias e ações de marketing, 264
Demanda, 5, 150, 287
Desenvolvimento
　do produto e seus componentes, 171-172
　e lançamento de novos produtos, 158-165
　e teste dos conceitos, 169-170
Desvantagem competitiva, 263, 264
Diagnóstico da situação, 261
Diferenciação, 13-14
Dimensão financeira do crescimento, 96-97
Diretrizes para a redação do plano de marketing, 271-272
Dissonância cognitiva, 70
Distribuição, 210

Efeito de experiência, 92
e-government, 343
Elaboração de planos de marketing, 253-280
Elasticidade-preço da demanda (EPD), 195
Empresa concorrente, 197
Enfoque do modelo delta, 102-103
Estimativa do potencial de mercado e previsão de vendas, 316-317
Estratégia
    competitiva, 91-109
    corporativa, 108-109
    de contrassegmentação, 118
    de crescimento, 91-107
    de hipersegmentação, 118
    de marketing, 108-109, 258
    de posicionamento, 130
    e ações, 267-270
    e posicionamento competitivo, 97-99
Estrutura
    de mercado, 20
    funcional, 18
    geográfica, 20
    linha de produto, 19
    das marcas, 19, 358-361
    matricial, 19
    por produto, 19
Estrutura de canal, 214
    vertical convencional, 214
    vertical coordenada, 214
Evolução da atividade de vendas, 300
Ex post facto, 101
Execução do projeto de pesquisa, 56
    análise dos resultados, 59-6
    comunicação dos resultados, 59
    organização dos dados, 57-59
    trabalho de campo, 56-57
Extensão de marca e de linha de produtos, 160-162

Fábrica de serviços, 150
Fenômeno da figura-fundo, 83
Ferramentas gerenciais para decisões sobre produtos, 155-158
Fidelidade, 14-17
    a marcas, 355
Formação de preços com base no valor, 182, 183
Formação e gestão de preços, 181-203
Formas segmentadas, 243
Funções básicas do marketing, 3
Fundamentos
    da formação e da gestão de preço, 182-199
    da gestão da distribuição, 208-212
    do marketing estratégico, 1-20, 90-91

Gatekeeper, 288
Gerenciamento da cadeia de distribuição, 212-219
Gerentes de contas especiais (key account managers), 301
Gestão da armazenagem (warehouse management system – WMS), 220
Gestão da cadeia de suprimentos (supply chain management – SCM), 208
Gestão
    da distribuição, 207-224
    de marketing, 3, 34, 38, 90, 115, 120, 129, 181, 260, 299, 331, 353, 393
    de processos, 220
    do relacionamento, 215-217
    do valor das marcas, 366-367
    e desenvolvimento de produtos, 147-177
Gestão de compras (sales and operation planning – S&OP), 220
Grupos de aspiração, 74

Hierarquia de decisão, 104-107
Histórico e evolução do conceito de marca, 354-356

Índice de mercado, 318
Indústria, 97
Informações para o marketing, 25-62
Instrumento de coleta de dados, 51
Internet
    e database marketing, 331-350
    e marketing, 336-341
    estágios, 334-335
    evolução da, 333
    negócios empresariais na, 335-336
Item de produto, 152

Janela estratégica, 121

Líderes de opinião, 74
Linha de produtos, composto de produto e item de produto, 152
Logística
    integrada, 219-220
    no mercado industrial (B2B), 220-223
Lucro na concepção de marketing, 8

Marca
    do fabricante, 357

do intermediário, 357
genérica, 357
Margem de contribuição
  e *markup*, 188-189
  em valor (MCV), 188
  percentual (MC%), 189
Marketing
  business to business, 66, 220, 283-297
  comunicação integrada de, 227-250
  conceito, 2
  conceitos fundamentais, 5-17
  concentrado, 118
  de serviços, 377-394
  diferenciado, 118
  direcionado (*targeting marketing*), 117
  direto, 245
  e estratégias de crescimento intensivo, 94
  elaboração de planos de, 253-280
  estratégico, 89-112
  funções básicas do marketing, 3
  fundamentos do, 1-20
  gestão de, 3, 34, 38, 90, 115, 120, 129, 181, 260, 299, 331, 353, 393
  histórico, 2-5
  indiferenciado, 118
  informações para o, 25-62
  internet e *database*, 331-350
  no varejo, 397-422
  organização de, 17-18
  planejamento de, 253-280
  sistema de informações de, 33-36
  viral, 246
Markup em valor (MKV), 189
Massachusetts Institute of Technology (MIT), 111
Matriz BCG de Crescimento e Participação de Mercado, 155
Matriz GE de Atratividade, 126
Matriz Marakon de Rentabilidade, 97
Mercado, 5, 14, 32, 80, 90
  governamental, 284
  revendedor, 284
Mercado físico tradicional (*marketplace*), 338
Mercado industrial, 284
  características do, 286-287
  importância do, 285-286
  tendências do comportamento de compra no, 292
Mercado virtual (*marketspace*), 338
Mercados organizacionais e o mercado industrial, 284-292

Merchandising, 244
Método de coleta de dados, 50-52
  instrumento de, 51-53
  por comunicação, 52-53
  por observação, 51
Método de pesquisa de marketing, 46-53, 318
  conclusiva causal, 48-49
  conclusiva descritiva, 48
  exploratória, 47-48
Métodos
  matemáticos, 319
  operacionais, 319-320
Mídias, 237
Mix de marketing *veja* composto de marketing
Mix e sortimento de produtos, 403-406
Mix ou composto de produto, 152
Modelo
  das disciplinas de valor, 100-101
  de plano de marketing, 272-273
  delta, 102
Modelo VALS2, do Stanford Research Institute, 79
Modos de comunicação
  massificados, 237, 238
  segmentados, 237
Monopólio, 198
Motivação e supervisão, 309-310
Multidimensional scaling (MDS), 132, 133

Natureza da pesquisa, 44-45
  quantitativa, 44
  qualitativa, 44-45
Necessidades (ou motivações), 6
Níveis do produto, 149
Nível de atenção elevada, 68
Nível de busca ativa, 68
Novo Critério Brasil, 78

Objetivo da pesquisa, 42-43
  primário, 42, 43
  secundário, 42, 43
Objetivos dos canais de distribuição, 213
Oferta, 5, 9, 11, 13, 33, 69, 71, 93, 103, 104, 115, 121, 122, 129, 132
Oligopólio, 198
Organização de marketing, 17-18
Organização dos dados do projeto de pesquisa, 57-59
  agrupamento, 59
  tabulação, 57-59

Orientação para clientes na administração de vendas, 301-302
Orientação para o mercado, 8, 115
Outros modos de comunicação, 246

Participante
　especializado, 218
　primário, 218
Patrocínio, 240-241
Pesquisa de marketing, 38-62
　definições de, 39
　etapas da, 40-61
Pesquisas e testes do produto e seus componentes, 172-174
Planejamento, 254
　da pesquisa, 42
　de marketing, 253-280
　de marketing no contexto do planejamento empresarial, 254-258
　empresarial, 255
　estratégico, 255-256, 257
　operacional de marketing, 256
　tático de marketing, 257
Plano de marketing, 174, 271
　para o lançamento, 174
Plano de salário fixo, 311
Planos
　combinados, 313
　de comissão pura, 312
Políticas de marcas, 162-163
Ponto de nivelamento ou ponto de equilíbrio, 185
Posicionamento, 127-137
　considerações atuais sobre o, 129-130
　da oferta, 115-142
　estratégico e processo adaptativo crítico, 99-100
　evolução do conceito de, 127-129
　fundamentos do, 127-137
　processo de, 130-133
　reposicionamento, 133-137
Possibilidades e implicações das extensões, 163-165
Preços baixos todo dia (*every day low prices* – EDLP), 188
Preços psicológicos, 194
Pré-teste, 53
Price takers (tomadoras de preço), 198
Processo
　de administração estratégica, 107
　de decisão de compra do consumidor, 66-71, 288-291
　de desenvolvimento de novos produtos, 165-177
　de marketing, 9, 42
Processo de vendas, 302
　abordagem, 303
　acompanhamento, 304
　apresentação, 303
　avaliação de necessidades, 303
　fechamento da venda, 303
　obtenção do compromisso, 303
　pré-aproximação, 302
　prospecção, 302
　resposta a objeções, 303
Processo decisório de segmentação e posicionamento, 139-140
Produção, comercialização e distribuição, 174-175
Product placement (PP), 242-243
Produto, 148
Produtos "isca", 188
Prognóstico da situação, 261
Programação da produção (*Managerial Resource Planning* – MRP), 220
Promoção de vendas, 243-244
Propaganda, 238
Publicidade e relações públicas, 239-240

Questionário, 16, 50, 51, 52

Reconhecimento
　da necessidade, 67-68
　e formulação de um problema de pesquisa, 40-42
Recrutamento, seleção e assimilação, 306-307
Região de acordo possível (RAP), 192
Relação entre posicionamento e segmentação de mercado, 137-140
Relacionamento entre marcas e fidelidade, 367-372
Remuneração
　da força de vendas, 310-311
　financeira, 310
　não financeira, 310
　por habilidades, 310
Reposicionamento, 135
Representatividade do setor de serviços, 378-389
Retenção seletiva, 230
Reunião de informações, 260
Roteiro, 51, 59, 60, 389

Satisfação, 7

Segmentação de mercado, 115-142
　bases e variáveis para a, 123-124
　evolução do conceito de, 116-118
　fundamentos da, 116-127
　objetivos, benefícios e dificuldades relativos à, 120-122
　processo de, 124-127
　requisitos para a utilização da, 122-123
Segmentação de preços, 199
　de primeiro grau, 199-200
　de segundo grau, 200
　de terceiro grau, 200-202
Segmentação e estrutura dos mercados, 118-119
Seleção de ideias e oportunidades, 168-169
Sensibilidade a preços na Internet, 194-197
Setor varejista, 398
Simulação de compra, 51
Sistema de agregação (*build-up method*), 320
Sistema de fragmentação (*breakdown method*), 320
Sistema de informações de marketing (SIM), 36-38
Sistema de marketing, 8, 9, 23, 140
Situação de compra, 291
Spread, 96
Stakeholders, 2, 92
System lock-in — ou travamento do sistema, 103

Táticas
　de marketing, 258
　de segmentação de preços, 199-202
Técnicas
　de análise, 55-56
　de precificação baseadas nos custos, 185-187
　de precificação para varejistas de grande porte, 187-188
Tema central único, 229
Theodore Levitt, 2
Tipo de fontes de dados, 43-44
　primárias, 43
　secundárias, 43
Tipo de pesquisa, 45-46
　conclusiva causal, 46
　conclusiva descritiva, 46
　exploratória, 45-46
Tipos de novos produtos, 159-165
　e seus graus de risco, 161
Treinamento e desenvolvimento, 308-309

Unidade de negócios (UN), 89
Unidade estratégica de negócios (UN ou UEN), 104
Unique Selling Proposition (USP), 127

Valor percebido, 190
Valor, 10-17
　dimensões do, 11-12
　vantagem competitiva baseada no, 12
VALS2 (*value, attitude and life style 2* — valor, atitude e estilo de vida 2), 79
Vantagem competitiva, 97, 263
Varejo
　estratégia de, 400-418
　formato de, 401-403
　importância do, 398
　no Brasil, 398
　novos canais e tendências no, 418-420
Variáveis pessoais, 80-81
Variáveis psicológica, 81-85
　aprendizagem, 83-84
　atitude, 84-85
　motivação, 81
　percepção, 82-83
　personalidade, 83
Variáveis que influenciam o processo de decisão de compra, 71-85
Variáveis sociais, 72-80
　classe social e status, 77-79
　cultura e subcultura, 72-73
　estilo de vida, 79-80
　família, 74-76
　grupo de referência, 73-74
Venda pessoal, 245
Vendas
　administração estratégica de, 304-325
　avaliação do desempenho de, 324-325
　elaboração do orçamento de, 321-322
　estabelecimento de cotas de, 323-324
　gestão das despesas da força de, 314-315
　gestão dos territórios de, 320-321
　liderança e supervisão da força de, 315-316
　metodologia de previsão de, 317
　planejamento estratégico de, 305-306
　tendências na administração estratégica de, 325
Vetor de crescimento, 93
Vetores de crescimento e diversificação, 94
Visão baseada em recursos (VBR), 99

SOBRE OS AUTORES

Ana Akemi Ikeda

Graduada, mestra, doutora e livre-docente em administração pela Universidade de São Paulo (FEA/USP). Professora associada do Departamento de Administração da FEA/USP. Vice-coordenadora do MBA Marketing da Fundação Instituto de Administração (FIA).

Coautora dos livros *Princípios de marketing de serviços* (Editora Cengage), *Planejamento de marketing e a confecção de planos* (Editora Saraiva) e *Sistema de informação de marketing* (Editora Atlas).

Braulio Oliveira

Graduado e mestre em administração pela Universidade Mackenzie, doutor em administração pela FEA/USP. Professor e pesquisador do Departamento de Administração do Centro Universitário da FEI e professor convidado da FIA.

Coautor do livro *Gestão de produtos, serviços, marcas e mercados* (Editora Atlas).

Célio Mauro Placer Rodrigues de Almeida

Graduado em agronomia pela UNESP – Universidade Estadual Paulista Júlio de Mesquita Filho, mestre e doutor em administração pela FEA/USP. Coordenador pedagógico de cursos de pós-graduação na FIA. Membro do Conselho e coordenador do Comitê de Educação da Associação Brasileira de Logística. Professor convidado da FIA e da Universidade Mackenzie.

Edson Crescitelli

Graduado em comunicação social pela Fundação Armando Álvares Penteado (FAAP), mestre em administração pela PUC-SP, doutor em administração pela FEA/USP e pós-doutor em marketing pela Chapman Graduate School of

Business/Flórida International University – FIU. Professor doutor do Departamento de Administração da FEA/USP. Diretor acadêmico da Pós-graduação da ESPM.

Autor do livro *Marketing de incentivo* (Editora Cobra), e coautor dos livros *Marketing promocional* (Editora Atlas) e *Comunicação integrada de marketing* (Editora Pearson).

Fauze Najib Mattar

Graduado, mestre, doutor e livre-docente em administração pela FEA/USP. Pós-doutor pela Universidade de Massachussets. Professor associado do Departamento de Administração da FEA/USP. Coordenador de projetos e professor da FIA. Conselheiro da ABEP – Associação Brasileira das Empresas de Pesquisa.

É autor dos livros *Pesquisa de marketing* v. 1, v. 2 e edição compacta (Editora Atlas), *Administração de varejo* (Editora Campus/Elsevier) e organizador e autor do livro *Gestão de produtos, serviços, marcas e mercados* (Editora Atlas).

Iná Futino Barreto

Graduada em comunicação social pela Escola Superior de Administração Marketing (ESPM), mestra e doutoranda em administração pela FEA/USP. Professora do curso de administração da Fundação Escola de Comércio Álvares Penteado (FECAP).

Marcos Cortez Campomar

Graduado em ciências econômicas, mestre, doutor e livre-docente em administração pela FEA/USP. Professor titular do Departamento de Administração da FEA/USP. Coordenador de projetos e professor da FIA. Coordenador do MBA em marketing de serviços da FIA.

É autor do livro *Marketing de verdade* (Editora Gente) e coautor dos livros *Princípios de marketing de serviços* (Editora Cengage) e *Planejamento de marketing e a confecção de planos* (Editora Saraiva).

Sérgio Luiz Lepsch

Graduado em engenharia agronômica pela UFRRJ, Mestre e doutor em administração pela FEA/USP. Professor do curso de pós-graduação em administração da UNIEURO/DF. Professor convidado da FIA.

Ségio Luís Stirbolov Motta

Graduado em propaganda e marketing pela ESPM, mestre em administração pela Universidade Mackenzie e doutor em administração pela FEA/USP. Professor da Universidade Mackenzie e da ESPM. Professor convidado da PUC/SP, da FEI e da FIA.

É coautor do livro *Gestão de produtos, serviços, marcas e mercados* (Editora Atlas).

Maurício Jucá de Queiroz

Graduado, mestre e doutor em administração pela FEA/USP. Diretor-geral da Faculdade FIA de Administração e Negócios (FFA). Professor da área de marketing da Facamp – Faculdade de Campinas.

É coautor do livro *Gestão de produtos, serviços, marcas e mercados* (Editora Atlas).

Renata Steffanoni Bernardes de Queiroz

Graduada em economia e mestre em administração pela FEA/USP. Doutoranda em ciências da comunicação na Escola de Comunicação e Artes – ECA/USP. Professora do curso de administração da Universidade Mackenzie.

Geraldo Luciano Toledo

Graduado, mestre, doutor e livre-docente em administração pela FEA/USP. Professor titular do Departamento de Administração da FEA/USP. Coordenador de projetos e professor da FIA. Vice-coordenador do MBA em marketing de serviços da FIA.

Autor do livro *Marketing bancário* (Editora Atlas) e coautor dos livros *Estatística básica* e *Estatística aplicada* (Editora Atlas).

Luciano Augusto Toledo

Graduado em economia e mestre em administração pela PUC-SP. Doutor em administração pela FEA-USP. Professor e pesquisador da Universidade Mackenzie.

Francisco Javier Sebastian Mendizabal Alvarez

Graduado em ciências econômicas e em ciências contábeis pelo Centro Universitário Fundação Santo André. Mestre e doutor em administração pela FEA/USP. Professor da FIA e da EACH/USP.

Autor do livro *Trade marketing* (Editora Saraiva) e coautor do livro *Gestão eficaz da equipe de vendas* (Editora Saraiva).

Francisco Antônio Serralvo

Graduado em administração pela Universidade de Marília, mestre em administração e doutor em ciências sociais pela PUC/SP. Pós-doutor em administração pela Universidade de Santiago de Compostela (Espanha). Professor titular da PUC/SP. Coordenador do programa de pós-graduação *stricto sensu* em administração e do curso de especialização MBA executivo em gestão de negócios em vendas da PUC/SP.

Organizador e autor do livro *Gestão de marcas no contexto brasileiro* (Editora Saraiva) e coautor do livro *Trade marketing* (Editora Campus/Elsevier).